研究古代兵法為
現代戰爭和軍隊建
設服務

聶榮臻

1988年初版聂荣臻元帅题词

歷代著名兵法注譯

張愛萍題

1988年初版原中央军委副秘书长、国务委员兼国防部长张爱萍同志题签

中国传统文化经典读本系列

中国历代兵法译注评

（全新增订版）

上

邵学清
孙金城——编著

中国出版集团
现代出版社

图书在版编目（CIP）数据

中国历代兵法译注评：全2册 / 邵学清，孙金城编著．—北京：现代出版社，2017.9
ISBN 978-7-5143-6398-2

Ⅰ．①中… Ⅱ．①邵… ②孙… Ⅲ．①兵法—中国—古代 Ⅳ．①E892.2

中国版本图书馆CIP数据核字（2017）第205442号

中国历代兵法译注评：全2册

编　　著：邵学清　孙金城
责任编辑：曾雪梅
出版发行：现代出版社
通信地址：北京市安定门外安华里504号
邮政编码：100011
电　　话：010-64267325　64245264（传真）
网　　址：www.1980xd.com
电子邮箱：xiandai@vip.sina.com
印　　刷：三河市金泰源印务有限公司

字　　数：825千
开　　本：710mm×1000mm　1/16　　印　　张：47.75
版　　次：2017年10月第1版　　印　　次：2017年10月第1次印刷
书　　号：ISBN 978-7-5143-6398-2
定　　价：108.00元

目录

下　卷

前 言

在人类历史长河当中，战争的影子从未断绝过。人类的文明史，说到底是一部人类战争史。

古老文明的中国，幅员辽阔、人口众多。我国历史上战争频繁，我国的战争在世界战争史中扮演了“举足轻重”的角色。

我国古代不但战争频繁，军事斗争经验更是十分丰富，甚至将战争升华成了一种战争艺术。而实现这一转变的媒介，就是中国古代战争的文化产物——兵法。

在我国古代，论兵之作卷帙浩繁，内容博大精深，气势恢宏豁达，在浩如烟海的古代典籍中，占有重要的地位。这些“兵书”著作对我国军事学的发展起了重要的推动作用。

“兵”字的含义在古代比较宽泛，具有士卒、军队、军事家、战争、军事、兵器、战斗、战法等多种意思。“兵”，就是军事的总称。因此，古人把研究军事方面的书籍称为“兵书”。《辞海》也把兵书定义为“中国古代军事著作的统称”。

兵书的产生，在商周之前。由于原始社会的解体，奴隶制度的发展，在西周前，我国历史上就发生过多次大规模的战争。例如，约公元前 1600 年夏商之间的鸣条（今山西运城安邑镇北）之战，成汤采取设伏诱敌战术，引夏军就范而歼之。公元前 1122 年商周牧野（今河南淇县西南）之战，周武王运用井亩阵法，正面佯攻，侧翼迂回，大败商军。显然，这些大规模战争已经运用了自觉的编制形式和战略战术。这说明，周代以前已经有了产生兵书的社会需求。同时，甲骨、青铜等文字的出现，为兵法的记录创造了条件。虽然现在已经看不到西周以前一部完整的兵书了，但是有许多证据证明当时确实已经有兵书存在。例如，《武经七书》之一的《六韬》，虽然成书在春秋或战国时代，但所记的方略、兵器和军队编制形式有许多确实是西周时期的。春秋时期的孙武如果没有对前人的借鉴和学习，就能独立总结出从战略决定到战术运用的系统经验也是不可思议的。事实上，现存《孙子兵法》“军争篇”中就引用了春秋以前的《军政》中的一段文字：“军政曰，言不相闻，故为金鼓，视不想见，故为旌旗。”又如，《左传》等书多次援引春秋以前的《军志》和《军政》的文字，这些文字，也多是讲兵法的。

到了春秋战国时期，百家争鸣，诸侯争霸，战争十分频繁。社会的发展和思想领域的开放给战争带来了深刻的影响。战争规模扩大，方式发生变化。这一时期产生了许多著名的军事将领和军事著作，如孙武、吴起、孙膑、卫鞅、尉缭子、司马穰苴等。西汉初年，张良、韩信整理兵法，共得 182 家。经过删取，选定了 38 家。宋代官方选定的《武经七书》中，《孙子兵法》《吴子兵法》《尉缭子》和《司马兵法》四篇都是这一时期的作品。《汉书 · 艺文志》著录古兵书 53 家、790 篇、图 43 卷。特别是被国内外称为“兵学鼻祖”的《孙子兵法》，在中国军事学中占有极其重要的地位。《孙子兵法》13 篇，7000 余字，在唯物论战争观基础上强调主观能动性，用辩证法观察和应用战争规律，承认战争中矛盾的普遍性和特殊性，采取从现象到本质的分析方法。“知彼知已，百战不殆”“攻其无备，出其不意”等论断，成为两千多年间的至理名言。同其他兵法相比，《孙子兵法》视野更广，论述更深，实用性更强。因此，在 2500 多年后的今天仍具有旺盛的生命力。《孙子兵法》在世界军事史上也享有盛名，对日本、欧洲等军事学的发展有重要影响。1972 年从山东临沂银雀山西汉墓中发现的《孙膑兵法》，堪称“《孙子兵法》第二”。《孙膑兵法》亦称《齐孙子》，为战国时齐国孙膑所作。孙膑系孙武裔孙，大约与商鞅、孟轲同时期。《孙膑兵法》在《孙子兵法》和《吴子》等兵书的基础上，对先秦军事思想进一步发展。据载，《孙膑兵法》原书 98 篇，图 4 卷，但失传了 1000 余年。银雀山汉墓中发现的《孙膑兵法》，整理后为 11000 余字，30 篇。

西汉末年，两汉之间，战争频起，出现了中国战争史上一系列著名人物，如刘秀、吴汉等。东汉末年，黄巾起义以后，中国再次陷入军阀割据局面，战争的次数和激烈程度也是历史上少见的。因此，曹操、诸葛亮等许多杰出的军事家和将领应运而生。曹操在政治上雄才大略，在军事上也有许多创见。史载他曾著兵书多种，《曹公新书》受到唐太宗、李靖等名人的推崇。宋定《武经七书》时，只用曹操的《孙子注》。诸葛亮既是大政治家，也是杰出的军事家，以“用兵如神”著称，在阵图和军事运输工具方面的创造对后世影响很大。陈寿的《蜀书》记载诸葛亮撰书目录，大多数是兵书，可见他的兵法著作也是很多的，可惜现在大多已不见流传了。

隋末的农民战争持续 13 年之久，隋后唐王朝统一和征讨北方少数民族政权的战争一直不断。这便造就了许多既有丰富实战经验又有理论造诣的军事家。李世民、李靖、李勣等是其中著名的代表人物。李靖任大将军 30 余年，著有《卫公兵法》等许多兵法书，现在从《通典》上可以看到其中部分内容。被定为《武经七书》之一的《唐太宗李卫公问对》是宋人许逸撰写的，通过这本书可以看到李靖在战争的攻守、阵法、训练等方面都有一定创见，尤其是对奇正的论述颇有独到之处。唐代中期，李筌的《神机制敌太白阴经》具有辩证法的自然观。他将唐以来从谋略、治兵、用将到战阵、战具以至军医、军用文书、军中杂制等方面的内容集为大成，对后世也有一定影响。

到了宋代，生产力快速发展，社会文明和富裕程度增强。但赵匡胤抑武重文，杯酒释兵权，平时不用武将，所以战力却比较孱弱。宋代的战争，除镇压农民起义外，主要是抵抗北方少数民族政权南下。在这些抵抗战争中，涌现了许多英雄和军事将领，如宗泽、岳飞、韩世忠、吴玠、吴璘、刘锜等，但可惜留下著作不多。《守城录》虽然作者名不见经传，却为这一时代的战争留下了历史足迹。这本书系统地总结了古代城市防守方面的经验教训，提出了守中有攻的积极守御思想和许多措施，这在兵法中亦是少见的。

明代东南沿海抵抗倭寇的战争，是中国历史上最早抵抗外敌从海上入侵的战争。倭寇不但凶猛残暴，而且颇有点来无影、去无踪的游击味道。这给军队的战术思想和作风纪律提出了新的要求。抗倭战争中也涌现了许多著名将领，如戚继光、俞大猷、张经等。戚继光不但身经百战，而且军事理论造诣极深。他写的《纪效新书》总结了前人治兵的方略，吸收了抗倭作战的经验教训。戚继光的练兵思想在古代军事学上占有重要地位。《练兵实纪》使用士兵的语言，通俗易懂，发给军官人手一册，士兵每队一册。

清代的兵书也很多。顾炎武撰《惧谋录》4 卷，胡林翼撰《读史兵略》46 卷，还有曾国藩的《曾文正公全集》等。明清之际还流传着许多无名氏兵书，其中也不乏优秀之作，如《三十六计》。

总之，兵法的出现和发展，是适应社会发展和战争需要的，同时兵法又反过来指导了古代战争，推动了中国古代军事的发展。

历代兵书从内容上可分为兵法、兵略、训练、阵法、兵制、兵器、城守、军事地理、名将传等类。

中国古代兵法所包含的内容十分生动丰富。全面介绍这些内容不是本文所能担当得起的任务。这里仅就主要之点概略地谈点儿粗浅看法。

1. 朴素的唯物史观和军事辩证思想。许多兵法著作及兵法言论都贯穿着反对天命论的思想，强调战争的胜负决定于人，事在人为。孙子、吴子、孙膑、曹操、李靖、李筌等人还进一步指出，战争的胜负决定于政治、将领、治兵、法令以及天时地利等主观条件。孙子所谓“以五校之计而索其情”“知己知彼，百战不殆”。就是说，战争的胜负是可以计算的，因此战争是可以控御的，胜负是可以争取的。绝大多数有作为的军事家都是坚持这种观点的。

古代兵法的唯物主义思想还表现在反封建迷信的斗争上。军事学上迷信与反迷信的斗争是从一开始就有的，也是长期的。每当国家相对安宁，战争比较少的时候，阴阳八卦、神鬼怪异、灾变谶纬等唯心主义就猖獗弥漫；但当战争频起，兵学和兵法成为指导客观战争实际需要的时候，唯物主义就成为主流。在这方面，兵法家同唯心主义决裂得越是彻底，思想就越解放，其著作就越是富于创见。例如，《孙子兵法》13 篇，自始至终未涉及迷信色彩，《唐太宗李卫公问对》《守城录》等也都与唯心主义做了深刻的决裂，这些书在学术上的价值都是比较大的。当然，有些优秀兵法著作也免不了夹杂着一些诡异成分，其原因或者是由于兵法家的知识所限；或者兵法家故意以此迷惑人，所谓“使贪使愚”；或者是由后人强加于他们头上的，如诸葛亮八阵图中的“天兵天将”等。

许多兵法著作还论述了诸如阴阳、奇正、虚实、强弱、主客、众寡、刚柔、攻守等矛盾的辩证关系。如认为虚实、强弱是可以互相转换的，奇正应该相辅相成，攻守应该根据敌我情况和客观条件决定，强调攻须善守，守中要攻，等等。这些都是符合辩证法思想的。

2. 富国强兵的政治主张。凡是有作为的封建国君和军事将领，都把部队建设看成关系国家安危的大事。《孙子兵法》开宗明义：“兵者，国之大事，死生之地，存亡之道。”曹操谓：“师贞丈人吉。”几乎所有兵法都主张“内修文德，外治武备”，认为军队的胜利要取决于国家良好的政治制度和措施。所谓“兵胜于朝廷”（《尉缭子》），“计于庙堂”（曹操《孙子注》），“恃武者灭，恃文者亡”（《司马兵法》）。许多著名兵法家本人就是出将入相的人才，除了领兵攻战之外，在政治上也有所作为。例如，吴起在楚国为相期间，实行变法，打击旧贵族，使楚国逐渐富强起来。诸葛亮辅政蜀国 27 年，在政治上实行法治，革除习弊，在经济上注重兴修水利，发展农业、蚕桑，改进生产和交通工具，开发西南少数民族地区，很有成效。曹操本身为一代帝王，在恢复和发展北方农业生产上，起了重要作用。

在战争的实质问题上，古代兵法也进行过认真的探讨。吴起认为战争的根源是“争名”“争利”“积恶”“内乱”和“因饥”五种，尉缭主张“诛暴乱禁不义”，等等。尽管他们由于阶级的局限不可能看到战争的真正根源，但是有的军事家却认识到人民在战争中的作用。“令民与上同意，故可以与之死，可以与之生”(《孙子兵法》)，“民安其田宅，亲其有司，则守已固”(《吴子兵法》)，“同天下之利者则得天下，擅天下之利者则失天下”(《六韬》)。

一般来说，比较有作为的军事家都能看到战争给人民造成的沉重负担和灾乱，所以不少人是主张“慎战”的。孙子认为用兵征战“日费千金”，“故不尽知用兵之害者，则不能尽知用兵之利”；吴起认为“以数胜得天下者稀，以亡者众”。

战争胜利在于充分的准备。绝大多数兵书都认为，国家拥有的人力、土地、物产、粮食、辎重等资源，是战争赖以进行的客观物质基础，政治、天时、地利、人和、将帅的素质、兵员的数量和训练程度、法令的贯彻程度、赏罚的公平与否等因素，是战争能否取胜的客观条件。物质基础雄厚，客观条件具备，战争就能进行和取胜。

3. 强调人在战争中的主观能动性。通过主观能动性的发挥，使自己转劣为优，趋利而避害，扬长而避短；削减敌人的优势而加重其劣势，扩大敌人的不利而缩小其有利，削弱敌人的长处而暴露其短处。《孙子兵法·虚实篇》中的“故善战者，致人而不致于人”“能使敌人自至者，利之也；能使敌人不得至者，害之也”“故敌逸能劳之、饱能饥之、安能动之”；《计篇》中的“利而诱之，乱而取之，实而备之，强而避之，怒而挠之，卑而骄之，逸而劳之，亲而离之”等，都是关于通过战争指导者的主观努力，促使战争的形势向着有利于己而不利于敌之转化的精彩论述。所以冯友兰先生在《中国哲学史新编》中说：“《孙子兵法》是古代一部优秀的兵书，也是一部出色的哲学著作。”像《孙子兵法》这样的精彩论述，在其他兵书中也有很多。

4. 灵活多变的用兵艺术。古代兵法关于战略战术问题的论述和所载战例十分生动丰富。有以少胜多的，以弱胜强的，也有反败为胜的。无论什么情况，兵法在以下几点上几乎都是共同的：“兵无常形”“兵无常势”“诡诈为道”。在“形”的运用上，要求奇正并用，虚实结合，要以正隐奇，以奇隐正；以实隐虚，以虚隐实，使敌人难以预测。孙子有“形兵之极，至于无形”“能而示之不能，用而示之不用，近而示之远，远而示之近”“攻其不备，出其不意”。李世民和李靖有“吾之正，使敌视以为奇；吾之奇，使敌视以为正”“以奇为正，以正为奇”“无不正，无不奇，使敌莫测”。在这方面的战例是不胜枚举的。如孙膑的围魏救赵，曹操的火烧官渡，周瑜的火烧赤壁，李靖奇袭东突厥等，都是奇正相结合运用的典型。

古代兵法还非常讲究“任势”。“任势”就是根据主客观条件，在时机、地形等方面创造一种态势和士气，以达到攻必克、守必固的目的。所谓“势如破竹”就是这个意思。孙子有所谓“发机”之论。春秋鲁庄公和曹刿在著名的齐鲁长勺之战时，“一鼓作气，再而衰，三而竭，彼竭我盈”，大败齐军，便是“任势”的一个典型战例。再如，韩信破赵时背水列阵，淝水之战时谢玄要求秦军后退等，都是趁势击敌的生动例子。

用兵的诡诈是以对敌情的判断和了解作为基础的。古代杰出的将帅都非常重视对敌情的侦察和判断，以“知敌之情”作为迅速下定决心的前提。孙子有“料敌制胜，计险厄远近，上将之道”，尉缭有“先料敌而后动”，关于料敌取胜的论述几乎篇篇皆有。

古代兵法还十分重视临敌应变，要求将领根据客观条件和敌情变化，审时度势，临机处置。孙子以为“兵家之胜，不可先传”。曹操有“料敌在心，察机在目”。古代战争中，像诸葛亮那样授以“锦囊妙计”的事可能是有的，那是以对敌情的准确判断和对行动的周密计划为前提的。但是诸葛亮也犯过失街亭的错误，而唱“空城计”却是临机应变的典型。刘邦在同项羽作战初期，几乎每战都失利，只是因为在失利之后能够采取正确的处置措施，才至转危为安。

5.重视将领的德才和作用，强调选贤任能。几乎所有兵法都有这方面的论述，许多都有专卷和专门章节。所论内容不外将德、将才、将威以及将领的智、信、仁、勇、严等品质。孙子有“知兵之将，民之司命，国家安危之主”，吴子有“三军之众，百万之师，在乎一人”。诸葛亮、黄石公等主张将领与士卒同甘共苦，戚继光《练兵实纪·练将》，从思想品质到作风纪律，对将领有全面系统的规定和要求。《六韬》等主张选贤任能，而曹操主张“唯才是举”“不拘品行”，并放手使用。

6. 重视军队内部关系的建设，强调严格的纪律和管理。自古治军以严为本，所有军事家都主张严格的纪律，所谓“军中立草为标”。在号令方面，主张令行禁止，即“有节制之师”；在赏罚方面，主张“有信”和“必诚”。有些军事家反对严刑峻法，主张恩威并用。孙子认为“卒未亲附而罚之，则不服”，李靖主张“爱设于先，威设于后”。在严格军纪的同时，古代兵法还十分注意军队在平时的作风养成。孙子有“始如处女，后如脱兔”，吴起有“居则有礼，动则有威，进不可挡，退不可追”。戚继光的主张和要求更是独特，《练兵实纪·练胆气》篇可以说是古代军队一个完整系统的内务纪律条令。他在“严号令”和“申军纪”的同时，十分注重养成教育。他规定“各歇家之时”也要“蓄养锐气，修治军装，讲明法令”，他对士兵威之以严，疏之以理，使他们养成自觉遵守纪律的习惯。他还把各种号令条例编印成册，让士兵每天习读。兵士犯有小过要挨军棍，可以背五款条约抵一军棍。他废弃动辄杀头的旧习，体恤士卒初犯小过。因此“戚家军”不但纪律严明，而且比较自觉。戚继光被张居正调到北方后，曾将参加过抗倭战争的三千浙兵调到蓟州进行专门训练。部队将要入城时，天下大雨，浙兵在未接到入城命令前从早晨一直站到傍晚，连当时北方的蒙古贵族也被震动。

当然兵法毕竟是产生在古代社会，由于生产力和人们认识能力的低下，也由于统治者的阶级偏见，古代兵法不可避免地存在着历史的局限性。例如，古代军事家们对战争实质问题是不可能搞清楚的。兵法中还夹杂着许多国君将帅决定一切的上智下愚思想，甚至公开主张像驱赶羊群那样驱赶士兵。许多兵法中还夹杂着封建伦理和道德观念，鼓吹政治上使用诡诈倾轧的方法。宣扬阴阳八卦、神鬼怪异、诡秘谶纬等封建迷信的就更多了。就是有些优秀的兵法著作也不免受到影响，以致鱼目混珠，良莠杂处。此外，在战略战术的论述方面也有各自的偏颇之处。

科学发展了，社会发展了。今天已经是核和电子的时代，现代军队的编制体制、战略战术思想、作战指挥、作风纪律等方面同古代相比都发生了革命性的变化。但是，兵法是我们宝贵的历史遗产。兵法的某些思想和原则即使今天也仍然有着重要的参考价值。我们应以辩证唯物主义和历史唯物主义的观点继承和研究这份珍贵的遗产，为今天的军队建设和战备工作服务。

为了学习军事历史知识，扩大我们的视野，借鉴古代战争的经验教训，我们编著了这部《中国历代兵法译注评》，供研究古代兵法时使用参考。在材料的选择上，我们的想法是既要有一定的学术价值，又要有一定的代表性；既要有时代的代表性，又要考虑内容和作者的代表性。例如，北宋以后各朝代定为武学必修课的《武经七书》，春秋战国时期的有 5 篇之多，各篇内容多数也没有超过《孙子兵法》，因此，只选进 3 篇，另加进历史上已经失传而现在又重新发现了的《孙膑兵法》。历史上历来对诸葛亮和曹操褒贬不一，所以，尽管诸葛亮的材料有部分是后人托伪的，但我们还是将两人的兵法著作和言论一并收入。唐代的李靖和李筌是两位很不相同但都对后世有一定影响的兵法家，本书同时收进了两人的言论或著作，以便大家联系对比。兵法多数是讲用兵征战的，但也有讲军队训练和管理的，我们也节选了《练兵实纪》的部分内容作为代表。对文人兵法、地位低下的人写出的兵法、无名氏的流传兵法和立场对立的代表人物的兵法，也分别选进了一些代表作。

所选 15 部兵法分为上、下两卷:《孙子兵法》《吴子兵法》《孙膑兵法》《六韬》《黄石公三略》《曹操兵法著作选编》《诸葛亮兵法著作选编》《唐太宗李卫公问对》为上卷,《太白阴经》(节选)、《守城录》(节选)、《虎钤经》(节选)、《练兵实纪》(节选)、《百战奇略》、《三十六计》、《曾文正公全集》(节选)为下卷。

每部兵法分为原文、译文、注释和评述四部分。原文均出自《墨海金壶》等典籍。译文以直译为主，在不失原意的基础上力求通俗、流利；有的地方原文词语过于简明，需加些补充词语的，均加括号以示区别。注释力求简明，凡在译文中已讲明了意义的词和字，一般不再作注，只有译文中说不明白的个别怪僻字词、典故以及需要了解的历史事件才另作注释。评述主要介绍兵法的背景、作者以及主要内容。

本书于 1988 年出版时得到了多位首长的关怀和支持。聂荣臻元帅题词，原中央军委副秘书长、国务委员兼国防部长张爱萍题签，兰州军区空军原政委杨永斌曾给予多方面的指导。

在对本书进行再整再编的时候，国家开放大学八一学院多位教职员工给予了大力协助和支持，他们中有曾建华、卞佳、余兰蕊、董颖等，在此一并致以谢意。

由于水平有限，加之时间仓促，本书在选材、翻译、注释和评述方面肯定存在不少问题和不足之处，敬请专家和广大读者提出批评意见。

邵学清、孙金城

2016 年 12 月 20 日

上卷

孙子兵法

计　篇

【原文】

孙子曰：兵者，国之大事，死生之地，存亡之道，不可不察也。故经之以五事，校之以计①而索其情。一曰道，二曰天，三曰地，四曰将，五曰法。道者，令民与上同意也，故可以与之死，可以与之生，而不畏危也；天者，阴阳、寒暑、时制②也；地者，远近、险易、广狭、死生也。将者，智、信、仁、勇、严也；法者，曲制、官道、主用③也。凡此五者，将莫不闻，知之者胜，不知者不胜。故校之以计，而索其情，曰：主孰有道？将孰有能？天地孰得？法令孰行？兵众孰强？士卒孰练？赏罚孰明？吾以此知胜负矣。

将听吾计，用之必胜，留之；将不听吾计，用之必败，去之。计利以听，乃为之势以佐其外。势者，因利而制权④也。兵者，诡道也。故能而示⑤之不能，用而示之不用，近而示之远，远而示之近。利而诱之，乱而取之，实而备之，强而避之，怒而挠之，卑而骄之，逸而劳之，亲而离之。攻其无备，出其不意。此兵家之胜，不可先传⑥也。

夫未战而庙算⑦胜者，得算多⑧也；未战而庙算不胜者，得算少也。多算胜，少算不胜，而况于无算乎。吾以此观之，胜负见矣。

【译文】

孙武说，战争是国家的大事，关系到人民的生死，国家的存亡，不能不慎重研究。所以，要从五个方面研究战争，分析比较敌我在这些方面的优劣，以探索战争胜负的情况和途径。这五个方面：一是政治，二是天时，三是地利，四是将帅，五是法制。政治就是使百姓能和君主同心协力、生死与共而不怕危难。天时是指气候、时令等条件。地利是指路途远近，地势的险阻和平坦，作战地域的广阔和狭隘，地形是否利于攻守或进退。将帅是指统帅应有的才智、信义、仁爱、英勇和威严等。法制是指部署队伍的制度，统率将士的办法，管理军备物资的计划和保障等。以上五个方面，将帅没有不知道的。然而，只有深刻了解并确实掌握了的人才能打胜仗，否则，就不能取胜。因此必须从七个方面进行分析比较，探索敌我的实际情况。这就是：哪一方的君主比较贤明；哪一方的将帅比较有才能；哪一方占据比较有利的天时、地利条件；哪一方的法令能切实贯彻执行；哪一方面的军队实力强盛；哪一方的士卒训练有素；哪一方的赏罚分明；根据以上的分析对比，我们就可以判明谁胜谁负了。

如果能够听从我的计谋，指挥作战一定胜利，我就留下；如果不能听从我的计谋，指挥作战一定失败，我就辞去。有利的计策已被采纳，还要设法去造“势”以辅助作战的进行。所谓“势”，就是视具体情况而采取相应的行动。用兵打仗是一种诡诈的行为。所以，能攻而假装不能攻，能打而假装不能打，欲近击而假装要远袭，欲远袭而假装要近击。敌人贪利就引诱他，敌人混乱就攻取他，敌人坚实有力时就防备他，敌人强大时就避开他，敌人易于恼怒就挑逗他，敌人鄙视我方就让他更加骄傲，敌人安逸就使他疲劳，敌人内部团结就离间分化他。攻敌不备，取敌不意。这些军事家取胜的秘诀，是不能事先泄露和具体规定的。

开战前，有周密的作战计划是能战胜敌人的，这是因为计算周密，胜利条件多了。没有周密的计划，就不能战胜敌人，是因为计划有漏洞，胜利条件少。计划周密能取胜，计划不周密不能取胜，何况没有计划呢？我据此观察，就可以预见战争的胜负了。

【注释】

①计：分析、计算、筹划。

②时制：春、夏、秋、冬四季的更替。

③曲制、官道、主用：曲制，部署部队的组织编制；官道，各级将吏的职责区分，统辖管理制度；主用，主是掌管，用是物资费用。

④制权：权变，灵活处理。

⑤示：表现，这里是伪装的意思。

⑥先传：预先说定。

⑦庙算：古时出兵作战以前，君主要先在宗庙里举行仪式，商讨作战计划和谋略事宜。

⑧得算多：算，计数用的筹码，这里引申为胜利条件。

【评述】

本篇讲述战略谋划。战略谋划是决定战争胜负的先决条件。

首先讲述战略谋划的五个方面，即指战争的性质（人民是否支持）、天时、地利、双方将领的素质能力、双方体制实力和后勤保障能力。综合这五方面分析计算的结果，就是战争的胜负结果。

“五校之计”是孙子战略谋划的基本思路和方法，这种思想方法在后代直至现代战争中，仍然具有重要意义。

毛泽东和中国人民军队创造性地发展了孙子战略谋划的思想，善于在战争展开前和战争中从全局出发，全面分析敌我阶级、政治、经济、社会和外交等综合实力，制定指导战争的正确战略战术。

例如，抗日战争开始的时候，毛泽东全面分析了中日两国政治、经济、社会发展和外交状况，得出了抗日战争“持久论”的结果，正确地指导了中国人民的抗日战争直至取得最后胜利。

作战篇

【原文】

孙子曰：凡用兵之法，驰车千驷，革车千乘，带甲十万，千里馈粮，则内外之费，宾客之用，胶漆之材，车甲之奉，日费千金，然后十万之师举矣。其用战也，胜久则钝兵挫锐，攻城则力屈，久暴师①则国用不足。夫钝兵挫锐，屈力殚货，则诸侯乘其弊而起，虽有智者，不能善其后矣。故兵闻拙速，未睹巧之久也。夫兵久而国利者，未之有也。故不尽知用兵之害者，则不能尽知用兵之利也。善用兵者，役不再籍，粮不三载。取用于国，因粮于敌，故军食可足也。

国之贫于师者，远输，远输则百姓贫；近师者贵卖，贵卖则百姓财竭，财竭则急于丘役②。力屈中原、内虚于家，百姓之费，十去其七。公家之费，破军罢马，甲胄矢弓，戟盾蔽橹③。丘牛大车，十去其六。

故智将务食于敌，食敌一钟④，当吾二十钟；萁秆一石⑤，当吾二十石。

故杀敌者，怒也；取敌之利者，货也。车战得车十乘以上，赏其先得者而更其旌旗。车杂而乘之，卒善而养之，是谓胜敌而益强。

故兵贵胜，不贵久。故知兵之将，民之司命，国家安危之主也。

【译文】

孙武说，凡起兵打仗，需要出动轻车千辆，重车千乘，兵士十万，还要千里送粮。那么为打仗，前后方的费用，招待来宾、使者的开支，修造军械的物资，车辆盔甲的补充，几乎每天费资千金，然后十万士兵才能行动。用这样的军队作战，则要求速胜；时间长了，会使军队疲惫，锐气挫伤，攻打城郭会使战斗力损耗，军队长期在前方作战，国家的开支会感到不足。军队疲惫，锐气挫伤，战斗力耗损，国家物资用尽，那么诸侯就会乘隙向我进攻，就是很有才智的人，也难以妥善处理其后事。所以，只听说即使笨拙的用兵，也要迅速取胜，没看到过用兵巧妙，反而把时间拖长。持久作战而对国家有利的事，是没有的。所以不能完全了解用兵害处的人，就不能了解用兵的好处。善于用兵的将帅，不征两次兵，粮秣不用多次运载；装备取于国内，粮秣得之于敌区，这样军粮就可以充足了。

国家因军队而贫困是由于为供应军队而远途运输，远途运输造成了百姓的贫困。军队驻地附近，物价会上涨，物价上涨就会使百姓的钱财枯竭，钱财枯竭就难以完成国家征收“军赋”的任务。力竭，财枯，国内就空虚。对人民的家庭而言，百姓的财物十去其七。国家的财力，因车破马死，盔甲、弓箭、枪戟、盾牌和大牛、大车的耗损，也要用掉十分之六。所以明智的将帅谋求取食于敌国。吃敌国粮食一钟抵得上本国的二十钟；用敌国的草料一石，抵得上本国的二十石。

所以要使军队奋勇杀敌，就要激起自己军队对敌人的仇恨；要使军队能夺取敌人的财物，就要奖赏自己的士兵。在车战中，缴获战车十辆以上，要奖赏首先夺取战车的人；夺到的战车要更换旗帜，夹杂在自己的车队里使用；对俘虏的士兵要很好的安抚，这样就可以战胜敌人，而使自己更强大。

故作战利于速胜，不利于持久。

所以，懂得用兵的将帅，是人民生死的主宰，国家安危的柱石。

【注释】

①暴师：“暴”同“曝”，指军队在前方作战。

②丘役：丘按井田制，八家为井，四井为邑，四邑为丘。每丘出马一匹、牛四头，叫丘役。

③蔽橹：护身用的大盾。

④钟：古代容量单位，一钟合 64 斗。

⑤萁秆一石：萁（qí），同萁，豆茎；石，古代计量单位，一石等于一百二十斤。

【评述】

本篇讲述一个重要的战略战役原则，即战争速度和时间问题。孙子主张速胜论，这是由当时社会生产力和生产关系的许多方面决定的。

毛泽东和中国共产党是将战略和战役分别进行谋划的。在战略上实行内线持久积极防御战的同时，在战役战斗上实行外线速决的进攻战。通过战役战斗上的攻防作战，不断削弱和消耗敌人的有生力量，逐渐转变敌我强弱的形势，使我由战略上的劣势变为战略上的优势，适时将战略防御转为战略进攻，彻底消灭敌人，夺取战争的最后胜利。

辽沈战役即是此例。

谋攻篇

【原文】

孙子曰：夫用兵之法，全国为上，破国次之；全军为上，破军次之；全旅为上，破旅次之；全卒为上，破卒次之；全伍为上，破伍次之。是故百战百胜，非善之善者也；不战而屈人之兵，善之善者也。

故上兵伐谋，其次伐交，其次伐兵，其下攻城。攻城之法，为不得已。修橹辒辒[①]，具器械，三月而后成；距堙[②]又三月而后已。将不胜其忿而蚁附之，杀士卒三分之一而城不拔者，此攻之灾也。故善用兵者，屈人之兵而非战也，拔人之城而非攻也，毁人之国而非久也，必以全争于天下，故兵不顿而利可全，此谋攻之法也。

用兵之法，十则围之，五则攻之，倍则分之，敌则能战之，少则能逃之，不若则能避之。故小敌之坚，大敌之擒也。夫将者，国之辅也。辅周则国必强，辅隙则国必弱。

故君之所以患于军者三：不知军之不可以进而谓之进，不知军之不可以退而谓之退，是谓縻[3]军；不知三军之事而同三军之政，则军士惑矣；不知三军之权而同三军之任，则军士疑矣。三军既惑且疑，则诸侯之难至矣。是谓乱军引胜[4]。

故知胜有五：知可以与战、不可以与战者胜，识众寡之用者胜，上下同欲者胜，以虞待不虞者胜，将能而君不御者胜。此五者，知胜之道也。故曰：知彼知己，百战不殆。不知彼而知己，一胜一负。不知彼不知己，每战必殆。

【译文】

孙武说，指导战争的原则是：使整个敌国降服是上策，击破敌国次之；使敌全军降服为上策，击垮敌军次之；使敌人全旅（五百人为旅）降服为上策，击垮其次之；使敌人全卒（一百人为卒）降服为上策，击垮次之；使敌人一伍（五人为伍）全部降服是上策，击垮次之。因此，百战百胜还不是高明中最高明的，不战而使敌人降服，才是最高明的。

所以，最好的作战方法是以谋胜敌，其次是用外交手段胜敌，再次是用兵交战胜敌，最下等的是攻城。用攻城的方法战胜敌人是迫不得已的方法。制造盾牌、轒辒，制备各种军事器械，需用三个月才能完成；在敌城下堆土为山，又要三个月以上才能完工。将帅忍不住愤怒，等不得完成攻城的准备，就指挥士兵像蚂蚁一样爬城，结果士兵伤亡三分之一，而城还没有攻下，这是攻城造成的灾难。所以，善于用兵打仗的人，消灭敌国不是靠持久作战。要争取天下必须用计谋使敌人降服，所以不必要用长时间屯兵于外的方法取得完全胜利，这就是用计谋进攻的方法。

用兵的方法是：我有十倍于敌人的兵力就围歼他；有五倍于敌人的兵力就进攻他；有两倍于敌人的兵力就各个击破；势均力敌就要善于战胜他；兵力少于敌人就要退却；战斗力不如敌人就避免作战。弱小的部队如果坚持拼杀，必然被强大的部队所俘虏。将帅是国君的助手，辅助得周密，国家必然强盛；辅助得不周密，国家必然衰弱。

国君不利于军队作战的可能有三种情况：不知道军队不能前进而叫军队前进，不知道军队不能退却而硬叫它退却，这叫作牵制军队；不明白三军的事情，而参与军队管理，就会使官兵迷惑不解；不懂得军队的策略，而参与军队的指挥，就会使官兵迟疑不决。三军既迷惑又迟疑，列国诸侯就会乘机制造祸难，这就是说：搞乱了自己的军队，给敌人以取胜的机会。

所以有五种情况可以预见胜利：懂得什么情况下可以打和什么情况下不可以打，能够取胜；懂得兵多该怎么打，兵少该怎么用的，能够取胜；上下有共同意志的，能够取胜；以有准备的军队对付没有准备的军队，能够取胜；将帅有才能而国君不去牵制的，能够取胜。这五条是预计胜利的规律。所以说：了解敌人又了解自己，百战也不会危险；不了解敌人只了解自己，胜负可能各占一半；既不了解敌人又不了解自己，每战必败。

【注释】

①轒辒（fén wēn）：蒙牛皮的四轮大车，下面可以容数十人。可以庇护兵士运土，填平敌方城壕。

②距堙（yīn）：在敌城下推土为山。

③縻（mí）：牵制、缠绊。

④乱军引胜：搞乱了自己的军队，给敌人以取胜的机会。

【评述】

本篇讲述用兵的另一重要原则，即如何评估战争的胜负。孙子建立了一种评估战争胜负大小的标准，最优的标准是“不战而屈人之兵”。同时指出这些标准是建立在深入知晓敌我双方的基础上的。

孙子也强调集中优势兵力歼敌的问题。

毛泽东一贯地创造性运用“不战而屈人之兵”的原则。例如，在平津战役中，我华北第三兵团阻国民党三十五军于新保安并将其彻底歼灭，第四野战军二十九小时攻克天津，从东西两方向对北平造成大军压境之势，终于迫使北平守军接受和平改编。

形[①] 篇

【原文】

孙子曰：昔之善战者，先为不可胜，以待敌之可胜。不可胜在己，可胜在敌。故善战者能为不可胜，不能使敌之必可胜。故曰：胜可知而不可为。不可胜者，守也。可胜者，攻也。守则不足，攻则有余。善守者藏于九地之下，善攻者动于九天之上，故能自保而全胜也。

见胜不过众人之所知，非善之善者也。战胜而天下曰善，非善之善者也。故举秋毫不为多力，见日月不为明目，闻雷霆不为聪耳。古之所谓善战者，胜于易胜者也。故善战者之胜也，无智名，无勇功。故其战胜不忒[②]。不忒者，其所措必胜，胜已败者也。故善战者立于不败之地，而不失敌之败也。是故胜兵先胜而后求战，败兵先战而后求胜。善用兵者，修道而保法[③]，故能为胜败之政。

兵法：一曰度，二曰量，三曰数，四曰称，五曰胜。地生度，度生量，量生数，数生称，称生胜。故胜兵若以镒称铢[④]，败兵若以铢称镒。胜者之战民也，若决积水于千仞之溪者，形也。

【译文】

孙武说，过去善于用兵打仗的人，首先创造条件使敌人不能战胜自己，以等待敌人暴露出弱点被我所胜。使敌人不能战胜自己，主动权在己，敌人暴露出弱点被我战胜，主动权在敌。所以善于用兵打仗的人，能够创造条件不被敌人战胜，但不能使敌人一定能被我战胜。所以说，胜利可以预见，而不能强求。使敌人不能胜我，使我可以胜敌，是属于进攻性。防守是因为力量不足，进攻是因为力量充裕。善于组织防守的人，使自己的军队像是藏在很深很深的地下，让敌人捕捉不到；善于组织进攻的人，使自己的军队迅猛神速得像是来自高不可测的天空那样，让敌无法抵御。所以防守时能够保存自己，进攻时能够取得全胜。

预见胜利不超过一般人所能知道的，不是高明中最高明的；打了胜仗普天下的人都说好，也不算是高明中最高明的。所以说，举秋毫的不算力大，见日月的不算眼亮，闻雷声的不算耳灵。古时所说善于用兵打仗的人，是在容易取胜的情况下打胜仗的。所以那些所谓善于打胜仗的人打了胜仗，并没有获得机智的名声，也没有勇敢杀敌的武功。善于作战的人打胜仗而不出差错，这是因为他采取了必胜的措施，去战胜已处于失败地位的敌人。因此，善于作战的人，应该使自己立于不败之地，而不放过使敌人失败的机会。所以，胜利的军队是先创造胜利条件而后同敌人交战，失败的军队是先交战而后寻求取胜的方法。善于用兵的人，能够修明政治，确保法令的执行，这样才能够握有胜负的决定权。

兵法说（要考虑相互关系的五个问题）：一是领土面积大小；二是物产的多少；三是兵员的众寡；四是力量的对比；五是胜负的可能性。敌对双方领土对比，产生面积大小的“度”；领土面积大小的“度”，产生物产资源的“量”，物产资源多少的“量”，产生能够供养士兵众寡的“数”；双方可以动员和供养士兵众寡的“数”，产生力量强弱对比的“称”；力量强弱对比的“称”，构成战争胜败的物质基础。胜利的军队就像“镒”对比“铢”那样，在力量对比上占有绝对优势；失败的军队就像“铢”对比“镒”那样，在力量对比上处于绝对劣势。胜利者指挥民众去打仗，如同在千仞高的地方，决开积水奔赴深溪一样，形成无坚不摧、势不可当的形势。

【注释】

①形：体态、样子、外貌，此处指作战或军队的外貌形态。

②不忒（tè）：形声字，本义为差误。忒字从心，从弋（yì），弋亦声。此处“不忒”，指善于打仗的人取得胜利是由于采取了必胜的措施。

③修道而保法：修明政治，确保法令的执行。

④以镒称铢（yǐ yì chēng zhū）：用镒同铢相比，表示力量处于绝对优势。“镒”与“铢”是中国古代的两个重量单位，一镒等于二十四两，一两等于二十四铢，因此，一镒就相当于五百七十六铢。

【评述】

本篇讲述保存自己和消灭敌人的关系：孙子认为保存自己是第一位的，消灭敌人应该在保存自己的基础之上，这就是所谓“善战者立于不败之地”。

我人民解放军在战斗中特别强调保存自己，反对那种“灭敌一千，自损八百”的拼消耗战术。我军吸取古今中外的战争经验，实行积极防御，实行运动战、阵地战、游击战紧密结合，实行周密的战争准备，不打无准备、无把握之仗，实行集中优势兵力，各个歼灭敌人，充分依靠人民群众等一系列战略战术原则，扬长避短，趋利避害，避强击弱，达到了保存自己和消灭敌人的目的。

势[①] 篇

【原文】

孙子曰：凡治众如治寡，分数[②]是也；斗众如斗寡，形名[③]是也。三军之众，可使必受敌而无败者，奇正[4]是也；兵之所加，如以碫投卵者，虚实是也。凡战者以正合，以奇胜。故善出奇者，无穷如天地，不竭如江海。

终而复始，日月是也；死而复生，四时是也。声不过五[5]，五声之变不可胜听也。色不过五[6]，五色之变不可胜观也；味不过五[7]，五味之变不可胜尝也。战势不过奇正，奇正之变不可胜穷也。奇正相生，如循环之无端，孰能穷之哉？

激水之疾，至于漂石者，势也。鸷鸟之疾，至于毁折者，节也。故善战者，其势险，其节短，势如彍（kuò）弩，节如发机。

纷纷纭纭，斗乱而不可乱。浑浑沌沌[8]，形圆而不可败。

乱生于治，怯生于勇，弱生于强。治乱，数也。勇怯，势也。强弱，形也。故善动敌者，形之，敌必从之；予之，敌必取之。以利动之，以本待之。

故善战者，求之于势，不责于人，故能择人而任势。任势者，其战人也如转木石。木石之性，安则静，危则动，方则止，圆则行。故善战人之势，如转圆石于千仞之山者，势也。

【译文】

孙武说，管理人数多的军队能像管理人数少的军队一样有序，是由于有适应的组织编制。指挥大部队作战像指挥小部队作战一样协调，是由于有必要的联络和指挥信号。全军各部队，即使受到敌人袭击而奋起抗击不致失败，是由于作战部署上有奇有正，奇正相变。军队发起进攻，像石头打鸡蛋一样，攻无不克，是由于避实就虚，以实击虚。凡是打仗，都是用“正”兵迎战，以“奇”兵取胜。善于出奇制胜的，就像天地那样无边无际，像江河那样奔流不竭，像日月那样落下又升起，像四季那样过去又再来。基本音阶不过五个，但由它组成的乐曲变化无穷，是听不完的。基本颜色不过五样，用它画成的图画变化无穷，是看不完的。基本的味道不过五种，具有这五种味道的食品变化无穷，是尝不完的。作战部署不过有奇有正，而奇正的变化是无穷无尽的。奇正的相互转化，像循环一样没有尽头，怎能穷尽它呢？

激水奔流，以至冲走石头，是水势造成的；鹰鹫迅飞，能够攫取禽兽，是由于它能控制时机。所以善于打仗的人，一定要造成居高临下，势如破竹之势，掌握时机逼近敌人，猛然出击。气势就像张开的弩弓一样对着敌人，“节”要像射箭一样，逼近看准，然后发射。

旗帜纷杂，人马众多，在混战中作战，要使自己的部队不乱；战车转动，人马奔驰搅成一团的情况下要能不被敌人击败。一定条件下，混乱是由严整、怯懦是由勇敢、弱小是由强大转化而来的。治或乱，是编制、组织好坏的问题；勇或怯，是整势优劣、气势盛衰的问题；强或弱是力量大小的问题。所以，善于调动敌人的人，制造假象给敌人看，敌人就信以为真而听从调动；故意给敌人一点好处，敌人就会贪利而上钩。这就是用小利引诱敌人，用伏兵等待敌人。

所以善于指挥作战的人，就努力造就有利的形势，而不苛求于人，因此注重选择适当的人去利用势。能利用有利形势的人，指挥军队作战就像滚动木石一样运用自如。木头和石头的特点是：放在平稳的地方就静止，放在险陡倾斜的地方就滚动；方的木石宜于静止，圆的木石便于滚动。善于指挥作战的人，所造成的势，就像推动圆的石头，从八百丈高的山上滚下来一样，猛不可当，这就是势的要领。

【注释】

①势：由事物所处空间相互关系所形成的一种力量差。“势”字从埶（yì）、从力，“埶”原意为“高原上滚球丸”。“埶”与“力”联合起来表示“高原上的球丸具有往低地滚动的力”。“势”引申有权势（权柄和势力）、势利（权势和利益）、势任（掌握权势的重要职位）、声势（声威和气势）、形势（情势）等。

②分数：指部队的组织编制。

③形名：形，军队用的各种旗帜。名，军队用的金鼓之类。以上器物古代军队用于联络和指挥。

④奇正：奇，指灵活出敌不意。正，指正规或正面迎敌。

⑤声不过五：古代以宫、商、角、徵、羽为五音。即五个基本音阶。

⑥色不过五：古代以青、黄、赤、白、黑为五色。

⑦味不过五：古代以辛、酸、咸、苦、甘为五味。

⑧浑浑沌沌：战车转动，人马奔驰的样子。

【评述】

本篇讲述部队正规基础建设和机动灵活战术的关系。正规建设是部队作战和战斗力的基础，机动灵活的战术是胜利的保证；“正”和“奇”之间不能一成不变，而应该是千变万化的；通过“奇”和“正”的变化，能够造成一种锐不可当的气“势”。

虚实篇

【原文】

孙子曰：凡先处战地而待敌者逸，后处战地而趋战者劳。故善战者，致人而不致于人。能使敌人自至者，利之也。能使敌人不得至者，害之也。故敌逸能劳之，饱能饥之，安能动之。出其所必趋，趋其所不意。行千里而不劳者，行于无人之地也。攻而必取者，攻其所不守也。守而必固者，守其所不攻也。故善攻者，敌不知其所守；善守者，敌不知其所攻。微乎微乎，至于无形；神乎神乎，至于无声。故能为敌之司命。

进而不可御者，冲其虚也。退而不可追者，速而不可及也。故我欲战，敌虽高垒深沟，不得不与我战者，攻其所必救也。我不欲战，画地而守之，敌不得与我战者，乖其所之也。

故形人而我无形，则我专而敌分。我专为一，敌分为十，是以十攻其一也。则我众敌寡，能以众击寡者，则吾之所与战者约矣。吾所与战之地不可知，不可知则敌所备者多，敌所备者多，则吾所与战者寡矣。故备前则后寡，备后则前寡，备左则右寡，备右则左寡，无所不备，则无所不寡。寡者，备人者也；众者，使人备己者也。

故知战之地，知战之日，则可千里而会战。不知战地，不知战日，则左不能救右，右不能救左，前不能救后，后不能救前，而况远者数十里，近者数里乎？

以吾度之，越人之兵虽多，亦奚益于胜败哉[1]？

故曰：胜可为也。敌虽众，可使无斗。

故策之而知得失之计，作之而知动静之理，形之而知死生之地，角之而知有余不足之处。

故形兵之极，至于无形。无形则深间不能窥，智者不能谋。因形而错胜于众，众不能知。人皆知我所以胜之形，而莫知吾所以制胜之形。故其战胜不复，而应形于无穷。

夫兵形象水，水之行避高而趋下，兵之形避实而击虚。水因地而制流，兵因敌而制胜。故兵无常势，水无常形，能因敌变化而取胜者，谓之神。故五行[2]无常胜，四时无恒位，日有短长，月有死生。

【译文】

孙武说，凡先到战场等待敌人的就安逸，后到战场应战的就疲劳。所以，善于指挥作战的人，能调动敌人而不被敌调动。能使敌人前来就歼，是利诱的结果。使敌人不得前进，是因为运用了不利因素阻碍了他。敌人安逸就使他疲劳，敌人饱食就使他饥饿；敌人安定要使他动乱。出击，要向着敌人行动不便的地方；行动，要向着敌人意料不到的方向。行军千里而不受损伤，是因为行进在没有敌人阻扰的地区。进攻就一定要占领敌军阵地，这是因为攻击了敌人不注意设防的地方；防守就能牢固地守住阵地，这是因为扼守了不利敌人攻击的地域。善攻者要使敌人不知道在哪里防守为好，善守者要使敌人不知从哪里进攻有利。微妙之处，在于使敌人看不出形迹。神秘之机，甚至使敌人听不见声息。所以能够掌握敌人的命运。

进攻而使敌人无法防御，是因为冲击了他空虚的地方；退却使敌人不能追击，是因为行动迅速使敌人追赶不及。我要与敌人交战时，敌人虽然高垒深沟不想出战，却不得不出来与我交战，是因为我攻击了他必救的地方。我不愿战，即使画地而守，敌人也不能与我交战，这是因为设置的计谋使敌人迷惑，从而把他的注意力引向了其他方向。

所以，诱使敌人暴露其兵力，而我不暴露；我军的兵力可以集中，而敌人兵力分散；我军兵力集中一处，敌军兵力分散在十处，于是，我军就能以十倍兵力对付一处敌军，形成我众而敌寡。能以众击寡，我军所要对付的敌军就弱小了。我要进攻的地方，敌人不知道，因此敌人防备的地方就多了；敌人防备的地方多了，那么我所进攻的地方敌人就少了。所以，注意防备前面，后面的兵力就薄弱；注意防备后面，前面的兵力就薄弱；注意防备右边，左边的兵力就薄弱。处处防备，则处处兵力薄弱。兵力薄弱是因为被动地防备的缘故；我方兵力强大，是由于敌人处处防备我军而分散了兵力的缘故。

能预料在什么地方什么时间打，则跋涉千里也可以同敌军会战；不知战地不知打的时间，那么，左翼不能援救右翼，右翼不能援救左翼，前部不能援救后部，后部不能援救前部，何况各部之间远的相隔数十里，近的也有数里呢？据我推断，越国的兵力虽然很多，对于战争的胜负又有什么用处呢？所以说，胜利经过努力是可以取得的。敌军虽然众多，也可使他无力与我争夺胜利。

所以，指挥打仗时要认真筹算，从而知道趋利避害的办法；诱敌动作，可以了解敌人的活动规律；有意“示形”，根据敌人的反应，从而了解敌人所据地形的有利与否。比较敌人各处的战斗力，可以了解敌人何处强何处弱。

由此可见，军队的作战方法灵活变化到极点，就变幻莫测，仿佛无形。无形，就是深入我内部的间谍，也不能窥探出我军虚实，即使有才智的人也不能谋算我军。由于采取灵活的战法而将胜利置于众人的面前，众人甚至还莫名其妙；人皆知我所以胜是因为采取了灵活的战法，而不知道我怎样制定这些用以取胜的具体作战方法。战胜敌人的方法是不能重复使用的，必须使作战方法适应具体情况，变化无穷。

作战的方式方法好似流水，水的流动是避开高处而流向低处，作战的方法是避开实处而出击虚处。水根据地势而确定流向，用兵是根据敌情而确定制胜方法。所以，军队打仗没有固定不变的战法，水没有固定不变的形态。能根据敌情变换战法取胜的，叫作用兵如神。所以说，五行之中，没有哪一行是常胜的。春、夏、秋、冬四时交替，没有哪一季是固定不移的。日子有短有长，月亮有缺有圆。

【注释】

①越人之兵虽多，亦奚益于胜败哉：越人，指越国。那时吴越相伐，孙武为吴王讲论兵法，所以把越国作为作战对象来说。奚：何。

②五行：金、木、水、火、土。我国古时认为世界万物都是由金、木、水、火、土这五种元素构成的。五者相克相生，水克火、火克金、金克木、木克土、土克水，水生木、木生火、火生土、土生金、金生水，等等。

【评述】

本篇讲述战争中的主动性问题。主动权是取得战争胜利的决定性因素。

毛泽东善于掌握战场的主动权。解放战争中，我军常不囿于一城一地的得失，时而大踏步前进，时而大踏步后退，始终把主动权掌握在自己的手中。例如，1947年3月，国民党军队调集34个旅23万人大举进攻陕北解放区，企图占领延安，3个月内聚歼我军于延安及其以北地区。由于敌强我弱，党中央和军委机关于3月19日主动撤出延安，而将主要兵力部署于延安以南地区，用运动防御战阻击敌人。实际上，胡宗南占领延安，是背上了一个沉重的包袱。西北野战军先后发动了第一次榆林战役、沙家店战役、延清战役、黄龙战役等一系列战役，重创了国民党军队；以后又发起了宜川战役。在撤出延安后的9个月内，共消灭国民党军队10万余人，使胡宗南军队完全丧失了主动权。我军于撤出延安一年一个月零三天后，不但重新收复了这座革命圣地，还使人民解放战争进入了全面反攻的阶段。

军争篇

【原文】

孙子曰：凡用兵之法，将受命于君，合军聚众，交和[①]而舍，莫难于军争[②]。军争之难者，以迂为直，以患为利。故迂其途而诱之以利，后人发，先人至，此知迂直之计者也。

军争为利，众争为危。举军[③]而争利则不及，委军而争利则辎重捐。是故卷甲而趋，日夜不处，倍道兼行，百里而争利，则擒三将军，劲者先，疲者后，其法十一而至；五十里而争利，则蹶上将军，其法半至；三十里而争利，则三分之二至。是故军无辎重则亡，无粮食则亡，无委积则亡。

故不知诸侯之谋者，不能豫交；不知山林、险阻、沮泽[④]之形者，不能行军；不用乡导者，不能得地利。

故兵以诈立，以利动，以分合为变者也。

故其疾如风，其徐如林，侵掠如火，不动如山，难知如阴，动如雷震。

掠乡分众，廓地[⑤]分利，悬权[⑥]而动。

先知迂直之计者胜，此军争之法也。

军政曰："言不相闻，故为金鼓；视不相见，故为之旌旗。"夫金鼓旌旗者，所以一人之耳目也。人既专一，则勇者不得独进，怯者不得独退，此用众之法也。故夜战多金鼓，昼战多旌旗，所以变人之耳目也。

三军可夺气，将军可夺心。是故朝气锐，昼气惰，暮气归。善用兵者，避其锐气，击其惰归，此治气者也。以治待乱，以静待哗，此治心者也。以近待远，以逸待劳，以饱待饥，此治力者也；无邀正正之旗，无击堂堂之阵，此治变者也。

故用兵之法，高陵勿向，背丘勿逆，佯北勿从，锐卒勿攻，饵兵勿食，归师勿遏，围师必阙，穷寇勿迫，此用兵之法也。

【译文】

孙武说，凡用兵打仗都有这样一条规律，将帅从接受君命、组织军队到与敌人对阵交锋，在整个过程中，最难的是与敌人争夺先机之利。争夺先机之利所以困难，是因为把迂回绕远的路变为近便的路，把有害变为有利。故意迂回绕道，同时诱惑敌人使其误入歧途，做到晚于敌人出动，而先于敌人到达战场，这才是懂得以迂回为直的计谋。

所以军争是有利的，也是危险的。带着全军和装备辎重去争有利之地，就争不到；轻装去争先机之利，就丢掉了辎重。脱掉铠甲急进，昼夜不停，加倍行程，如果奔走一百里去争利，三军将领都可能被俘。精壮的队伍先到，疲弱的队伍落后，通常只有十分之一的部队能赶到。

如果奔走五十里去争利，先头部队的将领可能损伤，通常只有半数的部队能赶到。如果奔走三十里去争利，则可以有三分之二的部队能赶到。军队没有辎重不能生存，没有粮食不能生存，没有财物储备也不能生存。

所以，不了解诸侯企图的人，不能预订外交方针；不熟悉山岭、森林、险要、关塞、沼泽、湖泊等地形特点的人，不能行军；不用向导，不能充分利用有利的地势。

因此，打仗必须善于欺骗敌人，抓住有利战机立即行动，在使用兵力上要注意分散和集中的变化。军队的行动，迅速时像疾风那样迅猛，缓慢时像树林那样徐徐摆动，进攻时像火势那样猛烈，坚守时像山岳那样巍然屹立，隐蔽意图时如阴云遮蔽星辰，发起攻击时有雷霆万钧之势。掠夺敌国乡村，取其人力，扩张自己的领土，占有敌国资源，权衡利弊，以确定自己的行动。谁事先懂得以迂为直的计谋谁就能取胜。这是争取先机之利的原则。

《军政》说："打仗时说话听不清，所以使用锣鼓；相互看不到动作，所以使用旗帜。"这些锣鼓旗帜，用来统一军队视听、行动，人们就能在集中指挥下统一行动起来。因此，勇猛的人不得离开部队擅自前进，怯懦的人也不得离开部队单独后退，这是指挥大部队的作战方法。夜间作战多用火光和鼓声指挥，昼间作战多用旗帜指挥，以适应人们的视听。

对敌军可以打击他的士气，对敌将可以扰乱他的决心。军队刚出动士气旺盛，时间长了就逐渐疲劳懈怠，到最后就消沉思归了。善于用兵打仗的人，避敌锐气，待敌懈怠消沉时对其攻击，这是掌握士气的方法。用自己军队的严整等待敌军的混乱，保持自己部队的沉着冷静，等待敌军的喧哗鼓噪，这是掌握军心的方法。保持我军接近战地，等待敌军的远道而来，保持我军安逸，等待敌军的疲惫，保持我军的饱食，等待敌军的饥饿，这是掌握战斗力的方法。不截击严整的敌军，不进攻阵容强大的敌军，这是掌握形势的方法。

所以，用兵的法则是：对占高地的敌军不仰攻，对从高处向下冲击的敌人不正面迎击，对假装败退的敌军不跟踪追击，对精锐敌军不强攻，对诱饵之敌不去吃，对急于回国的敌军不截击，对被围的敌军必须留有缺口，对处于绝境的敌军不要再逼迫。这些都是用兵打仗时应遵循的原则。

【注释】

①交和：对阵交锋。和，古代军队的军门，两军的军门相交，即两军对阵。

②军争：两军争利，指争取对作战有利的地形、地势等条件。

③举军：全军。指军队和所有辎重在内。

④沮泽：沮（jǔ），有水草的湖沼地带。

⑤廓地：廓（kuò），同“扩”。

⑥悬权：用秤衡量轻重。权，秤砣。

【评述】

本篇讲述战场和战斗的一系列原则和要领。所述这些事物，都属于战争中相互对立或对应的矛盾或矛盾的有关方面。比如，首先应解决对作战有利的主要矛盾，正确处理作战和后勤补给的关系，集中和分兵的关系，正确发布作战指挥信号，避敌锐气击其惰归，善用地形、地貌，等等。

解决好这些关系，最主要的是正确抓住主要矛盾，同时也要注意矛盾的互相转化。

九变篇

【原文】

孙子曰：凡用兵之法，将受命于君，合军聚众，圮地无舍，衢地合交①，绝地无留，围地则谋，死地则战，涂有所不由，军有所不击，城有所不攻，地有所不争，君命有所不受。故将通于九变之利者，知用兵矣；将不通于九变之利者，虽知地形，不能得地之利矣；治兵不知九变之术，虽知五利[②]，不能得人之用矣。

是故智者之虑必杂于利害，杂于利而务可信也，杂于害而患可解也。

是故屈诸侯者以害，役诸侯者以业，趋诸侯者以利。

故用兵之法，无恃其不来，恃吾有以待也；无恃其不攻，恃吾有所不可攻也。

故将有五危：必死，可杀。必生，可虏。忿速，可侮也。廉洁，可辱也。爱民，可烦也。凡此五者，将之过也，用兵之灾也。覆军杀将，必以五危，不可不察也。

【译文】

孙武说，凡用兵打仗都要遵循这样的原则：将帅受命于君主，组织统率军队，在“圮地”不安营扎寨，在“衢地”注意结交诸侯，在“绝地”不长时间停留，在四周险要、出入困难的地区要使用奇谋，在陷于后退无路的地区要奋勇决战。有些道路是不能通过的，有些敌军是不能进击的，有些城邑是不能攻取的，有些土地是不能夺取的，君主的命令有些是不能执行的。将帅能精通各种地形的灵活运用，才算懂得用兵；将帅不精通各种地形的灵活运用，虽然了解地形，还是不能加以利用。指挥军队而不知灵活地采取各种不同的措施，尽管知道上述五种地区的一般行动原则，也不能充分发挥军队的作用。

所以，聪明的将帅考虑作战问题，必然兼顾到利和害两个方面。考虑到有利的方面，作战任务可以顺利完成；考虑到有害的方面，可以避免意外的祸患。

为迫使列国诸侯屈服，就要攻击他的要害；要役使列国诸侯，就要给其制造事端去劳烦他；要使列国诸侯疲于奔命，就用小利去引诱他。

所以，用兵打仗必须：不寄希望于敌人不来进犯，而依赖于自己对来犯者有充分的准备；不寄希望于敌人不发动进攻，而依赖于自己使敌人的进攻不能得逞。将帅有五种危险：一味死拼，可能被杀；贪生怕死，可能被俘；急躁易怒，会经不起刺激；廉洁自爱，会经不起侮辱；爱惜民众，会受到牵连增加烦劳。以上五条，是将帅品德上的缺陷，也是指挥作战的灾害。全军覆没，将帅被杀，必然是由于这五种情况的危害，不能不警惕。

【注释】

①圮地无舍，衢地合交：圮（pǐ），毁坏。圮地指山林险阻，水草丛生，艰于通行之地。衢（qú），四通八达的地区。交合，结交邻国。

②五利：指圮地无舍……死地则战这五条的好处。

【评述】

本篇讲述地形地利的运用，运用地形地利总的原则是使自己趋利避害，诱使敌人趋害避利。

行军篇

【原文】

孙子曰：凡处军相敌①，绝②山依谷，视生处高，战隆无登，此处山之军也。绝水必远水：客绝水而来，勿迎之于水内，令半济而击之，利；欲战者，无附于水而迎客，视生处高，无迎水流，此处水上之军也。绝斥泽，唯亟去无留；若交军于斥泽之中，必依水草而背众树，此处斥泽之军也。平陆处易，而右背高，前死后生③，此处平陆之军也。凡此四军之利，黄帝④之所以胜四帝也。

凡军好高而恶下，贵阳而贱阴，养生而处实，军无百疾，是谓必胜。丘陵堤防，必处其阳而右背之，此兵之利，地之助也。

上雨水沫至，欲涉者，待其定也。

凡地有绝涧、天井、天牢、天罗、天陷、天隙⑤，必亟去之，勿近也。吾远之，敌近之。吾迎之，敌背之。

军旁有险阻、潢井、蒹葭、林木、蘙荟者，必谨复索之，此伏奸之所处也。

近而静者，恃其险也；远而挑战者，欲人之进也；其所居易者，利也。众树动者，来也；众草多障者，疑也。鸟起者，伏也；兽骇者，覆也。尘高而锐者，车来也；卑而广者，徒来也；散而条达⑥者，樵采也；少而往来者，营军也。辞卑而益备者，进也；辞强而进驱者，退也；轻车先出居其侧者，陈也；无约而请和者，谋也。奔走而陈兵者，期也；半进半退者，诱也。杖而立者，饥也；汲而先饮者，渴也；见利而不进者，劳也。鸟集者，虚也。夜呼者，恐也；军扰者，将不重也；旌旗动者，乱也；吏怒者，倦也；杀马肉食者，军无粮也；悬缶[7]不返其舍者，穷寇也。谆谆翕翕[8]徐与人言者，失众也；数赏者，窘也；数罚者，困也；先暴而后畏其众者，不精之至也；来委谢者，欲休息也。

兵怒而相迎，久而不合，又不相去，必谨察之。

兵非贵益多，唯无武进，足以并力料敌取人而已。夫唯无虑而易敌者，必擒于人。

卒未亲附而罚之，则不服，不服则难用。卒已亲附而罚不行，则不可用。故令之以文，齐之以武，是谓必取。令素行以教其民，则民服；令素不行以教其民，则民不服。令素行者，与众相得也。

【译文】

孙武说，关于军队在各种地形上的处置，对各种敌情的观察，这两个问题应该这么考虑：通过山地，要靠近山谷，军队扎营，要居高向阳，在山地作战避免仰攻，这是在山地军队的处置。我军横渡江河后要远离江河驻扎；敌渡河而来，勿在水内迎击，当其渡过一半时，对其攻击最有利；准备与敌交战，不要靠近河边迎击敌人；水上扎营，要在河流的上游，不要居于下游，这是在江河地带军队的处置。通过盐碱沼泽地区，要迅速离去不可停留；假若在盐碱沼泽地区与敌交战，必须靠近水草，依托树林，这是在盐碱沼泽地区军队的处置。在平原地区要占领平坦开阔的地方，右翼（主力）部队应依托高地，前低后高，这是位于平原地区军队的处置。军队在山、水、沼泽、平陆四种地形中处置有利，是黄帝征服四帝的原因。

凡是驻军宜于高处，不宜于低处；力求向阳，避免阴暗；生活方便，营寨坚实而安全；士兵不患各种疾病，胜利就有保证。在丘陵堤防地带，一定要占领它的向阳面，使主力部队依托高地，这样有利于作战，可以将地形作为辅助条件。

上游降雨，水沫涌至，需要涉水渡河时，应该等水势稳定后再渡。

凡地形有绝涧、天井、天牢、天罗、天陷、天隙，都要迅速离开，不可靠近。我军远离它，而让敌军靠近它；我军面向它，使敌军背靠它。

行军遇有险阻、池塘、苇丛、山林、草木茂盛的地方，必须仔细搜索，因为这里是奸细容易隐藏的地方。

敌军接近我军又很安静，是仗着他占有险要的地形；敌军远离我军而来挑战，是想引诱我前进；敌军进驻平坦开阔的地方，是因为有利于与我作战；许多树木摇动，是敌军伐木开路而来；草丛中设有许多遮障，是敌人设下短兵。鸟突然飞起，是下面有敌军埋伏；野兽惊跑，是敌军隐蔽来偷袭。飞尘高扬而上尖，有敌军的战车来了；飞尘低平而宽广，是敌军的步兵来了；飞尘散乱，纵横断续，是敌军在砍柴；尘土扬起得少而且时起时落，是敌军正在安营。敌军的使者言辞很谦逊，但又不断加强备战，是准备向我进攻了；敌军的使者言辞很强硬，而且摆出要进攻的架势，这是敌军准备撤退；敌军的战车先出动位于侧翼，是掩护他们的军队列阵；敌军无故求和，是怀有阴谋；敌军频繁调动兵车摆出阵势，是待机同我决战；敌军假装半进半退的样子，是引诱我军进攻。

敌军倚着兵器站立，是饥饿的表现；敌军打了水自己先喝，是缺水的表现；见利而不取，是疲劳的表现；敌营寨上集聚着鸟雀，表明营寨是空的；敌军夜间呼叫，反映他们心中恐惧；敌军浮动惊扰，表明敌将没威信；敌军旗帜乱动，是队伍混乱的表现；敌军官吏发怒，是心情厌倦；敌军用粮喂马，宰杀牛马吃肉，收起饮器炊具，不返回原来营房，说明敌军已成穷寇。反反复复、和和气气、慢慢腾腾地与部下谈话，是敌将帅已失掉人心；不断地奖赏，是将帅束手无策；不断地惩罚，是将帅陷入困境；将帅先对部下粗暴，后对部下忍让，是极其不精明的表现；敌人派来使者用委婉的言辞表示歉意，是想休兵息战。

敌军愤怒迎战，但长时间既不交战，又不撤退，必须谨慎地查明他们的企图。

兵不是越多越好，只要不盲目冒进，能够集中兵力，判明敌情，用人适当就可以了。只有无深谋远虑而又轻敌的人，才必定被敌人所俘。

将帅尚未得到士兵的拥护，就对士兵擅行惩罚，士兵心中就不服，心中不服就难于指挥；已经得到士兵的拥护，但不施行必要的惩罚，这种军队是指挥不了的。对兵士既要宽厚，又要严明法令，打起仗来必定取胜。命令在平时就能得到执行，并以此教育士兵，兵士就会服从；命令在平时就不能执行，也不对士兵进行教育，兵士就不会服从。命令平时能得到执行，是因为将帅与民众关系融洽。

【注释】

①处军相敌：处，安置。相，观察。

②绝：通过。

③平陆处易，而右背高，前死后生：平陆，草原。易，平坦。右，古时作战分左、中、右三翼，右翼是主力部队。死，低的意思。生，是高的意思。

④黄帝：传说是四千多年前中原氏族的领袖。其余四帝指赤帝、青帝、白帝、黑帝，当指四方诸侯。

⑤绝涧：前后险峻，中间横水。天井：四面陡峭，中间积水。天牢：三面绝壁，像天然的牢狱。天罗：草深树密，像天然的罗网。天陷：低洼泥泞。天隙：道多沟坑，又深又长。

⑥达：纵横断续的样子。

⑦缶（fǒu）：一种瓦制的饮器，烧时支起，叫悬缶。

⑧谆谆翕翕（xī）：谆，恳切；翕，和顺。

【评述】

本篇讲述宿营地地形地利的运用，如水陆、高和低、林地、险地等复杂地形和平原地区的关系等，指出运用地形地利的胜败仍然取决于“料敌取胜”，指出，带兵必须首先和士兵建立深厚的感情，然后才能严明纪律，使其心悦诚服。

地形篇

【原文】

孙子曰：地形有通者，有挂者，有支者，有隘者，有险者，有远者。我可以往，彼可以来，曰通。通形者，先居高阳，利粮道，以战则利。可以往，难以返，曰挂。挂形者，敌无备，出而胜之；敌若有备，出而不胜，难以返，不利。我出而不利，彼出而不利，曰支。支形者，敌虽利我，我无出也；引而去之，令敌半出而击之，利。隘形者，我先居之，必盈之以待敌；若敌先居之，盈而勿从，不盈而从之。险形者，我先居之，必居高阳以待敌；若敌先居之，引而去之，勿从也。远形者，势均，难以挑战，战而不利。凡此六者，地之道也，将之至任，不可不察也。

故兵有走者，有驰者，有陷者，有崩者，有乱者，有北者。凡此六者，非天之灾，将之过也。夫势均，以一击十，曰走；卒强吏弱，曰驰；吏强卒弱，曰陷；大吏怒而不服，遇敌怼而自战，将不知其能，曰崩；将弱不严，教导不明，吏卒无常，陈兵纵横，曰乱；将不能料敌，以少合众，以弱击强，兵无选锋，曰北。凡此六者，败之道也，将之至任，不可不察也。夫地形者，兵之助也。料敌制胜，计险厄远近，上将之道也。知此而用战者必胜，不知此而用战者必败。

故战道必胜，主曰无战，必战可也；战道不胜，主曰必战，无战可也。故进不求名，退不避罪，唯民是保，而利于主，国之宝也。

视卒如婴儿，故可以与之赴深溪。视卒如爱子，故可与之俱死。爱而不能令，厚而不能使，乱而不能治，譬如骄子，不可用也。

知吾卒之可以击，而不知敌之不可击，胜之半也。知敌之可击，而不知吾卒之不可以击，胜之半也。知敌之可击，知吾卒之可以击，而不知地形之不可以战，胜之半也。

故知兵者，动而不迷，举而不穷。故曰：知彼知己，胜乃不殆。知天知地，胜乃可全。

【译文】

孙武说，地形有通形、挂形、支形、隘形、险形、远形六种。我可以去，敌可以来的叫“通”。在“通”这种地形上，抢先占领高处和向阳面，保护好运粮的道路，这样与敌交战是有利的。易进难退的地区叫“挂”。在“挂”这种地形上，敌人如果没有准备，我突然出击就能够取胜；敌人若有准备，我出击就不能取胜，而且难以撤退，这样对我军是不利的。我军出击不利，敌军出击也不利的地区叫“支”。在“支”这种地形上，敌虽诱我出战，我也不出击；最好自动退去，让敌军来追，等他出动了一半兵力时再反击他，这样对我军有利。在“隘”的地形上，我军应抢先到达，而且完全控制隘口等待敌人；如果敌军先到达并控制了隘口，我军就不要去打，如果他没有控制隘口，我军还可以去打。在“险”的地形上，我军也应抢先到达并必须占领高处和向阳面等待敌人；如果敌军先到了，我军应自动退离，而不要去打。在“远”的地形上，双方态势分不出优劣，难以挑战，如果出兵挑战，就与我不利。以上六条是有关地形的作战规律，熟悉并掌握它，是将帅非常重要的职责，不能不认真研究和注意。

作战而招致战败，有走、驰、陷、崩、乱、北六种情况。这六种情况都不是天降之灾，而是由将帅的过失造成的。敌我势均力敌，而以一击十，叫作“走”（一定打不赢）；兵强官弱叫作“驰”（军官没能力，军纪松弛）；官强兵弱叫作“陷”（军官能力难以发挥，如陷泥潭）；高级军官愤怒不听指挥，遇敌为发泄怨恨而擅自出战，将帅不了解这些军官的能力叫作“崩”（必然招致军队的崩溃）；将帅懦弱管理部队不严，教育部队道理讲不清，官兵隶属关系经常变动，出战列阵乱七八糟叫“乱”（乱成一团）；将帅不能正确判断敌情，以少击多，以弱击强，用兵不选择精锐的部队叫“北”（必定败北）。这六种情况都是失败之道，将帅负有重大责任，对此是不可不注意的。

地形是作战的辅助条件。判明敌情制订取胜的计划，研究地形险易，距离的远近，是统帅的职责。懂得这些去指挥打仗必然胜利；不懂得这些去指挥打仗，必然失败。

所以，从战争规律上看有必胜的把握，即使国君说不打，将帅也可以坚持打；从战争规律看不能取胜的仗，君主说必打，将帅也可以不去打。进军不为求名，退兵不畏担当责任，只知道保护人民，而对君主、国家有利，这样的将帅是国家的宝贵财富。

将帅看待士兵像自己的婴儿，士兵就敢于和将帅一起为取胜而共赴深涧；将帅看待士兵像自己的爱子一样，士兵就能够和将帅一起拼死奋战。待遇好而不能指挥，溺爱而不严格管教，违法乱纪也不惩治，士兵就会像娇惯坏了的孩子一样，是不能用于作战的。

知道自己的部队可以打，而不知敌人不可打；或者只知道敌人可打，而不知道自己的部队不可打；或者知道敌人可打，又知道自己的部队可以打，但不知地形不利于作战，这样取胜的可能就都只有一半。善于用兵的人，行动不迷乱，措施无穷尽。所以说：知己知彼，就能确有把握地取得胜利；了解天时，也了解地利，就可不断地战胜敌人。

【评述】

本篇进一步讲述地形地貌与作战实力的关系。指出地形是作战的辅助条件，研究地形地貌特点，判明敌我情况，头脑清醒地制定取胜的多套方案，才是取得胜利的关键，并进一步指出，对带兵者来说，深入关怀和严格要求两者必须统一，缺一不可。

九地[1]篇

【原文】

孙子曰：用兵之法，有散地，有轻地[2]，有争地，有交地，有衢地，有重地，有圮地，有围地，有死地。诸侯自战其地，为散地。入人之地而不深者，为轻地。我得亦利，彼得亦利者，为争地。我可以往，彼可以来者，为交地。诸侯之地三属[3]。

先至而得天下众者，为衢地。入人之地深，背城邑多者，为重地。行山林、险阻、沮泽，凡难行之道者，为圮地；所由入者隘，所从归者迂，彼寡可以击吾之众者，为围地。疾战则存，不疾战则亡者，为死地。是故散地则无战，轻地则无止，争地则无攻，交地则无绝，衢地则合交，重地则掠，圮地则行，围地则谋，死地则战。

所谓古之善用兵者，能使敌人前后不相及，众寡不相恃，贵贱不相救，上下不相收，卒离而不集，兵合而不齐。合于利而动，不合于利而止。

敢问敌众整而将来，待之若何？曰：先夺其所爱，则听矣。兵之情主速，乘人之不及。由不虞之道，攻其所不戒也。凡为客之道，深入则专，主人不克；掠于饶野，三军足食；谨养而勿劳，并气积力；运兵计谋，为不可测。投之无所往，死且不北。死焉不得，士人尽力。兵士甚陷则不惧，无所往则固，入深则拘，不得已则斗。是故其兵不修而戒，不求而得，不约而亲，不令而信，禁祥去疑，至死无所之。吾士无余财，非恶货也；无余命，非恶寿也。令发之日，士卒坐者涕沾襟，偃卧者涕交颐，投之无所往，诸刿之勇也[4]。

故善用兵者，譬如率然。率然者，恒山之蛇也。击其首则尾至，击其尾则首至，击其中则首尾俱至。敢问兵可使如率然乎？曰可。夫吴人与越人相恶也，当其同舟而济，遇风，其相救也，如左右手。是故方马埋轮[5]，未足恃也。齐勇如一，政之道也，刚柔皆得，地之理也。故善用兵者，携手若使一人，不得已也。

将军之事，静以幽，正以治，能愚士卒之耳目，使之无知。易其事，革其谋，使人无识；易其居，迂其途，使人不得虑。帅与之期，如登高而去其梯；帅与之深入诸侯之地，而发其机，焚舟破釜，若驱群羊，驱而往，驱而来，莫知所之。聚三军之众，投之于险，此谓将军之事也。

九地之变，屈伸之利，人情之理，不可不察。凡为客之道，深则专，浅则散。去国越境而师者，绝地也。四达者，衢地也。入深者，重地也。入浅者，轻地也。背固前隘者，围地也。无所往者，死地也。是故散地，吾将一其志；轻地，吾将使之属；争地，吾将趋其后；交地，吾将谨其守；交地，吾将谨其守，衢地，吾将固其结；重地，吾将继其食；圮地，吾将进其涂；围地，吾将塞其阙；死地，吾将示之以不活。故兵之情，围则御，不得已则斗，过则从⑥。

是故不知诸侯之谋者，不能预交；不知山林、险阻、沮泽之形者，不能行军；不用乡导者，不能得地利。四五者⑦一不知，非霸王之兵也。夫霸王之兵，伐大国则其众不得聚；威加于敌则其交不得合。是故不争天下之交，不养天下之权，信己之私⑧，威加于敌，故其城可拔，其国可隳⑨。施无法之赏，悬无政之令。犯三军之众，若使一人。犯之以事，勿告以言；犯之以利，勿告以害。投之亡地然后存，陷之死地然后生。夫众陷于害，然后能为胜败。

故为兵之事，在于顺详⑩敌之意，并敌一向，千里杀将，此谓“巧能成事”者也。是故政举之日，夷关折符，无通其使，厉于廊庙之上，以诛⑪其事。敌人开阖⑫，必亟入之。先其所爱，微与之期，践墨随敌⑬，以决战事。是故始如处女，敌人开户；后如脱兔，敌不及拒。

【译文】

孙武说，用兵的法则，要注意九种不同地区的特点，就是散地、轻地、争地、交地、衢地、重地、圮地、围地和死地。诸侯在自己土地上作战的区域叫“散地”。进入人家土地但未深入的地区叫“轻地”。我占领有利，敌占领也有利的地区叫“争地”。我可以去，敌可以来的地区叫“交地”。与周围几个诸侯土地交界的地方，谁先到便于争取多数支持的叫“衢地”。深入敌境，背后有敌人的许多城镇的地区叫“重地”。行进在山林、险阻、水草所聚，道路难行的地区叫“圮地”。进路狭隘，归路曲折，敌人以寡击败我众的地方叫“围地”。拼死战则存，不拼死战则亡的地区叫“死地”。所以，不要在“散地”作战，不要在“轻地”停留，遇“争地”被敌人先占领不要去进攻。在“交地”各部之间不要失掉联系，在“衢地”要交结诸侯，在“重地”要掠取敌人的财粮，在“圮地”要急速通过，陷入“围地”要使用奇谋，到了“死地”

则拼死决战。

所谓古代善于用兵者，能使敌人的前后部队不能相互策应，大部队和小部队不能相互依靠，官兵不能互相救援，上下不能互相靠拢，士兵离散不能集中，集中了交战不能动作整齐。至于自己的军队，则是有利就打，不利就停。请问：兵力众多阵容严整的敌军将要向我进攻，该怎么办呢？回答是：先夺取其最珍贵的东西，他就听从你的调动了。作战要求行动迅速使敌人措手不及，由敌军意料不到的道路开进，对敌人不加戒备的地方攻击。凡是在敌区作战的规律是：深入敌境就专心一意的勇猛战斗，使敌无法抵御；夺敌国富饶地方的粮草，使我军足食；注意保养士兵的体力不使其疲劳，鼓舞士气，积蓄力量；部署兵力要善用计谋，使敌不能窥测我军企图。将军队置于只有奋战而无其他出路的境地，军队就会即或是战死也不败退，人们既然死都不怕了，哪里还有不尽力的呢？士兵深陷危险境地就会无所恐惧；无路可走就会军心坚固；深入敌境就谨慎了；迫不得已了就会拼死战斗。在这种处境下的军队，不整顿就能保持戒备，不督促也能自动出力，没盟约也能相互支援，不需三令五申也能遵守纪律。当士兵们清除了侥幸和疑惑的心理后，至死也不会动摇。我军士兵没有多余的财物，并不是他们厌恶它，不贪生怕死，并不是他们厌恶长寿。令发之日，坐着的士兵泪湿衣襟，仰卧的士兵泪流满面，当他们被置于除了奋战别无出路的境地时，他们就会像专诸（为了刺杀吴王而不惜牺牲）、曹刿（为协助鲁庄公抗击齐桓公而不避危险）那样勇敢。

所以，善于用兵的人（所统率的军队）就像是率然。率然是恒山之蛇，打它的头部尾部就来援救；打它的尾部，头部就来援救，打它的中部，头尾都来援救。请问：可以使部队也像率然那样互相援救吗？答，能。吴国人和越国人相互仇恨，当其同舟渡河，遇到大风时，也会像一个人的左右手那样互相救援。即使将马捆起来，把车轮埋起来，要使部队不动摇也靠不住；使所有的士兵像一个人一样奋战，在于将帅指挥有方；使强弱部队都能发挥作用，在于地形利用得适宜。善于用兵的人，把大军指挥得手拉着手像一个人一样，是因为他能造成使军队不得不服从的形势。

统率军队要安静而幽深，公正而有条理。能蒙蔽士兵的耳目，使他们对军事行动计划毫无所知。改动部署，变换计划，使人们不能识破其原因；搬迁驻地，迂回路途，使人们不能测到其目的。统率他们作战时，就像登高而抽掉梯子一样，使他们能进而不能退；统率他们深入诸侯的土地，就像将箭射出去一样，使他们一往无前；烧毁渡船，打破饭锅，像驱羊群那样，赶过来，赶过去，使他们只知跟着走而不知走向哪里。集聚全军，置其于危险的境地（然后使他们奋勇作战），这是统率军队要做到的事。

九种地形上的种种变化，部队进退之间的利害，士兵的心理状况，指挥作战的人对此不能不细心研究。凡到敌国作战，都是前进得深远，士兵就会专心一致，前进得浅近就易动摇涣散。离国出境去作战的就是进入了绝地；四通八达的地方就是衢地；进入敌国深远纵深的是到了重地；进入敌国浅近纵深的是位于轻地；背后地形险固，前面道路狭隘的是围地；无处可去的是死地。因此，在散地上，我就要统一和坚定军队的意志；在轻地上，我就要使军队部署得密集；遇争地，我就要督促后续部队迅速赶到；遇交地，我就要谨慎地组织防守；遭衢地，我就要巩固与邻国的联盟；位于重地，我就要补充军粮；经过圮地，我就要沿道路迅速前进；陷于围地，我就要堵塞其缺口；陷入死地，我就要表示拼死奋战的决心。士兵的心理是：被围攻就会顽强抵抗，迫不得已，就会拼死战斗，深陷于危险的境地就会对将帅言听计从。

不了解诸侯的意图，不能同他们结交；不了解山林、险阻、沼泽、湖泊等地形特点，不能组织行军；不用向导，难以利用地利条件。这几方面有一方面不知道，就不能成为天下无敌的军队。天下无敌的军队，讨伐大国，就能使大国的军队来不及集中，威力加在敌国的头上，就能使它在外交上孤立。因此（拥有这样军队的国家）不争着和诸侯结交，不培植诸侯的权势，而努力伸展自己的势力，实现自己的意图，将威力加在敌人头上，攻拔敌人的城邑，毁灭敌人的国家。施行超越惯例的奖赏，颁布打破常规的法令，使用全军就像指使一个人那样。使用他们去作战，不说明作战的机谋；使他们去争利，不告诉他们有什么危害，将军队置于亡地然后才去求存；使军队陷于死地，然后才去求生。兵众陷于危难之中时，胜败才在于人为，才能力争胜利。

所以，从事战争在于虚假地顺从敌人的意图，集中兵力向着敌人的一个方面进攻，长驱千里，擒杀敌将。这就叫巧计能成大事。决定发动战争的时候，要封闭关卡，销毁通行证，禁止敌国使者往来；在庄严的宗庙里，秘密地研究商讨战争大事。敌人一有空隙，立即乘虚而入。首先夺取敌人的要害，不能让他们得知我军的行动时间。要随着敌情的变化，执行作战方案，决定战争的行动。所以，开始时要像大姑娘那样沉静，使敌人不加戒备，因为他们漏洞百出，而后我军就像奔跑的兔子那样迅速进攻，要使敌人来不及抵抗。

【注释】

①九地：九种地形，这里指散地、轻地、争地、交地、衢地、重地、泛地、围地、死地。

②散地、轻地：诸侯在自己的土地上作战，这样的地区叫“散地”，意思是士兵怀念家乡，道路近便，容易走散回家之地。进入人家的土地而未深入，这样的地区叫“轻地”，意思是往返轻易之地。

③诸侯之地三属：与周围几个诸侯的土地交界的地方。

④诸刿之勇：诸，即专诸，春秋末年吴国的勇士，曾为吴国的公子光刺死吴王僚，专诸也当场被杀。刿：曹刿，春秋前期鲁国的勇士，曾在齐鲁两国会盟的时候，劫持齐桓公，迫使齐归还全部侵鲁土地。

⑤方马埋轮：缚着马驱，埋掉车轮。

⑥过则从：过，深陷危境。从，听从。

⑦四五者：这类、这些。

⑧信己之私：信同“申”，施展，伸张。

⑨隳（huī）：同“毁”，毁灭。

⑩详：同“佯”，伪装。

⑪诛：治，引申作商议。

⑫开阖：露出漏洞。开，开启。阖，关闭。

⑬践墨随敌：践，实践、执行；墨，方案、规矩。意思是，作战的方案，要像锯子沿着墨线而锯动，墨线拐弯，锯也要随着拐弯，敌情变化，作战方案也要随之变化。

【评述】

本篇讲述地形地貌在政治和外交中的运用，在于使敌人陷入混乱，首尾不能相顾。要达此目的，将帅必须有对全局了然于心、高瞻远瞩的眼光和统御全军的素质、才能。

解放战争中，我晋冀鲁豫人民解放军组成的中原野战军（即刘邓大军）和陕南部队组成的陈谢（陈赓、谢富治）纵队，强渡黄河。刘邓大军经历了外线出击，调动敌人；运动作战，消灭敌人；深入大别山，创建根据地以支持战争等三个阶段。陈谢纵队挺进豫西，开辟豫鄂陕根据地的斗争，对推动战局发展也功不可没。三路大军在中原地区形成了“品”字形出击之势并经略中原，互为犄角，互相配合，纵横驰骋，构成了战略进攻的整体，像三把尖刀插向敌之心脏，把战火引向了敌占区，对扭转全国战局起到了巨大作用，获得了巨大的成功。

火攻篇

【原文】

孙子曰：凡火攻有五：一曰火人，二曰火积，三曰火辎，四曰火库，五曰火队。

行火必有因，烟火必素具①。发火有时，起火有日。时者，天之燥也。日者，月在箕、壁、翼、轸②也。凡此四宿者，风起之日也。

凡火攻，必因五火之变而应之。火发于内，则早应之于外。火发兵静者，待而勿攻，极其火力，可从而从之，不可从而止。火可发于外，无待于内，以时发之。火发上风，无攻下风。昼风久，夜风止。

凡军必知五火之变，以数③守之。

故以火佐攻者明，以水佐攻者强。水可以绝，不可以夺。

夫战胜攻取而不修其功者凶，命曰费留④。故曰：明主虑之，良将修之，非利不动，非得不用，非危不战。主不可以怒而兴师，将不可以愠而致战。合于利而动，不合于利而止。怒可以复喜，愠可以复悦，亡国不可以复存，死者不可以复生。故明主慎之，良将警之，此安国全君之道也。

【译文】

孙武说，火攻有五种：一是烧敌营寨，二是烧敌粮草，三是烧敌辎重，四是烧敌仓库，五是烧敌转运道路。施行火攻必须具备条件，纵火器材平素要准备好。火攻要在适当的时节，放火要选有利的日子。所谓时，是指天气干燥的时候。所谓日，是指月亮运行经过箕（jī）、壁、翼、轸（zhěn）这四个星宿的日子——这些日子会起风。

凡是用火攻时，必须根据使用上述五种火攻后的敌情变化，用兵力配合。在敌人内部放火，要及时派兵从外部攻击策应。如果火起之后敌军还很镇静，要等待观察，不要立即发起攻击。火势很旺了，则视情况，可以进攻就进攻，不能进攻就停止。如果也可以从敌外部放火，就不必等待内应，只要抓住适当的时机放火就是了。火发上风，不可在下风头进攻，昼间风刮得时间长了，夜间风就会停止。军队必须懂得五种火攻的变化运用，也应根据气象情况的变化，防备敌人使用火攻。

所以，用火辅助进攻的作用很是明显的，用水辅助进攻也可以加强攻击力量。但是，水攻只能断绝敌军，而不能夺取敌之积蓄。

打了胜仗，夺取了土地和城池，如不能巩固胜利成果，那是不吉利的，可以说是白白损耗国力。所以说，英明的国君要慎重考虑，良好的将帅要认真对待这个问题。于我无利就不动，打不胜就不打，不是十分危急，不轻易发动战争。君主不可因发怒而兴师动众去打仗，将帅不可因一时冲动而贸然与敌交战。符合国家利益的就行动，不符合国家利益的就停止。怒可以再转为喜，不高兴可以再转为高兴，亡国不可以复存，人死不能复生。所以，英明的国君要慎于用兵，良好的将帅要戒于轻敌，这是为了国家的安全、军队的保存所必须做到的。

【注释】

①行火必有因，烟火必素具：行火，用火、放火。因，条件。烟火，引火的材料、器物。

②日者，月在箕、壁、翼、轸也：我国古代天文学家将夜空可以看到的一些恒星分为二十八宿，箕、壁、翼、轸是其中的四个星宿，传说月亮行经这四个星宿时是刮大风的日子这种说法没有科学道理。

③数：指气象变化，或是指军队编制。

④费留：耗费力量而遗留后患。或作耗费力量而久留师于外地。

【评述】

本篇讲述火攻，指出火攻必须要有一定条件。

在孙子的时代，冷兵器作战，火攻对于扩大战役规模，大量消灭敌人有较大的威力。

在抗日战争中，我八路军、新四军武器装备落后，常采用火攻的办法消灭敌人有生力量。例如，一二九师七六九团奇袭日军阳明堡机场的作战，就成功地运用了火攻。

奇袭阳明堡飞机场削弱了日军的空中突击力量，支援了国民党军忻口战役的正面防守。

用间篇

【原文】

孙子曰：凡兴师十万，出征千里，百姓之费，公家之奉，日费千金，内外骚动，怠于道路，不得操事者七十万家，相守数年，以争一日之胜，而爱爵禄百金，不知敌之情者，不仁之至也，非人之将也，非主之佐也，非胜之主也。故明君贤将，所以动而胜人，成功出于众者，先知也。先知者，不可取于鬼神，不可象于事①，不可验于度②，必取于人知敌之情者也。故用间有五：有因间，有内间，有反间，有死间，有生间。五间俱起，莫知其道，是为神纪，人君之宝也。因间者，因其乡人而用之。内间者，因其官人而用之。反间者，因其敌间而用之；死间者，为诳事于外，令吾闻知之，而传于敌间也。生间者，反报也。故三军之事，莫亲于间，赏莫厚于间，事莫密于间，非圣智不能用间，非仁义不能使间，非微妙不能得间之事。微哉微哉，无所不用间也。闻事未发而先闻者，间与所告者皆死。

凡军之所欲击，城之所欲攻，人之所欲杀，必先知其守将、左右、谒者、门者、舍人③之姓名，令吾间必索知之。必索敌间之来间我者，因而利之，导而舍之，故反间可得而用也；因是而知之，故乡间内间可得而使也。因是而知之，故死间为诳事，主必曰敌。因是而知之，故生间可使如期。五间之事，主必知之，知之必在于反间，故反间不可不厚也。昔殷之兴也，伊挚在夏；周之兴也，吕牙在殷④。故明君贤将，能以上智为间者，必成大功。此兵之要，三军之所恃而动也。

【译文】

孙武说，兴兵十万，出征千里，百姓的费用，国家的开支，要日费千金。国家为之骚动，因忙于运输给养、器材等任务而奔走于道路的老百姓，不能从事农业耕作的，约有七十万家。与敌国相峙数年，为争取最后一天的胜利，如果吝惜爵位和金钱（不使用间谍），因而不能探知敌情，是非常不仁的，当将帅的不是能够取胜的好将领，也不是国君的好助手，当国君的就不是能够争胜天下的英明国君。所以，明君贤将，出兵就能战胜敌人，建立高出众人的功业，是由于他们预先能了解和掌握敌情的原因。要事先了解到情况，不可求之于鬼神，不可凭主观臆想，不可靠胡乱猜测，必须取之于人，取之于了解敌情的人（间谍）。所以，使用间谍有五种：因间、内间、反间、生间、死间。这五种间谍都活动起来，使敌人摸不到他们的规律，好像极其神妙，这是国君取胜的法宝。所谓因间，就是用敌国的老百姓为间谍。所谓内间，是利用敌国的官吏为间谍。所谓反间，是利用敌人派来的间谍，使他为我所用。所谓死间，是故意制造和泄露假情况，让我方的间谍知道，传报给敌人。所谓生间，是派出间谍打入敌人内部，获得情报后及时报告。三军之事，与将帅的关系没有比间谍更亲近的，奖赏没有比间谍更优厚的，执行的任务没有比间谍更机密的。不具有高超智慧，不能使用间谍；非仁义，不能派出间谍；不全面细致地分析核对，不能得到间谍提供的兵实情报。微妙呀！微妙！没有一件事情是不可以使用间谍去察知的。间谍的任务还没有完成，别人就先知道，遇有这种情况，要处死间谍和获知机密的人。

凡我准备进攻的敌军，准备攻占的城邑，准备杀死的敌人，一定要先知道其守将、左右以及担负通报、警卫和侍从任务等官吏的姓名，命令我方间谍一定要侦察清楚。必须搜索出敌人派来侦察我军情报的间谍，给他以厚利收买他，诱导他，留他住下。因而，反间可以为我所用。由反间那里了解了敌情，就便于我使用乡间和内间；由反间那里了解了敌情，就便于我派出死间将假情报传给敌人；由反间那里了解了敌情，就便于我派出生间按预期的计划完成任务。使用五种间谍的方法，国君都必须懂得，但了解敌情最主要的是反间，所以对反间不可不给予优厚的待遇和奖赏。从前殷（商）朝兴起，得力于曾经在夏朝居住过的伊挚；周朝兴起，得力于曾经在殷朝当过小官的吕牙（吕牙、吕望、姜尚、姜子牙都是同一个人），所以明君贤将，如果能够使用具有上智的人做间谍，就能完成伟大的功绩。这是用兵作战的关键问题，部队都是依靠间谍提供情报而行动的。

【注释】

①象于事：指类推比附那些主观的办法。

②验于度：度，天象的度数。指验证于星象的运转。

③谒者、门者、舍人：谒者，传事、通报的人。门者，看门的人。舍人，门客、幕僚之类。

④伊挚在夏，吕牙在殷：商朝兴起时，伊尹本在夏朝；周朝兴起时，姜子牙本来在商朝，殷，即商朝。伊尹，伊挚，原是夏桀的臣子，深知夏朝的情况，后归商，商汤用他为相，灭夏。吕牙，姜子牙，原是商纣王的臣子，后归周，周武王用他为帅，灭商。

【评述】

本篇讲述侦察和反侦察。侦察和反侦察是对敌先知的必要条件，而对敌将领的侦察是侦察工作的重点。

《孙子兵法》总评

《孙子兵法》即《孙武兵法》，是春秋时期齐国人孙武所撰。

孙武，字长卿，春秋末齐国乐安（今山东惠民）人，其生卒年月不可考。据《新唐书・宰相世系表》和《古今姓氏书辨证》记载："齐田完，字敬仲，四世孙桓子无宇，无宇二字：恒、书。书子子占，齐大夫，伐莒有功，景公赐姓孙氏，食采于乐安。生凭，字起宗，齐卿。凭生武（指孙武），字长卿。"由此可见，孙武出身于贵族将门之后，所以能写出驰名中外的军事著作《孙子兵法》。

公元前 513 年，伍子胥把孙武推荐给吴王阖闾。阖闾读了孙武的兵法，和孙子谈论了当时的形势和军事问题，面试了孙武练兵作战的才能，知道他确实善于用兵，遂拜为将。此后，他带兵向西面击破了强大的楚兵，向北威胁齐国并迫使晋国屈服，为吴国称霸立下了赫赫战功。尤其是公元前 506 年伐楚之战，孙武率吴军 3 万人，大败楚国的 20 万大军，10 天之内，一直打进楚国都城郢，是历史上以少胜多、以弱胜强的突出战例。

《孙子兵法》是我国现存最早的兵书，也是世界上最早的兵书，流传广，影响大。现存 13 篇即计篇、作战篇、谋攻篇、形篇、势篇、虚实篇、军争篇、九变篇、行军篇、地形篇、九地篇、火攻篇、用间篇。全书总结了许多当时的作战经验，在理论和实践上，提出了比较系统的带有规律性的论断。

一是具有朴素的唯物主义和辩证法思想。《孙子兵法》13 篇从战略决定到战术的运用，都有精辟的论述，但从不"象于事"、不"验于度"。《孙子兵法》在论述作战计划的制订时指出，要通过敌我双方政治、天时、地利、将帅、法制等客观条件的分析研究后，才能制定相应的措施。这在当时是非常难得的。

孙武提出一系列矛盾对立的范畴和变化，如主客、众寡、强弱、攻守、进退、奇正、虚实、生死等，这些自然辩证法的表现，也是非常宝贵的。

二是强调政治的作用和人的作用，特别是将帅的作用。他在处理军事与政治、经济、自然条件等关系时，主张能用政治、外交手段达到胜利目的的，就不一定发动战争。孙子提倡"知己知彼"，才能指挥正确，取得胜利。孙子十三篇，讲述一系列战略战术问题，但从不单纯从技术角度讲问题，而是篇篇都和将帅联系起来，事事都对将帅有要求。

三是提出了一系列战略战术问题，这些不但是千百年来的正确用兵原则，而且具有重要的现实意义。孙子兵法中“兵贵胜，不贵久”“攻其无备，出其不意”“集中兵力，以实击虚”的观点；“因敌而制胜，因利而制权”的指挥方法；“以分合为变”“其疾如风，其徐如林”“以迂为直”的战术都十分可贵。孙武的“避其锐气，击其惰归”“知己知彼，百战不殆”，等等，已成为人们所熟知的军事格言。就是在现代化战争中，这些作战原则仍可借鉴，并具有重大的现实意义。

古今中外的著名军事家无不对《孙子兵法》给予极高的评价。曹操称赞孙子“孙武所著深矣”，宋代黄震在《黄氏日钞·读孙子》中说：“若孙子之书，岂特兵家之祖，亦庶几乎立之君子矣。”清代学者孙星衍在校勘《孙子兵法》的序言中说：“古之名将，用之则胜，违之则败，成为‘兵经’。”孙子一书在世界军事史上也享有极大的盛名。初唐时传入日本。日本人推崇为“百世兵书之师”“东方兵学的鼻祖”“兵学圣典”。在近代欧洲军事家中也发生过很大影响。如发动第一次世界大战的德皇威廉二世，失败后读到《孙子兵法》，叹息地说：“可惜二十年前没有看到这一本书。”

另：银雀山汉墓出土的《孙子兵法》残简中还发现有十三篇之外的《吴问》《黄帝伐赤帝》《地形二》《程兵》等佚文，现附后供研究参考。

附　录

吴　问

吴王问孙子曰：“六将军分守晋国之地，孰先亡？孰固成？”孙子曰：“范、中行是（氏）先亡。”“孰为之次？”“智是（氏）为次。”“孰为之次？”“韩、巍（魏）为次。赵毋失其故法，晋国归焉。”吴王曰：“其说可得闻乎？”孙子曰：“可。范、中行是（氏）制田，以八十步为婉（畹），以百六十步为畇（yún，亩），而伍税之。其制田狭，置士多，伍税之，公家富。公家富，置士多。主乔（骄）臣奢，冀功数战，故曰先［亡］。公家富，置士多。主骄臣奢，冀功数战，故为范、中行（氏）次。韩、巍（魏）制田，以百步为婉（畹），以二百步为畇，而五税［之］。其□田陕（狭），其置士多。伍税之，公家富。公家富，置士多。主乔（骄）臣奢，冀功数战，故为智是（氏）次。赵是（氏）制田，以百廿步为婉（畹），以二百卌步为畇（亩），公无税焉。公家贫，其置士少。主佥臣收，以御富民，故曰固国。晋国归焉。”吴王曰：“善。王者之道，□□厚爱其民者也。”

四 变

……［徐（途）有所不由，军有所不击］，城有所不攻，地有所不争，君令有［所不行］。

徐（途）之所不由者，曰：浅入则前事不信，深入则后利不椄（接）。动则不利，立则囚。如此者，弗由也。

军之所不□（击）者，曰：两军交合而舍，计吾力足以破其军，獾其将。远计之，有奇埶（势）巧权於它，而军……□将。若此者，军唯（虽）可毄（jī，同击），弗毄也。

城之所不攻者，曰：计吾力足以拔之，拔之而不及利於前，得之而后弗能守。若力［□］之，城必不取。及于前，利得而城自降，利不得而不为害于后。若此者，城唯（虽）可攻，弗攻也。

地之所不争者，曰：山谷水□无能生者，□□□而□□……虚。如此者，弗争也。

君令有所不行者，君令有反此四变者，则弗行也。……行也。事……变者，则智（知）用兵矣。

黄帝南伐赤帝

孙子曰：［黄帝南伐赤帝，至于□□］，战於反山之原，右阴，顺术，倍（背）冲，大威（灭）有之。［□年］休民，□穀，赦罪。东伐□帝，至于襄平，战于平□，［右阴］，顺术，倍（背）冲，大穀，（灭）［有之。□］年休民，□穀，赦罪。北伐黑帝，至于武隧，［战于□□，右阴，顺术，倍冲，大威（灭）有之。□年休民，埶（势）穀，赦罪］。西伐白帝，至于武刚，战于［□□，右阴，顺术，信冲，大威有］之。已胜四帝，大有天下，暴者……以利天下，天下四面归之。汤之伐桀也，［至于□□］，战于薄田，右阴，顺术，倍（背）冲大威（灭）有之。武王之伐［纣］，至於蔹（liǎn）遂，战牧之野，右阴，顺术，［倍冲，大威］有之。一帝二王皆得天之道，□之□，民之请（情），故……

地形二

［地］刑（形）二

［□］地刑（形）东方为左，西方为右［右］

……首，地平用左，军……

……地也。交□水□……

……者，死地也。产草者□……

……地刚者，毋□□□也□……

……［天］离、天井、天宛□……

是胃（谓）重利。前之，是胃（谓）猷守。右之，是胃（谓）天固。左之，是胃（谓）……

……所居高日建堂，□日□［□］□遂左水曰利，右水曰积……

……□五月度□地，七月□……

……□三军出陈（阵），不问朝夕，右负丘陵，左前水泽，顺者……

……九地之法，人请（情）之里（理），不可不□……

见吴王

……□於孙子之馆，曰："不穀好……兵者与（欤）？"孙……乎？不穀之好兵□□□□之□□□也，适之好之也。孙子曰："兵，利也，非好也。兵，□［也］，作戏也。君王以好与戏问之，外臣不敢对。"盖（阖）庐曰："不穀未闻道也，不敢趣之利与……"□孙子曰："唯君王之所欲，以贵者可也，贱者可也，妇人可也。试男于右，试女于左，□□□□……曰：不穀顯（yuàn，同愿）以妇人。"孙子曰："妇人多所不忍，臣请代……畏，又何悔乎？"孙子曰："然则请得宫□□……之国左后玺圄之中，认为二陈（阵）□□……□曰："陈（阵）未成，不足见也，及已成……□也。君王居台上而侍（待）之，臣……□至日中请令……陈（阵）已成矣，□□听……□□不□不难。"君曰："若（诺）。"孙子以其御为……参乘为舆司空，告其御、参乘曰："□□……□妇人而告之曰：'知女（汝）右手？'……之。""知女（汝）心？""知之。""知女（汝）北（背）？"曰："知之。"……左手。胃（谓）女（汝）前，从女（汝）心。胃（谓）女（汝）……人生也，若夫发令而从不听者诛□□……□不从令者也。七周而泽（释）之，鼓而前之……［三告而］五申之，鼓而前之，妇人乱而［□□□］金而坐之，有（又）三告而五申者三矣，而令猷（犹）不行。孙子乃召其司马与舆司空而告之曰："兵法曰：弗令费闻，君将之罪也；已令已申，卒长罪也。兵法曰：赏善始贱，罚……□请谢之。"孙子曰："君□……引而员（圆）之，员（圆）中规；引而方之，方中巨（矩）。"……盖（阖）庐六日不自□□□□□……□□□□孙子再拜而起曰："道得矣……□□□长远近习此教也，以为恒令。此素教也，将之道也。民……□莫贵于威。威行于众，严行于吏，三军信其将畏（威）者，乘其适（敌）。"

千□十五

……

……而用之，□□□得矣。若□十三扁（篇）所……

……［十］三扁（篇）所明道言功也，诚将闻□……

……□而试之□得□……

……［孙］子曰："古（姑）试之，得而用之，无不□……

……□□□之孙子曰："外内贵贱得矣。"孙……

……□不穀请学之。为终食而□……

……将军□不穀不敢不□……

……□也。请合之于□□□之于……

……者□□也。孙子……

……孙子曰：□……

……孙子……

吴子兵法

图国[1]第一

【原文】

吴起儒服[2]，以兵机见魏文侯。文侯曰："寡人不好军旅[3]之事。"起曰："臣以见占隐，以往察来，主君何言与心违？今君四时使斩离皮革，掩以朱漆，画以丹青，烁以犀象[4]。冬日衣之则不温，夏日衣之则不凉；以长戟二丈四尺，短戟一丈二尺。革车奄户，缦轮笼毂[5]，观之于目则不丽，乘之于田则不轻，不识主君安用此也？若以备进战退守，而不求能用者，譬犹伏鸡之搏狸，乳犬之犯虎，虽有斗心，随之死矣。昔承桑氏[6]之君，修德废武，以灭其国；有扈氏[7]之君，恃众好勇，以丧其社稷。明主鉴兹，必内修文德，外治武备。故当敌而不进，无逮于义矣；僵尸而哀之，无逮于仁矣。"

于是文侯身自布席，夫人捧觞，醮吴起于庙，立为大将，守西河。与诸侯大战七十六，全胜六十四，余则钧解[8]。辟土四面，拓地千里，皆起之功也。

吴子曰："昔之图国家者，必先教百姓[9]而亲万民。有四不和：不和于国，不可以出军；不和于军，不可以出阵；不和于阵，不可以进战；不和于战，不可以决胜。是以有道之主，将用其民，先和而造大事。不敢信其私。谋必告于祖庙，启于元龟[10]，参之天时，吉乃后举。民知君之爱其命，惜其死，若此之至，而与之临难，则士以尽死为荣、退生为辱矣。"

吴子曰："夫道者，所以反本复始；义者，所以行事主动；谋者，所以违害就利；要者，所以保业守成。若行不合道，举不合义，而处大居贵，患必及之。是以圣人绥之以道，理之以义，动之以礼，抚之以仁。此四德者，修之则兴，废之则衰，故成汤讨桀，而夏民喜悦；周武伐纣，而殷人不非。举顺天人，故能然矣。"

吴子曰："凡制国治军必教之以礼，励之以义，使有耻也。夫人有耻，在大足以战，在小足以守矣。然战胜易，守胜难。故曰：天下战国，五胜者祸，四胜者弊，三胜者霸，二胜者王，一胜者帝。是以数胜得天下者稀，以亡者众。”

吴子曰：“凡兵者之所以起者有五：一曰争名，二曰争利，三曰积恶，四曰内乱，五曰因饥。其名又有五：一曰义兵，二曰疆（同强）兵，三曰刚兵，四曰暴兵，五曰逆兵。禁暴救乱，曰义；恃众以伐，曰强；因怒兴师，曰刚；弃礼贪利，曰暴，国乱人疲，举事动众，曰逆。五者之数，各有其道，义必以礼服，强必以谦服，刚必以辞服，暴必以诈服，逆必以权服。”

武侯（文侯之子）问曰：“愿闻治兵、料人、固国之道。”起对曰：“古之明王，必谨君臣之礼，饰上下之仪，安集吏民，顺俗而教，简募良材，以备不虞。昔齐桓募士五万，以霸诸侯；晋文召为前行四万，以获其志；秦缪置陷陈三万，以服邻敌。故强国之君，必料其民。民有胆勇气力者，聚为一卒；乐以进战效力，以显其忠勇者，聚为一卒；能逾高超远，轻足善走者，聚为一卒；王臣失位而欲见功于上者，聚为一卒。弃城去守，欲除其丑者，聚为一卒[11]；此五者，军之练锐[12]也。有此三千人，内出可以决围，外入可以屠城[13]矣。”

武侯问曰：“愿闻阵必定、守必固、战必胜之道。”

起对曰：“立见且可，岂直闻乎？君能使贤者居上，不肖者处下，则阵已定矣；民安其田宅，亲其有司，则守已固矣；百姓皆是吾君，而非邻国，则战已胜矣。”

武侯尝谋事，群臣莫能及，罢朝而有喜色。起进曰：“昔楚庄王[14]尝谋事，群臣莫能及，罢朝而有忧色。申公问曰：‘君有忧色何也？’曰：‘寡人闻之，世不绝圣，国不乏贤；能得其师者王，能得其友者霸。今寡人不才，而群臣莫及者，楚国其殆矣！’此楚庄王之所忧，而君说之，臣窃惧矣！”于是武侯有惭色。

【译文】

吴起穿着儒士的服装，准备拜见魏文侯进说治兵用兵的事情。文侯说：“我这个人对于军旅方面的事情不大感兴趣。”吴起答道：“臣凭着从外表看到的来测度隐藏（在心里）的，凭着已经过去的来考察未来的，主君（口里）所说的与心里所想的怎么不一致呢？现在君王派人按四时节令来斩剥（各种野兽的）皮革，用朱漆涂在上面，描绘各种色彩，又画上犀象的形状。（这些东西）冬天穿起来不暖和，夏天穿起来也不凉爽；制造二丈四尺的长戟，一丈二尺的短戟；用皮革包车，掩饰车门，裹遮轮轴，这东西看起来并不漂亮，乘它打猎又不轻便。我不知道主君您怎么用这些东西？如果准备拿它们做（战争中）进攻和防守用，而又不选择善于运用它们的人，那就像带小鸡的母鸡去和狸猫搏斗，哺乳小犬的母犬去进攻老虎一样，虽然有拼命的决心，但随着来的只能是死亡。古时承桑氏的君主，因为只知修文德而废弃了武备，所以他的国家被人所灭；有扈氏的君主，又因为倚仗人多而逞勇，也丢掉了国家和政权。贤明的君主鉴于这些教训，一定要内修文德而外治武备。当大敌逼来，应进而不进，就没有抓住义的要领；（战败了）人死了再抚尸哀伤，也配不上谈仁的问题。”因为这一篇道理，魏文侯就亲自设席，夫人捧杯，为吴起在祖庙里举行祭神的礼仪，任吴起为大将，防守西河。吴起与诸侯大战 76 次，全胜 64 次，其余都战和了。魏国向四面扩展土地，开拓近千里，都是吴起的功劳。

吴起说：“古时想要把国家治理富强的，一定要先教诲各姓贵族，亲爱老百姓。有四项不和（的因素）：国内不和，不可以出军；军内不和，不可以出阵；阵内不和，不可以临敌；临敌不和，不可以决战。所以，有道德的君主，在将要动用老百姓的时候，先要搞好团结而后才发起大事，不敢只信自己人。凡有所谋，一定要祭告于祖庙，启示于庙中所藏的大龟，再参照天时，都表示是吉祥后才能行动。老百姓知道国君爱惜他们的生命，珍惜他们的死亡到了这种程度，当共赴国难时，士兵就会以拼死为光荣，退却苟生为耻辱了。”

吴起说：“道这个东西，能使人恢复本来面目；义这个东西，能使人成事绩效；谋这个东西，能使人消灾获利；要领这个东西，能使人保持业绩，守护成果。如果行为不合于道，举止不合于义，而又居高位显爵，灾祸必然降临到他身上。所以圣人要用道来教育百姓，用义来治理，用礼来感动，用仁来安抚。这四种德性，能实行的就兴盛，废弛的就衰败。正因为这样，成汤讨伐夏桀，夏的老百姓反而喜悦；武王讨伐商纣，殷的人民反不以为不对，行为顺天应人，才会这样。”

吴起说：“凡管理国家、治理军队必定要用礼来教诲，用义来激励，使他们（百姓和军队）懂得耻辱。人懂得耻辱，大的方面足以进攻，小的方面足以守国。当然，进攻取得胜利比较容易，防守要取得胜利就比较困难。所以说：天下进攻的国家，胜利五次的是灾祸，胜利四次的是积弊，胜利三次的是霸，胜利两次的是王，胜利一次的是皇帝。因为胜利多而得天下的很少，失天下的倒很多。”

吴起说：“大凡战争发起的原因不外五种：一是争名位，二是争利益，三是因为积恨深，四是发生内乱，五是因为饥荒。在起兵的含义上又有五种：一称义兵，二称强兵，三称刚兵，四称暴兵，五称逆兵。凡禁止暴虐或救助灾乱的就称之为义兵；凡恃强凌弱的，就称之为强兵；凡动一时之气而大逞干戈的，就称为刚兵；废弃礼义、贪图私利的，就称为暴兵；国家混乱、人民疲惫仍要兴师动众的，就称为逆兵。对这五种兵，各有应付的办法。如果是义兵，就必须用礼来折服它；如果是强兵，就必须用谦来折服它；如果是刚兵，就必须用辞来折服它；如果是暴兵，就必须用诈来折服它；如果是逆兵，就必须用权来折服它。"

魏武侯道："愿听你讲述如何治军、如何估量人才、如何巩固国家的道理。"吴起答："古时的贤君，必定都要谨守君臣之间的礼节，修饰贵贱之间的仪规，使百官和人民都安顺团结，顺应习俗而教化。更要简选征募优良人才，以防备不虑之事变。以前，齐桓公曾征募士卒五万，因此而称霸诸侯；晋文公征募"前行"四万，因此而实现了他的志愿（称霸）；秦缪公备有冲锋陷阵之士三万，折服了邻敌。所以强国的君主，一定要审量他的百姓。老百姓中有胆有勇有气力的，把他们编为一卒；有甘愿进攻，效死力战以显示忠勇的，把他们编为一卒；有善于爬高跳跃、机灵善跑的，把他们编为一卒；有当大官丢掉职位而想建功于国的，编为一卒；有丢掉了防守的城池而被战败，想洗刷耻辱的，编为一卒。这五卒乃是全军精练的锋锐。有了这样的三千人，（打起仗来）从内就可以冲破包围，从外就可以攻克城池了。"

魏武侯问吴起说："愿听你讲述布阵必安稳，防守必牢固，进攻必胜利的道理。"吴起答道："（让您）马上见到都可以，岂止听一听呢？您能使贤明的人居高位，不肖的人居低位，阵就安稳了；老百姓能安居乐业，敬爱他们的长官，防守就坚固了；各大官姓都以自己国君的一切为正确，以邻国的一切为不正确，那么进攻就已经胜利了。"

魏武侯曾与群臣议事，众大臣的才能都不如他，散朝以后，他不免面带得意之色。吴起对他说："过去楚庄王也曾和群臣议事，大家都不如他，他在散朝以后面带忧虑不快之色。申公问他：'君王为何面带忧色？'庄王说：'我听说在这世界上根本不会没有圣人，在一个国家也根本不会没有贤人。能够得到（可以向之学习请教的）老师的，可成就王业；能得到（可以与之互相切磋研究的）朋友的，可以成就霸业。如果我这样缺乏才能，而群臣的才能还不如我，如此下去，楚国的前途就危险了。'（群臣不如君）这种现象是楚庄王所忧虑的事，而您却感到高兴，这样，我就感到忧惧了啊！"于是魏武侯脸上露出了羞愧之色。

【注释】

①图国：图，本意为谋划、反复考虑，此处图国意为谋划国事。

②儒服：儒，指儒家学者，后泛指古代知识分子。儒服，即穿戴儒家学者的衣帽。

③军旅：周制以 12500 人为军，500 人为旅。此处概指战阵之事。

④烁以犀象：烁，光彩夺目。在人的甲上，车身上画上犀象等猛兽图形，有使人畜震骇的作用。

⑤缦轮笼毂：缦，指没有花纹的丝织品；笼，笼罩。缦和笼均作动词用，为装饰、掩盖意。毂，车轮上装轴的孔。

⑥承桑氏：上古炎黄二帝时，太昊（hào）氏的苗裔少昊氏，为东夷著名领袖。因即位于“穷桑”，故称“穷桑氏”，亦称“承桑氏”。

⑦有扈氏：夏禹时的诸侯之一，因禹位传于子夏启，有扈（hù）氏不服，兴兵征伐，为启所灭。

⑧钧解：钧同“均”，解同“和”。

⑨百姓：古代对贵族的总称。

⑩元龟：大龟，古代用来占卜吉凶。

⑪聚为一卒：卒，原为军制单位，100 人为卒。此处不拘泥人数，意为编成一个单位。

⑫练锐：精练锋锐的队伍。

⑬屠城：将守城之敌全部消灭。意为攻克，而非杀死全城人。

⑭楚庄王：春秋时代五霸中最后一个，名旅，有贤能之称。

【评述】

本篇讲述战争的政治谋划。取得战争胜利的条件是“内修文德，外治武备”。民心所向是胜利之本，上下同心是胜利的先决条件，战争的发动者必须慎战。

料敌①第二

【原文】

武侯谓吴起曰：“今秦胁吾西，楚带吾南，赵冲吾北，齐临吾东，燕绝吾后，韩居吾前，六国兵四守，势甚不便，忧此奈何？”起对曰：“夫安国家之道，先戒为宝；今君已戒，祸其远矣。臣请论六国之俗：夫齐阵重而不坚，秦阵散而自斗，楚阵整而不久，燕阵守而不走，三晋阵治而不用。夫齐性刚，其国富，君臣骄奢而简于细民，其政宽，而禄不均，一阵两心，前重后轻，故重而不坚。击此之道，必三分之，猎其左右，胁而从之，其阵可坏。秦性强，其地险，其政严，其赏罚信，其人不让，皆有斗心，故散而自战。击此之道，必先示之以利而引去之；士贪于得，而离其将，乘乖猎散，设伏投机，其将可取。楚性弱，其地广，其政骚，其民疲，故整而不久。击此之道，袭乱其屯，先夺其气，轻进速退，弊而劳之，勿与争战，其军可败。燕性悫，其民慎，好勇义，寡诈谋，故守而不走。击此之道，触而迫之，陵而远之，弛而后之，则上疑而下惧，谨我车骑，必避之路，其将可虏。三晋者，中国也，其性和，其政平，其民疲于战，习于兵，轻其将，薄其禄，士无死志，故治而不用。击此之道，阻阵而压之，众来则拒之，去则追之，以倦其师，此其势也。

然则一军之中，必有虎贲[②]之士，力轻扛鼎，足轻戎马，搴旗取将，必有能者；若此之等，选而别之，爱而贵之，是谓军命。其有工用[③]五兵[④]、材力健疾、志在吞敌者，必加其爵列，可以决胜，厚其父母妻子，劝赏畏罚，此坚阵之士，可与持久。能审料此，可以击倍。”武侯曰：“善！”

吴子曰：“凡料敌有不卜而与之战者八：一曰疾风大寒，早兴寤迁，剖冰济水，不惮艰难；二曰盛夏炎热，晏兴无间，行驱饥渴，务于取远；三曰师即淹久，粮食无有，百姓怨怒，祆祥数起，上不能止；四曰军资既竭，薪刍既寡，天多阴雨，欲掠无所；五曰徒众不多，水地不利，人马疾疫，四邻不至；六曰道远日暮，士众劳惧，倦而未食，解甲而息；七曰将薄吏轻，士卒不固，三军数惊，师徒无助；八曰阵而未定，舍而未毕，行阪涉险[⑤]，半隐半出。诸如此者，击之无疑。有不占而避之者六：一曰土地广大，人民富众；二曰上爱其下。惠施流布[⑥]。三曰赏信刑察，发必得时；四曰阵功居列，任贤使能；五曰师徒之众，兵甲之精；六曰四邻之助，大国之援。凡此不如敌人，避之勿疑。所谓见可而进，知难而退也。”

武侯问曰：“吾欲观敌之外，以知其内，察其进，以知其止，以定胜负，可得闻乎？”起对曰：“敌人之来，荡荡无虑[⑦]；旌旗烦乱，人马数顾，一可击十，必使无措。诸侯未会，君臣未和，沟垒未成，禁令未施，三军匈匈，欲前不能，欲却不敢，以半击倍，百战不殆。”

武侯问敌必可击之道。起对曰："用兵必须审敌虚实，而趋其危。敌人远来新至，行列未定，可击；既食未设备，可击；奔走可击；勤劳可击；未得地利，可击；失时不从，可击；涉长道，后行未息，可击；涉水半渡，可击；险道狭路，可击；旌旗乱动，可击；阵数移动，可击；将离士卒，可击；心怖可击。凡若此者，选锐冲之，分兵继之，急击勿疑。"

【译文】

魏武王对吴起说："现在，秦国在西面威胁我国，楚国在南面包围我国，赵国在北面冲撞我国，齐国在东面临近我国，燕国断我后路，韩国居于我前方。这六国的军队从四面把我们包围起来，形势极为不利。我为此甚为忧虑，但又有什么办法呢？"吴起回答道："要使国家长治久安，事先提高警觉是最重要的法宝。现在，您已警觉了，灾祸就离您远了。请您允许我分析一下六国情况：齐国军队很多但并不坚固，秦国军队分散而惯于自战，楚国军队整齐但不能持久，燕军善于防守但不善机动，三晋的军队虽然治理得较好但难于实际使用。齐国民性刚烈，国家充裕，君臣骄纵奢侈，而对平民百姓却不在意，政治比较宽厚，但俸禄不合理不平均，一军之内有两条心，重前轻后，因此虽然多但不坚固。打击这种军队的办法是：把它分成三段，攻击它的左右两侧，胁迫它撤退而跟踪追击，它的阵势就瓦解了。秦国民性好强，地形险要，政治苛严，赏罚有信。它的人民不尚谦让而尚械斗，所以习惯分散自战。打击这种军队的办法，一定要先显示一些便宜以引诱他们，士兵贪利，就要离开他们的将领。此时乘他们的弱点而猎取前后错落的散兵，采取预设埋伏和各种恰当的措施，就可以俘获他们的将领。楚国民性轻弱，他的地很大，但政令繁杂，人民疲惫。他的军队虽然整齐但不能持久。打击这种军队的办法是：突袭他的驻地，先动摇他的士气，轻进快退，使之疲惫劳困，而不（轻易）与他决战，就可以打败他。燕国民性诚朴，百姓拘谨但好义尚勇，缺少计谋，所以善于防守不善机动。打击这种军队的办法是：接触后压迫他，凌辱他，引他远行，追到他的后方袭扰他，他就会上疑下怕谨慎地走以为我车骑不走的道路，这样，他的将领就可以为我俘虏了。三晋（韩、赵二国）是中原国家，民性和顺，政治平平，百姓被战争所疲惫，对于兵事很熟悉，视轻他们的将领，俸禄也很微薄，士兵没有拼死的斗志，所以虽然治得有条有理，但实际上难于发挥效用。打击这种军队的办法是：用强大的兵力来恐压他，如果他前来就与他对阵，他离去就追击，使他疲倦。这就是三晋军队的情形。

但是，（这只是事情的一方面，另一方面）一军之中一定有猛虎一样勇敢的人，力量大得扛鼎还觉得轻，腿脚敏捷得弛逐戎马尚不觉快，甚至拔敌旗擒敌将的也一定有。如有这类人物，要简选加以区别对待。爱惜和尊重他们，可说是军队的生命。对于那些善于使用各种兵器、身手健壮而又有生吞敌人决心的人，一定要进封他们的爵位等级。这样打仗时就可以取得胜利。要厚待他们的父母妻儿，劝之以赏，畏之以罚。这些都是可以巩固军队的人，是可以持久与共的。如能明确处理好这些问题，虽两倍于我的敌人也可将他击败。”魏武侯听了说：“很好。”

吴起说：“凡是研究敌人，（情形已明）而不需要在占卜吉凶就可以攻击的有八种情形：一是烈风和高寒时，或大清早就开始动作或夜晚还迁徙不定的，或正在破冰渡河不避艰难的；二是盛夏炎热之时，行动与休息没有调节，驱行饥渴，务求达到远的行程的；三是军队在外停留时间已久，粮食又完，百姓怨怒，祸征吉兆屡次掀起，上级也无法制止；四是军需已经完了，柴薪饲料已很少了，天气又多阴雨，想去抢夺也没有地方；五是部队不多，水源和地形均不利，人和马患疾病瘟疫，四邻国家也不来相助；六是道路遥远，日已黄昏，兵士疲劳，困倦不吃饭，卸下衣甲正在休息；七是将官能力薄弱，士卒精神不稳，全军屡起惊恐，也没有部队前来相助；八是虽已布阵但尚未安定，虽开始设营但尚未完毕，行进在山坡小径或涉渡险滩，一半已经出来一半尚在里面。诸如像这样的敌人要向他发起进攻是无疑的。还有不占卜就要避免与之作战的六种情况：第一是土地广大，人民富足而又众多；第二是君主爱护百姓，恩惠所施遍及各层；第三是赏功守信、刑罪明察且赏与刑能恰当其时；第四是依功定序，任用贤能；第五是军队数量众多，兵器和甲胄又很坚利；第六是得到四邻国家的帮助和大国的支援。凡这些方面我们不如敌人的，那就要毫不犹豫地避免（与之作战）。这就是说视情形可进就进，知道难以取胜就退。”

魏武侯问吴起说：“我想凭观察敌人外部的各种情形，就能知道他的内部情况，观察他的前进，就能知道他的停止，以决定胜负，可以让我听听这样的道理吗？”吴起答道：“来敌的模样如果是动摇的，又没有敌情观念，旗帜乱纷纷的，人员马匹在前进中不停地向后看，这样的情形我们以一攻十也会使他们手足无措。诸侯大会集时，君臣之间不和谐，防御的沟垒还没挖成，禁令都还未发布，整个军队喧哗不止，想进进不了，想撤又不敢撤。这时我们就是以半击倍，也能百战而不致有危险。”

魏武侯问一定能击破敌人的办法，吴起答道：“用兵必须审查敌人的虚实，而打击他们的薄弱之处。敌人远来刚到，军队一切安排尚未就绪的，可以攻击；已经吃完饭但还未进入战备的可以攻击；部队在奔驰狂走的可以攻击；正勤于劳务的可以攻击；没有得到地形之利的可以攻击；已经失去良机，无所适从的可以攻击；跋涉远路，走在后面没有得到休息的可以攻击；涉水过了一半的可以攻击；险道狭路之敌可以攻击；旌旗散乱动摇的可以攻击；阵势多次变动的可以攻击；将领离开了士卒的可以攻击；心里惶恐的可以攻击。凡遇这样的敌人，选择我精锐部队向他冲击，再部署兵力以继其后，迅速猛烈地攻击，不必迟疑。”

【注释】

①料敌：料，会意字，本意为用斗量米。转译为称量计数，合计，此处料敌意为对敌全局进行分析。

②虎贲：如虎奔走逐兽，形容勇猛之士。

③工用：熟悉精于使用。

④五兵：弓、矛等五种兵器，此处概指各种兵器。

⑤行阪涉险：阪（bǎn），山坡。行走于山坡小道，涉渡险滩。

⑥惠施流布：恩惠所施遍于流水。

⑦荡荡无虑：动摇散漫，没有警觉。

【评述】

本篇讲述对敌判断。料敌制胜是战争胜利的前提条件；居安思危、“先戒为宝”是战争胜利的根本保障；奖优罚劣、扬长避短是取得战争胜利的重要方法；避实击虚、趋其所危是取得战争胜利的唯一战术。

治兵①第三

【原文】

武侯问曰：“用兵之道何先？”起对曰：“先明四轻、二重、一信。”曰：“何谓也？”对曰：“使地轻马，马轻车，车轻人，人轻战。明知险易，则地轻马；刍秣以时，则马轻车；膏锏②有余，则车轻人；锋锐甲坚，则人轻战。进有重赏，退有重刑，行之以信。审能达此，胜之主也。”

武侯问曰："兵何以为胜？"起对曰："以治为胜。"又问曰："不在众乎？"对曰："若法令不明，赏罚不信，金之不止，鼓之不进，虽有百万，何益于用？所谓治者，居则有礼，动则有威；进不可当，退不可追；前却有节，左右应麾[3]，虽绝成阵，虽散成行；与之安，与之危；其众可合而不可离，可用而不可疲，投之所往，天下莫当，名曰：父子之兵。"

吴子曰："凡行军之道，无犯进止之节，无失饮食之适，无绝人马之力。此三者所以任其上令；任其上令，则治之所由生也。若进止不度，饮食不适，马疲人倦而不解舍，所以不任其上令；上令既废，以居则乱，以战则败。"

吴子曰："凡兵战之场，立尸之地，必死则生，幸生则死。其善将者，如坐漏船之中，伏烧屋之下，使智者不及谋，勇者不及怒，受敌[4]可也。故曰：用兵之害，犹豫最大，三军之灾，生于狐疑。"

吴子曰："夫人常死其所不能，败其所不便。故用兵之法，教戒为先。一人学战，教成十人；十人学战，教成百人；百人学战，教成千人；千人学战，教成万人；万人学战，教成三军。以近待远，以逸待劳，以饱待饥。圆而方之，坐而起之，行而止之，左而右之，前而后之，分而合之，结而解之。每变皆习，乃授其兵。是谓将事。"

吴子曰："教战之令，短者持矛戟，长者持弓弩，强者持旌旗，勇者持金鼓，弱者给厮养[5]，智者为谋主[6]。乡里相比，什伍相保。一鼓整兵，二鼓习陈，三鼓趋食，四鼓严辨，五鼓就行。闻鼓声合，然后举旗。"

武侯问曰："三军进止，岂有道乎？"起对曰："无当天灶，无当龙头。天灶者，大谷之口；龙头者，大山之端。必左青龙[7]，右白虎[8]，前朱雀[9]，后玄武[10]。招摇[11]在上，从事于下。将战之时，审候风所从来，风顺致呼而从之，风逆坚阵以待之。"

武侯问曰："凡畜卒骑，岂有方乎？"起对曰："夫马，必安其处所，适其水草，节其饥饱。冬则温厩，夏则凉庑[12]。刻剔毛鬣，谨落四下；戢其耳目，无令惊骇；习其驰逐，闲其进止；人马相亲，然后可使。车骑之具，鞍勒衔辔[13]，必令完坚。凡马不伤于末，必伤于始；不伤于饥，必伤于饱。日暮道远，必数上下；宁劳于人，慎无劳马；常令有余，备敌覆我。能明此者，横行天下。"

【译文】

魏武侯问道："用兵作战，应以什么为先务之事？"吴起答说："首先要明白四轻、二重、一信。"武侯又问："什么叫'四轻、二重、一信'呢？"吴起回答说："要让地使马轻，马使车轻，车使人轻，人使战轻。能明察熟悉地形，地形就会使马走得轻快；对马的饮食适时调节，马（体健力强）拉车就会显得很轻快；润铜的油充足，则车载着人就显得轻；兵器甲胄锋锐坚利，人也就不会以作战为畏途。勇敢前进（杀敌）就一定要重赏；怯懦后退（失败）就要重刑。实施这些原则要讲究诚信。如能始终掌握这些原则，那就是胜利之主了。"

武侯问说："战争到底因为什么取胜呢？"吴起答道："以军队治理得好为胜利因素。"武侯又问："不在人多吗？"答道："如果法令不明确，赏罚又不能诚信，鸣金使停止而停不住，击鼓使之前进而进不了，这样的军队虽有百万之多，用起来又有什么益处呢？所谓治军，在营内就要有规则准则，行动时就要有声威；进攻时锐不可当，退却时追也追不上；前进后退都有节制，左右移动均服从指挥；虽处隔绝状态仍能不乱阵脚，虽被冲散了仍能成伍成行；共安共危，生死与共；其成员只可集成一体而不可使之分离，只可使之发挥效用而不可使之疲惫，这样的军队投到任何地方，没有人敢于阻挡，这就叫父子之兵。"

吴起说："一般行军的原则，就是不要违反前进和停止的节度，不要破坏吃喝的时宜，不要用尽人和马的气力。有这三点就可以担当起上级所赋予的使命。完成上级的命令，就是达到了治的标准。如果进退无度，饮炊不宜，马疲人倦而又不能宿营。这样就不能担当起上级的使命。上级的命令既然不能奉行，居于营中就要乱，用以作战就要失败。"

吴起说："交兵的战场，是堆陈尸骨的地方，抱定必死的决心才能保存生命，侥幸偷生的就会被杀死。那些善于带兵的人，犹如坐在漏水的船中，伏在燃烧着的房屋之下；即使聪敏的人也来不及谋划，勇敢的人也来不及发怒，只有迎击敌人。所以说，一切用兵的祸害中，犹豫不决是最大的祸害；军队的一切灾乱都产生于狐疑多虑。"

吴起说："人往往是死于他所无能为力的地方，失败于他所不精熟的事情。所以用兵的方法，应以训练告诫为首。一人学会了打仗，可以教成十人；十人学会了可以教会百人；百人学会了可以教成千人；千人学会了可以教成万人；万人学会了就可以教会全军。以我之近，待敌之远；以我之逸，待敌之劳；以我之饱，待敌之饥。既教习圆阵，又教习方阵；既教如何坐，又教如何起；如何行，又如何止；如何向左，又如何向右；如何向前，又如何向后；如何分而又如何合；如何接触又如何脱离。每种变化都要反复练习，才把兵器交给他们。这就是所谓将军的事情。”

吴起说：“关于教习作战的法规：身材矮的拿矛戟，高的拿弓箭，有力的拿旌旗，勇敢的持金和鼓，气力弱的充当给养和杂役勤务，有智谋的就当谋士。相邻乡和里之间要互相帮助，什和伍之间要互相保证。一通鼓就要整理兵器和装备，二通鼓就要练习布阵，三通鼓就要去吃饭，四通鼓就要严格检查，五通鼓就要开到大队伍中去，听到鼓声汇合，就要举起旗帜（出发）了。”

武侯问道：“军队的前进和停止，还有什么原则吗？”吴起答道：“不要面临‘天灶’，不要面临‘龙头’。所谓天灶，就是深谷的边缘（缺水之地）；所谓龙头，就是大山的顶端。要左青龙，右白虎，前朱雀，后玄武，招摇在上，从事在下。将要开战的时候，要审慎察觉风的来去方向征候。如是顺风，就乘势呼喊，顺风攻去；如是逆风，就要坚持阵地，以防敌来。”

武侯问道：“养马之事有何要领？”吴起答说：“一定要使马的处所舒适，吃的草、喝的水要合适，饥饱要有节制；冬天要使马房温暖，夏天要使它凉爽；要时常给它剪刷毛鬃，更换蹄铁。要安戢它的耳目，不使它惊惶恐骇；要让它习惯于驰逐，能控御它的前进或停止；人和马要有感情，然后才可以使唤。驾车和骑马的工具，如鞍、勒、衔、辔等物，一定要完好坚牢。一般来说，马不是在服勤之末，就是在服勤之初会受到伤害。不是因饥饿就是因过饱受到伤害。如果日已黄昏而路途还远，就一定要时常上下马（给马以间歇），宁可使人疲劳一些，千万不要让马过度疲劳。要使马经常有余力，以防备敌人的偷袭。能懂得这个道理的，就能横行于天下。”

【注释】

①治兵：治，管理，处理。如治家，治本，治国安邦等。此处治兵指管理军队的事情。

②膏锏：膏，油脂；锏，嵌在车轴上的铁，用以减少轮毂与轴之间的摩擦。

③应麾：麾（huī），指挥。应麾，即服从指挥。

④受敌：迎上前去与敌人战斗。

⑤给厮养：厮，对服杂役人的蔑称。给厮养，供给和杂役勤务。

⑥谋主：主持谋划的人，即参谋人员。

⑦青龙：亦称“苍龙”，为天上星座二十八宿中东方七宿的总称，在方位上代表“东”。

⑧白虎：为西方七宿的总称，在方位上代表“西”。

⑨朱雀：为南方七宿的总称，在方位上代表“南”。

⑩玄武：为北方七宿的总称，在方位上代表“北”。

⑪招摇：北斗七星勺端的两星，在方位上代表“中央”，含有指挥部的意思。

⑫凉庑：庑亦是马厩，比厩简单。

⑬鞍勒衔辔：指一切控御马的工具。

【评述】

本篇讲述治军问题。治军的根本原则是从严，从严的目标和标志是令行禁止。治军从严的另一内容是从严进行实战训练。

论将第四

【原文】

吴子曰：“夫总文武者，军之将也；兼刚柔者，兵之事也。凡人论将，常观于勇，勇之于将，乃数分之一尔。夫勇者，必轻合，轻合，而不知利，未可也。故将之所慎者五：一曰理，二曰备，三曰果，四曰戒，五曰约。理者，治众如治寡；备者，出门如见敌；果者，临敌不怀生；戒者，虽克如始战；约者，法令省而不烦。受命而不辞，敌破而后言返，将之礼也。故师出之日，有死之荣，无生之辱。”

吴子曰：“凡兵有四机①：一曰气机②，二曰地机，三曰事机③，四曰力机。三军之众，百万之师，张设轻重，在于一人，是谓气机。路狭道险，名山大塞，十夫所守，千夫不过，是谓地机。善行间谍，轻兵往来，分散其众，使其君臣相怨，上下相咎，是谓事机。车坚管辖④，舟利橹楫，士习战陈，马闲驰逐，是谓力机。知此四者，乃可为将。然其威德仁勇，必足以率下安众，布敌决疑。施令而下不犯，所在而寇不敢敌。得之国强，去之国亡。是谓良将。”

吴子曰：“夫鼙鼓金铎⑤，所以威耳；旌旗麾帜，所以威目；禁令刑罚，所以威心。耳威于声，不可不清；目威于色，不可不明；心威于刑，不可不严。三者不立，虽有其国，必败于敌。故曰：将之所麾，莫不从移，将之所指，莫不前死。”

吴子曰：“凡战之要，必先占其将而察其才，因形用权，则不劳而功举。其将愚而信人，可诈而诱。贪而忽名，可货而略；轻变无谋，可劳而困；上富而骄，下贫而怨，可离而间；进退多疑，其众无依，可震而走；士轻其将，而有归志，塞易开险，可邀而取；进道易，退道难，可来而前。进道险，退道易，可薄而击；居军下湿，水无所通，霖雨数至，可灌而沈。居军荒泽，草楚幽秽，风飚数至，可焚而灭；停久不移，将士懈怠，其军不备，可潜而袭。”

武侯问曰：“两军相望，不知其将，我欲相⑥之，其术如何？”起对曰：“令贱而勇者，将轻锐以尝之，务于北，无务于得。观敌之来，一坐一起，其政以理，其追北佯为不及，其见利佯为不知，如此将者，名为智将，勿与战矣。若其众欢哗（huá，同哗），旌旗烦乱，其卒自行自止，其兵或纵或横，其追北恐不及，见利恐不得，此为愚将，虽众可获。”

【译文】

吴起说：“具备文武才能的人，是做军队的将领。兼有刚强和柔忍的性格，才是用兵所讲求的。一般人谈论将领，常看重于勇敢。勇敢对于将领来说，只是应该具备的许多条件中的一条罢了。只知勇敢的人，处事必定贸然；贸然就不知道全局的利害关系，这是绝对不行的。因此将领所应该谨慎的有五个方面：一是道理，二是准备，三是果断，四是警戒，五是简约。道理就是治理多数和治理少数一样；准备就是出门就要想着碰到敌人；果断就是遇敌不怀生；警戒就是打了胜仗还要和开始作战一样；简约就是法令简单明了而不烦琐。接受上级的任务绝不推辞，打败了敌人才谈班师凯旋，这是作将领的大节。所以将领出征之日，（在心理上）只应有以死为荣的念头，不应有苟且生还蒙受羞辱的念头。”

吴起说：“一般来说，用兵有四种机（关键）：一是气机，二是地机，三是事机，四是力机。全军之大，百万之师，一切部署安排，筹谋运用，全系于一人之身，这就是气机；窄路险道，大山阻塞，用十人把守，千人也通不过，这就是地机；善于利用离间和情报，用轻骑来往扰乱，以分散敌之部队，使其君臣互相埋怨，上下级之间互相责怪，这就是所谓的事机；战车和各种部件十分牢固，战船和桨橹十分结实，兵士熟悉打仗布阵之事，战马熟习于驰骋追逐，这就是力机。懂得这四种关键的人，才能当将领。还有他的威德仁勇也必须足以作部下和群众的表率，使敌人畏惧并足以解决各种疑难问题。发布命令，部下无人敢违反；所到之处，敌人不敢前来挑战，得到他能够使国家强盛，失去他国家就要灭亡，这样的将领才称得上良将。”

吴起说：“凡鼙、鼓、金、铎一类，是用来威慑耳朵的；旌、旗、麾、帜一类，是用来威慑眼睛的；禁、令、刑、罚，是用来威慑心理的。威慑耳朵在于声音，就不能不清清楚楚；威慑眼睛在于颜色，就不能不明明白白；威慑心理在于刑罚，就不能不严肃。这三者如不能确立，虽然有国家，必定要被敌人打败。所以说，凡将领挥旗的地方，没有不遵照移动的；凡将领指挥的时候，没有不前进而赴汤蹈火的。”

吴起说：“一切作战的要诀，就是判知他的将领，观察将领的才能。根据情况运用计谋，就会不必十分困难而大功告成。如果他的将领愚昧无知又十分轻信，就可以用诈术引诱他；贪财好利而又不重视名节的，就可以用各种好东西来贿赂他；好轻率变化决心处置而又缺乏谋略的，可以用疲劳战术摆布他使之困顿不堪；上级很富有而又骄奢，下级贫困而又怨恨的，可以用离间的手段使之分化；进退犹疑不定，部众无所依从的，可以用震撼的办法使其溃走；兵士轻视他们的将领，而思归的，那就要阻断平坦易行道路而放开艰难险道，在中途截击而俘获他们；前进道路容易，后退道路艰难的，可引导他们尽量向前进（后退困难就更大）；前进道路艰难，后退道路容易的，就要尽量与之接近，与之决战；部队居扎在低下湿洼的地方，积水不能排泄，下雨又很多的，可以用放水的办法淹没他；部队居扎在荒郊野泽、杂草荆棘丛生、环境污秽、狂风很多的，可以用火攻的办法烧死他；在一地驻扎很久没有移动，将领和士兵都很懈怠，部队没有戒备的，可以隐蔽接近袭击他。”

魏武侯问：“敌我两军相对，不了解敌军将领的情况，我想审察他，用什么办法呢？”吴起回答说：“让地位低而勇敢的人，带领一些轻捷而善战的小部队去试探一下。小部队许败不许胜。这时，就可以观察敌人的追赶行动。有步骤、有段落、行动是有条有理的，他追击败北之敌假装追不上，他看见战利物也好像看不见，这样的将领就叫作有智之将，就不要与之作战。如果他的部队喧喧嚷嚷，旌旗繁乱，他的士兵自行前进，自行停止（缺乏指挥），兵器有的直拿，有的横放，他追击败北之兵唯恐追不上，看见战利品唯恐抢不到，这就是愚蠢的将领，虽然部队很多也可以俘获他。”

【注释】

①机：机锋、机会、机宜，意为关键。

②气机：（将领的作为）对部队士气的影响。

③事机：（将领）对破坏离间敌人等事的组织。

④管辖：管是钥匙。辖，指车轴两端的键。管辖，在这里概指车子的零部件。

⑤鼙鼓金铎：鼙是小鼓；金，指锣；铎，大铃。

⑥相（xiàng）：仔细看，审察。

【评述】

本篇论述将帅的作用和素质要求。对将帅的素质要求主要为善于治军、有敌情观念、有战斗精神、有艰苦奋斗连续作战的作风、善于严格要求部队；将帅必须具有正确利用天时、地利、人和的能力。侦察工作首要的是侦察敌军将帅的品性、素养并加以利用。

应变第五

【原文】

武侯问曰："车坚马良，将勇兵强，卒遇敌人，乱而失行，则如之何？"起对曰："凡战之法，昼以旌旗幡麾为节，夜以金鼓笳笛为节。麾左而左，麾右而右；鼓之则进，金之则止。一吹而行，再吹而聚。不从令者诛。三军服威，士卒用命，则战无强敌，攻无坚阵矣。"

武侯问曰："若敌众我寡，为之奈何？"起对曰："避之于易，邀之于阨[①]。故曰：以一击十，莫善于厄；以十击百，莫善于险；以千击万，莫善于阻。今有少卒卒起，击金鼓于厄路，虽有大众，莫不惊动。故曰：用众者务易，用少者务隘。"

武侯问曰："有师甚众，既武且勇，背大险阻，右山左水，深沟高垒，守以强弩，退如山移，进如风雨，粮食又多，难与长守。"对曰："大哉问乎！此非车骑之力，圣人之谋也。能备千乘万骑，兼之徒步，分为五军。各军一衢。夫五军五衢，敌人必惑，莫之所加。敌若坚守以固其兵，急行间谍，以观其虑。彼听吾说，解之而去；不听吾说，斩使焚书。分为五战，战胜勿追，不胜疾归。如是佯北，安行疾斗，一结其前，一绝其后，两军衔枚[②]，或左或右，而袭其处。五军交至，必有其。此击强之道也。”

武侯问曰：“敌近而薄我，欲去无路，我众甚惧，为之奈何？”起对曰：“为此之术，若我众彼寡，各分而乘之；彼众我寡，以方从之，从之无息[3]，虽众可服。”

武侯问曰：“若遇敌于溪谷之间，傍多险阻，彼众我寡，为之奈何？”起对曰：“诸丘陵林谷、深山大泽，疾行亟去，勿得从容。若高山深谷，卒然相遇，必先鼓噪而乘之，进弓与弩，且射且虏；审察其政，乱则击之，无疑。”

武侯问曰：“左右高山，地甚狭迫，卒遇敌人，击之不敢，去之不得，为之奈何？”起对曰：“此谓谷战，虽众不用。募吾材士与敌相当，轻足利兵，以为前行；分车列骑，隐于四旁，相去数里，无见其兵，敌必坚阵，进退不敢。于是出旌列旆[4]，行出山外营之，敌人必惧。车骑挑之，勿令得休。此谷战之法也。”

武侯问曰：“吾与敌相遇大水之泽，倾轮没辕，水薄车骑，舟楫不设，进退不得，为之奈何？”起对曰：“此谓水战，无用车骑，且留其傍。登高四望，必得水情，知其广狭，尽其浅深，乃可为奇以胜之。敌若绝水，半渡而薄之。”

武侯问曰：“天久连雨，马陷车止，四面受敌，三军惊骇，为之奈何？”起对曰：“凡用车者，阴湿则停，阳燥则起，贵高贱下，驰其强车，若进若止，必从其道。敌人若起，必逐其迹。”

武侯问曰：“暴寇卒来，掠吾田野，取吾牛羊，则如之何？”起对曰：“暴寇之来，必虑其强，善守勿应。彼将暮去，其装必重，其心必恐，还退务速，必有不属。追而击之，其兵可覆。”

吴子曰：“凡攻敌围城之道，城邑既破，各入其宫，御其禄秩，收其器物。军之所至，无刊其木、发其屋、取其粟、杀其六畜、燔其积聚，示民无残心。其有请降，许而安之。”

【译文】

魏武侯问道：“虽然部队车坚马良，将勇兵强，但与敌人突然相遇，秩序紊乱，行伍失次，那么，应如何处置呢？”吴起答道：“一般作战办法，白天是以旌旗幡麾为指挥，夜晚是以金鼓笳笛为指挥，旗指向左边就要向左，指向右边就要向右；击鼓就要前进，鸣金就要停止，（笳笛）吹两次就要行动，吹三次就要集合。不服从命令的就应杀头。全军都服从统帅的权威，士卒都听从命令，打仗就没有强敌可言，进攻就无所谓坚阵了。”

武侯问道：“如果敌众我寡，怎么办？”吴起答道：“要与他避开平坦开阔的地方，将他打击在阻塞的路上。所以说：以一击十，最好是在阻塞的地方；以十阻百，最好是在险要的地方，以千击万，最好是在险阻的地方。现在有少量部队在险阻的路上，突然鸣金击鼓，敌军虽然有很多，也没有不惊慌失措的。所以说，运用大部队一定要利用平坦的地形；运用小部队务必要利用险要的地形。”

武侯问说：“敌人部队很多，既威武又勇敢，背后依托大山险阻，右边是山，左边是水，沟深垒高，并以强弓硬弩防守着，后退如山移动，前进如风雨来临，粮食也很多，与他持久对峙困难，怎么办？”吴起说：“这个问题很重要啊！这不是专凭车骑等力量能解决的，要靠圣明之人的谋略才能解决。要准备一千乘车和一万匹马，并配备一定比例的徒步兵士，分成五支军队。各军自成一路，五路军成五路，敌人一定会困惑，不知如何部署。敌人如想坚守，巩固阵地，就要立即派遣间谍，以观察他到底如何打算。他听从我们的话，退兵而去就算了。如果他不听我的话，杀了我们的使者，烧了我们的书信，那就要分五路军作战。如果战胜了也不要追赶；如果不胜更要急速撤回。如果出现这种情况，要以一部假装失败，按秩序而走，与敌接触时要乘机快打，一部分在前面故意纠缠，一部分包抄断绝他的后路，另外两路秘密行军，或左或右地袭击他。这五路部队交替使用，一定有强大的战斗力，这就是打击强敌的办法。”

武侯问说：“敌人接近我而想跟我决战，我们想撤退但退不了，我部士卒也很恐惧，如此怎么办呢？”吴起回答说：“应付此种情况的办法，如果是我众他寡，可分几个部分打击他；如敌人数量多而我们的数量少，就要想方设法来对付他，对付的办法是不会没有的，再多的敌人也总是有办法制服他们的。”

武侯问道：“如果和敌人相遇在溪谷中，附近的地形险要，敌人数量多而我少，对此怎么办？”吴起答道：“如丘陵、山谷、深山、大泽等地，一般应赶快脱离，不要慢吞吞地。如果在高山深谷中与敌人突然相遇，一定要先击鼓呼喊而进攻，首先使用弓弩，一边射一边俘虏敌人。慎重地观察敌人的情况，敌人一乱就要攻击他，不要犹豫。”

武侯问说：“左右都是高山，地形很狭迫，突然遇见敌人，要向他进攻又不敢，要撤走又不行，对此怎么办？”吴起回答说：“这称为谷战，部队很多也没有用。选募我部队中能干的人，与敌对阵。以轻骑和锐利的武器放在前面，我方的战车分布和我方的骑兵部署，隐藏在四周。周围几里路以内看不见部队，敌人必然坚阵以待，不敢擅进，也不敢轻退。这时，我再出旌列旗，使部队行出谷口占领位置，敌人必然害怕。我用车骑向他们挑战，不让他们得到休息，这就是谷战的办法。”

武侯问说：“我和敌人在水很大的沼泽地相遇，车轮和辕都被水淹没了，战车和马匹都有被水吞没之势，部队又没有准备舟楫，进不得，退不得，对此怎么办？”吴起答说：“这就是水战，战车和骑兵没什么用了，可暂放一旁。此时要登上较高的地方看看四周，一定能看清水势。知道它的范围和深浅，就可用奇计战胜敌人，敌人若越水，就乘他过了一半时袭击他。”

武侯问说：“一连很多天连绵阴雨，马陷泥潭，车被阻止，四面受敌，全军都很惊惶，怎么办？”吴起答道：“凡战车，遇阴雨就要停止使用，晴天才可使用。所以要选择地势高的地方，避开地势低的地方。要使用战车往来驰骋，或进或止，一定要根据道路的情况。这样，敌人有所行动时，一定能追逐他的踪迹。”

武侯问道：“如果凶残的敌人突然来了，掠夺我的庄稼，截取我的牲畜，那么如何是好？”吴起答道：“狂暴的敌人来时，一定要考虑他比较强悍，最好是守住不要应战。日暮的时候他必然要撤离。他的装载一定很重，心里也一定很惶恐，必然想很快撤回去。这样，一定会有脱节的地方；我们追而击之，就可以消灭他的部队。”

吴起说：“一般进攻敌人或围攻城池的办法是：打破城池以后，各单位要先占领他们的公署，控制他们的各级官吏和行政秩序，没收兵器和物资。部队所到之处，不要砍伐树木、拆毁房子、掠取粮食、宰杀牲畜、焚烧财富，以显示我无残暴之心。凡有请求归降的，要允许并安抚他们。”

【注释】

①阨（è）：同厄，阻塞之路。下文“险”“阻”“隘”等均表示山川艰险梗阻之地。可理解为一种比一种险阻的程度更深，但也可不必分得太细。

②衔枚：古代行军时为制止喧哗，让士兵每人口中含一个形状大小如橄榄的竹片或者木片。

③从之无息：因应的方法层出不穷。

④出旌列旆：旆是一种大旗，长方形，下端作燕尾状。这句话表示井然有序，沉着安定，而不是惊慌失措。

【评述】

本篇讲述战场应变和战场指挥。战场指挥的最根本条件是令行禁止。要求指挥员具有高度灵活应变的能力，要求部队有势不可当的战斗精神。战场指挥最重要的是要善于利用地形地利。吴子还特别指出要善于利用俘获敌人的武器装备和粮草供应。

励士第六

【原文】

武侯问曰："严刑明赏，足以胜乎？"起对曰："严明之事，臣不能悉；虽然，非所恃也。夫发号布令，而人乐闻；兴师动众，而人乐战；交兵接刃，而人乐死。此三者，人主之所恃也。"武侯曰："致之奈何？"对曰："君举有功而进飨①之，无功而励之。"于是武侯设坐庙廷为三行，飨士大夫。上功坐前行，肴席兼重器上牢②；次功坐中行，肴席器差减；无功坐后行，肴席无重器。飨毕而出，又颁赐有功者父母妻子于庙门外，亦以功为差。有死事之家，岁使使者劳赐其父母，著不忘于心。行之三年，秦人兴师临于西河。魏士闻之，不待吏令，介胄而奋击之者以万数。武侯召吴起而谓曰："子前日之教行矣！"起对曰："臣闻人有短长，气有盛衰。君试发无功者五万人，臣请率以当之；脱其不胜，取笑于诸侯，失权于天下矣。今使一死贼伏于旷野，千人追之，莫不枭视③狼顾。何者？恐其暴起而害己也。是以一人投命，足惧千夫。今臣以五万之众，而为一死贼，率以讨之，固难敌矣。"于是武侯从之，兼车五百乘，骑三千匹，而破秦五十万众，此励士之功也。先战一日，吴起令三军曰："诸吏士当从受敌车、骑与徒。若车不得车，骑不得骑，徒不得徒，虽破军皆无功。"故战之日，其令不烦，而威震天下。

【译文】

魏武侯问说："严格刑罚、明确奖赏，如此足以取得胜利吗？"吴起回答说："关于严明的事情，我不能尽知详细情况，但不能只依赖这点（是可以肯定的）。凡发号施令，要让人乐于去听；兴师动众，要让人乐意去打仗；战场交兵，要让人甘心去效死，这三项，才是国君所应依赖的。”魏武侯说：“怎么才能达到这样呢？”答说：“国君择有功的人用宴席慰劳，对没有功的人员给予勉励。”于是，武侯在庙廷中设席位，分三排，宴请士大夫。头功的坐前排，宴席的质量是兼有贵重的器皿和上好的食物；次功坐中排，宴席的质量和器皿稍差；没有建功的坐后排，席上无贵重器皿。宴罢出门，又在庙门外对有功人员的父母妻子儿女给以赏赐，办法也是根据功绩大小分等级。有人死于国事的家庭，每年都派人赏赐慰问其父母，以表示国家没有忘记他们的心愿。这样实行了三年，秦国出兵抵近西河边境，魏国的人士听了，不等官员下命令，穿上甲胄向敌人进击的达到上万人之多。魏武侯召见吴起，对他说：“你前次说的教诲行之有效啊！”吴起答道：“我听说人有短长，士气有盛衰。国君您如果调动没有功劳的五万人，我请求率领他们去与敌人作战。如果战而不胜，我就要被诸侯耻笑，失谋于天下了。但现在假设有一犯死罪的贼潜伏于荒野之中，有一千人去追捕他，也没有不前怕狼后怕虎的。为什么呢？怕这个悍贼出其不意地伤害自己。所以，一人舍命，足可威慑千人。现在臣用这五万多像死贼一样（拼死）的军队，率领他们讨伐敌军，敌人当然是难以抵挡！”于是，魏武侯听从了他的建议，另外拨给他战车五百乘，马三千匹，终于打败了秦国五十万人的大军，这都是励士的功效。开仗的前一天，吴起命令全军道：“各官长和兵士都要利用战车、骑兵和步兵作战。如果战车没有捕获敌人的战车，骑兵没有捕获敌人的骑兵，步兵没有捕获敌人的步兵，就是打破了敌军也都没有赏赐。”所以打仗这天，下达的命令虽然很简单，声威却震慑天下。

【注释】

①飨：用酒食招待。

②上牢：古以兼具牛、羊、猪三种牲畜的祭祀为太牢，仅具羊、猪为少牢。上牢似指太牢。

③枭视：枭是猫头鹰，能夜视。枭视表示以锐利目光向各处搜寻之意。

【评述】

本篇讲述部队纪律和奖罚。吴子强调要建立自觉纪律和激励机制。关于激励，吴子提倡国家（君主）要对官员和将帅按战功行赏。

《吴子兵法》总评

《吴子兵法》是一部与《孙子兵法》齐名的兵法著作，据史料分析，很可能是魏晋以前的《吴起兵法》流传下来的部分内容。

吴起（前440—前381），战国初期人。他不但是著名的军事家，而且是著名的政治家。吴起出生在春秋卫国左氏（今山东曹县一带），最初在鲁国为将，后侍魏，辅佐文候、武侯25年，对魏国的富国强兵极具效绩，以后又到楚国为令尹，辅佐悼王实行变法，精兵简政、明法审令，使楚国逐渐富强起来。悼王死后，吴起遭楚旧贵族残酷杀害。

吴起作为军事家，用兵经历和实战经验均比孙武要多。他在鲁国时曾大破齐军；在魏国防守西河期间，“与诸侯大战七十六，全胜六十四，余则均解。辟土四面，拓地千里”；在楚国为相时，“并使将兵”，有“南平百越，北并陈蔡，却三晋，西伐秦”的战绩。

同《孙子兵法》一样，《吴子兵法》也颇受古今中外军事家重视。早在北宋年代，《吴子》就被定为《武经七书》之一。日、英、法、俄均有译本。

《吴子兵法》六篇：“图国”“料敌”“治兵”“论将”“应变”“励士”，前三篇为上卷，后三篇为下卷，是吴起与魏文侯、魏武侯讨论军事问题的记载。

《吴子兵法》同《孙子兵法》相比有其特点和发展：一是指出战争是政治的继续，对战争实质问题有初步论述，把战争发生的原因归结为“争名”“争利”“积恶”“内乱”“因饥”五种，指出战备和国家安危关系极大，提出“内修文德，外治武备”，重视人民群众在战争中的作用：“民安其田宅，亲其有司，则守已固；百姓皆是吾君，而非邻国，则战已胜。”二是主张慎战，《吴子兵法》指出“五胜者祸”“一胜者帝”，这些都表现了《吴子兵法》在战争观上的进步。三是治军从严，强调“令行禁止”指出“若法令不明，赏罚不信，金之不止，鼓之不进，虽有百万，何益于用”。四是对将帅素质有更具体的要求，“将之所慎者五：一曰理，二曰备，三曰果，四曰戒，五曰约”。五是强调激励机制，强调自觉纪律，建议国家（君主）对有功之人直接实行论功行赏。六是在阵地的运用上，强调积极利用地形条件为己方服务：“用少者务隘。”尤其是对水战的论述，更是孙武所未涉及；吴子在对兵士的训练和运用上也有独到见解，主张按兵士的特点组编“练锐”，这已经很像后来战场上出现的突击队之类的组织了。

孙膑兵法

擒庞涓[①]

【原文】

昔者，梁君将攻邯郸[②]，使将军庞涓，带甲八万至于茬丘。齐君闻之，使将军忌子、带甲八万至……竞。庞子攻卫[③]□□□。将军忌［子］……卫□□，救与……曰："若不救卫，将何为？"孙子曰："请南攻平陵[④]。平陵，其城小而县大，人众甲兵盛，东阳战邑，难攻也。吾将示之疑。吾攻平陵，南有宋[⑤]，北有卫，当途有市丘，是吾粮途绝也，吾将示之不知事。"于是从舍而走平陵。……陵，忌子召孙子而问曰："事将何为？"孙子曰："都[⑥]大夫孰为不识事？"曰："齐城、高唐[⑦]。"孙子曰："请取所……二大夫□以□□□臧□□都横卷四达环涂[⑧]□横卷所□阵也。环涂軷[⑨]群甲之所处也。吾末甲劲，本甲[⑩]不断。环涂击被其后，二大夫可杀也[⑪]。"于是段齐城、高唐为两，直将蚁附平陵。挟茁[⑫]（疑借为浃渫，形容相连不断）环涂夹击其后，齐城、高唐当术而大败。将军忌子召孙子问曰："吾攻平陵不得而亡齐城、高唐，当术而厥。事将何为？"孙子曰："请遣轻车西弛梁郊，以怒其气。分卒而从之，示之寡。"于是为之。庞子果弃其辎重，兼趣舍而至。孙子弗息而击之桂陵，而擒庞涓。故曰，孙子之所以为者尽矣。

【译文】

从前，梁惠王准备攻下赵国的首都邯郸，命令将军庞涓带兵八万，到达茬丘（以阻止齐军援赵）。齐威王得知这个消息后，便命令将军田忌率领军队八万，［至……竞］庞涓攻打卫国［□□，将军忌〔子〕……卫□□，救与……］田忌问道："如不直接救卫国，打算怎么办？"孙膑回答说："请南下攻打魏国平陵。平陵城虽小，但管辖的地方大，人多兵强，是东阳地区的军事重镇，难以攻取。我准备用这种办法来迷惑敌人。我攻打平陵，南面有宋国，北面有卫国，途中必经魏国市丘，这样会使我粮道断绝。我将装着不知道这回事。”于是，拔营直奔平陵。（将至平陵，）田忌召见孙膑问道：“（佯攻平陵）这件事该怎么办？”孙膑问道：“哪个都大夫能够去做迷惑敌人的这件事？”田忌回答说：“齐城、高唐二大夫可行。”孙子曰：“请取所……二大夫□以□□□藏□□都横卷四达环涂□横卷所□阵也。环涂是魏军的驻地。前锋部队强劲有力，后续部队相继跟进。这样，环涂魏军必去截击齐城、高唐之军的后部，二大夫便可败走。”于是，将齐城、高唐的军队分为两路，直接进攻平陵。挟莁、环涂两处魏军果然来夹击齐城、高唐之军的后部，齐城、高唐的军队按预先的谋划而大败。田忌召见孙膑问道：“我们没有攻下平陵，又损失了齐城、高唐的部队，按计划败退了，下一步怎么办？”孙膑回答说：“请派遣轻快的战车向西直驰大梁的城郊，将庞涓激怒。同时分兵跟进，以显示我力量单薄。”于是就照这样做了。庞涓果然舍弃军用物资器材，昼夜不停地赶来。孙膑不失时机地截击魏军于桂陵，俘获了庞涓。所以说，孙膑用兵已达到了完善的境地。

【注释】

①庞涓：战国时人，曾与孙膑同学兵法，后到魏国为将军。

②梁君将攻邯郸：梁君，指魏国国君惠王（前369—前319）。魏国在惠王时迁都大梁（今河南开封），故魏又称梁。邯郸，赵国国都，今河北邯郸。

③卫：国名，原建都朝歌（今河南淇县），春秋时迁都帝丘（今河南濮阳）。

④平陵：地名。据下文“吾攻平陵，南有宋，北有卫”。则此平陵应在宋、卫之间。

⑤宋：国名，原建都商丘（今河南商丘），战国初期迁彭城（今江苏徐州）。

⑥都：齐国称大城邑为都。都大夫，是治理“都”的长官，这里似指那些率领自己都邑军队跟从田忌参加战争的都大夫。

⑦齐城、高唐：齐国的两个都邑。齐城，疑即齐都临淄，在今山东临淄。高唐，在今山东高唐、禹城之间。

⑧环涂：下文屡见，疑是魏军驻地或将领之名。一说“环涂”即“环途”，迂回的意思。

⑨皱：疑借为彼此之彼。

⑩末甲、本甲：末甲，前锋部队。本甲，后续部队，一说主力部队。

⑪二大夫可杀也：孙膑的意思似是要牺牲“不识事”的二大夫，使魏军产生齐军软弱无能的错觉。一是说假装不懂事以迷惑敌人。

⑫挟莅：疑是魏军驻地或将领之名。一说借为浃渫，形容军队相连不断。

【评述】

本篇讲述孙膑擒获庞涓的战例。齐军在战役初期采取三项措施迷惑和激怒魏军：一是采取围魏救赵迷惑敌人；二是指使齐城、高唐两支部队假装失败，示弱于敌人；三是直接进攻魏国都城大梁以激怒敌人。齐军在采取这样的三项措施之后于桂陵道边设伏，终于彻底打败魏军擒获主将庞涓。

见威王

【原文】

孙子见威王，曰："夫兵者，非士恒势也①。此先王之傅道也②。战胜，则所以在亡国而继绝世③也；战不胜，则所以削地而危社稷也。是故兵者不可不察。然夫乐兵④者亡，而利胜者辱。兵非所乐也，而胜非所利也。事备而后动，故城小而守固者，有委也；卒寡而兵强者，有义也。夫守而无委，战而无义，天下无能以固且强者。尧有天下之时，黜王命而弗行者七，夷有二，中国四……故尧伐负海之国⑤，而后北方民得不苛。伐共工⑥，而后兵寑而不行，和⑦而不用，其间数年，尧身衰而治走□，胥天下而传［之］。舜击欢□而放宗⑧，击归放之尹⑨，击三苗放之危山⑩。有户是中国⑪，有苗民存虽为弘⑫。舜身衰而治屈，胥天而传之。禹凿孟门而□□夏⑬，□□軎（wèi，同辖，车上的一种零件）以林而焚九……□□而并三苗……素佚而致利也⑭。战胜而强立；故天下服矣。昔者，神戎战斧遂⑮；黄帝战蜀禄⑯；尧伐共工；舜伐劂管⑰；汤放桀⑱；武王伐纣⑲；帝奄反，故周公浅之⑳。故曰，德不若五帝㉑，而能不及三王㉒，智不若周公，曰我将欲责仁义，式礼乐㉓，垂衣裳㉔，以禁争夺。此尧舜非弗欲也，不可得，故举兵绳之㉕。

【译文】

孙膑晋见齐威王时说："战争胜负不是永恒不变的，这是先王传布的道理。战胜了，就可免除国家的灭亡使之世代巩固；战败了，就要割让土地而危及国家政权。

所以对待战争这个问题，必须认真研究，慎重对待。好战就会灭亡，贪图胜利就会失败。所以战争不是随意进行的，胜利也不是贪图就可以得到的。做好战争的准备，而后采取行动。城小而所以防守坚固，是因为有充足的物资储备；兵少而所以战斗力强的，是因为进行的战争是正义的。如果防守而没有物资储备，进行战争而没有正义，那么国家是不能巩固和强盛的。尧治理天下的时候，拒不执行王命的有七个部落，边远地区有两个，中原地区有四个……所以，尧征服了沿海地域的部族，而后北方人民不遭骚扰。征服了共工，而后兵无战事，设刑不用，这种情景延续了若干年，帝尧年老而天下大治，国内人民都在传颂他的功德。舜打败了驩兜而放逐于崇山，打败鲧而放逐于羽山，打败三苗而放逐于危山，有户归服中国，有苗氏在彭蠡为乱。帝舜年老而天下大治，国内人民都传颂他的功德。禹凿孟门之山，而使夏朝的诸部族得以安宁。[□□□以林而焚九……□□而并] 三苗……贪图安逸，无所作为，国家是不能强盛的，天下是不能统一的。只有以武力制胜，国家才能强盛巩固，天下才能归服。古时候，神农征伐补遂；黄帝战于涿鹿；尧征伐共工；舜征伐鲧；商汤放逐夏桀；周武王征伐商纣王，商奄反叛，被周公镇压。这些都是以武力制胜的。因此说，那些功德不如五帝，才能不及三王，智谋不如周公的人，还自称要用'责仁义''式礼乐''垂衣裳'那一套办法来禁止争夺，平治天下，这不是尧舜不想做的，而是根本办不到。所以，只有用战争才能解决问题，用武力才能达到统一。"

【注释】

①夫兵者，非士恒势也：士，借为"是"。意为战争胜负不是永恒不变的。

②此先王之傅道也：傅，通"敷"，布，施；道，道理。

③在亡国而继绝世：在，存。此句意为通过战争巩固国家，使之世代延续下去。

④乐兵：好战；轻率用兵；一说玩弄战争，穷兵黩武。

⑤负海之国：即背海之国，指燕、齐等地，今辽宁、河北、山东沿海地区。《商君书·兵守》："负海之国，贵攻战。"

⑥共工：相传是我国原始社会部落的首领。

⑦柤：疑为"朴"。"朴"通"扑"，古时教刑，教刑是古代学校里的刑罚。《史记·五帝本纪》："扑作教刑。"

⑧舜击驩□而放宗：舜，相传是我国原始社会部落联盟的首领。□，应为"兜"。驩兜，相传是我国原始社会部落的首领。放，流放。宗，借为"崇"。《史记·五帝本纪》："放驩兜于崇

山。”

⑨击归放之尹：归，借为鲧（gǔn），禹父。尹，借为“羽”，即羽山，在今山东临沂县。《史记·五帝本纪》：“殛鲧于羽山”，与孙膑言击鲧而放之尹不同。

⑩击三苗放之危山：三苗，相传是我国古代南方部落。危山在今甘肃敦煌县东南三十里。《史记·五帝本纪》：“迁三苗于三危。”

⑪有户是中国：即有扈，古国名，在今陕西户县。是，通“事”，事奉，归服。

⑫有苗氏存畐为弘：有苗氏，即三苗。畐，疑借为“蠢”。弘，扩充，作乱。《史记·五帝本纪》：“三苗在江淮、荆州数为乱。”

⑬禹凿孟门而□□夏：禹，相传是我国原始社会部落联盟的首领。孟门，山名，在今山西吉县与陕西宜川县之间，位于龙门山之北。《水经·河水》注引《淮南子》曰：“龙门未辟，吕梁未凿，河出孟门之上，大溢横流，名曰洪水。禹疏通之，谓之孟门。”诸夏，指夏朝的诸部族。

⑭素佚而致利也：句前疑有“非”字。意谓：不是平素贪图安逸，无所作为，国家就能强盛，天下就能统一的。佚：同“逸”，安闲。

⑮神戎战斧遂：神戎，即神农，相传是我国原始社会部落联盟的首领，斧遂，或作补遂，部落名。《战国策·秦策》：“昔者神农伐补遂。”

⑯黄帝战蜀禄：黄帝，相传是我国原始社会部落联盟的首领。蜀禄，即涿（zhuó）鹿，地名，今河北涿鹿县附近。《史记·五帝本纪》：“蚩尤（传说是九黎族的首领）作乱，不用帝命。于是黄帝乃征师诸侯，与蚩尤战于涿鹿之野，遂擒杀蚩尤。”

⑰剮管：音义不清。管：疑为“鲧”。

⑱汤放桀：汤，即成汤，商朝开国国君。桀，即夏桀，夏朝末代国君。成汤灭夏后，把桀流放到了南巢（今安徽巢县）。

⑲武王伐纣：武王，即周武王，周王朝的建立者。纣，即商纣王，商朝末代国君。公元前1027年，周武王率兵东征伐商，一举进占商都朝歌（今河南淇县），纣王自焚而死，商亡。

⑳帝奄反，故周公浅之：帝，疑是“商”字。奄，原商朝的属国（今山东曲阜）。浅，借为“践”，毁，灭之意。据史书记载，周武王灭商后，封纣王的儿子武庚为诸侯。武王死后，成王继位，发生内乱。武庚乘机联合奄起兵反周，被周平定。

㉑五帝：历来说法不一。据《史记》，指黄帝、颛顼（zhuān xū）、帝喾（kù）、尧、舜。此处似以神农为五帝之一。

㉒三王：指夏、商、周三个朝代开国的君主，即夏禹、商汤和周武王。

㉓式礼乐：式，效法，用。礼乐，礼仪制度。

㉔垂衣裳：衣着工整。这里指雍容礼让，不动刀兵。

㉕举兵绳之：用武力达到统一。绳，纠正，统。

【评述】

本篇体现了孙膑对战争和政治关系的看法。孙膑认为用仁义、礼乐等办法来禁止战争是行不通的，必须以战止战，同时也应慎战，一味贪图胜利最后只会失败。

威王问

【原文】

齐威王问用兵孙子，曰："两军相当，两将相望，皆坚而固，莫敢先举，为之奈何？"孙子答曰："以轻卒尝之，贱而勇者将之，期于北，毋期于得。为之微[①]阵以触其侧。是谓大得。"威王曰："用众用寡有道乎？"孙子曰："有。"威王曰："我强敌弱，我众敌寡，用之奈何？"孙再拜曰："明王之问！夫众且强，犹问用之，则安国之道也。命之曰赞师[②]。毁卒乱行，以顺其志，则必战矣。"威王曰："敌众我寡，敌强我弱，用之奈何？"孙子曰："命曰让威。必臧其尾[③]，令之能[④]归。长兵在前，短兵在□，为之流弩，以助其急者。□□毋动，以待敌能。"孙子［曰］："命曰……"威王曰："击穷寇奈何？"孙子［曰］："……可以待生计矣。"威王曰："击均奈何？"孙子曰："营而离之，我并卒而击之，毋令敌知之。然而不离，按而止。毋击疑。"威王曰："以一击十，有道乎？"孙子曰："有。攻其无备，出其不意。"威王曰："地平卒齐[⑤]，合而北者，何也？"孙子曰："其阵无锋也。"威王曰："令民素听，奈何？"孙子曰："素信。"威王曰："善哉！言兵势不穷[⑥]。"

田忌问孙子曰："患兵者何也？困敌者何也？壁延不得者何也？失天者何也？失地者何也？失人者何也？请问此六者有道乎？"孙子曰："有。患兵者地也，困敌者险也。故曰，三里瀰洳将患军[⑦]……涉将留大甲[⑧]。故曰，患兵者地也，困敌者险也，壁延不得滠寒也……奈何[⑨]？"孙子曰："鼓而坐之，十而揄之。"田忌曰："行阵已定，动而令士必听，奈何？"孙子曰："严而示之利。"田忌曰："赏罚者，兵之急者耶？"孙子曰："非。夫赏者，所以喜众，令士忘死也；罚者，所以正乱，令民畏上也。可以益胜，非其急者也。”田忌曰：“权、势、谋、诈，兵之急者耶？”孙子曰：“非也。夫权者，所以聚众也；势者，所以令士必斗也；谋者，所以令敌无备也；诈者，所以困敌也。可以益胜，非其急者也。”田忌忿然作色：“此六者，皆善者所用，而子大夫曰非其急者也。然则其急者奈何也？”孙子曰：“料敌计险，必察远近……将之道也。必攻不守[⑩]，兵之急者也。……骨也。”田忌问孙子曰：“张军毋战有道？”孙子曰：“有。倅险增垒，诤戒毋动[⑪]，毋可□□毋可怒。”田忌曰：“敌众且武，必战有道乎？”孙子曰：“有。埤垒广志[⑫]，严正辑众，避而骄之，引而劳之，攻其无备，出其不意，必以为久。”田忌问孙子曰：“锥行者何也，雁行者何也？篡卒力士者何也？劲弩趋发者何也？飘风之阵者何也？众卒者何也？”孙子曰：“锥行者，所以冲坚毁锐也；雁行者，所以触侧应□［也］；篡卒力士者，所以绝阵取将也；劲弩趋发者，所以甘战持久也；飘风之阵者，所以回□□□［也］；众卒者，所以分功有胜也。”孙子曰：“明主、知道之将，不以众卒几[⑬]功。”孙子出而弟子问曰：“威王、田忌臣主之问如何？”孙子曰：“威王问九，田忌问七[⑭]，几知兵矣，而未达于道也。吾闻素信者昌，立义……用兵无备者伤，穷兵者亡。齐三世其忧矣[⑮]。”

【译文】

齐威王问孙膑用兵的道理：“两军实力相当，双方互相对峙，阵势都很坚固，谁也不敢先采取行动，怎么办呢？”孙膑回答说：“派轻捷精锐的士卒去试探引诱敌人，由勇猛的下级将吏率领，务求败北，不求取胜。设置伏兵，以攻击敌人侧翼，这样就能获得大的胜利。”威王问：“兵多，兵少在使用时，有什么原则吗？”孙膑回答说：“有。”威王问：“我强敌弱，我众敌寡，怎样用兵？”孙膑再拜说：“只有明智的君王才能提出这样的问题。军队多而强大，还问怎么用兵，这样做国家就能安定和强盛了。以强示弱，诱敌来战的战法叫作赞师。就是隐蔽自己的力量，故意使队形混乱，以迎合敌人贪胜的欲望，敌人必然来战。”威王问：“敌众我寡，敌强我弱，怎样用兵？”孙膑回答说：“这种战法叫作让威，就是避敌锐气。必须隐蔽好后面的部队，以便能够顺利撤退。持长兵器的部队在前，持短兵器的部队在后，配置机动的弩兵在危急时救应。［□□毋动，］以观敌人动态。”威王问：“我出动，敌人也出动，不知兵力谁多谁少。怎样用兵？”［孙子〔曰〕“命曰……］威王问：“追击穷寇时怎么办？”[孙子〔曰〕：“……可以待生计矣。”] 威王问：“攻击势均力敌的敌人怎么办？”孙膑回答说：“迷惑敌人使其兵力分散，我再集中兵力攻击敌人，不要使敌方发觉我方意图。如果敌人兵力不分散，我就按兵不动。不要攻击集中的敌人。”威王问：“以一击十，有办法吗？”孙膑回答说：“有，攻其不备，出其不意。”威王问：“地势平坦，队伍整齐，交战却败，是什么原因呢？”孙膑说：“军阵没有精锐的前锋。”威王问：“怎样使士卒一贯听从命令呢？”孙膑回答说：“平时就要讲信用。”威王说：“好啊！你所讲的用兵打仗的奥妙，真是没有穷尽啊！”

田忌问孙膑说：“妨碍军队行动的是什么？陷敌于困境的是什么？迟滞部队不能取胜的是因为什么？不得天时是因为什么？不得地利是因为什么？不得人心是因为什么？请问这六个问题有规律性吗？”孙膑回答说：“有。妨碍部队行动的是地形不利；陷敌于困境的是地势险要。所以说，数里沼泽泥泞地带，也将妨碍军队的行动……涉渡江河也将会迟滞大部队的行动。因此说，地形不利，会妨碍军队的行动；地势险要，能使敌陷入困境。迟滞部队不能取胜的，是由于有障碍物……”田忌问：“……怎么办？”孙膑回答说：“击鼓而不进攻，用多种办法引诱敌人。”田忌问：“作战部署已定，行动时要使士卒服从命令怎么办？”孙膑回答说：“要严格军纪而又明示奖赏。”田忌问：“赏罚是用兵最紧要的吗？”孙膑回答说：“不是。奖赏，是为了鼓舞士气，使士卒忘死战斗；惩罚，是为了整饬军纪，使士卒敬畏上级。这些都有助于取胜，但不是用兵最紧要的。”田忌问：“权力、威势、计谋、诡诈，是用兵最紧要的吗？”孙膑回答说：“不是。行使权力，是为了使士卒英勇战斗；运用计谋，是为了使敌人无法防备；施展诡计，是为了困惑敌人。这些都有助于取胜，但还不是用兵最紧要的事。”田忌愤怒地变了脸色说：“这六个方面，都是善战者常用的，而你却说不是用兵最紧要的。那么用兵最紧要的是什么呢？”孙膑回答说：“分析敌情，审察地形，必须考虑当前的情势和以后的发展……这是将帅所应遵循的原则。必攻不守，这才是用兵最紧要的。[……骨也”] 田忌问孙膑说：“拉开部队而不交战，有办法吗？”孙膑说：“有。凭险据守，增高壁垒，告诫士卒加强戒备，不要轻举妄动。毋可□□不要被敌人激怒。”田忌问：“敌人多而凶猛，必得交战，有办法吗？”孙膑回答说：“有。增高壁垒，广设旗帜，严明法令，约束士卒。避敌锐气使其骄傲，引诱调动敌人使其疲惫。攻其无备，出其不意。必须做持久打算。”田忌问孙膑：“锥行阵作什么用？雁行阵作什么用？选拔出来的勇猛善战的士卒作什么用？善射的弩兵作什么用？飘风阵作什么用？一般士卒作什么用？“孙膑回答说：“锥行阵，用于冲破敌人坚固的阵地，摧毁敌人精锐部队。雁行阵，用于攻击敌人侧翼，便于接应自己。选拔出来的勇猛善战的士卒，用于破敌阵，擒敌将。善射的弩兵，用于激烈持久的战斗。飘风阵，[所以回□□□〔也〕]一般士卒，用于配合行动，保证胜利。”孙膑说：“明智的君主、通晓兵法的将帅，不依赖一般士卒取胜。”孙膑出来后，弟子问他说：“威王、田忌君臣所问的问题怎样？”孙膑说：“威王问了九个问题，田忌问了七个问题，接近懂得用兵的道理了，但还未完全掌握用兵的规律。我听说一贯讲信用的国家昌盛。主张正义的(国家强大)……打仗无准备的必受挫伤，穷兵黩武的必定灭亡。齐国再过几代就值得忧虑了。”

【注释】

①微：隐蔽的。意谓以一部分隐蔽的兵力袭击敌军的侧面。

②命之曰赞师：命，名。赞师，疑为潜师，意谓隐蔽兵力，诱敌来战。

③比臧其尾：臧，疑为借为藏，意谓隐蔽好后面的部队，以便撤退。

④能：《通典》引《孙子》佚文：“敌鼓噪不进，以观吾能。”“能”字用法与此相近。能，同“态”，动态。

⑤地平卒齐：平，平敞。齐，严整。此句意谓地形和士卒条件都很好……

⑥善哉！言兵势不穷：一说此句应读作：“善哉言！兵势不穷……”

⑦三里灉洳将患军：灉(zhì)洳，沼泽泥泞地区。意谓周围若有三里沼泽泥泞地带，则将为军队的患害。

⑧大甲：疑指全副武装，铠甲坚厚的兵卒。一说是指大部队。

⑨壁延不得者渥寒也……奈何：渥寒，疑借为渠幨，即渠幨，张在城上防矢石的设备。一说渠答就是蒺藜。此处下引号与前以上引号无关。“……壁延不得者寒也……”是孙膑的话，“……奈何”？应是田忌的话。

⑩必攻不守：指以进攻为主，而不是以防御为主的战略。一说是指进攻敌人难于防守的地方。

⑪净戒毋动：诤(zhèng)，借为静。戒，戒备。意谓加强戒备，按兵不动。

⑫埤垒广志：埤，通卑。广志，发扬士气。意谓修筑低垒，表示无所畏惧，以激励士气。埤(pí)，增。志，标志，引申为旗帜。埤垒广志，即为增高壁垒，广设旗帜。

⑬几：这里作指望讲。

⑭威王问九，田忌问七：疑指威王与田忌所问问题的数目。据上文，威王所问有“两军相

当……”“我强敌弱……”“敌众我寡……”“我出敌出……”“击穷寇”“击均”“以一击十”“地平卒齐……”“令民素听”九个问题。田忌所问有“患兵者何也……”“……奈何”“行阵已定……”“兵之急者”“张军毋战”“敌众且武必战”“锥行者何也……”七个问题，与此处所说的数字正相符合。

⑮齐三世其忧矣：齐国在威王，宣王时，国势很强，支湣王末年为燕国所败之后，国势遂衰。自威王至湣王，恰为三世。由此看来，《孙膑兵法》有可能是孙膑后人或学生在湣王以后写定的。

【评述】

本篇讲述战略战术问题，孙膑首先指出了敌众我寡、敌强我弱状态下的用兵原则。其次论述了势均力敌状态下如何用兵。其实无论何种状况下最高的用兵原则都是“攻其不备”和“出其不意”。孙膑还进一步论述了地形运用、赏严明赏罚等许多战术问题。

陈忌①问垒

【原文】

田忌问孙子曰：“吾卒……不禁，为之奈何？”孙子曰：“明将之问也。此者人之所过而不急也。此□之所以疾……志也。”田忌曰：“可得闻乎？”曰：“可。用此者，所以应猝窘处隘塞死地之中也。是吾所以取庞□而擒太子申②也。”田忌曰：“善。事已往而形不见。”孙子曰：“蒺藜者，所以当沟池也③。车者，所以当垒［也］。□□［者］，所以当堞④也。发⑤者，所以当埤堄⑥也。长兵次之，所以救其隋⑦也。钒次之者，所以为长兵□也。短兵次之者，所以难其归而徼其衰⑧也。弩次之者，所以当投机也⑨。中央无人，故盈之以……卒已定，乃具其法。制曰：以弩次蒺藜，然后以其法射之。垒上弩戟⑩分。法曰：见使枼来言而动……去守五里置候，令相见也。高则方之，下则圆⑪之。夜则举鼓，昼则举旗。”

附录：

……田忌问孙子曰：“子言晋邦之将荀息⑫、孙轸⑬之于兵也，未……⑭

……无以军恐不守。”忌子曰：“善。”田忌问孙子曰：“子言晋邦之将荀息，孙［轸］……

……也，劲将之阵也。”孙子曰：“士卒……”

……田忌曰：“善。独行之将也……

……言而后中。”田忌请问：“……

……人。”田忌请问兵情奈何？……

……请弗取。”田忌服问孙

……橐□□□焉。”孙子曰：“兵之……

……应之。”孙子曰：“伍……

……孙子曰：……

……见之。”孙子……

……以也。”孙……

……将战书柧[15]，所以哀正也。诛□规旗，所以严后也。善为阵者，必□□贤……

……明之吴越，言之于齐。曰知孙氏之道者[16]，必合于天地。孙氏者……

……求其道，国故长久。”孙子……

……问知道奈何。”孙子……

……而先知胜不胜之谓知道。□战而知其所……

……所以知敌，所以曰智，故兵无……

【译文】

田忌问孙膑说：［“吾卒……不禁，］怎样对付敌人？”孙膑回答说：“这是明智的将领提出的问题。这个问题是人们经历过而不予重视。［此□之所以疾……志也。”］田忌说：“能讲给我听吗？”孙膑说：“可以。用这个办法，是为了对付仓猝应战、陷于困境和隘塞死地之中的敌人的，也就是我之所以能够杀庞涓并活捉太子申的办法。”田忌说：“好啊！事情已经过去了，当时作战布阵的具体情形已经看不见了。”孙膑说：“蒺藜，可以用来当作沟堑和护城河。战车，可以用来当作壁垒。［□□〔者〕，］可以用来当作城墙上的矮墙。盾牌，可以用来当作城墙上有孔的矮墙。部署长兵，用以救应危急的地方。部署小矛，用以辅助长兵。部署短兵，用以断敌归路，截击疲惫的敌人。部署弩兵，用以当作抛石机。［中央无人，故盈之以……］军队部署完毕，于是就制定各种打法。按规定将弩兵配置在蒺藜后面，然后按要求发射。垒上弩兵、戟兵的配置各占一半。命令他们：待使节和间谍回来报告情况后再行动……距驻地五里之处设置哨所观察，要能够互相看得见。高处设方形哨所，低处设圆形哨所。夜间击鼓报警，白天举旗联络。”

【注释】

①陈忌：即田忌，陈、田二字古代音近通用。

②所以取庞□而擒太子申也："庞"下所缺之字当为"子"或"涓"字。太子申，魏惠王的长子。

③蒺藜者，所以当沟池也：蒺藜，古代用木或者金属制成的带刺的障碍物，布在地面上以阻碍敌军前进。因与蒺藜果实相似，故名蒺藜。池，护城河。此句意谓蒺藜的作用相当于沟池。

④堞（dié）：城墙上的矮墙。

⑤发：疑借为瞂（fá），即盾。

⑥埤堄（pì nì）：城墙上有孔的矮墙。意谓瞂的作用相当于埤堄。

⑦隋：疑借为隳（huī），危也。

⑧难其归而徼其衰也：徼，通"邀"，截击。衰，疲惫。意谓截断敌军的归路，阻击疲惫的敌人。

⑨弩次之者，所以当投机也：投机，抛石机。意谓弩的作用相当于抛石机。

⑩垒上弩戟分：分，半。意谓壁垒上弩和戟各占一半。

⑪方和圆：疑指哨所的外形。

⑫荀息：春秋时晋国名将。

⑬孙轸（zhěn）：《汉书·艺文志》中收录兵形势家《孙轸》五篇、图二卷。疑孙轸即先轸，春秋时晋国名将。

⑭未……：自此以下各行，有的似不属于本篇，但由于残缺过甚，不能单独成篇，故附于此，只注不译。

⑮柧：柧作觚（gū），古人在上面写字用的多棱的木条。

⑯明之吴越，言之于齐。曰知孙氏之道者：这里大概是把孙武、孙膑的军事理论作为一家的学说看待。"明之吴越"，是说孙武运用此种军事理论于吴越。"言之于齐"，是说孙膑以此种军事理论言之于齐威王。由于兼包两个孙子而言，所以称"孙氏"，不称"孙子"。

【评述】

本篇讲述阵地防御的部署问题。总的原则是多手段、多层次纵深配置。

篡卒[①]

【原文】

孙子曰：兵之胜在于篡卒，其勇在于制，其巧在于势，其利在于信，其德在于道，其富在于亟归；其强在于休民，其伤在于数战。孙子曰：德行者，兵之厚积也；信者，兵［之］[②]明赏也；恶战者，兵之王器也。取众者，胜□□□也。孙子曰：恒胜有五：得主专制，胜；知道，胜；得众，胜；左右和，胜；量敌计险，胜。孙子曰：恒不胜有五：御将，不胜；不知道，不胜；乖将，不胜；不用间，不胜；不得众，不胜。孙子曰：胜在尽□，明赏，选卒，乘敌之□。是谓泰武之葆。孙子曰：不得主弗将也……

……令，一曰信，二曰忠，三曰敢。安忠？忠王。安信？信赏。安敢？敢去不善。不忠于王，不敢用其兵。不信于赏，百姓弗德。不敢去不善，百姓弗畏。

【译文】

孙膑说，军队的强大在于选拔士卒，军队作战勇敢在于有严明的法制，军队作战灵活在于能创造和利用有利态势，军队战斗力强在于将帅能守信用，军队具有好的素质在于将帅明白用兵的道理，军用物资不枯竭在于速战急归，保持坚强的战斗力在于适时的休整，战斗力受到削弱是由于作战频繁。孙膑说："好的道德品行，是军队深厚的基础。讲信用，就是要在军队明示奖赏。打过恶仗的部队，是军队中最精锐的力量。［取众者，胜□□□也。"］孙膑说："军队作战能够经常取胜有五种因素：将帅得到君主的信任，有指挥作战全部权力的，能够取胜；懂得战争规律的，能够取胜；得到广大士卒拥护的能够取胜；将领之间团结的，能够取胜；善于分析判断敌情、审察地形险易的，能够取胜。孙膑说：军队作战经常不能取胜也有五种因素：将帅受到君主牵制的，不能取胜；不懂得战争规律的，不能取胜；将领之间不团结的，不能取胜；不用间谍的，不能取胜；得不到士卒拥护的，不能取胜。"孙膑说："胜利的取得在于周密谋划，明示奖赏，选拔士卒，利用敌人的弱点。这些就是使军队强大的重要条件。”孙膑还说：“不能得到君主信任的人，是不可以当将帅的……”

[……令，] 一是信，二是忠，三是敢。怎样才能算忠？忠于君王。怎样才能算信？信于奖赏。怎样才能算敢？敢于去掉不良行为。将帅不忠于君王，就不敢用他去打仗。奖赏不守信用，士卒就不会感恩。不敢去掉不良行为，士卒就不会敬畏。

【注释】

①篡卒：篡借为选，篡卒即选卒。

②之：此字原文写脱，据文义补。

【评述】

本篇讲述军队编制和治理的问题。孙膑认为士兵的战斗力在于合理的编制，在于诚信的道德，在于速战速决，在于严明的纪律等因素。治军的弱点在于频繁的作战。

月　战

【原文】

孙子曰：间于天地之间，莫贵于人。战□□□□不单。天时、地利、人和，三者不得，虽胜有殃。是以必付与而战，不得已而后战。故抚时而战，不复使其众。无方而战者小胜以付磿（lì）者也。

孙子曰：十战而六胜，以星也。十战而七胜，以日者也。十战而八胜，以月者也。十战而九胜，月有……［十战］而十胜，将善而生过者也[①]。一单……

……所不胜者也五，五者有所壹，不胜。故战之道，有多杀人而不得[②]将卒者，有得将卒而不得舍者，有得舍而不得将军者，有覆军杀将者。故得其道，则虽欲生不可得也。

【译文】

孙膑说，介于天地之间，没有比人更宝贵的了。［战□□□□不单。］天时、地利、人和，这三个条件不具备，虽能暂时得胜，但还会有后患。必须是在条件具备时先战，不得已而后战。所以，把握有利时机作战，就能一战而胜，不需多次用兵。没有计划而作战，取得小胜是因为符合了天时。

孙膑说，十战而六胜，是由于星夜作战。十战而七胜，是由于白天作战。十战而八胜，是由于月夜作战。十战而九胜，是由于月盛之夜作战。十战而十胜，是由于将帅善于指挥，士卒也胜过对方［一单……］

……不算全胜的情况有五种情况，五种中有一种，也不算全胜。所以战争的通常结果：有杀多人而不能俘虏敌人将帅和士卒的；有俘获敌人将帅和士卒，而不能占据敌人营舍的；有能占据敌人营舍，而不能俘获敌人将帅的；有覆灭敌人全军，杀其将帅的。所以掌握了取胜的道理，敌人想要生存，也是不可能的。

【注释】

①将善而生过者也：过，疑借为祸。古代军事家多认为屡次打仗并不一定是好事。如《吴子·图国》说："天下战国，五胜者祸，四胜者弊，三胜者霸，二胜者王，一胜者帝。"一说生指士卒，过，胜过。

②得：疑是俘获之意。

【评述】

本篇讲述夜战。孙膑认为敌强我弱时必须实行夜战。夜战是中国人民解放军最为擅长的战术，夜战为解放军赢得了许多令人惊叹的胜绩。

八　阵①

【原文】

孙子曰：智不足，将兵，自恃也。勇不足，将兵，自广也。不知道，数战不足，将兵，幸也。夫安万乘国，广万乘王，全万乘之民命者，唯知道。知道者，上知天之道，下知地之理，内得其民之心，外知敌之情，阵则知八阵之经，见胜而战，弗见而诤，此王者之将也。

孙子曰：用八阵战者，因地之利，用八阵之宜。用阵三分，诲阵有锋，诲锋有后，皆待令而动。斗一，守二[②]。以一侵敌，以二收。敌弱以乱，先其选卒以乘之。敌强以治，先其下卒[③]以诱之。车骑与战者，分以为三，一在于右，一在于左，一在于后。易则多其车，险则多其骑，厄则多其弩。险易必知生地、死地，居生击死。

【译文】

孙膑说，才智不足而领兵去打仗，是自以为能。胆略不足而领兵去打仗，是自我宽慰。不懂得战争的规律，实战经验又不足而领兵去打仗，是凭侥幸。要巩固万乘大国的政权，扩大万乘大国的统治，保卫万乘大国民众生命安全的将帅，只有知“道”。所谓知“道”，就是要上知天文，下知地理，内得民心，外知敌情。布阵要知道八阵的要领，有胜利把握就打，没有胜利把握就不打。这才是能够建立王业的将帅。

孙膑说，布阵交战时，要根据有利地形，采取相应的阵法。布阵时，兵力要分为三部分，每阵要有先锋部队，每阵要有后续部队，都要等待命令。交战时，用三分之一的兵力同敌人交锋，用三分之二的兵力待机而动。以三分之一的兵力突破敌阵，以三分之二的兵力围歼敌人。敌军战斗力弱而且阵势混乱，就先用精兵去攻击他。敌军战斗力强而且阵势严整，就先用战斗力弱的部队去引诱他。车兵和骑兵参战时，也要分为三部分。一部分部署在右面，一部分部署在左面，一部分部署在后面。在平坦地形作战时，多用车兵。在险要地形作战时，多用骑兵。在两面高峻中间狭窄地形作战时，多用弩兵。在各种条件下作战，都必须弄清哪里有利，哪里不利。要占据有利地形，击敌于死地。

【注释】

①八阵：古人讲布阵之法，多称“八阵”。此处“八阵”不仅仅是指八种不同的阵法。

②斗一，守二：意为以三分之一的兵力与敌交战，以三分之二的兵力作为机动等待战机。

③下卒：战斗力弱的士卒。

【评述】

本篇讲述将领对阵法和阵地的运用，孙膑要求不打没有胜利把握的仗，只打有胜利把握的仗。为此要求将帅做到上知天文，下知地理，外知敌情，内得民心。孙膑还提出掌握强大机动力量的观点，要求以三分之二的部队作为机动力量。

地葆

【原文】

孙子曰：凡地之道，阳为表，阴为里，直者为纲，术[1]者为纪。纪纲则（既）得，阵乃不惑，直者毛产[2]，术者半死。凡战地也，日其精也，八风[3]将来，必勿忘也。绝水、迎陵、逆流、居杀地[4]、迎众树者，钧举也，五者皆不胜。南阵之山，生山也。东阵之山，死山也。东注之水，生水也。北注之水，死水，不流，死水也。五地之胜[5]曰：山胜陵，陵胜阜，阜胜陈丘，陈丘胜林平地。五草之胜曰：藩、棘、椐、茅、莎。五壤之胜：青胜黄，黄胜黑，黑胜赤，赤胜白，白胜青。五地之败[6]曰：溪、川、泽、斥。五地之杀[7]曰，天井、天宛、天离、天隙、天柖[8]。五墓[9]，杀地也，勿居也，勿□也。春毋降，秋毋登。军与阵皆毋政前右，右周毋左周[10]。

【译文】

孙膑说，地形的区别是，高亢明敞的地方为表，低洼幽暗的地方为里，大路为纲，小路为纪。掌握了道路的情况，就能正确地布阵。大路是生地，小路多半是死地。凡是作战地域，日照是很重要的。对八方之风的变化，切不可忽视。水源断绝，面向高陵，处于河流下游，驻于死地，面向树林，遇上这五种处境都要离开，因为交战时都不能取胜。南面能够布阵的山，是生山。东面能够布阵的山，是死山。向东流的水，是生水。向北流的水，是死水。不流动的水，也是死水。五种地形优劣的比较是：山地胜于丘陵，丘陵胜于土山地，土山地胜于小土山，小土山胜于有树林的平地。五种草地优劣的比较是：藩、棘、椐、茅、莎。五种颜色土壤优劣的比较是：青胜黄，黄胜黑，黑胜赤，赤胜白，白胜青。五种可招致失败的地形是：山洞，河流，沼泽，盐碱地。五种可招致覆灭的地形是：四周高山，中间低下，众水所归之地；山险环绕，易进难出之地；草木茂盛，有如罗网之地；两面陡峭，中间狭窄之地；地势低洼，道路泥泞之地。这五种地形，都是灭亡之地，不要在此停留和驻扎，［勿□也。］春天阳气上升，不要在低处安营。

秋天阳气下藏，不要在高处安营。驻军和布阵，都不要改变前右方的有利位置，不要从山陵的右侧转到山陵的左侧。

【注释】

①术：疑借为屈。

②毛产：毛和产都有生长的意思，“毛产”与下文“半死”相对。

③八风：八方之风。古人认为风的方向、大小、疾徐都与战争胜负相关。

④杀地：极不利的地形。

⑤五地之胜：五种地形的优劣。

⑥五地之败：五种败地。此下文仅列举四地，疑漏抄一字。

⑦五地之杀：五种杀地。

⑧天井、天宛、天离、天隙、天柖：《孙子·行军篇》言险地种类有天井、天牢、天罗、天隙、天陷五类。天井，指四边高中间低洼之地。天离即《孙子》天罗（离、罗二字古代音近通用），指草木茂密如罗网之地。天隙，指出道小而狭的地形。天宛，疑与《孙子》天牢相当。此处之“天柖（sháo）”应为《孙子》之“天陷”。

⑨五墓：疑即指天井、天宛等五种杀地。

⑩右周毋左周：周，周匝环绕。左周、右周，疑指山陵高地在军阵的左侧或右侧。古兵书多认为军阵右背山陵为有利。

【评述】

此篇进一步讲述地形地利的运用，孙膑认为了解地理需要全面了解光照、水源（包括水性、水质、流向）、河流、山川等情况。

势　备

【原文】

孙子曰：夫陷[1]齿戴角，前爪后距，喜而合，怒而斗，天之道也，不可止也。故无天兵[2]者自为备，圣人之事也。黄帝作剑，以阵变之。羿作弓弩，以势象之。禹作舟车，以变象之。汤、武作长兵，以权象之。凡此四者，兵之用也。何以知剑之为阵也？旦暮服之，未必用也。故曰，阵而不战，剑之为阵也。剑无锋，虽孟贲[3]［之勇］不敢□□□。阵无锋，非孟贲之勇也敢将而进者，不知兵之至也。剑无首铤，虽巧士不能进□□，阵无后，非巧士敢将而进者，不知兵之情者。故有锋有后，相信不动，敌人必走。无锋无后，……券不道。何以知弓弩之为势也？发于肩膺之间，杀人百步之外，不识其所道至。故曰，弓弩势也。何以［知舟车］之为变也？高则……何以知长兵之［为］权也？击非高下非……卢毁肩，故曰，长兵权也。凡此四……中之近……也，视之近，中之远。权者，昼多旗，夜多鼓，所以送战也。凡此四者，兵之用也。□皆以为用，而莫彻其道。……功。凡兵之道四：曰阵，曰势，曰变，曰权。察此四者，所以破强敌，取猛将也。

……之有锋者，选阵□也。爵……

……得四者生，失四者死……

【译文】

孙膑说，凡含齿、戴角、前有爪、后有距的禽兽，欢喜时常聚集在一起，发怒时互相争斗，这是禽兽的本能，是不可以改变的。人类虽没有齿、角、爪、距等天然武器，但可以自己制造，圣人已经这样做了。黄帝制剑，用剑象征军阵。后羿制弓弩，用弓弩象征兵势。夏禹制舟车，用舟车象征机变。商汤、周武王制长兵，用长兵象征军权。这四者，都是打仗时使用的。怎么知道剑可以比作军阵呢？人每天把剑佩在身边，但未必天天用它；军阵经常演练，但不一定交战，因此用剑来比喻军阵。剑没有锋刃，虽然是孟贲那样的勇士也不敢佩用它。军阵没有精锐的先锋，就像没有孟贲之勇，那样还敢于指挥军队贸然进攻，是不懂用兵到了极点。剑没有把柄，虽然是巧士也无法使用。军阵没有后卫，并不是巧士，竟敢于指挥军队贸然进攻，这是不懂得用兵的道理。所以说，军阵既有前锋，又有后卫，互相配合，阵势稳定，敌人必然败走。没有前锋和后卫，［……券不道。］怎么知道弓弩可以比作兵势呢？箭发于肩胸之间，杀人于百步之外，还不知道从何处射来。所以说，用弓弩来比喻兵势。怎么知道舟车可以比作机变呢？［高则……］怎么知道长兵可以比作军权呢？［击非高夏非……卢毁肩，］所以说，用长兵来比喻军权。［凡此四……中之近……也，视之近，中之远。］指挥作战，白天多用旗，夜间多用鼓，用以传递作战命令。这四者，都是作战时使用的，人们都这样用了，而没有完全明白其中的道理。［……功。］

凡用兵作战的原则有四个方面，叫作军阵，兵势，机变，军权。了解并能掌握这四个方面，就能击败强敌，擒杀猛将。

【注释】

①陷：借为含。

②天兵：指自然赋予动物的武器。

③孟贲（bēn）：古代著名的勇士。

【评述】

本篇讲述兵器装备的制造。在冷兵器时代，主要的作战兵器是弓弩、刀、箭等，比较大的装备是舟车等。

兵　情[①]

【原文】

孙子曰："若欲知兵之情，弩矢其法也。矢，卒也。弩，将也。发者，主也。矢，金在前，羽在后，故犀而善走。前……今治卒则后重而前轻，阵之则辨[②]，趣之敌则不听，人治卒不法矢也。弩者，将也。弩张柄不正，偏强偏弱而不和，其两洋之送矢也不壹[③]，矢虽轻重，得前后适，犹不中［招也］[④]……将之用心不和……得，犹不胜敌也。矢轻重得，前［后］适，而弩张正，其送矢壹，发者非也，犹不中招也。卒轻重得，前……兵……犹不胜敌也[⑤]。故曰，弩之中彀合于四，兵有功……将也，卒也，□也，故曰，兵胜敌也，不异于弩之中招也。此兵之道也。

……所循以成道，知其道者，兵有功，主有名。

【译文】

孙膑说，如果要想知道用兵的道理，就像弩的发射那样。箭好比士卒，弩好比将帅，发射的人好比君主。箭，金属箭头在前，羽毛箭羽在后，所以射出去犀利而速度快，其原因是前重而后轻。现在治理、训练士卒则是后重而前轻，摆摆阵势还可以，用于进攻敌人就不能听从指挥了。这是由于人们治理、训练士卒没有效法箭的缘故。弩好比将帅。弩张开后，弩臂不正，力量强弱不匀称，弩的两翼发射箭的力量就不一致。这样，箭虽然轻重得当，前后适宜，仍不能射中靶子。……将帅之间不协调，士卒虽然治理、训练得很好，仍然不能战胜敌人。箭轻重得当，前后适宜，而且弩拉得也端正，两翼发箭的力量也一致，但发射的人不得当，还是不能射中箭靶。士卒治理、训练得很好（将帅之间也协调一致，但君主不善于使用），仍然不能战胜敌人。所以说，箭能中靶，是由于四股力量合成。军队建立功勋，必须依靠将帅、士卒和君主的同心协力。因此，军队战胜敌人，同射箭中靶一样。这就是用兵的道理。

【注释】

①兵情：此篇字体与《势备》相同，文章思路也近似，有可能就是《势备》的后半篇。

②辨：同“办”。

③两洋之送矢也不壹：洋，疑借为翔。两翔，两翼。此句意谓由于弩臂不正，弩弓两翼发矢的力量就不一致。

④矢虽轻重得，前后适，犹不中［招也］：招，箭靶。犹，仍然。这几句的意思是说：弩和箭都符合标准，但发射的人有错误，仍不能射中箭靶。

⑤前……兵……犹不胜敌也：本句残缺，大意似谓将和卒都符合标准，君主不能善用，也不能胜敌。

【评述】

本篇讲述协同问题。部队将帅之间，上下之间，友邻之间都需要协同作战；只有协同一致，全军一盘棋，才能创造出一种锐不可当的气势。

行 篡

【原文】

孙子曰：用兵移民之道，权衡也[①]。权衡，所以篡贤取良也。阴阳，所以聚众合敌也。正衡再累……既忠，是谓不穷。称乡县衡[②]，虽[③]其宜也。私公之财壹也，夫民有不足于寿而有余于货者，有不足于货而有余于寿者。唯明王、圣人知之，故能留之。死者不毒，夺者不愠。此无穷……民皆尽力，近者弗则远者无能④。货多则辨⑤，辨则民不德其上。货少则□，□则天下以为尊。然则为民赇也，吾所以为赇⑥也，此兵之久也。用兵之……

【译文】

孙膑说，使用军队和调用民力，都要衡量利弊得失。衡量比较，是为了选取优秀的人才。掌握阴阳变化，是为了聚集力量与敌交战。必须反复衡量［……既忠是谓不穷。］按照具体情况衡量和分配赋役，唯有这样才是适宜的。公私财产要统一衡量使用。民众中有的人力少而财物多，有的财物少而人力多，只有“明王”“圣人”明白这些道理，所以能够掌握。使死了人的不悔恨，财物被夺取也不怨恨。［此无穷……］民众都能尽力。如果战争初期不注意积蓄人力、物力，战争时间一长就会接应不上了。征收的财物过多则要损害民众的利益，民众对国君就会不满。征收的财物少，民众就会尊重国君。这是民众的要求，也是我们所希望的，这样就能使所进行的战争坚持下去。［用兵之……］

【注释】

①用兵移民之道，权衡也：此句意谓用兵和使民，如同用天平称东西一样。

②称乡县衡：称，举。乡，同“向”。县，同“悬”。衡，天平。称向，定方向。悬衡，衡量轻重利弊。一说是衡量各乡县具体情况，分配赋役。

③虽：疑借为唯。

④近者弗则远者无能：弗字下疑脱漏一字。

⑤辨：疑借为便，安逸。一说通“贬”，指害。

⑥赇：此处疑指积聚财富。一说同“求”，要求，希望。

【评述】

本篇讲述行军和后勤保障问题。孙膑认为后勤保障最重要的是在于选准将领、统一规划、综合运用。

杀　士[1]

【原文】

孙子曰：明爵禄而……

……杀士则士……

……知之。知士可信，毋令人离之。必胜乃战，毋令人知之。当战毋忘旁毋……

……必审而行之，士死……

【译文】

孙膑说，要事先明确颁示赏赐官职的等级和财物的数量，要善于了解人。了解人才能信任人，不要让人因不得信任而离去。有必胜的把握才可出战，但不可让敌人事先得知……付诸行动必须慎重……

【注释】

①杀士：杀，指杀戮。杀士，是严施刑戮，使士卒为之效死。也有说杀是减，杀士即精简士卒，使军队更加精悍。还有一说，杀是死，杀士即死士，指英勇杀敌，敢于牺牲的士卒。此段后文残缺严重，无法译出。

【评述】

透过这段严重残缺的文字，可以看到其重要内容和启发。标题“杀士”，即肯于拼死效命的士人。文章专门论述这个问题，可见是孙膑十分重视的问题。一支军队、一项事业，必须有一批肯为之献出宝贵生命的忠诚人士。

延　气

【原文】

孙子曰：合军聚众，［务在激气］。复徙[1]合军，务在治兵利气。临境近敌，务在厉气。战日有期，务在断气[②]。今日将战，务在延气[③]。……以威三军之士，所以激气也。将军令……其令，所以利气也。将军乃……短衣絜裘[④]，以劝士志，所以厉气也。将军令，令军人人为三日粮，国人家为……［所以］断气也。将军召将卫人者而告之曰："饮食毋……［所］以延气……也。

……营也。以易营之，众而贵武，敌必败。气不利则拙，拙则不及，不及则失利，失利……

……气不厉则慑，慑则众□，众....

……而弗救，身死家残。将军召使而勉之，击……[⑤]

【译文】

孙膑说，在聚集民众，编组军队时，务必激发士气。军队连续行军后重新集结时，务必注意整顿队伍，增强锐气。到达战区接近敌人时，务必使军队具有压倒敌人的气势。交战日期已定，务必使将士有决一死战的气概。马上就要交战时，务必使将士保持高昂的士气。［……以威三军之士，］用以激发士气，［将军令……其令，］用以保持部队的锐气。［将军乃……］短衣束装，以此勉励士卒，增强斗志，使军队具有压倒敌人的气概。将军下令，限令士卒每人只带三天军粮，［国人家为……］使士卒下定决心与敌决一死战。将军招来将卫人员，告诫他们：饮食方面不要……用以保持高昂的士气。

【注释】

①复徙：徙，拔营。复徙，疑指进发。

②断气：使士卒果断、有决心。

③延气：疑指使士卒有持续作战的精神准备。

④短衣絜裘：絜（jié），疑借为褐。褐裘，疑即裘褐，粗衣。

⑤此段严重残缺，无法译出。

【评述】

本篇讲述士气问题。孙膑认为作战时务必使军队保持高昂的士气，具有压倒敌人的气势。

官　一[1]

【原文】

孙子曰：凡处卒利阵体甲兵[2]者，立官则以身宜，贱令以采章[3]，乘削以伦物，序行以□□，制卒以州闾，授正以乡曲[4]，辨疑以旌舆，申令以金鼓[5]，齐兵以从迹，庵结以人雄，邋军以索阵[6]，茭疑以囚逆，陈师以危□，射战以云阵，御裹以羸渭，取啄以阖燧，即败以包□，奔救以皮傅，燥战以错行。用□以正□，用轻以正散，攻兼用行城，□地□□用方，迎陵而阵用封，险□□□用圆，交易武退用兵，□□阵临用方翼，氾战接厝用喙逢，囚险解各以□远，草驵沙荼以阳削，战胜而阵以奋国，而……为畏以山胠[7]。秦怫以逶迤，便罢以雁行，险厄以杂管。还退以蓬错，绕山林以曲次，袭国邑以水则，辨夜退以明简，夜警以传节[8]。厝入内寇以棺士，遇短兵以必舆，火输积以车。阵刃以锥行，阵少卒以合杂。合杂，所以御裹[9]也。脩行连削，所以结阵也。云折重杂，所权趮也。猋凡振陈[10]，所以乘疑也。隐匿谋诈，所以钓战[11]也。龙隋陈伏，所以山斗也。□□乖举，所以厌津也。□□□卒，所以□□也。不意侍卒，所以昧战也。遏沟□陈，所以合少也。疏削明旗，所以疑敌也。剽辒阵车，所以从遗也。椎下移师，所以备强也。浮沮而翼，所以燧斗也。禅袺（jié，衣襟）藂避，所以莠桑也。简练剽便[12]，所以逆喙也。坚阵敦□，所以攻槥也。揆断藩薄，所以眩疑也。伪遗小亡，所以聰[13]敌也。重害，所以茭□也。顺明到声，所以夜军也。佰奉离积，所以利胜也。刚者，所以御劫也。更者，所以过□也。□者，所以御□也。……者，所以厌□也。胡退□入，所以解困也。

……令以金……

……云阵，御裹……

……胠，秦怫以逶迤，便罢……

……夜退以明简，夜警……

……舆，火或输积以车，阵……

……龙隋阵……

……也。简练□便，所以逆……

……断藩薄，所以眩……

……所以聘敌也。重害，所……

……奉离积，所以利……

【译文】

孙膑说，一切治理士兵，布阵统兵，用兵作战的将领，任用官员必须选用称职的人，在他们受命任职的时候，要授给他们彩色绶章以及相应的车辆、服装，以后他们升职或降职时，也要给予相应的物品。……要按照州县籍贯给士兵编队，从乡里中选人任带兵官职。用不同颜色的旗帜和不同的图形作为各部队的标志。用金鼓传达命令。行军时要队形严整，依次行进。向敌军讨战时可以用散乱的队形，以便引诱迷惑敌军；可以像绳索一样绵亘不断布阵围困敌军；部署重兵威慑敌军；可以使用楼车布阵进行弩战；用防御阵形，防止军兵疲困；长距离驰援时，各部队要彼此靠拢；激战时要交替使用各种部队。……用轻装的部队去消灭溃散的敌军；攻坚用雁行阵……面向丘陵地布阵用圭形阵……在平坦的地方交战，撤退前先发动进攻以迷惑敌军，撤退时要部署兵力作后卫掩护……两军混战、犬牙交错时，要善于运用精锐部队，循隙觅缝攻击敌军……在杂草荆棘丛生的地方作战，要开辟出畅通的道路；战胜归来，要保持军队阵形严整，军容威武，以振国威……要抢占山地右翼以威慑敌军。遇到荆棘阻路的地方，可以绕道而行；在停止战斗时，军队要布成雁行阵势以保安全；把守险要的关隘，要使用多兵种混合部队；退军时要注意隐蔽，并交替掩护；经过山林地带要保持队形顺序通过；袭击城池要像水流一样横扫千军；夜间撤退要有明显的标志识别；夜间警戒要有符节作为凭证。插入敌阵攻敌时，要用敢死队；和敌军短兵相接时，使用长兵器和战车；紧急运送军用物资要用车。阵锋要成锥形；兵员不足时，布阵要把各兵种混合编队；混合编队是因为便于防御敌军进攻。为了保持队伍整齐，避免混乱，要结成阵势。当黑云压城、形势危急之时，当权的人容易急躁。像狂飙烈焰一般冲击敌阵，是因为在敌人惊疑之际有机可乘。隐蔽自己的兵力，使用欺骗的谋略，是为了引诱敌军上钩。借助山区复杂的地形设伏，是为了在山地战中消灭敌军。……是为了夺取渡口。……不把作战意图告诉身边的士兵，是为了保守作战机密。……广列兵器，多布旗帜，是为了迷惑敌军。动用快速勇猛的部队和轻便的战车，是为了追击逃敌。在敌军的威胁下转移部队，是为了避开强敌，保存实力。为了便于火攻，要借助风势。故意装出行动迟缓，躲闪避让的样子，是要引诱敌军追赶。选出精干的士兵，轻装出击，是为了迎击敌军的先锋。加强阵势，激励士兵，是为了攻击拼命的敌军。故意破坏自己阵地的屏障，是用以迷惑敌军。故意遗弃一些物资军械，装出败退的样子，用以引诱敌军上钩……整夜巡逻，宜至天明，并有联络信号互相呼应，从而保证夜里驻扎的安全。把各种军用物资分散储存，可以保证军队取胜。使用精锐部队，是为了防止敌军劫营。

【注释】

①官一：此是篇题，写在本篇第一简简背。本篇篇首有“立官则以身宜”一语，故以“官”字为篇题，篇后所附文字均与本篇重复，可见此篇原有两本。“官一”之“一”，疑指两本书中的第一种本子。篇后所附疑为“官二”，因残缺过甚，故附于《官一》篇后。由于本篇文字艰涩费解，简文次序不易确定，故只注不译。

②处卒：疑指选择有利地形驻军。利阵：疑谓使其阵坚利。体甲兵：疑指统率军队。

③贱：疑借为践，实行。采章：指彩色的旗帜、车服等物。

④制卒以州闾，授正以乡曲：州闾，古代地方基层行政单位；正，为州闾之“长”。以上两句意谓按地方行政组织编制士卒，任命官长。

⑤舆：疑借为旟（yú），古代绘有鸟纹的旗。金：指金属军乐器。以上两句意谓军中以旗帜、金鼓指挥行动，士卒不会有疑虑。

⑥索阵：与下文之囚逆、云陈、羸（léi）渭、皮傅、错行等，疑皆阵名。

⑦山胠（qū）：与下文之逶迤、杂管、篷错、曲次等，疑皆阵名。

⑧传节：传（zhuàn），符信。节，符节。意谓夜间巡逻以传节为凭证。

⑨御裹：御，抵御。裹，包围。

⑩猋凡振陈：疑当读为飙风振尘。

⑪钓战：引诱敌人出战。

⑫简练剽便：简练，训练选拔。剽（piāo）便，指骁勇敏捷的士卒。

⑬瑰：西汉前期文字多用作“耻”，此处疑借为“饵”。意谓故意丢失一些财物引诱敌军。

【评述】

本篇讲述军队编制问题。孙膑对多种情况下的战术问题，做了详尽的讲解。其中军队的编组和指挥是军队能否充分发挥战斗力的关键问题。组织严密，指挥有效，运转灵活，军队就有战斗力。孙膑提出的按士兵籍贯编组，由本地人任将领的方法，在当时是从实际出发的有效原则。当时交通不便，人们交往不多，同一地区的人们相互熟悉，易于沟通，甚至有“上阵父子兵”的说法。

强　兵[①]

【原文】

威王问孙子曰：“……齐人教寡人强兵者，皆不同道。……有教寡人以政教者，有教寡人以……［有教］寡人以散粮者，有教寡人以静者……之教□□行之教奚……”［孙子曰］：“皆非强兵之急者也。”威［王］……孙子曰“富国。”威王曰：“富国……厚。”威王、宣王以胜诸侯[②]，至于……

……将胜之，此齐之所以大败燕[③]……

……众乃知之，此齐之所以大败楚人[④]反……

……大败赵[⑤]……

……人于啮桑而擒汜皋也[⑥]

……擒唐□也[⑦]

……擒□譞……

【译文】

齐威王问孙膑说：“……齐国的学士大夫们教我如何强兵，各有不同的主张。……有的教我用行仁政以教化民众的办法去强兵，［有教寡人以……］有的教我用散粮于民的办法去强兵，有的教我用‘清静无为’的办法去强兵，［……之教□□行之教奚］”孙膑回答说：“……这些都不是强兵最要紧的事。”［威〔王〕……］孙膑回答说：“国家富强。”齐威王问：“国家富强［……厚。］”齐威王、齐宣王采纳了孙膑“富国强兵”的主张，战胜了许多诸侯［至于……］

【注释】

①强兵：本篇记述了齐威王与孙膑之间关于富国强兵的问答。估计本篇可能是后人抄附在《孙膑兵法》书后的。

②威王、宣王以胜诸侯：《史记·孟子荀卿列传》中有“齐威王、宣王用孙子、田忌之徒，

而诸侯东面朝齐”，可参考。

③齐……败燕：当指公元前 314 年齐宣王伐燕事。

④大败楚人：疑指齐与韩、魏等国伐楚取重丘之战（参看注⑦）。事在公元前 301 年齐湣王初立时。

⑤大败赵：据《竹书纪年》，魏惠王后元十年（齐威王三十二年，公元前 325 年）齐败赵于平邑，俘赵将韩举。

⑥人于啮桑而擒汜皋："人"上一字尚余残画。似是"宋"字。据史书记载，齐湣王十五年宋为齐所灭。此处所记可能是灭宋以前的某次战役。啮桑，今江苏沛县。

⑦擒唐□也："唐□"疑即唐昧。《史记·楚世家》记怀王二十八年（公元前 301 年）中记"齐、韩、魏共攻楚，杀楚将唐昧，取我重丘而去"。唐昧有的书也称唐蔑。如果"唐□"确为唐昧则此条与上文"大败楚人"所记当为一事。

【评述】

本篇讲述富国强兵战略，孙膑借齐威王之口讲述了各种主张，指出唯有富国才能强兵。

十阵

【原文】

凡阵有十：有方阵，有圆阵，有疏阵，有数阵，有锥行之阵，有雁行之阵，有钩行之阵，有玄襄之阵，有火阵，有水阵。此皆有所利。方阵者，所以剸（zhuān，割断、截断）。圆阵者，所以槫（tuán，圆、聚结）也。疏阵者，所以吴也。数阵者，为不可掇（duō，拾取、摘取）。锥行之阵者，所以决绝也。雁行之阵者，所以接射也。钩行之阵者，所以变质易虑也。玄襄之阵者，所以疑众难敌也。火阵者，所以拔也。水阵者，所以伥固也。

方阵之法，必薄中厚方[①]，居阵在后。中之薄也，将以吴也。重□其□，将以剸也。居阵在后，所以……

［圆阵之法］[②]……

［疏阵之法］，其甲寡而人之少也，是故坚之。武者在旌旗，是人者在兵。

故必疏矩间，多其旌旗羽旄，砥刃以为旁。疏而不可蹙，数而不可军者，在于慎。车毋驰，徒人勿趋。凡疏阵之法，在为数丑，或进或退，或击或额[③]，或与之征，或要其衰。然则疏可以取锐矣。

数阵之法，毋疏矩间，戚而行首，积刃而信之，前后相保，变□□□；甲恐则坐，以声坐□；往者弗送。来者弗止；或击其迂，或辱其锐；笄之而无间，斩（fǎn）山而退。然则数不可掇也。

锥行之阵，卑之若剑，末不锐则不入，刃不薄则不剸，本不厚则不可以列阵。是故末必锐，刃必薄，本必鸿。然则锥行之阵可以决绝矣。

［雁行之阵］……中，此谓雁阵之任。前列若臃，后列若狸，三……阙罗而自存。此之谓雁阵之任。

钩行之阵，前列必方，左右之和必钩。三声[④]既全，五采必具，辨吾号声，知五旗。无前无后，无……

玄襄之阵，必多旌旗羽旄，鼓翡翡庄，甲乱则坐，车乱则行，已治者□，榼榼啐啐，若从天下，若从地出，徒来而不屈，终日不掘。此之谓玄襄之阵。

火战之法，沟垒已成，重为沟堑，五步积薪，必均疏数，从役有数，令人为房（chì，工具的柄）枇，必轻必利，风辟……火既自覆，与之战弗克，坐行而北。火战之法，下而衍芬，三军之士无所出泄。若此，则可火也。陵猋蒋芬，薪荛既积，营窟未谨。如此者，可火也。以火乱之，以矢雨之，鼓噪敦兵[⑤]，以势助之。火战之法。

水战之法，必众其徒而寡其车，令之为钩楷苁相贰辑□绛皆具。进则必遂，退则不蹙，方蹙从流，以敌之人为招。水战之法，便舟以为旗，驰舟以为使，敌往则遂，敌来则蹙，推攘因慎而饬之，移而革之，阵而□之，规而离之。故兵有误车有御徒，必察其众少，击舟额津，示民徒来。水战之法也。

【译文】

大体上说阵有十种：有方阵，有圆阵，有疏阵，有数阵，有锥行阵，有雁行阵，有构行阵，有玄襄阵，有火阵，有水阵。这些阵各有其长处和作用。方阵是用以截断敌人的。圆阵是用以集聚兵力进行坚守的。疏阵是用以虚张声势，伺机攻击的。数阵是不易被敌人侵入分割的。锥行之阵是用以突破和切断敌阵的。雁行之阵便于用弓矢和敌人交战。钩行之阵便于在情况变化时改变作战计划。玄襄之阵用以迷惑敌人，使其难以实现原来的企图。火阵用来拔取敌人营寨。水阵用来加强防守。

方阵的布法，必须中间兵力少，周围兵力多，将帅指挥位置靠后。中间人少，就要虚张声势。（周围人多）用以截断敌人。将帅的指挥位置靠后，[所以……]

圆阵的布法……

疏阵的布法，由于兵力缺少，因此要加强它。显示阵势威武在于多置旌旗，显示人多在于多置兵器。所以必须加大行列间的间隔距离，多设旌旗羽旄，将锋利的兵器布置在周围。行列稀疏时使敌人不能迫近，行列密集时使敌人不能包围，一定要谨慎从事。战车不要疾驰，步卒不要快走。布设疏阵的方法，在于把兵力编成若干个战斗小群，或者前进，或者后退，或者攻击，或者防守，或者与敌展开争夺，或者截击疲惫的敌人。这样，疏阵就可以用来战胜敌人的精锐部队。

数阵的布法，不要加大行列的间隔距离，行列靠近而又分明有序，兵器密集而能伸展自如，前后能够互相支援，[变□□□]；士卒恐惧时，则稳定不动（以声助威，稳定阵势）；敌退走时不要出击追击，敌来犯时不要出阵迎击；或者攻击敌人的迂回部队，或者挫败敌人的精锐部队；阵势严密无隙可乘，使敌人像遇到山一样的阻碍而被迫撤退。这样，数阵就不会被敌人攻破了。

锥行之阵，像剑一样，前锋不锐利，就不能攻入敌阵，阵的两翼不锋利，就不能切断敌阵，后续部队不雄厚，就不能列成锥行的阵势。所以说，前阵必须锐利，两翼必须锋利，后续部队必须强大。这样锥行之阵就可以突破和切断敌阵了。

[雁行之阵]……

钩行之阵，前列要成方形，左右两翼连接的阵门处要成钩形。金、鼓、角要齐全，各种颜色的军旗要具备，并使士卒能辨别号令，识别旗号。[无前无后，无……]

玄襄之阵，必须多设旌旗羽旄，鼓声错杂而雄壮，士卒表面混乱而实际稳定，兵车看来杂乱实际却在行进，（使整治有序的兵车和士卒）故意发出嘈杂的声音，好像从天而降，如同自地而出，步卒来往不绝，终日都不停止。这就是玄襄之阵。

火战的方法，沟垒筑成，再挖一些沟堑，每隔五步堆积一堆柴薪，疏密必须均匀，分派好纵火的士卒，要求他们捆好点火用的草把，动作要敏捷利落。（风向变化）烟火向我方覆盖，此时与敌交战就不能取胜，要停止行动而后退。火战的方法，敌处下风，在低而平坦、野草丛生的地方，火势蔓延时敌军将士无处可逃，像这样的情况，就可以用火攻。在刮大风和敌人驻地野草丛生，柴草堆积，戒备不严的情况下，也可以用火攻、要以烈火烧乱敌阵，以密集如雨的箭射杀敌人，击鼓呐喊，火助兵威，兵趁火势，消灭敌人。这就是火战的方法。

水战的方法，必须多用步兵，少用车兵，命令部队把水战的用具和器材准备齐全。船队前进时要前后相随，后退时不要互相拥挤，并船破敌要顺流而下，以敌军人员为射杀目标。水上作战的方法，用轻便的船进行指挥，用快舟进行联络，敌人逃跑时要追击，敌人进攻时要迎战，抵御和追击都要根据情况慎重处置，使船队严整有序。敌人移动，就截断他；敌人列阵，就攻击他；敌人集中，就分散他。所以对隐蔽的敌军和战车上的徒卒，要查清有多少。攻击敌船，控制渡口，调集步兵从陆上配合作战。这就是水上作战的方法。

【注释】

①方阵之法，必薄中厚方：方，疑借为旁。薄中厚旁，意谓方阵中心人少，周围人多。

②［圆阵之法］：据上文，此处当有论圆阵的简文。“圆阵之法”四字据本篇文例增补。

③藐：意义不详。银雀山所出其他竹简中或用作刚毅之毅，疑即《说文》毅字异体。

④三声：指军中金鼓笳铎的声音。

⑤鼓噪敦兵：敦，劝勉。意谓鸣鼓喧噪，以激励士卒的斗志。

【评述】

本篇讲述十种阵法。在冷兵器时代，阵法具有重要的意义，是将帅统兵打仗的基本功。孙膑是按照阵的外形来区分阵法的，十种兵阵各有所长，各有各的用处。

十　问

【原文】

兵问曰：交和而舍[①]，粮食均足，人兵敌衡，客主两惧。敌人圆阵以胥，因以为固，击［之奈何？曰］：击此者，三军之众分而为四五，或傅而佯北，而示之惧。彼见我惧，则遂分而不顾。因其乱毁其固。驷鼓同举，五遂俱傅。五遂俱至，三军同利。此击之道也。

交和而舍，敌富我贫，敌众我少，敌强我弱，其来有方，击之奈何？曰：击此者，□阵而□之，规而离之，合而佯北，杀将其后，勿令知之。此击方之道也。

交和而舍，敌既众以强，劲捷以刚。锐阵以胥，击之奈何？击此者，必三而离之，一者延而衡[2]，二者□□□□□恐而下惑，上下既乱，三军大北。此击锐之道也。

交和而舍，敌既众以强，延阵以衡，我阵而待之，人少不能，击之奈何？击此者，必将三分我兵，练我死士，二者延阵张翼，一者材士练兵，期其中极[3]。此杀将击衡之道也。

交和而舍，我人兵则众，车骑则少，敌人十倍，击之奈何？击此者，当保险带隘，慎避广易。故易则利车，险则利徒。此击车之道也。

交和而舍，我车骑则众，人兵则少，敌人十倍，击之奈何？击此者，慎避险阻，决而导之，抵诸易。敌虽十倍，便我车骑，三军可击。此击徒人之道也。

交和而舍，粮食不属，人兵不足俙[4]，绝根而攻，敌人十倍，击之奈何？曰：击此者，敌人既□而守阻，我……反而害其虚。此击争□之道也。

交和而舍，敌将勇而难惧，兵强人众自固，三军之士皆勇而无虑，其将则威，其兵则武，而理强梁逮[5]，诸侯莫之或待。击之奈何？曰：击此者，告之不敢，示之不能，坐拙而待之，以骄其意，以惰其志，使敌弗识。因击其不□，攻其不御，压其骀[6]，攻其疑。彼既贵既武，三军徙舍，前后不相睹，故中而击之，若有徒与。此击强众之道也。

交和而舍，敌人保山而带阻，我远则不接，近则无所，击之奈何？击此者，彼敛阻移□□□□□则危之，攻其所必救，其离其固，以揆其虑，施伏设援，击其移庶。此击保固之道也。

交和而舍，客主两阵，敌人形箕，计敌所愿，欲我陷覆，击之奈何？击此者，渴者不饮，饥者不食，三分用其二，期于中极，彼既□□，材士练兵，击其两翼，□彼□喜□□三军大北。此击箕之道也。七百十一九。

【译文】

兵家问道，两军对垒，准备交战，敌我双方粮食都很充足，兵力相当，彼此畏惧。敌人布下圆阵，固守待战，如何攻击呢？答：攻击这样的敌人，可将全军分为四五路，与敌接触一下就假装退败，表示畏惧。敌人见我害怕，就会不顾一切地分兵追击，我则乘敌混乱破坏其坚固的阵势。战鼓齐鸣，五路兵马同时向敌人逼近。五路兵马都到齐，全军同心协力夺取胜利。这就是击败敌人圆阵的办法。

两军对垒，准备交战，敌富我贫，敌众我少，敌强我弱，敌人用方阵向我进攻，如何抗击呢？答：抗击这样的敌人，[□阵而□之，] 使集中的敌人分散，交战时伪装败退，攻击敌人侧后，不让敌人察觉我方意图。这就是击败敌人方阵的办法。

两军对垒，准备交战，敌人既多又强，轻捷而刚劲，布下锐阵，等待交战，如何攻击呢？攻击这样的敌人，必须将我军分成三部分，迫使敌人分散兵力，以一部兵力展开布成横阵，[二者□□□□□恐而下惑，] 上下混乱，敌人全军必将打败。这是击破敌人锐阵的方法。

两军对垒，准备交战，敌人既多又强，正面展开摆成横阵，我也列阵以待，但力量少，不能与敌对抗，如何攻击呢？攻击这样的敌人，必须把我军分成三部分，选拔一些敢死的士卒，以两部兵力摆开阵势，张开两翼，以一部分武艺高强的勇士和精选士卒，打击敌人的要害部位。这就是杀敌将帅，破敌横阵的办法。

两军对垒，准备交战，我方步兵多，车骑兵少，敌人十倍于我，如何攻击呢？攻击这样的敌人，应该占据和控制险要的地形，注意避开广阔平坦的地方。因为平坦的地方有利于车兵，险要的地方有利于步兵，这就是攻击敌兵骑兵的办法。

两军对垒，准备交战，我方车兵骑兵多，步兵则少，敌人十倍于我，如何攻击呢？攻击这样的敌人，要注意避开险阻的地形，放开口子，引诱敌人，迫使其到平坦的地方交战。敌人虽十倍于我，但我车兵骑兵能充分发挥威力，敌全军仍可被我击败。这就是击败敌步兵的办法。

两军对垒，准备交战，我粮食接济不上，兵力不足，远离后方作战，敌人多我十倍，如何攻击呢？答：攻击这样的敌人。敌既众多而又凭险固守，我（便要避开敌人的优势），去攻击其薄弱的部位。[此击争□之道也。]

两军对垒，准备交战，敌将勇敢而不畏惧，敌兵既强又多，内部团结，全军士卒斗志旺盛没有顾虑，敌人将帅威武，士卒勇猛，而且能降服强梁，凌驾诸侯，谁都不敢同它对抗。如何攻击？答：攻击这样的敌人，要扬言不敢打，装着没有能力打，用谦卑的样子对待敌人，使敌人骄傲，斗志松懈，弄不清我方的意图。于是攻击敌人意想不到和没有防御的地方，压制敌人软弱部分，攻击敌人所疑虑的地方。敌人既骄，又自恃强大，必然对我疏于戒备。当它全军拔营而走，前后不相照应的时候，可以拦腰截击移动中的敌人，就好像我方增加了很多兵力一样。这就是攻打强大众多之敌的办法。

两军对垒，准备交战，敌人据山守险要，离敌远不能同它交战，离敌近失去有利的依托，如何攻击呢？攻击这样的敌人，[彼敛阻移□□□□□则危之，]进攻敌人必定要救援的要害部位，使其离开险固的地方，判明敌人的行动企图，布置伏兵，安排援兵，乘其移动而攻击。这就是战胜凭险固守之敌的办法。

两军对垒，准备交战，敌我双方都摆开了阵势，敌人布下簸箕形的阵势，它企图使我陷入覆灭的境地，如何攻击呢？打这样的敌人，要像渴了不喝水，饿了不吃饭那样，不上它的当。用三分之二的兵力攻击敌人的要害，[彼既□□，]派出一部分武艺高强的勇士和精选的士卒，攻击敌阵的两翼，[□彼□喜□□]敌全军必然大败。这就是击破敌人簸箕形阵势的办法。

【注释】

①交和而舍：和，军队左右垒门。舍，扎营。意谓两军相对，准备交战。

②延而衡：与下文“延阵以衡”同意，指把军阵延长，横着摆开。

③期其中极：中极，要害。意谓务期攻敌要害。下文“期于中极”与此同意。

④怯：疑借为恃。

⑤理强梁疌：理同吏，军吏；疌（niè），脚套垫；一说疌同“捷”，意谓降服强梁。

⑥骀：疑指为怠。

【评述】

本篇讲述临敌用兵的十个战术问题。孙膑对于敌强我弱情况下的十种情况一一提出了对策，总的原则是奇正结合；避开强敌，利用险阻，示敌以弱。

略　甲①

【原文】

略甲之法，敌之人方阵□□无□……

……欲击之，其势不可，夫若此者，下之……

……以国章，欲战若狂，夫若此者，少阵……

……反，夫若此者，以众卒从之，篡卒因之，必将……

……篡卒因之，必……

……左右旁伐以相趋，此谓镂钩击。

……之气不藏于心，三军之众□循之知不……

……将分□军以脩□□□□寡而民……

……威□□其难将之□也。为其众，乱其……

……阵不厉，故列不……

……远揄之，敌倦以远……

……治，孤其将，荡其心，击……

……其将勇，其卒众……

……彼大众将之……

……卒之道……

【译文】

用兵的谋略在于，当敌军列出方阵时……想要攻击敌军，而敌军的兵势又不可战胜时，在这种形势下……求战的心情像是发疯一般……在这种情况下，让大队士兵尾随，选出精兵沿途袭扰……从左右两边相向攻击，这就叫作钩击。……使其将领孤立，军心动摇……

【注释】

①略甲：本篇文字残缺，无法看出主要内容。除首文外，各行次序不能确定。篇目下的文字《十阵》《十问》相近，不易区分。故将可能属于这三篇的残文一并附于本篇之后，都不再译出。

【评述】

本篇似乎依然讲述临敌战术。孙膑讲述了在临敌用兵时，应该根据敌我双方的情势运用相应战术。统兵将领要有谋略，要用头脑打仗，因时、因地、因势用兵。这些基本的思想，在孙膑兵法的许多篇中都有涉及。

客主人分

【原文】

兵有客之分，有主人之分。客之分众，主人之分少。客倍主人半，然可敌也。负……定者也[①]。客者，后定者也。主人安地抚势以胥。夫客犯隘逾险而至，夫犯隘……退敢刎颈，进不敢拒敌，其故何也？势不便，地不利也。势便地利则民自……自退。所谓善者战，便势利地者也。带甲数十万，民有余粮弗得食也，有余……居兵多而用兵少也，居者有余而用者不足。带甲数十万，千千而出，千千而□之..万万以遗我。所谓善战者，善翦断之，如□会捝者也。能分人之兵，能按人之兵，则锱［铢］而有余[②]。不能分人之兵，不能按人之兵，则数倍而不足。众者胜乎？则投算而战耳。富者胜乎？则量粟而战耳。兵利甲坚者胜乎？则胜易知矣。故富未居安也，贫未居危也；众未居胜也，少［未居败也］。以决胜败安危者，道也。敌人众，能使之分离而不相救也，受敌者不得相……以为固[③]，甲坚兵利不得以为强，士有勇力不得以卫其将，则胜有道矣。故明主、知道之将必先□，可有功于未战之前，故不失；可有之[④]功于已战之后，故兵出而有功，入而不伤，则明于兵者也。五百一十四

……焉。为人客则先人作....

……兵曰：主人逆客于境……

……客好事则……

……使劳，三军之士可使毕失其志，则胜可得而据也。是以按左扶右，右败而左弗能救；按右扶左，左败而右弗能救。是以兵坐而不起，避而不用，近者少而不足用，远者疏而不能……

【译文】

打仗有客军，有主军，客军所处的地理条件需要的兵力多，主军所处的地理条件需要的兵力可少。主方兵力只要有客方兵力的一半，就可以与之匹敌。［负……］（主方军队是预先）部署好了的，客方军队是后部署的。主方的军队占据着良好地形，凭借有利态势，严阵以待。而客方军队要冲破隘塞，越过险阻才能到达战地，［夫犯隘……］宁可冒杀头的危险，却不敢向前与敌人交锋，这是什么原因呢？因为形势

不利，地形不好，形势有利，地形很好，士卒自然就敢于（前进。反之，士卒就会）自行后退。所谓善于指挥作战的人，就在于能够因势利导和利用有利地形。军队几十万，民众就是有很多的粮食，也供养不起，[有余……] 养兵多的时候多，而用兵的时候少。平时养兵感到有余，战时用兵感到不足。军队几十万，成千成万地出征，[千千而□之……] 把众多的军队交给我指挥。所谓善于指挥作战的人，能果断地处置问题，（就能够聚歼敌人）能分散敌人的兵力，能牵制敌人的兵力，即使敌众我寡也会感到兵力有余。不能分散敌人的兵力，不能牵制敌人的兵力，即使自己的兵力超过敌人几倍，也不够用。兵多就能取胜吗？那岂不是只要计算一下双方军队的数量去交战就行了。富足就能取胜吗？那岂不是量一量粮食多少交战就行了。武器装备精良就能取胜吗？那么胜利也就太容易知道了。所以，国家富足不一定就安全，国家贫困也不一定就危亡；军队众多不一定就胜利，军队少了也不一定就失败。用以决定胜败安危的，在于能否掌握战争知道规律。敌军众多，能够使它分离而不能相互救援；受到攻击的敌人，不能互相了解情况；深沟高垒，也不能用以固守；武器装备精良，也不能发挥威力；士卒勇猛有力，也不能保卫他们的将帅。这就是说，制胜是有战争规律的。所以，明智的君主，懂得用兵规律的将帅，必须事先周密谋划。在战争开始以前做好了准备，打起仗来才不至于失败；战争开始后，继续做好准备，则进攻就能建立功绩，退却也不会受到损失，这样才算懂得用兵打仗的道理。

[……焉。为人客则先人作 ....]

[……兵曰：主人逆客于境……]

[……客好事则……]

[……使劳，] 使敌军完全丧失斗志，这样，取得胜利就有把握了。所以，牵制敌人左翼，打击敌人右翼，使敌右翼失败而左翼不能救援；牵制敌人右翼，打击敌人左翼，使其左翼失败而右翼不能救援。这样，敌军遭到挫败而一蹶不振，逃避战斗，不能发挥作用，造成敌近处部队少而不够用，远处部队分散而来不及（救应）……

【注释】

①负……定者也：此句残缺，原文疑当作："主人者，先定者也。"先定，指先做好部署。

②能分人之兵，能按人之兵，则锱 [铢] 而有余：《淮南子·兵略》："故能分人之兵，疑人之心，则锱铢有余；不能分人之兵，疑人之心，则数倍不足。"简文"锱"字残存金旁，"铢"字全缺，今据《淮南子》补。锱、铢都是古代两以下的重量单位，比喻分量极小。

③受敌者不得相……以为固："以为固"上约缺入字，据《善者》篇的类似文字，以上两句可补足为："受敌者不得相［知，沟深垒高不得］以为固。"受敌，受攻击。

④之：疑是衍文。

【评述】

本篇论述防御和进攻的关系。孙膑认为应该从敌我兵力对比实际出发，善于利用地形地利，决定采取防御还是进攻的战术。无论采取防御还是进攻，其重点都在于领兵将领的指挥艺术。孙膑认为兵多不一定能取胜，武器锐利也不一定能取胜，国家富足也不一定能取胜，只有懂得用兵规律的将领统军才能取胜。

善　者[①]

【原文】

善者，敌人军□人众，能使分离而不相救也，受敌而不相知也。故沟深垒高不得以为固，车坚兵利不得以为威，士有勇力而不得以为强。故善者制险量阻，敦三军，利屈伸，敌人众能使寡，积粮盈军能使饥，安处不动能使劳，得天下能使离，三军和能使柴[②]。故兵有四路、五动：进，路也；退，路也；左，路也；右，路也。进，动也；退，动也；左，动也；右，动也；默然而处，亦动也。善者四路必彻，五动必工。故进不可迎于前，退不可绝于后，左右不可陷于阻，默［然而处］，□□于敌之人。故使敌四路必穷，五动必忧。进则傅于前，退则绝于后，左右则陷于阻，默然而处，军不免于患。善者能使敌卷甲趋远，倍道兼行，倦病而不得息，饥渴而不得食。以此薄敌，战必不胜矣。我饱食而侍其饥也，安处以待其劳也，正静以侍其动也。故民见进而不见退，蹈白刃而不还踵[③]。

【译文】

善于指挥作战的将帅，敌军兵强人众，能使之分离而相互不能救应，受到攻击而相互不知情况。所以，沟深垒高不能认为就坚固，武器装备精良不能认为就有威力，士卒勇猛不能认为就强大。因此，善于指挥作战的将帅，要能审察地形，利用险阻，指挥三军，进退自如。敌人兵力众多能使之变少，军粮充足能使之挨饿，安处不动能使之疲劳，得到天下能使之丧失，全军团结能使之不和。所以军队作战有四路、五动。四路是：进路、退路、左路、右路；五动是：前进是动、后退是动、向左是动、向右是动、陈兵不动也是动。善于指挥作战的人，一定要做到四路通畅，五动巧妙。所以进兵时敌人不能阻挡，撤退时不会被切断后路，左右行动时不会陷于困境，陈兵不动，也能威慑敌人。因此要使敌人四路必定受阻，五动必有忧患。进兵时前面受到拦击，退兵时后路被切断，左右行动时则陷入困境，陈兵不动，也免不了遭到打击。善于指挥作战的人，能迫使敌人卷起铠甲长途跋涉，兼程赶路，疲惫而得不到休息，饥渴而得不到饮食。用这种办法迫敌与我交战，敌人必然失败。我军以饱食对待敌人的饥饿，以安逸休息对待敌人的疲劳，以严整有序、安静不动对待敌人的动乱。这样士卒就能勇敢前进而不退却，冒敌锋刃也不后退。

【注释】

①善者：善，会意字，从羊从二言，羊性温顺是一种合作的象征，善的本意指像羊一样说话才不会吵架，打架。此处善者指能工巧匠和善于应对敌人的将领。

②柴：疑借为訾（zǐ），怨恨。

③蹈白刃而不还踵：不还踵，犹言不旋踵。意谓冒锋刃而不后退。

【评述】

本篇继续讲述临敌指挥。孙膑认为能巧妙地使敌我形势发生有利于我方转化的将领才称得上是善于用兵的将领。

五名五恭[①]

【原文】

兵有五名：一曰威强，二曰轩骄，三曰刚至，四曰助忌[②]，五曰重柔。夫威强之兵，则屈软而待之；轩骄之兵，则恭敬而久之；刚至之兵，则诱而取之；助忌之兵，则薄其前，噪其旁，深沟高垒而难其粮；重柔之兵，则噪而恐之，振而捅之，出则击之，不出则回之。

兵有五恭、五暴。何谓五恭？入境而恭，军失其常；再举而恭，军无所粮；三举而恭，军失其事；四举而恭，军无食；五举而恭，军不及事。入境而暴，谓之客。再举而暴，谓之华；三举而暴，主人惧。四举而暴，卒士见诈；五举而暴，兵必大耗。故五恭、五暴，必使相错也。

【译文】

敌军在精神状态上有五种类型：一是耀武扬威，二是高傲骄横，三是刚愎自用，四是狡猾多疑，五是持重软弱。对耀武扬威的敌军，就用示弱的办法对付它；对高傲骄横的敌军就故作恭敬，待机消灭它；对刚愎自用的敌军，就威迫它的正面，骚扰两翼，深沟高垒，断其粮道；对持重软弱的敌军，就用喧噪的办法恐吓它，用袭击的办法触动它，出来就歼灭它，不出来就围困它。

军队有五恭五暴。什么叫五恭？军队进入敌境后表现宽柔，就会失去应有的常态；再次表现宽柔，军队就会征集不到粮草；再三表现宽柔，军队就会贻误战机；一再表现宽柔，军队就会得不到饮食；始终表现宽柔，军队就完不成任务。进入敌境就表现强横，敌国民众就会把你看作外寇；再次变现强横，敌国民众就会说你暴虐；再三表现强横，敌国民众就会恐惧害怕；一再表现强横，兵士就会欺诈；始终表现强横，军队就会受到很大损耗。所以恭暴必须交替使用。

【注释】

①五名五恭：名为人或事物的称谓，此处为五种不同的敌军名称；恭为形声字，为谦逊有礼之意；《五名》《五恭》原为两段，标题分别写在段末，根据文例、字体合为一篇。五名五恭意为交替运用“恭”和“暴”对待五种不同性质的敌军。

②助忌：助，疑当读为冒。冒，贪。忌，疑忌。

【评述】

本篇讲述对待敌军的态度。孙膑把敌军按照将领的特点分为五种类型，分别指出对这五种类型敌军的应对办法。提出要“恭”“暴”交替使用，对于骄纵蛮横之敌，刚愎自用之敌要先礼后兵，坚决打击其嚣张气焰。

兵　失[1]

【原文】

欲以敌国之民之所不安，正俗所……难敌国兵之所长[2]，耗兵也。欲强多国之所寡，以应敌国之所多，速屈之兵也。备固，不能难敌之器用，陵兵也。器用不利，敌之备固，挫兵也。兵不……明者也。善阵，知背向[3]，知地形，而兵数困，不明于国胜、兵胜者也。民……兵不能昌大功，不知会者也。兵失民，不知过者也。兵用力多功少，不知时者也。兵不能胜大患，不能合民心者也。兵多悔，信疑者也。兵不能见福祸于未形，不知备者也。兵见善而怠，时至而疑，去非而处邪[4]，是是而弗能居，不能断者也。

……之兵也，欲以国……

……内疲之兵也。多费不固……

……见敌难服，兵尚淫天地……

……而兵强国……

……兵不能……

【译文】

［欲以敌国之民之所不安，正俗所……］想以自己的短处，抵挡敌国军队的长处，军队就会受到损耗。想勉强增加本国所少的，去对付敌国所多的，军队很快就会失败。防御设施不能抵御敌人兵器的进攻，军队就会受到凌辱。进攻的兵器不能攻破敌人的防御设施，军队就会遭受挫败。［兵不……明者也。］善于布阵，知道行军作战时的所向、所背，知道利用地形，而军队却多次陷于困境，是由于不明了国胜、兵胜的道理。［民……］军队不能建立大的功绩，是由于不知道会同盟国军队去合力作战。军队失去民心，是由于不知道自己的过错。军队用力多战功少，是由于不知道掌握作战时机。军队不能战胜大的祸患，是由于不能符合民众的心愿。军队动摇不定，是由于受了迷惑。军队不能预见战争胜败的因素，是由于不知道做好相应的准备。军队见到有利因素而不尽力利用，面临良好战机而犹豫不决，摆脱了不利处境而又处于另一个有害境地，对正确的、有利的条件而不能去占据，这是由于不能果断行事。

【注释】

①兵失：军队失误之意。

②……难敌国兵之所长：根据上下文意思，缺文拟补“欲以己之所短”。难，抵挡。

③背向：指行军作战时的所向或所背。《孙子·军争》：“故用兵之法，高陵勿向，背陵勿逆。”可参考。

④非而处邪：非，引申为不利因素或不利条件。邪，妖邪，引申为有害的境地。此句“非”字之后，原有“而弗能居，止道也。贪而廉，恭而敬，弱而强，柔而［刚］，起道也，行止道者，天地弗能兴也。行起道者，天地……”一段话，疑是《六韬》简文掺入，故删去。

【评述】

本篇讲述军队将领常犯而导致战场失利的种种错误。

将　义

【原文】

将者不可以不义，不义则不严，不严则不威，不威则卒弗死。故义者，兵之首也。将者不可以不仁，不仁则军不克，军不克则军无功。故仁者，兵之腹也。将者不可以无德，无德则无力，无力则三军之利不得。故德者，兵之手也。将者不可以不信，不信则令不行，令不行则军不槫，军不槫则无名。故信者，兵之足也。将者不可以不智胜，不智胜……则军无□。故决者，兵之尾也。

【译文】

将帅不可以不义，不义就不严明，不严明就没有权威，没有权威士卒就不会效死奋战。所以，“义”好比军队的头脑。将帅不可以不仁，不仁军队就不能克敌制胜，军队不能克敌制胜就不能建立战功。所以，“仁”好比军队的腹心。将帅不可以无德，无德就会指挥无力，指挥无力全军就不会获得胜利。所以“德”好比军队的双手。将帅不可以不“信”，不“信”军令就不能贯彻执行，军令不能贯彻执行，军队就不能集中统一指挥，军队不能集中统一指挥就没有威名。所以，“信”好比军队的双足，将帅不可以不智，［不智胜……］军队就不能权谋应变。所以，“智”好比军队的尾翼。

【评述】

本篇论述将领的德才标准。孙膑提倡的是将义、将仁、将德、将信，实际就是德才兼备，文武双全。

将　德[1]

【原文】

……赤子，爱之若娇童，敬之若严师，用之若土芥，

将军……

……不失，将军之智也。不轻寡，不劫不敌，慎终若始，

将军……

……而不御，君令不入军门，将军之恒也。入军

……

……将不两生，军不两存，将军之……

……将军之惠也。赏不逾日，罚不还面，不维其人

不何……外辰，此将军之德也。

【译文】

将帅看待士卒要像看待初生的婴儿，爱护士卒要像爱护美好的少年，敬重士卒要像敬重尊严的老师，使用士卒要像使用泥土草芥一样，[将军……]

[……不失]，这是将帅的才智。不轻视少量的敌人，不被强敌所吓倒，自始至终谨慎沉着，[将军……]

……将帅受命率军出征，不受君主牵制，君主的命令不得直接传入军内，这是将帅应该坚持的原则。[入军……]

……（两军交战）将帅不与敌将共生，军队不与敌军共存，这是将帅应有的果敢精神。

……这是将帅的恩惠。有功当天奖赏，有过立即处罚，不分亲疏贵贱，一样对

待［不何……］

［……外辰，］这些都是将帅应具备的品德。

【注释】

①将德：此篇题是编者所加。除最末一行外，本篇次序都不能确定，故释文各行都提行，不连写。

【评述】

本篇继续讲述统兵将领的品素要求。孙膑提倡“爱兵如子”“爱民如子”认为要把士兵当作严师一般尊敬。

将 败

【原文】

将败：一曰不能而自能，二曰骄，三曰贪于位，四曰贪于财，［五曰］□，六曰轻，七曰迟，八曰寡勇，九曰勇而弱。十曰寡信。十一［曰］……，十四曰寡决，十五曰缓，十六曰怠，十七曰□，十八曰贼，十九曰自私，廿曰自乱。多败者多失。

【译文】

将帅品德上的缺陷：一是没有才能而妄自逞能，二是骄横，三是贪图名位，四是贪图钱财，［〔五曰〕□，］六是轻举妄动，七是迟疑不决，八是缺乏勇气，九是貌似勇敢而实际胆怯，十是缺乏信用，［十一〔曰〕……，］十四是不够果断，十五是行动缓慢，十六是懈怠，［十七曰□，］十八是残暴，十九是自私自利，二十是胡作非为。将帅品德上的缺陷越多，危害越大。

【评述】

本篇从反面论述将领品质素养缺失的危害。孙膑论述了二十多种将领们常犯、易犯和可能犯的错误。

将　失[①]

【原文】

将失：一曰，失所以往来[②]，可败也。二曰，收乱民而还用之，止北卒而还斗之，无资而有资，可败也。三曰，是非争，谋事辨讼，可败也。四曰，令不行，众不壹，可败也。五曰，下不服，众不为用，可败也。六曰，民苦其师，可败也。七曰，师老，可败也。八曰，师怀，可败也。九曰，兵遁，可败也。十曰，兵□不□，可败也。十一曰，军数惊，可败也。十二曰，兵道足陷，众苦，可败也。十三曰，军事险固，众劳，可败也。十四［曰］，□□□备，可败也。十五曰，日暮路远，众有至气，可败也。十六曰，……可败也。十七［曰］，埤垒无其资，众恐，可败也。十八曰，令数变，众偷，可败也。十九曰，军淮[③]，众不能其将吏，可败也。廿曰，多幸，众怠，可败也。廿一曰，多疑，众疑，可败也。廿二曰，恶闻其过，可败也。廿三曰，与不能[④]，可败也。廿四曰，暴露伤志，可败也。廿五曰，期战心分[⑤]，可败也。廿六曰，恃人之伤气，可败也。廿七曰，事伤人，恃伏诈，可败也。廿八曰，军舆无□，［可败也。廿九曰，］□下卒，众之心恶，可败也。卅曰，不能以成阵，出于夹道，可败也。卅一曰，兵之前行后行之兵，不参齐于阵前，可败也。卅二曰，战而忧前者后虚，忧后者前虚，忧左者右虚，忧右者左虚，战而有忧，可败也。

【译文】

由于将帅的过失而造成作战失败的情况有以下 32 种：（一）军队失去行动自由，可遭到失败。（二）召集散乱的民众立即使用，制止败退的士卒令其重新参加战斗，本无实力而自以为有实力，可遭到失败。（三）是非争执不休，谋事辩论不决，可遭到失败。（四）命令不能贯彻执行，部众行动不统一，可遭到失败。（五）下级不服从上级，士卒不愿效力，可遭到失败。（六）民众怨恨军队，可遭到失败。（七）军队长期出征在外，得不到休整，可遭到失败。（八）士卒还乡情切，可遭到失败。（九）士卒纷纷逃散，可遭到失败。（十）［兵□不□，可败也。］（十一）军队多次受到惊扰，可遭到失败。（十二）行军道路泥泞难走，士卒困苦不堪，可遭到失败。（十三）修筑险固的工事，士卒劳累过度，可遭到失败。（十四）[［曰］，□□□备，可败也。]（十五）天已傍晚，路还有很远，士卒情绪低落，可遭到失败。（十六）[曰，……可败也。]（十七）壁垒内没有粮草，士卒发生恐慌，可遭到失败。（十八）命令反复多变，士卒敷衍塞责，可遭到失败。（十九）军队不和，士卒不服从将吏指挥，可遭到失败。（二十）将帅多存侥幸心理，士卒懈怠，可遭到失败。（二十一）将帅犹豫不决，士卒无所适从，可遭到失败。（二十二）将帅厌恶别人讲自己的过失，可遭到失败。（二十三）推举没有才能的人带兵作战，可遭到失败。（二十四）士卒长期在外，风餐露宿，挫伤斗志，可遭到失败。（二十五）临战前军心涣散，可遭到失败。（二十六）单纯依赖敌人斗志消沉，可遭到失败。（二十七）在内部做伤害人的事情，依靠阴谋诡诈手段，可遭到失败。（二十八）车兵没有进出道路，可遭到失败。（二十九）[□下卒]士卒怨恨情绪很大，可遭到失败。（三十）不能以严整的阵势通过狭谷隘道，可遭到失败。（三十一）前面的部队和后面的部队不能按部署要求列于阵前，可遭到失败。（三十二）作战时顾虑前面而造成后面空虚，顾虑后面而造成前面空虚，顾虑左翼而造成右翼空虚，顾虑右翼造成左翼空虚；将帅在作战时顾虑重重，顾此失彼，可遭到失败。

【注释】

①将失：此篇题目是编者加的。

②失所以往来：军队失去自由。一说军队茫无目的。

③军淮：欲借为“乖”，不和；一说借为“溃”，军溃，指军心涣散。

④与不能：与，通“举”，推选；一说亲近，交往。不能，无能之辈。

⑤期战心分：临战前军心涣散。一说，长期待战，军心涣散。

【评述】

本篇从三十二个方面继续论述将领品素缺失的危害。

雄牝城①

【原文】

城在渟泽之中，无亢山名谷，而有付丘②于其四方者，雄城也，不可攻也。军食流水，[生水也，不可攻]也。城前名谷，背亢山，雄城也，不可攻也。城中高外下者，雄城也，不可攻也。城中有付丘者，雄城也，不可攻也。营军趣舍，毋回名水，伤气弱志，可击也。城背名谷，无亢山其左右，虚城也，可击也。□尽烧者，死壤也③，可击也。军食泛水者，死水也，可击也。城在发④泽中，无名谷付丘者，牝城也，可击也。城前亢山间，无名谷付丘者，牝城也，可击也。城前亢山，背名谷，前高后下者，牝城也，可击也。

【译文】

城在小沼泽地带，没有高山深谷，而有连绵重叠的土丘环绕于四周，是难攻的城，不可以攻打。军队饮用流水，水源充足不可以攻打。城前临深谷，背靠高山，是难攻的城，不可以攻打。城中地势高，城外地势低，是难攻的城，不可以攻打。城中有连绵重叠的土丘，是难攻的城，不可以攻打。行军安营，不要环绕着大河，否则，阻于大河，会沮丧士气，削弱斗志，像这样的敌人，就可以攻打。城背靠深谷，左右无高山，是虚弱易攻的城，可以攻打。城位于土地贫瘠的地区，是死地，可以攻打。军队饮用有污物漂浮的积水，没有水源，可以攻打。城在草木丛生的大沼泽地带，无深谷和连绵重叠的土丘作依托，是易攻的城，可以攻打。城在高山之间，无深谷和连绵重叠的山丘作依托，是易攻打的城，可以攻打。城前有高山，背靠深谷，前高后低，是易攻打的城，可以攻打。

【注释】

①雄牝城：篇题是编者加的。牝（pìn），原指雌性，此处与雄相对，指易攻之城。

②付丘：疑即负丘，两层的丘。

③□尽烧者，死壤也：烧，疑借为硗（qiāo），坚硬贫瘠的土地。

④发：疑借为沛，大泽。

【评述】

本篇讲述利用地形地利进行攻守的问题。孙膑把易守难攻的叫作雄城，易攻难守的叫作牝城。

五度九夺①

【原文】

……矣。救者至，又重败之。故兵之大数，五十里不相救也。况近□□□□□数百里②，此程兵之极也。故兵曰：积弗如，勿与持久；众弗如，勿与接和；□【弗如，勿与□□。□弗如，勿】与□长；习弗如，毋当其所长。五度既明，兵乃横行。故兵……趋敌数；一曰取粮，二曰取水，三曰取津，四曰取途，五曰取险，六曰取易，七曰【取□。八曰取□。九】曰取其所读贵。凡九夺，所以趋敌也。

【译文】

［……矣。］救兵到了，又遭到重大失败。所以，用兵打仗的一般原则，五十里就不能互相救援了，何况近的相距百里，远的相距数百里，这段路程已超过军队救援的极限了。所以兵书上说，物资储备不如敌人，就不要同它打持久战；兵力不如敌人，就不要同它正面交锋；［□［弗如，勿与□□；□弗如，勿］与□长；］军事素质不如敌人，就要避开它的长处。把这五种情况都判断清楚了，军队作战就能横行无阻。所以用兵……迫使敌人陷入困境的办法：一是夺取粮秣，二是夺取平坦地域，［七曰取□，八曰取□，］九是夺取要害部位。以上九夺，都是用来迫使敌人陷入困境的。

【注释】

①五度九夺：此题目为编者所加。五度指驻军相距遥远不能救援，物资储备不足，兵力不济，训练不好等五件事情；九夺指要重点夺取粮秣、水源、渡口、交通要道、交通险阻等九种要害部位。

②况近□□□□□数百里：此句有缺文，据文义，原文似当为："况近者百里，远者数百里。"

【评述】

本篇仍然讲述临敌指挥决策问题。孙膑认为在己方部队相距过远、不能互相支援、储备不足、训练不足等五种情况下不宜和敌军对阵接战；临敌对阵的时候要重点夺取粮食、水源、道路、险关等九个重点和要害。

奇 正

【原文】

天地之理，至则反，盈则败，□□是也[①]。代兴代废，四时是也。有胜有不胜，五行是也。有生有死，万物是也。有能有不能，万生是也。有所有余，有所不足，形势是也。故有形之徒，莫不可名。有名之徒，莫不可胜。故圣人以万物之胜胜万物，故其胜不屈。战者，以形相胜者也。形莫不可以胜，而莫知其所以胜之形，形胜之变，与天地相敝而不穷。形胜，以楚越之竹书之而不足[②]。形者，皆以其胜胜者也。以一形之胜胜万形，不可。所以制形壹也，所以胜不可壹也。故善战者，见敌之所长，则知其所短；见敌之所不足，则知其所有余。见胜如见日月。其错胜也，如以水胜火。形以应形，正也；无形而制形，奇也。奇正无穷，分也。分之以奇数，制之以五行，斗之以□□。分定则有形矣，形定则有名［矣］。……同不足以相胜也，故以异为奇。是以静为动奇，佚为劳奇，饱为饥奇，治为乱奇，众为寡奇。发而为正，其未发者奇也。奇发而不报，则胜矣。有余奇者，过胜者也。故一节痛，百节不用，同体也。前败而后不用，同形也。故战势，大阵□断，小阵□解。后不得乘前，前不得然[③]后。进者有道出，退者有道入。赏未行，罚未用，而民听令者，其令，民之所能行也。赏高罚下，而民不听其令者，其令，民之所不能行也。使民虽不利，进死而下旋踵，孟贲之所难也，而责之民，是使水逆流也。故战势，胜者益之，败者代之，劳者息之，饥者食之。故民见□人而未见死，蹈白刃而不旋踵。故行水得其理，漂石折舟；用民得其性，则令行如流。

【译文】

天地间事物的规律是物极必反，盛极则衰，日月就是这样，一兴一废不断更替，春夏秋冬就是这样。事物都有制伏别的事物的一面，也有被别的事物制伏的一面，“五行”就是这样。有生有死，各种事物就是这样。有能有不能，人类就是这样。有有利的一面，有不利的一面，用兵作战的形式就是这样。所以，凡是有形体的事物，没有不可以命名的。凡是能够命名的事物，没有不可被制服的。因此，圣人运用万物各自的特长去制服万物，所以其制胜的办法是无穷无尽的。战争，是以有形之物互相斗争而取胜的。有形之物没有不可战胜的，但未必知道用哪种事物（有形之物）去制胜它。有形之物互相制胜的变化，与天地并行而无穷无尽。以形制胜的现象就是用尽楚越之竹也写不完的。各种有形之物都是以它具有的特长而制胜的。以一种有形之物的特长去制胜各种有形之物，是办不到的。所以，以形制形的道理是一样的，用以制胜的形，却不可千篇一律。善于指挥作战的人，见到敌人的长处，就要知道应用他的短处；见到敌人弱的一面，就要知道敌人强的一面。预见胜利，就像看见日月一样明显。善战者克敌制胜，如同以水灭火。用常规战法对付常规战法，叫作正；用隐秘莫测，出敌不意的战法制服常规战法，叫作奇。奇正变化无穷，就在于根据情况正确部署和使用力量。按出奇制胜的战法布阵，用五行相克的原理行动，以常规战法与敌交战。组织部署完成了就有了阵形，阵形确定了就有了名号……采取和敌人相同的战法不足以取胜，所以要采取不同的战法出奇制胜。因此，我静示敌以动为奇，我逸示敌以劳为奇，我饱示敌以饥为奇，我治示敌以乱为奇，我众示敌以寡为奇。公开的行动是正，隐蔽的行动为奇。出敌不意的突然行动，使敌人来不及察觉而采取对策，这样就能取胜了。掌握多种出奇制胜的办法，就能取得更大胜利。因此，一个关节出了毛病，其他关节就不听使唤，因为它们是在同一身体之中；前一步行动遭到挫败，后一步行动就失去作用，因为它们是在同一战阵之中。所以作战的态势，大阵不要断开，小阵不要分散。前进时后面的部队不要超越前面的部队，后退时前面的部队不要践踏后面的部队。前进时有道路可出，后退时有道路可入。赏罚没有施行，而士卒能够听从命令的，是因为这个命令是士卒所能办到的。厚赏严罚，而士卒不能听从命令的，是因为这个命令是士卒所不能办到的。使士卒在十分不利的情况下死拼而不后退，这是连孟贲那样的勇士都难做到的，现在却要求一般士卒做到，那就等于让水倒流一样。所以，要造成有利态势，就必须对取胜的予以奖励，对失败的予以撤换，对疲劳的要让其休整，对饥饿的要予以饱食。因此，士卒看到有利形势就会舍生忘死去战斗，即使脚踏刀刃也不后退。所以，流水顺势而下，就可以冲走石头，折损船只；指挥作战，掌握了士卒的心理，军令的贯彻就能像流水一样势不可当。

【注释】

①□□是也：此处所缺二字疑是“日月”或“阴阳”。

②以楚月之竹书而不足：楚和越都盛产竹。古人在竹简上写字。此句意谓万物相胜的现象是写不完的。

③然：借为蹨，践踏。

【评述】

本篇论述古代军事最重要的“奇”和“正”问题。孙膑从宇宙万物运行规律和事物发展变化原理来论述用兵规律，孙膑这种辩证唯物主义思想是古代军事思想中非常宝贵的财富。孙膑准确说明军事是一门科学，胜与败、生与死、能与不能等矛盾是可以转化的，用兵规律是可以研究掌握的。

积　疏[1]

【原文】

……［积］胜疏，盈胜虚，径胜行，疾胜徐，众胜寡，佚胜劳。积故积之，疏故疏之，盈故盈之，虚［故虚之，径故径］之，行故行之，疾故疾之，［徐故徐之；众故众］之，寡故寡之，佚故佚之，劳故劳之。积疏相为变，盈虚［〔相为变，径行相〕为变，疾徐相为变，众寡相］［为变，佚劳相］为变。毋以积当积，毋以疏当疏；毋以盈当盈，毋以虚当虚；毋以疾当疾，毋以徐当徐；毋以众当众，毋以寡当寡；毋以佚当佚，毋以劳当劳。积疏相当，盈虚相［当，径行相当，疾徐相当，众寡］相当，佚劳相当。敌积故可疏，盈故可虚，径故可行，疾［故可徐，众故可寡，佚故可劳］……

【译文】

兵力集中胜于兵力分散，力量雄厚胜于力量薄弱，走捷径胜于走大道，行动迅速胜于行动缓慢，兵力多，胜于兵力少，部队休整胜于部队劳累。兵力该集中的就集中，该分散的就分散；力量该充实的就充实，该薄弱的就薄弱；该走小路的就走小路，该走大道的就走大道；行动该迅速的就迅速，该缓慢的就缓慢；兵力该多的就多，该少的就少；部队该休整的就休整，该劳累的就劳累。兵力集中与兵力分散可以相互转化，力量雄厚与力量薄弱可以相互转化。走小路与走大道可以相互转化，行动迅速与行动缓慢可以相互转化，兵力多与兵力少可以相互转化，部队休整与部队劳累可以相互转化。不要把兵力集中当成绝对的，也不要把兵力分散当成绝对的；不要把力量雄厚当成绝对的，也不要把力量薄弱当成绝对的；不要把行动迅速当成绝对的；也不要把行动缓慢当成绝对的；不要把兵力多当成绝对的，也不要把兵力少当成绝对的；不要把部队休整当成绝对的，也不要把部队劳累当成绝对的。兵力集中与兵力分散是相对的，力量雄厚与力量薄弱是相对的，走小路和走大道是相对的，行动迅速和行动缓慢是相对的，兵力多与兵力少是相对的，部队休整与部队劳累是相对的。敌人兵力集中可以使其分散，力量雄厚可以使其薄弱，走小路可以使其走大路，行动迅速可以使其缓慢，兵力多可以使其少，休整可以使其劳累。

【注释】

①积疏：篇题为编者所加。积疏意为集聚和分散。

【评述】

本篇讲述集中和分散的问题。孙膑认为集中兵力胜于分散兵力。在战争中强与弱，多与少，逸与劳等都矛盾是普遍存在和发展变化的。

《孙膑兵法》总评

战国中期著名军事家孙膑的《孙膑兵法》，是我国古代影响较大的一部兵书，和春秋末期杰出军事家孙武的《孙子兵法》、吴起的《吴子兵法》一样，在我国历史上都是备受推崇的军事著作。但《孙膑兵法》以后失传，《隋书·经籍志》中不见著录。对是否有《孙膑兵法》传世的问题，宋、明以来一直存在着种种争论。1972 年 4 月山东临沂银雀山出土的汉墓竹简，使《孙膑兵法》在失传了 1700 余年后重现光华，从而使这一争论得到了解决。据《汉书·艺文志》记载，《孙膑兵法》有89篇，图4卷。银雀山汉墓发现的仅存上、下两编，共计 11000 余字。

孙膑，战国齐阿（今山东阳谷东北）人，是孙武的后世子孙，史书记载，其生卒年代约与商鞅、孟轲同时，曾与庞涓同学兵法。后来庞涓在魏国当了将军，忌孙膑才能，诳他到魏，处以膑刑（去膝盖骨），故称孙膑。齐使者借访魏之机，秘密载回孙膑，齐威王任其为军师，他设计先后大败魏军于桂陵和马陵，尤其是桂陵（今山东菏泽东北）之战，孙膑用“托亢捣虚”“疾走大梁”“攻其必救”的战法，大破魏军，救赵于危难之中。这就是历史上有名的“围魏救赵”之战。毛泽东在《抗日游击战争的战略问题》一文中曾给予高度的评价。

战国中期，各诸侯国之间的兼并战争日益频繁，战争规模也越来越大。孙膑所在的齐国在“战国七雄”中是建立封建制度较早的国家，齐威王继位后，继续进行政治、经济方面的革新，“谨修法律而督奸吏”，以至“齐国大治”(《史记·田敬仲完世家》)。在此期间，孙膑辅助齐王富国强兵，“而诸侯东面朝齐”(《史记·孟子荀卿列传》)。

孙膑在对待战争这个重大问题上，提出了“战胜而强立，故天下服”“举兵绳之”的观点，阐明了以战争解决问题的意思，还论述了“强兵之急”在于“富国”和“事备而后动”的备战主张。他认为只有做到这些，才能使自己守必固、攻必克，永远立于不败之地。

孙膑十分重视军队的建设。他主张按照军功大小“明爵禄”，按能力“篡（选）贤取良”。他认为“兵之胜在于篡卒”。把“篡卒力士”作为“绝（破）阵取将”的骨干。他还强调“其勇在于制”“其德在于道”，主张用严厉的法制训练管理军队，强调“赏不逾日，罚不还面，不维其人”，避免那种“令不行，众不一”“下不服，众不为用”等各行其是的现象发生。孙膑的这些主张，对于强化军队起了重大作用，致使“诸侯莫敢致兵于齐二十余年”。

孙膑非常重视掌握和运用战争规律。强调指导战争的人（所谓“王者之将”）必须知“道”。即“知‘道’者，上知天之道，下知地之理，内得其民之心，外知敌之情，阵则知八阵之经，见胜而战，弗见而之争，此王者之将也”。又说：“决胜败安危者，道也。”所谓“道”是指客观规律和指导规律两大类。除此之外，还在《威王问》《陈忌问垒》《八阵》《十问》等篇中多次论述到。“知道，胜”“不知道，不胜”“决胜败安危者，逆也”。

孙膑重视“势”的运用。《孙膑兵法》多次讲到势，并有一篇叫作《势备》，着重论述了势（势，主要讲力量的使用和发挥）。他认为战争双方的力量对比和各种利弊因素既客观又可变，在一定条件下可以互相转化。他强调指出，只要善于“便势制地”因势利导，就能造成有利于己，不利于敌的态势，夺取战场作战的主动权。

例如：对众兵，采取“分人之兵”；对强敌，要“避而骄之”；对凭险守固之敌，采取“攻其所必救”的战法等。总之，通过态势使敌“分离而不相救”“受敌而不相知”“沟深垒高不得以为固”“车坚兵利不得以为威”“士有勇力不得以为强”，陷于“四路必穷”“五动必忧”的被动挨打地位；使自己“四路必彻”“五动必工”（自如），进退自如，处处主动。这些造“势”的主张，反映了朴素的辩证法思想。孙膑强调“势”，并不是他的独见，历来军事家都十分重视。但是论述得如此系统，并且从事物的“生”“死”变化远离出发提出态势的可能性及一系列具体办法，在古代军事家中还是少见的。

孙膑认为在战争中没有经常有利的形势可以利用，也不能用一种固定的办法对付各种各样的敌人（“以一形之胜胜万形，不可”），因此，要“料敌计险”“因地之利，用八阵之宜”。在《十问》《十阵》等篇中，他对灵活运用战法作了许多具体的论述。要求战争指导者，把克敌制胜的原则性和战法的灵活性统一起来。他的这些因敌制胜的作战指导原则，丰富和发展了孙武“因敌变化而取胜的思想”。

孙膑的军事理论，朴素地反映了唯物和辩证的思想。在对待“形”和“名”的关系上，他旗帜鲜明地站在唯物主义一边。孙膑还一般地认识到了发挥主观能动性的重要作用。他说：“富未居安也，贫未居危也，众未居胜也。”要取得战争胜利，除了客观物质条件以外，还要加上人的主观能动作用，注意了解和掌握战争规律，实行正确的指导，这些都表明他有朴素的辩证法思想。

《孙膑兵法》不愧为军事经典之一，其中一些宝贵见解直到今天仍有一定的生命力。

六韬

文　韬

文　师

【原文】

文王将田，史编①布卜曰：“田于渭阳，将大得焉。非龙非彨（chī，同螭，传说中似龙的动物），非虎非罴，兆得公侯，天遣汝师，以之佐昌，施及三王。”文王曰：“兆致是乎？”史编曰：“编之太祖史畴，为禹占得皋陶，兆比于此。”文王乃斋三日，乘田车，驾田马，田于渭阳，卒见太公坐茅以渔。

文王劳而问之曰：“子乐渔耶？”太公曰：“臣闻君子乐得其志，小人乐得其事。今吾渔甚有似也，殆非乐之也。”文王曰：“何谓其有似也？”太公曰：“钓有三权，禄等以权，死等以权，官等以权。夫钓以求得也，其情深可以观大矣。”

文王曰：“愿闻其情。”太公曰：“源深而水流，水流而鱼生之，情也。根深而木长，木长而实生之，情也。君子情同而亲合，亲合而事生之，情也。言语应对者，情之饰也；言至情者，事之极也。今臣言至情不讳，君其恶之乎？”

文王曰：“唯仁人能受至谏，不恶至情，何为其然！”太公曰：“缗微饵明，小鱼食之；缗调饵香，中鱼食之；缗隆饵丰，大鱼食之。夫鱼食其饵，乃牵于缗；人食其禄，乃服于君。故以饵取鱼，鱼可杀；以禄取人，人可竭；以家取国，国可拔；以国取天下，天下可毕。呜呼！曼曼绵绵，其聚必散；嘿嘿昧昧，其光必远。微哉！圣人之德，诱乎独见，乐哉！圣人之虑，各归其次，而树敛焉。”

文王曰：“树敛若何而天下归之？”太公曰：“天下非一人之天下，乃天下之天下也。同天下之利者，则得天下；擅天下之利者，则失天下。天有时，地有财，能与人共之者，仁也。仁之所在，天下归之。免人之死，解人之难，救人之患，济人之急者，德也。德之所在，天下归之。与人同忧、同乐、同好、同恶者，义也。义之所在，天下赴之。凡人恶死而乐生，好德而归利。能生利者，道也。道之所在，天下归之。”

文王再拜曰：“允哉！敢不受天之诏命乎？”乃载与俱归，立为师。

【译文】

周文王要出去打猎，太史编占卜说：“到渭河北岸打猎，将有很大的收获。卜兆不是龙，不是螭，不是虎，也不是罴，而是一位公侯之才，是天赠给您的老师。辅佐您兴盛，施惠遍及三代国君。”文王问：“兆头真是这样吗？”太史编说：“我的远祖太史畴，曾为夏禹王占卜，使他得了皋陶为臣。今天的兆祠与此相同。”于是文王戒斋三日，乘坐打猎用的车，驾着打猎用的马，到渭河北岸打猎，果真遇见姜太公坐在满布茅草的河岸上钓鱼。

文王上前问候以后说：“你喜欢钓鱼吗？”太公说：“我听说君子高兴实现他的志向；小人高兴完成他所做的事情。现在我的钓鱼与这些很相似，恐怕不是为了高兴。”文王问：“怎么说与钓鱼的道理相同呢？”太公说：“譬如人君的钓，就有三种权衡操在手中：用厚禄使士尽其智能，以重赏鼓励士兵出生入死，以高官使臣下尽忠职守。钓，是一种求有所获的事情，它的意义甚为深远，由此可以发现更大的道理。”

文王说：“我想听一听这中间的道理。”太公说：“源流深水就流畅，水流畅就有鱼，这是情；树根深枝叶就茂，枝叶茂就长果实，这是情；君子志气相同就会产生感情，感情融洽就可以共营事业，这也是情。一般言语对答，是情感的装饰。说出内心至情的，多是事理的本质。现在我所说的乃是至情之言，而且毫不忌讳，您听了感到憎恶吗？”

文王说：“凡是有仁德的人都能接受严正的规劝，而不厌恶至情之言。你又为何有此想法呢？”太公说：“细钓丝和小鱼饵可以钓小鱼，中钓丝和中鱼饵可以钓中鱼，粗钓丝和大鱼饵可以钓大鱼。鱼食了饵，就会被钓丝所牵；人吃了国家的俸禄，就要服从于君王。所以用饵钓鱼，鱼可杀而食之；以爵禄用人，人就竭尽其力。以家为基础而取国，国就取来；以国为基础取天下，天下就可以都得到。啊！外表上绵延广大的东西，常是聚而易散；而默默无闻，不显露于外形的，光华却能著之久远。圣人的仁德，常是微妙的施于人而不使人见，善于诱导人而不使人知。唯有圣人内心知道并感到高兴。圣人的思虑，总是依循事物的规律加以引导，以此为准则收揽人心。”

文王问：“我们如何收揽人心而使天下归心吗？”太公说：“天下不是一个人的天下，而是天下人所共有的天下。利益与天下相同的，就可以得天下，专擅天下之利的就会失去天下。天有四时，地有财货，能与人民共同分享这两者的就是仁；仁所在的地方，就是天下的归属。免除他人死罪，解除他人的困难，救人于患难之中，济人于危急之时，就是德；德所在的地方，就是天下的归属。与人民同忧虑，同欢乐，同爱好，同厌恶，就是义；义所在的地方，天下的人必然奔赴。凡是人都厌恶死而愿意生，爱好德而趋于利益，能带来利益的就是‘道’；道所在的地方，就是天下归向的地方。”

文王再次拜道：“好啊！哪能不接受上天的命令呢！”于是，文王与姜太公乘车一起回归，拜太公为师。

【注释】

①史编：史为太史，是史官的尊称。编是人名。古代帝王常设左右两史记录言行，兼掌卜占之类的事情。

【评述】

《六韬》首篇通过策划周灭商的战略阐述治国之道。周文王按照史官占卜打猎，寻遇姜子牙并拜其为师，这是一个人所共知的天命天授故事，同时也说明了周文王为了成就大业具有求贤若渴，多方网罗人才的胸怀。而姜子牙也指出商王朝日薄西山、困难重重的现实，坚定了周文王的信心。姜子牙阐述的“天下非一人之天下，乃天下人之天下也”“同天下之力者得天下，擅天下之力者失天下”是决定战争性质和胜负的千古至理名言。

盈　虚[1]

【原文】

文王问太公曰：“天下熙熙，一盈一虚，一治一乱，所以然者，何也？其君贤不肖不等乎？其天时变化自然乎？”太公曰：“君不肖，则国危而民乱；

君贤圣，则国安而民治，祸福在君，不在天时。”

文王曰：“古之贤君可得闻乎？”太公曰：“昔者帝尧之王天下，上世所谓贤君也。”文王曰：“其治如何？”太公曰：“帝尧王天下之时，金银珠玉不饰，锦绣文绮[②]不衣，奇怪珍异不视，玩好之器不宝，淫泆之乐不听，宫垣屋室不垩，甍桷椽楹[③]不斫，茅茨遍庭不剪。鹿裘御寒，布衣掩形，粝粱之饭，藜藿[④]之羹。不以役作之故，害民耕织之时。削心约志，从事乎无为。吏忠正奉法者，尊其位；廉洁爱人者，厚其禄。民有孝慈者，爱敬之；尽力农桑者，慰勉之。旌别淑德，表其门闾。平心正节，以法度禁邪伪。所憎者，有功必赏；所爱者，有罪必罚。存养天下鳏寡孤独，振赡祸亡之家。其自奉也甚薄，其赋役也甚寡。故万民富乐而无饥寒之色，百姓戴其君如日月，亲其君如父母。”文王曰：“大哉，贤君之德也。”

【译文】

文王问太公说：“天下之大，形形色色，有盛有衰，时治时乱。之所以这样是什么原因呢？是因为国君有贤明与不肖的区别呢？还是因为天时变化的自然规律呢？”太公说：“君主不贤，国家就危险，老百姓就作乱；君主贤明，国家就安宁，老百姓就安定，祸福在于国君而不在于天时。”

文王说：“古代的圣贤，可以讲给我听一听吗？”太公说：“古时尧帝治天下，前世所谓贤明之君。”文王说：“他治理得怎样？”太公说：“尧帝做天下之王时，不用金银珠玉做装饰品，不穿锦绣绮罗的衣服，不珍视奇瑰珍异的宝物，不使用好玩的器具，不听淫靡逸乐的音乐，不粉饰宫廷的墙垣，不雕刻屋宇的梁柱，不修剪庭院的草地。以鹿皮御寒，以布衣遮体；吃糙米高粱，喝粗菜之汤。不因为劳役的原因妨碍老百姓耕种纺织的季节，制约自己的心志，奉从无为而治的政治。对忠正执法的官吏尊以爵位，对廉洁爱民的人厚加俸禄。尊敬老百姓中孝顺父母慈爱幼小的人，奖励努力务农养蚕的人。识别品德善良的人，标明他们的门户，（以示崇敬）。平心而中庸，用法律和规章来禁止邪恶奸伪之人。对于所憎恶的人，如果有功劳一定要奖赏；对于所喜爱的人，如果犯罪也一定加以惩罚。抚养鳏寡孤独之人，救济赡养遭受天灾人祸的家庭。他自己的俸禄是很少的；他（加给人民）的赋税和劳役也是很少的。因此广大百姓富足快乐而无饥寒之色。各大族姓爱戴他像日月一样，亲近他有如自己的父母。”文王说：“真是一位伟大贤德的君王。”

【注释】

①盈虚：盈为充满，虚为空虚，此处盈虚意指盛衰。

②锦绣文绮：指做工精细华丽的丝织品。

③甍桷椽楹：甍（méng），屋脊；桷（jué）和椽均为放在檩上架着屋面板和瓦的木条，方的叫桷，圆的叫椽。楹音盈，屋柱。

④藜藿（lí huò）：为一种粗菜。

【评述】

本篇进一步分析国家兴衰的缘由，阐述治国之道。国家的兴衰不是由天命决定的，而是由国君的贤明与否决定的，国君贤明自然就“国安民治”，国君昏庸则国危民乱。劝慰国君要生活简朴，轻徭薄税，奖励农桑，赏功罚过。

国　务[1]

【原文】

文王问太公曰：“原闻为国之大务，欲使主尊人安，为之奈何？”太公曰：“爱民而已。”

文王曰：“爱民奈何？”太公曰：“利而勿害，成而勿败，生而勿杀，与而勿夺，乐而勿苦，喜而勿怒。”文王曰：“敢请释其故。”太公曰：“民不失务，则利之；农不失时，则成之，省刑罚，则生之；薄赋敛，则与之；俭宫室台榭[2]，则乐之；吏清不苛扰，则喜之。民失其务则害之；农失其时则败之；无罪而罚则杀之；重赋敛则夺之；多营宫室台榭以疲民力则苦之；吏浊苛扰则怒之。故善为国者，驭民如父母之爱子，如兄之爱弟。见其饥寒则为之忧；见其劳苦则为之悲；赏罚如加于身，赋敛如取己物。此爱民之道也。”

【译文】

文王问太公说：“我想听一听治国最重要的道理，想使君主受人爱戴，人民安居乐业，应该怎么办呢？”太公说：“让百姓得利而不受损害，成功而不失败，生存而不被杀害，多赐给而不要夺占，让他们快乐而不困苦，喜悦而不怨怒。”文王说："斗胆请您解释一下内容。"太公说："百姓不失去工作就是利益；农作不失时机就会成功；减少刑法就能生存；薄收赋税就是赐予；俭朴兴建宫室台阁回廊就会欢乐；官吏清廉，不苛刻扰乱就有喜悦。相反，百姓失去工作就是受损害；农民失掉耕耘收获的时间就是使他们失败；对百姓无罪而加以惩罚就是杀害；重收赋税就是侵夺；多兴建华丽的宫室台阁回廊而使民力疲惫，就是增加他们的困苦；官吏混浊苛刻扰民，就是增加他们的怨怒。因此善于治国的君主，管理百姓就像父母爱护子女，兄长爱护弟妹一样。看到他们饥寒就为他们忧虑，看到他们劳苦就为他们伤心。赏罚就像加在自己的身上一样；收取赋税，就像收取自己的资财一样。这就是爱民的道理。"

【注释】

①国务：国家事务。

②台榭：台指高而平的建筑，榭指在台上盖的建筑。台榭原为存放武器的场所，后成为游览之地或景观。

【评述】

本篇继续阐述治国之策的另一个重要问题"爱民"。"爱民"才能得到民众的拥护，所以是治国的首务。文中还进一步指出爱民的要务是不损害民众的利益。

大　礼

【原文】

文王问太公曰："君臣之理如何？"太公曰："为上唯临，为下唯沉，临而无远，沉而无隐。为上唯周，为下唯定。周则天也，定则地也。或天或地，大礼乃成。"

文王曰："主位如何？"太公曰："安徐而静，柔节先定；善与而不争，虚心平志，待物以正。"

文王曰："主听如何？"太公曰："勿妄而许，勿逆而拒；许之则失守，拒之则闭塞。高山仰之，不可极也；深渊度之，不可测也。神明之德，正静其极。"

文王曰："主明如何？"太公曰："目贵明，耳贵聪，心贵智。以天下之目视，则无不见也；以天下之耳听，则无不闻也；以天下之心虑，则无不知也。辐辏[①]并进，则明不蔽矣。"

【译文】

文王问太公说："君臣间的礼节是怎样的呢？"太公说："做君主的，只是临朝统治，做臣子的，只是在下臣服；统治但不可疏远，臣服但不可隐瞒。做君主的要普遍（施恩惠），做臣下的，要安定行事。普施恩惠，是效法于天理；安定行事，是效法于地义。效法天地之道，大礼就成功了。"

文王问："人君处位的道理如何？"太公说："要安详宁静，温和而有节度，善于施舍而少争，虚心静气待人，公正持平接物。"

文王问："人君听话的道理如何？"太公说："不可轻率允许，也不可迎头就加以拒绝。轻率允许，就失去了自己的主宰；迎头拒绝，就闭塞了言路。仰望高山，不能窥见其顶峰；俯视深渊，不能测量其深度。神圣英明的君德，保持公正宁静是最重要的。"

文王问："人君怎样才能做到明白事理呢？"太公说："眼睛贵在明亮，耳朵贵在灵敏，心灵贵在智慧。用天下的眼睛来看，就没有看不见的东西；用天下的耳朵来听，就没有听不见的声音；用天下的脑子来思虑，就没有不知道的事情。天下的事情由四面八方汇集到君王这儿来，人君就会心明眼亮，而不会被蒙蔽了。"

【注释】

①辐辏：辐为车轮上支持轮圈的木条，辏为上述木条聚集于轮中心的端。辐辏意为各方而来的人和事汇集的中心。

【评述】

本篇通过叙述君臣之间的行为礼节，规范了延续千年的封建国家制度，同时也指出了君主应体察下情，普施恩惠才能使国家长治久安；臣下则应服从命令，安分守职，才能使社会和谐。

明 传

【原文】

文王寝疾，召太公望，太子发在侧。曰："呜呼！天将弃予，周之社稷，将以属汝。今予欲师至道之言，以明传之子孙。"

太公曰："王何所问？"文王曰："先圣之道，其所止，其所起，可得闻乎？"太公曰："见善而怠，时至而疑，知非而处，此三者，道之所止也。柔而静，恭而敬，强而弱，忍而刚，此四者，道之所起也。故义胜欲则昌，欲胜义则亡；敬胜怠则吉，怠胜敬则灭。"

【译文】

文王卧病在床，召太公望和太子发到床前，说："啊！老天就要遗弃我了。周朝的社稷，将要由你（指太子）来主持。现在我就想效法最深刻的道理，把它清楚地传给子孙。"

太公说："王问的究竟是指什么呢？"文王说："古代圣贤的道理，有的被废止，有的则兴起，能讲给我听听吗？"太公说："见了好事情懈怠，遇到时机疑惑，知道是坏事还与之相处，这三条，是道废止的原因。温和而又宁静，谦恭而又庄重，刚强而又自认不如，容忍而又刚烈。这四条，是道兴起的原因。所以正义胜于私欲国家就昌盛，私欲胜于正义国家就灭亡；恭敬胜过懈怠就吉利，懈怠胜过恭敬就灭亡。"

【评述】

本篇阐述为君之道。姜子牙认为能柔能刚，能恭能敬，能强能弱，就能做一个贤明的君主。只要做到正气胜过私欲，勤劳胜过懈怠，国家就能兴盛。

六 守

【原文】

文王问太公曰："君国主民者，其所以失之者何也？"太公曰："不谨所与也。人君有六守三宝。”文王曰：“六守何也？”太公曰：“一曰仁，二曰义，三曰忠，四曰信，五曰勇，六曰谋，是谓六守。”文王曰：“慎择六守者何？”太公曰：“富之而观其无犯，贵之而观其无骄，付之而观其无转，使之而观其无隐，危之而观其无恐，事之而观其无穷。富之而不犯者仁也。贵之而不骄者义也，付之而不转者忠也，使之而不隐者信也，危之而不恐者勇也。事之而不穷者谋也。人君无以三宝借人，借人则君失其威。”文王曰：“敢问三宝？”太公曰：“大农、大工、大商，谓之三宝。农一其乡则谷足；工一其乡则器足；商一其乡则货足。三宝各安其处，民乃不虑。无乱其乡，无乱其族，臣无富于君，都无大于国。六守长，则君昌；三宝全，则国安。”

【译文】

文王问太公说：“凡是治理国家统治百姓的国君，他们所以会失去国家是因为什么呢？”太公说：“不能谨慎地和他周围的人和事相处。人君要有六守和三宝。”

文王说：“什么是六守？”太公说：“一叫仁，二叫义，三叫忠，四叫信，五叫勇，六叫谋，这就是所说的六守。”文王问：“要选择具备这六种德性的人该怎么办呢？”太公说：“使他富有，观察他是否不逾越礼法；使他尊贵，观察他是否不骄傲；付托他重任，观察他是否不转变心意；使用他，观察他是否不虚伪隐瞒；使他处于危险，观察他是否不惧怕；让他处理事变，观察他是否能应变无穷。富而不逾越礼法就是仁；贵而不骄傲就是义；负重任而不变心就是忠；处理事务能坦白无隐就是信；处危险而不惧怕就是勇；处理事变能应变无穷就是谋。人君不可将处理三宝的权力给予他人，给了他人人君就会丧失权威。”文王问：“请问什么是三宝？”太公说：“大农、大工、大商叫作三宝。让农民聚居于一乡，粮食自然丰裕。让做工之人聚居于一乡，器用自然充足。让经商人聚居于一乡，货业自然充盈。这三宝各安其处，百姓自然心无他虑了。不要乱了他们的乡里，不要乱了他们的族姓。做臣子的不要比国君还富，一般城池不要大于国都。如果能牢牢遵守这六守，那么国君就昌盛。三宝制度完备，那么国家就可以长治久安了。”

【评述】

本篇论述人才选拔的标准。姜子牙指出了六项标准（六守），为仁、义、忠、信、勇、谋，并指出要按照六项标准在实践中考察和选拔人才。

守　土

【原文】

文王问太公曰："守土奈何？"太公曰："无疏其亲，无怠其众，抚其左右，御其四旁。无借人国柄，借人国柄，则失其权。无掘壑而附丘，无舍本而治末。日中必慧，操刀必割，执斧必伐。日中不彗，是谓失时。操刀不割，失利之期。执斧不伐，贼人将来。涓涓不塞，将为江河。荧荧不救，炎炎奈何；两叶不去，将用斧柯。是故人君必从事于富。不富无以为仁，不施无以合亲。疏其亲则害，失其众则败。无借人利器，借人利器，则为人所害而不终其正也。"

文王曰："何谓仁义？"太公曰："敬其众，合其亲。敬其众则合，合其亲则喜，是谓仁义之纪。无使人夺汝威。因其名，顺其常。顺者任之以德，逆者绝之以力。敬之无疑，天下和服。"

【译文】

文王问太公说："防守国土应怎么办？"太公说："不要疏远宗族，不要怠慢群众。安抚他的左右，控制他的四方。不要把国家的权柄借给人，如借给人，就会丧失权力。不要掘深谷而增高丘，不要舍根本而追求枝叶。太阳正中一定要暴晒，手中持有利刃就必定要割禾，持有利斧就一定要砍伐。太阳正中不暴晒就是失掉了时机；持刃不割禾就是失掉了有利日期；持斧不砍伐，贼人就会来。涓涓细流不堵塞，就会成为江河。星星的细火不扑灭，成了熊熊大火怎么办？一颗芽苞的两片叶子不去掉，长大了就要用斧砍。所以人君必须从事富国的大业。不富就无法讲仁义，不施恩惠就无法团结亲族；亲族疏远就有祸害，失去人民就要失败。不要借给人锐利的武器，如借给人利器，就要被人所害而不能善终。"

文王问："什么是仁义？"太公说："恭敬他的民众，交结他的亲族。恭敬民众就和气，交结亲族就高兴，这是施行仁义的准则。不要让人夺去你的权威。要依循已有的明德，顺着常理行事。对于顺从的人信任他并给他德惠；对于抗拒的人就用武力讨伐他。如此敬慎行事，天下自然就和顺了。"

【评述】

本篇叙述保守和巩固政权的策略。姜子牙认为对内紧紧依靠王家宗亲，善待黎民百姓，广罗人才，对外怀柔四邻，是保守和巩固政权的要义。

守 国

【原文】

文王问太公曰："守国奈何？"太公曰："斋，将语君天之经，四时所生，仁圣之道，民机之情。"王即斋七日，北面再拜而问之。

太公曰："天生四时，地生万物。天下有民，仁圣牧之。故春道生，万物荣；夏道长，万物成；秋道敛，万物盈；冬道藏，万物寻。盈则藏，藏则复起。莫知所终，莫知所始。圣人配之，以为天地经纪。故天下治，仁圣藏，天下乱，仁圣昌，至道其然也。圣人之在天地间也，其宝固大矣；因其常而视之，则民安。夫民动而为机，机动而得失争矣。故发之以其阴，会之以其阳。为之先倡，而天下和之，极反其常。莫进而争，莫退而让。守国如此，与天地同光。"

【译文】

文王问太公说："守护国家的道理如何？"太公说："请先斋戒，我将告诉您天地之经纬，四时的生长，仁人圣贤之道和人民机变之情。"于是文王斋戒七日，面向北再拜求教太公。

太公说："天有四季，地生万物。天下有百姓，圣人统治着他们。春天的道理是生，万物繁荣；夏天的道理是长，万物成长；秋天的道理是收获，万物满盈；冬天的道理是收藏，万物安静。充裕了就收藏，藏了就会复生。不知道终了也不知道起始。圣人统治百姓，是以天地之道作为纲纪的。因此在天下太平之时，仁人圣贤就不显露；天下大乱之时，仁人圣贤就出现了，这个道理是很自然的。圣人处在天地之间，意义是很大的。按照常态看，老百姓是平静的。但百姓内心如有愤恨就会成为动乱的机锋。有动乱之机锋就有得失的争夺。所以动乱总是发生在隐蔽之处，而会合在大庭广众之下。要为天下首先倡导，天下就会响应。最后天下恢复常态时，不要进而争功，也不要退而逊位。守护国家如能做到这样，就可以与天地同光。”

【评述】

本篇继续论述守卫和保护国家政权。姜太公认为天地运行有自然的规律，巩固和保守国家政权最重要的是按照自然规律做事，比如，春天要播种，夏天要帮助作物生长，秋天要收割，冬天要收藏。天地运行规律用于巩固和保守国家政权，就是要善于了解民情民怨，对于事关大局的问题要敏感。

上　贤①

【原文】

文王问太公曰：“王人者，何上何下，何取何去，何禁何止？”太公曰：“王人者，上贤下不肖，取诚信，去诈伪，禁暴乱，止奢侈。故王人者有六贼七害。”

文王曰：“愿闻其道。”太公曰：“夫六贼者：一曰，臣有大作宫室池榭，游观倡乐者，伤王之德。二曰，民有不事农桑，任气游侠②，犯历法禁，不从吏教者，伤王之化。三曰，臣有结朋党，蔽贤智，障主明者，伤王之权。四曰，士有抗志高节，以为气势，外交诸侯，不重其主者，伤王之威。五曰，臣有轻爵位，贱有司，羞为上犯难者，伤功臣之劳。六曰，强宗侵夺，凌侮贫弱者，伤庶人之业。

“七害者：一曰，无智略权谋，而以重赏尊爵之；强勇轻战，侥幸于外，王者谨勿使为将。二曰，有名无实，出入异言，掩善扬恶，进退为巧，王者谨勿与谋。三曰，朴其身躬，恶其衣服，语无为以求名，言无欲以求利，此伪人也，王者慎勿近。四曰，奇其冠带，伟其衣服，博闻辩辞，虚论高议，以为容美；穷居静处，而诽时俗，此奸人也，王者慎勿宠。五曰，谗佞苟得，以求官爵，果敢轻死，以贪禄秩；不图大事，得利而动，以高谈虚论悦于人主，王者慎勿使。六曰，为雕文刻镂③，技巧华饰，而伤农事，王者必禁之。七曰，伪方异技，巫蛊④左道，不祥之言，幻惑良民，王者必止之。

“故民不尽力，非吾民也；士不诚信，非吾士也；臣不忠谏，非吾臣也；

吏不平洁爱人，非吾吏也；相不能富国强兵，调和阴阳，以安万乘之主，正群臣，定名实，明赏罚，乐万民，非吾相也。夫王者之道，如龙首高居而远望，深视而审听；示其形，隐其情。若天之高，不可极也；若渊之深，不可测也。故可怒而不怒，奸臣乃作；可杀而不杀，大贼乃发。兵势不行，敌国乃强。”文王曰：“善哉。”

【译文】

文王问太公说：“国君用人，什么人应该居上位，什么人居下位；什么人应该取用，什么人应该舍去；什么事情应该禁，什么事应该止？”太公说：“身为君主，应让贤明的居上位，不肖的居下位；取用忠诚守信用的人，除去奸诈虚伪的人；禁暴乱之行，止奢侈之事。所以国君用人要注意六种贼和七种害。”

文王说：“我想听听其中的道理。”太公说：“所谓六种贼：一是臣子中间有大肆营造宫室亭池台榭，以游玩观赏伶人歌舞的，损害了君王的品德。二是百姓不从事务农种桑，任凭意气游荡玩侠，违犯法律禁规，不听从官吏教训的，损害了君主的教化。三是臣子中间有交结朋党，遮蔽贤明才智的人才，障塞君主的视听的，损害了君王的权势。四是士人自以为志大节高，自负气势，对外私自交结诸侯，不尊重主君，损害了君王的威望。五是臣子中间有轻视爵位，藐视官员职责，以冒险犯难阻谏国君为羞耻，损害了功臣的荣誉。六是强逞宗族，互相侵夺，欺凌侮辱贫穷弱小，损害了平民百姓的利益。

七种害：第一种是没有智谋权略，但给以重赏和高位，因此狂勇轻战，侥幸于外，君王切不要任用这种人作将领。第二种是有其名无其实，内外言语不同，掩盖他人的善事。宣扬他人的坏处，进退投机取巧，君主切不要与这种人谋划。第三种是外表朴素，衣服粗简，开口讲无所作为以求名，闭口讲无所追求以求利，这是虚伪之人，君主切不能与之接近。第四种是着奇异的帽带，穿壮伟的衣服，广见善辩，虚论高议，自以为矜持。穷居静处时，诽谤时俗，这是奸诈之人，君主切不要宠信。第五种是谄媚奸佞，苟且获利以求高官厚爵；鲁莽急躁，轻率冒死以贪禄位等级；干不了大事，贪利妄动，用高谈阔论取悦人君，君王切不要任用这种人。第六种是为营造工程雕文刻镂，巧掩华饰，妨碍耕种，对这种人国君一定要禁止。第七种是用伪方邪术和符咒蛊惑人心，用不正之道和妖惑之言，欺骗善良的人民，对这种人国君必须加以禁止。

所以，老百姓如果不尽力于国，就不是我的老百姓；士人不诚信奉上，就不是我的士人；为臣不能忠谏君王，就不是我的臣子；官吏不能公正廉洁爱护百姓，就不是我的官吏，宰相不能使国富兵强，使阴阳调和，使人君安宁，威服群臣，安定名实，赏罚分明，欢乐人民，就不是我的宰相。做国君的道理，要像龙头一样，高居而远望，深视而察听；显示威仪之形，隐蔽喜怒之情；像天高那样不可穷极，像渊深那样不可测度。所以，应该发怒的而不发怒，奸臣就会作奸犯科；应该诛杀的而不诛杀，奸臣就会跃跃欲试；用兵之势已经形成而不讨伐，敌国就要强大。”文王说：“好啊！”

【注释】

①上贤：贤本意为顺从的眼睛，也是能干的手，转译为善良、勤劳、多才；上贤意为把贤明的人放在上位。

②佚：同狎，嬉戏游玩。

③雕文刻镂：建筑物的浮雕刻象名雕文，平刻花纹为刻镂。

④巫蛊：能用符咒之术叫巫；用毒蛊之术叫蛊。

【评述】

本篇论述尊重人才的问题。尊重人才首要的就是使贤明的人居上位，宵小之徒居下位，严格禁止欺诈、暴乱，打击奢靡之风。

举　贤

【原文】

文王问太公曰：“君务举贤，而不获其功，世乱愈甚，以致危亡者，何也？”太公曰：“举贤而不用，是有举贤之名而无用贤之实也。”文王曰：“其失安在？”太公曰：“其失在君好用世俗之所誉而不得真贤也。”文王曰：“何如？” 太公曰：“君以世俗之所誉者为贤，以世俗之所毁者为不肖，则多党者进，少党者退。若是则群邪比周而蔽贤，忠臣死于无罪，奸臣以虚誉取爵位，是以世乱愈甚，则国不免于危亡。”文王曰：“举贤奈何？”太公曰：“将相分职，而各以官名举人，按名督实，选才考能，令实当其名，名当其实，则得举贤之道也。”

【译文】

文王问太公说：“人君尽力推举贤才，但不能获得贤才辅佐的功劳，世局混乱更加厉害，以致有危亡的可能，这是什么原因呢？”太公说：“举贤才而不加以任用，是空有举贤之名而没有用贤之实。”文王说：“过失到底在什么地方呢？”太公说：“过失在于君王喜欢用世俗所称誉的人，而不能得到真正的贤才。”文王问：“为什么这么说呢？”太公说：“人君常以世俗所称誉的人为贤才，而以世俗所诋毁的人为不肖；多结朋党的就被选用，少结朋党的就被废黜。如此，一群奸邪之人就结党营私，以障蔽贤才。忠臣死于无罪，奸臣以虚假的荣誉取得爵位，因此，世乱更加厉害，而国家也不免于危亡。”

文王问：“举贤究竟应该怎样呢？”太公说：“将帅和宰相分别荐举，各以所需要的官职来推举人选，按官职考察实际学问。选取贤才和考核能力时，要使实际学问和才能相当，名副其实，就得到了举用贤才的要领。”

【评述】

本篇进一步论述荐举和选用人才的问题：提倡大力任用贤人，对于人才要进行深入的考察，避免人云亦云。

赏　罚

【原文】

文王问太公曰：“赏所以存劝，罚所以示惩。吾欲赏一以劝百，罚一以惩众，为之奈何？”太公曰：“凡用赏者贵信，用罚者贵必。赏信罚必于耳目之所闻见，则所不闻见者莫不阴化矣。夫诚畅于天地，通于神明，而况于人乎！”

【译文】

文王问太公说：“奖赏是用来劝善的，惩罚是用来惩恶的。我想赏一人以劝百人，罚一人以惩众人，为此要怎么办呢？”太公说：“凡使用奖赏贵在诚信，惩罚贵在必行。如能将赏信和罚必实行到耳目能听到看到的程度，那么即使没有听到看到的人也会被暗中感化。诚心施行赏罚于天地之间，能通达于神灵，何况于人呢！”

【评述】

本篇论述赏罚的问题。奖惩的目的是用来鼓励人奋勇争先，做出贡献。要达到这一目的，必须坚持有功必赏，有过必罚。

武 韬

发 启[①]

【原文】

文王在丰，召太公曰：“呜呼！商王虐极，罪杀不辜，公尚助予忧民，如何？”太公曰：“王其修德，以下贤惠民，以观天道。天道无殃，不可先倡；人道无灾，不可先谋。必见天殃，又见人灾，乃可以谋；必见其阳，又见其阴，乃知其心；必见其外，又见其内，乃知其意；必见其疏，又见其亲，乃知其情。行其道，道可致也；从其门，门可入也；立其礼，礼可成也；争其强，强可胜也。全胜不斗，大兵无创，与鬼神通，微哉微哉。与人同病相救，同情相成，同恶相助，同好相趋。故无甲兵而胜，无冲机而攻，无沟堑而守。大智不智，大谋不谋，大勇不勇，大利不利。利天下者，天下启之；害天下者，天下闭之。天下者，非一人之天下，乃天下之天下也。取天下者，若逐野兽，而天下皆有分肉之心。若同舟而济，济则皆同其利，败则皆同其害。然则皆有启之，无有闭之也。无取于民者，取民者也；无取于国者，取国者也；无取于天下者，取天下者也。无取民者民利之；无取国者国利之；无取天下者天下利之。故道在不可见，事在不可闻，胜在不可知。微哉微哉。鸷鸟将击，卑飞敛翼；猛兽将搏，弭耳俯伏；圣有将动，必有愚色。今彼有商，众口相惑，纷纷渺渺，好色无极，此亡国之征也。吾观其野，草菅胜谷；吾观其众，邪曲胜直；吾观其吏，暴虐残贼，败法乱刑，上下不觉。此亡国之时也。大明发而万物皆照；大义发而万物皆利；大兵发而万物皆服。大哉圣人之德。独闻独见，乐哉。”

【译文】

文王在丰邑（国都）召见太公说：“商纣王残暴至极，杀害了许多无辜的人，您帮助我筹谋拯救天下百姓，怎么样？”太公说：“做王的修养德性，用以礼贤下士，恩泽百姓，以等待天道与人事的变化，如果天道还不致降殃，就不可先倡伐暴之议；人事还没有灾变，就不可先作兴师之谋。一定要先见到天灾人祸，才能进而筹谋。不但要看到他公开的一面，还要看到他隐蔽的一面，才能知道他的内心；不但要看他在外面的行动，还要看他在内部的行动，才能知道他的用意；不但要看他疏远什么人，还要看他亲近什么人，才能知道他的真情。诚心行道，就可以达到道的要求，诚心想进门，门就可以进；真心立礼，礼就可以树立起来；要争强，强者就能胜利。不斗而全胜，可以打败大的军队。此种智慧，精微莫测，简直与鬼神相通。如果对别人的病像对自己的病一样相救，对别人的困难像对自己的困难一样帮助克服，对别人厌恶的东西像对自己厌恶的东西一样帮助解除，对别人喜爱的东西像对自己喜爱的东西一样帮助得到，就可以不用一甲一兵就得到胜利，没有发动进攻的机锋就能攻占，没有沟堑就能守御了。有大智慧的人，人们往往不见他的智慧；有大谋略的人，人们往往不见他的谋略；有大勇的人，人们往往不见他的勇敢；非常厉害的人，人们往往不见他的厉害。给天下人利益的人，天下人自然诚心拥护他；使天下人受害的人，天下自然对他闭塞抗拒。天下不是一个人私有的天下，而是天下人共有的天下。统治天下的人，如果追逐到野兽，就要有心使天下人都分到肉吃；如果同坐一船渡河，渡过时则同享利益，失败则共同患难。这样天下人就会欢迎他，而不会拒绝他。人君不向百姓索取，实际上是索取于百姓。不向百姓索取的人，百姓都为他出力；不向国家索取的人，全国都为他出力；不向天下索取的人，天下都为他出力。所以天道神妙到众人都看不见，事情奥妙到众人都听不见，取胜奇巧到众人都不知道。微妙啊微妙！鸷鸟伏击前，必先低飞而收敛双翼；猛兽搏斗前，必先俯伏并垂其两耳；圣人在将要采取行动前，必定要显示处愚人的样子。现在的商王，听信奸佞谎惑之言，朝政日非，淫乱至极。这是亡国的征兆。我看他的田野，野草多于稻谷；我看他的朝臣，奸邪胜过忠直；我看他的官吏，多是暴虐残忍之辈。破坏法律，乱施酷刑，上下都不觉悟，这就是亡国的时候到了。日丽中天，万物都在它的照耀之下；伸张大义，万物都会享受它的恩泽；大兵所至，万物都会服从他的威德。圣人的品德是至圣的，只有自己知道，真快乐呀！”

【注释】

①发启：发，意为分发、发放、发射、表达；启为打开、开始。此处发启为吊民伐罪之意。

【评述】

本篇论述起义夺取天下的策略。太公认为起义的要点：一是修明政治，礼贤下士；二是正确分析判断形势，伺机而动；三是要进行战略谋划，尽量做到不战而屈人之兵；四是要广泛凝聚民心；五是要善于隐蔽自己的战略企图。

文启①

【原文】

文王问太公曰："圣人何守？"太公曰："何忧何啬，万物皆得。何啬何忧，万物皆遒。政之所施，莫知其化。时之所在，莫知其移。圣人守此而万物化，何穷之有，终而复始。优而游之，展转求之；求而得之，不可不藏；既以藏之，不可不行；既以行之，勿复明之。夫天地不自明，故能长生；圣人不自明，故能名彰。古之圣人，聚人而为家，聚家而为国，聚国而为天下。分封贤人，以为万国，命之曰大纪。陈其政教，顺其民俗；群曲化直，变于形容；万国不通，各乐其所；人爱其上，命之曰大定。呜呼！圣人务静之，贤人务正之，愚人不能正，故与人争。上劳则刑繁，刑繁则民忧，民忧则流亡。上下不安其生，累世不休，命之曰大失。天下之人如流水，障之则止。启之则行，静之则清。呜呼神哉，圣人见其始，则知其所终。"

文王曰："静之奈何？"太公曰："天有常形，民有常生，与天下共其生，而天下静矣。太上因之，其次化之。夫民化而从政，是以天无为而成事，民无与而自富，此圣人之德色。"文王曰："公言乃协予怀，夙夜念之不忘，以用为常。"

【译文】

文王问太公说："圣人应遵守些什么呢？"太公说："何必忧虑担心呢？万物自然各得其所；何必担心忧虑呢？万物自然生长繁荣。施行政令，要使人不知变化；时间在流逝，要使人不觉推移。圣人遵守这些原则，万物自然就会潜移默化。如此终而复始，没有穷尽。此种优游自如（的无为政治），就是不睡觉也要得到它；既已得到，就要把它藏在心里；既已藏在心里，就必须付之于行动；既已行动起来，就不能再告其他人。天地不将造化之道明示，所以万物能够生长；圣人不将无为之政明告他人，所以才能功劳彰著。古代的圣人，聚人而成为家，聚家而成为国，聚国而成为天下。分封贤德之人为万国诸侯，作为国家的大纲。对于各国，依循原有的政教，沿顺原有的习俗，邪曲的行为划为正直，怪异的外貌变为统一。万国的风俗虽不想通，但各乐得其所，人民尊敬君主，这就是可以称为天下大定了。总之，圣人务求百姓安定，贤人务求民风正直。愚人不能使自己正，所以就要与人相争。在高位的人举动过多，刑罚就繁多；刑罚繁多民心就忧惧；民心忧惧就流离逃亡。上下都不能安于生计，几世不得休停，这就叫施政的大失。天下百姓如流水，阻碍它就停止，疏导它就长流，静澄它就清明。圣人见到这种形势的开始，就能知道它的终局。”

文王问：“怎样才能得到安静呢？”太公说：“天体常在，百姓常生，能与百姓共同生活，天下就安静无事了。最高统治者按照这样治理，然后默化引导百姓，百姓就教化而遵从政令。所以最高统治者无为而万事成功，百姓不用给予而自然富足。这就是圣人的品德。”文王说：“您的话正中我下怀，应当经常记在心里不忘记，作为治国的常理。”

【注释】

①文启：文，意指事物错综复杂的纹理和形象，文启指治理国家的大政方针。

【评述】

本篇继续论述治国理政方针策略。姜太公认为最好的策略是“无为而治”，让事物按自然规律繁衍生长，各得其所。

文　伐①

【原文】

文王问太公曰：“文伐之法奈何？”太公曰：“凡文伐有十二节：一曰：因

其所喜，以顺其志；彼将生骄，必有好事；苟能因之，必能去之。二曰：亲其所爱，以分其威。一人两心，其中必衰。廷无忠臣，社稷必危。三曰：阴赂左右，得情甚深；身内情外，国将生害。四曰：辅其淫乐，以广其志，厚赂珠玉，娱以美人；卑辞委听，顺命而合。彼将不争，奸节乃定。五曰：严其忠臣，而薄其赂，稽留其使，勿听其事。亟为置代，遗以诚事，亲而言之，其君将复合之。苟能严之，国乃可谋。六曰：收其内，间其外。才臣外相，敌国内侵，国鲜不亡。七曰：欲锢其心，必厚赂之；收其左右忠爱，阴示以利，令之轻业，而蓄积空虚。八曰：赂以重宝，因与之谋，谋而利之，利之必信，是谓重亲。重亲之积，必为我用。有国而外，其地大败。九曰：尊之以名，无难其身；示以大势，从之必信，致其大尊，先为之荣，微饰圣人，国乃大偷。十曰：下之必信，以得其情。承意应事，如与同生。既以得之，乃微收入。时及将至，若天丧之。十一曰：塞之以道。人臣无不重贵与富，恶死与咎。阴示大尊，而微输重宝，收其豪杰。内积甚厚，而外为乏；阴纳智士，使图其计；纳勇士，使高其气。富贵甚足，而常有繁滋。徒党已具，是谓塞之。有国而塞，安能有国。十二曰：养其乱臣以迷之，进美女淫声以惑之，遗良犬马以劳之，时与大势以诱之，上察而与天下图之。”

“十二节备，乃成武事。所谓上察天，下察地，徵已见，乃伐之。”

【译文】

文王问太公：“用计谋进攻敌人的方法是怎样的？”太公说：“用计谋进攻敌人，有以下十二种方法：一是按照敌君所喜好的事情顺从他的意志，他就会产生骄狂之情，这就必定会有好事。如果能加以利用，一定可以除去他。二是亲近敌君所喜爱的人，以减少对我的敌意。这些人有了二心，心里的主意必定不坚定。敌人朝廷上没有忠臣，社稷必然危险。三是暗中贿赂敌军左右之近臣，造成与我深厚的情谊。这样，他身处国内而情却在外，其国必定受他的灾祸。四是用淫靡之乐，分散他的志向，厚送珠玉，娱以美女，说卑谦的言辞，做出委曲听从的样子，顺从命令以迎合，他就不会顾虑。我的计谋就实现了。五是尊敬敌国的忠臣，向他贿赂薄礼，他有使命来时，故意拖延时间不与答复；敌若改派他人，就迅速以诚意答复，以合两国之好，敌君就会和这些人亲近而疏远忠臣。如能这样做，其国就可谋了。六是收买敌国内臣，离间外臣，使有才能的大臣外奔，国家内乱，这样的国家很少有不灭亡的。七是用厚礼贿赂敌君之心，使其深信不疑；并收买他左右忠爱之臣，私下许以利益，使其放松工作，这样他的积蓄必然空虚。八是贿赂敌君以重宝，并以此来谋划他，谋划他就要给他利益，他有了利益就会相信我，这就与他结成了深厚的情意。友情深了，就会被我利用。凡是国家被外国所利用的，必至于败亡。九是尊崇以名誉，不要为难他；向他显示大势所归，使他顺从诚信。他得到了崇高的名誉，必然感到高兴，并自以为圣人，国家就会怠惰下去。十是屈节侍奉以得信任，以此了解其内情。秉承其意行事，就像亲兄弟一般。既已到此步，就要密收他的权限，等到时机到来，就像上天灭他一样。十一是闭塞他的耳目。大臣没有不重视富贵而厌恶死亡与过失的。暗中表示高官厚爵，悄悄送珍宝以收买豪杰之士，里面蓄积甚多而外面表示贫乏。私下收蓄智士让他出谋划策；招纳勇士让他们富有并趾高气扬，且常有增益。徒党已经结成，就可以障塞君臣的耳目。有国而为人所障塞，怎么能保住国家呢！十二是供养他的嬖佞之臣以迷惑他，进奉美女淫声以惶惑他，馈赠犬马以疲劳他，且经常用大的排场引诱他，然后上察天时，与天下之人一起攻占他。”

“以上十二种计谋实施完备，就可以完成行动的准备。上察天时，下察地理，各种征候显现，就出兵讨伐他。”

【注释】

①文伐：伐，讨伐征伐，文伐指讨伐征伐的大政方针。

【评述】

本篇论述战争策略问题。姜太公认为首先应综合运用政治、外交手段分化、瓦解和削弱敌人，为最终用军事手段消灭敌人创造有利的条件。

顺　启①

【原文】

文王问太公曰：“何如而可为天下？”太公曰：“大盖天下，然后能容天下；信盖天下，然后能约天下；仁盖天下，然后能怀天下；恩盖天下，然后能保天下；权盖天下，然后能不失天下；事而不疑，则天运不能移，事变不能迁。此六者备，然后可以为天下政。故利天下者，天下启之；害天下者，天下闭之。生天下者，天下德之；杀天下者，天下贼之。彻天下者，天下通之；穷天下者，天下仇之。安天下者，天下恃之；危天下者，天下灾之，天下者非一人之天下，唯有道者处之。”

【译文】

文王问太公说：“如何才能治天下呢？”太公说：“度量足以覆盖天下，才能包容天下；诚信足以覆盖天下，才能约束天下；仁德足以覆盖天下，才能胸怀天下；恩惠足以覆盖天下，才能保住天下；权力足以覆盖天下，才能不失天下。处事不犹豫，天运就不能改变，事变就不能更易。这六点具备了，就可以为天下主政。所以，能使天下有利益的，天下就欢迎他；使天下受害的，天下就拒绝他。使天下能生存的，天下就感激他；杀害天下百姓的，天下就视他为贼。给天下带来光明的，天下就与他交往；给天下带来穷困的，天下就仇恨他；使天下安定的，天下就扶持他；给天下带来危害的，天下就降给他灾祸。天下不是一个人的天下，只有有道德的人才能治理天下。”

【注释】

①顺启：顺，与“逆”相对；顺启就是顺利的治理。

【评述】

本篇继续论述治国之道和国君应该具备的品质，即为天下人服务才能得天下。要求国君胸怀博大、信义卓著、仁德宽广、恩惠广施、才智机敏、处事果敢；能够正确处利与害、生与杀、安与危等关系。

兵　道①

【原文】

武王问太公曰：“兵道如何？”太公曰：“凡兵之道，莫过乎一。一者能独往独来。黄帝曰：‘一者，阶于道，几于神。用之在于机，显之在于势，成之在于君。’故圣王号兵为凶器，不得已而用之。今商王知存而不知亡，知乐而不知殃。夫存者非存，在于虑亡。乐者非乐，在于虑殃。今王已虑其源，岂忧其流乎。”

武王曰：“两军相遇，彼不可来，此不可往，各设固备，未敢先发，我欲袭之，不得其利，为之奈何？”太公曰：“外乱而内整，示饥而实饱，内精而外钝，一合一离，一聚一散，阴其谋，密其机，高其垒，伏其锐，士寂若无声，敌不知我所备。欲其西，袭其东。”

武王曰：“敌知我情，通我谋，为之奈何？”太公曰：“兵胜之术，密察敌人之机而速乘其利，复疾击其不意。”

【译文】

武王问太公说：“用兵的原则是怎样的呢？”太公说：“用兵的原则，最重要的莫过于统一。统一才能独往独来。黄帝曾说：‘统一是达到用兵之道的阶梯，近乎神化之境。其运用在于掌握时机，表现在于势，而成功在于君王。’所以古代圣王称军队为凶器，不得已才用它。现在商王只知国家的存在而不知国家会灭亡；只知快乐而不知会遭殃。须知存在的不一定能长存，要考虑到灭亡；快乐的不一定能久乐，要考虑到遭殃。现在您已考虑到这些根本，就不必忧虑那些支流了。”

武王问：“若两军相遇，他不能来，我也不能去，各设坚固守备，不敢首先发动进攻。我如果袭击它，也得不到便利，这该怎么办？”太公说：“外面对敌显示纷乱而内部实际整齐严肃，显示饥饿而实际给养充足，配置兵器精良而显示陈旧；令部队忽离忽合，士卒忽聚忽散；严守计谋，保守发机，高筑壁垒，埋伏精锐，官兵寂静无声。这样，敌人不知道我的虚实，我想要攻击西，却故意袭击东面。”

武王说：“如果敌人知道了我的情况，了解了我的计谋，又该怎么办呢？”太公说：“用兵制胜的办法，要严密注视敌人的机会而乘之，迅猛攻击他料想不到的地方。”

【注释】

①兵道：兵指军队、战争之事，兵道即治军之道、战争之道。

【评述】

本篇论述战争的方针策略。姜太公认为治军和战争的重要原则是正确估量敌情，善于明察战机，出其不意。

三 疑

【原文】

武王问太公曰："予欲立功，有三疑：恐力不能攻强，离亲，散众，为之奈何？"太公曰："因之，慎谋，用财。夫攻强，必养之使强，益之使张。太强必折，太张必缺。攻强必强，离亲以亲，散众以众。凡谋之道，周密为宝。设之以事，玩之以利，争心必起。欲离其亲，因其所爱，与其宠人，与之所欲，示之所利，因以疏之，无使得志。彼贪利甚喜，遗疑乃止。凡攻之道，必先塞其明，而后攻其强，毁其大，除民之害。淫之以色，啗之以利，养之以味，娱之以乐。既离其亲，必使远民，勿使知谋。扶而纳之，莫觉其意，然后可成。

惠施于民，必无爱财。民如牛马，数诿食之，从而爱之。心以启智，智以启财，财以启众，众以启贤，贤之有启，以王天下。"

【译文】

武王问太公说："我想建立功绩，但有三个疑问：恐怕我的兵力不足以进攻强敌，也不能离间敌人的亲信，也不能分散敌人的队伍。这该怎么办呢？"太公说："根据这一情况，必须有谨慎的谋略和适当的货财。须知进攻强敌，必须供养他使他更加强大；给以利益使他更加扩张。太强必受挫折，太扩张必有缝隙，这就是以强攻强。利用敌人的亲信离间他的亲信，利用他的队伍分散他的队伍。设计计谋，周到、秘密是最重要的。设下圈套，用利来引诱他，他内部必起争斗之心。要离间他的亲信，就要根据他的喜好和他所宠爱人平时送的东西，送给他想要的东西，向他显示利益，使他疏远他的亲信，让亲信不得志。他贪利就会高兴，再也不会怀疑我的图谋。凡进攻的道理，必须先障塞他的耳目，然后再进攻他的力量之所在。破毁他的守备，除民之害。要让他沉湎女色，贪图利益，饮食美味，娱听靡靡之音，这样既离间了他的亲信，又使他的百姓疏远。不要让他们知道我的计谋，引诱他中我的计谋而不觉察，计谋就可以成功了。

将恩惠施于百姓，就要不吝惜财物，老百姓像牛马，时时救济其衣食，并爱护他们。用心就可以开启智慧，智慧就可以得到财富，财富就能吸引百姓，吸引了百姓就可以得到贤人，得到了贤人，就可以做天下之王。”

【评述】

本篇论述在敌强我弱情况下如何打击、离间和瓦解敌军的问题；认为必须因势利导，慎用策略，广施钱财；使敌人骄横自大上下离心，亲疏众叛。

龙 韬

王 翼[①]

【原文】

武王问太公曰：“王者帅师，必有股肱羽翼以成威神，为之奈何？”太公曰：“凡举兵帅师，以将为命。命在通达，不守一术。因能授职，各取所长，随时变化，以为纲纪。故将有股肱羽翼七十二人，以应天道。备数如法，审知命理，殊能异技，万事毕矣。”

武王曰：“请问其目？”太公曰：“腹心一人，主潜谋应猝，揆天消变，总揽计谋，保全民命。谋士五人，主图安危，虑未萌，论行能，明赏罚，授官位，决嫌疑，定可否。天文三人，主司星历，候风气，推时日，考符验，校灾异，知人心去就之机。地利三人，主三军行止形势，利害消息，远近险易，水涸山阻，不失地利。兵法九人，主讲论异同，行事成败，简练兵器，敕举非法。通粮四人，主度饮食蓄积，通粮道，致五谷，命三军不困乏。奋威四人，主择材力，论兵革，风驰电掣，不知所由。伏旗鼓三人，主伏旗鼓，明耳目，诡符节，谬号令，暗忽往来，出入若神。股肱四人，主任重持难，修沟堑，治壁垒，以备守御。通材三人，主拾遗补过，应偶宾客，论议谈语，消患解结。权士三人，主行奇谲，设殊异，非人所识，行无穷之变。耳目七人，主往来，听言视变，览四方之事，军中之情。爪牙五人，主扬威武，激励三军，使冒难攻锐，无所疑虑。羽翼四人，主扬名誉，震远方，动四境，以弱敌心。游士八人，主伺奸候变，开阖人情，观敌之意，以为间谍。术士二人，主为谲诈，以托鬼神，以惑众心。方士二人，主百药，以治金疮，以痊万病。

法算二人，主计会三军营壁、粮食、财用出入。”

【译文】

武王问太公说：“君王领兵，必须有左右辅佐之人，才能威武雄壮，您以为如何？”太公说：“凡是举兵兴师，全军的生命都掌握在将领手中，而生命又在于将领能通晓兵法，不墨守成规；（用人的时候）按才能授以职务，各取所长，随时变化，以此作为重要制度。所以将领应有辅佐人员七十二名，以顺应天道，充实顺遂法规，审知吉凶福祸。有了这些有特殊才能和本领的人，就可以万事无遗了。”

武王说：“请问细目如何？”太公说：“贴心亲密一人，主管出谋划策，应付突然事变，权衡利弊，消除哗变，总管计划谋略，保护百姓生命安全。谋士五人，主管安危，消除隐患，考察品德才能，严明赏罚，任命官吏，判决不清楚的事情，并提出处置决定。管天文三人，主管星辰位变，风速变化，推算时间变化，考查审核天时气候的规律，消除灾异，从而能掌握并利用天候的变化规律。管地理三人，主管三军行进与住止，察明地形利弊的变化，远近和险易以及水源是否枯竭，山势是否险要，不要失去有利的地势。管兵书和军法九人，主要讲解各种兵书和军法的是非，检查执行任务成败的条件，检查武器和训练情况，揭发纠正不合军令法规的人和事。管输送粮秣四人，主要计算军粮消耗，储备积蓄物资，疏通运粮道路，运送粮食，使三军生活不致困苦疲乏。管振作军威四人，主要负责确定指挥人员、兵力和兵器；作战时像风驰电掣一样迅猛，使敌人无处躲藏。管金旗鼓号三人，主要负责用旗鼓传达号令，使三军明白号令，并假造符印，假定号令，欺骗敌人，使行动倏忽不定，像神一样变幻莫测。得力辅佐四人，担负重大艰难任务，修筑沟堑，设置壁垒，以备敌人进攻时守御。学识渊博多能多才的二人，主要补录（主将的）缺漏，修补过失，接待宾客，评论分析各种言语，消除隐患解开疙瘩。权谋战略的三人，主要从事奇特而狡诈的谋略，制定出人意料的计谋，使人无法识破，进行无穷无尽的变化。侦探七人，主要往来于敌我之间，探听各种言论，观察各种变化，留心四面八方的事情，收集军中情报。宣传五人，主要负责张扬军队的威武，激励三军奋勇作战，使将士敢于冒艰难攻精锐而无所忧虑。羽翼四人，负责宣扬军队的名节荣誉，使它传遍远方，震动四境，削弱动摇敌人的军心。说客八人，主要窥伺敌人内部作乱和变化，说服拉拢，掌握敌人动态，以此作为间谍。术士二人，主要用诡诈手段，依托鬼神来迷惑众人之心，医生三人，主管制造各种药品，以治疗枪伤，治愈各种疾病。会计二人，主管计算分配三军营房的修造，粮秣的发放和钱财的支出和收入。”

【注释】

①王翼：翼为翅膀，王翼指朝廷或君王的谋臣、辅佐、高参一类的高层人才队伍。

【评述】

本篇论述君主或朝廷的高层谋划队伍问题。姜太公认为君主或朝廷应有大批懂得社会发展规律，懂得法律条规，懂得趋利避害的辅佐人才。他还具体论述了这些人才的分类和数量。

论　将

【原文】

武王问太公曰：“论将之道奈何？”太公曰：“将有五材十过。”武王曰：“敢问其目？”太公曰：“所谓五材者：勇、智、仁、信、忠也。勇则不可犯；智则不可乱；仁则爱人，信则不欺；忠则无二心。所谓十过者：有勇而轻生者，有急而心速者，有贪而好利者，有仁而不忍人者，有智而心怯者，有信而喜信人者，有廉洁而不爱人者，有智而心缓者，有刚毅而自用者，有懦而喜任人者。”

“勇而轻死者，可暴也；急而心速者，可久也；贪而好利者，可赂也；仁而不忍人者，可劳也；智而心怯者，可窘也；信而喜信人者，可诳也；廉洁而不爱人者，可侮也；智而心缓者，可击也；刚毅而自用者，可事也；懦而喜任人者，可欺也。故兵者，国之大事，存亡之道，命在于将。将者，国之辅，先王之所重也。故置将不可不察也。故曰：‘兵不两胜，亦不两败。兵出逾境，期不十日，不有亡国，必有破军杀将。’”武王曰：“善哉。”

【译文】

武王问太公：“评论将帅的道理是怎样的呢？”太公说：“将帅必须具有五种美德，避免十项缺点。”武王说：“斗胆问一下具体内容。”太公说：“所谓五种美德就是：勇、智、仁、信、忠。勇敢就不可侵犯，有智慧就不会惑乱，有仁义就爱护他人，有信义就不欺上瞒下，忠诚就没有二心。所谓十项缺点是：刚猛勇敢但轻于赴死，性情急躁而急于求成，性贪婪而好小利，性仁慈而不忍伤人，虽有智谋但心中怯懦，自己诚实但也轻信于人，赋性廉洁但不爱护别人，虽然有智谋却优柔寡断，性情刚毅却执拗自用，赋性怯懦而容易信任他人。

"对于赋性刚猛轻于赴死的，可用暴力激怒而杀死他；性情急躁急于求成的，可以持久围困他；对贪婪而好利的，可以贿赂他；对性情仁慈而不忍伤人的，可以烦劳他；对机智但心中怯懦的，可以困扰他；对诚实而易轻信于人的，可用诳言欺骗他；对廉洁而不爱人的，可以侮辱他；对于机智但优柔寡断的，可以突袭而歼灭他；对于刚愎自用的，可用事情扰乱他；对性情怯懦而容易信任别人的，可以用计欺骗他。所以说，兴师用兵是国家的大事，关系着生死存亡，而生死存亡又全在于将帅。将帅是国家的辅佐之臣，先王是非常敬重的。因此任命将帅，不能不加以慎重的审察。所以说：'打仗不能两方都胜利，也不能两方都失败。军队一出国境，不出十天，不是亡国，就必定是败敌军杀敌将。'"武王说："很对！"

【评述】

本篇论述为将之道。姜太公要求将帅有勇敢、机敏、仁厚、诚信、忠贞五种美德和重视生命的不急躁、不贪婪、不姑息、不胆小、不轻信等品质。

选　将

【原文】

武王问太公曰："王者举兵，欲简练英雄，知士之高下，为之奈何？"太公曰："夫士外貌不与中情[①]相应者十五：有严而不肖者；有温良而为盗者；有貌恭敬而心慢者；有外廉谨而内无至诚者；有精精[②]而无情者；有湛湛[③]而无诚者；有好谋而不决者，有如果敢而不能者；有悾悾而不信者；有恍恍惚惚而反忠实者；有诡激而有功效者；有外勇而内怯者；有肃肃而反易人者；有嗃嗃[④]而反静悫[⑤]者；有势虚形劣而外出无所不至、无所不遂者。天下所贱，圣人所贵；凡人不知，非有大明不见其际，此士之外貌不与中情相应者也。"

武王曰："何以知之？"太公曰："知之有八徵：一曰问之以言，以观其辞。二曰穷之以辞，以观其变。三曰与之间谍，以观其诚。四曰明白显问，以观其德。五曰使之以财，以观其廉。六曰试之以色，以观其贞。七曰告之以难，以观其勇。八曰醉之以酒，以观其态。八徵皆备，则贤不肖别矣。"

【译文】

武王问太公说："做王的举兵兴师，要选择英明多谋的将领，要了解将领德性和本领的高低应怎么办呢？"太公说："将领外貌与内心不一致的有以下十五种：有外貌严肃但内心不贤的，有外貌温厚实际却是盗贼的，有外貌恭敬而内心怠慢的，有外形廉谨而内心不忠诚的，有外貌精明而无真才实学的，有外貌清秀而内心不实在的，有有谋无断的，有外表似乎果敢而实际上没有能耐的，有外貌诚恳而内心不诚信的，有外表虽似迷乱恍惚而内心反而忠实可靠的，有口头上虽然狡黠但工作有成效的，有外貌像勇敢而内心怯懦无能的，有外貌很严肃但反而平易近人的，有外貌严酷而内心诚笃忠厚的，有外表孱弱丑陋但出外能无所不至，没有什么不能顺利完成的。常有人为天下所贱视，而独为圣人所赏识。对这些人普通人是不知道的，没有知人的卓识远见，是很难看清的。这就是将领的外貌与内心往往不相一致的表现。"

武王说："怎样才能了解他呢？"太公说："要了解他可以用以下八个办法验证：一是用话问他，观察他的言辞谈吐；二是讲话时穷追到底，看他应变是否敏捷；三是间接侦察他，看他是否诚实；四是明白显然地问他，看他德行如何，是否有隐瞒；五是让他管理财物，看他是否廉洁；六是试探地送他女色，看他是否守贞操；七是给他分配困难的事情，看他是否有勇气；八是让他畅饮美酒，看他酒后的容态。完成了这八项考验，将官的贤与不贤就能分清了。"

【注释】

①中情：内心。

②精精：精而又精，精明强干之意。

③湛湛：忠厚的样子。

④嗃嗃（hè）：严酷的样子。

⑤悫（què）：诚恳的意思。

【评述】

本篇论述选取将领时正确看待外貌和人品的关系问题。要求在实践中反复考察印证将领的人品和本领，防止只看外貌而忽视品德、模糊本质、模糊才干等失误发生。

立 将

【原文】

武王问太公曰："立将之道奈何？"太公曰："凡国有难，君避正殿，召将而诏之曰：'社稷安危，一在将军。今某国不臣，愿将军帅师应之。'将既受命，乃命太史上斋三日。之太庙，钻灵龟，卜吉日，以授斧钺。君入庙门，西面而立，将入庙门，北面而立。君亲操钺，持首，授将其柄，曰：'从此上至天者，将军制之。'复操斧，持柄，授将其刃曰：'从此下至渊者，将军制之。见其虚则进，见其实则止；勿以三军为众而轻敌，勿以受命为重而必死，勿以身贵而贱人，勿以独见而违众，勿以辩说为必然。士未坐勿坐，士未食而食，寒暑必同。如此则士众必尽死力。'将已受命，拜而报君曰：'臣闻国不可从外治，军不可从中御。二心不可以事君，疑志不可以应敌。臣既受命，专斧钺之威，臣不敢生还，愿君亦垂一言之命于臣，君不许臣，臣不敢将。'君许之，乃辞而行。"

"军中之事，不闻君命，皆由将出；临敌决战，无有二心。若此，则无天于上，无地于下，无敌于前，无君于后。是故智者为之谋，勇者为之斗，气厉青云，疾若驰骛，兵不接刃，而敌降服。战胜于外，功立于内；吏迁士赏，百姓欢悦，将无咎殃；是故风雨时节，五谷丰熟，社稷安宁。"武王曰："善哉。"

【译文】

武王问太公说："任命将帅的方式是怎样的？"太公说："国家有难之时，国君避开正殿，召见拟定的将领，颁布诏书说：'国家的安危全在于将军了。现在某某国不守臣道，请将军率军队前去征伐。’将领接受命令后，就让太史下令斋戒三天。然后到太庙钻灵龟，卜占黄道吉日，举行授斧钺的典礼。国君先入太庙大门，面向西而立。将领随后跟入，面向北而立。国君亲自拿钺，持钺的首部而将柄授予将领，并说：‘从这里开始上至于天，都由将军管辖了。’后又拿斧，国君持斧柄而将斧刃授予将军说：‘从这里开始下至于深渊，都由将军管辖。见到敌人虚弱之处就进攻，见到敌人坚强之处就停止。不要以为三军众多而轻视敌人，不要因为受命深重而想着必死，不要因为自己位高而轻视他人，不要以自己的独见违背大家的心愿，不要把诡辩当成必然。士兵未坐，不可先坐；士兵未食，不可先食。严寒酷暑，必然与士兵同甘共苦。这样士兵就能尽全力决一死战。’将领领受了君王的命令后，拜过国君并说：‘臣听说治国不能受外面的干预，作战不能受中枢的遥制。怀有二心不能为军效力，犹豫不决就不能对敌。今臣既受国君之命，专门得到斧钺的权威，就不敢指望活着回来，但希望君王授全权之命给我，使臣得以专断行事。君王若不答应我，我就不敢受命为将。’国君许以全权，于是将领辞别国君，率军出征。”

“军中的一切事情，不从国君的诏谕，而由将领的命令决定。临敌决战，上下一心。这样，上不限于天，下不限于地，前无敌人敢挡，后无国君牵制。这样，有智谋的人出谋划策，勇敢的人奋力拼搏，士气凌云，行动敏捷。兵不接刃，敌人就降服了。疆场上打了胜仗，国家就给立功。官吏晋升受赏，百姓欢悦，将领也不遭殃；于是风调雨顺，五谷丰登，国家安宁。”武王说：“很对。”

【评述】

本篇叙述任命将帅的仪式。姜太公要求任命将帅之时要在太庙偏殿宣读命令，明确任务，授予权限，提出要求。这样做的目的是表示给予将领以信任，使之能有临机处置之权。

将威

【原文】

武王问太公曰：“将何以为威？何以为明？何以为禁止而令行？”太公曰：“将以诛大①为威，以赏小为明，以罚审为禁止而令行。故杀一人而三军震者，杀之；赏一人而万人悦者，赏之。杀贵大，赏贵小。杀其当路[②]贵重之臣，是刑上极也；赏及牛竖马洗[③]厩养之徒，是赏下通也。刑上极，赏下通，是将威之所行也。”

【译文】

武王问：“将怎样才能有威望呢？怎样才能洞察一切呢？怎样才能令行禁止呢？”太公说：“将领能诛杀地位高的人，就能有威望；能奖赏地位卑微的人，就能洞察一切而使人尊敬；赏罚审慎得当，就能令行禁止。因此，如果杀一人足以使三军震惧的，就杀了他；赏一人足以使三军欢悦的，就奖赏他。刑罚贵在行于上层，奖赏贵在行于下层。杀掉身居要职地位崇高的大臣，就是刑罚行于最上层；奖赏放牛洗马槽养马的人，就是奖赏通于最下层，刑能用于最上层，赏能通于最下层，就是将威树立起来的体现。”

【注释】

①诛大：诛杀地位尊贵的人，下文赏小意为奖赏地位的低微的人。

②当路：指执掌大权，身居要职之人。

③牛竖马洗：牛竖指牧童，马洗指马夫。

【评述】

本篇论述树立将领威望的问题。姜太公要求不惧怕惩罚地位高的人，不忽视奖赏地位低微的人，以达到有令即行，有禁即止。

励　军

【原文】

武王问太公曰：“吾欲令三军之众，攻城争先登，野战争先赴，闻金声而怒，闻鼓声而喜，为之奈何？”太公曰：“将有三。”武王曰：“敢问其目？”太公曰：“将冬不服裘，夏不操扇，雨不张盖，名曰礼将。将不身服礼[①]，无以知士卒之寒暑。出隘塞，犯泥涂，将必先下步，名曰力将。将不身服力，无以知士卒之劳苦。军皆定次[②]，将乃就舍，炊者皆熟，将乃就食；军不举火，将亦不举，名曰止欲将。将不身服止欲，无以知士卒之饥饱。将与士卒共寒暑劳苦饥饱，故三军之众，闻鼓声则喜，闻金声则怒。高城深池，矢石繁下，士争先登；白刃始合，士争先赴。士非好死而乐伤也，为其将知寒暑饥饱之审，而见劳苦之明也。”

【译文】

武王问太公说：“我想要三军之众，攻城时争先攀登，野战时争相前进。听到收兵的锣声就愤怒，听到进军的鼓声就喜悦，怎样才能做到这些呢？”太公说：“将帅有三种做法能达到这样。”武王说：“敢问是哪三种？”太公说：“将帅冬天不穿毛皮衣服，夏天不挥扇子，下雨不打伞，就叫守礼之将。将军自身不守礼，就无法知道士卒的寒冷和炎热。走狭隘阻塞的道路，跋涉泥泞的道路，将帅必须先下坐骑步行，这就叫作身体力行之将。将帅自身不肯力行，就无法知道士卒的艰苦。安营扎寨，全军安排就绪，将帅才能回舍休息。士卒的饭食都好了，将帅才去吃饭。军队没有点火把，将帅也不点火把。这就叫作节制嗜欲之将。将帅自身不能节制嗜欲，就无法知道士卒的饥饱。将帅能与士卒共寒暑劳苦饥饱，那么三军之众听到进军的鼓声就喜悦，听到收兵的锣声就愤怒。攻打高城深池时，虽然敌人的羽箭石块纷纷落下，士卒也会无不奋勇争先；如在野战，白刃一交，士卒就会无不踊跃向前。士卒并非爱死或乐于受伤，而是因为将帅能体察寒暑饥饱和劳苦，愿意尽死力报效将帅的知人之明。”

【注释】

①不身服礼：意为不能亲身执行礼罚，即不能以身作则；下文不身服力意为不能身体力行。

②定次：驻扎宿营。

【评述】

本篇论述鼓舞士气的问题。要求带兵将帅要正人先正己，身先士卒，身体力行，同甘共苦。

阴　符[1]

【原文】

武王问太公曰："引兵深入诸侯之地，三军猝有缓急，或利或害，吾将以近通远，从中应外，以给三军之用。为之奈何？"太公曰："主与将，有阴符，凡八等：凡大胜克敌之符，长一尺；破军擒将之符，长九寸；降城得邑之符，长八寸；却敌报远之符，长七寸；警众坚守之符，长六寸；请粮益兵之符，长五寸；败军亡将之符，长四寸；失利亡士之符，长三寸。诸奉使行符，稽留，若符事闻泄[2]，告者皆诛之。八符者，主将秘闻，所以阴通言语，不泄中外相知之术。敌虽圣智，莫之能识。"武王曰："善哉。"

【译文】

武王问太公说："领兵深入到诸侯境地去作战，如果三军突然遇到急迫的情况，不管对我有利或者有害，我想从里向外通消息于近远之地，以供三军应急用。你看有什么办法呢？"太公说："主帅和将领有秘密的兵符总共八等：有意为战胜敌人大获全胜的兵符，长一尺；有意为突破敌军擒拿敌将的兵符，长九寸；有意为降服敌城垣夺取敌城池的，长八寸；有打退敌人，禀报敌人已经远逃的，长七寸；有警告将士坚守的兵符，长六寸；有催请粮秣和援兵的兵符，长五寸；有意为军队战败将领阵亡的兵符，长四寸；有我军失利士兵阵亡的兵符，长三寸。数人奉命发放兵符，在一处停留的，如将兵符的秘密泄露出去，泄密的一律诛杀。这八种兵符只有统帅私下知道，用来秘密传递言语，而不泄露于内外相识之人。敌人即使天生聪明，也不能将此都识破。"武王说："很好。"

【注释】

①阴符：古代军队中的秘密通信方式，一般以铜板或竹木制成，面刻花纹后一分为二，以花纹和尺寸长短为通信内容。

②符事闻泄：阴符所载信息泄露。

【评述】

本篇讲述军队通信文书凭证的问题。此种一符中剖两半，双方各执一半的方法盛行于春秋战国及秦汉时期，也被称为“虎符”。

阴　书[1]

【原文】

武王问太公曰：“引兵深入诸侯之地，主将欲合兵，行无穷之变，图不测之利，其事繁多，符不能明；相去辽远，言语不通，为之奈何？”太公曰：“诸有阴事大虑，当用书，不用符。主以书遗将，将以书问主。书皆一合而再离，三发而一知。再离者分书为三部，三发而一知者，言三人，人操一分相参而不知情也。此谓阴书。敌虽圣智，莫之能识。”武王曰：“善哉。”

【译文】

武王问太公：“领兵深入诸侯国去作战，统帅想集合各路兵马，进行很多的变化，以谋取出敌不意的胜利。然而事情繁多，用兵符讲不明白，相互间又很遥远，不能当面用语言交代。该怎么办呢？”太公说：“诸多机密大事，应当用文书不用符节。君主用文书传达给将领，将领用文书向君主请示。每份书都分成三部分，发给三个人，而每个人只知其中一部分。这叫阴书，敌人即使天生聪明，也不能识破。”武王说：“很好。”

【注释】

①阴书：古代军队用书信通信的另一种秘密通信方法。比阴符传递的信息要多一些，也更具体一些。

【评述】

无论是阴符还是阴书只能是适应那个时代通信水平的秘密通信，秦汉以后通信方式不断发生变化，如再完全依靠类似的方法并不是明智之举。

军　势

【原文】

武王问太公曰：“攻伐之道奈何？”太公曰：“势因敌家之动，变生于两阵之间，奇正发于无穷之源。故至事不语，用兵不言。且事之至者，其言不足听也。兵之用者，其状不足见也。倏①而往，忽而来，能独专而不制者兵也。夫兵，闻则议，见则图，知则困，辨则危。故善战者，不待张军②；善除患者，理于未生③；善胜敌者，胜于无形；上战无与战。故争胜于白刃之前者，非良将也；设备于已失之后者，非上圣也。智与众同，非国师也；技与众同，非国工也。事莫大于必克，用莫大于玄默，动莫大于不意，谋莫善于不识。夫先胜者，先见弱于敌而后战者也。故事半而功倍焉。圣人徵于天地之动，孰知其纪。循阴阳之道而从其候；当天地盈缩，因以为常；物有死生，因天地之形。故曰：未见形而战，虽众必败。善战者，居之不挠，见胜则起，不胜则止。故曰：无恐惧，无犹豫。用兵之害，犹豫最大。三军之灾，莫过狐疑。善者，见利不失，遇时不疑。失利后时，反受其殃。故智者从之而不失，巧者一决而不犹豫。是以疾雷不及掩耳，迅电不及瞑目。赴之若惊，用之若狂，当之者破，近之者亡，孰能御之？”

“夫将，有所不言而守者，神也；有所不见而视者，明也。故知神明之道者，野无横敌④，对无立国。”武王曰：“善哉！”

【译文】

武王问太公说：“攻战讨伐有哪些方法？”太公说：“势，随着敌军的调动变化发生在两军之间，奇正的变化来自于将帅无穷的智慧，因此重大的事情不可以语露，用兵的谋略不能言传。而且重大的事情也不能完全用语言表达；用兵的谋略，不可墨守成规。忽然去，忽然来，能独断专行而不受牵制，是用兵制胜的关键。敌人听到了我的作战言论就会商议对策，看到了作战行动就会对我图谋，侦察到我们的位置就会进行围困，识别了我的企图就会给我带来危害。所以善于用兵的，不等军队摆开阵势就能取胜；善于除患的，不等祸害酿成就能消除；善于胜敌的，在战争还未形成时就能取得胜利。最上等的战略，是使世上没有人与我作战。所以争胜于两军阵前，进行白刃战的，不是优秀将领；失败后才设置坚固防备的，不能称为上等智贤。智慧与众人相同的，不能作为一国之师；技艺与众人相同的，不能称一国的良工。

军事上最要紧的莫过于求得战争的胜利，用兵上最要紧的莫过于神秘，行动上最要紧的莫过于出其不意，谋划时最要紧的莫过于使人捉摸不透。先取得胜利的人，往往是先给敌人摆出怯弱的样子然后战胜敌人，这样就会事半功倍。圣人可以观察到天地的运动，但谁能探知它的终极。遵循阴阳的道理，就可以知道天候的推移。日夜有长短，月亮有盈亏，是按照它自己的规律。万物有生有死，这是因为天地运行形成的。因此说，还未见敌人的形态就和他交战，就是人多也要失败。善于用兵的人，军队停止之时不打扰；见到可胜之机，就立即行动；见到没有胜利可能时，就按兵不动。因此说，无所恐惧，无所犹豫。用兵的危害，以犹豫为最大；三军的灾难，就在于狐疑。善于用兵的人，看到有利的战机绝不放过。遇到有利的时机绝不迟疑。失去有利的战机和时机，就会反受其害。所以，有智之人能抓住战机不使它失去，精巧之人毅然决断而不犹豫；其行动有如迅雷来不及掩耳，闪电来不及闭目。向前进攻，有如受惊之马；士兵勇猛，有如发狂之人。阻挡他就要失败，靠近他就要身亡。有谁能抵挡得住呢？”

“作为将领，能有所不说而放在心里的，是神人，能有所不见而看事的，是高明人。了解了神奇和高明的道理，战场上就没有横暴的敌人，天下就没有敌对的国家。”武王说：“很好。”

【注释】

①倏（shū）：忽然。

②张军：军队展开。

③理于未生：理，治理、处理；理于未生，意为防患于未然。

④野无衡敌：野，指野外、野战，野无衡敌，意为野外或者野战没有不可抗衡的敌人。

【评述】

本篇论述攻伐之道即战略战术问题。认为战场千变万化，重大事情不宜事先决定，战场上不能拘守常规。要千方百计了解敌人的虚实，而将己方的虚实隐藏起来。

奇 兵

【原文】

武王问太公曰："凡用兵之道，大要何如？"太公曰："古之善战者，非能战于天上，非能战于地下，其成与败，皆由神势，得之者昌，失之者亡。夫两阵之间，出甲阵兵，纵卒乱行者，所以为变也；深草蓊翳①者，所以逃遁也；溪谷险阻者，所以止车御骑也；隘塞山林者，所以少击众也；坳泽窈冥②者，所以匿其形也；清明无隐者，所以战勇力也；疾如流矢，击如发机者，所以破精微也；诡伏设奇，远张诳诱者，所以破军擒将也；四分五裂者，所以击圆破方也；因其惊骇者，所以一击十也；因其劳倦暮舍者；所以十击百也。奇技者，所以越深水渡江河也；强弩长兵者，所以逾水战也。长关远候③，暴疾谬遁④者，所以降城服邑也；鼓行喧嚣者，所以行奇谋也；大风甚雨者，所以搏前擒后也；伪称敌使者，所以绝粮道也；谬号令，与敌同服者，所以备行走北也；战必以义者，所以励众胜敌也；尊爵重赏者，所以劝用命也；严刑重罚者，所以进罢怠也；一喜一怒，一予一夺，一文一武，一徐一疾者，所以调和三军，制一臣下也；处高敞者，所以警守也；保阻险者，所以为固也；山林茂秽者，所以默往来也；深沟高垒，积粮多者，所以持久也。故曰：不知战攻之策，不可以语敌；不能分移，不可以语奇；不通治乱，不可以为语变。"

"故曰：将不仁，则三军不亲；将不勇，则三军不锐；将不智，则三军大疑；将不明，则三军大倾；将不精微，则三军失其机；将不常戒，则三军失其备；将不强力，则三军失其职。故将者，人之司命，三军与之俱治，与之俱乱。得贤将者，兵强国昌；不得贤将者，兵弱国亡。"武王曰："善哉！"

【译文】

武王问太公说："用兵的道理大体上如何呢？"太公说："古时候善战的人，不能胜于天上，也不是胜于地下，成败的关键在于神奇的势。能得到这种势就昌盛，失掉这种势就灭亡。在敌我两阵之间，出兵摆开阵容，放纵士卒扰乱行伍的，是为了造成兵变的假象；把队伍放在草深的地方，是为了便于隐蔽撤退；占领溪谷险阻之地，是为了阻碍敌人的车骑；占领狭隘阻塞的丛山密林，是为了以少胜多；把部队放在水泽低洼的荫蔽地方，是为了隐蔽部队的形态；在平旷开阔而无隐蔽的地方列阵，是为了与敌人斗勇力；动作快如流矢，攻击猛似弓弩上发射的箭，是为了击破敌人精密细致的阵势；诡谋设伏，设置奇兵，虚张声势，诳骗诱敌，是为了打破敌人的方阵圆阵；乘敌惊骇加以围攻，是为了以一击十；乘敌人疲劳或黄昏宿营加以攻击，是为了以十击百。有奇技的人，可以越深水渡江河；有长柄刀矛和强弩的人，可以隔水作战。在远处设置警戒和侦探，行动迅疾而进退诡诈的，是为了降敌城，服敌邑；击鼓喧嚣，是为了施行奇谋；乘暴风大雨行动，是为了破坏敌人的粮道；下达假命令，和敌人穿一样的衣服，是为了准备败退；对外以义战为宣传，是为了激励士气战胜敌人；用尊爵重赏鼓励将士，是为了激励尽力效命；用严刑重罚的，是为了督策懈怠；或喜或怒，时用时黜，亦文亦武，间缓间速，是为了协调全军，统一治理部下；把部队置于高蔽之处，是为了警戒和防守；保守险隘阻塞之地，是为了使防守更加牢固；驻守于山林茂密之地，是为了隐蔽往来的行动；深掘壕沟，高筑壁垒，多储粮食，是为了持久作战。所以说，将帅如果不深知攻战的策略，就谈不上对敌作战；不能够合分移动，就谈不上出奇制胜；不精通治和乱的道理，就谈不上奇正的变化。”

“所以说，将帅如没有仁爱，三军就会疏而不亲；将帅如不勇敢，三军就不会锋利；将帅如无智谋，三军就会疑惑不前；将帅如果没有明见，三军就会倾乱；将帅如不精细，三军就会失掉制胜之机；将帅如不审慎警戒，三军就会失去戒备；将帅如不威严，三军就会玩忽职守。所以将帅是掌握命运的人，三军可以因他而共安，也可以因他而同乱。国家得到贤将，就兵强国盛；没有贤将，就会兵弱国亡。”武王说：“很好。”

【注释】

①蓊翳（wěng yì）：草木茂盛的样子。

②坳泽窈冥（ào zé yǎo míng）：坳泽为低洼的地方，窈冥为幽暗的地方。

③长关远候：在远方设立关卡，派出侦察。

④暴疾谬遁：迅速运动，神秘掩饰。

【评述】

本篇论述随机应变和出奇制胜的战术问题。提倡使用伪装、欺诈等手段抢占有利地形，虚张声势，乘敌不备。

五　音[1]

【原文】

武王问太公曰："律章之声，可以知三军之消息，胜负之决乎？"太公曰："深哉！王之问也。夫律管[2]十二，其要有五音：宫、商、角、徵、羽，此真正声也，万代不易。五行之神，道之常也，可以知敌。金、木、水、火、土，各以其胜攻之。古者三皇之世，虚无之情，以制刚强。无有文字，皆由五行。五行之道，天地自然，六甲[3]之分，微妙之神。其法以天清净，无阴云风雨，夜半遣轻骑，往至敌人之垒，去九百步外，偏持律管当耳，大呼惊之。有声应管，其来甚微。角声应管，当以白虎[4]；徵声应管，当以玄武[5]；商声应管，当以朱雀[6]；羽声应管，当以勾陈[7]；五管声尽不应者，宫也，当以青龙[8]。此五行之符，佐胜之徵，成败之机也。"武王曰："善哉！"

太公曰："微妙之音，皆有外候。"武王曰："何以知之？"太公曰："敌人惊动则听之，闻枹鼓之音者，角也；见火光者，徵也；闻金铁矛戟之音者，商也；闻人啸呼之音者，羽也；寂寞无闻者，宫也。此五者，声色之符也。"

【译文】

武王问太公说："听乐器的音律声，就可以知道三军的变化，判断胜败吗？"太公说："王所问的道理很深啊！律管有十二个音阶，其中主要有五音阶，即宫、商、角、徵、羽，这是真正声音，万代不改。同金、木、水、火、土五行相生相胜的道理一样常在。通过这些可以了解敌人的情况。金、木、水、火、土各以其优势相互排斥。古三皇之时，用一些玄虚的事情，以制服刚强，由于没有文字，就都用五行之说。五行的道理，是天地间的自然规律。六甲的分法，其道理玄妙如神。律管用在天空晴朗，没有阴云风雨的夜晚，派骑兵在距敌营九百步外，都拿着律管当耳朵使用，大声呼喊以惊动敌人。有回声应对律管，回来得很少。如果角声回应律管，当西方（白虎）：如果是徵声应对律管，当北方（玄武）；如果商声应对律管，当南方（朱雀）；如果是羽声应对，当用勾陈；如果五管声都没有应对；便是宫声，当东方（青龙）。这五行之符，是辅佐取胜的象征，是成败的先兆。"武王说："很好！"

太公说："深奥玄妙的音律，都有其外露的征候。"武王说："怎么知道呢？"太公说："敌人惊动时就细心辨听，听到袍鼓的声音，是角声；看到火光，是徵声；听到铁骑矛戟相击之声，是商声；听到敌人呼喊叫啸的声音，是羽声；敌营寂静什么也听不到，是宫声。这五声是辨声观色之符。"

【注释】

①五音：指宫、商、角、徵、羽五个音阶。阴阳家用五音来配五行，宫属土，商属金，角属木，徵属火，羽属水。

②律管：古代一种管弦乐器，用竹、玉或铜制成，共十二根管。

③六甲：天干地支组成的六十花甲中，甲子、甲戌、甲申、甲午、甲辰、甲寅六个以甲为首的干支称为六甲。

④白虎：古代天文学把黄道上的恒星分为二十八个星座即二十八宿。白虎是西方七宿的合称，所以一般代指西方，因西方属金，五行家又以白虎为金之神。

⑤玄武：是北方七宿的合称，又用以代指北方。

⑥朱雀：是南方七宿的合称，又用以代指南方。

⑦勾陈：古代天文学所定的一个星座，即现代所指的北极星。由于从地球上看，北极星位置不变，因此又用以代指中央。

⑧青龙：是东方七宿的合称，又用以代指东方。

【评述】

春秋时代生产力和科学技术都欠发达，社会上普遍流行五音、五行、六甲、记方位等计时、占卜学说。权谋等兵家学说和将领也利用这些名词来象征、记述敌情、我情、阵法等事项。这些事情神神秘秘，其实不过是一种表述的方法而已。

兵徵[①]

【原文】

武王问太公曰："吾欲未战先知敌人之强弱，预见胜负之徵，为之奈何？"太公曰："胜负之徵，精神先见，明将察之，其败在人。谨候敌人出入进退，察其动静，言语妖祥[②]，士卒所告。凡三军悦怿[③]，士卒畏法，敬其将命，相喜以破敌，相陈以勇猛，相贤以威武，此强徵也。三军数惊，士卒不齐，相恐以敌强，相语以不利，耳目相属，祆言不止，众口相惑[④]，不畏法令，不重其将，此弱徵也。三军齐整，阵势已固，深沟高垒，又有大风甚雨之利，三军无故，旌旗前指，金铎之声扬以清，鼙鼓之声宛以鸣，此得神明之助，大胜之徵也。行陈不固，旌旗乱而相绕，逆大风甚雨之利，士卒恐惧，气绝而不属，戎马惊奔，兵车折轴，金铎之声下以浊，鼙鼓之声湿以沐。此大败之徵也。凡攻城围邑，城之气色如死灰，城可屠。城之气出而北，城可克。城之气出而西，城可降。城之气出而南，城不可拔。城之气出而东，城不可攻。城之气出而复入，城主逃北。城之气出而覆我军上，军必病。城之气出高而无所止，用日长久。凡攻城围邑，过旬不雷不雨，必亟去之，城必有大辅。此所以知可攻而攻，不可攻而止。”武王曰：“善哉。”

【译文】

武王问太公说：“我想在未战之前，预先知道敌人的强弱，预见胜负的先兆，怎样才能做到呢？”太公说：“战争胜败的先兆，首先是神灵先看到。明智的将领能观察到，是通过人的行动反映出来的。只要仔细侦察敌人的出入和进退，观察动静，听他们说话是否有妖祥之言，注意士卒间的闲谈就可判断。凡三军之众心情愉快，遵守法令，尊敬长官，服从命令，相互间高兴以破敌为题，谈论的是勇猛之行，赞美的是威武勇敢，这是强兵的征兆。三军频起惊慌，士卒散乱不齐，以敌人如何强盛相互恐吓，尽说些于战斗不利的话，耳闻目睹都是妖妄之言，交相煽惑，不惧怕法令，不尊敬将领，这就是弱兵的征兆。三军行动整齐，阵势坚固，沟深垒高，又得到大风大雨的便利，全军无缘无故旌旗显明，军威静肃，金鼓之声，清扬宛鸣，这是得到了神明的保佑，是大胜的征兆。阵势不坚固，旌旗紊乱互相缠绕，又得不到大风暴雨的便利，士卒惊惶恐惧，累得上气不接下气，戎马狂奔，战车坏轴，金鼓之声，木然不清，这是大败的征兆。攻城围邑时，若城中气色是像死灰一样，就可以攻。城里的气色飘出来并向北，城就可以攻克。云气飘向西，此城可降服。云气飘向南，此城就攻打不下来。云气飘向东，此城不可攻。云气出来又进去，守城的主将要逃走。云气出来后覆盖在我军上空，军队必有病灾。云气直上高空无所阻挡，时间还很长。攻城围邑时，超过十天不打雷不下雨，就必须撤离，城内一定有圣明的辅佐之人。这就是所谓可攻就进攻，不可攻就停止。”武王说：“很好。”

【注释】

①兵徵：徵（zhēng），预兆意；兵徵，部队或战争胜败的征兆。

②妖祥：妖，怪异凶恶；妖祥，意为吉凶。

③悦怿：怿（yì），欢喜；悦怿，意为心情喜悦。

④众口相惑：互相怂恿。

【评述】

本篇叙述如何判断敌人的强弱。姜太公认为胜负的征候通过观察敌军的作风即可明了：士气的盛衰、阵势的严整程度、军纪严格或松弛的状况可以判断敌军的战斗力。

农 器

【原文】

武王问太公曰：“天下安定，国家无事，战攻之具，可无修乎？守御之备，可无设乎？”太公曰：“战攻守御之具，尽在于人事。耒耜[1]者，其行马[2]蒺藜[3]也，马牛车舆者，其营垒蔽橹[4]也。锄耰之具，其矛戟也。蓑薜簦[5]笠者，其甲胄干楯也。镢斧锯杵臼，其攻城器也；牛马，所以转输粮用也。鸡犬，其伺候也。妇人织纴，其旌旗也。丈夫平壤，其攻城也。春钹草棘，其战车骑也。夏耨[6]田畴，其战步兵也；秋刈禾薪，其粮食储备也。冬实仓廪，其坚守也；田里相伍，其约束符信[7]也；里有吏，官有长，其将帅也。里有周垣，不得相过，其队分也。输粟收刍，其廪库也。春秋治城郭，修沟渠，其堑垒也。故用兵之具，尽在于人事也。善为国者，取于人事。故必使遂其六畜，辟其田野，安其处所。丈夫治田有亩数，妇人织纴有尺度。是富国强兵之道也。”武王曰：“善哉！”

【译文】

武王问太公说："天下安定，国家没有战争时，攻城的器具，可以不修吗？防御的设施，可以不备吗？"太公说："攻战守御的器具，全在于人的努力。农民耕作用的耒耜，可以作为拒马和蒺藜，牛车和马车可用作营垒的有遮盖的望塔，农民用的锄耰，可作军队的矛和戟。农民用的蓑衣、雨伞和笠帽，可作为军用的雨衣、雨帽和甲胄。农民掘土用的镬和锸，伐木用的斧和锯，舂米用的杵和臼，都可作为攻城的器具。牛和马可以用来运输粮食。鸡和狗可作军队侦犬和报晓鸡。妇女所织的缎帛，可制作军用旌旗。男子平整土地的技术，可以用来在军事上攻城。春天农人铲除杂草的方法，可在战时对付敌车兵骑兵。夏天耘田的方法，可在战时对付敌步兵。秋天收割禾与薪，就是战时的粮食储备。冬天农人充实的仓和廪，就是战时防御的坚固设备。种田的百姓，以五丁编为伍，战时传递符信就很容易。里有官吏，乡有长官，战时就是将领。各里之间所筑的围墙，平时不能翻越，战时则可作为守备的区分。平时运输粮食屯集马草，就是战时仓廪的储备。春秋二季，修筑城郭，疏通沟渠，就是战时的壕垒。所以说军队的器具，全在于人的努力。善于治国的人，都重视百姓平时的生活，让百姓豢养六畜，开辟田野，固定住所。男人种田有亩数，妇女纺织有尺度，这是富国强兵的道理。"武王说："很好。"

【注释】

①耒耜（lěi sì）：古代一种像犁一样的翻土农具；耜用于起土，耒是耜上的弯木柄。

②行马：即行拒马、拒马，是拦阻人和马通行的器具。

③蒺藜：为刺状的障碍物，主体埋在地下，刺露在地面，以阻止敌军行进。

④橹（lǔ）：在兵车上设的望楼。

⑤蓑薜簦（suō bì dēng）：蓑，蓑衣；薜，古书上指当归或野麻；簦，古代有柄的斗笠，像现在的雨伞。

⑥耨（nòu）：耘田除草。

⑦符信：凭证的意思。

【评述】

本篇讲述"平"和"战"的关系，也就是"富国"和"强兵"的关系。姜太公认为应该安不忘危，和不忘战，必须平战结合，寓兵于农，兵农合一。

虎 韬

军 用

【原文】

武王问太公曰："王者举兵，三军器用，攻守之具，科品众寡，岂有法乎？"太公曰："大哉王之问也。夫攻守之具，各有科品，此兵之大威也。"武王曰："愿闻之。"太公曰："凡用兵之大数，将甲士万人，法用：武卫大扶胥[1]三十六乘。材士强弩矛戟为翼，一车二十四人推之，八尺车轮，车上立旗鼓。兵法谓之震骇。陷坚阵，败强敌。武翼大橹[2]矛戟扶胥七十二具。材士强弩矛戟为翼，以五尺车轮，绞车连弩[3]自副，陷坚阵，败强敌。提翼小橹扶胥一百四十具。绞车连弩自副，以鹿车轮陷坚阵，败强敌。大黄参连弩大扶胥[4]三十六乘。材士强弩矛戟为翼，飞凫[5]电影自副。飞凫，赤茎白羽，以铜为首；电影，青茎赤羽，以铁为首，昼则以绛缟，长六尺，广六寸，为光耀；夜则以白缟，长六尺，广六寸，为流星。陷坚阵，败步骑。大扶胥冲车三十六乘。螳螂武士共载，可以纵击横，可以败敌辎车[6]骑寇，一名电车，兵法谓之电击。陷坚阵，败步骑寇夜来前。矛戟扶胥轻车一百六十乘。螳螂武士三人共载，兵法谓之霆击。陷坚阵，败步骑。方首铁棓，维盼[7]重十二斤，柄长五尺以上，千二百枚，一名天棓。大柯斧，刃长八寸，重八斤，柄长五尺以上，千二百枚，一名天钺。方首铁锤，重八斤，柄长五尺以上，千二百枚，一名天锤。败步骑群寇。飞钩，长八寸，钩芒长四寸，柄长六尺以上，千二百枚，以投其众。"

"三军拒守，木螳螂、剑刃扶胥[8]，广二丈，百二十具，一名行马。平易地，以步兵败车骑。木蒺藜，去地二尺五寸，百二十具。败步骑，要穷寇，遮走北。轴旋短冲、矛戟扶胥百二十具。黄帝所以败蚩尤氏。败步骑，要穷寇，遮走北。狭路微径，张铁蒺藜，芒高四寸，广八寸，长六尺以上，千二百具。败步骑，突瞑来，前促战。白刃接，张地罗，铺两镞蒺藜，参连织女，芒间相去二寸，万二千具。旷野草中，方胸铁矛，千二百具。张铤矛法，高一尺五寸。败步骑，要穷寇，遮走北。狭路微径，地陷，铁械锁参连，百二十具。败步骑，要穷寇，遮走北。垒门拒守，矛戟小橹十二具，绞车连弩自副。三军拒守，天罗虎落锁连一部，广一丈五尺，高八尺，百二十具。虎落剑刃扶胥。广一丈五尺，高八尺，五百二十具。

“渡沟堑，飞桥一间，广一丈五尺，长二丈以上，着转关辘轳八具，以环利通索张之。渡大水，飞江，广一丈五尺，长二丈以上，八具，以环利通索张之。天浮铁螳螂，矩内圆外，径四尺以上，环络自副，三十二具。以天浮张飞江济大海，谓之天潢，一名天舡。

“山林野居，结虎落柴营，环利铁索长二丈以上，千二百枚。利大通索，大四寸，长四丈以上，六百枚。环利中通索，大二寸，长四丈以上，二百枚。环利小微螺，长二丈以上，万二千枚，天雨盖，重车上板，结枲钽铻，广四尺，长四丈以上。车一具，以铁杙（yì，意为“系縻”）张之。伐木大斧，重八斤，柄长三尺以上，三百枚。棨钁，刃广六寸，柄长五尺以上，三百枚；铜筑固为垂，长五尺以上，三百枚；鹰爪，方胸铁把，柄长七尺以上，三百枚，方胸铁叉，柄长七尺以上，三百枚，方胸两枝铁叉，柄长七尺以上，三百枚。芟草木大镰，柄长七尺以上，三百枚。大橹刀，重八斤，柄长六尺，三百枚；委环铁□，长三尺以上，三百枚；椓（zhuó，《说文解字》：‘椓，击也’）杙大槌，重五斤，柄长二尺以上，百二十枚。

“甲士万人，强弩六千，戟盾二千，矛盾二千，修治攻具，砥砺兵器，巧手三百人，此举兵军用之大数也。”武王曰：“允哉。”

【译文】

武王问太公说：“做王的人出兵征伐，三军的器用，攻守的战具、品类和数量究竟为多少？”太公说：“您问的这个问题很大呀！一般攻守用的兵器品类繁多，这是军队威武之所赖。”武王说：“我愿意听一听。”太公说：“一般用兵器的大概是：领穿盔甲的士兵万人，按规定用：武卫大战车三十六辆，武艺高强的士兵持强弓矛戟在两边护卫，每车由二十四人推着前进；车轮八尺，车上备有旗鼓，这在兵法上叫震骇，用于攻坚阵，破强敌。武翼大望塔、矛戟战车七十二辆，武艺高强的士兵持强弓矛戟在两边护卫，车轮五尺，配备绞车和连弩，用于攻坚阵，破强敌。提翼小望塔战车一百四十辆，配备绞车和连弩，可用鹿车轮破坚阵，败强敌。大黄参连弩打战车三十六辆，武艺高强的士兵持强弓矛戟在两边护卫；飞凫焰火配套，飞凫为红身白羽毛，头为铜制，焰火为青茎红羽毛，头为铁制；白天就用红绢，长六尺，宽六寸，红光闪闪；夜间就用白绢，长六尺，宽六寸，形如流星，用以破坚阵，败敌步兵和骑兵。大冲战车三十六辆，载螳螂武士，可以纵击横，用以败强敌之辎车骑兵；冲车又叫作电车，兵法上称为电击，用以攻坚阵，败夜里来的敌步兵骑兵。带有长矛和戟的轻战车一百六十辆，螳螂武士三人一起乘行，兵法上称之为霆击，可以攻坚阵，败敌步兵骑兵，方首铁棓，最好重十二斤，柄长五尺以上，需一千二百枚，又叫作天棓。大柯斧长八寸，重八斤，柄长五尺以上，需一千二百枚，又叫作天钺。方首铁锤，重八斤，柄长五尺以上，需一千二百枚，又叫作天锤，可败团伙的步兵和骑兵。飞钩，长八寸，钩芒长四寸，柄长六尺以上，需要一千二百枚，用以投掷敌群。

“三军防御的武器有：木螳螂、短剑战车，宽二丈，各需一百二十具；在平坦开阔的地方，步兵用以败敌战车和骑兵。木蒺藜，埋入地底二尺五寸，需一百二十具，用以败敌步兵骑兵，捉拿败敌，阻挡他们逃走。车轴旋转，短距离冲击的矛戟战车一百二十具，古时黄帝就是用此种车打败蚩尤氏的，用以败敌步兵骑兵，捉拿败敌，阻挡他们逃走。在狭窄的小路上设置铁蒺藜，芒高四寸，宽八尺，长六尺以上，需一千二百具，可败敌步兵骑兵。夜间仓促接战，短兵相接，在地上设网铺双箭头的蒺藜，用绳联结。锋芒间隔二寸，需一万二千具。在旷野草地中，设置方胸鋋矛，需一千二百具，设置的方法，高一尺五寸，可败敌步兵骑兵，阻止他们逃走。在狭窄的小路上，设陷井，须用铁械锁联结，需一百二十具，败敌步兵骑兵，捉拿败敌，阻止他们逃走。垒壁留门防守，矛戟小望楼十二具，配备绞车和连弩。全军进行防守，在树林中设网，在陷井中设捆索，连成一片，宽一丈五尺，高八尺，需五百二十具。

“渡过沟堑，架浮桥一座，宽一丈五尺，长二丈以上，安装来回转动的辘轳八具。在河两岸设置巨索，以便门舟与木筏往来渡河。渡江河可用门舟，宽一丈五尺，长二丈以上，共需八条，两岸用巨索连起来。木筏铁螳螂内正外圆，直径四尺以上，配备环络，需三十二具。用木筏拉门舟渡江河，叫作天潢，又叫作天舡。

“在山林野外居住，设落虎式营帐，用铁锁、铁索、铁螺固定；环铁锁长二丈以上，需一千二百枚，大环铁索宽四寸，长四丈以上，需六百枚，中环铁索宽二寸，长四丈以上，需二百枚，小铁螺长二丈以上，需一万二千枚；大雨布，大木板，用麻绳结扎，宽四尺，长四丈以上。车一乘，用小铁桩拉起来。伐木大斧重八斤，柄长三尺以上，需三百枚。镢头，刃宽六寸，柄长五尺以上，需三百枚。铜锤，长五尺以上，需二百枚。鹰爪钩，方胸铁耙等，柄长七尺以上，各需三百枚，方胸铁叉，柄长七尺以上，三百枚。带两个枝的方胸铁叉，柄长七尺以上，需三百枚。除草的木柄大镰刀，柄长七尺以上，三百枚。大盾刀，重八斤，柄长六尺，三百枚。环形铁桩，长三尺以上，三百枚。椓桩大槌，重五斤，柄长二尺以上，一百二十枚。

“带甲兵士一万人，需要强弓六千，戟以及盾二千，矛以及盾两千。制造这些工具，打造这些兵器，需巧匠三百人。这就是准备兵器的概要情况。”武王说：“同意。”

【注释】

①武卫大扶胥：设有大盾的大型战车；扶胥，战车的别名。

②大橹：古时军中用以侦察、防御或攻城的高台。

③绞车连弩：一种用绞车张弓，能连续发射箭矢的强弩。

④大黄参连弩大扶胥：装备有大黄连弩的大型战车。大黄：一种强弩的名称。参连弩：能连续击发的强弩。

⑤飞凫（fú）：泛指野鸭等动物。此处指一种形似飞鸟的发射兵器。

⑥辎车：古代有帷盖的车子，既可载物，又可作卧车。

⑦方首铁棓维朌：一种大方头的铁棒。棓：通“棒”。朌：同“颁”，大头。

⑧拒守、木螳螂、剑刃扶胥：拒守和木螳螂都是一种木制的防守器具。剑刃扶胥，一种有剑刃向外的战车。

【评述】

本篇叙述当时军队用于攻守的武器和装备。对于甲士万人姜太公认为需要强弩六千，戟盾两千，矛盾两千。他还详细罗列各种类型兵器的种类和运用以及维修等事宜。

三　阵

【原文】

武王问太公曰：“凡用兵为天阵、地阵、人阵，奈何？”太公曰：“日月星辰斗杓[①]，一左一右，一向一背，此为天阵。丘陵水泉，亦有前后左右之利，此谓地阵。用车用马，用文用武，此谓人阵。”武王曰：“善哉！”

【译文】

武王问太公说："凡用兵都分为天阵、地阵、人阵。这是怎么回事？"太公说："依据日月星辰的变化和北斗星的方位来决定阵的左右向背，这就是天阵。在山陵或江河畔列阵，要顾及前后左右地形的利弊，这就叫地阵。用车骑兵和文武官员列阵，使用得当，这就叫人阵。"武王说："妙啊。"

【注释】

①斗杓：即北斗七星。

【评述】

本篇叙述当时的各种布阵方法。当然，根据日月星辰布阵有些悬秘，但是列阵时考虑天时、气候、地形和部队编制、战斗力等因素则是有科学根据的。

疾　战

【原文】

武王问太公曰："敌人围我，断我前后，绝我粮道，为之奈何？"太公曰："此天下之困兵也。暴用之则胜，徐用之则败。如此者，为四武冲阵①，以武车骁骑惊乱其军而疾击之，可以横行。"

武王曰："若已出围地，欲因以为胜，为之奈何？"太公曰："左军疾左，右军疾右，无与敌人争道。中军迭前迭后，敌人虽众，其将可走。"

【译文】

武王问太公："敌军包围了我们，阻隔了我前后的联系，切断了我运粮的道路，该怎么办？"太公说："这是受重困的军队。如果行动迅速，就能突围。如果行动迟缓，就要失败。这种情况下，要用四武冲阵的阵容，以坚锐的战车和骁勇的骑兵震骇扰乱敌军，并迅猛地攻击，就可以驰骋纵横。"

武王又问："如果已经突围，想乘机取得胜利，有什么办法吗？"太公说："令左翼军队向左疾行，右翼军队向右疾行，不要与敌人争夺道路。中军主力前后轮番攻击，即使敌军众多，将领也会领兵逃走。”

【注释】

①四武冲阵：四面都用战车作侧卫以保卫核心的阵法。

【评述】

本篇论述突围作战。姜太公认为在成为“困兵”时，应以最快的速度突围，如果迟疑不决势必归于失败。他还具体介绍了一种四面都用战车防护的阵形（四武冲阵）实行突围作战。

必　出①

【原文】

武王问太公曰：“引兵深入诸侯之地，敌人四合而围我，断我归道，绝我粮食。敌人既众，粮食甚多，险阻又固。我欲必出，为之奈何？”太公曰：“必出之道，器械为宝，勇斗为首。审知敌人空虚之地，无人之处，可以必出。将士人持玄旗②，操器械，设衔枚，夜出。勇力飞走，冒将之士，居前，平垒③为军开道。材士强弩为伏兵，居后。弱卒车骑居中。阵毕徐行，慎无惊骇。以武冲扶胥，前后拒守，武翼大橹，以蔽左右。敌人若惊，勇力冒将之士疾击而前。弱卒车骑，以属其后，材士强弩，隐伏而处。审候敌人追我，伏兵疾击其后，多其火鼓，若从地出，若从天下。三军勇斗，莫我能御。”

武王曰：“前有大水、广堑、深坑、我欲逾渡，无舟楫之备，敌人屯垒，限我军前，塞我归道，斥候常戒，险塞尽守，车骑要我前，勇士击我后，为之奈何？”太公曰：“大水、广堑、深坑，敌人所不守；或能守之，其卒必寡。若此者，以飞江转关与天潢以济吾军。勇力材士，从我所指，冲敌绝阵，皆致其死。先燔④吾辎重，烧吾粮食，明告吏士，勇斗则生，不勇则死。已出者，令我踵军，设云火远候，必依草木、丘墓、险阻。敌人车骑，必不敢远追长驱。因以火为记，先出者，令至火而止，为四武冲阵。如此，则吾三军皆精锐勇斗，莫我能止。”武王曰：“善哉！”

【译文】

武王问太公说："如果领兵深入到诸侯国的地方，敌人从四面包围了我，切断了我军的退路和粮道。敌军人数众多，粮食也很多，并占据了险要地形。我想要突围出去，这该怎么办呢？"太公说："突围的要领，武器要精良，勇敢是首要条件，准确判定敌空虚和无人把守的地方，这样就一定能突围。可令将士手持黑旗和武器，口含禁止出声的木片，在夜间出击。可让勇猛不怕死、利索能走路的官兵在前面，铲除筑垒，为后面的军队开道。令武艺高超的士兵和强弓手为伏兵居后，将孱弱的兵卒、战车和马匹安排在中间。这样列好队后，徐徐向前推进，切勿惊扰。另外，置武冲戎车于前后以抵挡敌军，以武翼大望塔保护左右两侧。敌人如果发觉，便令勇猛不怕死的官兵迅速击敌，向前推进。孱弱兵士和战车马匹随后紧跟。武艺高超的士兵和强弓手隐蔽下来，察知敌军追击我时，伏兵便迅速向敌后翼发起攻击。这时要多设火炬和战鼓，让敌人感到我军是从地而出，从天而降一样。即使他骠勇好斗，也不能抵挡住我的反击。"

武王说："如果前有大河、宽沟、深坑，我想渡过，但没有船桨。敌人安设垒障，阻在我军前面，又断绝我军退路；同时侦探形影不离，险要之处，都有守备；车骑在我面前挑战，勇士在我后面袭击，该怎么办？"太公说："大河、宽沟、深坑，敌人不会把守；即便把守，兵士也不会多。如果这样，就用飞江小舟、辘轳和天潢大船来济渡我军。令勇猛和武艺高超的士兵，听从指挥，攻击敌阵，杀死防守敌兵。然后先烧掉我的辎重和粮食，并明白告诉官兵，奋勇作战就可以生，胆小就只有死。军队出动后，令我前卫在草木丛中，丘陵墓地和险阻之处点燃烽火，设下守备。敌人的车骑必然不敢长驱远追。根据烽火的信号，令先后出动的士兵均集结于烽火之处，然后布置成四武冲阵。这样，我三军精锐部队勇敢争斗，敌军一定也不能阻挡我渡河。"武王说："很对。"

【注释】

①必出：必，一定，决定，肯定，固执，由甲骨文演变而来。必出即突围。

②玄旗：黑色的旗帜。

③平垒：攻占、扫平敌军营垒。

④燔：烧毁。

【评述】

本篇论述夜间突围作战和渡河作战的方法。姜太公认为夜间突围和渡河作战必须要有充足的器械和勇猛的战斗精神，选择敌人力量薄弱的地段为突破口。时机选择夜间是为了达到作战的突然性，必须进行充分准备。

军　略

【原文】

武王问太公曰："引兵深入诸侯之地，遇深溪大谷险阻之水。吾三军未得毕济，而天暴雨，流水大至。后不得属于前，无有舟梁之备，又无水草之资。吾欲毕济，使三军不稽留，为之奈何？"太公曰："凡帅师将众，虑不先设，器械不备，教不素信，士卒不习，若此，不可以为王者之兵也。凡三军有大事，莫不习用器械。攻城围邑，则有轒辒①临冲②；视城中，则有云梯飞楼③；三军行止，则有武冲大橹，前后拒守，绝道遮街，则有材士强弩，冲其两旁；设营垒，则有天罗武落，行马蒺藜。昼则登云梯远望，立五色旌旗；夜则设云火万炬，击雷鼓，振鼓铎，吹鸣笳。越沟堑，则有飞桥、转关、辘轳、鉏鋙；济大水，则有天潢、飞江④；逆波上流，则有浮海⑤、绝江⑥。三军用备，主将何忧。"

【译文】

武王问太公："如果领兵深入诸侯的境地，遇到深溪大谷，险阻的河流，军队尚未全部渡过去，天就下起暴雨，河水上涨。部队前后无法会合，既没有预备船和桥，也没有干草来堵塞河水。我想把部队全渡过去，使全军不致延误，该怎么办？"太公说："统率军队的人，如果事先没有计划，不准备好器械，不进行扎实而又实用的训练，士兵不反复进行练习，就不配为国君带领军队。凡军队遇有重大行动，无不预先教练器械的使用。如攻城，就要有轒辒战车和冲车；要侦察城中的情况，就要使用云梯、对楼；军队的行进和停止，均需要用武冲大望塔；前后抵敌，切断或封锁道路，就要有才艺的士兵和强弓守护卫两侧。设置营垒，就要有天网、绳索、行拒马和铁蒺藜，白天登上云梯瞭望，树立五色旌旗；夜间则点燃万炬烽火，敲锣击鼓，吹胡笳。渡越沟堑时，就要有飞桥、转辘、铁锚；横渡江河时，就要有大船、飞舟；逆流而上，就要有浮海、绝江。只要军队的器械齐备，主将又有何忧虑呢？”

【注释】

①轒辒（fén wēn）：用于攻城的一种车辆。下设四轮，上蒙皮革，可容纳十人，往来运土填壕。

②临冲：为临车和冲车的统称。临车多用于从上往下攻击，冲车多用于冲撞城门。

③云梯飞楼：云梯用于攀登城墙的长梯，飞楼亦是一种快速飞爬城墙的对楼。

④天潢、飞江：即大小门舟。

⑤浮海：木筏。

⑥绝江：系用巨索张于江上。

【评述】

本篇讲述谷地和攻城作战的各种器械。文中提到的轒辒、云梯、飞楼等器具在以后悠长的冷兵器战史中仍在使用。

临　境

【原文】

武王问太公曰：“吾与敌人临境相拒，彼可以来，我可以往，阵皆坚固，莫敢先举。我欲往而袭之，彼亦可来，为之奈何？”太公曰：“分兵三处。令我前军，深沟增垒而无出，列旌旗，击鼙鼓，完为守备；令我后军，多积粮食，无使敌人知我意；发我锐士，潜袭其中，击其不意，攻其无备。敌人不知我情，则止不来矣。”

武王曰：“敌人知我之情，通我之谋，动而得我事。其锐士伏于深草，要隘路，击我便处，为之奈何？”太公曰：“令我前军，日出挑战，以劳其意。令我老弱，曳柴扬尘①，鼓呼而往来，或出其左，或出其右，去敌无过百步，其将必劳，其卒必骇。如此，则敌人不敢来。吾往者不止，或袭其内，或击其外，三军疾战，敌人必败。”

【译文】

武王问太公说："我与敌人临境相抗，敌可以来，我也可以去；两军阵地都很坚固，谁也不敢先动。我想去袭击敌营，但他们也可以来。这该怎么办呢？"太公说："可分兵为三部分。让前军挖深沟筑高垒而不出来，排列旌旗，敲击大小鼓，做好防御的准备。令后军多积粮食，不让敌人知道我的意图。然后令我精锐中军部队，偷袭敌人，击其不意，攻其不备。此时敌人不知我的情况，自然停止不来进攻。"

武王说："如果敌人已经知道我军的情况，也清楚我的计谋，我一行动，他就得到了我的军情。其精锐部队埋伏于深草树林隐蔽之地，要击我于隘路便道，这该怎么办？"太公说："可令我前军每日向敌人挑战，使他疲劳。令我老弱士卒，拖曳着柴把往来奔驰，使尘土飞扬，一面击鼓一面呼喊，一会儿在他左边，一会儿在他右边，但离敌人要超过一百步远。这样他的将帅必然疲劳，士兵必然惊骇。他就不敢来了。而我们不停地骚扰，或者袭击敌营内部，或者袭击敌营外部，然后三军急攻，敌人必然失败。"

【注释】

①曳柴扬尘：拖曳着柴草奔驰，使尘土飞扬，以迷惑敌人。

【评述】

本篇讲述骚扰敌军的方法。姜太公列出了在敌人有防备的情况下各种迷惑、疲惫、挑战、袭扰敌人的方法。

动　静

【原文】

武王问太公曰："引兵深入诸侯之地，与敌之军相当，两阵相望，众寡强弱相等，未敢先举。吾欲令敌人将帅恐惧，士卒心伤，行陈不固，后阵欲走，前阵数顾。鼓噪①而乘之，敌人遂走。为之奈何？"太公曰："如此者，发我兵，去寇十里而伏其两旁，车骑百里而越其前后，多其旌旗，益其金鼓②。战合，鼓噪而俱起，敌将必恐，其军惊骇，众寡不相救，贵贱不相待，敌人必败。"

武王曰："敌之地势，不可以伏其两旁，车骑又无以越其前后。敌知我虑，先施其备，吾士卒心伤，将帅恐惧，战则不胜，为之奈何？"太公曰："微哉王之问也。如此者，先战五日，发我远候，往视其动静，审候其来，设伏而待之，必于死地，与敌相避。远我旌旗，疏我行阵，必奔其前与敌相当。战合而走，击金无止[3]。三里而还，伏兵乃起。或陷其两旁，或击其先后，三军疾战，敌人必走。"武王曰："善哉！"

【译文】

武王问太公说："领兵深入诸侯之地，与敌军相遇，看两军阵势，兵力强弱相当，谁也不敢先动。我想让敌人将帅内心恐惧，士卒内心悲伤，队伍不坚固，后阵动摇，前阵频频后顾，此时我乘机呼喊攻击，敌人必然逃跑。怎样才能做到这样呢？"太公说："此种情况，先派出我一部分军队，进至离敌人十里的地方埋伏在两旁，战车骑兵则在敌人前后百里的地方，多张旌旗，增加锣鼓。交战时，几路伏兵闻鼓而起。敌人将帅必然恐惧，军队必然惊骇，无论人多人少高低贵贱都不会互相救助，敌人就一定要失败。"

武王问："假如敌方的地势不能在两旁埋伏，战车骑兵又无法绕到前后，敌人已知道我的计谋而先已戒备，我军士气沮丧，将帅恐惧，如果和敌人交战，不能取胜，这该怎么办呢？"太公说："王问得很细。这种情况，可于交战前五天，先派遣远方侦探，观察敌人的动静，弄清楚其进攻的时间和路线。我则以一部预设埋伏等待敌人。此时我军必须在险阻的死地避开敌人。我宜将旌旗疏开，并将行伍间距离加大，必须在我埋伏地的前方与敌相遇。交战后，我佯败而退，一直鸣金后退，直至退过了埋伏地约三里才转而还击。这时伏兵四起，或攻敌两侧，或击其前后，三军并力作战，敌人必败。"武王说："很对。"

【注释】

①鼓噪：擂鼓呐喊，指军队交锋时虚张声势。

②益其金鼓：益，增加，扩大；益其金鼓，增设锣鼓。

③击金无止：不停顿地敲锣发出撤退的命令。

【评述】

本篇讲述诱敌深入、伏击敌人的方法。

金 鼓

【原文】

武王问太公曰："引兵深入诸侯之地，与敌相当，而天大寒甚暑，日夜霖雨[①]，旬日不止。沟垒悉坏，隘塞不守，斥候懈怠，士卒不戒。敌人夜来，三军无备，上下惑乱，为之奈何？"太公曰："凡三军以戒为固，以怠为败。令我垒上，谁何[②]不绝；人执旌旗，外内相望，以号相命[③]，勿令乏音，而皆外向。三千人为一屯，诫而约之，各慎其处。敌人若来，视我军之警戒，至而必还，力尽气怠；发我锐士，随而击之。"

武王曰："敌人知我随之，而伏其锐士，佯北不止。过伏而还，或击我前，或击我后，或薄我垒。吾三军大恐，扰乱失次，离其处所，为之奈何？"太公曰："分为三队，随而追之，勿越其伏。三队俱至，或击其前后，或陷其两旁。明号审令，疾击而前，敌人必败。"

【译文】

武王问太公："领兵深入诸侯的境地，与敌军相遇，此时天气寒冷或暑热无比，昼夜阴雨，十多天不止，沟堑和营垒均已损坏，险阻要塞无法守备，侦探哨兵懈怠，士兵也松于防范。敌军夜间发动袭击，我上下混乱。该怎么办？"太公说："凡军队，戒备就坚固，松懈就失败。在我的营垒上必须设定暗号。人手中持旌旗，内外相望，用号角传达命令。号角声不绝，一致观察外面。以三千人为一屯，分派任务，相互间保持联络，各自严守自己的地方。那么敌人来了，见我军戒备森严，必然会退回去，并由此而耗尽锐气。这时再派出我军精锐士兵，追随攻击他。"

武王又问："敌军如果料定我军会随后追击，而埋伏精锐兵士，佯装败退，待我至伏击圈后，敌军再转而为攻，或攻我前部，或击我后部，有的摧毁我营垒。此时我军惊慌失措，以致阵容混乱，阵地失守。对此该怎么办呢？"太公说："可分为三队，尾随追击敌军，不要进入埋伏圈。三队均出动后，有的袭击敌军前后，有的攻击两翼。号令明确，命令清楚，迅速进攻向前推进，敌军必定要失败。"

【注释】

①霖雨：连续的大雨。

②谁何：指以口令相问答。在警戒区内，每人都用暗号口令以相识别。

③以号相命：通过口号互相联络，传达命令。

【评述】

本篇介绍营地岗哨、巡逻等警戒方法。其中口令在以后军队的历史上一直沿用至今。

绝 道

【原文】

武王问太公曰："引兵深入诸侯之地，与敌相守。敌人绝我粮道，又越我前后。吾欲战则不可胜，欲守则不可久。为之奈何？"太公曰："凡深入敌人之地，必察地之形势，务求便利。依山林险阻，水泉林木，而为之固；谨守关梁，又知城邑丘墓地形之利，如是，则我军坚固，敌人不能绝我粮道，又不能越我前后。"

武王曰："吾三军过大林广泽平易之地，吾盟误失，卒与敌人相薄。以战则不胜，以守则不固。敌人翼我两旁，越我前后，三军大恐，为之奈何？"太公曰："凡帅师之法，当先发远候，去敌二百里，审知敌人所在。地势不利，则以武伟为垒而前，又置两踵军于后，远者百里，近者五十里，即有警急，前后相救。吾三军常完坚，必无毁伤。"武王曰："善哉！"

【译文】

武王问太公："领兵深入诸侯国境地，与敌军相对。敌军切断了我运粮的道路，又在我军前后骚扰。我想攻则不能取胜，想守又不能长久，对此该怎么处理？"太公说："凡是深入敌境，必须察明地形和地势，务必要便于我军行动。驻扎在山林险阻，有水源的林木附近，就可以坚固设防；严守山川隘口，就可以知道城池丘陵等地形上的利用条件。如果这样，我军守备就能坚固，敌人也不能断我的粮路，也不能超越前后面包围我军。”

武王说：“我全军经过森林江河和平原之地时，因盟国误失，仓促中与敌军相遇。我军攻则不能胜，守也不能固，敌军却从两翼和前后包围我军。我全军恐慌，对此该如何处理呢？”太公说：“统率军队的要领，均要首先派出远方侦探，深入敌境二百里，查明敌军的位置。如果地势对我不利，就要用武冲战车作为壁垒在前开道，再部署后卫部队断后，军队行进距离远至百里，近至五十里。一旦有了紧急事情，前后能互相报知。只要我军经常完好坚固，一定不致损伤。”武王说：“很对。”

【评述】

本篇讲述遭遇战的应对问题。姜太公认为遭遇战必须迅速、审慎、查明地形，务求依托山峰险阻、水源要道等有利地形，实行防御或进攻。在行军时必须有前哨和后卫以保证大部队安全。

略　地

【原文】

武王问太公曰：“战胜深入，略其地，有大城不可下。其别军[①]守险，与我相拒。我欲攻城围邑，恐其别军猝至而击我，中外相合，击我表里，三军大乱，上下恐骇。为之奈何？”太公曰：“凡攻城围邑，车骑必远，屯卫警戒，阻其外内，中人绝粮，外不得输，城人恐怖，其将必降。”

武王曰：“中人绝粮，外不得输，阴为约誓，相与密谋。夜出，穷寇死战。其车骑锐士，或冲我内，或击我外。士卒迷惑，三军败乱，为之奈何？”太公曰：“如此者，当分军三军，谨视地形而处。审知敌人别军所在，及其大城别堡，为之置遗缺之道以利其心，谨备勿失，敌人恐惧，不入山林，即归大邑，走其别军，车骑远邀其前，勿令遗脱。中人以为先出者得其径道，其练卒材士必出，其老弱独在。车骑深入长驱，敌人之军，必莫敢至。慎勿与战，绝其粮道，围而守之，必久其日。无燔人积聚，无坏人宫室，冢树社丛[②]勿伐，降者勿杀，得而勿戮，示之以仁义，施之以厚德，令其士民曰；‘罪在一人’。

如此则天下和服。”武王曰：“善哉！”

【译文】

武王问太公：“战胜敌军而深入其领地，攻打他的城池，大的城池攻不下，别的敌军队又据险而守，我想攻城围邑，又怕别的敌军突然来到。这里外夹击，我军必然大乱，上下恐骇。对此该怎么处理？”太公说：“凡是围攻城池，战车和骑兵驻扎一定要远，以担任警戒，并阻绝敌军内外联络，让城里断粮，城外输不进去。这样城里一定会恐惧，他的将领必然投降。”

武王说：“城里断粮，外面又无法输入，敌人必然要暗中约期誓盟，密谋突围。敌军如夜间出城，穷寇必死战。其战车、骑兵、精锐士卒，有的攻入我阵内，有的攻击我的外部，那时我士兵惊惶迷惑，全军败退散乱。怎么办？”太公说：“这种情形下，应将我军分为三部分，分别视地形布置。查明敌军的部队所在的地方和明城暗堡，预为敌军留下一条难行之道，以稳住敌军。要严加戒备，不要疏忽。敌人恐惧，必然让他的别的部队不入山林，就上大路。这时，我用战车和骑兵截击于他的面前，不让他逃脱一人。城里以为先出的人得到便道突围了，精锐士兵必定出来，只剩下老弱的在城里。我车骑即长驱深入到城下，敌军必不敢回救。这时不要进攻他，只断绝他的粮道围住他，他一定不能坚守长久。破城之日，不要焚烧人家的积蓄，不要毁坏人家的宫殿府衙，不要砍伐人家坟墓和社庙神庙旁边的大小树木，不要杀投降的人，不要杀俘虏，对他们表示仁义施行厚德，对他的官兵说：‘罪过只在一人’。这样，天下就会和谐、服从。”武王说：“很对。”

【注释】

①别军：本意指别动部队，此处指敌方的另一支部队。

②冢树社丛：冢（zhǒng），冢树指坟墓地的树木，社丛指神庙、社庙旁的树木。

【评述】

本篇讲述攻城作战。姜太公认为在进攻城池时，必须将强攻和智取有机结合起来。在围城的同时或前后要断敌粮道，歼敌援兵，同时要防止敌人突围或者偷袭。

火　战

【原文】

武王问太公曰："引兵深入诸侯之地，遇深草蓊秽[①]，周吾军前后左右，三军行数百里，人马疲倦休止。敌人因天燥疾风之利，燔吾上风。车骑锐士，坚伏吾后。吾三军恐怖，散乱而走。为之奈何？"太公曰："若此者，则以云梯飞楼，远望左右，谨察前后。见火起，即燔吾前而广延之，又燔吾后。敌人若至，则引军而却，按黑地[②]而坚处。敌人之来，犹在吾后，见火起，必远走。吾按黑地而处，强弩材士，卫吾左右，又燔吾前后。若此，则敌不能害我。"

武王曰："敌人燔吾左右，又燔吾前后，烟复吾军，其大兵按黑地而起。为之奈何？"太公曰："若此者，为四武冲阵，强弩翼吾左右。其法无胜亦无负。"

【译文】

武王问太公："领兵深入诸侯国境地，遇草深而淤积之地。三军已走了数百里，人马都疲劳困乏走不动。敌利用天气干燥和大风之便，在我上风纵火，其战车骑兵等精锐部队埋伏在我后面。我三军惊慌恐怖，四散奔走，该怎么办？"太公说："在这种情况下，可用云梯对楼登高眺远，细致地观察前后左右。见火起，先在我军跟前烧出一片空地，并使扩大，然后在我军后面烧出一片空地。敌人如果来攻，即领我军到烧过的地方严阵以待。敌人无论从哪个方向来，都只能在我后面。看见起火了，必定远走。我军占据空地，强弓手和武艺好的士兵守卫左右，又在空地以外纵火燃烧。这样，敌人就不能加害我军了。"

武王说："敌人从我前后左右纵火，浓烟覆没我军，其大军向我空地进攻，这该怎么办？"太公说："这种情况下，可让我军为四武冲阵，强弓手护卫左右。这样就是不胜也不会败。"

【注释】

①蓊秽：蓊（wěng），茂盛的意思；秽指杂草丛生或荒芜田地；蓊秽即草木茂盛之意。

②黑地：大火烧过之地，因为黑色固称黑地。

【评述】

本篇讲述草木林丛地带防御火攻的方法。姜太公认为防御火攻首先要加强警戒，预筑防火墙，部署专业分队。

垒虚

【原文】

武王问太公曰："何以知敌垒之虚实，自来自去？"太公曰："将必上知天道，下知地利，中知人事。登高下望，以观敌之变动。望其垒，即知其虚实。望其士卒，则知其去来。"

武王曰："何以知之？"太公曰："听其鼓无音，铎无声，望其垒上多飞鸟而不惊，上无氛气，必知敌诈而为偶人①也。敌人猝去不远，未定而复反者，彼用其士卒太疾也。太疾则前后不相次。不相次，则行阵必乱。如此者，急出兵击之。以少击众，则必胜矣。"

【译文】

武王问太公说："用什么办法能知道敌人营垒的虚实，知道他忽来忽去的行踪呢？"太公说："作为将帅的，必须上知天文，下知地理，中知人事。登到高处朝下一看，就能观察到敌人的变动。看到他的营垒，就能知道他的虚实。看到他的士卒，就能知道他来去的方向。"

武王说："怎么才能知道呢？"太公说："听不到敌人的鼓和铃响，看到他营垒上空有许多鸟在飞但不惊慌，军营上空又没有尘烟起来，可知道敌人是诡诈地做了几个草人（是一个空营）。敌人如仓促离去不远，还没落脚又返回的，是其行动太快，以致前后连不起来。前后连不起来，队伍就一定会乱。如果这样，可立即出兵袭击他。即使我以少击多，也可打败他。"

【注释】

①偶人：指用土木或稻草制成的假人。

【评述】

本篇讲述侦察分析敌人薄弱环节的问题。姜太公强调将帅必须上知天道运行规律，下知地形地利运用，更要知道社会人文状况，在此基础上进行侦察判断，制定奇袭的方案。

豹　韬

林　战

【原文】

武王问太公曰："引兵深入诸侯之地，遇大林，与敌人分林相拒。吾欲以守则固，以战则胜，为之奈何？"太公曰："使吾三军，分为冲阵，便兵所处，弓弩为表，戟楯为里，斩除草木，极广吾道，以便战所。高置旌旗，谨敕①三军，无使敌人知吾之情，是谓林战。林战之法，率吾矛戟，相与为伍；林间木疏，以骑为辅，战车居前，见便则战，不见便则止；林多险阻，必置冲阵，以备前后。三军疾战，敌人虽众，其将可走。更战更息②，各按其部，是为林战之纪。"

【译文】

武王问太公说："领兵深入诸侯境地，遇到大森林，和敌人分别在森林两端相对峙，我想要守就守得住，要攻就能获胜，该怎么做才行呢？"太公说："将我三军部署为四武冲阵，部署要根据地形，弓弩手在外围，戟盾手在里层。斩除草木，广辟道路，以便利战斗时的行动。在高处排列旌旗，郑重命令三军保守机密，不让敌人知道我之企图，这就是林战的一般原则。林战的方法是：率领我矛戟队，相互连接，齐头并进。如果树木稀疏间隔大，可以骑兵为辅，战车在前开路，见有利就战，不利就停止。森林内多有险阻，必须布置四武冲阵，以防备前后左右。我全军迅速猛烈地向前攻击，即使敌人很多也要吃败仗。我轮番战斗，轮番休息，各部队按预定的部署作战，这是林战的准则。"

【注释】

①谨敕：严格地约束。

②更战更息：轮番战斗，轮番休息。

【评述】

本篇讲述森林地域作战的战术和方法。再次提倡使用“四武冲阵”，将弓弩部署在外围，戟盾部署在里层，各个部队轮流作战、轮流休息。

突战

【原文】

武王问太公曰：“敌人深入长驱，侵掠我地，驱我牛马；其三军大至，薄我城下。吾士卒大恐，人民系累[1]，为敌所虏。吾欲以守则固，以战则胜。为之奈何？”太公曰：“如此者谓之突兵[2]，其牛马必不得食，士卒绝粮。暴击而前，令我远邑别军[3]，选其锐士，疾击其后；审其期日，必会于晦[4]。三军疾战，敌人虽众，其将可虏。”

武王曰：“敌人分为三四，或战而侵掠我地，或止而收我牛马。其大军未尽至，而使寇薄我城下，致吾三军恐惧，为之奈何？”太公曰：“谨候敌人，未尽至则设备而待之。去城四里而为垒，金鼓旌旗，皆列而张，别队为伏兵，令我垒上，多精强弩。百步一突门，门有行马。车骑居外，勇力锐士，隐伏而处。敌人若至，使我轻卒合战而佯走；令我城上立旌旗，击鼙鼓，完为守备。敌人以我为守城，必薄我城下。发吾伏兵以充其内，或击其外。三军疾战，或击其前，或击其后。勇者不得斗，轻者不及走，名曰突战。敌人虽众，其将必走。”武王曰：“善哉”。

【译文】

武王问太公说：“敌人长驱直入，侵夺我土地，驱走我牛马，大兵压境，兵临城下，我士兵惊慌，百姓也受连累，被敌掳走。我想要守就能守住，要攻就能攻得胜，该怎么办？”

太公说：“这种情况叫突袭之兵。敌人的牛马一定没有饲料，士卒一定没有粮食。此时我可勇猛地攻击他的前面，让驻在远处的别动部队挑选精锐官兵袭击他的后路，明确夹击的日期，选定一个没有月光的夜晚，三军迅猛出击，敌人兵虽多，也可掳获他的将领。”

武王说："敌人分成三四部分，有的进攻侵占我土地，有的停下收夺我牛马，其大军尚未到，但前沿部队已攻至我城下。我三军内心恐惧，这时该怎么办呢？"太公说："须多派侦探侦察敌军的行动，在敌主力未到达以前，先做好防守的准备。在离城四里的地方设垒，阵地上多设旌旗与金鼓，故意排列整齐并大肆张扬。让别动部队为伏兵，并在垒上多准备强弩。阵地每隔百步设一突出的门，门外设行拒马。战车和骑兵驻门外，勇敢坚锐的官兵隐蔽埋伏。敌人如来，先派轻装步兵与敌接战并佯败逃走，命令我城上树立旌旗，敲响各类鼓，作好防御的准备。敌人以为我主力在守城，必然攻至我城下。这时我伏兵突起，或者冲入敌阵，或者攻敌外部。我三军迅速出击，或者攻敌前锋，或者攻他后卫。敌人再勇敢也无法施展，再轻装也来不及逃走，这就叫突袭作战。敌人兵虽多，也必然败逃。"武王说："很好。"

【注释】

①系累：拘禁、絷缚。

②突兵：担任突击作战任务的部队。

③远邑别军：驻扎在远处的另一支部队。

④晦：农历每月三十日，没有月亮和月光称为晦日，这里应是昏暗之意。

【评述】

本篇讲述城市防守作战问题。姜太公认为防守的部队必须具有"守则固""战则胜"的战斗力。守城之时应派出精干部队骚扰或阻断敌退路和援军。

敌　强

【原文】

武王问太公曰："引兵深入诸侯之地，与敌人冲军相当。敌众我寡，敌强我弱。敌人夜来，或攻吾左，或攻吾右，三军震动，吾欲以战则胜，以守则固，为之奈何？"太公曰："如此者谓之震寇。利以出战，不可以守。选吾材士强弩车骑为之左右，疾击其前，急攻其后；或击其表，或击其里。其卒必乱，其将必骇。"

武王曰："敌人远遮我前，急攻我后，断我锐兵，绝我材士。吾内外不得相闻，三军扰乱，皆败而走。士卒无斗志，将吏无守心，为之奈何？”太公曰：“明哉王之问也。当明号审令，出我勇锐冒将之士，人操炬火，二人同鼓。必知敌人所在，或击其表，或击其里。微号相知，令之灭火，鼓音皆止。中外相应，期约皆当。三军疾战，敌必败亡。”武王曰：“善哉！”

【译文】

武王问太公说：“领兵深入诸侯国境地，与敌攻击部队对阵，敌众我寡，敌强我弱。敌军夜袭我军，有的攻我左翼，有的攻我右翼，我军心动摇。我想进攻就要取胜，防守就要坚固，有什么办法吗？”太公说：“这叫作震慑之敌，宜于出击，不能防守。选择我强弩手及车骑等精兵良将，分为左右两路，迅猛夹击敌军首尾。或进攻他的外围，或进攻他的核心。敌兵卒必然慌乱，将领必然惧怕。”

武王又问：“敌军堵绝我军前进道路，急攻我军后卫，阻隔我军精锐部队。我内外失去联系，全军慌乱，败逃而散；士兵无斗志，将官没有防守的心思，这该怎么办？”太公说：“王问得英明。应该明白地下达命令，派出勇猛坚锐无畏的官兵，各人手持火炬，让二人同时擂击战鼓。这样就一定能知道敌军所在的位置，再分兵攻击敌军内外。一旦发出暗号，就熄灭手中的火炬，停止击鼓。这时我军内外合击，期约协调一致，全军迅疾猛战，敌军必定败逃。”武王说：“很对！”

【评述】

本篇讲述夜战。姜太公认为夜战是以寡击众、出奇制胜的有效作战方法。夜战之时不能消极防御，必须以攻对攻，实行围攻、截击或中心开花的办法才能战胜敌人。

敌 武

【原文】

武王问太公曰：“引兵深入诸侯之地，猝遇敌人。甚众且武，武车骁骑，绕我左右。吾三军皆震，走不可止。为之奈何？”太公曰：“如此者谓之败兵。善者以胜，不善者以亡。”

武王曰：“为之奈何？”太公曰：“伏我材士强弩，武车骁骑，为之左右，常去前后三里。敌人逐我，发我车骑，冲其左右。如此，则敌人扰乱，吾走者自止。”

武王曰：“敌人与我车骑相当，敌众我少，敌强我弱，其来整治精锐，吾阵不敢当，为之奈何？”太公曰：“选我材士强弩，伏于左右，车骑坚阵而处。敌人过我伏兵，积弩射其左右；车骑锐兵，疾击其军，或击其前，或击其后。敌人虽众，其将必走。”武王曰：“善哉！”

【译文】

武王问太公：“领军深入诸侯国境地，突然与敌军相遇。敌军兵多势强，坚利的战车和骁勇的骑兵向我两翼迂回。我三军军心动摇。败退不止。对此有何办法？”太公说：“这叫败兵。善于用兵的人可以取胜；不善用兵的人就要丧命。”

武王问：“有什么办法呢？”太公说：“令我精兵强弩，坚利战车和骁勇骑兵埋伏在敌军两侧，与他保持三里的距离，敌车若来追我，就令战车和骑兵攻击敌军两翼。这样，敌军就会慌乱，我军后退的兵士就会自动止住。”

武王又问：“敌军与我军骑兵相对峙，敌众我寡，敌强我弱，敌人来的是整齐和训练有素的精锐部队，我军无法阻挡。为此该怎么办呢？”太公说：“挑选武艺高强的士兵和强弩手，埋伏在左右两边，战车骑兵严阵以待。敌人通过我伏兵埋伏的地方时，集中强弓射他左右两翼；战车和骑兵等精锐部队迅速出击敌军，或者攻其前锋，或者击其后卫。敌人兵虽多，也必然败逃。”武王说：“很好。”

【评述】

本篇再次讲述遭遇战的作战问题。姜太公再次指出在部队行军过程中要组织不间断的侦察，提前发现敌人，发现敌人后迅速果断抢占有利地形，对敌发起冲击，同时要对敌侧翼实施进攻。

乌云山兵

【原文】

武王问太公曰：“引兵深入诸侯之地，遇高山盘石，其上亭亭，无有草木，四面受敌，吾三军恐惧，士卒迷惑，吾欲以守则固，以战则胜，为之奈何？”太公曰：“凡三军处山之高，则为敌所栖；处山之下，则为敌所囚。既以被山而处，必为乌云之阵①。乌云之阵，阴阳皆备，或屯其阴，或屯其阳。处山之阳，备山之阴；处山之阴，备山之阳；处山之左，备山之右；处山之右，备山之左。其山敌所能陵者，兵备其表，衢道通谷，绝以武车。高置旌旗，谨敕三军，无使敌人知吾之情，是谓山城。行列已定，士卒已阵，法令已行，奇正已设，各置冲阵于山之表，便兵所处。乃分车骑为乌云之阵。三军疾战，敌人虽众，其将可擒。”

【译文】

武王问太公说：“领军深入诸侯境地，遇到高山磐石，峰峦高耸，没有草木，四面受敌，我三军恐惧不安，迷惑不解。我想在此防守则能坚固，进攻就能胜利。为此有什么方法呢？”太公说：“三军如处在高山上，就容易为敌所迫；如在山脚下，就容易被敌军包围。我军既已据山而处，必须作乌云阵的部署。所谓乌云阵，就是山的阳面和阴面都要戒备。部队可以驻扎在阴面，也可驻扎在阳面。如果驻扎在阳面，就要警戒阴面，如果驻扎在阴面，就要警戒阳面。驻扎在左面，就要警戒右面；驻扎在右面，就要警戒左面。山上凡敌人能侵入的地方，都应派兵防守。大路小道，用坚固的戎车加以阻绝。高地排置旌旗，严令三军保守机密，不让敌人知道我方的行动，可称为山城。部队部署完毕，各就阵位，法令也已下达，用兵奇正方略已拟定好，在山上各个方便行动的地方已布置好了冲击部队，才将战车和骑兵摆成乌云阵。三军迅疾作战，敌人虽多，也可捉拿他的将帅。”

【注释】

①乌云之阵：如乌云之聚散无常，时分时合的阵形。

【评述】

本篇讲述山地防御或进攻的战法。姜太公认为山地防御之时应成“乌云之阵”，即加强警戒控制强大的机动部队支援各方向作战。

乌云泽兵

【原文】

武王问太公曰："引兵深入诸侯之地，与敌人临水相拒，敌富而众，我贫而寡。逾水击之，则不能前；欲久其日，则粮食少。吾居斥卤之地[1]，四旁无邑，又无草木，三军无所掠取，牛马无所刍牧[2]，为之奈何？"太公曰："三军无备，牛马无食，士卒无粮，如此者，索便诈敌而亟去之，设伏兵于后。"

武王曰："敌不可得而诈，吾士卒迷惑，敌人越我前后，吾三军败而走。为之奈何？"太公曰："求途之道，金玉为主，必因敌使，精微为宝[3]。"

武王曰："敌人知我伏兵，大军不肯济，别将分队以逾于水，吾三军大恐。为之奈何？"太公曰："如此者，分为冲阵，便兵所处。须其毕出，发我伏兵，疾击其后。强弩两旁，射其左右。车骑分为乌云之阵，备其前后。三军疾战。敌人见我战合，其大军必济水而来。发我伏兵，疾击其后；车骑冲其左右。敌人虽众，其将可走。"

"凡用兵之大要，当敌临战，必宜冲阵，便兵所处。然后以车骑分为乌云之阵，此用兵之奇也。所谓乌云者，乌散而云合，变化无穷者也。"武王曰："善哉！"

【译文】

武王问太公说："领兵深入诸侯境地，与敌人隔水相峙，敌人财足兵多，我军财贫兵少。渡水攻击，力所不及；想长久坚持，粮食又不足。我军处于贫瘠的盐碱地上，四旁既无村镇，又无草木。三军没有地方可以掠取，牛马也无饲料喂养。在这种情况下该怎么办呢？"太公说："三军没有准备，牛马没有饲料，士卒没有粮食。我军处于此种情况，宜乘便欺诈敌人而赶快离开，并设伏兵于后。"

武王说："如果敌人不受我诱诈之计，我军士卒又恐慌迷惑，敌人从我前后进行进攻，我三军散乱败逃。又该怎么办呢？"太公说："此时寻求退路的方法须以金银财宝为主，要使敌人中计，精心细致是最主要的。"

武王问："敌人知我设置伏兵，大军停于彼岸，只派遣别动分队渡水攻我。我三军因此恐惧，这时该怎么办呢？"太公说："在这种情况下，在便于施展的地方设置冲击方阵。等敌人的部队全部渡过，令我伏兵突起，迅速攻击其后卫；两旁的强弩手向其左右射击，战车骑兵分为乌云阵，在敌人的前后防御。三军迅疾战斗。敌人见我交战，其主力必然渡水而来增援。可再令我伏兵疾攻其后卫，战车骑兵冲击其两翼，敌人兵虽多，也会败逃。凡用兵的关键，临敌交战之时，须依托便于行动的地形，布置攻击方阵。然后把战车和骑兵部署成乌云之阵。这是用兵的奇法。所谓乌云，就是鸟散而云聚，分合变化无穷的意思。"武王说："很好！"

【注释】

①斥卤之地：盐碱地带。此处指荒芜贫瘠的地方。斥，碱。卤，盐。

②刍牧：割草放牧。

③精微为宝：指谋划或行动时，把精细秘密作为最宝贵的手段。

【评述】

本篇讲述河川作战的原则和方法。河川作战的关键问题是渡水和反渡水，姜太公认为河川作战时应以"乌云之阵"击敌半渡，并利用车骑围攻偷袭敌人。

少 众

【原文】

武王问太公曰："吾欲以少击众，以弱击强，为之奈何？太公曰："以少击众者，必以日之暮，伏以深草，要之隘路。以弱击强者，必得大国而与，邻国之助。"

武王曰："我无深草，又无隘路；敌人已至，不适日暮；我无大国之与，又无邻国之助。为之奈何？"太公曰："妄张诈诱，以荧惑其将。迂其道，令过深草。远其路，令会日暮。前行未渡水，后行未及舍，发我伏兵，疾击其左右，车骑扰乱其前后。敌人虽众，其将可走。事大国之君，下邻国之士，厚其币，卑其辞，如此，则得大国之与，邻国之助矣。"武王曰："善哉！"

【译文】

武王问太公："我想以少击多，以弱击强，该怎么办？"太公说："要以少击多，就必须在日暮时分伏兵于草丛中，扼制交通要道。要以弱击强，就必须得到大国的支持和邻国的援助。”

武王又问：“如果我既无草丛，也无交通要道可利用；敌军已到，刚好不是日暮之时；我既得不到大国的支持，也得不到邻国的援助，该怎么办？”太公说：“可虚张声势，施以诱诈，以迷惑敌将，使敌军改变道理，走到草丛的地方去；使敌军绕道远行，直至日暮时与我相遇。在敌军向前还没能渡河，向后又不及扎营时，突然发动我军伏兵，迅猛攻击其两翼，战车骑兵骚扰其前后。敌人虽然众多，其将领也要败退。另外，平时要侍奉大国的君主，礼待邻国的贤士，多赠钱财，谦以辞令，这样，就可以得到大国的支持和邻国的援助。”武王说：“很对！”

【评述】

本篇继续讲述以少击众、以弱胜强的作战原则和方法。姜太公认为敌强我弱时要充分利用林木、险隘、夜暗等条件采取伏击、截击等战法，或者伪装隐蔽、虚张声势、诱敌深入奇袭敌人。

分险

【原文】

武王问太公曰：“引兵深入诸侯之地，敌人相遇于险厄之中。吾左山而右水，敌右山而左水，与我分险相拒，吾欲以守则固，以战则胜，为之奈何？”太公曰：“处山之左，急备山之右；处山之右，急备山之左。险有大水，无舟楫者，以天潢济吾三军。已济者，亟广吾道，以便战所。以武冲为前后，列其强弩，令行阵皆固，衢道谷口，以武冲绝之。高置旌旗，是为车城。”

“凡险战之法，以武冲为前，大橹为卫，材士强弩，翼吾左右。三千人为屯，必置冲阵，便兵所处。左军以左，右军以右，中军以中，并攻而前。已战者，还归屯所，更战更息，必胜乃已。”武王曰：“善哉！”

【译文】

武王问太公说：“领兵深入诸侯国境地，与敌军相遇在险隘之中。我左侧是山，右侧是水；敌军右侧是山，左侧是水。敌我双方各占据险要地势相对峙。我想防守就要坚固，进攻就要取胜，该怎么办？”太公说：“处于山的左侧，就要立即戒备山的右侧；处于山的右侧，就立即戒备山的左侧。险要地势上有大河，没有船和桨的，就以门舟济渡我军。已渡过河的士兵要迅速扩大阵地，以便开辟战场。用武冲战车置于我军前面和后面，排列强弩，使行伍和阵地坚固。对道路和谷口，可用武冲战车堵绝。阵地上高树旌旗，这就是车城。”

“险要地势作战的方法，都是以武冲战车作前导，以大盾战车作后卫，精兵和强弩手防卫两侧。三千人为一屯，在便于行动的地方布置冲击阵形。进攻时左军在左，右军在右，中军在中，齐头并进。已经战疲的部队，可回到屯所休息，这样轮番进攻，轮番休息，一定能取得胜利。”武王说：“很对！”

【评述】

本篇论述在山水交错的险隘之地和形成相持状况的情况下作战。应首先加强戒备使敌无机可乘，并且根据临机处置的原则从水路或山路向敌发起进攻。

犬　韬

分　合

【原文】

武王问太公曰：“王者帅师，三军分为数处，将欲期会合战[1]，约誓[2]赏罚，为之奈何？”太公曰：“凡用兵之法，三军之众，必有分合之变。其大将先定战地战日，然后移檄书[3]与诸将吏期，攻城围邑，各会其所；明告战日，漏刻有时[4]。大将设营而阵，立表[5]辕门，清道而待。诸将吏至者，校其先后，先其至者赏，后其至者斩。如此，则远近奔集，三军俱至，并力合战。”

【译文】

武王问太公说：“做王的领兵出征，军队分驻几个地方，想要约期会师出战，对于分合实行赏罚制度，该如何定？”太公说：“凡用兵的方法，三军之众，必然有分与合的变化。主将先制定战场和战斗日期，然后向属下文武官员行文下达作战命令，约定围攻城池时各部队的位置，明白告诉作战日期和时分。主将设营立阵，树立标志于辕门外，清扫道路以等待。各将官到达后，核准到达时间，先到的有奖赏，迟到的斩首。这样一来，远近的军队都会迅速会集。全军都到达后，并力接战。”

【注释】

①期会合战：约定时间地点的交战，

②约誓：战前动员其做法是集合军队，宣布作战目的、作战原因，申明军纪，提出要求。

③檄书：古代官府用以征召、晓谕或声讨的文书。

④漏刻有时：漏刻，古代的一种计时器。利用两个铜壶，分置上下，上壶盛水或细沙，使漏入下壶，下壶设有浮标，上壶之水或沙漏入下壶时，标杆逐渐抬起。漏刻有时意为规定军队到达的时间。

⑤立表：古代立木为表，通过观察日影来计算时间。

【评述】

本篇讲述部队集中或分散的时间问题。要求严格遵守时间。

武　锋

【原文】

武王问太公曰："凡用兵之要，必有武车骁骑，驰阵，选锋，见可则击之。如何则可击？"太公曰："夫欲击者，当审察敌人十四变。变见则击之，敌人必败。"武王曰："十四变可得闻乎？"太公曰："敌人新集可击，人马未食可击，天时不顺可击，地形未得可击，奔走可击，不戒可击，疲劳可击，将离士卒可击，涉长路可击，济水可击，不暇可击，阻难狭路可击，乱行可击，心怖可击。"

【译文】

武王问太公说："用兵的要则，必须有坚固的戎车，骁勇的骑兵，能冲锋的队形，尖锐的前锋，敌有乘之机，就攻击。那么哪些敌人可以攻击呢？"太公说："想要攻击敌人，应当审察敌人十四种变化的情况。发现了有这些变化就攻击，这样敌人就必败。”武王说：“我能听一听哪十四变吗？”太公说：“敌人新近集合起来就可以攻击，人和战马尚未饮食可攻击，天时于敌不顺可攻击，地形对敌人不利可攻击，军队东奔西走时可攻击，军队为警戒可攻击，军队疲劳时可攻击，敌将帅离开士卒时可攻击，敌人长途跋涉时可攻击，渡河时可攻击，军队张皇失措、不安定时可攻击，敌人处险阻狭路时可攻击，军队行伍散乱时可攻击，士卒心理恐惧时可攻击。”

【评述】

本篇讲述捕捉战机的问题。姜太公具体列举了“敌人心急”“人马未食”等十四种有利战机。

练　士[①]

【原文】

武王问太公曰：“练士之道奈何？”太公曰：“军中有大勇，敢死乐伤者，聚为一卒，名曰冒刃之士。有锐气壮勇强暴者，聚为一卒，名曰陷阵之士。有奇表长剑、接武齐列者，聚为一卒，名曰勇锐之士。有披距伸钩、强梁多力，溃破金鼓，绝灭旌旗者，聚为一卒，名曰勇力之士。有逾高绝远，轻足善走者，聚为一卒，名曰寇兵之士。有王臣失势，欲复见功者，聚为一卒，名曰死斗之士。有死将之人，子弟欲与其将报仇者，聚为一卒，名曰敌死之士。有赘婿[②]人虏，欲掩迹扬名者，聚为一卒，名曰励钝之士。有贫穷愤怒，欲快其心者，聚为一卒，名曰必死之士。有胥靡[③]免罪之人，欲逃其耻者，聚为一卒，名曰倖用之士。有材技兼人，能负重致远者，聚为一卒，名曰待命之士。此军之练士，不可不察也。”

【译文】

武王问太公说：“选拔干练官兵的方法是什么呢？”太公说：“把军中特别有胆量、有勇气、不怕死、不怕伤的编为一卒，名叫冒刃之士。把有锐气、壮勇强暴的编为一卒，取名为陷阵之士。把仪表出众、魁伟高大、排列起来整齐威武的编为一卒，取名为勇锐之士。把能身披倒刺施展挠钩、强横有力、能捣破敌人金鼓、破坏敌人旌旗的编为一卒，取名为勇力之士。把能爬高走远，敏捷善走的编为一卒，取名为寇兵之士。把王臣中因过失势，想复建功劳的编为一卒，取名为死斗之士。把将领阵亡，其子弟想报仇的编为一卒，取名为奋死之士。把入赘为婿或为人奴隶，想掩盖过去以立身扬名的编为一卒，取名为励钝之士。把因贫穷愤怒，想称心立志的编为一卒，取名为必死之士。把已免去罪行的囚徒，想摆脱耻辱的编为一卒，取名为幸用之士。把才艺兼备，能深入远方担负重任的编为一卒，取名为待命之士。这都是军队中干练的官兵，不能不详加考察。”

【注释】

①练士：挑选士卒的方法。练，同“拣”，选择、挑选。

②赘婿：男到女家成婚。古人认为这是一种耻辱。

③胥靡：刑徒囚犯。

【评述】

本篇讲述挑选兵员和编组方法问题。姜太公提倡按照人员的性格能力和特点来编组部队。

教　战

【原文】

武王问太公曰：“合三军之众，欲令士卒，服习教战之道，奈何？”太公曰：“凡领三军，有金鼓之节①，所以整齐士众者也。将必先明告吏士，申之以三令，以教操兵起居②，旌旗指麾之变法。故教吏士，使一人学战，教成，合之十人；十人学战，教成，合之百人；百人学战，教成，合之千人；千人学战，教成，合之万人；万人学战，教成，合之三军之众。大战之法，教成，合之百万之众，故能成其大兵，立威于天下。”武王曰：“善哉！”

【译文】

武王问太公说：“集合三军的官兵，想教他们熟习训练攻战的方法，怎么办？”

太公说："大凡统率三军，必须用金鼓来节制，才能使官兵步伐整齐。做将领的必须明确告诉官兵，并要三令五申，以教练士兵的起居，旌旗指挥的变化方法。因此教练官兵的方法是：让一人学习打仗，学成后，再教十人；十人学习打仗，学成后，再教百人；百人学习打仗，学成后，再教千人；千人学习打仗，学成后，教给万人；万人学习打仗，学成后，教给三军之众。大战战法，学成后，教会百万之众。这样就能成为强大的军队，而声威立于天下。"武王说："很好！"

【注释】

①节：节制。

②操兵起居：操持兵器，练习各种战斗动作和生活起居。

【评述】

本篇讲述兵员的训练问题。强调要进行纪律训练、作风训练、队列训练、操持兵器训练。训练要循序渐进，能者为师，从实战出发。

均兵

【原文】

武王问太公曰："以车与步卒战，一车当几步卒？几步卒当一车？以骑与步卒战，一骑当几步卒？几步卒当一骑？以车与骑战，一车当几骑，几骑当一车？"太公曰："车者，军之羽翼也，所以陷坚阵，要强敌，遮走北也。骑者，军之伺候①也，所以踵败军，绝粮道，击便寇②也。故车骑不敌战，则一骑不能当步卒一人。三军之众成阵而相当，则易战③之法，一车当步卒八十人，八十人当一车；一骑当步卒八人，八人当一骑；一车当十骑，十骑当一车。险战④之法，一车当步卒四十人，四十人当一车；一骑当步卒四人，四人当一骑；一车当六骑，六骑当一车。夫车骑者，军之武兵也。十乘败千人，百乘败万人；十骑走百人，百骑走千人，此其大数也。"

武王曰："车骑之吏数阵法奈何？"太公曰："置车之吏数：五车一长，十车一吏，五十车一率，百车一将。易战之法，五车为列，相去四十步，左右十步，队间六十步。险战之法，车必循道，十车为聚。二十车为屯，前后相去二十步，左右六步，队间三十六步；五车一长，纵横相去二里，各返故道。置骑之吏数：五骑一长，十骑一吏，百骑一率，二百骑一将。易战之法，五骑为列，前后相去二十步，左右四步，队间五十步；险战之法，前后相去十步，左右二步，队间二十五步。三十骑为一屯，六十骑为一辈，十骑一吏，纵横相去百步，周还各复故处。”武王曰：“善哉！”

【译文】

武王问太公说：“用战车与步兵交战，一乘战车可当几个步兵，几个步兵可当一乘战车？用骑兵与步兵交战，一个骑兵可当几个步兵，几个步兵可当一个骑兵？用战车与骑兵交战，一乘战车可当几个骑兵，几个骑兵可当一乘战车？”太公说：“战车是三军的羽翼，用以突击坚固的战阵，威胁强大的敌人，阻击败逃的敌人。骑兵是三军的侦探，用以追踪溃败的敌军，切断敌人的粮道，攻袭游散的敌人。所以，在不进攻敌人的时候，一乘战车和一个骑兵还不能当步卒一人。如果在三军列阵冲锋时，在平坦的地方，一乘战车可当步兵八十人，八十人当一车。一个骑兵可当步兵八人，八人当一骑。一乘战车可当骑兵十人，十骑当一车。在险阻之地战斗，一乘战车可当步兵四十人，四十人当一车。一个骑兵可当步兵四人，四人当一骑。一乘战车可当骑兵六人，六骑当一车。战车与骑兵，是军队中的武勇之兵。十乘战车，可以击败敌人一千多名步兵，百乘战车，可以击败敌人一万名步兵。十名骑兵，可以击败敌人一百名步兵，百名骑兵，可以击败敌人一千名步兵。这是使用战车和骑兵的概要情况。”

武王说：“战车和骑兵官兵的数目为多少，列阵的方法又是怎样的呢？”太公说：“战车的官吏数是：五乘车设一长，十乘车设一吏，五十乘车设一名率，一百乘车设一名将。在平坦的地方作战，五车为一列，车的前后距离为四十步，左右间隔为十步，各队之间距离为六十步。在险阻之地的战法，战车必须沿着道路前进，十车为一聚，二十车为一屯，前后距离为二十步，左右间隔为六步，各队之间距离为三十六步。五车设一长，作战时纵横距离为二里，收兵时各自沿着原来的道路行驶。配备骑兵的官吏数：五名骑兵设一长，十名骑兵设一吏，一百名骑兵设一率，二百名骑兵设一将。在平坦的地方作战，五名骑兵为一列，前后距离为二十步，左右间隔为四步，队与队之间距离为五十步。在险阻之地作战，前后距离为十步，左右间隔为二步，队与队的距离二十五步。三十名骑兵为一屯，六十名骑兵为一辈，十骑兵设一吏，作战时纵横距离为一百步，收兵时各复原位。”武王说：“很好！”

【注释】

①军之伺候：指进行侦察的骑兵人员。

②便寇：敌人的机动部队。

③易战：在平坦地形上进行的作战。

④险战：在险恶阻隘地形的作战。

【评述】

本篇分别讲述战车兵、骑兵、步兵作战以及编程问题。指出三个主要兵种各有不同特点，应该发挥各自所长相互配合、协同作战。

武车士①

【原文】

武王问太公曰：“选车士奈何？”太公曰：“选车士之法，取年四十以下，长七尺五寸以上，走能逐奔马，及驰而乘之，前后左右，上下周旋。能缚束旌旗，力能彀八石弩，射前后左右，皆便习者，名曰武车之士，不可不厚也。”

【译文】

武王问太公说：“怎样选择战车的武士呢？”太公说：“选择战车武士的方法是，年龄在四十岁以内，身高七尺五寸以上，跑步能追上奔马，战车驰逐时能驾驭车马，前后、左右、上下都能应付。能控制旌旗，力大能张满八石的弓箭，箭射前后左右，都很熟练。这些人是武艺高强且勇敢的车兵，不能不厚待他们。”

【注释】

①武车士：乘车战斗的武士。

【评述】

本篇讲述驾驭战车的兵员选拔问题。要求选择年龄稍大、经验丰富、身强力壮的人员。

武骑士[1]

【原文】

武王问太公曰："选骑士奈何？"太公曰："选骑士之法，取年四十以下，长七尺五寸以上，壮健捷疾，超绝伦等；能驰骑彀射，前后左右，周旋进退；越沟堑登丘陵，冒险阻，绝大泽；驰强敌，乱大众者。名曰武骑之士，不可不厚也。"

【译文】

武王问太公说："如何选择骑兵呢？"太公说："选择骑兵的方法是，年龄在四十岁以内，身高七尺五寸以上，身体健壮敏捷利索超出一般人，能骑马驰逐张弓射箭，前后左右，四面旋转，能进能退；能跨过沟堑，攀登丘陵，冒险阻，越湖泽，追逐顽敌，能闯开大阵。这些人是武艺高强、骑术高明的兵士，不能不厚待他们。"

【注释】

①武骑士：骑马作战的武士。

【评述】

本篇讲述骑兵人员的选拔问题。要求选择相对年轻一些的兵士。

战　车

【原文】

武王问太公曰："战车奈何？"太公曰："步贵知变动，车贵知地形，骑贵知别径奇道[①]。三军同名而异用也。凡车之死地[②]有十，其胜地有八。”

武王曰：“十死之地奈何？”太公曰：“往而无以还者，车之死地也。越绝险阻，乘敌远行者，车之竭地也。前易后险者，车之困地也。陷之险阻而难出者，车之绝地也。圮下渐泽[③]，黑土黏埴者，车之劳地也。左险右易，上陵仰阪[④]者，车之逆地也。殷草横亩，犯历深泽者，车之拂地也。车少地易，与步不敌者，车之败地也。后有沟渎，左有深水，右有峻阪者，车之坏地也。日夜霖雨，旬日不止，道路溃陷，前不能进，后不能解者，车之陷地也。此十者，车之死地也。故拙将之所以见擒，明将之所以能避也。”

武王曰：“八胜之地奈何？”太公曰：“敌之前后，行阵未定，即陷之。旌旗扰乱，人马数动，即陷之。士卒或前或后，或左或右，即陷之。阵不坚固，士卒前后相顾，即陷之。前往而疑，后恐而怯，即陷之。三军卒惊，皆薄而起，即陷之。战于易地，暮不能解，即陷之。远行而暮舍，三军恐惧，即陷之。此八者，车之胜地也。将明于十害八胜，敌虽围周，千乘万骑，前驱旁驰，万战必胜。”武王曰：“善哉！”

【译文】

武王问太公说：“战车应该如何运用呢？”太公说：“步兵贵在能随机应变，车兵贵在熟知地形，骑兵贵在熟知各种道路。三军虽统称军队，但在使用上各不相同。大凡战车的死地有十种，胜地有八种。”

武王问：“十种死地是哪些呢？”太公说：“可进不可退的是战车的死地；被险阻隔绝致敌逃脱的，是战车的竭地；前方平坦，而后方险要的，是困地；陷入险阻而无法出来的，是绝地；靠近湖泽，土质松软泥泞，是涝地；道路靠近山脚，左山右平，山势陡峭的，是逆地；草木丛生，水漫横野的，是拂地；地势平坦，但战车少，不能与敌步兵匹敌，是败地；后有沟壑，左有深水，右有峭壁的，是坏地；连日阴雨，旬日不止，道路溃陷，前不能进，后不能退的，是陷地。以上十种地形，叫作战车的死地。笨拙的将领就是因为这些地形而被擒，明智的将领都要避开这些地方。”

武王问：“八种胜地是怎样的呢？”太公说：“敌军前后布阵尚未就绪，应立即攻打；敌旌旗杂乱，人马频繁调动，应立即攻打；敌士兵前后左右移动，应立即攻打；敌阵不坚固，士兵前后盼顾，应立即攻打；敌军进退犹豫疑惑，应立即攻打；敌军惊慌失措，匆忙出战，应立即攻打；与敌交战于平易之地，至日暮还不能脱离，应即出动战车攻击；敌军远行，至晚间才安营扎寨，三军惊恐惧怕，应即出动战车攻击。这八种情况，是战车取胜的场所。如果将领通晓这十害八胜，那么敌军即使用千乘万骑包围我军，我也可以纵横驰骋，每战必胜。”武王说：“很对啊！”

【注释】

①别径奇道：岔路捷径。

②死地：不利的地形。

③圮下渐泽：塌陷积水的地带。圮，毁坏。下，低下。渐，浸水。泽，洼地、池沼。

④仰阪：迎着山坡。阪，山坡。

【评述】

本篇讲述战车的运用问题。指出战车的特点是依靠道路程度高，因此要求熟悉道路，避免在各种不利的地形上作战。

战骑

【原文】

武王问太公曰：“战骑奈何？”太公曰：“骑有十胜九败。”武王曰：“十胜奈何？”太公曰：“敌人始至，行阵未定，前后不属；陷其前骑，击其左右，敌人必走。敌人行阵，整齐坚固，士卒欲斗，吾骑翼而勿去，或驰而往，或驰而来，其疾如风，其暴如雷，白昼如昏，数更旌旗，变易衣服，其军可克。敌人行阵不固，士卒不斗，薄其前后，猎其左右，翼而击之，敌人必惧。敌人暮欲归舍，三军恐骇，翼其两旁，疾击其后，薄其垒口，无使得入，敌人必败。敌人无险阻保固，深入长驱，绝其粮路，敌人必饥。地平而易，四面见敌，车骑陷之，敌人必乱。敌人奔走，士卒散乱；或翼其两旁，或掩其前后，其将可擒。敌人暮返，其兵甚众，其行阵必乱；令我骑十而为队，百而为屯，车五而为聚，十而为群，多设旌旗，杂以强弩，或击其两旁，或绝其前后，敌将可虏。此骑之十胜也。”

武王曰：“九败奈何？”太公曰：“凡以骑陷敌而不能破阵，敌人佯走，以车骑返击我后，此骑之败地也。追北逾险，长驱不止，敌人伏我两旁，又绝我后，此骑之围地也。往而无以返，入而无以出，是谓陷于天井，顿于地穴，此骑之死地也。所从入者隘，所从出者远，彼弱可以击我强，彼寡可以击我众，此骑之没地也。大涧深谷，翳茂林木，此骑之竭地也。左右有水，前有大阜，后有高山，三军战于两水之间，敌居表里，此骑之艰地也。敌人绝我粮道，往而无以返，此骑之困地也。污下沮泽，进退渐洳，此骑之患地也。左有深沟，右有坑阜[1]，高下如平地，进退诱敌，此骑之陷地也。此九者，骑之死地也。明将之所以远避，暗将之所陷败也。"

【译文】

武王问太公说："怎样运用骑兵呢？"太公说："骑兵有十胜九败。"武王问："十胜是什么呢？"太公说："敌军初来，布阵未绪，部队前后不衔接；这时冲他的前锋骑兵，攻击他的两翼，敌军必然败逃。敌军布阵完毕，整齐坚固，士兵斗志旺盛，此时我骑兵至敌阵前，不要直接攻击，只往返驰逐，行动要快如风，猛如雷，让尘土飞扬，使白天像黄昏一样，再频繁更换旌旗和服装，就可以战胜敌军。敌军布阵还没有稳固，士兵怯战，这时我骑兵出击，攻击其前后，骚扰其两翼，敌军必定惧怕。敌军在日暮时想返归营寨，三军恐慌，我旗兵此时攻敌两翼，迅猛击敌后卫，再堵住敌营门，不让他返回营地，敌军就一定要失败。敌军如无险可守，我骑兵便可长驱直入，切断其粮道，敌军必然饥饿毙命。地势平坦，四面都是敌军，可用战车骑兵同时出击，敌军必然慌乱。敌军逃溃，官兵散乱，我骑兵可以攻其两翼，或掩杀其前锋，就可以活捉敌将。敌军夜归，士兵众多，行伍必然散乱，可令我骑兵每十人为一队，一百人为一屯，战车五乘为一组，十乘为一群，多举旌旗，并夹杂配备一些强弩手，有的攻其两翼，有的堵截前后，可以活捉敌将。这就是骑兵的十胜。"

武王又问："九败又是什么呢？"太公说："凡以骑兵攻击，却不能击破敌阵，敌军佯装败退，却以战车骑兵返回来攻击我军后卫，是骑兵的败地。追击败退敌兵，途径险阻，却长驱不止，敌军在我两侧埋设伏兵，切断我退路，是骑兵的围地。进而没有退路，入而没有出路，就是说，陷入了天井、地穴，是骑兵的死地。骑兵进路狭隘，出路遥远，敌能以弱击强，以少击多，这是没地。峭壁深谷和茂密的森林，是骑兵的竭地。两旁有水，前后都有高山，军队在两条河流之间作战，敌军占据了内外有利的地形，这是艰地。敌军切断了我粮道，我前进后无法退回，这是困地。

泥泞的沼泽，骑兵进退都要受淤陷，这是患地。左有深沟，右有山崖，高处像平地一样，但进退都能被敌人看见，这是陷地。这九种情况，是骑兵的死地。明智的将领要避开这些地方，而愚昧的将领就会在这些地方失败。”

【注释】

①坑阜：指地形高低凹凸不平。坑，凹陷地。阜，土山。

【评述】

本篇讲述骑兵的使用。骑兵的特点是高度依赖地形，要极力避免九种不利的地形，而尽量在十种有利于骑兵的地形作战。

战步

【原文】

武王问太公曰："步兵与车骑战奈何？"太公曰："步兵与车骑战者，必依丘陵险阻，长兵强弩居前，短兵弱弩居后，更发更止。敌之车骑虽众而至，坚阵疾战，材士强弩，以备我后。"

武王曰："吾无丘陵，又无险阻。敌人之至，既众且武，车骑翼我两旁，猎我前后。吾三军恐惧，乱败而走，为之奈何？"太公曰："令我士卒为行马、木蒺藜，置牛马队伍，为四武冲阵。望敌车骑将来，均置蒺藜，掘地匝后①，广深五尺，名曰命笼。人操行马进步，拦车以为垒，推而前后，立而为屯，材士强弩，备我左右。然后令我三军，皆疾战而不解。"武王曰："善哉！"

【译文】

武王问太公说："步兵与车兵骑兵作战怎么办？"太公说："步兵若与车兵骑兵作战，一定要依托丘陵险阻的地形，将矛戟等长兵器和强弓放在前面，刀盾等短兵器与软弓放在后面，轮流更替。敌人的战车骑兵来的虽多，我阵势坚固，勇猛作战。另外，还要选派精兵和强弓以守卫我后卫。"

武王说："我既无丘陵可依托，又无险阻可利用，来的敌人既多又勇，车兵骑兵夹攻我两侧，袭击我前后，我三军恐惧，散乱而逃，这该怎么办呢？”太公说：“让我官兵在四周设置行马、木蒺藜，将我方的牛和马以及部队排列成四武冲阵。在敌骑兵可能进攻的路上，都要埋置蒺藜，掘地成坑，宽深均五尺，这叫‘命笼’。另让人携带行拒马，设置在路上，四周用车拦起来以为垒，可以向前推，也可以向后退，停放着就是一个垒，左右两边配备精兵强弓。然后令我三军迅猛作战，不能懈怠。”武王说：“很好啊！”

【注释】

①掘地匝后：指在四周开掘壕沟。

【评述】

本篇讲述步兵作战问题。要求步兵尽量与战车和骑兵协同作战。

《六韬》总评

《六韬》传说是周朝吕尚撰著。《六韬》名称，最早见于晋司马彪的《庄子注》。“金版六弢”篇注说：“《六弢》《周书》篇名，又作《六韬》，谓太公《六韬》文、武、龙、虎、豹、犬也。”《六韬》的正式记载，最早见于《隋书经籍志·兵家类》，并注明“周文王师姜望撰”。唐宋诸志都同《隋书经籍志》的记载。宋代，《六韬》被定为《武经七书》之一。但到清朝，《四库全书提要》推论《六韬》是战国时人依托于吕尚的著作，其理由主要是书中载有战国时的事情。据史料分析，《六韬》所记，确有一部分内容是春秋战国时期的事。如我国在周朝时，尚没有骑兵运用于战争，骑兵的大量出现是在春秋战国时期，但《六韬》中的“武骑士”和“战骑”两篇中，却讲了骑兵的使用。因此，说《六韬》非吕尚撰，应该是确实的。虽然如此，《六韬》所谈兵法，大多数却是战国以前的事。另外，在山东临沂银雀山西汉前期古墓中，发现有《六韬》残简，这说明《六韬》在西汉以前已经流传开来。因此，《六韬》的成书在战国后期以前，这一点恐怕也是不可否认的。总之，《六韬》不失为一本研究古代兵法的宝贵资料。

《六韬》的主要论述者“太公”，名吕尚，字子牙，周代东海（今山东郯城北）人，本姓姜，因其先人封于吕，又依封地姓吕。文王见到他时，高兴地说：“吾太公望子久矣！”所以又有人称他为“太公望”“吕望”或者“姜太公”。吕尚初为商臣。不得重用，老年垂钓于渭滨。文王出猎时遇见他，请他同车而归，并拜为师，以后武王又尊他为“师尚父”。他帮助武王伐纣有功。牧野一战，消灭了商军主力，遂灭商而建立周朝，他被封于齐，并被后世推崇为“贤相”。

《六韬》分为文韬、武韬、龙韬、虎韬、豹韬、犬韬六部分。分别记述治国理政、治军作战、战略谋划、战役问题、战术问题和其他作战中的具体问题，是周文王、周武王与吕尚讨论军政问题的言论记录。

作为兵法，《六韬》有其独特之处。例如，关于军队的刑赏，《六韬》反对刑不上大夫的贵族主张，认为“杀贵大、赏贵小”；把刑和赏都看成是一种手段，因而运用要合适，所谓“杀一人而三军震者，杀之；赏一人而万人悦者，赏之”。关于战争准备问题，《六韬》提倡平战结合，把各种农具农器都列为攻守的战具，这确实是史无前例的。在用兵艺术方面，《六韬》所论述的“四武冲阵”和“乌云之阵”等战术编队，确实显示了当时条件下古代军队对编阵和编组等问题的重视程度；特别对“股肱羽翼”十八项工作的记述，十分细致周密。“股肱羽翼”就是帝王或国君的高层辅佐人才，相当于现代的内阁或将帅。“王翼”的这些论述，恐怕是关于国家高层战略谋划人员最早的记述了。

黄石公三略

上　略

【原文】

夫主将之法，务揽英雄之心，赏禄有功，通志于众。故与众同好靡不成；与众同恶靡不倾。治国安家，得人也；亡国破家，失人也。含气之类[①]，咸愿得其志。

《军谶》[②]曰："柔能制刚，弱能制强。"柔者德也；刚者贼也。弱者人之所助，强者怨之所攻。柔有所设，刚有所施；弱有所用，强有所加。兼此四者而制其宜。

端末未见，人莫能知。天地神明，与物推移。变动无常，因敌转化。不为事先，动而辄随。故能图制无疆，扶成天威，匡正八极[③]，密定九夷[④]。如此谋者，为帝王师。

故曰，莫不贪强，鲜能守微[⑤]，若能守微，乃保其生。圣人存之，动应事机。舒之弥四海，卷之不盈怀；居之不以室宅，守之不以城郭，藏之胸臆，而敌国服。

《军谶》曰："能柔能刚，其国弥光。能弱能强，其国弥彰。纯柔纯弱，其国必削。纯刚纯强，其国必亡。"

夫为国之道，恃贤与民。信贤如腹心，使民如四肢，则策无遗。所适如支体相随，骨节相救，天道自然，其巧无间。

军国之要，察众心，施百务。

危者安之，惧者欢之，叛者还之，冤者原之[⑥]，诉者察之，卑者贵之，强者抑之，敌者残之，贪者丰之，欲者使之，畏者隐之，谋者近之，谗者覆之，毁者复之，反者废之，横者挫之，满者损之，归者招之，服者居之，降者脱之。

获固守之，获厄塞之，获难屯之，获城割之，获地裂之，获财散之。

敌动伺之，敌近备之，敌强下之，敌佚去之，敌陵待之，敌暴绥之，敌悖义之，敌睦携之。顺举挫之，因势破之，放言过之，四纲罗之。

得而勿有，居而勿守，拔而勿久，立而勿取。为者则己，有者则士。焉知利之所在？彼为诸侯，己在天子，使城自保，令士自取。

世能祖祖，鲜能下下。祖祖为亲，下下为君。下下者，务耕桑不夺其时；薄赋敛不匮其财，罕徭役不使其劳，则国富而家娭，然后选士以司牧之。夫所谓士者，英雄也。故曰：罗其英雄，则敌国穷。英雄者，国之干；庶民者，国之本。得其干，收其本，则政行而无怨。

夫用兵之要，在崇礼而重禄。礼崇则智士至，禄重则义士轻死。故禄贤不爱财，赏功不逾时，则下力并而敌国削。夫用人之道，尊以爵，赡以财，则士自来。接以礼，励以义，则士死之。

夫将帅者，必与士卒同滋味而共安危，敌乃可加。故兵有全胜，敌有全囚。昔者良将之用兵，有馈箪醪[⑦]者，使投诸河与士卒同流而饮。夫一箪之醪不能味一河之水，而三军之士思为致死者，以滋味之及己也。

《军谶》曰："军井未达，将不言渴。军幕未办，将不言倦。军灶未炊，将不言饥。冬不服裘，夏不操扇，雨不张盖。"是谓将礼。与之安，与之危，故其众可合而不可离，可用而不可疲；以其恩素蓄、谋素和也。故曰蓄恩不倦，以一取万。

《军谶》曰："将之所以为威者，号令也；战之所以全胜者，军政也。士之所以轻战者，用命也。"故将无还令，赏罚必信，如天如地，乃可御人。士卒用命，乃可越境。

夫统军持势者，将也；制胜破敌者，众也。故乱将不可使保军，乖众不可使伐人。攻城则不拔，图邑则不废；二者无功，则士力疲弊。士力疲弊，则将孤众悖，以守则不固，以战则奔北。是谓老兵。兵老则将威不行。将无威则士卒轻刑，士卒轻刑则军失伍，军失伍则士卒逃亡，士卒逃亡则敌乘利。敌乘利则军必丧。

《军谶》曰："良将之统军也，恕己而治人。推惠施恩，士力日新，战如风发，攻如河决。"故其众可望而不可当，可下而不可胜。以身先人，故其兵为天下雄。

《军谶》曰："军以赏为表，以罚为里。"赏罚明，则将威行．官人得，则士卒服。所任贤，则敌国震。

《军谶》曰："贤者所适，其前无敌。"故士可下而不可骄，将可乐而不可忧，谋可深而不可疑。士骄则下不顺。将忧则内外不相信，谋疑则敌国奋。以此攻伐，则致乱。夫将者，国之命也。将能制胜，则国家安定。

《军谶》曰："将能清，能静，能平，能整，能受谏，能听讼，能纳人，能采言，能知国俗，能图山川，能表险难，能制军权。"故曰，仁贤之智，圣明之虑，负薪之言，廊庙之语，兴衰之事，将所宜闻。

将者能思士如渴，则策从焉。夫将拒谏，则英雄散。策不从，则谋士叛。善恶同，则功臣倦。专己，则下归咎。自伐，则下少功；信谗，则众离心。贪财，则奸不禁。内顾，则士卒淫。将有一，则众不服。有二，则军无式。有三，则下奔北。有四，则祸及国。

《军谶》曰："将谋欲密，士众欲一，攻敌欲疾。"将谋密，则奸心闭；士众一，则军心结；攻敌疾，则备不及设。军有此三者，则计不夺。将谋泄，则军无势；外窥内，则祸不制；财入营，则众奸会。将有此三者，军必败。

将无虑，则谋士去。将无勇，则吏士恐。将妄动，则军不重。将迁怒，则一军惧。

《军谶》曰："虑也，勇也，将之所重。动也，怒也，将之所用。"此四者，将之明诫也。

《军谶》曰："军无财，士不来。军无赏，士不往。"

《军谶》曰："香饵之下，必有悬鱼。重赏之下，必有死夫。"

故礼者，士之所归；赏者，士之所死。招其所归，示其所死，则所求者至。故礼而后悔者，士不止；赏而后悔者，士不使。礼赏不倦，则士争死。

《军谶》曰："兴师之国，务先隆恩。攻取之国，务先养民。"以寡胜众者，恩也。以弱胜强者，民也。故良将之养士，不易于身，故能使三军如一心，则其胜可全。

《军谶》曰："用兵之要，必先察敌情。视其仓库，度其粮食，卜其强弱，察其天地，伺其空隙。"故国无军旅之难而运粮者，虚也；民菜色者，穷也。千里馈粮，民有饥色；樵苏后爨（cuàn），师不宿饱。夫运粮百里，无一年之食；二百里，无二年之食；三百里，无三年之食，是谓国虚。国虚，则民贫。民贫，则上下不亲。敌攻其外，民盗其内。是谓必溃。

《军谶》曰:“上行虐，则下急刻；赋敛重数，刑罚无极，民相残贼；是谓亡国。”

《军谶》曰:“内贪外廉，诈誉取名。窃公为恩，令上下昏。饰躬正颜，以获高官。是谓盗端。”

《军谶》曰:“群吏朋党，各进所亲。招举奸枉，抑挫仁贤。背公立私，同位相讪。是谓乱源。”

《军谶》曰:“强宗聚奸，无位而尊，威无不震；葛藟（lěi）相连，种德立恩，夺在位权。侵侮下民，国内哗喧，臣蔽不言；是谓乱根。”

《军谶》曰:“世世作奸，侵盗县官[8]，进退求便，委曲弄文，以危其君；是谓国奸。”

《军谶》曰:“吏多民寡，尊卑相若，强弱相虏，莫适禁御，延及君子，国受其咎。”

《军谶》曰:“善善不进，恶恶不退。贤者隐蔽，不肖在位，国受其害。”

《军谶》曰:“枝叶强大，比周居势；卑贱陵贵，久而益大，上不忍废，国受其败。”

《军谶》曰:“佞臣在上，一军皆讼，引威自与，动违于众。无进无退，苟然取容。专任自己，举措伐功。诽谤盛德，诬述庸庸。无善无恶，皆与己同。稽留行事，命令不通。造作奇政，变古易常。君用佞人，必受祸殃。”

《军谶》曰:“奸雄相称，障蔽主明。毁誉并兴，壅塞主聪；各阿所以，令主失忠。”

故主察异言，乃睹其萌；主聘儒贤，奸雄乃遁；主任旧齿，万事乃理；主聘岩穴[9]，士乃得实；谋及负薪，功乃可述；不失人心，德乃洋溢。

【译文】

将帅统军的方法，一定要笼络英雄的心，赏赐有功人员，把自己的意志化为大家的意志。所以，与大家有共同的爱好无事不成，与大家有相同的憎恶没有不可倾覆的。治国安家，在于得人心。亡国破家，由于失人心。凡是人都想实现自己的意志。

《军谶》说:“柔能制刚，弱能制强。”柔得适当是美德，刚强过度是祸害，弱而有理会得到人们的援助，刚强不仁会遭到怨恨人的攻击。需要柔时用柔，需要刚时用刚，该示弱时示弱，该刚强时刚强。兼备这四种本领就能因事制宜地灵活运用。

事物的本末没有出现，人们无法认识它。对天地间奥妙的认识，要依据事物的推移去了解。（打仗）也是变化无常的，要依据敌情而变化。不能事先规定，而要针对敌人的行动随机应变。所以，才能够图谋策划治理国家，扩充疆土，树立起君主的权威，拯救天下，安定“九夷”。能这样谋划的，可以做帝王的老师。

所以说，人们没有不好强的，却很少能掌握（柔刚弱强）的微妙，如果能掌握这些微妙，就能保存自己。“圣人”掌握了这些微妙，行动起来就运用自如，展开它能囊括四海，收起它却不满怀，安置它不用房屋，保护它不用城郭，只要藏在胸中，就会使敌国屈服。

《军谶》说：“能柔能刚，国家就更加光明。能弱能强，国家就更加强盛。如果只用柔或弱，国家必会削弱。纯粹用刚和强，国家必定会灭亡。”

治理国家的道理，在于依恃“贤士”和民众。信任“贤士”要像信任自己的心腹，使用民众要像使用自己的手足，就不会失策。这样，无论做任何事情，就像四肢随身体，骨节相适应一样，一切都很自然，巧妙得没有间隙。

治军理国的关键，在于明察众人的心理，而采取各种相应的措施（解决）。

对于处境危险的要安定他，恐惧的使其欢心，背离的招回他，冤屈的为他平反，申诉的为他察明，位低的提拔他，逞强的抑制他，敌对的消灭他，有贪欲的满足他，愿效力的使用他，有怕人知道的事替他隐瞒，有谋略的亲近他，谗佞的去掉他，毁伤人的惩罚他，反叛的除去他，横暴的降服他，骄满的批评他，愿归顺的招抚他，被征服的安置他，投降的赦免他。

获得坚固的地方要守备，获得险隘的地方要作为屏障，获得要冲的地方要驻兵屯守，夺得的城池要赏给有功的，夺得的土地要分封给出力的，获得的财物要分赏给众人。

对敌人的行动要随时侦察，敌人接近我时要严加戒备，敌人强大时要示弱使其骄傲，敌人以逸待劳要使他疲劳，敌人来犯时要严阵以待，敌人凶暴时要设法回避，敌人悖逆无道时要用正义对付，敌人团结时要设法离间他。对敌人要采取顺应潮流的作战行动挫败他，要根据有利的态势击破他，制造假情报使敌人判断失误，从而导致敌人的过失，四面包围就可歼灭他。

（和敌国交战胜利了，）获得了财物不要占为己有，占领了土地不要久居自守，夺取的城池切不要自己长久占据，敌国投降要用其本国人执政，不要自取其位。为国效劳是自己的责任，有了利益要给予将士，（你）哪里知道，这正是大利之所在，让别人当诸侯自己当天子，使他们各自保护城邑，让他们各自征收赋税自供自给。

人世间（君主们）都能够尊敬祖先，但很少能够爱护和尊敬他们的民众。尊敬祖先是悼念尊敬亲人，尊重和爱护民众是做君主的根本。尊重和爱护民众的君主重视农业，不侵占农时，减轻赋税和农民的负担，不使人民财产贫乏；减少徭役，不使人民过分疲劳；这样，国家就富足，而家家户户也快乐，然后选任“士”去管理他们。所说的“士”，就是“英雄”人物。所以说，收罗了敌国的“英雄”，敌国就会陷于穷困。“英雄”是国家的骨干，民众是国家的根本。获得了骨干，掌握了根本，政令就会顺利执行，民众就没有怨言。

用兵的关键，在于崇尚礼节和重视俸禄。重礼节，有才智有谋略的人就会慕名而来，俸禄厚“有义气的人”就乐于替君主效死。所以赏赐贤良的人不要吝惜财物，奖赏有功人员要不失时机，这样，就能使部署同心协力，共同削弱敌国。用人的方法，封爵位尊重他，给资财赡养他，有能力的人就会自己出来投效。用礼节接待他，用大义鼓励他，有能力的人就会出死力。

做将帅的，必须做到与士卒同甘苦共患难，才可对敌作战，这样就能保证我军全胜，把敌人全部俘虏。以前，贤良的将帅用兵打仗，有人送他一箪美酒，他叫士兵把酒倒在河水里，与士卒同饮有酒的流水。一箪美酒虽然不能使一河的水都有酒味，而全军却因此愿为其效死力战，是由于将帅与士卒同甘共苦的缘故。

《军谶》说：“军井还没有凿成，将帅不说口渴。帐幕还没有架好，将帅不说疲倦。军灶还没有做饭，将帅不说饥饿。冬天不穿皮衣，夏天不用扇子，雨天不打雨伞。”这是做将帅的礼法。将帅能与士卒同安乐共患难，这种军队就能紧密团结而不会离散，就能经常使用而不会疲倦，这是平时积蓄恩德，平时就考虑到团结的缘故。所以说，将帅经常一贯地对士卒施以恩德，就能以少胜多。

《军谶》说：“将帅之所以有威严，是因为有严明的号令。作战之所以能获得全胜，是军政修明。士卒不怕打仗，是服从命令。”所以，将帅要令出必行，有功必赏，有过必罚，像天地那样公正，才可统御人。士卒服从命令，才能越境作战。

统率军队把握作战形势靠将帅，战胜敌人击破敌军靠士卒集体的力量。所以，无能力指挥的将帅不可以让他统率军队，纪律败坏的军队不能用它攻伐敌人。（如果用了上面所说的将帅或军队打仗）既攻不下城池，也占不了地方，二者都不能成功，军力必然疲弊。军力疲弊了，将帅就孤立了，士卒就会违背将帅命令，用他们来防守就不巩固，用他们去作战也必然失败，这叫作士气衰弱的军队。军队士气衰弱了，将帅的威严就不起作用。将帅失掉威严，士卒就不怕刑罚。士卒不怕刑罚，军队就失去控制。军队失去控制，士卒就会逃亡。士卒逃亡了，敌人就会乘机进攻。敌人乘机进攻，军队就必然失败。

《军谶》说：“优秀的将领统率军队，像对待自己那样去治理军队。”对部属施以恩惠，军队的战斗力就日益坚强，作战时像暴风骤雨那样猛烈，进攻时像江河决口的洪水那样汹涌澎湃，不可阻挡。因此，这样的军队使敌人可望而无法抵挡，只有屈服而无法取胜。将帅能身先士卒，他的军队就会称雄于天下。

《军谶》说：“军队要以奖赏为主，以惩罚为辅。”赏罚严明，则将帅就有威严，命令就能得到贯彻。任用军官得当，士卒就会悦服。任用贤良的人，敌国就会震惊。

《军谶》说：“贤良的人所归向的国家，就天下无敌。”所以，对有才能的人要尊敬而不可傲慢，对将帅要使他愉快而不可使他忧惧，对（有才智的人）的谋略要深信不疑。对有能力的人傲慢，士卒就不顺服；将帅忧惧时，内外就互不相信；怀疑有才智人的谋略，敌国就会高兴。这样，去攻打别国，就会招致祸乱。将帅，是国家的命脉。将帅能够战胜敌人，国家才能安定。

《军谶》说：“将帅需做到清廉，镇静，公平，严整。能采纳下级的建议，能决断是非曲直，能容纳人才，能听取众人的意见，能知道国家的风俗习惯，能研究山川形势，能了解地形险阻，能掌握指挥军队。”所以说，“仁贤”的智略，“圣明”的谋虑，民众的舆论，朝廷官员的意见，成功失败的事迹，都是将帅应当听闻的。

将帅能思贤若渴，有谋略的人就会前来献计献策。如果将帅拒绝采纳下级的建议，“英雄”就会离去。不采纳计策，有谋略的人就会叛离。好坏不分，有功的人就会消极。一意孤行，下级就会怨恨。自我夸耀，下级就不积极立功。听信谗言，众人就会离心离德。贪图财物，坏人就无法禁止。迷恋女色，士卒就会淫乱违纪。（以上八条）将帅违犯一条，士卒不悦服；违犯两条，军中就没有榜样；违犯三条，下级就会逃散；违犯四条，就会危害到国家。

《军谶》说：“将帅的谋略要保守秘密，士卒的思想要高度统一，进攻敌人要迅速。”将帅的谋略秘密，奸细就得不到情报；士卒的思想统一，军队就能团结一致；进攻敌人迅速，敌人就来不及防备。军队做到了这三点，作战计划就能实现。将帅的谋略泄露，军队就丧失了有利态势；敌人侦察到我内部情况，祸患就不能避免；非法的财货进了军营，坏人就会结党营私。如果有了这三种情况，军队一定会失败。

将帅缺乏深谋远虑，有智谋的人就会离去。将帅不勇敢，下级官吏和士卒就会恐惧。将帅随意轻举妄动，军心就不能稳定。将帅经常把怒气发泄到部下身上，全军就恐惧。

《军谶》说："深谋远虑，坚定勇敢，是将帅最贵重的。合适的行动，当怒而怒，是将帅应慎重采用的。"这四项，是将帅应当极为警惕的。

《军谶》说："军中缺乏资财，有能力的人就不会来归附，军中有功不进行奖赏，将士就不会勇敢作战。"

《军谶》说："用香饵钓鱼，必有鱼上钩。重赏之下，必然有敢于拼死的人。"

对人以礼义道德相待，有能力的人，就会望风而归；有功必赏，将士就会乐于效死。以礼相招，以奖赏相待，这样，想求的人就会自动到来。先以礼相待而后又改变了做法，士就不会居留效劳，开始能奖赏相待后来改变了做法，士就不会乐意听从使用。只有始终坚守礼和赏，士卒才能争着效死。

《军谶》说："兴兵打仗的国家，必须先施恩惠于士卒。进攻别国的国家，必须先教养好自己的民众。"能以少胜多的，是对士卒施恩惠的缘故。能以弱胜强的，是对民众教养的结果。所以，优秀的将领教养士卒，不亚于对待自己本身，这样，就能使全军万众一心，就一定能取得全面的胜利。

《军谶》说"用兵打仗的关键，是必须首先察明敌情。弄清敌人仓库物资储备的程度，估计敌人粮食补给的能力。判断敌军的强弱，察明敌方所处于天时地利条件，寻找敌人有机可乘的空隙。所以，国家没有战事而运粮的，是国家空虚的表现。民众脸色像菜叶一样，是国家贫穷的表现。千里运粮，民众就要挨饿。先砍柴草后做饭，军队就不能按时吃饱。运粮百里，国家就没有一年的粮食；二百里运粮就是没有二年的粮食；三百两运粮就是没有三年的粮食。这就叫国家空虚。国家空虚，人民就穷困。人民贫穷，上下就不团结。敌人从外面进攻，民众在内部抢掠。这样的国家肯定崩溃。"

《军谶》说："君主暴虐，臣下就会刻薄。赋税又重又繁，严刑苛罚滥用不止，民众都起来反抗，这样就会亡国。"

《军谶》说："暗地贪污表面廉洁，用阴谋手段骗取荣誉。窃用朝廷的爵禄私施恩惠，使上下是非不明。伪装正派，骗取高官。这就是盗窃国家的开端。"

《军谶》说："豪门大族结党为奸，虽无官位却有特权，淫威十足无不恐惧。党羽散布连如葛藤，用小恩小惠培植私人势力，夺取权位、欺压人民大众，国内舆论哗然，群臣有话不向君主讲。这是致乱的根源。"

《军谶》说："世世代代作恶，侵夺天子的权威。凡事只求便利自己，通过狡诈手段玩弄法令，以危害他的国君。这是国家的奸贼。”

《军谶》说：“官多民少，尊卑不分，强弱相互掠夺，不能适时禁止，灾祸波及好人，国家就会受到祸害。”

《军谶》说：“喜爱好人而不任用，讨厌坏人而不辞退，德才兼备的人就会隐退，不义之徒就会当权，国家就会受到祸害。”

《军谶》说：“宗室支属强大了，结党营私的窃居了重要地位，卑贱的欺凌尊贵的，时间越长势力越大，君主还不忍心除掉他，国家就会受到败坏。”

《军谶》说：“奸臣当权，全军都会愤慨。仗势孤行，行动违背大家的意志。不知进退，苟且行事讨好国君。只相信自己，处处夸耀自己的功劳。诽谤德行高尚的人，诬蔑他们庸碌无能。好坏不分，只要求适合自己的意思。积压政事，命令不向下传达。故意实行奇异的制度，改变古制和常法。君主重用这种奸诈的人，一定会受到祸害。”

《军谶》说“奸雄互相标榜，蒙蔽君主的眼睛。毁谤吹捧同时盛行，堵塞君主的耳朵。各自庇护所亲信的人，使君主失去了忠臣。”

所以，君主能察明不同的意见，才能看清即将发生的事情；君主能任用有德才的人，奸雄才能逃避；君主能任用年高有德的人，万事就可治理好；君主能聘用隐士，就能得到真实人才；遇事能征求劳动人民的意见，事业就可以获得成功；不失掉人心，德政就传播于四方。

【注释】

①含气之类：指动物，这里指人。

②《军谶》：谶（chèn），《军谶》相传是古代的一种兵书，推测应早于《太公兵法》和《三略》，也有人推测是中国历史上第一部军事理论著作，后已失传。

③八极：东、南、西、北、东北、东南、西南、西北八个方向，指天下。

④九夷：我国古代东方的九个部族。为：畎夷、于夷、方夷、黄夷、白夷、赤夷、元（玄）夷、风夷、阳夷。

⑤守微：守，遵守，奉行；微，精妙之理。

⑥冤者原之：原之，还原之意；此处意为冤假错案得到平反。

⑦馈箪醪（kuì dān láo）：盛酒或盛饭的竹器。

⑧县官：这里指天子。见《史记·绛侯世家》：“盗卖县官器。”司马贞索隐：“县官，谓天子也。”

⑨岩穴：山窟，指隐居在深山里的贤人。

【评述】

“上略”共2100余字，约占全书的一半篇幅。主要通过叙述礼赏、辨别奸雄、阐述成败等问题，说明其战略的核心，为王者提出具体的战略策略，是全书的主要部分。指出：夫主将（治理、统率）之法，务揽英雄之心，赏禄有功，通志于众。故与众同好，靡不成；与众同恶，靡不倾（摧毁）。“上略”强调以民为本，从战略的高度，指出人心向背，对于治国安邦的重要意义：治国安家，得人也；亡国破家，失人也。

中　略

【原文】

夫三皇①无言而化流四海，故天下无所归功。

帝②者，体天则地，有言有令，而天下太平。君臣让功，四海化行，百姓不知其所以然。故使臣不待礼赏有功，美而无害。

王者，制人以道，降心服志，设矩备衰，四海会同，王职不废。虽有甲兵之备，而无斗战之患。君无疑于臣，臣无疑于主，国定主安，臣以义退，亦能美而无害。

霸③者，制士以权，结士以信，使士以赏。信衰则士疏，赏亏则士不用命。

《军势》④曰：“出军行师，将在自专。进退内御，则功难成。”

《军势》曰：“使智，使勇，使贪，使愚。智者乐立其功，勇者好行其志，贪者邀趋其利，愚者不顾其死；因其至情而用之。此军之微权也。”

《军势》曰：“无使辩士谈说敌美，为其惑众。无使仁者主财，为其多施而附于下。”

《军势》曰：“禁巫祝，不得为吏士卜问军之吉凶。”

《军势》曰：“使义士不以财。故义者不为不仁者死；智者不为暗主谋。”

主不可以无德，无德则臣叛；不可以无威，无威则失权。臣，不可以无德，无德则无以事君；不可以无威，无威则国弱，威多则身蹶。

故圣王御世，观盛衰，度得失，而为之制。故诸侯二师，方伯⑤三师，天子六师。世乱，则叛逆生；王泽竭，则盟誓相诛伐。德同势敌，无以相倾，乃揽英雄之心，与众同好恶，然后加之以权变。故非计策无以决嫌定疑，非谲奇无以破奸息寇，非阴谋无以成功。

圣人体天，贤者法地，智者师古。是故《三略》为衰世作。“上略”设礼赏，别奸雄，著成败。“中略”差德行，审权变。“下略”陈道德，察安危，明贼贤之咎。故人主深晓“上略”，则能任贤擒敌；深晓“中略”，则能御将统众；深晓“下略”，则能明盛衰之源，审治国之纪。人臣深晓“中略”，则能全功保身。

夫高鸟死，良弓藏；敌国灭，谋臣亡。亡者，非丧其身也，谓夺其威废其权也。封之于朝，极人臣之位，以显其功。中州善国，以富其家。美色珍玩，以说其心。

夫人众一合而不可卒离，威权一与而不可卒移。还师罢军，存亡之阶。故弱之以位，夺之以国，是谓霸者之略。故霸者之作，其论驳也。存社稷罗英雄者，“中略”之势也。故世主秘焉。

【译文】

三皇没有言教，而良好风气自然流布于四海，所以天下不知归功于谁。

五帝体察效法自然变化的规律，设教施令，因而天下太平。君臣谦让互不争功，教化流于四海，百姓不知道为什么这样太平。所以，使用臣属不依靠礼赏有功的人，也能相处得很好而无猜疑。

三王用“道”治人，使人心悦诚服，设立各种法度以防备衰乱，四海诸侯按时朝见，天子职权就不衰落。虽有军事准备，而没有战争的祸患。君不疑于臣，臣不疑于君，国家安定，君权稳固，臣下适时退职，君臣也能相处得很好而无猜疑。

五霸统御“士”用权术，结交“士”靠信义，使用“士”用奖赏。信义衰减，“士”就会流散；不能如数奖赏，“士”就不会尽力效命。

《军势》说：“出兵打仗，将帅要做到根据敌情决定军队行动。如果军队连前进后退都受君主的约束，那就难以成功。”

《军势》说：“善于使用有智谋、勇敢、贪得和愚笨的人。有智谋的人喜欢建立功业，勇敢的人喜好实现他的志向，贪得的人喜欢追求利禄，愚笨的人不考虑死亡。

根据他们的特点而使用他们。这是军队用人的微妙权术。”

《军势》说：“不要使能说善辩的人谈论敌人的长处，因为这样会惑乱大众。不要用仁慈的人主管财物，因为财物多了他会施财于下边。”

《军势》说：“军队中禁止‘巫祝’，不得为官兵卜问军事上的吉凶祸福。”

《军势》说：“使用‘义士’不能依靠钱财。因为坚持正义的人，不为不讲仁义的人效死；有智谋的人，不为愚昧不明的君主设计谋。”

君主不可以没有德行，没有德行臣下就会叛离；也不可以没有威严，没有威严就会失掉权力。臣下不可以没有德行，没有德行就不能为君主尽忠职守；也不可以没有威严，没有威严国家就会衰弱，但是威严失度又会身败名裂。

古时“圣王”统治天下，观察盛衰，衡量得失而建立制度。当时有诸侯二师，方伯三师，天子六师。（到了后世）天下混乱，叛逆的事逐渐发生。君主的恩泽枯竭了，诸侯间就结盟立势互相攻伐。政治军事力量相等，谁也没有办法消灭谁，于是就收揽“英雄”之心，与他们同喜好同憎恶，然后再运用权谋。所以不用心筹划就无法决定疑难，不出奇制胜就无法破奸灭寇，不隐蔽企图就不能成功。

“圣人”能够体察到天上的法则规律，“贤者”能够认识效法人间的条理准则，“智者”能够拜古为师。所以《三略》一书是为乱世（的君主统治天下）而作的。“上略”是说明礼赏、辨别奸雄、阐述成败的。“中略”是区别德行，详察权谋的。“下略”是阐述道德、分析安危、说明迫害“贤人”的灾祸的。所以君主能够深刻理解掌握“上略”，就能任用“贤士”战胜敌人；深刻理解掌握“中略”，就能驾驭将帅统率士众；深刻理解掌握“下略”，就能明了盛衰的根源，熟悉治国的纲纪。臣属能深刻理解掌握“中略”，就能成就功业保全身家。

高空的飞鸟被射光了，良弓就要收藏起来。敌国被消灭了，谋臣就该消灭了。所谓消灭，并不是消灭他的身体，而是说要剥夺他的实力，废除他的兵权。在朝廷上对他进行封赏，使他达到大臣最高的爵位，以表彰他的功劳。赐予中原的肥沃土地，以丰富他的家产。赏给美女珍宝，以悦其心。

军队一经编成，就不能仓促解散。兵权一经授予，就不能马上收回。战争结束将帅班师回朝，这是君主存亡的关键时刻。所以，削弱将帅实力而给他爵位，剥夺他的兵权而封给他土地，这是“霸者”统御将帅的策略。因此“霸者”的行为，其道理是不纯的。保存国家、收罗“英雄”，乃是“中略”所论的权势。所以历代的君主是密而不泄的。

【注释】

①三皇：传说中的古帝王，有四种说法：(一)天皇、地皇、泰皇；(二)天皇、地皇、人皇；(三)伏羲、女娲、神农；(四)燧人、伏羲、神农。

②帝：指传说中的五帝：黄帝、颛顼、帝喾、尧、舜。

③霸：指五霸。一般指春秋时先后称霸的齐桓公、宋襄公、晋文公、秦穆公、楚庄王。另一说，称齐桓公、晋文公、楚庄王、吴王阖闾、越王勾践为五霸。

④《军势》：相传也是古代的一种兵书，推测应该和《军谶》大约同时代，后也失传。

⑤方伯：商、周时一方诸侯之长。《礼记·王制》："千里之外设方伯。"

【评述】

"中略"主要是区分德行、详察权谋等内容，概括为"差德行，审权变"。和"上略"一样，"中略"亦强调以人为本，以德服人，但强调用人要"权变"，就是要根据各人不同的特点而加以运用。本篇还提出了"谲奇"和"阴谋"这些用人的策略。

下　略

【原文】

夫能扶天下之危者，则据天下之安。能除天下之忧者，则享天下之乐，能救天下之祸者，则获天下之福。故泽及于民，则贤人归之；泽及昆虫，则圣人归之。贤人所归，则其国强。圣人所归，则六合[①]同。求贤以德，致圣以道。贤去，则国微。圣去，则国乖。微者危之阶，乖者亡之徵。

贤人之政，降人以体。圣人之政，降人以心。体降可以图始，心降可以保终。降体以礼，降心以乐。所谓乐者，非金石丝竹也，谓人乐其家，谓人乐其族，谓人乐其业，谓人乐其都邑，谓人乐其政令，谓人乐其道德。如此君人，者乃作乐以节之，使不失其和。故有德之君，以乐乐人。无德之君，以乐乐身。乐人者，久而长。乐身者，不久而亡。

释近谋远者，劳而无功。释远谋近者，佚而有终。佚政多忠臣，劳政多怨民。故曰，务广地者荒，务广德者强，能有其有者安，贪人之有者残。残灭之政，累世受患。造作过制，虽成必败。

舍己而教人者逆，正己而化人者顺。逆者乱之招，顺者治之要。

道德仁义礼，五者一体也。道者人之所蹈，德者人之所得，仁者人之所亲，义者人之所宜，礼者人之所体，不可无一焉。故夙兴夜寐，礼之制也；讨贼报仇，义之决也；恻隐之心，仁之发也；得己得人，德之路也；使人均平，不失其所，道之化也。

出君下臣名曰命，施于竹帛名曰令，奉而行之名曰政。夫命失，则令不行。令不行，则政不正。政不正，则道不通。道不通，则邪臣胜。邪臣胜，则主威伤。

千里迎贤，其路远。致不肖，其路近。是以明王舍近而取远，故能全功尚人，而下尽力。

废一善，则众善衰。尝一恶，则众恶归。善者得其祐，恶者受其诛，则国安而众善至。

众疑无定国，众惑无治民。疑定惑还，国乃可安。

一令逆则百令失，一恶施则百恶结。故善施于顺民，恶加于凶民，则令行而无怨。使怨治怨，是谓逆天。使仇治仇，其祸不救。治民使平，致平以清，则民得其所而天下宁。

犯上者尊，贪鄙者富，虽有圣王，不能致其治。犯上者诛，贪鄙者拘，则化行而众恶消。清白之士，不可以爵禄得；节义之士，不可以威刑胁。故明君求贤，必观其所以而致焉。致清白之士，修其礼。致节义之士，修其道。而后士可致，而名可保。

夫圣人君子，明盛衰之源，通成败之端，审治乱之机，知去就之节。虽穷不处亡国之位，虽贫不食乱邦之禄。潜名抱道者，时至而动，则极人臣之位。德合于己，则建殊绝之功。故其道高而名扬于后世。

圣王之用兵，非乐之也，将以诛暴讨乱也。夫以义诛不义，若决江河而溉爝火②，临不测而挤欲堕，其克必矣。所以优游恬淡而不进者，重伤人物也。夫兵者，不祥之器，天道恶之。不得已而用之，是天道也。夫人之在道，若鱼之在水，得水而生，失水而死。故君子者常畏惧而不敢失道。

豪杰秉职，国威乃弱。杀生在豪杰，国势乃竭。豪杰低首，国乃可久。杀生在君，国乃可安。四民③用灵，国乃无储；四民用足，国乃安乐。

贤臣内，则邪臣外。邪臣内，则贤臣毙。内外失宜，祸乱传世。

大臣疑主，众奸集聚。臣当君尊，上下乃昏，君当臣处，上下失序。

伤贤者，殃及三世。蔽贤者，身受其害。嫉贤者，其名不全。进贤者，福流子孙。故君子急于进贤而美名彰焉。

利一害百。民去城郭。利一害万，国乃思散。去一利百，人乃慕泽。去一利万，政乃不乱。

【译文】

能挽救天下危亡的，就能得到天下的安全。能消除天下忧患的，就能享受天下的快乐。能拯救天下灾祸的，就能获得天下的幸福。所以恩泽普及于民众，“贤人”就会归向他；恩泽普及于天下，“圣人”就会归向他。“贤人”所归向的国家，这个国家就会强盛。“圣人”所归向的国家，天下就会统一。寻求“贤人”要凭“德”，聘请“圣人”要凭“道”。“贤人”一去，国家就会衰弱。“圣人”一去，国家就会混乱。衰弱是危险的由来，混乱是灭亡的象征。

“贤人”之政，使人行动顺从；“圣人”之政，使人心中悦服。行动上顺从，可以共同谋事创业；心中悦服，可以保全始终。使人行动上顺从要依靠“礼”，使人心中悦服要依靠“乐”。所谓“乐”，不是金、石、丝、竹等乐器，而是人喜爱其家庭，喜爱其宗族，喜爱其职业，喜爱其国家，喜爱其政令，喜爱其道德。这样治理民众的，就用“乐”来调节人们的感情，使他们不丧失和谐。所以有德的君主，是用“乐”来使民众快乐。无德的君主，只知用“乐”使自己快乐。使民众快乐的，才能保持长久。只知道使自己快乐的，不久便灭亡。

不治理内部而专事征伐的，会劳而无功。不从事征伐而图治内部的，会逸而有成，行“逸政”的多忠臣，行“劳政”的多怨民。所以说，着重扩张领土的，内政就会荒废；着重推广恩惠的，国家就会强盛；能保持自己所应有的，就会安宁；贪图别人所有的，就会受害。残暴的政治，世世代代遭受祸患。所作所为超过限度，虽然成功终必失败。

不正自己而教育别人的，违背常理；先正自己而后感化别人的，违背常理；先正自己而后感化别人的，合乎常理。违背常理是祸乱的根源，合乎常理是安定的关键。

“道、德、仁、义、礼”，五者是相联系的一个整体。“道”是人所履行的，“德”是人所愿得的，“仁”是人所亲近的，“义”是人所应得的，“礼”是人所遵循的，这五者缺一不可。所以每天的生活行动，是受“礼”的制约；讨贼报仇是受“义”的决定；同情的心理，是“仁”的发端；修己爱人，是“德”的道路；使人均平，各得其所，是“道”的教化。

君主的意思用口头下达给臣叫“命”，把它写在竹帛上叫“令”，依照命令来处理国事叫“政”。“命”有错误，“令”就不能实行。“令”不能实行，“政”就不能正确。“政”不能正确，“道”就行不通。“道”行不通，奸臣就会得势。奸臣得势，君主的权威就受到损失。

千里之外去聘请贤人，道路是遥远的；招引不贤的人，道路是近便的。因此，英明的君主舍近求远，就能成全功业，尊重贤人，下级也就会乐于尽心竭力。

废除一个好人，许多好人都会丧气。奖励一个坏人，许多坏人都会到来。好人得到保护，坏人受到清除，国家就安宁而许多好人就会到来。

众人怀疑，就没有安定的国家；众人惶惑，就没有守秩序的民众。疑心消失，惶惑平息，国家就可安宁。

一项法令违背民意，其他法令就会失去效用。一项坏的政令实行，就会结下许多恶果。所以对于“顺民”施行仁政，对于“凶民”加以制裁，法令就能推行，众人就没有怨言。使用民众所怨恨的措施，去治理有怨恨的民众，其祸患就不可制止。治理民众要使他们平服，必须政治清明。这样民众就各得其所而天下太平。

触犯君主的反而官高，贪婪吝啬的反而富足，这样，虽有圣明的君主也治不好国家。触犯君主的受到诛戮，贪婪吝啬的受到惩办，这样才能树立良好风气而消除坏人坏事。清高纯洁的人，是不可以用爵禄收买到的。有正义气节的人，是不可以用刑罚威胁的。所以圣明的君主聘请贤人，必须观察他的志向而聘请他。聘请清高纯洁的人，要讲究礼仪。聘请有正义气节的人，要讲究道义。然后“士”才可以聘请到，而君主的圣名也可得到保全。

“圣人君子”能明察盛衰的根源，通晓成败的端绪，熟识治乱的关键，深知进退的节度。虽然穷困也不当亡国官吏，虽然贫寒也不吃乱国的俸禄。匿名隐居胸怀大志的人，时机到来而出仕任职，就能获得最高的官位。遇到志同道合的君主，就能建立卓越的功勋。所以他的道德高尚而美名能够留传后世。

圣明君主进行战争，不是好战，而是用来讨伐暴乱的。以正义讨伐不义，好像决开江河大水去湮灭微弱的小火，临近深渊的边缘去挤摇摇欲坠的人一样，其胜利是必然的。圣王所以表示悠闲安静不急于进兵，是不愿多伤人和物的缘故。战争是凶恶的东西，“天道”厌恶它。不得已时才进行战争，这是“天道”。人顺乎“天道”，就好像鱼在水中一样，得水便生，离水便死。所以君子要时刻警惕自己而不敢背离

“天道”。

豪强掌握了大权，国威就削弱。生杀大权操在豪强手中，国势就衰竭。豪强俯首听命，国家才可长久。生杀大权操在君主手中，国家才可安宁。“四民”穷困，国家就没有储备。“四民”富裕，国家才可安乐。

贤臣被进用，奸臣就会被疏远。奸臣被进用，贤臣就会被陷害。进用奸臣，疏远贤臣，祸乱就会传到后世。

大臣怀疑君主，奸人就会集聚在一起。臣属侵犯了君权，上下就会昏乱。君主反处于臣属地位，上下秩序就会紊乱。

伤害贤人的，祸患就延及三代。埋没贤人的，本身就会受害。嫉妒贤人的，名誉就不得保全。进用贤人的，幸福就流传于子孙。所以君子急于进用贤人，而美名也就是显扬了。

利一人而害及百人，民众就想离开城郭。利一人而害及万人，全国人都想离散。除去一人而利及百人，人们就会仰慕恩泽，除去一人而利及万人，政治就不会混乱。

【注释】

①六合：天地，因天地有东、南、西、北、上、下六个方位组成，故称六合。

②爝火：火把。

③四民：指当时士、农、工、商。

【评述】

“下略”主要阐述道德、分析安危、说明迫害“贤人”是灾祸等。同前两篇一样，下略依旧强调道德对于国家的重要性，指出为王者治理国家要遵于道，道与德二者相辅相成，只有这两者得到很好的统一，国家的安危才有保障。同时，也强调只有贤士能归附，王者才能天下无敌。

《黄石公三略》总评

《黄石公三略》(简称《三略》)，世传为黄石公将姜太公的兵法加以推演，分上、中、下三卷，授张良于桥上。据《汉书·艺文志》记载，张良、韩信整理兵法，定三十五家，并未有《三略》。汉成帝时，任宏论兵书也没有《三略》。但东汉光武帝刘秀却在诏书中引用过《三略》的内容，说明《三略》在东汉初年确有所流传，东汉末陈琳在《武军赋》中已将《三略》与《孙子兵法》《吴子兵法》《六韬》相提并论。唐初，魏徵将《三略》收入《群书治要》，李靖说：“张良所学，太公《六韬》《三略》是也。”总之《三略》源流如何？众说纷纭，各有差异，还有些带有神话色彩，关于此一问题，我们不作进一步的考证了，而从东汉、唐宋以来的流行说法，认为是黄石公推演姜太公原著后传授给张良的作品。

黄石公，又称圯上老人，据传张良刺秦始皇失败后，逃到下邳（今江苏睢宁北），遇老人于圯（桥）上，授以《太公兵法》。对这件事，《史记·留侯世家》有下列一段记载：

> 良尝闲从容步游下邳圯上，有一老父，衣褐，至良所，直堕其履圯下，顾谓良曰：“孺子，下取履！”良愕然，欲殴之。为其老，强忍，下取履。父曰：“履我！”良业为取履，因长跪履之。父以足受，笑而去。良殊大惊，随目之。父去里所，复还，曰：“孺子可教矣。后五日平明，与我会此。”良因怪之，跪曰：“诺。”五日平明，良往。父已先在，怒曰：“与老人期，后，何也？”去，曰：“后五日早会。”五日鸡鸣，良往。父又先在，复怒曰：“后，何也？”去，曰：“后五复早来。”五日，良夜未半往。有顷，父亦来，喜曰：“当如是。”出一编书，曰：“读此则在王者师矣。后十年兴。十三年孺子见我济北，谷城山下黄石即我矣。”遂去，无他言，不复见。旦日视其书，乃《太公兵法》也。良因异之，常习诵读之。

对这位历史上称之为“圯上老人”或者“黄石公”的神秘人物，其真实姓名，简要生平等均无记载，生卒年月也无从考查。

黄石公将《三略》传给张良，张良用《三略》帮助刘邦建立西汉。张良是历史上有名的军师。“运筹帷幄之中，决胜千里之外”就是刘邦对他的评价。张良，字子房，战国时韩国（今河南省禹州市一带）人。本姓姬，张良可能是他刺秦始皇以后的化名。从他祖父起，世代为韩王的宰相。韩被秦灭后，他决心为韩报仇，利用全部家产，谋一大力士使用大铁锤，于博浪沙中（今河南原阳东南）刺杀秦始皇未遂。由于秦始皇的搜捕，张良改姓易名流亡下邳一带，先后达十年之久。陈胜、吴广起义后，张良也参加了亡秦运动，遇刘邦于邳西，情投意合，便率众相从。张良在诛秦的战争中，屡次帮助刘邦取胜。在刘邦取道南阳以向武关时，张良力谏刘邦攻下宛城，避免了腹背受敌的“危道”。当赵高为形势所迫杀秦二世约降，刘邦以为诈，急欲攻峣官时，张良一方面提出峣官守将乃屠户之子，应利用；另一方面建议“乘其怠懈进击”。刘邦依计，遂大破秦军，秦王子婴降。

在楚汉之争中，张良在重大决策和危急关头，总是深谋远虑，献计献策，起到了决定性的作用。在著名的“鸿门宴”上，项羽欲擒杀刘邦，终赖张良、项伯，从中折冲，幸免于难。项羽封刘邦为汉王后，张良临别，劝刘邦火烧栈道，伪示永无北还之意，使项羽不再以刘邦为大敌而处处防备他。在楚汉成皋之战中，张良向刘邦建议利用九江王英布和彭越以及汉军中的韩信，最后刘邦终于依靠他们三人的力量，击败项羽。在楚汉议和和刘邦打算罢兵西归的时候，张良力劝乘势灭楚；刘邦依其计，调兵遣将，重围项羽于垓下，终于使这个身经百战的霸王绝于乌江。张良很机敏，很会随机应对。有一次，刘项对阵，项羽以伏弩射中刘邦胸，张良让刘邦务要勉强支撑起来，安抚士卒，以安军心。还有一次，刘邦听从郦食其的建议，准备分封六国后裔为诸侯。张良觐见时，刘邦正在吃饭。张良听了这件事，用吃饭筷子做数，连数分封之危险，使刘邦顿时明白，将嘴里的饭食吐在地上，大骂郦为“竖儒”。在建立西汉政权的过程中，张良在诸将中居首功，但他固辞不受齐王之封，仅受封留侯位。比起韩信、彭越被杀，萧何下狱的结局，张良能因此保全名节，不能不说是高明之举。

《三略》也是《武经七书》之一。在历史上是备受推崇的兵法书，同《六韬》齐名。“六韬三略”即表示兵法武略之意。

《三略》分上、中、下三卷，从头到尾只是论述治国理政、战略谋划等治国治军的方略问题，而不涉及治军的战术、训练、兵器、排兵布阵等具体问题，使《三略》具有和《孙子兵法》《吴子兵法》《孙膑兵法》等相似的较高层次兵学价值。上略、中略、下略论述的所有政治、谋划、战略战术问题，最后均落脚到对帝王、君主和将帅的素质要求上。同《六韬》以及后世的某些兵法相比，《三略》的这些论述方法无疑是较为高明的。

张良能帮助刘邦建立西汉统一王朝，对黄石公兵法的灵活运用是重要原因。《三略》包含着丰富的朴素唯物主义和辩证法思想。

《三略》在对待战争这个重大问题上，明确主张“兵者，不祥之器”，不得已时才进行战争。强调要进行正义战争。“圣王之用兵，非乐之也，将以诛暴讨乱也。”以正义讨伐不义，胜利是必然的。背离“天道”便死。说明战争是不可避免的，但只有进步的正义之战才能胜利，反之就失败。

《三略》强调凡出兵打仗，“必先察敌情。视其仓库，度其粮食，卜其强弱，察其天地，伺其空隙”。同时，君主要礼贤下士，爱护民众，“重视农桑，不侵占农时；减轻赋税，不使民财贫乏；减少徭役，不使民力疲困”。这样，敌国就会陷于穷困。黄石公重视士卒的力量，强调获得胜利打败敌人的是士卒，“民众如手足”等。他能够把士卒作为制胜的重要因素，同时也肯定了“利民”对于战争胜败的影响。

《三略》特别重视对将帅的要求，多次从各方面进行论述，它首先要求将帅要大公无私，要“得而勿有，居而勿守、拔而勿久、立而勿取、为者则已、有者则士”。要求将帅和士卒同甘苦共患难，“军井未达，将不言渴。军幕未办，将不言倦。冬不服裘，夏不操扇，雨不张盖”。他还要求将帅能接受下级的意见，能容纳人才，能采取众人的建议，能了解地形险阻，有渊博的知识和虚怀若谷的风度。《三略》还强调保守军事秘密，“将谋泄，则军无势；外窥内，则祸不制”，说明泄露了军事秘密，后果是不堪设想的。以上种种观点和见解，在今天也是有益的。

曹操兵法著作选编

置屯田令

【原文】

夫定国之术，在于强兵足食，秦人以急农兼天下，孝武以屯田定西域，此先代之良式也。

【译文】

安国定国的方法，在于强兵足食。秦国因为奖励耕种而兼并了天下，汉武帝用屯田的办法安定了西域，这就是以往朝代的良好样板。

【评述】

曹操于公元196年颁布了《置屯田令》。《置屯田令》肯定了秦皇汉武奖励农桑实行屯田的政策和历史经验。《置屯田令》的颁布基本解决了当时农民与土地相分离的社会矛盾，为恢复我国北方的农业生产创造了条件，亦为曹魏政权提供了租税来源，是曹操安邦定国的重要策略。

加枣祗[1]子处中封爵并祀祗令

【原文】

故陈留太守枣祗，天性忠能。始共举义兵，周旋征讨。后袁绍在冀州，亦贪祗，欲得之。祗深附托于孤，使领东阿令。吕布之乱，兖州皆叛，唯范、东阿完在，由祗以兵据城之力也。后大军粮乏，得东阿以继，祗之功也。及破黄巾定许，得贼资业，当兴立屯田，时议者皆言当计牛输谷[2]，佃科以定。

施行后，祗白以为僦牛输谷，大收不增谷，有水旱灾除，大不便。反复来说，孤犹以为当如故，大收不可复改易。祗犹执之，孤不知所从，使与荀令君议之。时故军祭酒侯声云："科取官牛，为官田计，如祗议，于官便，于客不便。"声怀此云云，以疑令君。祗犹自信，据计划还白，执分田之术③。孤乃然之，使为屯田都尉，施设田业。其时岁则大收，后遂因此大田，丰足军用，摧灭群逆，克定天下，以隆王室。祗兴其功，不幸早没④，追赠以郡，犹未副之。今重思之，祗宜受封。稽留至今，孤之过也。祗子处中，宜加封爵，以祀祗为不朽之事。

【译文】

已故陈留太守枣祗，天性忠厚能干。当初我们曾共同兴举义军，来回征战讨伐。以后，袁绍在冀州时也很贪羡枣祗，想得到他。但他深深地依附于我，我任命他为东阿县令。吕布叛乱时，兖州各县均叛变，只有范县、东阿县完好，这是因枣祗带兵守城的缘故。后来，我大军缺粮，得到东阿支援，这也是枣祗的功劳。及至破了黄巾定都许昌，获得敌人资财，应当兴立屯田。当时，议论的人都说，应当按牛收粮，佃农缴租的办法实行。实行后，枣祗表白，以为按牛收粮，大丰收了也不能增收粮食，遇到水、旱灾害时，又没有好处。他反复来陈述，我还是以为应当按旧法办，大丰收也不可更改。枣祗仍坚持他的想法，我不知如何办好，便让他和荀彧商议这件事。当时，已故军祭酒侯声说："按官牛收租税，对官田实行这个办法，对官方有好处，而对种田人没有好处。"侯声持这种说法，使荀彧也犹豫起来。枣祗还是自信，还按他的计划来陈述，坚持屯田的办法，我才同意，并任命他为屯田都尉，实施屯田的事情。屯田的当年就获得大丰收，后才因此而扩大了屯田，丰足了军用，剿灭了各叛逆，平定天下，振兴王室。枣祗建此功劳，不幸早逝，虽追赠为郡，还是和他的功劳不相符。现在重新考虑这件事，枣祗应得到封赐，延留至今，这是我的过失。枣祗的儿子处中应加封爵，以祭祀枣祗不朽的事迹。

【注释】

①枣祗：祗（zhī），枣祗，生卒年月不详，东汉末年颍川阳翟（今河南禹州）人。曾任东阿（今属山东）县令、羽林监、屯田都尉、陈留太守等职。史书记载他首倡"屯田制"，在中国古社会的政治、经济和军事发展史上，占有极其重要的地位。

②牛输谷：曹操迁都许昌后所推行的一种新的生产方式：官府把耕牛租给佃农使用，佃农便以租牛数目缴纳赋税。

③分田之术：即枣祗之建议，以土地分授农民种植，以土地份额缴纳赋税的政策，也即后来的屯田政策。

④没：同"殁"。

【评述】

《加枣祗子处中封爵并祀祗令》可以看出：一是曹操屯田政策的来龙去脉；二是曹操善于听取不同意见；三是奖功罚过，仅依社会贡献为据，不以自己的喜好为准。

败军令[①]

【原文】

司马法："将军死绥。"故赵括[②]之母，乞不坐括。是古之将者，军破于外，而家受罪于内也。自命将征行，但赏功而不罚罪，非国典也。其令诸将出征，败军者抵罪，失利者免官爵。

【译文】

《司马兵法》说："领兵的人死于临阵退却。"所以赵括的母亲，请求不要连坐于赵括。因为这个原因，古时的将领，领军失败在外，而家属被刑罪于朝内。自从命令将士出征以来，只赏功而没有罚罪，这不合乎国法。现在命令：各位将领出征时，使部队失败的人要抵罪，失利的人要免除官爵。

【注释】

①败军令：曹操制定的军令。其对象主要针对领兵出征之将帅，《败军令》同曹操的《重功德令》一起成为曹操奖罚高层将帅的纪律条令。

②赵括：战国时赵国名将赵奢的儿子，自幼"徒读父书，不知通变"，秦赵长平（今山西高平）之战时代廉颇为将，致使五十万赵军为秦所败。括拜为上将军时，其母曾上书赵王："倘兵败，妾一家请无连坐。"

【评述】

体现了对高层将帅赏罚分明、严格要求的政策。

论吏士行能令

【原文】

议者或以军吏虽有功能，德行不足堪任郡国之选，所谓“可与适道，未可与权”。管仲曰：“使贤者食于能则上尊，斗士食于功则卒轻于死，二者设于国则天下治。”未闻无能之人，不斗之士，并受禄赏，而可以立功兴国者也。故明君不官无功之臣，不赏不战之士；治平尚德行，有事赏功能。论者之言，一似管窥虎欤！

【译文】

爱议论的人常以军队官吏虽然有战功和才能，但道德品行不足以堪作郡国之任的人选，说“只可与之同道，不可给予权势”。管仲说：“让贤明的人发挥才能国君就能受尊敬，斗士能靠功勋吃饭，士卒就会不怕死。这两种人都能为国效力，那么天下就大治了。”从未听说没有才能的人、不会打仗的士兵，受了爵禄和赏赐而可以立功兴国的。所以贤明的国君不进封没有功绩的人为官，不奖赏没有打过仗的士兵，太平治世崇高道德品行，而国家有事之时就要奖赏功绩和才能。人们的这些议论，实在像从竹管里看老虎啊！

【评述】

体现曹操唯才是举，奖励贡献的思想。

求言令[①]

【原文】

夫治世御众，建立辅弼[②]，戒在面从，《诗》称“听用我谋，庶无大悔”，斯实君臣恳恳之求也。吾充重任，每惧失中，频年以来，不闻嘉谋。岂吾开延不勤之咎邪？自今以后，诸掾属治中、别驾[3]，常以月旦各言其失，吾将览焉。

自今诸掾属侍中，常以月朔各进得失，纸书函封。主者朝常给纸函各一。

【译文】

凡治理社会，控御老百姓，必须设立宰相，目的在于当面听取意见并采纳告诫，《诗经》说“听我用我的计谋，就不会有大的悔恨”。这实在是国君和臣下之间衷心的要求。我担当着重任，经常畏惧有不当之处。几年以来，没有听到好的谋略，岂不是我开门引进不勤的过错吗？从今以后，属下的各位治中、别驾，要常于每月初向我进言过失，我将一一阅读。

从今以后，所属各位侍中要于每月初一进言得失，用纸书写函封后送来朝中。主持朝政的要经常发给信袋和信纸。

【注释】

①求言令：为公元 206 年曹操出征剿灭袁绍之前发布，本篇选自汉魏六朝名家集本《魏武帝集》。

②辅弼（fǔ bì）：辅佐、辅助，多指辅佐君主的人，后多指宰相。

③掾属治中、别驾：掾是古代属下官员的通称。治中、别驾皆为官名。治中为州刺史的助理，别驾为刺史的佐吏，总理众务。

【评述】

体现了曹操广纳言路的思想。

存恤从军吏士家室令[1]

【原文】

自顷以来，军数征行，或遇疫气，吏士死亡不归，家室怨旷，百姓流离，而仁者岂乐之哉？不得已也。其令死者家无基业不能自存者，县官勿绝廪，长吏存恤抚循，以称吾意。

【译文】

近来，军队几次征伐远行，有时遇到瘟疫流行，官吏和士兵死亡回不来，他们的家室因失去亲人而埋怨，老百姓流离失所，而仁人哪会以这种现象为快乐呢？是不得已没有办法啊！现在命令：死者家里没有基业不能独立生存下去的，县府不能断绝供给粮食，长官要体恤安慰他们，以称我的本意。

【注释】

①存恤从军吏士家室令：恤，救济；存恤，慰问救济，优抚；本文选自《魏书·武帝纪》。

【评述】

体现了曹魏政权对军人的优抚政策，对安定军心鼓励军人勇敢作战起到了很大作用。

选军中典狱令①

【原文】

夫刑，百姓之命也。而军中典狱者或非其人，而任以三军死生之事，吾甚惧之。其选明达法理者，使持典刑。

【译文】

关于行刑的事，是关系到很多人生命的大事。如果军队中掌管司法的人不称职而委任他管理全军生死的大事情，我就非常担忧。应精选通晓法理的人，让他们来主持官司刑罚之事。

【注释】

①选军中典狱令：典，执掌，掌握；典狱，执掌刑狱之事。选自《魏书·武帝纪》。

【评述】

曹操要求选拔精通法律的人担当军队的刑典之事，可以看出曹操试图将法治精神落实到治军的各个方面。

举贤勿拘品行令

【原文】

昔伊挚、傅说①出于贱人，管仲②，桓公贼也，皆用之以兴。萧何、曹参③，县吏也，韩信、陈平④负污辱之名，有见笑之耻，卒⑤能成就王业，声著千载。吴起贪将，杀妻自信，散金求官，母死不归，然在魏，秦人不敢东向，在楚则三晋不敢南谋。今天下得无有至德之人放在民间，及果勇不顾，临敌力战；若文俗之吏，高才异质，或堪为将守；负污辱之名，见笑之行，或不仁不孝而有治国用兵之术：其各举所知，勿有所遗。

【译文】

古时候，伊挚、傅说都出身于贱民，管仲是齐桓公敌对的人，都因为得到重用而使国家兴盛。萧何、曹参都是县府的小官吏，韩信、陈平曾背过受污辱的名声，有被人嘲笑的耻辱，但终能帮助成就帝王的业绩，名声著于千载。吴起为了作将领，杀了妻子以取得信任，散发金银以求官职，母亲死了不回家归葬，但是他在魏国，秦国不敢向东图；在楚国，三晋（韩、赵、魏）不敢向南谋。现在天下怎么会没有极高道德的人生长在百姓中间呢？比如，果断勇敢不顾一切，遇到敌人拼死作战的；习性文俗，才能极高，而气质优异，可以作将领守备的小吏，背负污辱的名声，有过被人嘲笑的行为或虽不仁不孝，但有治理国家和用兵打仗的本领的。大家都要推荐自己所了解的人才，不要遗漏。

【注释】

①伊挚、傅说：伊挚即伊尹，传说奴隶出身，后帮助商汤攻灭夏桀，为商朝开国宰相。傅说为商王武丁的大臣，相传也是奴隶出身。

②管仲：战国时齐国人，初为齐襄公长子纠的老师。襄公死后，次子小白与纠争先入齐继

位，管仲曾用箭射中小白之面。小白即位（齐桓公）后，从鲍叔牙荐，任管仲为相。

③萧何、曹参：均为西汉功绩显赫的开国名将，沛县（江苏沛县）人。萧何在秦时做过沛主吏掾（县主助理的附属官），曹参做过狱掾（掌管刑狱的小官）。

④韩信、陈平：均为西汉开国名将。韩信为淮阴人，少时家贫。一次淮阴一少年侮辱他说："你要是不怕死，就刺死我；要是怕死，就从我胯下钻过去。"韩信没有办法，只好从胯下钻过去。陈平是阳武（今河南原阳县）人，少时家贫娶不到妻子，欲娶五嫁而死夫的张女，女父张仲嫌因"一县中尽笑其所为"而不愿嫁女（后女爷张负主嫁）。

⑤卒：最终。

【评述】

本篇集中体现了曹操的人才政策。曹操先后启用名声不好的郭嘉，任用曾为袁绍写文稿谩骂过自己的陈琳，他还从士兵和俘虏中提拔任用了张辽、徐晃、于禁、乐进等为大将。这些人对他忠心耿耿，立下了汗马功劳。即使像关羽这样明知投降以后还可能要反水的人，他也仍然以礼相待。曹操这种打破常规、不拘一格、唯才是举、用其所长的人才政策受到后世许多帝王和将相们的重视和嘉许，也遭到信奉儒家思想人的非议。

船战令①

【原文】

雷鼓一通，吏士皆严；再通，什伍皆就船。整持橹棹，战士各持兵器就船，各当其所。幢幡②旗鼓，各随将所载船。鼓三通鸣，大小战船以次发，左不得至右，右不得至左，前后不得易，违令者斩。

【译文】

擂罢第一通鼓，军官、士兵都要戒严；第二通鼓，队伍就要上船，整理所带的橹桨等船具，作战士兵各持兵器就位，各自担当自己的职责。幢幡旗鼓等（指挥器具），由指挥的将领携带上船。第三通鼓一响，大小战船按先后次序出发，左边的不得驶至右边，右边的不得驶至左边，前面的和后面的不得互换位置。违反此令的斩首。

【注释】

①船战令：本篇《船战令》及下篇《步战令》均选自《通典》一百四十九篇。

②幢幡：幢是作仪仗用的旗帜，幡是挑起来直着挂的长条形旗帜。

【评述】

分析是曹操南下征讨孙吴之前，为使不熟悉水战的北方军队迅速熟悉水战所采取的训练措施。

步战令

【原文】

严鼓一通，步骑悉士装；再通，骑上马，步结屯；三通以次出之，随幡所指。住（同驻）者结屯幡后，闻急鼓音整陈（同阵），斥候者视地形广狭，从四角而立表（同标），制战阵之宜。诸部曲者，各自安部陈兵疏数（cù）。兵曹举白，不如令者斩。兵若欲作陈对敌营，先白表，乃引兵就表而陈。临阵皆无欢哗，明听鼓音，旗幡麾前则前，麾后则后，麾左则左，麾右则右。麾不闻令，而擅前后左右者斩。伍中有不进者，伍长杀之；伍长有不进者，什长杀之；什长有不进者，都伯杀之。督战部曲将，拔刃在后，察违令不进者斩之；一部受敌，余部不进救者斩，临战兵弩不可离陈；离陈，伍长什长不举发，与同罪。无将军令妄行陈间者斩。临阵，陈骑[①]皆当在军两头，前陷，陈骑次之，游骑在后；违令髡（kūn，剃去头发），鞭二百。兵进，退入陈间者斩。若步骑与贼对阵，临时见地势，便欲使骑独进讨贼者，闻三鼓音，步特从两头进战，视麾所指，闻三金音还。此但谓独进战时也。其步骑大战，进退自如法。吏士向陈骑驰者斩。吏士有妄呼大声者斩。追贼不得独在前在后，犯令者罚金四两。士将战，皆不得取牛马衣物，犯令者斩。进战，士各随其号；不随号者，虽有功不赏。进战，后兵出前，前兵在后，虽有功不赏。临阵，牙门将骑督明受都令，诸部曲督将吏士，各战时校督部曲，督住陈后，察凡违令畏懦者。□有急，闻雷鼓音绝后，六音严毕，白辨便出。卒逃归，斩之；一日家人弗捕执，及不言于吏，尽与同罪。

【译文】

擂鼓一遍，步骑官兵都要整理好装具；第二遍，骑兵上马，步兵收束好营帐；擂罢第三遍鼓后，各部按次序出发，跟随指挥的幡旗前进。停止时，营帐安扎在幡旗后面。听到急速的鼓声就要整理行伍，侦察敌情的士兵要视地形的宽窄，按照四个角树立标杆，制定战阵的事情。各部分队按照要求部署自己的部队，并向曹军报告明白，不遵令的斩首。军队如果要布阵对敌，先要树立标志，然后引导部队按标志列阵。列阵后都不得喧哗，注意听明鼓声。指挥旗帜指前就向前，指后就向后，指左就向左，指右就向右。持指挥旗没有听到指挥的命令就擅自前后左右指挥的斩首。伍中有让进不进的，伍长杀他；伍长有让进而不进的，什长杀他；什长有让进而不进的，都伯杀他。督战的部分队将领，持刀在阵后，察明有违反命令，让进不进的要斩首；一部受敌包围，其余不去援救的斩首。临战之时，兵器和弓弩不能离开阵；离阵伍长、什长如不告发，要治以相同的罪。没有带军令而在阵间乱走的斩首。临战之时，阵骑都要在阵的两头。如阵的前锋被攻破，阵骑要继之补充，游骑跟随其后；违犯的剃去头发，鞭打二百。军队前进时，退入阵间的斩首。步骑如果与敌对阵，见地势有利临时便想使用骑兵单独进攻的，听到擂鼓三遍，步兵就要根据旌旗所指方向从两头进战，听到三遍锣声就要返回。这是讲步兵或骑兵单独进战时，如果步骑联合作战，前进后退自然按常法。官吏跑到阵骑前面的斩首，官吏有大声乱喊的斩首。追击敌人时，不得单独在前或在后，违犯的罚金四两。官兵将要出战，都不得掠取牛马衣物，违犯的斩首。进战时，官吏都要听号令；不听号令的，即使有功也不奖赏。进战之时，后面的部队跑到前面，前面的部队跑到后面，即使有功也不奖赏。临阵之时，牙门的将领和骑督等要听明督令，各部分队将领和官吏要监督好自己的部队，督住后阵，察明违犯命令和畏惧怯懦不敢前进的人。如有紧急，听到阵后鼓音中断，六音紧急完毕，辨清以后便出击。士卒有逃回家的，斩首；一天内家人没有捕执归队或不告官吏的，家人均与逃卒同罪。

【注释】

①阵骑：曹操将骑兵按任务分为战骑、陷骑、游骑。此处阵骑似指战骑，按曹操讲法，战骑居前，做奇兵用。下文的游骑居后。参见《唐太宗李卫公问对》卷中。

【评述】

本篇讲述曹操步战部队的队列和阵形，体现了纪律严明、严格要求的精神。

孙子序

【原文】

操闻上古有弧矢之利,《论语》[①]曰“足兵”,《尚书》八政曰“师”,《易》曰“师贞丈人吉”,《诗》曰:“王赫斯怒,爰征其旅,”黄帝、汤、武咸用干戚以济世也。《司马法》曰:“人故杀人,杀之可也。”恃武者灭,恃文者亡,夫差、偃王是也。圣人之用兵,戢而时动,不得已而用之。吾观兵书战策多矣,孙武所著深矣。孙子者,齐人也,名武,为吴王阖闾作兵法一十三篇,试之妇人,卒以为将,西破强楚入郢,北威齐、晋。后百岁余有孙膑,是武之后也。审计重举,明画深图,不可相诬。而但世人未之深亮训说,况文烦富,行于世者,失其旨要。故撰为略解焉。

【译文】

我听说上古的时候就知道弓和箭的锋利,《论语》说“强兵”,《尚书》八政中也讲“军队”,《周易》中说“军队坚强老人们就安详”,《诗经》说“君王震怒,于是就出军征伐”,黄帝、商汤、周武都知道用盾和戚来解救世界。《司马兵法》说:“人如果杀了人,杀他是可以的。”仅仅依赖武力的固然要灭亡,仅仅依赖文治的也要灭亡。吴王夫差、偃王都是这样。圣明的人对军队都是尽量少用,不得已才用的。我读兵书战策很多,以为孙武所著的最深刻。孙子,齐国人,名武,为吴王阖闾写兵法一十三篇,并在妇女中试行,终于,吴王用他为将领,向西打败了强大的楚国而进到其都城郢,向北威胁到齐国和晋国。一百多年以后的孙膑,是孙武的后代。审察计算、重视行动、精明谋划、高深运筹,这些都是不能搞错的,而一般人又不懂得它的高深和奥妙的道理。何况它文义繁杂,经流行以后,有的已不符合它原来的意义。所以我为它略加注解。

【注释】

①《论语》:同后文《尚书》《周易》《诗经》等一样均为儒家信奉的经典。《论语》是孔子弟子及其再传弟子关于孔子言行的记录。

孙子注

计　篇

【原文】

曹公曰：计者，选将量敌、度地料卒，远近险易，计于庙堂也。

孙子曰：兵者，国之大事，死生之地，存亡之道，不可不察也。故经之以五校之以计而索其情。

曹公曰：谓下五事，彼我之情。

一曰道，二曰天，三曰地，四曰将，五曰法。道者，令民与上同意者也，故可与之死，可与之生，而民不畏危。

曹公曰：谓道之以教令。危者，危疑也。

天者，阴阳、寒暑，时制也。

曹公曰：顺天行诛，因阴阳四时之制，故司马法曰："冬夏不兴师，所以兼爱民也。"

地者，远近、险易、广挟、死生也。

曹公曰：言以九地形势不同，因时制利也。论在九地篇中。

将者：智、信、仁、勇、严也。

曹公曰：将宜五德备也。

法者，曲制、官道、主用也。

曹公曰：曲制者，部曲旗帜金鼓之制也；官者，百官之分也；道者，粮路也；主用者，主军费用也。

凡此五者，将莫不闻，知之者胜，不知者不胜。

曹公曰：同闻五者，将知其变极即胜也。

故校之以计而索其情。

曹公曰：索其情者，胜负之情。

曰主孰有道，将孰有能，

曹公曰：道德智能。

天地孰得，

曹公曰：天时、地利。

法令孰行，

曹公曰：设而不犯，犯而必诛。

兵众孰强，士卒孰练，赏罚孰明，吾以此知胜负矣。

曹公曰：以七事计之，知胜负矣。

将听吾计，用之必胜，留之；将不听吾计，用之必败，去之。

曹公曰：不能定计，则退而去也。

计利以听，乃为之势以佐其外；

曹公曰：常法之外也。

势者，因利而制权也。

曹公曰：制由权也，权因事制也。

兵者，诡道也。

曹公曰：兵无常形，以诡诈为道。

故能而示之不能，用而示之不用，近而示之远，远而示之近。利而诱之，乱而取之，实而备之，

曹公曰：敌治实须备之也

强而避之，

曹公曰：避其所长也。

怒而桡之，

曹公曰：待其衰懈也。

卑而骄之，逸而劳之，

曹公曰：以利劳之。

亲而离之，

曹公曰：以间离之。

攻其无备，出其不意。

曹公曰：击其懈怠，出其空虚。

此兵家之胜，不可先传也。

曹公曰：传犹泄也。兵无常势，水无常形，临敌变化，不可先传。故曰料敌在心，察机在目也。

夫未战而庙算胜者，得算多也；未战而庙算不胜者，得算少也。多算胜，少算不胜，而况于无算乎！吾以此观之，胜负见矣。

曹公曰：以吾道观之矣。

【译文】

曹公说："所谓计，就是对选择将领，分析敌人，审察地形，了解士卒，距离远近，战事难易程度等问题计算对比于庙堂。"

曹公说："以下说的五个方面，也是我所想的事情。"

曹公说："讲道，就要教化老百姓。所谓'危'，只是有危的疑义罢了。"

曹公说："顺从天理施行讨伐，要按照阴阳和四季气候等情况进行，所以《司马兵法》说'冬天和夏天不要兴师出兵'，这有兼爱老百姓的意思。"

曹公说："讲九种地形情况不同，要因时制宜，这在《九地篇》中还有进一步的论述。"

曹公说："将领应该兼备智、信、仁、勇、严五种品德。"

曹公说："关于制度，就是部分队的旌旗幡帜，金鼓等使用的规定；关于官员编制，就是各种官吏的区分；关于道路，就是运粮的道路；关于主用的问题，就是军费动用等。"曹公说："以上五校之计，大家都熟悉了，只有精深它的极端变化才能取得胜利。"

曹公说："（以五校之计）分析情况就是分析胜负。"

曹公说："道德，品行，智慧，才能，天时，地利，以及法律能设而不犯，犯法必究，对这七件事计算对比，胜负就可知道了。"

曹公说："不能设定计谋的，就让其退而走吧。"

曹公说："这是一般常规办法以外的办法啊！"

曹公说："采取行动要根据权衡决定；而权衡，又要根据实际情况决定。"

曹公说："用兵没有固定的形态，以诡诈为其根本依据。"

曹公说："对治理得好，力量充实的敌人一定要防备他。"

曹公说："对强敌要避开他的长处。"

曹公说："（对发怒之敌）要等待他衰竭懈怠。"

曹公说："（对骄敌）要用利益引诱使他疲劳。"

曹公说："（要团结之敌）要离间他们。"

曹公说："要攻击敌懈怠的地方；打击敌空虚的地方。"

曹公说："传了就会暴露出去。用兵没有固定运用的势，就像水没有固定的形状一样。临敌时的变化，是不可能先传的，所以说，估量敌人只在心里，观察机会只在眼前。”

曹公说：“用我的经历也可以说明这个道理啊！”

作战篇

【原文】

曹公曰：欲战必先算其费，务因粮于敌也。

孙子曰：凡用兵之法，驰车千驷，革车千乘，带甲十万。

曹公曰：驰车，轻车也，驾驷马，凡千乘。革车，重车也，言万骑之重也。一车驾四马，卒十骑一重。养二人主炊，家子一人主保固守衣装，厩二人主养马，凡五人。步兵十人，重以大车驾牛。养二人主炊，家子一人主守衣装，凡三人也。带甲十万，士卒数也。

千里馈粮，

曹公曰：越境千里。

则内外之费，宾客之用，胶漆之材，车甲之奉：日费千金，然后十万之师举矣。

曹公曰：谓赠赏犹在外。

其用战也，胜久则钝兵挫锐，攻城则力屈，

曹公曰：钝，弊也；屈，尽也。

久暴师则国用不足。夫钝兵、挫锐、屈力、殚货，则诸侯乘其弊而起，虽有智者，不能善其后矣。故兵闻拙速，未睹巧之久也。

曹公曰：虽拙有以速胜。未睹者，言其无也。

夫兵久而国利者，未之有也。故不尽知用兵之害者，则不能得尽知兵之利也。善用兵者，役不再籍，粮不三载；

曹公曰：籍犹赋也，言初赋民便取胜，不复归国发兵也。始载粮，后遂因食于敌，还兵入国，不复以粮迎之也。

取用于国，因粮于敌：故军食可足也。

曹公曰：兵甲战具，取用国中，粮食因敌也。

国之贫于师者远输，远输则百姓贫；近于师者贵卖，贵卖则百姓财竭，

曹公曰：军行已出界，近师者贪财，皆贵卖，则百姓虚竭也。

财竭则急于丘役。力屈财殚，中原内虚于家，百姓之费，十去其七。

曹公曰：丘，十六井也。百姓财殚尽而兵不解，则运粮尽力于原野也。十去其七者，所破费也。

公家之费：破车罢马，甲胄矢弩，戟楯蔽橹，丘牛大车，十去其六。

曹公曰：丘牛谓丘邑之牛，大车乃长毂车也。

敌智将务食于敌。食敌一钟，当吾二十钟；萁秆一石，当吾二十石。

曹公曰：六斛四斗[①]为钟。计千里转运，二十钟而致一钟于车中也[②]。萁，豆秸也；秆，禾藁也。石者，百二十斤也。转输之法，费二十石得一石。一云，萁，豆也，七十斤为一石。当吾二十，言远费也。

故杀敌者，怒也；

曹公曰：威怒以致敌。

取敌之利者，货也。

曹公曰：军无财，士不来；军无赏，士不往。

故车战：得车十乘已上，赏其先得者，

曹公曰：以车战能得敌车十乘已上，赏赐之。不言车战得车十乘已上者赏之，而言赏得者何？言欲开示赏其所得车之卒也。陈车之法，五车为队，仆射一人。十车为官，卒长一人。车十乘，乘将吏二人。因而用之，故别言赐之，欲使将恩下及也。或云，言使自有车十乘已上与敌战，但取其有功者赏之，其十乘以下，虽一乘独得，余九乘皆赏之，所以率进励士也。

而更其旌旗；

曹公曰：与吾同也。

车杂而乘之，

曹公曰：不独任也。

卒善而养之，是谓胜敌而益强。

曹公曰：益己之强。

故兵贵速，不贵久。

曹公曰：久则不利。兵犹火也，不戢将自焚也。

故知兵之将，民之司命，而国安危之主也。

曹公曰：将贤则国安也。

【译文】

曹公说："要打仗一定要先计算费用，务必使粮草取之于敌人。"

曹公说："驰车就是轻车。这种车驾四匹马，一般有一千乘。革就是重车，一般讲有万乘之多。（轻车）一车驾四匹马，士卒十骑跟随。另有厨师两人管做饭和日常勤务，一人保管衣物装备，马夫两人管饲养马匹，一共五人。（重车）步兵十人跟随，以牛驾车。另有厨师两人管做饭和日常勤务，一人保管衣物装备，共计三人。带甲十万，指士兵的数量。"

曹公说："就是越境千里运送粮食。"

曹公说："赠赏费用还在外。"

曹公说："钝就是敝，屈就是尽。"

曹公说："虽然笨拙但能速就可以胜。（关于巧而慢能取胜）未睹者，就是说没有的意思。"

曹公说："征役就是赋税。人民只服一次役，国家就取胜了，就不用回国再发兵了。只第一次运粮，便取用敌人的粮食；还兵回国，就不用以粮食来迎接他们了。"

曹公说："兵器甲胄战具等从国内取用，粮食要取之于敌人。"

曹公说："军队走出国界后，沿路靠近军队的人贪财，就会提高卖价，百姓就会财力枯竭。"

曹公说："丘。就是十六井田。如果财尽力竭还不能和兵，老百姓就要因运粮尽力在原野。十之六七的人力物力就会花费在这上面。"

曹公说："丘牛就是耕牛，大车就是长毂车。"

曹公说："六斛四斗为一钟。计算千里运转，二十钟才能有一锺运至部队中。萁就是豆秆，秆就是禾草。一石就是一百二十斤。转运的结果，花费二十石才能运来一石。另一个意思说："萁，就是豆，七十斤为一石。孙子说'当我二十'，意思讲远途运输破费很大。"

曹公说："威怒就会仇视敌人。"

曹公说："军队没有资财，兵士就不会来；军队没有奖赏，兵士就不会往。"

曹公说："在车战中能俘获敌车十乘以上的，就要赏赐给他。不讲在车战中俘获车十乘以上的就奖赏，而讲奖赏俘获的东西，为什么呢？这是想表示奖赏俘获敌车的兵卒。车阵战法，五个车为一队，有仆射一人。十个车为一官，有卒长一人。战车十乘就有乘车将吏两人。因而说赐给他，想使将吏把恩惠再往下布及。也有的说：假使自己有车十乘以上与敌作战，只取有功的奖赏；十乘以下，哪怕是一乘独获，其余（俘获）九乘也都要奖赏给他。所以这样做是用以鼓励士兵的意思。

曹公说："这和我的想法相同。"

曹公说："不单独使用一种战车。"

曹公说："可以壮大自己的力量。"

曹公说："时间久了就不利。用兵像用火一样，用久了不收敛就会烧焚自己。"

曹公说："将领贤明是国家安泰的保证。"

【注释】

①六斛四斗：斛（hú）、斗（dǒu），均为中国旧量器名，亦是容量单位。一斛为十斗，后来也有称五斗的。

②二十钟而致一钟于车中：钟和下文的石（shí）亦均为旧容量单位。这句话意思为长途运输，二十钟就有十九钟在路途吃掉或者耗费掉了，所以只有一钟能运到部队中来。

谋攻篇

【原文】

曹公曰：欲攻敌，必先谋。

孙子曰：凡用兵之法：全国为上，破国次之。

曹公曰：兴师深入长驱，距其城郭，绝其内外，敌举国来服为上。以兵击破，败而得之，其次也。

全军为上，破军次之。

曹公曰：司马法曰："一万二千五百人为军。"

全旅为上，破旅次之；

曹公曰：五百人为旅。

全卒为上，破卒次之。

曹公曰：一旅已下，至一百人也。

全伍为上，破伍次之。

曹公曰：百人已下至五人。

是故，百战百胜，非善之善者也；不战而屈人之兵，善之善者也。

曹公曰：未战而敌自屈服。

故上兵伐谋，

曹公曰：敌始有谋，伐之易也。

其次伐交，

曹公曰：交，将合也。

其次伐兵，

曹公曰：兵形已成也。

其下攻城；

曹公曰：敌国已收其外粮，城以攻之，为下政也。

攻城之法，为不得已。修橹轒辒，具器械，三月而后成，距堙又三月而后已；

曹公曰：修，治也。橹，大楯也。轒辒者，轒床也；轒床其下四轮，从中推之至城下也。具，备也。器械者，机关攻守之总名，蜚楼云梯之属。距堙者，踊土积，高而前，以附其城也。

将不胜心其忿而蚁附之；杀士三分之一，而城不拔者，此攻之灾。

曹公曰：将忿不待攻城器，而使士卒缘城而上，如蚁之缘墙，必杀伤士卒也。

故善用兵者，屈人之兵，而非战也；拔人之城，而非攻也，毁人之国，而非久也。

曹公曰：毁灭人国，不久露师也。

必以全争于天下。故兵不顿而利可全，此谋攻之法也。

曹公曰：不与敌战而必完全得之，立胜于天下，不顿兵血刃也。

故用兵之法，十则围之，

曹公曰：以十敌一则围之，是将智勇等而兵利钝均也。若主弱客强，不用十也，操所以倍兵围下邳生擒吕布也。

五则攻之，

曹公曰：以五敌一，则三术为正，二术为奇。

倍则分之，

曹公曰：以二敌一，则一术为正，一术为奇。

敌则能战之，

曹公曰：己与敌人众等，善者犹当设奇以胜之。

少则能逃之，

曹公曰：高壁坚垒，勿与战也。

不若则能避之。

曹公曰：引兵避之也。

故小敌之坚，大敌之擒也。

曹公曰：小不能当大也。

夫将者，国之辅也，辅周则国强，

曹公曰：将周密，谋不泄也。

辅隙则国必弱。

曹公曰：形见于外也。

故君之所以患于军者三：不知军之不可以进而谓之进；不知军之不可以退而谓之退，是谓縻军。

曹公曰：縻，御也。

不知三军中之事，而同三军中之政者，则军士惑矣；

曹公曰：军容不入国，国容不入军，礼不可以治兵也。

不知三军之权，而同三军之任，则军士疑矣。

曹公曰：不得其人意也。

三军既惑且疑，则诸侯之难至矣，是谓乱军引胜。

曹公曰：引，夺也。

故知胜有五：知可以战与不可以战者胜。识众寡之用者胜。上下同欲者胜，

曹公曰：君臣同欲。

以虞待不虞者胜，将能而君不御者胜。

曹公曰：司马法曰："进退唯时，无曰寡人"也。

此五者，知胜之道也。

曹公曰：此上五事也。

故曰：知彼知己，百战不殆；不知彼而知己，一胜一负；不知彼，不知己，

每战必殆。

【译文】

曹公说："想要进攻敌人。一定要先进行谋划。"

曹公说："出师长驱深入，到达敌城郭之下，阻绝他的内外联系，使敌人举国来屈服为上法。用兵攻破，打败而俘虏他为其次。"

曹公说："《司马兵法》说：'一万二千五百人为一军。'"

曹公说："五百人为一旅。"

曹公说："一旅以下至一百人（为一卒）。"

曹公说："百人以下至五人（为一伍）。"

曹公说："不用作战而使敌人自行屈服。"

曹公说："一开始即以谋略对敌，讨伐他就容易。"

曹公说："交，就是接触。"

曹公说："交战的形势已形成之时。"

曹公说："敌国已经将他外面的粮食收藏了，围他的城池而攻击他，这是下等的办法。"

曹公说："修，就是制造；橹就是大桨；轒辒，就是轒床。

轒辒下有四个轮子，因此可以推它到城墙下。具，就是准备，器械，就是各种兵器开关的总称，蜚楼云梯之类的东西；距堙，就是推土堆高往前延伸，直至附到城墙根下。"

曹公说："将领愤怒，不等攻城的器具齐备，就让士卒沿墙而上，这就像蚂蚁爬墙一样，会使士卒受到杀伤。"

曹公说："毁灭别人的国家，不能长时间在外显示军队。"

曹公说："不需与敌交战而能完全得到他，使胜利昭示天下，不用钝兵血刃（这就是谋攻）。"

曹公说："以十敌一就包围，是指将领的智慧、勇气和兵士的锋锐等因素都差不多的情况下。如果守的一方弱而攻的一方强，就不需要十倍了。因此我用两倍的兵力围攻下邳便活捉了吕布。"

曹公说："以五敌一，就要三分为正两分为奇。"

曹公说："以二敌一，就要一分为正，一分为奇。"

曹公说："自己和敌人人数相等，高明的人就应以预设埋伏等奇计战胜敌人。"

曹公说："（自己的兵力少）就应高壁坚垒，不与敌人交战。""不然，就引兵避开敌人。""总之，小是不能挡大的。"

曹公说："将领做事周密，谋略就不会泄露出去。"

曹公说："（将领有漏洞，谋）就会显形于外。"

曹公说："縻，就是御。"

曹公说："军队的仪容不能用于国家，国家的仪容不能用于军队。礼义不能用来治理军队。"

曹公说："（不懂得军队的事情而带兵就是）不懂得用人的要领。"

曹公说："引，就是夺的意思。"

曹公说："《司马兵法》说：'进和退都适时，就不会成为孤家寡人。'"

曹公说："以上五件事（就是制胜之道）。"

形　篇

【原文】

曹公曰：军之形也。我动彼应，两敌相察情也。

孙子曰：昔之善战者，先为不可胜，以待敌之可胜；不可胜在己，可胜在敌。

曹公曰：自修理以待敌之虚懈也。

故善战者，能为不可胜，不能使敌必可胜。故曰：胜可知，

曹公曰：见成形也。

而不可为。

曹公曰：敌有备故也。

不可胜者守也

曹公曰：藏形也。

可胜者攻也。

曹公曰：敌攻己，乃可胜。

守则不足，攻则有余。

曹公曰：吾所以守者，力不足也；所以攻者，力有余也。

善守者藏于九地之下，善攻者动于九天之上，故能自保全胜也。

曹公曰：因山川丘陵之固者，藏于九地之下，因天时之便者，动于九天之上。

见胜不过众人之所知，非善之善者也；

曹公曰：当见未萌。

战胜而天下曰善，非善之善者也；

曹公曰：交争胜也。故太公曰："争胜于白刃之□，非良将也。"

故举秋毫不为多力，见日月不为明目，闻雷霆不为聪耳。

曹公曰：易见闻也。

古之所谓善战者胜，胜易胜者也。

曹公曰：原微易胜，攻其可胜，不攻其不可胜也。

故善战者之胜也，无智名，无勇功。

曹公曰：敌兵形未成，胜之无赫赫之功也。

故其战胜不忒；不忒者，其所措必胜，胜已败者也。

曹公曰：察敌有可败，不差忒也。

故善战者，立于不败之地，而不失敌之败也。是故胜兵先胜而后求战，败兵先战而后求胜。

曹公曰：有谋与无虑也。

善用兵者，修道而保法，故能为胜败之政。

曹公曰：善用兵者，先自修治为不可胜之道，保法度不失敌之败乱也。

兵法一曰度，二曰量，三曰数，四曰称，五曰胜。

曹公曰：胜败之政，用兵之法，当以此五事称量，知敌之情。

地生度，

曹公曰：因地形势而度之。

度生量，量生数，

曹公曰：知其远近广狭，知其人数也。

数生称，

曹公曰：称量敌孰愈也。

称生胜。

曹公曰：称量之数，知其胜负所在。

故胜兵若以镒称铢，败兵若以铢称镒。

曹公曰：轻不能举重也。

胜者之战民也，若决积水于千仞之溪者，形也。

曹公曰：八尺曰仞。决水千仞，其势疾也。

【译文】

曹公说："这是讲军队的形态。我动他也相应动，敌对双方互相审察情况。"

曹公说："首先要修明并治理好自己的军队，以等待敌人的虚弱和懈怠。"

曹公说："可以从形态看出。"

曹公说："这是敌人有准备的原因。"

曹公说："这就是把我的形隐藏起来。"

曹公说："敌人攻我，才可以胜利。"

曹公说："我之所以要守，是因为力量不足；所以要攻，是因为力量有富余。"

曹公说："会利用山川丘陵之险固的人，就能藏于各种地形之内；能利用天时之便的人，就会像在高天之上发动进攻。"

曹公说："应当看到尚未萌发的事情。"

曹公说："靠交战取得胜利（不是最好的办法）。因此姜太公说：'靠雪白的刀刃争夺胜利，不是优秀的将领。'"

曹公说："这是因为容易看到，容易听到。"

曹公说："攻击落后的，微弱的就容易胜利。所以要攻击他可以取胜的地方，不攻击他不能取胜的地方。"

曹公说："因为敌军态势没有形成，所以打胜了就显得没有赫赫之功劳。"

曹公说："审察可能打败的敌人，不能有差错。"

曹公说："有谋略就会没有忧虑。"

曹公说："善于用兵的人，首先要修明自己的政治为敌所不能战胜的政治；保持自己的法律制度为敌人所不能败乱的法律制度。"

曹公说："是胜利还是失败的政治，用兵的办法，都应当用这五种标准（度、量、数、称、胜）称量称量，熟知敌人的情况。"

曹公说："用地形态势衡量（就能知其远近）。"

曹公说："知道他的远近宽窄，就能知道他的人数。"

曹公说："(知道人数)就能称量敌人谁更强。"

曹公说："称量的结果，知道胜和负的所在了。"

曹公说："像轻不能举起重一样。"

曹公说："八尺为一仞。决水千仞，势头是迅猛异常的了。"

势 篇

【原文】

曹公曰：用兵任势也。

孙子曰：凡治众如治寡，分数是也；

曹公曰：部曲为分，什伍为数。

斗众如斗寡，形名是也；

曹公曰：旌旗曰形，金鼓曰名。

三军之众，可使必受敌而无败者，奇正是也；

曹公曰：先出合战为正，后出为奇。

兵之所加，如以碫投卵者，虚实是也。

曹公曰：以至实击至虚。

凡战者，以正合，以奇胜。

曹公曰：正者当敌，奇兵从旁击不备也。

故善出奇者，无穷如天地，不竭如江河，终而复始，日月是也；死而复生，四时是也。声不过五，五声之变，不可胜听也。色不过五，五色之变，不可胜观也。味不过五，五味之变，不可胜尝也。

曹公曰：自无穷如天地已下，皆以喻奇正之无穷也。

战势不过奇正，奇正之变，不可胜穷也。奇正相生，如循环之无端，孰能穷之？激水之疾，至于漂石者，势也；鸷鸟之疾，至于毁折者，节也。

曹公曰：发起击敌。

是故善战者，其势险，

曹公曰：险犹疾也。

其节短。

曹公曰：短，近也。

势如彍（guō）弩，节如发机。

曹公曰：在度不远，发则中也。

纷纷纭纭，斗乱而不可乱也；浑浑沌沌，形圆而不可败也。

曹公曰：旌旗乱也，示敌若乱，以金鼓齐之。车骑转而形圆者，出入有道齐整也。

乱生于治，怯生于勇，弱生于强。

曹公曰：皆毁形匿情也。

治乱数也，

曹公曰：以部曲分名数为之，故不乱也。

勇怯势也，强弱形也。

曹公曰：形势所宜。

故善动敌者，形之敌必从之，

曹公曰：见羸形也。

予之敌必取之。

曹公曰：以利诱敌，敌远离其垒，而以便势击其空虚孤特也。

以利动之，以卒待之。

曹公曰：以利动敌也。

故善战者，求之于势，不责于人，故能择人而任势。

曹公曰：求之于势者，专任权也；不责于人者；权变明也。

任势者，其战人也，如转木石。木石之性，安则静，危则动；方则止，圆则行。

曹公曰：任自然势也。

故善战人之势，如转圆石于千仞之山者，势也。

【译文】

曹公说："用兵要运用势头。"

曹公说："大小部队叫分，行和伍叫数。"

曹公说："旌旗叫形，锣鼓叫名。"

曹公说："先出动与敌人接战的是正兵，后出动的是奇兵。"

曹公说："要用我最强的力量打击敌最虚弱的力量。"

曹公说："正兵从正面阻挡敌人，奇兵从旁侧击敌人不防备之处。"

曹公说："变化无穷就像天地之大一样，都是比喻奇正变化的没有穷尽。"

曹公说："突然发起攻击敌人。"

曹公说："这样的势不但险而且迅猛。"

曹公说："短，就是近。"

曹公说："距离不远，（箭）射出就中。"

曹公说："旌旗乱了，让敌人看起来好像是乱了，（实际上）是在用锣和鼓整齐队伍。战车和骑兵变成圆的原因，是进去和退出有规律、整齐。"

曹公说："这都是故意破坏外形而隐匿了真情。"

曹公说："以大小部队和行伍来组织，所以不会乱。"

曹公说："这样解释形和势都适宜。"

曹公说："敌人看见的是虚假的形态。"

曹公说："用利来引诱敌人，敌人就会远离他的营垒，这时乘我之势攻击他空虚或孤立突出的地方。"

曹公说："这就是以利来调动敌人。"

曹公说："造成这种势的人，是专门依靠对事情权衡的人；不苛求部下的，是对权衡变化都很明白的人。"

曹公说："任势就是运用自己造成的这种势。"

虚实篇

【原文】

曹公曰：能虚实彼己也。

孙子曰：凡先处战地而待敌者佚，

曹公曰：力有余也。

后处战地而趋战者劳。故善战者，致人而不致于人。能使敌人自至者，利之也；

曹公曰：诱之以利也。

能使敌人不得至者，害之也。

曹公曰：出其所必趋，攻其所必救。

故敌佚能劳之，

曹公曰：以事烦之。

饱能饥之，

曹公曰：绝粮道以饥之。

安能动之，

曹公曰：攻其所必爱，出其所必趋，则使敌不得不相救也。

出于其所必趋，趋其所不意。

曹公曰：使敌不得不相往而救之也。

行千里而不劳者，行于无人之地也；

曹公曰：出空击虚，避其所守，击其不意。

攻而必取者，攻其所不守也；守而必固者，守其所不攻也。故善攻者，敌不知其所守；善守者，敌不知其所攻。

曹公曰：情不泄也。

微乎微乎，至于无形，神乎神乎，至于无声，故能为敌之司命。进而不可御者，冲其虚也；退不可追者，速而不可及也。

曹公曰：卒往进攻其虚懈，退又疾也。

故我欲战，敌虽高垒深沟，不得不与我战者，攻其所必救也。

曹公曰：绝其粮道，守其归路，攻其君主也。

我不欲战，画地而守之，

曹公曰：军不欲烦也。

敌不得与我战者，乖其所之也。

曹公曰：乖，戾也。戾其道示以利害，使敌疑之。我未修垒堑，敌人不以形势之长，就能加之于我者，不敢攻我也。

故形人而我无形，则我专而敌分。我专为一，敌分为十，是以十攻其一也，则我众而敌寡。能以众击寡者，则吾之所与战者约矣。吾所与战之地不可知；不可知，则敌所备者多，敌所备者多，则吾所与战者寡矣。

曹公曰：形藏敌疑，则分离其众备我也。言少而易击也。

故备前则后寡，备后则前寡；备左则右寡，备右则左寡，无所不备，则无所不寡。寡者，备人者也；众者，使人备己者也。

曹公曰：上所谓形藏敌疑，则分离其众以备我也。

故知战之地，知战之日，则可千里而会战。

曹公曰：以度量知空虚会战之日。

不知战地，不知战日，则左不能救右，右不能救左，前不能救后，后不能救前，而况远者数十里，近者数里乎？以吾度之，越人之兵虽多，亦奚益于胜败哉！

曹公曰：越人相聚，纷然无知也。或曰，吴越仇国也。

故曰：胜可为也；敌虽众，可使无斗。故策之而知得失之计，作之而知动静之理，形之而知死生之地，角之而知有余不足之处。

曹公曰：角，量也。

故形兵之极，至于无形，无形则深间不能窥，知者不能谋。因形而错胜于众，众不能知；

曹公曰：因敌形而立胜。

人皆知我所以胜之形，而莫知吾所以制胜之形；

曹公曰：不以一形之胜万形。或曰：不备知也。制胜者，人皆知吾所以胜，莫知吾因敌形制胜也。

故其战胜不复，而应形于无穷。

曹公曰：不重复动而应之也。

夫兵形象水，水之行，避高而趋下；兵之形，避实而击虚。水因地而制流，兵因敌而制胜。故兵无常势，水无常形，能因敌变化而取胜者，谓之神。

曹公曰：势盛必衰，形露必败，故能因敌变化，取胜若神。

故五行无常胜，四时无常位，日有短长，月有死生。

曹公曰：兵常无势，盈缩随敌。

【译文】

曹公说："能够知道敌我的虚实。"

曹公说："这是因为力量有余。"

曹公说：“用利引诱他。”

曹公说：“出击他必定要去的地方，攻击他一定要救援的地方。”

曹公说：“经常找事使他烦恼。”

曹公说：“断绝他的粮道使他饥饿。”

曹公说：“攻击他所爱的地方，出击他必定经过的地方，就会使他不得不去救援。”

曹公说：“进攻空虚的地方，打击虚弱的地方，避开他坚固防守的地方，袭击他料想不到的地方。”

曹公说：“情报不能泄露出去。”

曹公说：“突然去攻击他空虚懈怠的地方，撤离就会迅速。”

曹公说：“断绝他的粮道，守住他的归路或进攻他的君王等。”

曹公说：“这是军队不想烦劳。”

曹公说：“乖就是阻塞。阻塞他的道路，以显示出利害，使敌人疑惑。虽然我没修好沟垒和堑壕，敌人并不因其形和势的长处就能加害于我，原因就是敌不敢进攻我。”

曹公说：“将我的形态隐藏起来，敌人就疑惑，就会分配他的许多人员来防备我。这是讲敌人少，就容易攻击了。”

曹公说：“要用衡量计算来知道敌人的空虚和决战的日期。”

曹公说：“越国人聚在一起，纷纷乱乱没有知识。也有的说，吴国和越国是敌国。”

曹公说：“角，就是估量。”

曹公说：“用兵按照敌人的形态而确定胜利的方法。”

曹公说：“不能用一种形态来战胜各种形态的敌人。这句话的意义也有的说是不用准备就知道。对胜利的人，一般人都知道我胜利了，却不知道我是按照敌人的形态（作战才）取胜的。”

曹公说：“胜利以后不能重复过去的举动而要应变。”

曹公说：“势盛一定要转衰，形态暴露一定要失败。所以能够按照敌情变化，取胜就像神一样了。”

曹公说：“用兵没有固定不变的势，攻和守都要随敌人的变化而变化。”

军争篇

【原文】

曹公曰：两军争胜。

孙子曰：凡用兵之法：将受命于君，合军聚众，

曹公曰：聚国人，结行伍，选部曲，起营为军陈。

交和而舍，

曹公曰：军门为和门，左右门为旗门，以车为营曰辕门，以人为营曰人门，两军相对为交和。

莫难于军争。

曹公曰：从始受命，至于交和，军争难也。

军争之难者，以迂为直，以患为利。

曹公曰：示以远，速其道里，先敌至也。

故迂其途而诱之以利，后人发，先人至，此知迂直之计者也。

曹公曰：迂其途者，示之远也；后人发，先人至者，明于度数，先知远近之计也。

故军争为利，军争为危。

曹公曰：善者则以利，不善者则以危。

举军而争利，则不及；

曹公曰：迟不及也。

委军而争利，则辎重捐。

曹公曰：置辎重，则恐捐弃也。

是故卷甲而趋，日夜不处，

曹公曰：不得休息，罢也。

倍道兼行，百里而争利，则擒三将军；劲者先，罢者后，其法十一而至。

曹公曰：百里而争利，非也，三将军皆以为擒。

五十里而争利，则蹶上将军，其法半至。

曹公曰：蹶犹挫也。

三十里而争利，则三分之二至。

曹公曰：道近至者多，故无死败也。

是故军无辎重则亡，无粮食则亡，无委积则亡。

曹公曰：无此三者，亡之道也。

故不知诸侯之谋者，不能豫交；

曹公曰：不知敌情谋者，不能结交也。

不知山林、险阻、沮泽之形者，不能行军；

曹公曰：高而崇者为山，众树所聚者为林，坑堑者为险，一高一下者为阻，水草渐如者为沮，众水所归而不流者为泽。不先知军之所据及山川之形者，则不能行师也。

不用乡导者，不能得地利。故兵以诈立，以利动，以分合为变者也。

曹公曰：兵一分一合，以敌为变也。

故其疾如风，

曹公曰：击空虚也。

其徐如林，

曹公曰：不见利也。

侵掠如火，

曹公曰：疾也。

不动如山，

曹公曰：守也。

难知如阴，动如雷霆。掠乡分众，

曹公曰：因敌而制胜也。

廓地分利，

曹公曰：分敌利也。

悬权而动，

曹公曰：量敌而动也。

先知迂直之计者胜，此军争之法也。军政曰："言不相闻，故为鼓铎；视不相见，故为旌旗。"夫金鼓旌旗者，所以一民之耳目也。民既专一，则勇者不得独进，怯者不得独退，此用众之法也。故夜战多火鼓。昼战多旌旗，所以变民之耳目也。故三军可夺气，

曹公曰：左民言一鼓作气，再而衰，三而竭。

将军可夺心。是故朝气锐，昼气惰，暮气归。故善用兵者，避其锐气，击其惰归，此治气者也。以治待乱，以静待哗，此治心者也。以近待远，以逸待劳，以饱待饥，此治力者也。无要正正之旗，勿击堂堂之陈，此治变者也。

曹公曰：正正，齐也；堂堂，大也。

故用兵之法，高陵勿向，背丘勿逆，佯北勿从，锐卒勿攻，饵兵勿食，归师勿遏，围师必阙，

曹公曰：司马法曰："围其三面，阙其一面，所以示生路也。"

穷寇勿追。此用兵之法也。

【译文】

曹公说："两军争夺胜利。"

曹公说："招募国内的人民，组成行和伍，编成大、小部队，修造营房，布列成阵。"

曹公说："军门叫和门，左右门叫旗门，用车做营的叫辕门，用人做营的叫人门，两军相对叫交和。"

曹公说："从开始接受命令，至两军交和，争夺先机之利是最困难的。"

曹公说："路途很远，就要加速行军，先于敌人而到达。"

曹公说："道路迂回的，路就远，出发比人晚，到达比人早，这是因为明白于度量和计数，首先知道了远近的计算方法。"

曹公说："善于争胜的就利，不善于争胜的就危险。"

曹公说："行动迟缓赶不上。"

曹公说："放下辎重，又怕丢掉了。"

曹公说："得不到休息，算了吧！"

曹公说："走上百里的路程去与敌人争利，不行，那样，全军的将领都会被敌人俘虏去。"

曹公说："（五十里而争利）也会受到挫折。"

曹公说："道路较近到达的士兵就较多，所以不会全军覆没。"

曹公说："没有这三样，就只有灭亡的道理。"

曹公说："不知敌人的情形和谋略的，不能与他结交。"

曹公说：“高而又高的叫山，很多树木相聚的叫林，坑凹堑壕叫险，高低不平的叫阻，水草浸渍的叫沮，几条水源汇合而不能流走的叫泽。不能事先知道军队所依托山川形态的人，就不能行师布阵。”

曹公说：“用兵有分有合，要以敌人的变化为依据。”

曹公说：“(迅猛)打击空虚的地方。”

曹公说：“那是看不见利的时候。”

曹公说：“就是迅疾。”

曹公说：“那是防守的时候。”

曹公说：“按照敌人的情形夺取胜利。”

曹公说：“那是分敌人的利。”

曹公说：“要估计敌人的情形而动。”

曹公说：“《左传》讲，一鼓作气，二鼓就衰疲，三鼓就气尽力竭了。”

(不击“堂堂之阵”)曹公说：“正正，就是整齐；堂堂，就是大。”

曹公说：“《司马兵法》说‘围他的三面，放开一面，以此向敌显示一条生路’。”

九变篇

【原文】

曹公曰：变其正，得其所用九也。

孙子曰：凡用兵之法，将受命于君，合军聚众，圮地无舍，

曹公曰：无所依也。水毁曰圮。

衢地合交，

曹公曰：结诸侯也。

绝地无留，

曹公曰：无久止也。

围地则谋，

曹公曰：发奇谋也。

死地则战。

曹公曰：殊死战也。

涂有所不由，

曹公曰：隘难之地，所不当从，不得已从之，故为变。

军有所不击，

曹公曰：军虽可击，以地险难久，留之失前利，若得之则利薄，困穷之兵，必死战也。

城有所不攻，

曹公曰：城小而固，粮饶，不可攻也。操所以置华、费而深入徐州[①]，得十四县也。

地有所不争，

曹公曰：小利之地，方争得而失之，则不争也。

君命有所不受。

曹公曰：苟便于事，不拘于君命也。故曰：不从中御。

故将通于九变之利，知用兵矣。将不通于九变之利者，虽知地形，不能得地之利矣。治兵不知九变之术，虽知五利，不能得人之用矣。

曹公曰：谓下五事也。九变，一云五变。

是故智者之虑，必杂于利害。

曹公曰：在利思害，在害思利，当难行权也。

杂于利，而务可信也，

曹公曰：计敌不能依五地为我害，所务可信也。

杂于害，而患可解也。

曹公曰：既参与利，则亦计于害，虽有患可解也。

是故屈诸侯者以害，

曹公曰：害其所恶也。

役诸侯者以业，

曹公曰：业，事也，使其烦劳，若彼入我出，彼出我入也。

趋诸侯者以利。

曹公曰：令自来也。

故用兵之法，无恃其不来，恃吾有以待也；无恃其不攻，恃吾有所不可攻也。

曹公曰：安不忘危，常设备也。

故将有五危；必死，可杀也；

曹公曰：勇而无虑，必欲死斗，不可曲挠，可以奇伏中之。

必生，可虏也；

曹公曰：见利畏怯不进也。

忿速，可侮也；

曹公曰：疾急之人，可忿怒而侮致之也。

廉洁，可辱也，

曹公曰：廉洁之人，可污辱致之也。

爱民，可烦也。

曹公曰：出其所必趋，爱民者，必倍道兼行以救之，救之则烦劳也。

凡此五者，将之过也，用兵之灾也。覆军杀将，必以五危，不可不察也。

【译文】

曹公说："变化奇正，可以得到使用的无数方法。"

（关于"圮地无舍"）曹公说："无舍就是无所依托，圮地就是被水冲毁的地方。"

（关于"衢地合交"）曹公说："交结诸侯的意思。"

（关于"绝地无留"）曹公说："不能长时间停留。"

（关于"围地则谋"）曹公说："施用奇谋。"

（关于"死地则战"）曹公说："殊死搏斗。"

曹公说："隘阻艰难之地，本不应该经过，不得已从那儿经过，所以叫变。"

曹公说："敌军虽然可以攻击，但因地险难以久留；留在那儿就要丧失已经获得的利益，即使得到了它，所获利也甚少，敌为困窘之敌，必定要和我死战（这样的敌人就不能攻击）。"

曹公说："城虽小但坚固，粮食富足，就不能攻。所以我置泰山边的华县和费县于不顾而深入徐州，获得了十四座县城。"

曹公说："利小的地方，刚刚争得就会失去它，就不能争。"

曹公说："假使对事情有利，就可不必拘泥于君命。"

曹公说："这是讲以下的五件事。九变，一说五变。"

曹公说："在有利的时候，思虑有害，处在有害的时候就要想着有利的一面，当着困难的时候要多权衡。"

曹公说："考虑到敌人不能使各个方面都为害于我，事情就可以顺利进行。"

曹公说："如能既考虑到利，又考虑到害，那么虽然有灾祸也可以解除。"

曹公说："害是诸侯所厌恶的。"

曹公说："业，就是事情，事情能使诸侯烦劳，比如，他来我去，他去我来等。"

（关于以利引诱诸侯）曹公说："这就会让他自己来。"

曹公说："安不忘危，就要经常预设防备。"

曹公说："对于勇敢而没有脑子，总想死战的将领不能挠拨他，应该用奇伏降服他。"

（关于必生之将可以俘虏）曹公说："他见了利就畏怯不敢前进。"

曹公说："对于暴躁的将领，可以激怒他，他感到受了侮辱就会来。"

曹公说："对于廉洁的将领，可以污辱他使他来。"

（关于对爱民的将领）曹公说："出击他必然要去救援的地方，爱民的将领就必然加倍兼程赶去救援，这样就可使之烦劳了。"

【注释】

①置华、费而深入徐州：公元 193 年秋，曹操父曹嵩在泰山华县、费县之间为陶谦别将张闿所杀。曹操为父报仇，不攻华、费而取徐州，攻下十四座县城。

行军篇

【原文】

曹公曰：择便利而行也。

孙子曰：凡处军相敌，绝山依谷，

曹公曰：近水草利便也。

视生处高，

曹公曰：生者，阳也。

战隆无登，

曹公曰：无迎高也。

此处山之军也。绝水必远水；

曹公曰：引敌使渡。

客绝水而来，勿迎之于水内，令半济而击之利；欲战者，无附于水而迎客；

曹公曰：附，近也。

视生处高，

曹公曰：水上亦当处其高也，前向水，后当依高而处之。

无迎水流，

曹公曰：恐溉我也。

此处水上之军也。绝斥泽，唯亟去无留；若交军于斥泽之中，必依水草，而背众树，

曹公曰：不得已与敌会于斥泽之中。

此处斥泽之军也。平陆处易，

曹公曰：车骑之利也。

而右背高，前死后生，

曹公曰：战便也。

此处平陆之军也。凡此四军之利，黄帝之所以胜四帝也。

曹公曰：黄帝始立，四方诸侯无不称帝，以此四地胜之①也。

凡军喜高而恶下，贵阳而贱阴。养生而处实；

曹公曰：恃满实也。养生向水草，可放牧养畜乘。实犹高也。

军无百疾，是谓必胜，丘陵堤防，必处其阳，而右背之；此兵之利，地之助也。上雨，水沫至；欲涉者，待其定也。

曹公曰：恐半涉而水骤涨也。

凡地有绝涧、天井、天牢、天罗、天陷、天隙，必亟去之，勿近也。

曹公曰：山深水大者为绝涧，四方高中央下为天井，深山所过若蒙笼者为天牢，可以罗绝人者为天罗，地形陷者为天陷，山涧，迫狭地形、深数尺长数丈者为天隙。

吾远之，敌近之；吾迎之，敌背之。

曹公曰：用兵常远六害，令敌近背之，则我利敌凶。

军旁有险阻、蒋潢，井生葭苇、小林、蘙荟，必谨覆索之，此伏奸之所藏处也。

曹公曰：险者，一高一下之地；阻者，多水也；蒋者，水草之聚生也；潢

者，池也；井者，下也；葭苇者，众草所聚；山林者，众木所居也；　荟者，可屏蔽之处也。此以上论地形也，以下相敌情也。

敌近而静者，恃其险也；远而挑战者，欲人之进也，其所居者易利也。

曹公曰：所居利也。

众树动者，来也；

曹公曰：斩伐树木，除道进来，故动。

众草多障者，疑也。

曹公曰：结草为障，欲使我疑也。

鸟起者，伏也；

曹公曰：鸟起其上，下有伏兵。

兽骇者，覆也。

曹公曰：敌广陈张翼，来覆我也。

尘高而锐者，车来也；卑而广者，徒来也；散而条达者，樵采也；少而往来者，营军也。辞卑而益备者，进也；

曹公曰：其使来辞卑，使间视之，敌人增备也。

辞诡而强进驱者，退也。

曹公曰：诡，诈也。

轻车先出居其侧者，陈也；

曹公曰：陈兵欲战也。

无约而请和者，谋也。奔走而陈兵车者，期也；半进半退者，诱也。倚仗而立者，饥也；汲水先饮者，渴也；见利而不进者，劳也；

曹公曰：士卒之疲劳也。

鸟集者，虚也；夜呼者，恐也；

曹公曰：军士夜呼，将不勇也。

军扰者，将不重也；旌旗动者，乱也；吏怒者，倦也；粟马肉食，军无悬缶，不返其舍者，穷寇也。谆谆翕翕，徐言人人者，失众也；

曹公曰：谆谆，语貌；翕翕，失志貌。

数赏者，窘也；数罚者，困也；先暴而后畏其众者，不精之至也。

曹公曰：先轻敌，后闻其众，则心恶之也。

来委谢者，欲休息也。兵怒而相迎，久而不合，又不相去，必谨察之，

曹公曰：备奇伏也。

兵非多益也，

曹公曰：权力均。一云：兵非贵益多。

惟无武进，

曹公曰：未见便也。

足以并力料敌取人而已。

曹公曰：厮养足也。

夫惟无虑而易敌者，必擒于人。卒未亲附而罚之，则不服，不服则难用也。卒已亲附而罚不行，则不可用也。

曹公曰：恩信已洽，若无刑罚，则骄惰难用也。

故令之以文，齐之以武，

曹公曰：文，仁也；武，法也。

是谓必取。令素行以教其民，则民服；令不素行以教其民，则民不服。令素信著者，与众相得也。

【译文】

曹公说："选择便利条件而进行。"

曹公说："处置部队时考察近水和草就有利又方便。"

曹公说："生，就是向阳的意思。"

曹公说："不要仰面迎击高处之敌。"

曹公说："引诱敌人，使他渡河。"

曹公说："附，就是近。"

曹公说："在水边也要尽量处置在高处，前面向水，背后应依托高地。"

曹公说："防备敌人灌我。"

曹公说："不得已才能与敌会于沼泽之中。"

曹公说："对车和马是有利的。""这样作战就便利。"

曹公说："黄帝初立，四方诸侯没有不称他为帝的。因此他战胜了四个地方的帝。"

曹公说："依赖充实的意思。方便生活就要向着水草，这样可以放牲畜，仍然是讲高的意思。"

曹公说："防备涉了一半而水剧涨。"

曹公说："山深水大的叫绝涧，四面高而中间低的叫天井，深山大岭蒙蒙茏茏的叫天牢，可以使人迷路而像网一样迷死人的叫天罗，地陷下去的叫天陷。山涧迫狭，数尺长数丈深的地形叫天隙。"

曹公说："用兵经常要避开以上六害。如果让敌人靠近并背向这六害，我就有利，敌就凶险。"

曹公说："险，就是一高一低之地；阻，就是多水之地；蔣，就是水草聚生；潢，就是池扩；井，就是低下；葭苇，就是杂草聚生；山林，就是众多树木所在；翳荟，就是可以屏蔽的地方。上面这些说的是地形，以下讲的是敌情。"

曹公说："(敌远道前来挑战)一定有他有利的地方。"

曹公说："砍伐树木，平整道路前进，所以有动静。"

曹公说："敌结草为障碍，是想使我生疑。"

曹公说："鸟从那儿飞起的，下面有伏兵。"

(关于兽惊骇的)曹公说："那是敌列阵张翼，来消灭我。"

曹公说："他的使节来后言辞卑下，有时还向四下看，这是敌人增加戒备了。"

曹公说："诡就是狡诈。"

(关于敌轻车先出)曹公说："这是列阵要和我决战。"

(关于敌见利而不进)曹公说："这是士卒疲劳了。"

曹公说："军士夜间大声呼喊，说明他的将领不勇敢。"

(关于谆谆翕翕)曹公说："谆谆，讲话的状态；翕翕，失志的状态。"

曹公说："先轻敌，以后听说人很多，心里就会害怕。"

(关于敌久不接战，又不去)曹公说："要防备他有奇伏。"

(关于兵不益多)曹公说："权势和力量要相当。一说兵不是越多越好。"

(关于冒进)曹公说："从未见过得便利。"

(关于军队要料敌取胜)曹公说："给养还要充足。"

曹公说："军队恩赏信用都要恰当。如果没有刑罚，士卒就会因为骄傲而难以使用。"

(关于对士卒要"令之以文，齐之以武")曹公说："文就是仁，武就是法。"

【注释】

①以此四地胜之："传说黄帝曾先后南伐赤帝，东伐青帝，北伐黑帝，西伐白帝，并战胜了他们，以后才有天下。"

地形篇

【原文】

曹公曰：欲战，审地形以立胜也。

孙子曰：地形有通者，有挂者，有支者，有隘者，有险者，有远者。

曹公曰：此六者，地之形也。

我可以往，彼可以来，曰通。通形者，先居高阳，利粮道，以战则利。

曹公曰：宁致人，无致于人。

可以往，难以返，曰挂。挂形者，敌无备，出而胜之；敌若有备，出而不胜，难以返，不利。我出而不利，彼出而不利，曰支。支形者，敌虽利我，我无出也；引而去，令敌半出而击之，利。隘形者，我先居之，必盈之以待敌；若敌先居之，盈而勿从，不盈而从之。

曹公曰：隘形者，两山间通谷也，敌势不得挠我也。我先居之，必前齐隘口，陈而守之，以出奇也。敌若先居此地，齐口陈，勿从也。即半隘陈者从之，而与敌共此利也。

险形者，我先居之，必居高阳以待敌；若敌先居之，引而去也，勿从也。

曹公曰：地形险隘，尤不可致于人。

远形者，势均，难以挑战，战而不利。

曹公曰：挑战者，延敌也。

凡此六者，地之道也；将之至任，不可不察也。故兵有走者，有弛者，有陷者，有崩者，有乱者，有北者。凡此六者，非天之所灾，将之过也。夫势均以一击十，曰走；

曹公曰：不料力。

卒强吏弱，曰弛；

曹公曰：吏不能统，故弛坏。

吏强卒弱，曰陷；

曹公曰：吏强欲进，卒弱辄陷，败也。

大吏怒而不服，遇敌怼而自战，将不知其能，曰崩；

曹公曰：大吏，小将也。大将怒之而不厌服，忿而赴敌，不量轻重，则必崩坏。

将弱不严，教道不明，吏卒无常，阵兵纵横，曰乱；

曹公曰：为将若此，乱之道也。

将不能料敌，以少合众，以弱击强，兵无选锋，曰北。

曹公曰：其势若此，必走之兵也。

凡此六者，败之道也，将之至任，不可不察也。夫地形者，兵之助也。料敌制胜，计险厄远近，上将之道也。知此而用战者必胜；不知此而用战者必败。故战道必胜，主曰无战，必战可也。战道不胜，主曰必战，无战可也。

故进不求名，退不避罪，唯民是保，而利合于主，国之宝也。视卒如婴儿，故可与之赴深谿，视卒如爱子，故可与之俱死。厚而不能使，爱而不能令，乱而不能治，譬如骄子，不可用也。

曹公曰：恩不可专用，罚不可独任，若骄子之喜。

怒对目，还害而不可用也。

知吾卒之可以击，而不知敌之不可击，胜之半也；知敌之可击，而不知吾卒之不可以击，胜之半也；知敌之可击，知吾卒之可以击，而不知地形之不可以战，胜之半也。

曹公曰：胜之半者，未可知也。

故知兵者，动而不迷，举而不穷。故曰：知彼知己，胜乃不殆；知地知天，胜乃可全。

【译文】

曹公说："要想作战，就必须审察地形才能取得胜利。"

曹公说："地形有六种。"

曹公说："宁可牵制住敌人，而不能被敌人所牵制。"

曹公说："隘形，就是两山之间相通的谷底。敌人的势所不能触及我的地方。如果我先占据了它，一定要使军队的前面和隘口取齐，列阵防守，并以奇兵出击。敌人若先占据了此种地形，也布列了齐隘口的阵，就不要跟着他。如果敌人列阵只占据隘的一半，就可以跟着他，而与他共据这一有利地形。"

曹公说："地形越是险隘，越是不能被敌人所牵制。"

曹公说："这时的挑战，只是拖住敌人而已。"

曹公说："这是自不量力。"

曹公说：“吏不能管住兵卒，部队就会因松弛而垮掉。”

曹公说：“大吏，相当于小的将领。大将如对其发怒，而不能使他心服，他愤愤不平去和敌人交战，就会不顾轻重利害，那么部队就一定要崩溃。”

曹公说：“作将领的如果这样，那就是混乱的根源。”

曹公说：“他的势如果是这样，那么一定是必败之兵。”

曹公说：“恩赏和刑罚都不能单独使用，如果只看那些‘骄兵’喜怒的眼色，就害了他们而不能使用了。”

曹公说：“胜之半，就是胜负不可知。”

九地篇

【原文】

曹公曰：欲战之地有九。

孙子曰：用兵之法，有散地，有轻地，有争地，有交地，有衢地，有重地，有圮地，有围地，有死地。

曹公曰：此九地之名也。

诸侯自战其地为散地；

曹公曰：士卒恋土，道近易散。

入人之地而不深者为轻地；

曹公曰：士卒皆轻返也。

我得则利，彼得亦利者为争地；

曹公曰：可以少胜众，弱胜强。

我可以往，彼可以来者为交地；

曹公曰：道正相交错也。

诸侯之地三属；

曹公曰：我与敌相当，而旁有他国也。

先至而得天下之众者为衢地；

曹公曰：先至得其国助也。

入人之地深，背城邑多者为重地；

曹公曰：难返之地。

行山林、险阻、沮泽，凡难行之道者为圮地；

曹公曰：少固也。

所由入者隘，所从归者迂，彼寡可以击吾众者为围地；疾战则存，不疾战则亡者为死地。

曹公曰：前有高山，后有大水；进则不得，退则有碍。

是故散地则无以战，轻地则无止，争地则无攻，

曹公曰：不当攻，当先至为利也。

交地则无绝，

曹公曰：相及属也。

衢地则合交，

曹公曰：结诸侯也。

重地则掠，

曹公曰：蓄积粮食也。

圮地则行，

曹公曰：无稽留也。

围地则谋，

曹公曰：发奇谋也。

死地则战。

曹公曰：殊死战也。

所谓古之善用兵者，能使敌人前后不相及，众寡不相恃，贵贱不相救，上下不相扶，卒离而不集，兵合而不齐。

合于利而动，不合于利而止。

曹公曰：暴之使离，乱之使不齐，动兵而战。

敢问：敌众整而将来，待之若何？

曹公曰：或问也。

曰：先夺其所爱，则听矣。

曹公曰：夺其所恃之利。若先据利地，则我所欲必得也。

兵之情主速，乘人之不及，由不虑之道，攻其所不戒也。

曹公曰：孙子应难以复陈兵情也。

凡为客之道，深入则专，主人不克。掠于饶野，三军足食。谨养而勿劳，并气积力，运兵计谋，为不可测。

曹公曰：养士并气运兵，为不可测度之计。

投之无所往，死且不北，死焉不得，

曹公曰：士死安不得也。

士人尽力。

曹公曰：在难地心并也。

兵士甚陷则不惧，无所往则固，深入则拘，

曹公曰：拘，缚也。

不得已则斗。

曹公曰：人穷则死战也。

是故其兵不修而戒，不求而得，不约而亲，不令而信，

曹公曰：不求索其意，自得力也。

禁祥去疑，至死无所之。

曹公曰：禁妖祥之言，去疑惑之计。

吾士无余财，非恶货也；无余命，非恶寿也。

曹公曰：皆烧焚财物，非恶货之多也；弃财致死者，不得已也。

令发之日，士卒坐者涕沾襟，偃卧者涕交颐。

曹公曰：皆持必死之计。

投之无所往者，诸、刿之勇也。故善用军，譬如率然。率然者，常山之蛇也。击其首则尾至，击其尾则首至，击其中身则首尾俱至。敢问：兵可使如率然乎？曰：可。夫吴人与越人相恶也，当其同舟而济；遇风，其相救也如左右手。是故方马埋轮，未足恃也；

曹公曰：方，缚马也；埋轮，示不动也。此言专难不如权巧。故曰：设方马埋轮，不足恃也。

齐勇若一，政之道也；刚柔皆得，地之理也。

曹公曰：强弱一势也。

故善用兵者，携手若使一人，不得已也。

曹公曰：齐一貌也。

将军之事，静以幽，正以治。

曹公曰：谓清净幽深平正。

能愚士卒之耳目，使之无知。

曹公曰：愚，误也。民可与乐成，不可与虑始。

易其事，革其谋，使人无识；易其居，迂其途，使人不得虑。帅与之期，如登高而去其梯；帅与之深入诸侯之地，而发其机。焚舟破釜，若驱群羊驱而往，驱而来，莫知所之。

曹公曰：一其心也。

聚三军之众，投之于险，此谓将军之事也。

曹公曰：险，难也。

九地之变，屈伸之利，人情之理，不可不察也。

曹公曰：人情见利而进，见害而退。

凡为客之道，深则专，浅则散。去国越境而师者，绝地也。四达者，衢地也；入深者，重地也；入浅者，轻地也。背固前隘者，围地也；无所往者，死地也。是故散地，吾将一其志。轻地，吾将使之属；

曹公曰：使相及属。

争地，吾将趋其后；

曹公曰：利地在前，当速进其后也。

交地，吾将谨其守；衢地，吾将固其结；重地，吾将继其食。

曹公曰：掠彼也。

圮地，吾将进其途；

曹公曰：疾过去也。

围地，吾将塞其阙。

曹公曰：以一士心也。

死地，吾将示之以不活。

曹公曰：励士也。

故兵之情，围则御，

曹公曰：相持御也。

不得已则斗，

曹公曰：势有不得已也。

过则从。

曹公曰：陷之甚过，则从计也。

是故不知诸侯之谋者，不能预交；不知山林、险阻、沮泽之形者，不能行军；不用乡导者，不能得地利。

曹公曰：上已陈此三事，而复云者，力恶不能用兵，故复言之。

四五者不知一，非王霸之兵也。

曹公曰：谓九地之利害。或曰：上四五事也。

夫霸王之兵，伐大国，则其众不得聚；威加于敌，则其交不得合。是故不争天下之交，不养天下之权，信己之私，威加于敌，故其城可拔，其国可隳。

曹公曰：霸王者，不结成天下诸侯之交权者也，绝天下之交，夺天下之权，以威德伸己之私。

施无法之赏，悬无政之令。

曹公曰：言军法令不应预施悬也。司马法曰："见敌作誓，瞻功作赏。"此之谓也。

犯三军之众，若使一人。

曹公曰：犯，用也。言明赏罚，虽用众，若使一人也。

犯之以事，勿告以言；犯之以利，勿告以害。

曹公曰：勿使知害。

投之亡地然后存，陷之死地然后生。

曹公曰：必殊死战，存亡地无败者。孙膑曰："兵恐不投之死地也。"

夫众陷于害，然后能为胜败。故为兵之事，在于顺佯敌之意，

曹公曰：佯，愚也。或曰：彼欲进，设伏而退；欲去，开而击之。

并敌一向，千里杀将，

曹公曰：并兵向敌，虽千里能擒其将。

此谓巧能成事者也。

曹公曰：是成事巧者也。一作是谓巧攻成事。

是故政举之日，夷关折符，无通其使，

曹公曰：谋定则闭折符，无得有所沮议，恐惑众士心也。

励于廊庙之上，以诛其事。

曹公曰：诛，治也。

敌人开阖，必亟入之，

曹公曰：敌有间隙，当急入之也。

先其所爱，

曹公曰：据利便也。

微与之期，

曹公曰：后人发，先人至。

践墨随敌，以决战事。

曹公曰：行践规矩无常也。

是故始如处女，敌人开户，后如脱兔，敌不及拒。

曹公曰：处女示弱，脱兔往疾也。

【译文】

曹公说："作战之地有九种。"

曹公说："在散地作战，士卒眷恋乡土，道路很近，容易因回家而跑散。"

曹公说："在轻地作战，士卒都轻易返回家乡了。"

曹公说："在争地作战，可以少胜多，以弱胜强。"

曹公说："在交地上，道路正相交错。"

曹公说："我与敌到该地距离相当，而旁边还有其他国家的，叫三属地。"

（关于"衢地"）曹公说："即先到达就能得到其他国家援助之地。"

（关于重地）曹公说："就是难以返回之地。"

（关于圮地）曹公说："缺少坚固之地。"

（关于死地）曹公说："前有高山，后有大河，前进不得，后退有险。"

（关于争地无攻）曹公说："不应该攻，应该先占为利。"

（关于交地无绝）曹公说："就是使部队互相连接。"

（关于衢地合交）曹公说："结交诸侯。"

（关于重地则掠）曹公说："就是积蓄粮食。"

（关于圮地则行）曹公说："不要拖延停留。"

（关于围地则谋）曹公说："使用奇谋。"

（关于死地则战）曹公说："要殊死作战。"

曹公说："（对敌）要猛击，使他离散，扰乱使他不整齐，这都要靠动用部队作战才能完成。"

（关于整众而来之敌）曹公说：“夺取他所依赖的利益。如果他已先占据了有利的地形，那一定是我所想得到的地方。”

（关于兵“主速”：乘人之不及”“攻其不戒”）曹公说：“孙子为解答疑难而反复陈述用兵的情理。”

曹公说：“休养士卒，提高士气，合理用兵，是不可推测衡量的计谋。”

曹公说：“士卒死都不怕，有什么不可得到呢？”

曹公说：“在困难的地方心就齐。”

（关于深入则拘）曹公说：“拘，就是缚。”

曹公说：“人到尽头就要拼死作战。”

曹公说：“不用思索他们的想法，就可得到他们的效力。”

曹公说：“他们就会禁止妖祥一样的言论，丢掉疑惑不前之类的打算。”

曹公说：“他们都焚烧自己的财物，不是厌恶财物多了，丢掉财物而死战，是不得已的。”

曹公说：“（令发之日）他们都怀着必死的打算。”

（关于“方马埋轮”）曹公说：“方，就是缚住马；埋轮，表示不动的意思。这句话讲害怕困难不如用巧妙办法克服困难，因此说，捆住马，埋住车轮的办法是不足依赖的。”

曹公说：“强和弱是由势决定的。”

（关于携手若使一人）曹公说：“这是讲整齐划一的情形。”

（关于将军“静以幽正以治”）曹公说：“这是讲清净幽深平正。”

（关于“愚士卒之耳目”）曹公说：“愚，就是误的意思。可以与老百姓共欢乐的结果，不可以共忧虑的开始。”

（关于让兵士不知往何处去）曹公说：“这是为了统一他们的必死之心。”

（关于投军之险）曹公说：“险，就是难。”

曹公说：“人之常情，见利益就前进，见危害就后退。”

（关于“轻地”要“使之属”）曹公说：“就是使军队相连接。”

曹公说：“（‘争地’之时）如有利之地在敌人的前面，就应该迅速进到他的后面。”

（关于“重地”）曹公说：“要抢夺他的粮食。”

（关于“圮地”）曹公说：“要疾驰过去。”

（关于“围地塞其阙”）曹公说：“这是用以统一士兵的心。”

（关于“死地”示以“不活”）曹公说：“这是励士。”

（关于“围则御”）曹公说：“这就是相持守御。”

（关于“不得已则斗”）曹公说：“势已形成，不得已的。”

曹公说：“陷入危险，就会听从计谋。”

（关于知诸侯、知地形、用向导）曹公说：“前面已经陈述过这三件事。之所以反复讲，是极力讨厌在这些地方用兵。”

（关于“四五者不知一”）曹公说：“讲九地的利害，或者说以上四五件事的利害。”

曹公说：“所谓‘霸王’，就是不和天下的诸侯结交，不依靠天下诸侯权势的人。他绝天下之交，夺天下之权势，用威和德伸张自己的私利。”

（关于“施无法之赏，悬无政之令”）曹公说：“这是讲军令法令不应预施预悬。《司马兵法》说‘看见敌人再作势，看见功劳再赏’，就是这个意思。”

（关于“犯三军之众”）曹公说：“犯，就是用。讲的是严明赏罚，虽然是对很多人，就像对一个人一样。”

曹公说：“不要使士卒知道危害。”

曹公说：“只要殊死作战，在死地没有失败的。孙膑说，用兵只怕不投入死亡之地。”

（关于为兵在顺佯敌之意）曹公说：“佯，就是愚。或者说，他要进，我就设伏而退；他要去，我就放开追击他。”

曹公说：“集中兵力攻击敌人，虽有千里之远也能擒获他的将领。”

（关于“巧能成事”）曹公说：“成事在于精细的人。也可作巧妙攻击就能成事讲。”

曹公说：“谋略定了就要锁闭关口，禁止通行，不得有沮丧的议论，以防惶惑士兵们的心理。”

（关于“以诛其事”）曹公说：“诛，就是治。”

曹公说：“敌人有空隙，就应急速乘之。”

（关于“先其所爱”）曹公说：“占据后有利又方便。”

（关于不与敌人约定交战日期）曹公说：“要后敌出发，先敌到达。”

（关于“践墨随敌”）曹公说：“施行计划中的变化是无常的。”

（关于“始如处女，后如脱兔”）曹公说：“处女表示柔弱，脱兔表示疾驰而去。”

火攻篇

【原文】

曹公曰：以火攻人，当择时日也。

孙子曰：凡火攻有五：一曰火人，二曰火积，三曰火辎，四曰火库，五曰火地。行火必有因，

曹公曰：因奸人。

烟火必素具。

曹公曰：烟火，烧具也。

发火有时，起火有日。时者，天之燥也；

曹公曰：燥者，旱也。

日者，宿在箕、壁、翼、轸也；凡此四宿者，风起之日也。凡火攻，必因五火之变而应之。火发于内，则早应之于外。

曹公曰：以兵应之也。

火发而其兵静者，待而勿攻，极其火力，可从而从之，不可从而止之。

曹公曰：见可而进，知难而退。

火可发于外，无待于内，以时发之。火发上风，无攻下风。

曹公曰：不便也。

昼风久，夜风止。

曹公曰：数当然也。

凡军必知五火之变，以数守之。故以火佐攻者明，以水佐攻者强。水可以绝，不可以夺。

曹公曰：火佐者，取胜明也；水佐者，但可以绝敌道，分敌军，不可以夺敌蓄积。

夫战胜攻取而不修其功者凶，命曰费留。

曹公曰：若水之留，不复还也。或曰：赏不以时，但费留也，赏善不逾日也。

故曰：明主虑之，良将修之。非利不动，非得不用，非危不战。

曹公曰：不得已而用兵。

主不可以怒而与师，将不可以愠而致战；合于利而动，不合于利而止。

曹公曰：不得以己之喜怒而用兵也。

怒可以复喜，愠可以复悦，亡国不可以复存，死者不可以复生。故明君慎之，良将警之，此安国全军之道也。

【译文】

曹公说："用火攻敌，应当选择时机。"

曹公说："火攻的条件就是奸细。"

（关于烟必素具）曹公说："烟火，就是点火的工具。"

（关于天燥）曹公说："燥，就是旱。"

（关于火发于内，而早应之于外）曹公说："要以部队响应。"

曹公说："（敌营火发以后）能够进攻就进攻，知道困难就退回来。"

（关于"无攻下风"）曹公说："在下风不便于攻。"

（关于"昼风久，夜风止"）曹公说："当然是这个理数。"

曹公说："用火助攻，取得的胜利显著；用水助攻，只能断绝敌人的道路，分散敌军，不能夺取敌人的积蓄。"

（关于胜而不修其功曰费留）曹公说："就像水的流动，不会回来。也有的说，如不及时奖赏，也是白白流过，奖赏善事不能隔日。"

（关于明主"非危不战"）曹公说："非不得已才用兵。"

曹公说："不能因为自己的喜怒而用兵。"

用间篇

【原文】

曹公曰：战者必用间谍，以知敌之情实也。

孙子曰：凡兴师十万，出兵千里，百姓之费，公家之奉，日费千金，内外骚动，怠于道路，不得操事者七十万家。

曹公曰：古者八家为邻，一家从军，七家奉之，言十万之师举，不事耕稼者七十万家。

相守数年，以争一日之胜，而爱爵禄百金，不知敌之情者，不仁之至也，非人之将也，非主之佐也，非胜之主也。故明君贤将，所以动而胜人，成功出于众者，先知也。先知者不可取于鬼神，不可象于事。

曹公曰：不可以祷祀而求，亦不可以事类而求也。

不可验于度。

曹公曰：不可以事数度也。

必取于人，知敌之情者也。

曹公曰：因人也。

故用间有五：有因间，有内间，有反间，有死间，有生间。五间俱起，莫知其道，是谓神纪，人君之宝也。

曹公曰：同时任用五间也。

因间者，因其乡人而用之。内间者，因其官人而用之。反间者，因其敌间而用之。死间者，为诳事于外，令吾间知之，而传于敌。生间者，反报也。故三军之亲，莫亲于间，赏莫厚于间，事莫密于间。非圣智不能用间，非仁义不能使间。非微妙不能得间之宝。微哉，微哉，无所不用间也！间事未发而先闻者，间与所告者皆死。凡军之所欲击，城之所欲攻，人之所欲杀，必先知其守将、左右、谒者、门者、舍人之姓名，令吾间必索知之。必索敌人之间来间我者，因而利之，导而舍之，故反间可得而用也。

曹公曰：舍，居止也。

因是而知之，故乡间、内间可得而使也；因是而知之，故死间为诳事，可使告敌；因是而知之，故生间可使如期。五间之事，主必知之，知之必在于反间，故反间不可不厚也。

昔殷之兴也，伊挚在夏；

曹公曰：伊挚，伊尹也。

周之兴也，吕牙在殷。

曹公曰：吕牙，太公也。

故唯明君贤将能以上智为间者，必成大功，此兵之要，三军之所恃而动也。

【译文】

曹公说：“打仗的人一定要用间谍，以熟知敌人之情况。”

曹公说：“古时候八家为邻，一家有人当兵，另七家供奉他。为供奉十万人军队的行动，不能从事耕种的就有七十万家。”

曹公说：“（先知敌情）不能够用祭祀的方法得到，也不能用类似的事情类比求得。”

曹公说：“也不能用同一种方法几次量得。”

曹公说：“要靠人才能求得。”

（关于间谍的五种类型）曹公说：“要同时运用这五种间谍。”

（关于“舍人之姓名”）曹公说：“就是居止。”

（关于伊挚）曹公说：“伊挚，就是伊尹。”

（关于吕牙）曹公说：“吕牙，就是姜太公。”

《孙子注》评述

《孙子注》是曹操对孙子兵法的注释，又称《孙子略解》。《孙子注》不仅是《孙子》最早的注本也是最早的定本，宋代选定《武经七书》时，只选《孙子注》一篇注释，其余均不用。《唐太宗李卫公问对》中也引用了《孙子注》的大量文字。

《孙子注》文字十分简略，内涵却非常丰富，主要有：一是对奇正原则的阐述；二是强调避实击虚，灵活运用火攻、水攻，出奇制胜；三是对扰敌诱敌原则的阐述；四是对知己知彼、重视敌情判断的阐述。此外，《孙子注》还体现了对将帅德备的要求、对士兵关怀的要求、对屯田和农耕的论述等民本思想。总之《孙子注》不失为一部具有很高兵学价值的兵法著作。

曹操兵法著作选编总评

曹操字孟德，东汉末年谯县（今安徽亳州市）人，三国时期杰出的政治家和军事家。

曹操出生前后，东汉政权已面临崩溃。公元 184 年爆发了黄巾大起义。在镇压起义过程中形成的地方军事势力成为许许多多的割据集团，互相争夺，战祸频起，民不聊生。在这种形势下，曹操推行“强兵足食”的政治路线，逐个地消灭了黄河流域的割据势力，统一了中国北方。这是有利于生产发展和社会进步的。

作为军事家，曹操的才能和业绩是突出的。他十分重视谋略问题。他采用“挟天子以令诸侯”的策略，赢得了政治上的极大主动权；他实行屯田，逐步达到了“强兵足食”的目的，为胜利进行统一北方的战争奠定了物质基础。曹操善于把前人战争的经验总结和现实战争结合起来，强调“兵无常形”“诡诈为道”“攻其无备”等原则，凡攻守均“因事设奇，谲敌制胜”。他有着伐董卓、虏吕布、攻袁绍、灭袁术、败刘表、驱匈奴等许多胜绩，刘备、关羽、孙权等也多次为他所败。他还创造了不少如官渡之战那样以少胜多、以弱胜强的著名战例。特别值得一提的是他的用人路线。他强调唯才是举，不拘一格，拔于禁、乐进于行伍之间，用张辽、徐晃于亡虏之内。曹操身边可说是人才聚集。他知人善察，赏罚严明，对谋士和下级善于听取意见，对将领敢于放手使用。因此他的谋士能明谋多断，将领能独当一面而战功卓著。在这些方面，曹操比诸葛亮更要高出一筹。

曹操十分喜爱读书。据说他“领兵三十多年，手不释书”。他著有兵书十多万字。这在隋以前的史书和日本的历史上多有记载，可惜现在大多已失传。曹操在中国《孙子兵法》的传承和发展史中是一位里程碑式的人物。他第一个为《孙子兵法》作注，使这部兵书鼻祖得以流传下来。《孙子注》受到历代著名兵家的推崇和重视。他还注释过其他许多种古兵书。

“曹操兵法”收集了《孙子注》十三篇和《孙子序》以及其他关于战略谋划、治军统军等方面的命令十篇。《孙子注》选自《武经七书》，其他篇均选自《魏书·武帝纪》和《通典》等史籍。

诸葛亮兵法著作选编

隆中对[①]

【原文】

亮躬耕陇亩[②]，好为《梁父吟》[③]。身长八尺，每自比于管仲[④]、乐毅[⑤]，时人莫之许也。惟博陵崔州平、颍川徐庶元直与亮友善，谓为信然。

时先主屯新野。徐庶见先主，先主器之，谓先主曰："诸葛孔明者，卧龙也，将军岂愿见之乎？"先主曰："君与俱来。"庶曰："此人可就见，不可屈致也。将军宜枉驾顾之。"

由是先主遂诣亮，凡三往，乃见。因屏人曰："汉室倾颓，奸臣窃命，主上蒙尘，孤不度德量力，欲信大义于天下。而智术浅短，遂用猖蹶，至于今日。然志犹未已，君谓计将安出？"

亮答曰："自董卓以来，豪杰并起，跨州连郡者不可胜数。曹操比于袁绍，则名微而众寡。然操遂能克绍，以弱为强者，非惟天时，抑亦人谋也。今操已拥百万之众，挟天子而令诸侯，此诚不可与争锋。孙权据有江东，已历三世，国险而民附，贤能为之用，此可以为援而不可图也。荆州北据汉、沔[⑥]，利尽南海，东连吴会，西通巴、蜀，此用武之国，而其主不能守，此殆天所以资将军，将军岂有意乎？益州险塞，沃野千里，天府之土，高祖因之以成帝业。刘璋闇弱，张鲁在北，民殷国富而不知存恤，智能之士思得明君。将军既帝室之胄，信义著于四海，总揽英雄，思贤如渴，若跨有荆、益，保其岩阻，西和诸戎，南抚夷越，外结好孙权，内修政理；天下有变，则命一上将将荆州之军以向宛、洛，将军身率益州之众出于秦川，百姓孰敢不箪食壶浆以迎将军者乎？诚如是，则霸业可成，汉室可兴矣。"

先主曰："善！"

于是与亮情好日密。

关羽、张飞等不悦，先主解之曰：“孤之有孔明，犹鱼之有水也。愿诸君勿复言。”羽、飞乃止。

【译文】

诸葛亮亲自耕种田地，喜好唱《梁父吟》。他身高八尺，常常把自己比作管仲、乐毅，当时的人却不承认。只有博陵崔州平、颍川徐庶和诸葛亮友好，说确实是这样。

当时刘备驻扎在新野。徐庶拜见刘备，刘备很器重他，徐庶对刘备说：“诸葛孔明，是一条蛰伏着的龙啊，将军是否愿意见他？”刘备说：“您和他一同来。”徐庶说：“这个人只能去拜见，不能委屈他找上门来。将军应当屈驾去拜访他。”

因此刘备就去拜访诸葛亮，总共去了三次才见到。刘备便叫旁边的人避开说：“汉朝统治崩溃，奸臣先后专权，皇帝遭难出奔。我不考虑自己的德行和力量，想在天下伸张大义，可是智谋和办法短少，终于因此失败，弄到今天这个局面。然而壮志还没有罢休，您说将采取什么样的计策呢？”

诸葛亮回答说：“自董卓专权以来，豪杰纷纷起来，占据几个州郡的不可胜数。曹操跟袁绍相比，名望低兵力少。可是曹操竟能打败袁绍，由弱小变为强大。这不仅是靠时机，而且也是靠人的谋虑。现在曹操已经拥有百万军队，挟持皇帝来号令诸侯，实在不能和他争胜。孙权占据着长江下游，已经经历了三代，地势险要，民众归附，有才干的人都被他任用了，只可以作为联盟而不可谋取呀。荆州北靠汉、沔两水，南海一带的好处都能得到，东和吴郡会稽郡相连，西和巴郡、蜀郡相通，这是用兵之地，可是刘表守不住，这大概是天用来资助将军的，将军是否有这个意图啊？益州险要坚固，土地肥沃辽阔，物产富饶，汉高祖凭着它建立了帝业。刘璋昏庸懦弱，张鲁占据益州北面地方，人民富裕，地方富足，然而不知道爱惜。有才干的人们都想得到贤明的国君。将军既然是皇帝的后代，信义又闻名于天下，广泛地罗织英雄，如饥似渴地思求贤才，如果占据荆州和益州，守住那险要的地方，西面和各族和好，南面安抚夷越，对外联合孙权，对内整顿政治，一旦天下有变，就命令一位上将率领荆州的军队向宛洛进军，将军亲自率领益州的军队向秦川出击，老百姓能不拿着酒饭来欢迎您吗？果真像这样的话，霸业就可以成功，汉朝便可复兴了。”

刘备说：“对！”

从此和诸葛亮的关系一天天亲密起来。

关羽、张飞等人不高兴，刘备解释说：“我有了孔明，好像鱼有了水啊！希望你们不要再说。”关羽、张飞就不说了。

【注释】

①隆中对：隆中，地名，即今襄阳城西 13 公里处的古隆中。《隆中对》选自《三国志·蜀书》。作者陈寿（233—297），字承祚，晋朝安汉（今四川南充）人，史学家，原在蜀国做官，入晋后官拜著作郎。

②躬耕陇亩：躬耕，亲自耕种；陇亩，田地。

③好为《梁父吟》：喜欢唱《梁父吟》。《梁父吟》，古歌曲名。歌词里含有感慨不平的意思。“父”亦作“甫”。

④管仲：名夷吾，春秋时齐桓公的国相，帮助桓公建立霸业。

⑤乐毅：战国时燕昭王的名将，曾率领燕、赵、韩、魏、楚五国兵攻齐，连陷七十余城。

⑥汉、沔：指汉水中下游一带。汉水，古代通称沔水。下文南海泛指南方近海的地方。

【评述】

本篇记述诸葛亮为刘备进行战略谋划的过程和内容，是蜀汉集团最著名的战略谋划，也是政权建立的基础战略。

在刘备三顾茅庐拜访诸葛亮的时候，曹操已经占领山东和河南大部地区，势力急速壮大；孙权占据着长江下游一带地区；刘表占据着湖北湖南一带；刘焉、刘璋占据着四川。刘备先后依附多人，均未有成，此时势穷力单。诸葛亮通过隆中对话审时度势，透过现象看本质，高瞻远瞩地指出了应暂时避免与曹操、孙权的争锋，可先取荆、湘，再取川、益，然后连孙抗曹，实现三足鼎立。自那以后，形势的发展充分证明了诸葛亮的远见卓识。

兵　法

【原文】

知有所甚爱，知有所不足爱，可以用兵矣。故夫善将者，以其所不足爱者，养其所甚爱者。士之不能皆锐，马之不能皆良，器械之不能皆坚固也，处之而已矣。兵之有上中下也，是兵之有三权也。孙膑有言曰：“以君下驷，与彼上驷；取君上驷，与彼中驷；取君中驷，与彼下驷。”此兵说也，非马说也。下之不足以与其上也，吾既知之矣，吾既弃之矣。中之不足以与吾上，下之不足以与吾中，吾不既再胜矣乎？得之多于弃也，吾斯从之矣。彼其上之有三权也。三权也者，以一权而致三者也。管仲曰：“攻坚则瑕者坚，攻瑕则坚者瑕。”呜呼！不从其瑕而攻之，天下皆强敌也。

【译文】

知道有非常喜爱的，也知道有不值得怎么喜爱的，就可以用兵打仗了。所以，善于统兵打仗的，能以他所不值得怎么爱的去养护他所最喜爱的。士卒不能每一个都很精锐，马不能每一匹都很精良，器械也不能每一件都很坚固，只是需要善于处置罢了。部队实力有上、中、下之分，所以用兵打仗也因之有三种不同的处置方法。孙膑曾经说过：“以您的下等马，与对方的上等马比试；用您的上等马，与对方的中等马比试；取您的中等马，与对方的下等马比试。”这就是用兵打仗的道理，并不只是赛马的道理呀！最下等的（马）无法与（对方）最上等的（马）相比，这是我知道的，也是我可以舍弃的。对方中等的（马）无法胜过我上等的（马）；下等的（马）无法胜过我中等的（马），我不是已经两次胜利了吗？得的多于失去的，那么我就这样做了。上边说的办法就是三种权变。所谓三权者，用一种权变而导致三种结果。管仲说：“攻坚的则弱的也变为强的，攻弱的则强的也变为弱的。”哎，不从他最弱的地方进攻，天下都是强敌了。

【评述】

本篇讲述战争决策问题，诸葛亮认为帝王或者君主能够爱所爱、改不足，就可以用兵打仗。又通过叙述孙膑建议之赛马谋略说明战略谋划应该统筹全局，有所取有所舍。

兵要[①]选集

【原文】

凡军行营垒，先使腹心及乡导前觇审知，各令候吏先行，定得营地，壁立军分数，立四表候视，然后移营。又先使候骑前行，持五色旗，见沟坑揭黄，衢路揭白，水涧揭黑，林薮揭青，野火揭赤，以本鼓应之。立旗鼓，令相闻见。若渡水踰山，深邃林薮，精骁勇骑投搜数里无声，四周绝迹。高山树顶，令人远视，精兵四向要处防御。然后分兵前后，以为镇拓，乃令辎重老小，次步后马，切在整肃，防敌至，人马无声，不失行列，险地狭径，亦以部曲鳞次，或须环回旋转，以后为前，以左为右，行则鱼贯，立则雁行。到前止处，游骑精锐，四向散列而立，各依本方下营。

贵之而不骄，委之而不专，扶之而不隐，免之而不惧，故良将之功也，犹璧之不污

良将之为政也，使人择之，不自举；使法量功，不自度。故能者不可蔽，不能者不可饰，忘誉者不能进也。

言行不同，竖私枉公，外相连诬，内相谤讪，有此不去，是谓败乱。

有制之兵，无能之将，不可以败；无制之兵，有能之将，不可以胜。

【译文】

凡是军队移营扎寨，先要派遣可靠的人及向导前往有关地区严密侦察详细了解，并且命令负责侦察的军官先行，确定营地，按编制划分军营位置，在四面立标志等待（将领）审视，（确定后）然后移营。（移营时）先派遣侦察骑兵前行，持无色彩旗，看见深沟大坑的地方就高举黄旗；看见四通八达的道路就高举白旗；见深涧河流就举黑旗；在杂草丛生树木茂密的地方就高举青旗；见有野火的地方就高举红旗，并以鼓声相呼应。设五色旗配备大鼓，使士兵能听到和看到要求部队行动的信号。如果渡河越山，穿越深远的茂密丛林，要派出精悍勇猛的骑兵，悄悄地向数里以外进行侦察，到处不得留露痕迹。（派出士兵）攀登高山爬上树顶向远处瞭望，还要派出精锐部队向四面的险要地区防御。然后把部队分为前后两队，用部队开辟道路，镇守后方。再命令保护辎重和家属的部队依次在步兵和骑兵之后行动，务必整齐肃静，防备敌人袭击，各类人员和军马都要保持肃静，不得脱离行军行列。途径地形险要的地方和狭窄的道路时，要求部队依次行进，或者需要迂回旋转时，把后队改为前锋，把左队作为右队，行动时像游鱼一样，一个挨着一个地接连着走，站立时像鸿雁一样整齐地排列。到达了预定安营扎寨的地方，派出游动的精锐骑兵，向四面八方散列站立的警戒，各部队按划分的区域扎寨。

尊贵而不骄傲，被委以重任而不专横，有扶持而不要依靠，被罢免而不畏惧，这是优秀将领应做到的，像璧玉一样洁白不受污染。

有才能的将领为人处事要做到：使君主因才选拔自己，而不是自我推荐；发挥自己的才能和智慧做出贡献，不自我吹嘘评价。所以，有才能的人不可能被隐蔽埋没，没能力的人要粉饰也粉饰不了，沽名钓誉、自我标榜的人是不能为大家所承认的。

言行不一，徇私枉公，向外经常诬蔑别人，向内对同事造谣毁谤，这样的人不铲除，是部队的失败和混乱的原因。

训练有素的军队，即使将领能力不强，也不会打败仗；缺乏训练、战斗力差的部队，即使将领很有能力，也不可能打胜。

【注释】

①兵要：选自张澍编辑的《诸葛亮集》第二卷《兵要》。张澍《诸葛亮集·兵要》选自《太平御览》及《北堂书钞》中的只言片语。

【评述】

本篇叙述行军扎营等问题，均涉及对将领品德的要求。

便宜十六策[①]之治军第九

【原文】

治军之政，谓治边境之事，匡救大乱之道，以威武为政，诛暴讨逆，所以存国家安社稷之计。是以有文事必有武备，故含血之蠡，必有爪牙之用，喜则共戏，怒则相害；人无爪牙，故设兵革之用，以自辅卫。故国以军为辅，君以臣为佐，辅强则国安，辅弱则国危，在于所任之将也。非民之将，非国之辅，非军之主。故治国以文为政，治军以武为计；治国不可以不从外，治军不可以不从内。内谓诸夏，外谓戎、狄。戎、狄之人，难以理化，易以威服，礼有所任，威有所施。是以黄帝战于涿鹿之野，唐尧战于丹浦之水，舜伐有苗[②]，禹讨有扈，自五帝三王至圣之主，德化如斯，尚加之以威武，故兵者凶器，不得已而用之。夫用兵之道，先定其谋，然后乃施其事。审天地之道，察众人之心，习兵革之器，明赏罚之理，观敌众之谋，视道路之险，别安危之处，占主客之情，知进退之宜，顺机会之时，设守御之备，强征战之势，扬士卒之能，图成败之计，虑生死之事，然后乃可出军任将，张禽敌之势，此为军之大略也。夫将者，人之司命，国之利器，先定其计，然后乃行。其令若漂水暴流，其获若鹰隼③之击物，静若弓弩之张，动如机关之发，所向者破，而勍敌自灭。将无思虑，士无气势，不齐其心，而专其谋，虽有百万之众，而敌不惧矣。非仇不怨，非敌不战。工非鲁班之目，无以见其工巧；战非孙武之谋，无以出其计远。夫计谋欲密，攻敌欲疾，获若鹰击，战如河决，则兵未劳而敌自散，此用兵之势也。故善战者不怒，善胜者不惧。是以智者先胜而后求战，暗者先战而后求胜；胜者随道而修途，败者斜行而失路；此顺逆之势也。将服其威，士专其力，势不虚动，运如圆石，从高坠下，所向者碎，不可救止，是以无敌于前，无敌于后，此用兵之势也。故军以奇计为谋，以绝智为主，能柔能刚，能弱能强，能存能亡，疾如风雨，舒如江海，不动如泰山，难测如阴阳，无穷如地，充实如天，不竭如江河，终始如三光④，生死如四时，衰旺如五行，奇正相生，而不可穷。故军以粮食为本，兵以奇正为始，器械为用，委积为备。故国困于贵买，贫于远输，攻不可再，战不可三，量力而用，用多则费。罢去无益，则国可宁也，罢去无能，则国可利也。夫善攻者敌不知其所守，善守者敌不知其所攻。故善攻者不以兵革，善守者不以城郭。是以高城深池，不足以为固，坚甲锐兵，不足以为强。敌欲固守，攻其无备；敌欲兴阵，出其不意；我往敌来，谨设所居；我起敌止，攻其左右；量其合敌，先击其实。不知守地，不知战日，可备者众，则专备者寡。以虑相备，强弱相攻，勇怯相助，前后相赴，左右相趋，如常山之蛇，首尾俱到，此救兵之道也。故胜者全威，谋之于身，知地形势，不可豫言。议之知其得失，诈之知其安危，计之知其多寡，形之知其生死，虑之知其苦乐，谋之知其善备。故兵从生击死，避实击虚，山陵之战，不仰其高，水上之战，不逆其流，草上之战，不涉其深，平地之战，不逆其虚，道上之战，不逆其孤；此五者，兵之利，地之所助也。夫军成于用势，败于谋漏，饥于远输，渴于躬井，劳于烦扰，佚于安静，疑于不战，惑于见利，退于刑罚，进于赏赐，弱于见逼，强于用势，困于见围，惧于先至，惊于夜呼，乱于暗昧，迷于失道，穷于绝地，失于暴卒，得于豫计。故立旌旗以视其目，击金鼓以鸣其耳，设斧钺以齐其心，陈教令以同其道，兴赏赐以劝其功，行诛伐以防其伪。昼战不相闻，旌旗为之举，夜战不相见，火鼓为之起，教令有不从，斧钺为之使。不知九地之便，则不知九变之道。天之阴阳，地之形名，人之腹心，知此三者，获处其功。知其士乃知其敌，不知其士，则不知其敌，不知其敌，每战必殆。故军之所击，必先知其左右士卒之心。五间之道，军之所亲，将之所厚，非圣智不能用，非仁贤不能使。五间得其情，则民可用，国可长保。故兵求生则备，不得已则斗，静以理安，动以理威，无恃敌之不至，恃吾之不可击，以近待远，以逸待劳，以饱待饥，以实待虚，以生待死，以众待寡，以旺待衰，以伏待来。整整之旌，堂堂之鼓，当顺其前，而覆其后，固其险阻，而营其表，委之以利，柔之以害，此治军之道全矣。

【译文】

治军的政策，是说治理国家边境上的事情，匡正挽救非常混乱局面的方法宗旨，以雄威武力为原则，铲平暴乱，讨伐叛逆，也就是保卫国家安定社会的大计。所以，治理国家既要有文治也须有军事防备，像蠡虫那样，必须有爪牙作为自己的工具，高兴时相互游戏，愤怒时互相残害；人没有那样用途的爪牙，因此就建立了军队用以帮助保卫自己。所以国家以军队为辅助力量，君主用大臣作为自己的助手，辅助得好国家就安全，辅助不好国家就危险，辅助得如何关键在于所委任的将帅。不是为民的将帅，不是辅助国家的良臣，也不是军队真正的主帅。所以，治理国家靠政治，治理军队以善于打仗为根本；治理国家不能不考虑外部情况，治理军队不能不考虑内部情况。所说的内是指华夏，所说的外是指戎、狄这些少数民族，难于教育说服，易于用武力征服，有的以礼相待，有的用武力迫其屈服。这样，黄帝与蚩尤战于涿鹿（今属河北）附近的原野，唐尧与丹朱战于丹水的水滨，舜讨伐有苗氏，禹讨伐有扈。我们知道，从五帝三王开始这些最圣明的君主，如此有德行和教化，还使用武力。所以说军队是凶器，迫不得已时就使用它。用兵打仗的规律，是先制定战胜敌人的计谋，然后才进行作战。详细了解天时地利的条件，仔细观察百姓士兵的心理状态，加强部队的训练，明确颁布赏罚的规定，侦察敌人的作战计划，查清道路的险易程度，辨别安全和危险的地方，预测敌我双方的主客观情况，掌握进攻退守的时机，掌握敌军给我们创造进攻条件的时机，做好防守和抵御敌军进攻的准备，造成进攻的有利态势，充分发挥士卒的能力，反复思考取得成功避免失败的计谋，认真考虑有关军队生死存亡的大事，然后才能委任将帅出兵打仗，摆开擒获敌人的阵势，这些都是用兵打仗的远大谋略。将帅，是人民生命的主宰，国家锐利的武器，应该先制订作战计划，然后才能行动。军队服从命令而行动就像强大迅猛、能把大石头漂起来的水势一样，它要擒获敌人时就像鹰隼之类扑击别的鸟类那样迅速，准备进攻时沉着得像张开的弩一样。进攻时像利用机械力量发射的武器那样，所向披靡，即使很强大的敌人也会被消灭，将帅没有深思熟虑的谋划，部队没有战胜敌人的气势，上下不能齐心协力，为了一个目标而共同战斗，就是拥有百万之众，敌人也是不畏惧的。不是真正的仇敌就不怨恨；不是真正的敌军就不打他。工匠无鲁班的观察能力，就看不到技艺的巧妙；打仗没有孙武的谋略，就做不出灵活的作战计划。计划要保密，攻敌要迅速，捕获目标时像雄鹰袭击其他鸟类那样使其来不及防御，作战时我军的气势像决开河堤的水那样使敌无法阻挡，那么，我们的部队还未疲劳而敌人已四处逃散，这就是用兵的势。所以，善于打仗的将帅不随便发怒，善于打仗的将领无所畏惧。因此，明智的将帅是先制订战胜敌人的计划，然后同敌军作战，愚昧不明的将领是先同敌人交战而后寻求顺利的方法；胜利者是利用道路而修坦途，失败者是不择路途而迷失方向，这就是顺和逆的道理。军官服他的威信，士兵专心地为他效力，造成势不虚动（的态势），行动时像从陡坡峭壁上滚下的圆石，从高坠下迅猛不可挡，被碰者都被击碎（谁也）无法挽救和阻止。迎面与敌交战或从背后袭击敌人都使其无法抵抗，这就是用兵的势。所以，打仗要善于出奇制胜，用非凡的智慧进行筹划为根本，能柔能刚，能弱能强，能存能亡，迅速时像暴风骤雨，舒展时像咆哮奔腾的江海，稳固时如泰山那样岿然不动，变化时如阴阳一样难以预测，像地那样没有穷尽，像天那样无边无际，像江河奔流那样永不枯竭，像日、月、星辰的光一样，消失了再出现，像一年四季那样过去了又回来，像五行（金、木、水、火、土）一样相生相克，奇、正既各自独立又互相转化，永远不能穷尽的。军队要以粮食为根本，以奇正用兵为原则，以各种军事器械为用，以各类作战物资委积为备。国家贫困是因为贵买的原因（因打仗会引起物价上涨），为军队远途运输会引起百姓贫困，进攻敌人时不必两次征发兵役，和敌人作战时不用三次运粮，要根据国家的实力而计划使用资财，用的过多就造成国家的浪费。不去打那些对国家没有好处的战争，这样国家是安宁的。不去打那些没有能力去打的战争，则对国家是有利的。善于进攻的，使敌人不知从何处防守，善于防守的，使敌人不知道从哪里进攻，所以，善于进攻的人，不使用军队就可以使敌人降服；善于防守的人，不依托城郭之固使敌人无法攻克。因此高城深池，不足以为固，坚甲锐兵也不是强大的军队。敌人要固守，就攻击他来不及防备的地方；敌人要与我作战，就出其不意地对其攻击；我和敌人同时对阵时，要严密防守营寨防敌突袭，敌人同时不动时，我就攻击他的左右两翼；判断出敌人要集中兵力时，首先要攻击他的主力。不知道应该防守的地方，不知道作战的日期，需要防备的地方就多，而有目的的防备，地方就相对少了。要考虑好防备敌人的办法，强弱要相互搭配，勇怯者要相互援助，前后要相互照应，左右相互救助，就像常山的蛇一样，打它的中段，头尾都来救应，这是救兵的方法。善于取胜的将帅，始终保持着威严，胸有韬略，知道地形并掌握利用地形的奥妙，这些都不预先告诉别人。反复讨论可以知道有利的条件和不利的因素，欺骗敌人行动可以判断其安危的地方，筹算可以知道敌人兵力的多或少，我方“示形”之后，根据敌人的反应可了解到敌人所据地形是生地或死地，侦察敌人可以知道他的士气，想办法可以了解敌人的防备完善或不完善。所以，用兵打仗要利用有利的地形避开不利的地形，避开敌军实力而攻击它薄弱的地方。在高山丘陵与敌人交战，不要去仰攻他；在水上与敌军交战，不要逆着水流；在沼泽地带与敌交战，不能在水深草密之处；在开阔平坦之处与敌交战，要攻击其空虚的地方；在山道上与敌交战，不放过他孤军突出的部分。以上五条，就是军队如何利用地形，把地形作为战争取胜的辅助条件。作战成功主要在于掌握全局的“势”，因有利的势取胜，失败在于作战计划泄露，士兵由于远途运输而饥饿，自己打水先喝是渴的表现，过分的操劳就要烦扰，安静是逸的表现，进兵不战易使士兵怀疑，贪图小利容易造成混乱，对擅自后退要处予刑罚，奋勇作战要给予奖赏，对懦弱的要施加压力，对刚强的要因势利导，被包围了就处于困难境地，先到达作战地区可以使对方恐惧，夜间呼喊是恐慌的表现，将帅无能部队就混乱，失去道路就迷失了方向，陷于绝地就没有出路，对待士卒暴戾就是因为失去了威信，凡事预做周密的筹划就能达到预期的目的。所以，立旌旗的目的是让大家看得到，击金鼓的目的是使部队听到号令，设置斧钺是为了使部队同心协力，用条令教育部队是为了统一士卒的行动，赏赐是为了激励士卒杀敌立功，实行诛罚是为了防备那些奸诈之人不听命令。白天打仗口头传递命令士卒难以听到，就举起旌旗使部队看到行动的信号，夜间打仗用旌旗指挥看不见，就用火光和鼓声作为指挥打仗的号令，如果遇到不按命令行动的，用斧钺去执行军纪。不精通各种地形的灵活运用，就是不懂得利用各种地形的奥妙。天候自然条件，地形地势情况，人的思想，了解并掌握这三者的，就能得到成功。

了解了敌人的情况，才能够知道如何战胜敌人，不了解敌军将士的情况，就不知如何战胜敌人，不知道如何战胜敌人，打仗每战必然失败，所以打仗取胜的关键，是必须首先掌握敌人将士的思想情况。使用五间的方法，是选拔军队中最亲信的人，给予他们最丰厚的赏赐，非有圣明才智的人不能用间，不是“仁义”“贤良”的人不能使间。我方的五种间谍掌握了敌方的情报，则人民可以利用，国家可以保障长久安全，士兵为了生存就会精心准备，迫不得已就会拼死搏斗，部队驻扎时要考虑到安全，部队行动时要有雄壮的军威，不要倚恃敌人不会来，而要倚恃我有充分的准备使敌人无法进攻。以自己接近战地的部队，待机进攻远道而来的敌军；以自己得到休息的部队，待机进攻奔走疲惫的敌军；以自己饱食的部队，待机进攻饥饿的敌军；用自己军队的实力，待机攻击敌军虚弱的地方；利用我军处于有利地形的优势，待机进攻处于不利地势的敌军；以我军的绝对优势兵力，待机进攻敌人的劣势兵力；以我军旺盛的锐气，待机进攻士气懈怠、疲乏的敌军；用我军的埋伏，待机伏击前来的敌军。整齐的旌旗，响亮的鼓声，应当前后照应（互为一致），固守险阻，扎好营寨。委任有才能的人对治军有利，使用懦弱的人对治军有害，这就是治军的全部道理。

【注释】

①便宜十六策：便宜，一是指不应得的利益；二是指价钱低、实惠的物品。《便宜十六策》指方便合适的十六条对策。

②有苗：三苗，古族名。唐尧时在江淮、荆州一带的少数民族。

③鹰隼：隼（sǔn），鸟纲，隼科各种类的通称，在我国有燕隼、游隼、红脚隼等。

④三光：指日、月、星。《白虎通·封公侯》："天有三光，日，月，星。"

【评述】

《治军第九》是《便宜十六策》中专门论述军事问题的篇章，从内容上看和后篇《将苑》互为补充。《治军第九》首先从治理国家的高度论述了军队的重要性，认为是“存国家，安社稷”的基础。明确指出治军必须着眼于内部，只有内部安定了才能威服外部。本篇还论述了将帅的配备、军队的训练、战略战术、带兵爱兵、后勤保障等治军问题。

将苑[1]择要

兵　权[2]

【原文】

夫兵权者，是三军之司命，主将之威势。将能执兵之权，操兵之要势，而临群下，譬如猛虎，加之羽翼，而翱翔四海，随所遇而施之。若将失权，不操其势，亦如鱼龙脱于江湖，欲求游洋之势，奔涛戏浪，何可得也。

【译文】

兵权，是全军的主宰，主将的权威。将帅能够掌握兵权，驾驭部队，而亲临部队指挥部属作战时，就像勇猛的老虎，又添了羽翼，锐不可当；像蛟龙在四海游弋，随波逐浪，自由翻腾。假如将帅掌握不了，不能驾驭部队，就像鱼类和蛟龙离开了江河湖海一样，想利用海洋自由游弋，奔涛戏浪，怎么可能呢？

【注释】

①将苑：最早见于宋代《遂初堂书目》，称为《诸葛亮将苑》，到了明代被称为《心书》。据考证，《将苑》不见于陈寿《三国志》，亦不见于隋唐史志，故后不少人判断为伪书。虽说如此，但其中许多思想与诸葛亮的军事思想是一致的。

②兵权：掌兵之权。

【评述】

本篇讲述将帅的首要问题——权威。

逐　恶[1]

【原文】

夫军国之弊，有五害焉：一曰，结党相连，毁谮贤良；二曰，侈其衣服，异其冠带；三曰，虚夸妖术，诡言神道；四曰，专察是非，私以动众；五曰，伺候得失，阴结敌人。此所谓奸伪悖德之人，可远而不可亲也。

【译文】

军队存在的弊端，概括起来有“五害”：一是结党拉派，中伤毁谤好人；二是穿戴奢侈，奇装异服；三是鼓吹妖术，假传神道；四是专爱了解挑拨是非，私下煽动群众；五是窥视个人得失，暗中勾结敌人。这就是那些奸诈虚伪，违背仁义道德的人，只能对他们疏远而不可亲近。

【注释】

①逐恶：恶，指坏习惯，流弊。逐恶即是远离这些毛病。

【评述】

军队有结党营私、铺张奢华、妖言惑众、假公济私、勾结敌人五种流弊，为将之人必须远之，戒之。

知人性

【原文】

夫知人之性，莫难察焉。美恶既殊，情貌不一，有温良而为诈者，有外恭而内欺者，有外勇而内怯者，有尽力而不忠者。然知人之道有七焉：一曰，间之以是非而观其志；二曰，穷之以辞辩而观其变；三曰，咨之以计谋而观其识；四曰，告之以祸难而观其勇；五曰，醉之以酒而观其性；六曰，临之以利而观其廉；七曰，期之以事而观其信。

【译文】

要想了解一个人的品德和才智，并不难考察。美和丑在本质上有根本的区别，但外貌和内心的表现形式并不一致的，有的人看起来纯朴忠厚，彬彬有礼，实际上却是一个伪君子；有的人表面上奉行指示，执行命令，而背地里却干骗人的勾当；有的人虽然尽力工作，心底却不忠诚。然而考察和使用一个人有这样的七条：一是向他提出矛盾的观点，观其辨别是非的能力；二是同他反复辩论一个问题，观察他的辩才和机智应变能力；三是请他出谋划策，看其审时度势和分析问题的能力；四是面临的困难和危险情况告诉他，考察他克服困难的决心和勇于献身的牺牲精神：五是安排酒宴，看他的自制能力及醉酒后所显示的本色；六是给他有利可图的条件，观其是否廉洁奉公，不贪不沾；七是给他安排和约定具体的事情，看其信用。

【评述】

识人用人是为将之人必须具备的基本素质。

将　材

【原文】

夫将才有九。道之以德，齐之以礼，而知其饥寒，察其劳苦，此之谓仁将。事无苟免，不为利挠，有死之荣，无生之辱，此之谓义将。贵而不骄，胜而不恃，贤而能下，刚而能忍，此之谓礼将。奇变莫测，动应多端，转祸为福，临危制胜，此之谓智将。进有厚赏，退有严刑，赏不逾时，刑不择贵，此之谓信将。足轻戎马，气盖千夫，善固疆场，长于剑戟，此之谓步将。登高履险，驰射如飞，进则先行，退则后殿，此之谓骑将。气凌三军，志轻强虏，怯于小战，勇于大敌，此之谓猛将。见贤若不及，从谏如顺流，宽而能刚，勇而多计，此之谓大将。

【译文】

将帅之才按其能力可分为九种类型。待人讲道德，处理事情按礼制，了解部属的饥寒，体恤下级的困苦，这样的将才叫仁将。办事严肃认真，不为私利动摇自己的意志，以死为荣，不忍辱求生，这样的将领叫义将。尊贵而不骄傲，取胜不恃功劳，有才能但不耻下问，性格刚强但能控制感情，这样的将才叫礼将。能谋善断，随机应变，化险为夷，转败为胜，这样的将才叫智将。对英勇作战建树功劳的进行厚赏，对临阵退却不前的处以严刑，能及时行赏，能罚不避权贵，这样的将才叫信将。跑起来比战马还快，有压倒千人的勇气，善于固守战场，擅长用剑戟作战，这样的将才叫步将。敢于登高山涉险地，能骑如飞的战马射箭，进攻时打先锋，撤退时当后卫，这样的将才叫骑将。勇气贯全军，不畏强敌，不打小仗，善于战胜强大的敌人，这样的将领叫猛将。见到有才能的人自知不如，能够虚心请教，采纳别人的正确意见像流水那样畅快，宽厚而刚强，智勇双全，这样的将才叫大将。

【评述】

诸葛亮认为优秀将领必须具有仁、义、礼、智、信等道德品质，同时拥有武艺精熟、勇气过人、身先士卒等军事才干。

将　器[①]

【原文】

将之器，其用大小不同。若乃察其奸，伺其祸，为众所服，此十夫之将。夙兴夜寐，言词密察，此百夫之将；直而有虑，勇而能斗，此千夫之将。外貌桓桓，中情烈烈，知人勤劳，悉人饥寒，此万夫之将。进贤进能，日慎一日，诚信宽大，闲于理乱，此十万人之将。仁爱洽于下，信义服邻国，上知天文，中察人事，下识地理，四海之内，视如家室，此天下之将。

【译文】

军官应根据他的才能大小而委任不同的职务。能明辨是非，能发现祸患，为众人所信服的人，可以让他管理十个人。夙兴夜寐，说话言辞谨密，这样的人可以让他领导一百个人。耿直而有计谋，敢于作战而有善于作战，这样的人可以委任他领导一千人。外貌威武，内心光明磊落，了解部属的贡献，关系士兵的疾苦，这样的人可以领导一万人。纳贤进能，平时谨慎，心胸宽大，善于处置复杂的情况，这样的人可统率十万大军。对部下以仁爱之心去关心，以信用和大义使邻国折服，上知天文，中察人事，下识地理，以四海为家，这样的人可以统率全军。

【注释】

①将器：指军官的才干。

【评述】

本篇进一步叙述各级指挥人员必须具备的素养和才干。从十夫长、百夫长直到“十万之将”“天下之将”逐级加以叙述。

将志

【原文】

兵者凶器，将者危任，是以器刚则缺，任重则危。故善将者，不恃强，不怙势，宠之而不喜，辱之而不惧，见利不贪，见美不淫，以身殉国，一意而已。

【译文】

兵器是用以作战的武器，将帅则担任高级的指挥职务，兵器太刚硬就容易崩缺，担任了高级职务责任就重大。所以优秀的将领不依仗自己的力量，不凭借自己的权势，受到宠爱不沾沾自喜，被侮辱迫害时而不畏惧，见利不贪，见美不淫，以身殉国，唯此而已。

【评述】

本篇叙述将领的气质修养，为将最重要的气质是戒骄戒躁。

将善

【原文】

将有五善四欲。五善者，所谓善知敌之形势，善知进退之道，善知国之虚实，善知天时人事，善知山川险阻。四欲者，所谓战欲奇，谋欲密，众欲静，心欲一。

【译文】

将帅要具有“五善于”“四做到”的本领。所谓五善于，就是说：善于了解掌握敌军的形势，善于掌握进攻和退却的规律，善于了解国内资金的虚实情况，善于了解天时人事，善于了解山川地势险阻地形。四做到就是：作战要做到使用奇谋，筹划作战计划要做到保密，率领部队行军要做到安静，部队上下要做到团结一致。

【评述】

本篇进一步论述将帅的素质要求是“五善四欲”。

将骄吝

【原文】

将不可骄，骄则失礼，失礼则人离，人离则众叛。将不可吝，吝则赏不行，赏不行则士不致命，士不致命则军无功，无功则国虚，国虚则寇实矣。孔子曰：“如有周公之才之美，使骄且吝，其余不足观也已。”

【译文】

将帅不能骄傲，骄傲了就会失去礼节，失去礼节就失去人心，失人心则众叛亲离。将帅要宽宏大量，吝惜就会有功不赏，不赏有功者士兵就不会奋勇作战，士兵不拼命军队就没有功勋，不能建树功勋国家就软弱空虚，国家空虚敌人就强大。孔子说：“如果有周公那样的才能和美德，但既骄傲又吝惜，就没有什么值得看的了！”

【评述】

本篇继续论述将领要戒骄戒奢的必要性。

智　用

【原文】

夫为将之道，必顺天、因时、依人以立胜也。故天作时不作而人作，是谓逆时；时作天不作而人作，是谓逆天；天作时作而人不作，是谓逆人。智者不逆天，亦不逆时，亦不逆人也。

【译文】

将帅用兵打仗的原则，必须顺应天时，掌握时机，依靠人的力量去取得胜利。如果天气条件可以，时机不合适，而人为地去办事，这就叫不会掌握时机；如时机成熟，天时不利，而人为地去办事，就叫不会利用天时条件；天时条件好，时机成熟，而人不去办事，就叫不会使用人。凡是有才智的人，不会悖逆天时条件，也不会丧失时机，也不会违背人们的意志。

【评述】

要求将领善于运用天时、地利、人和。

将　诫

【原文】

书曰："狎侮君子，罔以尽人心，狎侮小人，罔尽人力。"故行兵之要，务揽英雄之心，严赏罚之科，总文武之道，操刚柔之术，说礼乐而敦诗书，先仁义而后智勇。静如潜鱼，动若奔獭。丧其所连，折其所强，耀以旌旗，戒以金鼓。退若山移，进如风雨，击崩若摧，合战如虎。迫而容之，利而诱之，乱而取之。卑而骄之，亲而离之，强而弱之；有危者安之，有惧者悦之，有叛者怀之，有冤者申之，有强者抑之，有弱者扶之，有谋者亲之，有谗者覆之，获财者与之。不倍兵以攻弱，不恃众以轻敌，不傲才以骄人，不以宠而作威。先计而后动，知胜而始战。得其财帛不自宝，得其子女不自使。将能如此，严号申令，而人愿斗，则兵合刃接而人乐死矣。

【译文】

《尚书》上说："轻视和侮辱君子，就不能服人心，轻视和侮辱老百姓，就不能使他们尽力。"所以领兵打仗的关键，一定要笼络住英雄志士的心，严格执行赏罚的规定，精通政治军事，掌握软硬进攻的战术，喜好礼乐，研究诗书，先修养仁义，而后达到有智有勇。安静时如潜入深水的游鱼，行动时像獭兽奔腾。消灭它的部队，打击它的强大力量，以旌旗作为下达命令的标志，锣鼓作为行动的号令。退却时似排山倒海，进攻时如疾风暴雨，攻击敌人时就无坚不摧，协同作战时就如虎添翼。在紧张的形势下从容不迫，用小利引诱敌人，乘敌混乱时攻取他。敌人谨慎时使其骄傲，敌人团结就设法离间，敌人强大就削弱他的力量，有危险的人就解救他，有胆小害怕的就安慰稳定他，有背叛的就坚决消除，有冤枉的就替他申冤，强暴的就制约他，懦弱的就支持他，得到财产就分给大家。不用强大的兵力去攻打弱小的敌军，不因为自己力量强大而轻视敌人，不因为自己有才能而对人骄傲，不因受到君主的宠爱而作威作福。先筹划周密的计划而后行动，有了获胜的把握再开始作战。缴获敌人的财物，不据为己有，俘虏了敌方的奴隶和人员不自己使用。将帅能够做到这样，再加上号令严整，部下心甘情愿战斗，那么军队进入战斗时，士兵就乐意作战而不怕死了。

【评述】

要求将领“严明赏罚”达到“揽英雄之心”。

戒　备

【原文】

夫国之大务，莫先于戒备。若夫失之毫厘，则差若千里，复军杀将，势不逾息，可不惧哉！故有患难，君臣旰食而谋之，择贤而任之。若乃居安而不思危，寇至不知惧，此谓燕巢于幕，鱼游于鼎，亡不俟夕矣！传曰：“不备不虞，古之善政。”又曰：“蜂蠆尚有毒，而况国乎？”无备，虽众不可恃也。故曰：有备无患。故三军之行，不可无备也。

【译文】

国家大事中，没有比战备更重要的。如果在军事战备上失之毫厘，就会造成千里之差的恶果，致使全军覆没，将帅被杀，整个形势无法挽救，这实在是很可怕的！

所以，国家有了困难，君主和大臣必须夙兴夜寐，共同商议治国的办法，选拔有才能学识的人担任军事要职。如果居安而不思危，敌人打来还不考虑抵抗的策略，这就是说像燕雀在帐篷上造窝，鱼儿在锅底游泳，离灭亡的日子不远了！俗话说："不戒备就没有周到的考虑，这是古代的圣明政治。"又说："蜂蠆尚有毒刺进行防卫，何况国家呢！"没有准备，虽然有众多的兵力也不能依靠，所以说，有备无患。因此统率三军不可不加强战备。

【评述】

要求将领具有"常备不懈""居安思危"的思想。指出这是关系国家安危、战争胜负的大事。

习 练

【原文】

夫军无习练，百不当一；习而用之，一可当百。故仲尼曰："不教而战，是谓弃之。"又曰："善人教民七年，亦可以即戎矣。"然则即戎之不可不教，教之以礼义，诲之以忠信，诫之以典刑，威之以赏罚，故人知劝，然后习之，或陈而分之，坐而起之，行而止之，走而却之，别而合之，散而聚之。一人可教十人，十人可教百人，百人可教千人，千人可教万人，可教三军，然后教练而敌可胜矣。

【译文】

军队不进行训练，一百人抵不上经过训练的一个人，经过训练的一个人可以抵上一百个没有经过训练的人。孔子说过："没有经过训练的士兵让他们去打仗，就等于让他们白白地去送死。"他又说："对老百姓进行七年有效的训练，也可以迎敌打仗。"道理很清楚，要想让老百姓当兵打仗，就必须进行训练，对他们要进行礼义训练，进行忠信的教诲，进行法律刑法的教导，执行严明的赏罚纪律，这样人们就会明白勉励的道理。而后还要进行实战训练，练习阵法，起坐要领，行进停止，前进后退，解散集合。一个人可教十个人，十个人可教一百人，一百人可教一千人，一千人可教一万人，以此类推，可教全军，经过这样教育和训练的军队就可以打败敌军。

【评述】

本篇论述军队训练问题。训练具有十分重要的意义，训练的方法是先训骨干再由骨干训练其余人员，逐步扩大，教学互长。

军　蠹①

【原文】

夫三军之行，有探候不审，烽火失度；后期犯令，不应时机，阻乱师徒；乍前乍后，不合金鼓；上不恤下，削剑无度；营私徇己，不恤饥寒；非言妖辞，妄陈祸福；无事喧杂，惊惑将吏；勇不受制，专而陵上；侵竭府库，擅给其财。此九者，三军之蠹，有之必败也。

【译文】

凡是全军行动，有侦察工作搞的不细致不准确，传递信号的烽火失灵的；有贻误时间违犯命令的，打乱部队作战部署的；有忽前忽后，不按锣鼓命令行动的；有上级不体恤部下困难，贪得无厌的；有营私肥己，不顾部下死活的；有危言耸听，胡乱传播祸福消息的；有无事喧闹，迷惑文武官员的；有行动放肆，顶撞上级的；有侵占盗窃国家的仓库，擅拿公共财物的。以上九种表现，是危害三军的蠹虫，存在这些情况一定要失败。

【注释】

①军蠹：蠹，是一种专从里面嚼咬物品的虫子；这里军蠹是指军队内部的坏习惯。

【评述】

阐述导致军队失败的九种坏习惯。

腹　心[1]

【原文】

夫为将者，必有腹心、耳目、爪牙。无腹心者，如人夜行，无所措手足；无耳目者，如冥然而居，不知运动；无爪牙者，如饥人食毒物，无不死矣。故善将者，必有博闻多智者为腹心，沉审谨密者为耳目，勇悍善敌者为爪牙。

【译文】

凡是做将帅的，一定要有自己的心腹、耳目和爪牙。没有心腹之人，就像在黑夜行路，手脚都不知放在哪里；没有耳目，就像在黑夜中居住，不知道该怎么行动；没有自己的亲信爪牙，如同饥饿的人吃有毒的食物，一定会中毒死亡。所以，一个优秀的将领，一定要把博闻多智有才能的人作为自己的心腹，把办事严密谨慎的人作为耳目，把勇敢善战的人作为自己的干将。

【注释】

①腹心：心腹。

【评述】

将领必须具有一批忠实的骨干。

谨　候

【原文】

夫败军丧师，未有不因轻敌而致祸者，故师出以律，失律则凶。律有十五焉，一曰虑，间谍明也；二曰诘，谇候谨也；三曰勇，敌众不挠也；四曰廉，见利思义也；五曰平，赏罚均也；六曰忍，善含耻也；七曰宽，能容众也；八曰信，重然诺也；九曰敬，礼贤能也；十曰明，不纳谗也；十一曰谨，不违礼也；十二曰仁，善养士卒也；十三曰忠，以身殉国也；十四曰分，知止足也；

十五曰谋，自料知他也。

【译文】

凡是打败仗全军覆没的人，没有一个不是因为轻敌而导致大祸的，所以出兵打仗要有严格的规则，离开作战规则军队就一定失败。概括起来，作战规则有十五条，第一条是要善于思考分析，经过分析研究就会明了敌人的情况；第二条是注意盘问追查，经过查问使自己保持谨慎；第三条是勇敢，对强大的敌人不屈服；第四条要廉洁，有利可图时想到正当的行为；第五条是公平，做到公平，就要赏罚分明；第六条要宽宏大量，忍辱负重；第七条要心胸开阔，能团结大多数人；第八条有信义，说过的一定要办到；第九条要尊重有识之士，做到礼贤纳士；第十条要心中有数，不听信谗言；第十一条要谨慎，处处遵守礼节；第十二条要讲仁义，善于教育官兵；第十三条要精忠报国，做到以身殉职；第十四条做事要有分寸，知道满足；第十五条要有计谋，知己知彼。

【评述】

将领必须作风严谨，按律办事。

机　形

【原文】

夫以愚克智，逆也；以智克愚，顺也；以智克勇，机也。其道有三：一曰事，二曰势，三曰情。事机作而不能应，非智也；势机动而不能制，非贤也；情机发而不能行，非勇也。善将者，必因机而立胜。

【译文】

用愚蠢去战胜机智，是违背自然规律的；以机智去战胜愚昧，符合历史规律；用机智去战胜机智，在于掌握时机。掌握时机方法有三种：一是天时地利，二是形势变化，三是人心向背。不能利用天时地利条件，是不明智的表现，不能以形势变化而因势利导，是不贤明的表现；人心向我，可以采取行动时而不行动，是不勇敢的表现。

善于用兵打仗的人，一定要充分利用有利时机去取得胜利。

【评述】

本篇讲述因机而制胜。将领必须正确判断战场的形势，把握时机，出奇制胜。

兵　势

【原文】

夫行兵之势有三焉，一曰天，二曰地，三曰人。天势者，日月清明，五星合度，彗孛不殃，风气调和。地势者，城峻重崖，洪波千里，石门幽洞，羊肠曲沃。人势者，主圣将贤，三军由礼，士卒用命，粮甲坚备。善将者，因天之时，就地之势，依人之利，则所向者无敌，所击者万全矣。

【译文】

打仗要掌握三种形势，一是天，二是地，三是人。天势是指阳光明媚，月朗星稀，五星位置合度，彗星没有解体，风调雨顺。地势是指城池高山悬崖，江河湖泊流水，山关隘口深洞，羊肠曲回小道。人势是指君主圣明，将帅贤能，全军素养良好，士兵能英勇作战，粮食储备充足，军队装备优良。善于用兵打仗的将领，就会掌握天时，利用地势，依靠人和，这样就所向无敌，战无不胜。

【评述】

本篇论述因势利导。将领必须利用天候、气温、地理等有利因素依靠团结和信心战胜敌人。

胜　败

【原文】

贤才居上，不肖居下，三军悦乐，士卒畏服，相议以勇斗，相望以威武，相劝以刑赏，此必胜之征也。士卒惰慢，三军数惊，下无礼信，人不畏法，相恐以敌，相语以利，相嘱以祸福，相惑以妖言，此必败之征也。

【译文】

把贤良和有才能的人安排在重要位置，把不贤的人安排在低下的位置，那么军队内部上下就会心悦诚服，士卒畏惧军威而服从命令，战士们以英武决斗的意志谈论战争，以严肃尚武的精神互相顾盼，以信赏必罚的思想共同劝诫，这是必然胜利的征兆。（如果）士卒懒惰散漫，军队多次被惊吓，对部属缺少礼节不守信义，人人轻视军法刑律，上上下下拿敌人来吓唬自己，相互谈论时总考虑自己的利益，相互嘱咐幸福和祸害，互相之间被妖言所迷惑，这些都是必然失败的征兆。

【评述】

诸葛亮要求将领不打“无准备之仗”，不打“无把握之仗”，战前要进行准确的敌情判断。

假权

【原文】

夫将者，人命之所悬也，成败之所系也，祸福之所倚也。而上不假之以赏罚，是犹束猿猱之手，而责之以腾捷，胶离娄之目，而使之辨青黄，不可得也。若赏移在权臣，罚不由主将，人苟自利，谁怀斗心？虽伊、吕之谋，韩、白之功，而不能自卫也。故孙武曰：“将之出，君命有所不受。”亚夫曰：“军中闻将军之命，不闻有天子之诏。”

【译文】

将帅（所为），关系到人民的生命，是打仗成功失败的关键，也是人民幸福或受灾难的依靠，如果君主不把赏罚大权交给将帅，就像把猿猱的手脚捆绑起来，而强迫它敏捷地腾跃，把离娄的眼睛用胶粘起来，而使它辨别青黄的颜色，这是不可能的。假若把赏赐的大权交给朝廷中有权的大臣，惩罚的权力，不由将帅做主，人人只图自己的利益，谁还有为国作战的决心？就是有伊尹、吕尚的谋略；韩信、白起的武功，连自己也不能保护。所以孙武说：“将在外领兵打仗，君命有的可以不接受。”周亚夫也说：“军中只知道将帅的命令，而不知道君主的圣旨。”

【注释】

离娄：即离朱。古代传说中的人名，他是“古之明目者，能视之于百步之外，见秋毫之末”。

【评述】

本篇叙述将领用权的问题。要求“将之出，君命有所不受”，充分行使临阵指挥之权。本篇同《将苑》的论述互为补充，形成了对将领用权的完整要求。

哀 死

【原文】

古之善将者，养人如养己子，有难则以身先之；有功，则以身后之；伤者，泣而抚之；死者，哀而葬之，饥者，舍食而食之；寒者，解衣而衣之；智者，礼而禄之；勇者，赏而劝之。将能如此，所向必捷矣。

【译文】

古代善于统御部队的将帅，养兵就像养自己的亲生子女一样，遇到危难，将帅自己首先迎难而上；有了功劳，则自己退到后面；对受伤的人，要同情并且安抚他们；对牺牲的人，要沉痛悼念并且厚葬他们；士卒饿了，拿出自己的食物给他们吃；士卒寒冷了，拿自己的衣服给他们穿；对有才能的人，要待之以礼并且录用他；对勇敢的人，要给予重赏而加以勉励。将帅能做到这样，所向必然获得成功。

【评述】

要求将领爱兵如子，以身作则，和士兵同甘共苦。

三　宾

【原文】

夫三军之行也，必有宾客，群议得失，以资将用。有词若悬流，奇谋不测，博闻广见，多艺多才，此万夫之望，可引为上宾。有猛若熊虎，捷若腾猿，刚如铁石，利若龙泉，此一时之雄，可以为中宾。有多言或中，薄技小才，常人之能，此可引为下宾。

【译文】

凡军队行动或打仗，一定要有宾客辅助，集体讨论得失的可能，以供将帅决定重大作战部署时参考。讲起话来口若悬河，筹划的计谋神鬼莫测。知识渊博见识远大，具有多方面的才能和技艺，这样的人是将帅所希望得到的，可以纳为上宾。打仗时勇猛得如熊似虎，行动时迅速敏捷得像猿猴腾跃，刚强得像钢铁顽石，锐利得像龙泉宝剑，这样的人是当代的英雄豪杰，可以纳为中宾。比较善于言辞，又有高于一般人的技艺才能，超出一般人的能力，这样的人可以纳为下宾。

【评述】

本篇讲述幕僚问题。将帅必须把有真才实学的人引为上宾，而把只会哗众取宠的人作为下宾。

后　应

【原文】

若乃图难于易，为大于细，先动后用，刑于无刑[①]，此用兵之智也。师徒已列，戎马交驰，强弩才临，短兵又接，乘威布信，敌人告急[②]，此用兵之能也。身冲矢石，争取一时，成败未分，我伤彼死，此用兵之下也。

【译文】

如果能够把困难转变为容易（即化险为夷），大事化为小事，使用赏赐刑罚时，先用赏，后用刑，这就是用兵的奥妙。军队出动列阵打仗，战马奔腾，强弓硬弩临阵即要发射，敌我双方短兵接战，我乘军威，施予影响，迫使敌军投降，这是用兵的才能。（向敌人进攻时）冒着敌人的乱箭滚石，为了夺取一时的胜利，（战斗中）有胜有败，（结果是）我受到严重的损失才消灭了敌人，这是用兵的下策。

【注释】

①先动后用，刑于无刑：张澍本原注为“先用赏、后用刑”。

②告急：张澍本原注“急”作“降”。

【评述】

本篇讲述用兵必须“谋定而动”。体现了“诸葛一生唯谨慎”的精神。

揣　能[1]

【原文】

古之善用兵者，揣其能而料其胜负。主孰圣也？将孰贤也？吏孰能也？粮饷孰丰也？士卒孰练也？军容孰整也？戎马孰逸也？形势孰险也？宾客孰智也？邻国孰惧也？财货孰多也？百姓孰安也？由此观之，强弱之形，可以决矣。

【译文】

古代善于用兵打仗的将领，能够根据各方面的条件判定谁胜谁负。哪一方的国君比较圣明？哪一方的将帅比较贤良？哪一方的官吏比较有才能？哪一方的粮食给养丰富？哪一方的士卒进行了严格的训练？哪一方的军容比较严整？哪一方的军队得到了较好的休整？哪一方所居的地形险峻有利？哪一方的宾客比较有智谋？哪一方的邻近国家比较畏惧他的军队？哪一方的财货比较多？哪一方的百姓比较安居乐业？根据以上对比分析，谁强谁弱，谁胜谁负就可以判明了。

【注释】

①揣能：揣，推测，计算；能，能量。

【评述】

本篇论述战争胜负的预计问题。体现了孙子“庙算胜”“得算多”的思想。

轻 战

【原文】

螫虫[1]之触，负其毒也；战士能勇，恃其备也。所以锋锐甲坚，则人轻战。故甲不坚密，与肉袒同；射不能中，与无矢同；中不能入，与无镞同；探候不谨，与无目同；将帅不勇，与无将同。

【译文】

蜂、蝎一类虫的螫针之所以能够螫人，是因为它们的触角带有毒液；士卒能够勇敢地去打仗，是依恃他们有了充分的准备，所以武器锋利盔甲坚固了，则士卒就容易驾驭战斗。因此，盔甲不坚实严密，如同把肉体露在外面一样；射箭不能命中敌人，如同没有箭一样；射中了但没有射入体内，如同没有箭头一样；侦察兵不能进行周密的侦察，如同没有眼睛一样；将帅不勇敢，如同没有将帅一样。

【注释】

①螫虫：有毒刺的小虫。

【评述】

本文再次论述“充分准备”的必要性。准备工作包括兵器装备、敌情判断等问题。

地 势

【原文】

夫地势者，兵之助也。不知战地而求胜者，未之有也。山林土陵，丘阜大川，此步兵之地。土高山狭，蔓衍相属，此车骑地。依山附涧，高林深谷，此弓弩之地。草浅土平，可前可后，此长戟之地。芦苇相参，竹树交映，此枪矛之地也。

【译文】

地势，是打仗的辅助条件，不了解作战地区的地形地势而想取得胜利，是从来也没有过的。山林土陵，丘阜和大河，是有利于步兵作战的地形；土高山狭，蔓草接连不断，是有利于战车骑兵作战的地形；靠山接涧，林高谷深，是有利于弩兵作战的地形；草浅土平，可前可后，是有利于长兵作战的地形；芦苇高低大小不一，竹子树木交错生长，是有利于短兵作战的地形。

【评述】

了解地形，利用地利才能打胜仗。

情　势

【原文】

夫将有勇而轻死者，有急而心速者，有贪而喜利者，有仁而不忍者，有智而心怯者，有谋而情缓者。是故勇而轻死者，可暴也；急而心速者，可久也；贪而喜利者，可遗也；仁而不忍者，可劳也；智而心怯者，可窘也；谋而情缓者，可袭也。

【译文】

将帅有勇敢不怕死的，有急于求成的，有贪功图利的，有仁慈而不残忍的，有才智但胆子小的，有计谋但优柔寡断的。因此对付（敌军）勇敢不怕死的将领，可采取欺凌的办法；对于（敌军）总是急于求成的将领，采取久拖的办法；对（敌军）贪功图利的，可以施予小利；对于（敌军）仁慈不残忍之将，可采取使其烦劳的办法；对有才智而胆子小的敌将，使其陷入困境而威胁他；对有计谋但优柔寡断的敌将，可采取突然打击的办法。

【评述】

诸葛亮认为必须针对敌军将领的性格特征采取战术，这样才能百战百胜。

击 势

【原文】

古之善斗者，必先探敌情而后图之。凡师老粮绝，百姓愁怨，军令不习，器械不修，计不先设，外救不至，将吏刻薄，赏罚轻懈，营伍失次，战胜而骄，可以攻之。若用贤授能，粮食羡馀，甲兵坚利，四邻和睦，大国应援，敌有此者，引而计之。

【译文】

古代善于用兵打仗的将帅，必须先侦察清楚敌人的情况而后谋划战胜敌人的办法。（凡侦察到敌人）部队疲劳而又断绝了粮食，老百姓（对他们的君主和国家）怨恨，军队很少进行训练，各类武器装备不进行整修，预先不筹划好防备别人进攻的计划，没有外军救援，各级军官对部下刻薄无情，赏罚不明，部队混乱没有纪律，取得一点胜利就骄傲自满，（对这种情况的敌军）就可以进攻。如果他们（敌人）能够使用贤能之士，粮食丰富有余，兵强马壮，和周围的国家和睦相处，一旦受到进攻时有大国出兵救应，敌人做到了以上这些，就要暂时避开另作别图。

【评述】

本篇进一步论述明察敌情的重要性。

整 师

【原文】

夫出师行军，以整为胜。若赏罚不明，法令不信，金之不止，鼓之不进，虽有百万之师，无益于用。所谓整师者，居则有礼，动则有威，进不可当，退不可逼，前后应接，左右应旋，而不与之危，其众可合而不可离，可用而不可疲矣。

【译文】

军队行军打仗，要以严整有序作为取胜的条件，如果赏罚不明，法令得不到执行，鸣锣不停止，击鼓不前进，就是有上百万的军队，对作战取胜也毫无帮助。所说的整师是指：驻扎有次序，行动有威严，进攻敌人时势不可当，退却时敌人不敢追击，前面和后面互相照应，左边和右边互相配合，使各方面都避免危险，这样的部队可以集中不可以分散，可以使用来打仗但不能使其疲惫。

【评述】

本篇论述军队管理问题。要求做到军容严整、队形整齐、进退自如、军纪严明、指挥通达。

厉　士

【原文】

夫用兵之道，尊之以爵，赡之以财，则士无不至矣；接之以礼，厉之以信，则士无不死矣；畜恩不倦，法若画一，则士无不服矣；先之以身，后之以人，则士无不勇矣；小善必录，小功必赏，则士无不劝矣。

【译文】

用兵的方法是：对将士要授予一定的爵位，给予一定的报酬，那么向将士提出要求，就没有做不到的；对待将士有礼貌，奖励士卒讲究信义，将士就会为你拼死效力；对将士不断地施予恩惠，执行军法军纪，一视同仁，将士就没有不心悦诚服的；凡事身先士卒，凡利先人后己，将士就没有不勇敢的；有一点成绩就表扬，有一点功劳就奖赏，将士必然受到鼓励。

【评述】

本篇讲述激励的问题，要求将帅论功行赏，身先士卒，礼貌待人，蓄恩有加。

自　勉

【原文】

圣人则天，贤者法地。智者则古，骄者招毁，妄者稔祸，多语者寡信。自奉者少恩，赏于无功者离。罚加无罪者怨。喜怒不当者灭。

【译文】

圣人能够遵循上天的规律行事，贤者能够效法人间的规律行事。有智慧的人能向古人学习，骄傲的人会招致毁灭。狂妄的人会酿成灾祸，夸夸其谈的人很少讲信义。只顾自己的人对别人很少恩情，奖赏无功人员众人就会离心。惩罚无罪的人众人就会怨恨。喜怒无常会招致灭亡。

【评述】

本篇讲述将帅的自我修养问题。

战　道

【原文】

夫林战之道，昼广旌旗，夜多金鼓，利用短兵，巧在设伏，或攻于前，或发于后。丛战之道，利用剑楯，将欲图之，先度其路，十里一场，五里一应，偃戢旌旗，特严金鼓，令贼无措手足。谷战之道，巧于设伏，利以勇斗，轻足之士凌其高，必死之士殿其后，列强弩而冲之，持短兵而继之，彼不得前，我不得往。水战之道，利在舟楫，练习士卒以乘之，多张旗帜以惑之，严弓弩以中之，持短兵以捍之，设坚栅以卫之，顺其流而击之。夜战之道，利在机密，或潜师以冲之以出其不意，或多火鼓，以乱其耳目，驰而攻之，可以胜矣。

【译文】

在森林地区的作战方法：白天要多张旗帜，夜间要多用锣声鼓声，充分发挥短兵的作用，巧妙地进行埋伏（根据具体情况决定）或从敌前方进攻，或从敌人后方对敌袭击。

在草木丛生地区的作战方法：使用短剑和盾牌，为了达到预期的目的，首先要侦察清楚必经之路，在那里每十里设一场，每五里设一应，将武器和旗帜都放倒不暴露目标，严格控制锣声和鼓声，使敌人手足无措。

在山谷地区作战的方法：要巧妙地埋伏，利于英勇作战，步兵从高处向低处攻击，必死之士跟在后面，用强弓强弩向敌射击。依靠短兵继其后投入战斗，敌人不能前进，我也绝不后退。

在水上作战方法：利于使用舟楫，训练士卒能够乘坐舟楫，多树旗帜迷惑敌人，用弓弩射击敌人，用短兵器保护舟船，设立坚固的栅栏防备敌人袭击，要顺着水势进攻敌人。

夜间作战的方法：利于机密行动，或派出部队悄悄地接近敌人而突然发起进攻，出其不意；或者多设火光和鼓声，以乱敌军耳目，并迅速进攻敌人，就能够获取胜利。

【评述】

本篇讲述各种条件下的战术运用问题。把战术运用同地形地物、时间、兵器、指挥等因素紧密联系起来。

人　和

【原文】

夫用兵之道，在于人和，人和则不劝而自战矣。若将吏相猜，士卒不服，忠谋不用，群下谤议，谗慝互生，虽有汤、武之智，而不能取胜于匹夫，况众人乎?

【译文】

用兵的奥妙在于团结，人团结了不需要教育就能自觉地积极参加战斗。如果各级军官互相猜疑，士卒之间互不服气，忠言和计谋不被采纳，下属随便毁谤议论，制造事端，就是有商汤和周武王那样的才智，也不能战胜匹夫，何况对众人呢？

【评述】

本篇讲述团结问题，强调上下同心，全军一致才能打胜仗。

察 情

【原文】

夫兵起而静者，恃其险也；迫而挑战者，欲人之进也；众树动者，车来也；尘土卑而广者，徒来也；辞强而进驱者，退也；半进而半退者，诱也；杖而行者，饥也；见利而不进者，劳也；鸟集者，虚也；夜呼者，恐也；军扰者，将不重也；旌旗动者，乱也；吏怒者，倦也；数赏者，窘也；数罚者，困也；来委谢者，欲休息也；币重而言甘者，诱也。

【译文】

用兵打仗时，敌方显得很安静，是依仗着它占了险要地势；挑战而逼迫我方应战，是想诱使我前进；许多树木摇动，是对方战车来了；尘土飞扬低平而宽广，是敌人的步兵来了；（敌军使者）言辞强硬，而敌军又摆出前进的样子，是准备撤退；敌人半进半退，是想引诱我军；敌军依着兵器行走，是饥饿的表现；敌人见利而不去取是疲劳的表现；（敌军营寨上）集聚着鸟雀，表明敌营是空虚的；敌兵夜间呼喊，表明敌人恐慌；敌兵浮动骚乱，表明敌将没有威信；敌军旗帜乱动，表明敌军已经混乱；敌军官易怒，表明敌军非常疲惫；敌将不断对部属奖赏，说明敌人已没有办法；不断惩罚部下，说明敌人已陷入困境；（敌军使者）来委婉谢罪，是敌人想休战的表现；（敌军使者）给我重金并好言相慰，是为了引诱我。

【评述】

本篇进一步系统讲述侦察工作。

将　情

【原文】

夫为将之道，军井未汲，将不言渴；军食未熟，将不言饥；军火未燃，将不言寒；军幕未施，将不言困。夏不操扇，雨不张盖，与众同也。

【译文】

作为将帅要做到：兵士还没有把水从井中打上来时，将帅不说口渴；兵士还没有把食物煮熟时，将帅不说饥饿；兵士还没有把火点燃的时候，将帅不说寒冷；兵士还没有把军帐搭好时，将帅不说困倦，炎热的夏天将帅不持扇，下大雨时不张伞，与部属同甘共苦。

【评述】

本篇论述将帅同部队关系问题。为将之人必须和部队同甘共苦，部队为先，才能达成全军一致的局面。

威　令

【原文】

夫一人之身，百万之众，束肩敛息，重足俯听，莫敢仰视者，法制使然也。若乃上无刑罚，下无礼义，虽贵有天下，富有四海，而不能自免者，桀、纣之类也。夫以匹夫之刑令以赏罚，而人不能逆其命者，孙武、穰苴之类也。故令不可轻，势不可通。

【译文】

将帅一人，统率着上百万的军队。部属被召见时缩着肩屏着呼吸（一副惧怕他的样子），对他的命令只能俯首恭听，唯命是从，甚至对他不敢仰面相视，这是因为有法制。如果上面没有刑罚规定，下边不讲礼义，就是像皇帝那样，贵有天下，富有四海，也不能避免灭亡，夏桀、殷纣王就属于这一类。即使一介匹夫，如能掌握兵权，以法令制军，以赏罚树立军威，而兵士不敢违背他的命令的，像孙武、司马穰苴就属于这一类。所以，法制军令不可轻视，权势也不可通融。

【评述】

本篇讲述严肃军纪的问题。将领必须严肃法纪，使部队莫敢仰视。

诸葛亮兵法著作选编总评

诸葛亮，字孔明，号卧龙先生，琅琊阳都（今山东省沂南县）人。其父诸葛珪，为汉末太山郡丞。亮幼年时父母双亡，十四岁随叔父玄到豫章，后又随叔父投靠荆州刘表。玄死后，诸葛亮不愿寄人篱下而另居隆中（今湖北襄阳市襄州区），亲自耕种田地，不求闻达。在隐居期间，他刻苦攻读，博览群书，吸取了丰富的营养。诸葛亮从小就有“逸群之才，英霸之器，身长八尺，容貌甚伟，时人异焉”。他每自比于管仲、乐毅，有“经天纬地”之才，但没有为当时的人所承认，只有博陵崔州平、颍川徐元直了解他的才识和韬略，对此深信不疑。

公元 207 年，刘备流亡到荆州，极力访贤求能，网罗人才，作为建功立业的根本。经徐庶推荐，他三顾茅庐，拜见了诸葛亮，诸葛亮和刘备谈了建立蜀汉政权的战略思想，即：先取荆州，继占巴蜀，东结孙权，北抗曹操，三足鼎立，北伐中原，统一中国。诸葛亮的这段精辟对策，就是有名的《隆中对》。这一建议，显示出诸葛亮惊人的政治、军事才能和卓越见识。真乃是“未出茅庐，已知三分天下”。

诸葛亮在辅助蜀汉的 27 年间，先后担任军师中郎将、军师将军、丞相等职务。刘备死后，后主又封他为武乡侯，领益州牧，长期主持蜀汉的军政大事。在建立蜀汉政权的斗争中，诸葛亮政无巨细，戎马倥偬，“运筹帷幄之中，决胜千里之外”，立下了汗马功劳，成为三国时叱咤风云的人物。

诸葛亮在魏、蜀、吴三国长期错综复杂的政治、军事斗争中，处处显示出他“天下奇才”的雄才大略，是一个名副其实的大政治家。他从蜀国的根本利益出发，制定并坚持了联吴抗曹这个重大战略方针。他只身出使东吴，舌战群儒，机智善辩，终于说服了孙权，派“水军三万随亮诣先主，并力拒曹”。在赤壁火烧曹营，大败曹军，从而为刘备收复江南，巧取巴蜀，为建立蜀汉政权打下了基础。刘备死后，嗣子幼弱，事无巨细，亮皆专之。于是外连东吴，西平南越，立法施度，科教严明，政事明静，赏罚必信。

诸葛亮不仅是三国时代一位杰出的政治家，而且还是一位杰出的军事家。他初到新野，即亲自招募民兵自教之，朝夕教演阵法。火烧赤壁，西取益州，智取汉中，七擒孟获，六出岐山，身经百战，夺关斩将，“用兵如神”，屡屡获胜。

由于诸葛亮赏罚必信，号令严明，蜀军在他统率下军纪肃然。诸葛亮懂得利用军队的士气，非常体恤士兵；他还很注意提高部队的战斗力，即使在用兵的间隙也不忘练兵讲武，训练士卒，处处表现了卓越的军事才能。

诸葛亮一生，理民之干优于将略，虽然连年动众，但未能有克。原因是多方面的，除因战线太长，不够注意人才培养外，用人不当也是其中原因之一，失街亭一事，就是他使用马谡不当而造成的。而且他用兵过分小心，又不擅长直接统率作战，因此行军缓慢，连年兴师，劳而无功。把诸葛亮渲染成神话式的人物是明显的迷信色彩。

关于诸葛亮的著作，历代考证文章颇多。陈寿所作《三国志·蜀志》中有《诸葛亮传》和《进诸葛亮集表》，这一事实是不容怀疑的。其中，《进诸葛亮集表》列诸葛氏集目录为：

开府作牧第一，权制第二，南征第三，北出第四，计算第五，训厉第六，综覈（hé，同籺，米麦的粗屑）上第七，综覈下第八，杂言上第九，杂言下第十，贵和第十一，兵要第十二，传运第十三，与孙权书第十四，与诸葛谨书第十五，与孟达书第十六，废李平第十七，法检上第十八，法检下第十九，科令上第二十，科令下第二十一，军令上第二十二，军令中第二十三，军令下第二十四。

此外，《晋书·陈寿传》载《蜀相诸葛亮集》，同《蜀志》之二十四篇。此后，《隋志》《唐志》也都载诸葛亮集，《隋志》二十五卷，《唐志》二十四卷。明朝人王士骐集《武侯全书》二十卷。

《隋书·经籍志》载：梁有诸葛亮兵法五卷，《宋史·艺文志》载：诸葛亮行兵法五卷。

清朝人张澍考证：兵要在当时仅存十则，军令在当时仅存十五则。“便宜十六策”“将苑”等皆为后人所托。

为了研究兵法，这里从张澍编的《诸葛忠武侯文集》中选刊了军事方面的四十三篇。

唐太宗李卫公问对

卷　上

【原文】

太宗曰："高丽数侵新罗[①]，朕遣使谕，不奉诏，将讨之，如何？"靖曰："探知盖苏文自恃知兵，谓中国无能讨，故违命。臣请师三万，擒之。"

太宗曰："兵少地遥，以何术临之？"靖曰："臣以正兵。"

太宗曰："平突厥[②]时用奇兵，今言正兵，何也？"靖曰："诸葛亮七擒孟获，无他道也，正兵而已矣。"

太宗曰："晋马隆讨凉州，亦是依八阵图，作偏箱车。地广，则用鹿角车营，路狭，则为木屋，施于车上，且战且前。信乎正兵古人所重也。"靖曰："臣讨突厥，西行数千里，若非正兵，安能致远？偏箱鹿角，兵之大要，一则治力，一则前拒，一则束伍，三者迭相为用，斯马隆所得古法深矣。"

太宗曰："朕破宋老生，初交锋，义师少却，朕亲以铁骑自南原驰下，横突之，老生兵断后，大溃，遂擒之。此正兵乎？奇兵乎？"靖曰："陛下天纵圣武，非学而能。臣按兵法，自黄帝以来，先正而后奇，先仁义而后权谲。且霍邑之战，师以义举者，正也，建成[③]坠马，右军少却者，奇也。"

太宗曰："彼时少却，几败大事，曷谓之奇耶？"靖曰："凡兵以前向为正，后却为奇。且右军不却，则老生安致之来哉？法曰：'利而诱之，乱而取之。'老生不知兵，恃勇急进，不意断后，见擒于陛下，此所谓以奇为正也。"

太宗曰："霍去病[④]暗与孙吴合，诚有是夫？当右军之却也，高祖失色，及朕奋击，反为我利，孙吴暗合，卿实知言。"

太宗曰："凡兵却，皆可谓之奇乎？"靖曰："不然，夫兵却，旗参差而不齐，鼓大小而不应，令喧嚣而不一，此真败却也，非奇也；若旗齐鼓应，号令如一，纷纷纭纭虽退走非败也，必有奇也。法曰：'佯北勿追，'又曰：'能而示之不能。’皆奇之谓也。”

太宗曰：“霍邑之战，右军少却，其天乎？老生被擒。其人乎？”靖曰：“若非正兵变为奇，奇兵变为正，则安能胜哉？故善用兵者，奇正在人而已，变而神之，所以推乎天也。”太宗俛首。

太宗曰：“奇、正素分之欤？临时制之欤？”靖曰：“按曹公新书曰：‘己二而敌一，则一术为正，一术为奇；己五而敌一，则三术为正，二术为奇。’此言大略耳！唯孙武云：‘战势不过奇正，奇正之变，不可胜穷；奇正相生，如循环之无端，孰能穷之？’斯得之矣。安有素分之耶？若士卒未习吾法，偏裨未熟吾令，则必为之二术。教战时，各认旗鼓，迭相分合，故曰：分合为变，此教战之术耳。教阅既成，众知吾法，然后如驱群羊，由将所指，孰分奇正之别哉？孙武所谓形人而我无形，此乃奇正之极致，是以，素分者，教阅也。临时制变者，不可胜穷也。”太宗曰：“深乎！深乎！曹公必知之矣！但新书所以授诸将而已，非奇正本法。”

太宗曰：“曹公云：‘奇兵旁击。’卿谓若何？”靖曰：“臣按曹公注孙子曰：‘先出合战为正，后出为奇。’此与旁击之拘异焉。臣愚谓大众所合为正，将所自出为奇。乌有先后旁击之拘哉？”

太宗曰：“吾之正，使敌视以为奇；吾之奇，使敌视以为正，斯所谓形人者欤？以奇为正，以正为奇，变化莫测，斯所谓无形者欤？”靖再拜曰：“陛下神圣，迥出古人，非臣所及。”

太宗曰：“分合为变者，奇正安在？”靖曰：“善用兵者，无不正，无不奇，使敌莫测。故正亦胜，奇亦胜。三军之士，止知其胜，莫知其所以胜，非变而能通，安能至是哉？分合所出，惟孙武能之，吴起而下，莫可及焉。”

太宗曰：“吴术若何？”靖曰：“臣请略言之，魏武侯问吴起两军相向，起曰：‘使贱而勇者前击，锋始交而北，北而勿罚，观敌进取，一坐一起，奔北不追，则敌有谋矣。若悉众追北，行止纵横，此敌人不才，击之勿疑。’臣谓吴术大率多此类，非孙武所谓以正合也。”

太宗曰：“卿舅韩擒虎，尝言卿可与论孙吴，亦奇正之谓乎？”靖曰：“擒虎安知奇正之极，但以奇为奇，以正为正耳！曾未知奇正相变，循环无穷者也。”

太宗曰：“古人临阵出奇，攻人不意，斯亦相变之法乎？”

靖曰："前代战斗，多是以小术而胜无术，以片善而胜无善，斯安足以论兵法也。若谢玄之破苻坚[5]，非谢玄之善也，盖苻坚之不善也。"太宗顾侍臣，检谢玄传阅之，曰："苻坚甚处是不善。"靖曰："臣观苻坚载记曰：'秦诸军皆溃败，唯慕容垂一军独全，坚以千余骑赴之，垂子宝劝垂杀坚，不果。'此有以见秦师之乱，慕容垂独全，盖坚为垂所陷明矣。"

"夫为人所陷而欲胜敌，不亦难乎？臣故曰：无术焉，苻坚之类是也。"太宗曰："孙子谓多算胜少算，有以知少算胜无算，凡事皆然。"

太宗曰："黄帝兵法，世传握奇文，或谓为握机文，何谓也？"靖曰："奇音机，故或传为机，其义则一，考其辞云：'四为正，四为奇，余奇，为握机。'奇，余零也。因此音机。臣愚谓兵无不是机，安在乎握而言也？当为余奇则是。夫正兵受之于君，奇兵将所自出。法曰：'令素行，以教其民者，则民服。'此受之于君者也。又曰：'兵不豫言，君命有所不受。'此将所自出者也。凡将，正而无奇，则守将也；奇而无正，则斗将也；奇正皆得，国之辅也。是故握机，握奇，本无二法，在学者兼通而已。"

太宗曰："阵数有九，中心零者，大将握之，四面八向，皆取备焉。阵间容阵，队间容队，以前为后，以后为前。进无速奔，退无剧走，四头八尾，触处为首，敌冲其中，两头皆救，数起于五，而终于八，此何谓也？"靖曰："诸葛亮以石纵横布为八行方阵之法，即此图也，臣尝教阅，必先此阵，世所传握机文，盖得其粗也。"

太宗曰："天、地、风、云、龙、虎、鸟、蛇、斯八阵，何义也？"靖曰："传之者误也，古人秘藏此法，故诡设八名耳。八阵本一也，分为八焉。若天地者，本乎旗号，风云者，本乎幡名。龙虎鸟蛇者，本乎队伍之别。后世误传，诡设物象，何止八而已乎？"

太宗曰："数起于五，而终于八，则非设象，实古制也，卿试陈之。"靖曰："臣按黄帝始立丘井之法，因以制兵，故井分四道，八家处之，其形井字，开方九焉，五为阵法，四为闲地，此所谓数起于五也，虚其中，大将居之，环其四面，诸部连绕，此所谓终于八也。及乎变化制敌，则纷纷纭纭，斗乱而法不乱，混混沌沌，形圆而势不散，此所谓散而成八，复而为一者也。"

太宗曰："深乎！黄帝之制兵也。后世虽有天智神略，莫能出其閫阈[6]，降此孰有继之者乎？"靖曰："周之始兴，则太公实缮其法，始于岐都，以建井亩，戎车三百辆，虎贲三百人，以立军制，六步七步，六伐七伐，以教战法。陈师牧野，太公以百夫致师，以成武功，以四万五千人，胜纣七十万众。周司马法，本太公者也。太公既没，齐人得其遗法，至桓公霸天下，任管仲，复修太公法，谓之节制之师，诸侯毕服。”

太宗曰：“儒者多言管仲霸臣而已，殊不知兵法乃本于王制也，诸葛亮王佐之才，自比管乐，以此知管仲亦王佐也。但周衰时，王不能用，故假齐兴师尔。”靖再拜曰：“陛下神圣，知人如此，老臣虽死，无愧昔贤也。臣靖言管仲制齐之法，三分齐国以为三军。五家为轨，故五人为伍。十轨为里，故五十人为小戎。四里为连，故二百人为卒。十连为乡，故二千人为旅。五乡一师，故万人为军。亦由司马法一师五旅，一旅五卒之义焉。其实皆得太公之遗法。”

太宗曰：“司马法，人言穰苴[⑦]所述，是欤？否也？”靖曰：“按《史记·穰苴传》，齐景公时，穰苴善用兵，败燕晋之师，景公尊为司马之官，由是称为司马穰苴，子孙号司马氏。至齐威王，追论古司马法。又述穰苴所学，遂有司马穰苴书数十篇。今世所传兵家者流，又分权谋、形势、阴阳、技巧四种，皆出司马法也。”

太宗曰：“汉张良、韩信，序次兵法，凡百八十二家，删取要用，定著三十五家，今失其传，何也？”靖曰：“张良所学，太公六韬三略是也；韩信所学，穰苴孙武是也。然大体不出三门四种而已。”

太宗曰：“何谓三门？”靖曰：“臣按太公谋八十一篇，所谓阴谋不可以言穷；太公言七十一篇，不可以兵穷；太公兵八十五篇，不可以财穷。此三门也。”

太宗曰：“何谓四种？”靖曰：“汉任宏所论是也。凡兵家流，权谋为一种，形势为一种，及阴阳、技巧二种，此四种也。”

太宗曰：“司马法首序蒐狩[⑧]，何也？”靖曰：“顺其时，而要之以神，重其事也。周礼最为大政，成有岐阳之蒐，康有丰宫之朝，穆有涂山之会，此天子之事也。及周衰，齐桓有召陵之师，晋文有践士之盟，此诸侯奉行天子之事也。其实用九伐之法，以威不恪，假之以朝会，因之以巡狩，训之以甲兵，言无事兵不妄举，必于农隙，不忘武备也，故首序蒐狩，不其深乎？”

太宗曰：“春秋楚子二广之法[⑨]云：‘百官象物而动，军政不戒而备，’此亦得周制欤？”靖曰：“按左氏云：‘楚子乘广[10]，三十乘，广有一卒。卒偏之两，军行右辕，以辕为法，故挟辕而战，皆周制也。’臣谓百人曰卒，五十人曰两，此是每车一乘用士百五十人，此周制差多耳。周一乘，步卒七十二人，甲士三人，以二十五人为一甲凡三甲，共七十五人。楚山泽之国，车少而人多。分为三队，则与周制同矣。”

太宗曰：“春秋荀吴伐狄[11]，毁车为行，亦正兵欤？奇兵欤？”靖曰：“荀吴用车法耳。虽舍车而法在其中焉。一为左角，一为右角，一为前拒，分为三队，此一乘法也，千万乘皆然。臣按曹公新书云：‘攻车七十五人，前拒一队，左右角二队，守车一队。炊子十人，守装五人，厩养五人，樵汲五人，共二十五人。’攻守二乘，凡百人。兴兵十万，用车千乘，轻重二千，此大率荀吴之旧法也。又观汉魏之间军制，五车为队，仆射一人，十车为师，率长一人，凡车千乘，将吏二人，多多仿此。臣以今法参用之，则跳荡，骑兵也；战锋队，步骑相半也；驻队，兼车乘而出也。臣西讨突厥，越险数千里，此制未尝敢易，盖古法节制，信可重也。”

太宗幸灵州回，召靖赐坐，曰：“朕命道宗及阿史那社尒等讨薛延陀，而铁勒诸部乞置汉官，朕皆从其请，延陀西走，恐为后患，故遣李勣讨之。今北荒悉平，然诸部番汉杂处，以何道经久，使得两全安之？”靖曰：“陛下敕自突厥至回纥部落，凡置驿六十六处，以通斥候[12]，斯已得策矣；然臣愚，以谓汉戍，宜自为一法，番落，宜自为一法，教习各异，勿使混同，或遇寇至，则密敕主将，临时变号易服，出奇击之。”

太宗曰：“何道也？”靖曰：“此所谓多方以误之之术也。番而示之汉，汉而示之番，彼不知番汉之别，则莫能测我攻守之计矣。善用兵者，先为不可测，则敌乖其所之也。”

太宗曰：“正合朕意。卿可密教边将。只以此番汉，便见奇正之法矣。”靖再拜曰：“圣虑天纵，闻一知十，臣安能极其说哉？”

太宗曰：“诸葛亮言：‘有制之兵，无能之将，不可败也。无制之兵，有能之将，不可胜也。’朕疑此谈，非极致之论。”靖曰：“武侯有所激云耳。臣按孙子有曰：‘教习不明，吏卒无常，陈兵纵横，曰乱。’自古乱军引胜，不可胜纪。夫教道不明者，言教阅无古法也。吏卒无常者，言将臣权任无久职也。乱军引胜者，言己自溃败，非敌胜之也。是以武侯言兵卒有制，虽庸将未败，若兵卒自乱，虽贤将危之，又何疑焉？”

太宗曰：“教阅之法，信不可忽。”靖曰：“教得其道，则士乐为用；教不得法，虽朝督暮责，无益于事矣。臣所以区区古制，皆纂以图者，庶乎成有制之兵也。”太宗曰：“卿为我择古阵法，悉图以上。”

太宗曰：“番兵唯劲马奔冲，此奇兵欤？汉兵唯强弩犄角，此正兵欤？”靖曰：“按孙子云：‘善用兵者，求之于势，不责于人，故能择人而任势。’夫所谓择人者，各随番汉所长而战也。番长于马，马利乎速斗；汉长于弩，弩利乎缓战。此自然各任其势也，然非奇正所分。臣前曾部番汉必变号易服者，奇正相生之法也。马亦有正，弩亦有奇，何常之有哉？”

太宗曰：“卿更细言其术。”靖曰：“先形之，使敌从之，是其术也。”

太宗曰：“朕悟之矣！孙子曰：‘形兵之极，至于无形。’又曰：‘因形而措胜于众，众不能知。’其此之谓乎！”靖再拜曰：“深乎！陛下圣虑，已思过半矣。”

太宗曰：“近契丹、奚[13]皆内属，置松漠饶乐二都督，统于安北都护，朕用薛万彻，如何？”靖曰：“万彻不如阿史那社尔及执失思力、契苾何力，此皆番臣之知兵者也。因尝与之言松漠、饶乐山川道路，番情逆顺，远至于西域部落十数种，历历可信。臣教之以阵法，无不点头服义，望陛下任之无疑。若万彻则勇而无谋，难以独任。”太宗笑曰：“番人皆为卿役使。古人云：‘以蛮夷攻蛮夷，中国之势也。’卿得之矣。”

【译文】

唐太宗说：“高丽屡次侵犯新罗，我派遣使臣去谕令息兵，高丽不接受诏令，我将要兴兵讨伐，你看这么样？”李靖说：“据探报得知，盖苏文自己仗着他会用兵，说中国没有能力去讨伐他，所以他违抗诏令。请给我三万兵，把他擒来。”

太宗说：“这样少的兵，路途又这么远，用什么战术呢？”李靖说：“我用正规的战法。”

太宗说：“你平突厥时，是用‘奇兵’制胜的，现在征高丽又说要用‘正兵’，是什么道理？”李靖说：“诸葛亮七擒孟获，没有采用别的战法，只是正规的战法。”

太宗说：“晋朝马隆讨平凉州（树机能等的叛乱），也是依照八阵图的战法，做偏箱车。在广阔的地方，就用鹿角车营。道路狭窄的地方，做成木屋，放在车上，一面战斗，一面前进。诚然，正兵是古人所偏重的。”李靖说：“我讨突厥的时候，西行几千里，假若不用正兵，哪能走这样远呢？使用偏箱车鹿角营作战，是用兵的要则，一方面可以保持战力；另一方面可以阻止敌人接近；第三可以约束自己的队伍。这三种长处，交相补充，这便是马隆研究古人兵法到了精深的地步。”

太宗：“我在霍邑击破宋老生的那次作战，初次交锋，我军稍稍后退，我亲自统率精锐的骑兵自南边原野飞驰而下，横冲老生的阵脚，老生兵阵被冲为两段以后，就大败而溃退，于是把老生擒获了。这是正兵呢，还是奇兵呢？”李靖说：“陛下天生极致的圣明和勇武不是学而能够得到的。我按照兵法讲，自从黄帝以来，先用正兵而后用奇兵，先用仁义，而后用权术诡诈。而霍邑之战，陛下是仗义而兴师的，理由非常正大。建成坠马和右军的稍稍后退，是一种奇兵。”

太宗说：“那时的稍稍后退，几乎坏了大事，怎么说是用奇兵呢？”李靖说：“凡用兵，向前攻击便是‘正兵’，向后退却便是‘奇兵’；当时右翼不后退，宋老生怎么会竭尽全力东进呢？兵法说：‘要以利为饵诱他来；要使敌人内部混乱，然后进攻俘获他。’宋老生不知用兵，只知仗着勇力急速前进，不料他的后方被截断，而被陛下所擒获了。这就是所谓正兵转变成为奇兵。”

太宗说：“霍去病用兵与孙吴兵法是暗合的，有没有这回事？（霍邑之战）当右翼退却，高祖大惊失色。等到我从敌侧后方奋击，转败为胜，也是与孙吴兵法暗合的。你所说的很对！”

太宗说：“凡是军队退却，是不是都可以说是用奇呢？”李靖说：“不是这样的。敌人退却时，如果它的旗帜参差不整齐，鼓声大小杂乱彼此不相应，号令喧嚣而不统一，这就是真的战败了，便不是奇兵；若是旗帜整齐，鼓声相应，号令齐一，虽然是纷纷纭纭地退走，也不是战败了，一定是在运用奇兵。兵法说：‘对假装败退的敌人不要追击。’又说：‘能战胜敌人，故意表示不能战胜。’都是所谓奇兵。”

太宗说：“霍邑之战，右军稍稍退却，是不是因为天命？宋老生被我所擒，是不是属于人谋的原因？”李靖说“如果不是正兵变化而为奇兵，奇兵变化而为正兵，那么怎能取胜呢？所以善于用兵的将领，用奇用正皆在各人而已。变化到神妙不测的境地，所以推之于天。”太宗听后俯首思量。

太宗说：“奇与正，是平素分的呢，还是临时决定的？”李靖说：“按曹公新书说：‘自己的兵力为二而敌人兵力为一的话，就以一部分兵力为正兵，一部分兵力为奇兵。自己的兵力为五而敌人的兵力为一的话，就以三分为正兵，二分为奇兵。’这是一种概略的说法。但孙武说：‘作战之势不过奇正，奇正的变化，却是不可胜穷的；奇正相互转化，像循环没有终点一样，怎么能穷尽呢？’这是说对啦！哪里有平素分的呢？假如士卒对于我的战法没有熟习，副将们对于我的号令没有熟习，那么我就必须用两种办法。教战的时候，各自认明旗鼓，依次的互相分合，所以说：‘分合就是变。’这是教战的方法。教练检阅已经成功，大家都知道我的用兵方法，然后就像驱赶羊群，任由将领的指挥，谁还能知道奇正的区别呢？孙武所说：‘让敌人有形而我无形。’这是运用奇正到了最高的妙境。所以，平素分奇正，是在教练时用的。临战时奇正的变化，是无穷无尽的。”太宗说：“真是深妙哇！曹公一定知道其中的奥妙！但曹公新书，只是用来教授诸将而已，不是论奇正的本法。”

太宗说：“曹公说‘从旁边攻击的是奇兵’。你看这种说法如何？”李靖说：“我按曹公注《孙子》之说：‘先出与敌人合战的是正兵，后出战的是奇兵。’这又与曹公自己从旁边攻击的拘泥说法不同了。我的愚见：大军与敌人合战的是正兵，将领自己临时捕捉战机，出奇制胜的，便是奇兵，何必受先后和旁击的拘束呢？”

太宗说：“我的正兵，使敌人看起来以为是奇兵；我的奇兵，使敌人看起来以为是正兵，这就是所说的‘形人’吧？我能以奇兵变为正，正兵变为奇，奇正变化，叫人无法推测揣度，那便是孙子所说的‘无形’吧？”李靖向太宗再拜说：“陛下神奇圣明，远远超过古人，不是我所能及的。”

太宗说：“分而合，合而分，互相变更，奇正之法，是怎样的？”李靖说：“凡善用兵的人，其用兵没有不属于正兵的，也没有不属于奇兵的。他们使用的是奇是正，使人莫能揣测，所以他们正兵也胜，奇兵也胜。三军的官兵，只知道他们取得了胜利，却不知道所以取胜的道理。如果不把分合变化的道理融会贯通的话，哪能达到这一步呢？军队的分合变化，只有孙武一人能够做到妙用，从吴起以下，都不及他。”

太宗说：“吴起的用兵之术如何？”李靖说：“我请概略予以说明：魏武侯间吴起两军相遇知敌之将的方法，吴起说：‘让地位低下而勇敢的人，向敌人攻击，初次交锋就败北，败北以后不要处罚。这时观看敌将进取的情况：如果敌人一举一动都有节制，见到败北的不追击，那么这个敌将是有智谋的；假如敌人倾巢而进追击败退的我军，行进停止，纵横杂乱，那便知道敌将无能，攻击他不必怀疑。’我看吴起的方法大都是这一类的，不是孙武所说的以正兵合战的方法。”

太宗说：“你舅父韩擒虎，曾经说你可以与论孙吴兵法，也是指讨论奇正而言吗？”李靖说：“擒虎哪里知道奇正极高的妙用！只知道以奇为奇，以正为正而已。

他不知道奇正互相变化，循环而无穷尽的道理。”

太宗说：“古人临阵出奇制胜，攻击敌人不意之处，这也是奇正相变的法术吗？”李靖说：“过去各朝代的战斗，多是以自己微小的法术战胜没有法术的人，以微小的长处战胜没有长处的人，这怎么能够算得上讲兵法呢？如谢玄打败苻坚，就不是谢玄的高明，而是苻坚的太不高明。”太宗看了看侍臣，让他们将《谢玄传》拣出来看一看。阅过以后，说：“苻坚真是处置得不高明。”李靖说：“我看有关苻坚的记载，秦军各部都溃败了，只有慕容垂一军单独完整。苻坚只有千余骑奔赴慕容垂营。慕容垂之子慕容宝劝垂杀了苻坚，慕容垂没有杀苻坚。这样看，秦军都溃乱，而慕容垂军单独完整，是苻坚被慕容垂所暗害了。一个人自己为人所暗害还要想战胜敌人，那不是很难的吗？所以我说：苻坚是不懂兵法之术啊！”太宗说：“孙子说多算胜少算，依此也知道少算胜无算，凡事都是如此。”

太宗说：“黄帝兵法，世人相传为握奇文，也有人说是握机文，究竟怎样说法？”李靖说：“奇音机，所以又传为机字，其意义是一样的。考证那几句话是：‘四为正，四为奇，其余所剩之兵，大将掌握以为握机。’奇，就是余零之数，因此可读音为机。我的愚见，用兵没有不是用机谋，哪里在乎握呢？应该说余奇是对的。正兵，是君王所授予的。奇兵，是出自将帅自己的心中。兵法说：‘命令向来为百姓所拥护遵守，然后教百姓去出征，那么百姓是心悦诚服的。’这是受之于君王的。又说：‘兵事不能预先说明，君王的命令，有的时候不便于接受。’这是出自将领的。凡作将领的，但知守正而不知用奇的，就是守将，只知用奇而不识守正的，就是斗将，奇正都得法的，是国家辅佐之臣。所以说握奇与握机，本来不是两种办法，只是由于学者弄混了而已。”

太宗问：“阵数有九，中心零处，大将总握，四面八向。都有准则。阵间有阵，队间有队，前可作后，后可作前，前进没有太快的，后退没有急走的，四头八尾，一触到的地方便是头，敌人攻击，两头就来救。数是起于五，而终于八，这是什么东西呢？”李靖说：“诸葛亮用石头横直布置的八行方阵，就是这种阵图。我曾教练官兵，一定先从这种阵图开始。世人所传的握机文，仅仅是粗略的说法。”

太宗说：“天地风云，龙虎鸟蛇，这八阵是什么玩意儿？”李靖说：“这是误传的结果。古人把此种兵法秘藏起来，所以诡秘地假设（天地风云龙虎鸟蛇）八个名字。八阵本是一阵，区分为八个部分。所谓天地，本是规定的旗号。风云，本是帜名。龙虎鸟蛇，本是队伍的区别。后世误传，诡秘地假设物象，何止八种！”

太宗说："阵数起于五，而终于八，却不是假设的物象，实在是古时候的阵法，你试为我说明它。"李靖说："我研究了黄帝最早创立的丘井制度，并根据这种制度制定了用兵之法。一井分为四道，八家人共住。其形状像一井字，分开则为九个方块。以前后左右中五处为阵法，以四边四隅为闲地，这就是所说的数起于五，井字中间之空处，大将居于其中，对四面八向，同各部相连环绕，（九方块除去中间一块）这就是所说的终于八；等到后来对敌运用的时候，变化就纷纷繁繁，作战时，好像阵乱了而实际上方法不乱；形形色色，形态变成了圆的而实际上势没有散，这就是所谓散而分成八小阵，复而合成为一大阵。"

太宗说："深妙啊，黄帝制定的兵法！后世的人，虽有天才的智慧和神仙的胆略，也不能超越其范畴。此后，还有能跟上他的吗？"李靖说："周朝初兴的时候，曾有姜太公实际缮修此法，在岐都（今陕西岐山县东北）开始，建立井亩制度。以戎车三百乘，勇猛之士三百人，建立军制，前进六步七步，击刺六次七次，就这样教导官兵学习战法。以后将军队开至牧野列阵，太公就以百夫编成的军，大败纣兵，建立了武功，以四万五千人，战胜了纣七十万之众。周朝的司马兵法，本是太公的兵法。太公死后，齐国人得到这种遗法。至桓公称霸天下以后，任用管仲为相，重写太公兵法，称之为节制之兵，诸侯都服从。"

太宗说："儒家多说管仲不过是一霸者之臣，却不知道兵法起于王的制度。诸葛亮是王者佐理之才，自比管仲乐毅，依此知道管仲也是王者的佐理；但是此时周室已经衰弱，周王不能任用管仲，所以管仲借齐国之地兴师带兵。"李靖再拜伏说："陛下神圣能知人到这种程度，老臣就是死去，也不愧于过去的贤人。我请求说明管仲当时治理齐国的办法：把齐国分成三部分成为三军。五家为一轨，所以五人为一伍；十轨为一里，所以五十人为一小戎；四里为一连，所以二百人为一卒；十连为一乡，所以二千人为一旅；五乡为一师，所以一万人为一军。也是从司马兵法一师分为五旅，一旅分为五卒引申来的。其实这些都是姜太公的遗法。"

太宗说："司马兵法，世人都说是司马穰苴所著，是不是？"李靖说："按照《史记·穰苴传》所载：齐景公时，田穰苴善于用兵，击败燕晋两国的军队，景公尊田穰苴为大司马之官，从此人都称他为司马穰苴，他的子孙也以司马为姓。到齐威王时，追论古司马兵法，又记述田穰苴所学内容，于是有司马穰苴兵法书几十篇。现世所传的兵家流派，分为权谋、形势、阴阳、技巧四种，这些都是出自《司马兵法》。"

太宗："汉朝张良与韩信整理古兵法时，得到一百八十二家，选取重要可用的，定成三十五家，现在也失传了，这是什么缘故呢？”李靖说：“张良所学的，是太公的六韬，黄石公的三略。韩信所学的，是司马穰苴和孙武兵法，但大体上都不出三门四种。”

太宗说：“什么叫作三门？”李靖说：“我琢磨《太公论》谋略有八十一篇：所谓阴谋不可能讲穷尽；太公论兵法有七十一篇，不可能把用兵奥妙讲穷尽；太公论兵器有八十五篇，不可能把兵器应用穷尽。这就是所谓三门。”

太宗说：“什么叫作四种？”李靖说：“就是汉朝任宏的论著。将兵学流派分为四种：权谋为一种，兵形和任势为一种，加上阴阳、技巧两种，就是所谓四种。”

太宗说：“司马兵法开始便叙述春天和冬天狩猎的事，是什么缘故？”李靖说：“顺应天时，并求之于神，而郑重其事。根据周礼，这是周朝最重要的大政，在周成王时，有岐阳打猎；在周康王时，因打猎而朝会诸侯于丰邑宫中，在周穆王时，亦因打猎而会诸侯于涂山。这是天子的事情。等到周朝王室衰弱以后，齐桓公有召陵之会，晋文公有践土之盟。这是诸侯代行天子的事情。其实是用九伐之法，警告不恪守朝会的人；按照行巡狩猎之礼，行训练用兵的事情；表示国家无事时，不妄动军队，而在农人空隙时间不忘整军练武的意思。因此司马兵法首先讲春天和冬天打猎，其意义是很深远的。”

太宗说：“按春秋《左传》所载，楚庄王的兵法，有二广的制度，规定说：‘百官都按各种形象而行动。军队的政令不等上级申饬而先有准备。’这也是来自周朝的制度吗？李靖说：“按春秋《左传》说：‘楚庄王乘广的制度，用车三十乘，为一卒。一个广卒的人数，等于周制编卒的人数加两的人数。行军的时候，在车右方的人，挟着车辕木而戒备，都是周朝的制度。’我却认为：百人为一卒，五十人为一两，这就是说楚人每车一乘，用士兵一百五十人，跟周朝差别很大。周朝一乘，用步卒七十二人，甲士三人，以二十五人为一甲，计三甲，共七十五人。这可能是因为楚国是多山多水的国家，车少而人多。将广分为三队，则与周制相同。”

太宗说：“春秋时候，荀吴讨伐狄，抛弃战车而作步行，是正兵还是奇兵？”李靖说：“荀吴用的还是车战之法，虽然丢了车，但用车的方法仍体现在里面。他用一队人为左侧卫，一队人为右侧卫，一队人为前卫，这就是一乘车的方法。千乘、万乘，也是这样。我按曹公新书的话说：‘进攻一乘，七十五人，前卫一队，左右侧卫二队。另加辎重车一队，内有炊事兵十人，看守装具的五人，饲养兵五人，砍柴打水的五人，共二十五人。进攻车辎重车二乘，共有一百人。兴兵十万，轻车一千，重车一千，这大体上是荀吴以往的方法。再看汉魏之间的军制，五车为一队，有仆射一人，十车为一师，有率长一人。凡有一千乘车，有正副两个将领。千乘以上，大多仿此。我以现在的制度参考衡量，则冲锋陷阵的是骑兵队，步骑各半的是战锋队，步兵乘车出击的是驻队。我西讨突厥，过几千里的险阻，未敢改易这种制度，因为古法节制有度，可以相信尊重。”

太宗巡幸灵州回宫，召李靖来见并赐坐说：“我命（江夏王）李道宗和阿史那社尔尒等征讨番将薛延陀，而铁勒诸部请求设置汉官，我都准予所请。薛延陀向西逃走了，我恐怕留下后患，所以又派李勣去讨伐他。现在北漠一带都平安了，然而汉番各族混居在一起，你看以什么方法来长久治理，使得他们两全而相安无事？”李靖说：“陛下你命令自突厥至回纥的部落间，设置驿舍六十六处，以通消息，这已经是很得策了；但是臣的愚见，以为汉族的戍卒，宜于用一种方法训练，番族的部落，宜于另用一种方法训练，教练的方法各不一样，不要混同，如果遇到敌人来了，就密令主将临时变换信号服装，出奇兵击破他。”

太宗说：“这是什么道理？”李靖说：“这就是以多种方略陷敌于错误的方法。番族部落显示为汉族，汉族又显示为番兵，使他们不知道番汉的区别，那么便不知道我们的攻守计划和方法。善于用兵的人，首先要成为不可测度的，使敌人设想与行动相违背而犯错误。”

太宗说：“这正合我的意思。你可以秘密地去教导边将。仅仅这种番汉教练方法的不同，便可看出奇正方法的妙用。”李靖再拜说：“圣上的考虑真是天生博大听一知十，我怎能详尽的说清楚呢？”

太宗说：“诸葛亮说：‘训练有素的部队，虽说没有能干的将领，却不会打败仗；没有训练的部队，虽有能干的将领，也不能打胜仗。’我怀疑此种说法，不是高明之论。”李靖说：“武侯所讲的话，是有所激励的言论。我看孙子曾经说过：‘部队没有训练成熟，官兵调动没有常度，军队出动零乱错杂，这就叫作乱。’自古乱军使敌人胜利，这类例证不知多少。所谓教导不明，就是说教导没有用古法。吏卒无常，就是将领臣子任职没有长久的。所谓乱军引胜，是说自己溃退，不是敌人战胜的缘故。所以武侯说：‘经过严格训练有节制的军队虽是庸将指挥也未必失败；如果兵卒自乱，虽是贤能之将指挥，也很危险。’这又有什么可疑的？”

太宗说，训练部队的方法，确实不可疏忽。李靖说：“教练得法，官兵就乐于为我出力；教练不得法，虽然朝督暮责，对事情也没有益处。所以我把一点点古时的教练方法，都编纂起来，并用图加以说明。也许可以教练官兵成为有节制之师。”太宗说：“你替我选择古阵法，详尽绘图说明给我看。”

太宗说：“番兵作战，总是用劲马冲击，这是奇兵吗？汉兵作战，总是依靠强弓扼住阵角，这是正兵吗？”李靖说：“按孙子的说法：‘善于用兵的人，总是求助于任势，不责备不能完成任务的人，因此要选择能干的人，并造成有利的势。’所说的择人，就是根据番汉各部所具有的长处而赋予战斗任务。番兵长于用马，马利于速战；汉兵长于用弓，弓利于缓战。这就是自然地任用有利之势，但不是奇正的分别。我从前曾率领过番汉兵，必定要变号换服，那是奇正相互转化的办法。骑兵也有用作正兵之时；弓箭也可作为奇兵使用，哪有一成不变的呢？”

太宗说：“你把关于变号易服的办法再详细说明一下。”李靖说：“先向敌人显示番汉各部军队的外形特点，使敌人产生印象，作战之时临时变换，以出奇制胜，这就是变号易服的方法。”

太宗说：“我明白啦。孙子说：‘军队形态的运用，可以达到使敌人看不出形态的地步。’又说：‘利用形态的办法战胜了数量众多的敌人，可是众人不知道我是怎样胜利的。’就是这种说法吧！”李靖说：“深刻啊，陛下超人的脑子，只要一思考就很深了。”

太宗说：“近来契丹和奚，都来归附，现在我们设置了松漠、饶乐二都督，统归安北都护，安北都护人选，我想用薛万彻，你看怎么样？”李靖说：“薛万彻不如阿史那社尒、执失思力、契苾何力，这几个人都是番将中懂得用兵的人，我曾和他们谈过松漠、饶乐二地的山川道路及各番部的民情向背，远的地方，谈到西域部落十多种，他们说得清清楚楚，是可以相信的。我教他们阵法，没有不点头听教的。请陛下任用他们，不必疑虑。而薛万彻却是有勇无谋，难以独当大任。”太宗笑而言道：“这些番人都曾被你役使过。古人说：‘用蛮夷攻蛮夷，这是中原国家治理边远地方的势。’你可以说是掌握了这种要领了。”

【注释】

①高丽数侵新罗：高丽、新罗与百济，从西汉末年便是朝鲜半岛的三个国家。高丽位于朝鲜半岛北方，唐时的高丽建都平壤（即今平壤），新罗位于现韩国东南部，百济位于现韩国西南部。下文盖苏文在唐代曾为高丽酋长，后自任“莫高文”（相当唐中书令兼兵部尚书）。

②平突厥：公元 629 年，唐太宗命李靖率军平突厥叛乱。李靖以骑兵三千出塞，经马邑（今

山西朔县）夜袭定襄（今山西定襄），稍后，袭击阴山突厥颉利可汗，均获胜。公元630年平定东突厥。

③建成：即李建成，李渊长子，公元617年随父起兵反隋，与李世民一道攻城略地，封陇西郡公，公元618年立为太子，唐武德九年（627）玄武门之变时，与弟李元吉等一起被李世民所杀。建成坠马为公元617年，李渊与隋虎牙将宋老生在霍邑（今山西霍县）作战时的事情。

④霍去病：（前140—前117）西汉名将。自公元前121年起，他先后六次出击匈奴，解除了西汉初年以来匈奴对汉朝的威胁，逐步控制了河西地区，并打开了通往西域的道路。根据《史记》和《资治通鉴》所载，霍去病在攻击匈奴战争中所用战法，全是出奇制胜。

⑤谢玄之破苻坚：公元383年，前秦王苻坚率军九十万攻东晋，东晋派谢玄、谢石率军八万迎战，两军对峙于淝水两岸。谢玄利用秦军骄傲自恃，要求秦军稍稍后退。秦军刚一移动，朱序等人就在后面大喊："秦军败了。"秦军于是不可收拾，大败溃逃，晋军乘胜收复了黄河以南的地方。淝水之战是我国历史上以少胜多、以弱胜强的著名战例。后文慕容垂为十六国时期后燕的建立者，前燕时封吴王，被排挤，投奔前秦，淝水之战后乘机恢复燕国，后称帝。

⑥閾阈（dòu yù）：门槛、范围、界限。

⑦穰苴：春秋时齐国大夫，姓田，官司马，曾击退晋燕军队。《司马法》即《司马穰苴兵法》。

⑧蒐狩（sōu shòu）：通过田猎活动训练军队。春猎为蒐，冬猎为狩。

⑨楚子二广之法：楚子即楚庄王。二广之法为一种步兵和战车的组编方法。

⑩乘广：战车。乘，战车计算单位。广，春秋时楚军车制名，十五乘战车为一广。

⑪荀吴伐狄：狄为古族名，也叫翟。春秋前，长期活动于齐、鲁、晋等国之间，与诸国有频繁的接触。公元前7世纪分为赤狄、白狄、长狄三部。春秋鲁照公元年（公元前541年），晋中行穆子（即荀吴）率师在大卤（今太原西南）打败无终（国名）各狄。

⑫斥候：斥，远；候，侦察。军事哨所或军中侦察人员。

⑬契丹、奚：均为中国古代北方少数民族。契丹源于东胡种族，北魏以来在今辽河上游一带游牧。唐太宗以地置松漠都督府，唐末建立辽政权。奚也是源于东胡种族，在南北朝时称库莫奚，分布在今内蒙古自治区西拉木伦河一带，后东迁至今辽宁大凌河，唐太宗时以地置饶乐都督，经常向唐廷进贡，与契丹被共称为"两番"。

【评述】

卷上主要论述奇正、阵法、兵法和编制等问题。其中对奇阵的论述尤为精彩："吾之正，使敌视以为奇；吾之奇，使敌视以为正”“善用兵者，无不正，无不奇，使敌莫测。故正亦胜，奇亦胜。”

卷　中

【原文】

太宗曰：“朕观诸兵书，无出孙武。孙武十三篇，无出虚实。夫用兵识虚实之势，则无不胜焉。今诸将中，但能言避实击虚，及其临敌，则鲜识虚实者；盖不能致人，而反为敌所致故也。如何？卿悉为诸将言其要。”靖曰：“先教之以奇正相变之术，然后语之以虚实之形，可也。诸将多不知以奇为正以正为奇，且安识虚是实，实是虚哉？”

太宗曰：“策之而知得失之计，作之而知动静之理，形之而知死生之地，角之而知有余不足之处，此则奇正在我，虚实在敌欤？”靖曰：“奇正者，所以致敌之虚实也。敌实则我必以正，敌虚则我必以奇。苟将不知奇正，则虽知敌虚实，安能致之哉？臣奉诏，但教诸将以奇正，然后虚实自知焉。”

太宗曰：“以奇为正者，敌意其奇，则吾正击之；以正为奇者，敌意其正，则吾奇击之，使敌势常虚，我势常实。当以此法授诸将，使易晓耳。”靖曰：“千章万句，不出乎致人而不致于人而已。臣当以此教诸将。”

太宗曰：“朕置瑶池都督①，以隶安西都护，番汉之兵如何处置？”靖曰：“天之生人，本无番汉之别，然地远荒漠，必以射猎而生，由此常习战斗。若我恩信抚之，衣食周之，则皆汉人矣。陛下置此都护，臣请收汉戍卒，处之内地，减省粮馈，兵家所谓治力之法也。但择汉吏有熟番情者，散守堡障，此足以经久。或遇有警，则虞卒出焉。”

太宗曰：“孙子所言治力如何？”靖曰：“以近待远，以逸待劳，以饱待饥，此略言其概耳。善用兵者，推此三义而有六焉：以诱待来，以静待躁，以重待轻，以严待懈，以治待乱，以守待攻；反是则力有弗逮，非治力之术，安能临兵哉？”太宗曰：“今人习孙子者，但诵空文，鲜克推广其义，治力之法，宜偏告诸将。”

太宗曰：“旧将老卒，凋零殆尽；诸军新置，不经阵敌，今教以何道为要？”靖曰：“臣常教士，分为三等，必先结伍法[2]。伍法既成，授之军校，此一等也。军校之法，以一为十，以十为百，此一等也。授之裨将，裨将乃总诸校之队，聚为阵图，此一等也。大将察此三等之教，于是大阅，稽考制度，分别奇正，誓众行罚，陛下临高观之，无施不可。”

太宗曰：“伍法有数家，孰者为要？”靖曰：“臣按春秋左氏传云：‘先偏后伍，’又司马法曰：‘五人为伍，尉缭子[3]有束武令，汉制有尺籍伍符。后世符籍，以纸为之，于是失其制矣。臣酌其法，自五人而变为二十五人，自二十五人而变为七十五人，此则步卒七十二人，甲士三人之制也。舍车用骑，则二十五人当八马，此则五兵五当之制也。是则诸家兵法，唯伍法为要。小列之五人，大列之二十五人，参列之七十五人。又五参其数，得三百七十五人，三百人为正，六十人为奇，此则百五十人分为二正，而三十人分为二奇，盖左右等也。穰苴所谓‘五人为伍，十伍为队’至今因之，此其要也。”

太宗曰：“朕与李勣[4]论兵，多同卿说，但勣不究出处尔，卿所制六花阵法，出何术乎？”靖曰：“臣所本诸葛亮八阵法也。大阵包小阵，大营包小营，隅落钩连，曲折相对，古制如此，臣为图因之，故外画之方，内环之圆，是成六花，俗所号尔。”

太宗曰：“内圆外方，何谓也？”靖曰：“方生于正，圆生于奇，方所以矩其步，圆所以缀其旋，是以步数定于地，行缀应乎天，步定缀齐，则变化不乱，八阵为六，武侯之旧法焉。”

太宗曰：“画方以见步，点圆以见兵，步教足法，兵教手法，手足便利，思过半乎。”靖曰：“吴起云：‘绝而不离，却而不散。’此步法也。教士犹布棋于盘，若无画路，棋安用之？孙武曰：‘地生度，度生量，量生数，数生称，称生胜，胜兵若以镒称铢，败兵若以铢称镒。’皆起于度量方圆也。”

太宗曰：“深乎！孙武之言。不度地之远近，形之广狭，则何以制其节乎？”靖曰：“庸将罕能知其节者也。善战者，其势险，其节短，势如彍弩，节如发机。臣修其术，凡立队相去各十步，驻队去前队二十步，每隔一队立一战队。前进以五十步为节，角一声，诸队皆散立，不过十步之内。至第四角声，笼枪跪坐。于是鼓之，三呼三击，三十步至五十步，以制敌之变。马军从背出，亦以五十步临时节止。前正后奇，观敌如何。再鼓之，则前奇后正，复邀敌来，伺隙捣虚，此六花大率皆然也。”

太宗曰："曹公新书云：'作阵对敌，必先立表，引兵就表而阵，一部受敌，余部不进救者斩。'此何术乎？"靖曰："临敌立表，非也，此但教战时法耳。古人善用兵者，教正不教奇，驱众若驱群羊，与之进，与之退，不知所之也。曹公骄而好胜，当时诸将，奉新书者，莫敢攻其短，且临敌立表，无乃晚乎？臣窃观陛下所制破阵乐舞⑤，前出四表，后缀八幡，左右折旋，趋步金鼓，各有其节，此即八阵图四头八尾之制也。人间但见乐舞之盛，岂有知军容如斯焉？"太宗曰："昔汉高帝定天下，歌云：'安得猛士兮守四方。'盖兵法可以意授，不可语传，朕为破阵乐舞，唯卿以晓其表矣，后世其知我不苟作也。"

太宗曰："方色五旗为正乎？幡麾折冲为奇乎？分合为变，其队数曷为得宜？"靖曰："臣参用古法，凡三队合，则旗相倚而不交；五队合，则两旗交；十队合，则五旗交，吹角，开五交之旗，则一复散而为十；开二交之旗，则一复散而为五；开相倚不交之旗，则一复散而为三。兵散则以合为奇，合则以散为奇，三令五申，三散三合，复归于正，四头八尾，乃可教焉，此队法所宜也。"太宗称善。

太宗曰："曹公有战骑、陷骑、游骑，今马军何等比乎？"靖曰："臣按新书云：'战骑居前，陷骑居中，游骑居后。如此，则是各立名号，分为三类耳。大抵骑队八马，当车徒二十四人，二十四骑，当车徒七十二人，此古制也。车徒常教以正，骑队常教以奇。据曹公前后及中，分为三覆⑥，不言两厢，举一端言也。后人不晓三覆之义，则战骑必前于陷骑游骑，如何使用。臣熟用此法，回军转阵，则游骑当前，战骑当后，陷骑临变而分，皆曹公之术也。"太宗笑曰："多少人为曹公所惑。"

太宗曰："车、步、骑三者一法也。其用在人乎？"靖曰："臣按春秋鱼丽阵，先偏后伍，此则车步无骑，谓之左右拒，言拒御而已，非取出奇胜也。晋荀吴伐狄，舍车为行，此则骑多为便，唯务奇胜，非拒御而已。臣均其术，凡一马当三人，车步称之，混为一法，用之在人，敌安知吾车果何出？骑果何来？徒果何从哉？或潜九地，或动九天，其知如神，唯陛下有焉，臣何足以知之。"

太宗曰："太公书云：'地方六百步，或六十步，表十二辰。'其术如何？"靖曰："画地方一千二百步，开方之形也。每部占地一百步之方，横以五步立一人，纵以四步立一人。凡二千五百人，分五方，空地四处，所谓阵间容阵者也。武王伐纣，虎贲各掌三千人，每阵六千人，共三万之众，此太公画地之法也。”

太宗曰：“卿六花阵画地几何？”靖曰：“大阅地方千二百步者，其义六阵，各占地四百步，分为东西两厢，空地一千二百步为教战之所，臣尝教士三万，每阵五千人，以其一为营法，五为方圆曲直锐之形，每阵五变，凡二十五变而止。”

太宗曰：“五行阵如何？”靖曰：“本因五方色立此名，方圆曲直锐，实因地形使然，凡军不素习此五者，安可以临敌乎？兵，诡道也，故强名五行焉。文之以术数相生相克之义，其实兵形像水，因地制流，此其旨也。”

太宗曰：“李勣言牝牡方圆伏兵法。古有是否？”靖曰：“牝牡之法，出于俗传，其实阴阳二义而已。臣按范蠡云：‘后则用阴，先则用阳，尽敌阳节，盈吾阴节而夺之。’此兵家阴阳之妙也。范蠡又云：‘设右为牝，益左为牡，早晏以顺天道。’此则左右早晏，临时不同，在乎奇正之变者也。左右者，人之阴阳；早晏者，天之阴阳；奇正者，天人相变之阴阳。若执而不变，则阴阳俱废，如何守牝牡之形而已。故形之者，以奇示敌，非吾正也。胜之者，以正击敌，非吾奇也。此谓奇正相变。兵伏者，不止山谷草木，伏藏所以为伏也。其正如山，其奇如雷，敌虽对面，莫测吾奇正所在。至此夫何形之有哉？”

太宗曰：“四兽之阵，又以商羽徵角象之，何道也？”靖曰：“诡道也。”

太宗曰：“可废乎？”靖曰：“存之所以能变之也。若废而不用，诡愈甚焉。”

太宗曰：“何谓也？”靖曰：“假之以四兽之阵，及天地风云之号，又加商金、羽水、徵火、角木之配，此皆兵家自古诡道。存之，则余诡不复增矣；变之，则使贪使愚之术，从何而施哉？”太宗良久曰：“卿宜秘之，无泄于外。”

太宗曰：“严刑峻法，使人畏我，而不畏敌，朕甚惑之。昔光武以孤军当王莽百万之众⑦，非有刑法临之，此何由乎？”靖曰：“兵家胜败，情状万殊，不可以一事推也。如陈胜吴广败秦师，岂胜广刑法能加于秦乎？光武之起，盖顺人心之怨莽也。况又王寻王邑不晓兵法，徒夸兵众，所以自败。臣按孙子曰：'卒未亲附而罚之，则不服；已亲附而罚不行，则不可用。'此言凡将先有爱结于士，然后可以严刑也。若爱未加，而独用峻法，鲜克济焉。"

太宗曰："尚书云：'威克厥爱，允济；爱克厥威，允罔功。'何谓也？"靖曰："爱设于先，威设于后，不可反是也。若威加于前，爱救于后，无益于事矣。尚书所以慎戒其终。非所以作谋于始也。故孙子之法，万世不刊。"

太宗曰："卿平萧铣[8]，诸将皆欲籍伪臣家，以赏士卒，独卿不从，以为蒯通不戮于汉[9]，既而江汉归顺。朕由是思古人有言曰：'文能附众，武能威敌。'其卿之谓乎？"靖曰："汉光武平赤眉[10]，入贼营中，按行。贼曰：'萧王推赤心于人腹中。'此盖先料人情，本非为恶，岂不豫虑哉？臣顷讨突厥，总番汉之众，出塞千里，未尝戮一杨干[11]，斩一庄贾，亦推赤诚，存至公而已矣。陛下过听，擢臣以不次之位，若于文武，则何敢当！"

太宗曰："昔唐俭使突厥，卿因击而败之人，人言卿以俭为死间[12]，朕至今疑焉，如何？"靖再拜曰："臣与俭比肩事主，料俭说必不能柔服，故臣因纵兵击之，所以去大恶不顾小义也。人谓以俭为死间，非臣之心。按孙子用间，最为下策。臣尝著论，其末云：'水能载舟，亦能覆舟，或用间以成功，或凭间以倾败。'若束发事君，当朝正色，忠以尽节，信以竭诚。虽有善间，安可用乎？唐俭小义，陛下何疑？"太宗曰："诚哉！非仁义不能使间，此岂纤人所为乎？周公大义灭亲[13]，况一使人乎？灼无疑矣。"

太宗曰："兵贵为主，不贵为客，贵速不贵久。何谓也？"靖曰："兵不得已而用之，安在为客且久哉？孙子曰：'远输则百姓贫，'此为客之弊也。又曰：'役不再籍，粮不三载。'此不可久之验也。臣较量主客之势，则有变客为主，变主为客之术。"

太宗曰："何谓也？"靖曰："因粮于敌，是变客为主也。饱能饥之，佚能劳之，是变主为客也。故兵不拘主客迟速，唯发必中节，所以为宜。"

太宗曰："古人有诸？"靖曰："昔越伐吴[14]，以左右二军，鸣鼓而进，吴分兵御之。越以中军潜涉，不鼓，袭败吴师，此变客为主之验也。石勒与姬澹战，澹兵远来，勒遣孔苌为前锋，逆袭澹军。孔苌退而澹来追，勒以伏兵夹击之，澹军大败。此变劳为佚之验也。古人如此者多。"

太宗曰："铁蒺藜行马，太公所制是乎？"靖曰："有之，然拒敌而已。兵贵致人，非欲拒之也。太公六韬，言守御之具尔，非攻战所施也。"

【译文】

太宗说："我看各家兵书，都没有超过孙武的；孙武的十三篇，又没有不讲虚实的。如果用兵能懂得虚实的情势，便没有不胜利的。现在的各位将领中，只会说避实击虚；一到临敌的时候，就很少有知道虚实的。总是不能置敌于被动，反而被敌人置于被动之中，为什么呢？你把紧要之处全部向各位将领加以说明。"李靖说："先教他们奇正变化的方法，然后教他们虚和实的形态，这就可以了。现在将领多数不知道以奇为正，以正为奇的道理，又怎么能识别敌人有时看起来是虚其实是实，有时看起来是实，其实是虚呢？"

太宗说："筹谋划策，才可以知道谁得谁失；采取一种行动引诱敌人，才可以观察出敌人动静的情况；出示一种形态，才能知道是生地还是死地；与敌接触角逐，才能知道敌人力量充实还是不足。这是不是说用奇用正在于我，而是虚是实却在于敌人呢？"李靖说："奇与正就是对于敌人的虚与实说的。对敌人的坚强处，我一定要以正兵攻击；敌人的虚弱处，我一定要以奇兵攻击。假如将领不懂奇正，那么虽然知道敌人的虚实，又怎能克敌制胜呢？我奉皇上的命令后，只教给各位将领关于奇正的用法，对于虚实的道理，他们自己以后会明白的。"

太宗说："以奇为正的人，敌人以为是奇兵，我就用正兵攻击他；以正为奇的人，敌人以为是正兵，我就用奇兵攻击他，使敌人的势常虚，我的势常实。你应该用这种方法教众将，使他们容易明白。"李靖说："千言万语，总超不出'致人而不致于人'这一原则，我当以这种方法教授各位将领。"

太宗说："（灭商邑以后）我设置瑶池都督，隶属于安西都护，你看那个地方的番兵和汉兵如何处置呢？"李靖说："天生之人，本来没有番和汉的差别。但是番部生活在边远荒漠的地方，只能以射猎为生，因此习惯于战斗。如果我们用恩惠和信义安抚他们，接济他们衣食，那么就都变成汉人了。陛下如果设置这一都护，我建议把守边的汉族官兵撤回来，安置到内地，以减省送粮。这就是兵家所说的节省人力的办法。只选派熟悉番部情况的汉族官吏，分散守备各重要堡寨，这就足以防守长久。一旦有变，就可以出动汉兵。"

太宗说："孙子所说的治力是怎么回事？"李靖说："以近待远，以逸待劳，以饱待饥，这三句话便概略地说明了问题。善于用兵的人，把这三个意思推广成六点：以引诱对待敌人的不来；以沉着冷静对待敌人的浮躁不安；以持重对待敌人的轻率；以严明对待敌人的懈怠；以整然节制对待敌人的纷杂混乱；以防守对待敌人的进攻。如果相反，那就是能力有所不及，不是省力的方法，怎么能临敌作战呢？”太宗说：“现在的人学习孙子兵法，只能空背条文，很少能够对其含义推而广之。你所说的治力之法，应该告诉诸将。”

太宗说：“旧将老卒，死亡垂老将要殆尽了。现在各军都是新设置的，没有经过临阵冲杀。眼前应该教授给他们最要紧的是什么呢？”李靖说：“我对官兵经常分为三等来教。首先一定教练伍的编成，伍法教成以后，再施行队法的教练，这是一等。队法的教练，以十伍编为一队，百伍就编为十队，这是一等。对于副将，因为他们是总合指挥各队的，便教组合阵图，这又是一等。大将观察了这三等的教育，于是综合进行大检阅，考察军队的各项制度，用兵的战术（包括奇正），官兵的军风，赏罚等。陛下居高临下观看，没有不是完善的。”

太宗说：“伍法有几种，哪种比较重要？”李靖说：“《春秋左传》有‘先编后伍’的说法，《司马兵法》又说‘五人为伍’，尉缭子有‘束伍令’，汉朝有尺余长的简做的伍符。后来伍简用纸做了，于是这些伍符就失传了。我酌量这些办法，由五人复合为二十五人，又由二十五人复合为七十二人，这就是古时所谓步卒七十二，甲士3人的制度。如果不用车，而用骑兵，那么二十五人换成八马，这就是五兵当五马的制度。因此，各家兵法，都是以伍的编法为最重要。小列每伍五人，大列二十五人，三倍就是七十五人，再乘五倍，就是三百七十五人。三百人为正，六十人为奇。这样左右两边各有一百五十人为正，三十人为奇，两边就相等了。司马穰苴所说的‘五人为一伍，十人为一队’，至今还在沿用，这是伍法中的重要方法。”

太宗说：“我与李勣讨论兵法，他说的多与你说的相同，但是李勣不能讲出出处，你所发明的六花阵法，出自哪一种战法？”李靖说：“我的六花阵法来源于诸葛亮的八阵图法。大阵包小阵，大营容小营，互相衔接，曲折对称，古时的制度就是这样的。我按照它来绘图，外面就画成了方形，内面画成了圆形，成了六花的形状，就俗称为现在的名了。”

太宗说：“内圆外方，怎么解释呢？”李靖说：“方产生于正方形，圆产生于单一的半径；方是由步和直角形成的，圆是围着点旋转成的。步数画定在地上，圆的画法与天体合应，步定圆整，变化就不会乱。八阵变为六花，是武侯的旧法。”

太宗说：“画方形以考察步法，从圆形上考察兵器操作法，步法即是教足法，兵器法就是教手法，手和脚都便利于操作，这种想法是对的吧？”李靖说：“吴起说过，‘虽至绝境而不分离，虽然退却而不分散’。这是所教习步法熟练的原因。教士卒就好像在棋盘上布棋子一样，如果没有画好路线，棋子怎么能用呢？孙子说：‘根据地形，就有一定的部署；根据部署，就有人力物力的数量；根据各种战力因素，就可以比较；周密比较就有胜利。胜军对败军就像用镒（二十四两）称铢（二十四分之一两）一样，败兵对胜兵就像用铢称镒一样。’这些都是从度和量、方和圆开始的。”

太宗说：“孙子的话意义很深啊！如果不审察地的远近，形态的广狭，那怎能控制作战的节奏呢？”李靖说：“平庸的将领很少有懂控制节奏的。善于作战的人，他运用的势是很险的，他的节奏是很短的。他的势像发射的强弩那样不可挡，他的节奏像发射弩的机关那样快。我习修孙子势险节短的方法，对一般步兵队伍，彼此相距各十步远；车骑队与步兵大部队相距二十步；每隔一队部署一步、车、马各三分之一的部队。前进时以五十步为一节，号角一声，各部队都散开，但不要超过十步。至第四声号角，各兵荷枪跪坐。接着是击鼓前进，呼三次击三次，这样前进三十步至五十步，制止敌人队伍变化。骑兵从背后冲击，也以五十步为一节。这样前正后奇，看敌人如何反应。再击鼓时，则先奇后正，引敌前来，乘空隙攻击他虚弱之处。六花阵大致都是这样。”

太宗说：“《曹公新书》讲：‘布阵对敌，一定要先立标志，指挥部队按照标志就阵。如果一部受敌攻击，其余部队不前进援救的斩首。’这是什么方法呢？”李靖说：“临敌之时树立标志是不行的。这种办法只是教练部队战法时用的。古时善用兵的人，只教正兵，不教奇兵。驱使众人作战，就像驱赶羊群一样，叫他们进，叫他们退，他们是不知道所往的（他们不知道奇兵，故教正不教奇）。曹公骄傲好胜，当时各将领奉行新书，没有人敢说他的短处。况且临敌之前再立旌旗标志，不是太晚了吗？我看陛下您所制的破阵乐舞，前面四个标志，后面八面旗帜，左右转折回旋，步法合于金鼓，各按着节拍，这就是八阵图的四头八尾制度。许多人只看见乐舞的盛况，哪里知道这里面军容的意义呢？”太宗说：“从前汉高帝平定天下，有《大风歌》唱道：‘安得猛士兮守四方。’大凡兵法，有许多只能意会，不可言传。我制破阵乐舞的用意，只有你知道它的表里。后世之人应当知道我这乐舞不是随便作的了。”

太宗说：“方色五旗是正兵吗？幡麾折冲是奇兵吗？进行分和合的变化时，队数的变换以哪一种方法为宜呢？”李靖说：“我参用古人的方法，凡三队合并，旗帜相靠拢而不交叉；五队合并，两旗就要互相交叉；十队合并，五旗也要交叉起来。号角声吹响时，如分开五交之旗，一队就要分散为十队；分开二交之旗，一队就要分散为五队；分开相靠拢而不交叉之旗，一队就要分为三队。兵是分散的时候就以合并为奇，队是合的时候就以分散为奇。三令五申，三散三合，然后恢复为原状，四头八尾，这样就可以教会了。这种方法，对教队法是适宜的。”太宗说：“很好。”

太宗说：“曹公说骑兵有战骑、陷骑、游骑之分，这与现在的骑兵怎么相比呢？”李靖说：“我按《曹公新书》所讲，‘战骑在前面，陷骑在中间，游骑在后面’。如果这样，实际是各立名称，把骑兵按任务分为三种罢了。大致骑兵的八马，相当于战车步兵二十四人，二十四匹马，相当于战车步兵七十二人，这是古制。战车步兵常教以正兵的方法，骑兵战队常教以奇法。曹公只讲了前后和中间分三批埋伏，而没有讲两厢如何，据此来看，这不过是举一个例子讲罢了。后世之人不知道曹公‘三覆’的含义，就只记住把战骑一定放在陷骑和游骑的前面，而对如何使用，就不明白。我经常使用这种方法。假如向后回军转阵的时候，那么游骑就在前面，战骑在后面，陷骑就要临时应变而分开使用，这都是曹公的战术。”太宗笑着说：“多少人都被曹公迷惑了。”

太宗说：“车兵、步兵、骑兵三种兵的运用，大体是一种方法，他们的用法是不是在于各人呢？”李靖说：“我按春秋《左传》郑庄公的鱼丽阵，先偏（古时战车二十五辆为一偏）后伍，这就是只有战车和步兵而没有骑兵，叫作左右防御，讲防御的态势而已，不是讲出奇制胜。晋荀吴伐狄，放弃战车而作步战，这是以骑兵多为便利，因为想着必须以奇兵取胜（所以弃车），这不是取防御的态势。我将这两种战术平均使用，一马当三人，一车也当三人，车骑步混合而为一体。此种战术的运用，在于各人自己。敌人怎能知道我的车、骑和步兵是从何而来的呢？他们或者以为这些混合的车、骑、步兵是从很深很深的地下来的，或者是从很高很高的天上来的呢！能够明知如神的，只有陛下您能想得到，就是我也不能完全知道呢！”

太宗说：“太公书有说‘地方六百步，或六十步，用十二时辰表示它’。这是什么呢？”李靖说：“画地周围一千二百步的方形，作为一个大阵。在其东、西、南、北角及中央各画一百步之小正方形，作为五个小阵。每一小正方形（小阵）横的每五步站一人，纵的每四步站一人，五个小正方形共可以站两千五百人，另有空地四处。这就是所说的阵闻有阵的办法。周武王讨伐纣王时，虎贲之兵各掌三千人，每阵六千人，共计三万之众，这就是太公画地的办法。”

太宗说：“你的六花阵画地多少？”李靖说：“在大规模检阅教练时，画地周围一千二百步，区分为六个方阵，各占地四百步，分为东西两厢，空地一千二百步为教练场所。我曾教士卒三万人，每阵五千人，以其中一阵作为示范，其余五阵之兵，随着作方圆曲直锐的队形。每阵五次变换队形，五阵共作二十五次变换就停止。”

太宗说："所谓五行阵是怎么回事呢？"李靖说："本是按照青、红、黄、白、黑五种颜色取的这种名称。用兵布阵时，按照地形就有方、圆、曲、直、锐。军队平时如不教习这五样东西，怎能临阵对敌呢？用兵，本是一种诡诈行为，所以牵强附会为阴阳五行的名称，修饰成术数相生相克的意义。其实，兵的形态像水，按照地形而成流。这才是五行阵的真正意旨。"

太宗说："李勣曾说过有牝牡方圆伏兵法，古时候有这种兵法吗？"李靖说："牝牡之法，出于传说，其实是阴阳两字的意思而已。我按范蠡所讲'后出用阴，多先出用阳，多待敌阳气耗尽，充实我阴节而战胜他'。这是兵家运用阴阳的奥妙所在。范蠡书又说：'如果右为牝，那么左为牡。早和晚，都要顺应天道。'这是讲左右早晚。阴阳在各个时候都不相同，在于奇正之变化。左和右是人的阴阳，早和晚是天的阴阳，奇和正是天和人相变的阴阳。如果只知执拗地记住牝牡，不会融会贯通，那么阴阳的道理就废弃了，又怎么能够遵守牝牡的形态呢？所以善于示形的人，以奇兵示于敌人，而不示我之正兵；胜利的人，用正兵攻击敌人，而不用我之奇兵。这就是所谓奇正互相变通。伏兵，不只是伏在山谷、草树之中，埋伏在隐蔽的地方就叫伏。他的正兵像山一样，他的奇兵像雷一样。敌人虽然在对面，也不能测度我奇兵和正兵的所在。这样哪里还有什么形呢？"

太宗说："（龙虎鸟蛇）四兽之阵，又以商羽徵角四种物象比喻，这是什么道理？"李靖说："这是诡诈之道。"

太宗说："可以把它废掉吗？"李靖说："保存其名，就能使它废掉；若是宣布废止而不用它，那它就会越发诡秘。"

太宗说："这是什么道理？"李靖说："假借龙虎鸟蛇四兽之名，和天地风云之号，又加上商金、羽水、徵火、角木之配，这些都是自古以来兵家的诡道。保存其名，就没有人再增加诡道了，若禁止不用，那么用什么方法去驱使那些贪愚的人？"太宗思索了很久才说："你要将这件事保密，不要泄露给外人。"

太宗说："严厉的刑法，使人畏惧我，而不畏惧敌人。对此，我很疑惑。从前，汉光武帝以（几千人的）孤军挡住了王莽的百万之众，并没有用严厉的刑法对付部下，这是为什么呢？"李靖说："兵家的胜败，原因和情况各不相同，不能用一件事加以推断。例如，陈胜吴广打败秦国的军队，能说陈胜吴广的刑法比秦军更严峻吗？汉光武帝的起兵定天下，是因为顺应了民心，民心是怨恨王莽的。况且王寻、王邑不懂兵法，徒然夸称兵多，所以自己失败了。我按《孙子兵法》有说：'士卒还没有亲附就处罚他，他就会心中不服；已经亲附了而没有一定的刑罚，那么这种兵便不可用。’按照孙子的这些话，凡作将领的，先要和士卒友爱有感情，然后才可以对他们施行严明的刑法。如果对部属没有一点恩惠，而仅用严刑峻法，很少能够达到目的。”

太宗说：“《尚书》有说：‘威胜于爱，事情可以有成；爱胜于威，事情不会有成。’这句话是什么意思？”李靖说：“爱要施行于前，威要施行在后，不能搞反了。如果是威施行在前面，爱施行在后面想补救一下，对事情并没有益处。《尚书》的意思是，教人慎重戒备于事情的后面，并不是讲事情开始的时候。所以孙子的方法，千秋万代都不能砍削。”

太宗说：“你平定萧铣的时候，各位将领都想查抄萧铣伪朝臣们的家产，以赏给官兵；独你不肯这样，认为汉高祖没有杀蒯彻，才有后来江汉一带望风归顺的结果。我由此想起古人有两句话：‘文能使众人归附，武能使敌人威服。’这是对你说的吧？”李靖说：“汉光武帝平定赤眉的时候，到敌人营中去巡视检阅，贼人都说：‘萧王推自己的赤心于别人的腹中（为什么不可以把我们的生死托付给他呢），’这是因为光武帝先料到人性本来不惑的缘故。光武帝哪有不犹豫考虑的呢？我讨突厥时，总领番兵和汉兵出塞千里之外，没有杀一个杨干，也没有斩一个庄贾，也是推赤诚之心，存至公之理罢了。陛下您过于相信这些话，把我提升到最高的地位，若说我能文能武，实在是不敢当。”

太宗说：“以前唐俭等出使突厥，你乘此把突厥击败了。有人说你是用唐俭作死间，我至今心里还有点疑惑，这是怎么回事？”李靖再拜而说：“我与唐俭并肩以事陛下。我料想唐俭一定不能说服突厥，所以乘突厥懈怠之时，挥兵攻击他。这是为了除掉大恶，而不顾及小义。人说我以唐俭为死间，这不是我的本意。按孙子所说的‘用间’方法，他自己也列为最下策。我曾经在孙子用间篇末尾著论说：‘水能行舟，也能翻舟，有用间成功的，也有用间倾败的。’一个人长大成人，从政事君，在朝要正正当当，忠心尽节，竭力诚信。虽然有善于为间的人，怎么可以用他呢？像唐俭这样小义的问题，陛下不必疑虑！”太宗说：“诚然！不是仁义之为，不能使用间谍，这哪能是纤小的人所能做的呢？周公大义灭亲，何况一个使者呢？我现在完全明白了。”

太宗说：“用兵以在本地作战为贵，不以到远地作战为贵；贵在时间短，不贵时间长，为什么呢？”李靖说：“用兵是不得已而为的，怎能以深入敌境和时间长久为贵呢？孙子说：‘长途运粮，老百姓就会拖得民穷财尽。’这就是深入敌境之军的弊病。孙子又说：‘服兵役只有一次，不宜第二次征召，载运粮食不宜（由国内供给）

再三。’这就是用兵远征，不能太久的经验之谈！不过，我比较思量主客军队的形势，还有变客为主，变主为客的方法。”

太宗说：“什么办法呢？”李靖说：“就地取粮于敌方，是变客为主的方法，敌人饱，能使他饥，敌人逸，能使他劳，是变主为客的方法。所以用兵不必拘于主客和慢快，只要运用恰到好处，便能取得胜利。”

太宗说：“古人有没有这种情形呢？”李靖说：“从前越王勾践讨伐吴国，以左右两军，鸣鼓进攻；吴国分兵抵御。越用中军偷渡，偃旗息鼓，突袭打败了吴军。这是变客为主的一次经验。又如，石勒与姬澹战于平乐郡，澹兵远道而来，石勒派遣孔苌为前锋，迎击澹军。孔苌佯败而退，姬澹追赶，石勒用伏兵夹击澹军，澹军大败，这是变劳为逸的经验。古人像这样的战例很多。”

太宗说：“铁蒺藜和行马这些东西，是太公所制作的吗？”

李靖说：“是的，但这些东西只不过能阻止敌人罢了。用兵贵在制服敌人，而不是阻止住敌人。太公《六韬》讲的这些是守御工具，而不是攻战的设施。”

【注释】

①瑶池都督：瑶池，地名，位今新疆阜康市境。据新唐书载：“贞观十四年（640年），灭高昌，置瑶池都督。”后文安西都护为唐灭高昌后在今新疆吐鲁番境内所置机构。

②伍法：古代军队编组和训练的基本方法。伍，古代军队编制的基本单位，周代军制规定，五人为伍。

③尉缭子：战国中期军事家，曾对魏惠王谈论用兵的方略。《汉书·艺文志》兵形势家有《尉缭》三十一篇，现存二十四篇。

④李勣（594—669）：唐初大将。本姓徐，名世勣，字懋功。初从翟让起义，参加瓦岗军，后随李密归唐，赐姓李，因避太宗讳，单名勣。贞观三年与李靖出击东突厥，封英国公，守并16年，高宗时官至司空。

⑤破阵乐舞：本名秦王破阵乐，李世民破刘武周后，军中相与作乐曲。李世民即位，又制舞图，并命乐工二百八十人披银甲执戟而舞。

⑥三覆：覆，伏兵。把（骑兵）部队分成前、后、中三层埋伏。

⑦光武以孤军当王莽百万之众：公元23年，王莽部将王寻、王邑等四十余万军队（号称百万）攻汉，刘秀让部将王凤率九千人守昆阳（今河南叶县），自率军救援，大败王邑、王寻于昆阳。昆阳一战消灭了王莽的主力。

⑧平萧铣：萧铣原为隋末罗川令，后称梁帝于江陵（今湖北江陵），李渊命李孝恭和李靖讨伐，萧铣兵败降唐，为李渊所杀。自起至灭共 5 年。

⑨蒯通不戮于汉：蒯通名蒯彻，韩信破齐后曾劝信叛汉自立。韩信被杀时曾说："悔不用蒯彻计。"蒯彻被刘邦捕到后说："当是时，臣唯独知韩信，非知陛下。"刘邦故此未杀蒯彻。

⑩光武平赤眉：公元 24 年，刘秀为萧王，在馆陶一带镇压了铜马起义军后，收降官兵十万余人。原文"赤眉"两字可能有错误。

⑪杨干：春秋晋悼公之弟。鲁襄公三年（前 571），在曲梁乱了军阵，为司马魏绛所杀。下文庄贾为齐国国戚，齐景公曾派他为司马穰苴监军，因迟到被司马穰苴所杀。

⑫俭为死间：公元 630 年，李靖在定襄袭破东突厥后，颉利可汗尚有十余万人。唐太宗命鸿胪卿唐俭慰抚，又令李靖带兵迎之。颉利预谋北走，李靖、李勣等乘夜进击，杀败颉利，唐俭亦脱身得归。

⑬周公大义灭亲：周成王时，周公旦命管叔、蔡叔、霍叔监商纣王之子武庚，管蔡等叛，周公旦诛武庚及管蔡。

⑭越伐吴：公元前 476 年，越王勾践伐吴，用一支部队潜行偷渡，乘不备而攻击吴中军主帅，大败吴军。

【评述】

卷中主要论述北边戍守、军队训练、选将择人以及避实击虚、营阵排列等问题。尤其是关于避实击虚的论述至为精辟："奇正者，所以致敌之虚实也。敌实则我必以正，敌虚则我必以奇。""苟将不知奇正，则虽知敌虚实，安能致之哉？""使敌势常虚，我势常实。"

另外卷中对古阵法、阴阳八卦等作了历史唯物主义的解释："牝牡之法，出于俗传，其实阴阳二义而已"，"设右为牝，益左为牡，早晏以顺天道"，"四兽之阵，又以商羽徵角象之，诡道也"。"存之所以能变之也。若废而不用，诡愈甚焉"。

卷 下

【原文】

太宗曰："太公云：'以步兵与车骑战者，必依丘墓险阻。'又孙子云：'天隙之地，丘墓故城，兵不可处。’如何？”靖曰：“用众在乎一，心一在乎禁祥去疑。倘主将有所疑忌，则群情摇；群情摇，则敌乘衅而至矣。安营据地，便乎人事而已。若涧井陷隙之地，及如牢罗之处，人事不便者也；故兵家引而避之，防敌乘我。丘墓故城，非绝险处，我得之为利，岂宜反去之乎？太公所说，兵之至要也。”

太宗曰：“朕思凶器，无甚于兵者，行兵苟便于人事。岂以避忌为疑，今后诸将有以阴阳拘忌，失于事宜者，卿当丁宁诫之。”靖再拜谢曰：“臣按尉缭子云：‘黄帝以德守之，以刑伐之，是谓刑德，非天官时日之谓也。’然诡道可使由之，不可使知之，后世庸将，泥于术数，是以多败，不可不戒。陛下圣训，臣即宣告诸将。”

太宗曰：“兵有分聚，各贵适宜，前代事迹，孰为善此者？”靖曰：“苻坚总百万之众，而败于淝水，此兵能合而不能分之所致也。吴汉讨公孙述[①]，与副将刘尚分屯，相去二十里。述来攻汉，尚出合击，大破之。此兵分而能合之所致也。太公云：‘分不分为縻军，聚不聚为孤旅。’”太宗曰：“然苻坚初得王猛，实知兵，遂取中原。及猛卒，坚果败，此縻军之谓乎？吴汉为光武所任，兵不遥制，故汉果平蜀，此不陷孤旅之谓乎？得失事迹，足为万代鉴。”

太宗曰：“朕观千章万句，不出乎多方以误之一句而已。”靖良久曰：“诚如圣语，大凡用兵，若敌人不误，则我师安能克哉？譬如弈棋，两敌均焉，一著或失，竟莫能救。是古今胜败，率由一误而已，况多失者乎！”

太宗曰：“攻守二事，其实一法欤？孙子言：‘善攻者，敌不知其所守；善守者，敌不知其所攻。’即不言敌来攻我，我亦攻之；我若自守，敌亦守之，攻守两齐，其术奈何？”靖曰：“前代似此相攻相守者多矣，皆曰：守则不足，攻则有余，便谓不足为弱，有余为强。盖不悟攻守之法也。臣按孙子云：‘不可胜者守也，可胜者攻也。’谓敌未可胜，则我且自守；待敌之可胜，则攻之耳！非以强弱为辞也。后人不晓其义，则当攻而守，当守而攻。二役既殊，故不能一其法。”

太宗曰：“信乎有余不足，使后人惑其强弱。殊不知守之法，要在示敌以不足；攻之法，要在示敌以有余也。示敌以不足，则敌必来攻，此是敌不知其所攻者也；示敌以有余，则敌必自守，此是敌不知其所守者也。攻守一法，敌与我分为二事，若我事得，则敌事败；敌事得，则我事败。得失成败，彼我之事分焉。攻守者，一而已矣，得一者，百战百胜。故曰：知彼知己，百战不殆。其知一之谓乎？”靖再拜曰：“深乎圣人之法也。攻是守之机，守是攻之策，同归乎胜而已矣。若攻不知守，守不知攻，不唯二其事，抑又二其官，虽口诵孙吴，而心不思妙攻守两齐之说，其孰能知其然哉？”

太宗曰：“司马法言，国虽大，好战必亡；天下虽安，忘战必危。此亦攻守一道乎？”靖曰：“有国有家者，曷尝不讲乎攻守也？夫攻者，不止攻其城，击其阵而已，必有攻其心之术焉。守者，不止完其壁，坚其阵而已，必也守吾气而有待焉。大而言之，为君之道；小而言之，为将之法。夫攻其心者，所谓知彼者也；守吾气者，所谓知己者也。”

太宗曰：“诚哉！朕尝临阵，先料敌之心与己之心孰审，然后彼可得而知焉。察敌之气与己之气孰治，然后我可得而知焉。是以知彼知己，兵家大要。今之将臣，虽未知彼，苟能知己，则安有失利者哉？”靖曰：“孙武所谓先为不可胜者，知己者也。以待敌之可胜者，知彼者也。又曰，不可胜在己，可胜在敌，臣斯须不敢失此诫。”

太宗曰：“孙子言三军可夺气之法，朝气锐，昼气惰，暮气归。善用兵者，避其锐气，击其惰归，如何？”靖曰：“夫含生禀血[②]。鼓作斗争，虽死不省者，气使然也。故用兵之法，必先察吾士众，激吾胜气，乃可以击敌焉。吴起四机，以气机为上，无他道也。能使人人自斗，则其锐莫当。所谓朝气锐者，非限时刻而言也，举一日始末为喻也。凡三鼓，而敌不衰不竭，则安能必使之惰归哉？盖学者徒诵空文，而为敌所诱，苟悟夺之之理，则兵可任矣。”

太宗曰：“卿尝言李勣能兵法，久可用否？然非朕控御，则不可用也。他日太子治，若何御之？”靖曰：“为陛下计，莫若黜勣，令太子复用之，则必感恩图报，于理有损乎？”太宗曰：“善！朕无疑矣！”

太宗曰：“李世勣若与长孙无忌[③]共掌国政，他日如何？”靖曰：“勣忠义，臣可保任也。无忌佐命大功，陛下以肺腑之亲，委之辅相。然外貌下士，内实嫉贤，故尉迟敬德[④]面折其短，遂引退焉。侯君集[⑤]恨其忘旧，因以犯逆，皆无忌致其然也。陛下询及臣，臣不敢避其说。”太宗曰：“勿泄也，朕徐思其处置。”

太宗曰：“汉高祖能将，其后韩彭见诛，萧何下狱，何故如此？”靖对曰：“臣观刘项，皆非将将之君。当秦之亡也，张良本为韩报仇，陈平韩信，皆怨楚不用，故假汉之势，自为奋耳！至于萧曹樊灌，悉由亡命，高祖因之以得天下。设使六国之后复立，人人各怀其旧，则虽有能将将之才，岂为汉用哉？臣谓汉得天下，由张良借箸之谋，萧何漕挽之功也。以此言之，韩彭见诛，范增不用，其事同也。臣故谓刘项皆非将将之君。”

太宗曰：“光武中兴，能保全功臣，不任以吏事，此则善于将将乎？”靖曰：“光武虽籍前构⑥，易于成功，然莽势不下于项籍，寇邓⑦未越于萧曹；独能推赤心：用柔治，保全功臣，贤于高祖远矣。以此论将将之道，臣谓光武得之。”

太宗曰：“古者出师命将，斋三日，授之以钺，曰：‘从此至天，将军制之；’又授之斧，曰：‘从此至地，将军制之；’又推其毂曰：‘进退惟时，既行，军中但闻将军之令，不闻君命。’朕谓此礼久废，今欲与卿参定遣将之仪，如何？”靖曰：“臣窃谓圣人制作，致斋于庙者，所以假威于神也；授斧钺又推其毂者，所以委寄以权也。今陛下每有出师，必与公卿议论，告庙而后遣，此则邀以神至矣。每有任将，必使之便宜从事。此则假以权重矣，何异于致斋推毂耶？尽合古礼，其义同焉，不须参定。”上曰：“善！”乃命近臣书此二事，为后世法。

太宗曰：“阴阳术数，废之可乎？”靖曰：“不可，兵者，诡道也，托之以阴阳术数，则使贪使愚，兹不可废也。”太宗曰：“卿尝言天官时日，明将不法，暗将拘之，废宜亦然。”靖曰：“昔纣以甲子日亡，武王以甲子日兴。天官时日，甲子一也；殷乱周治，兴亡异焉。又宋武帝以往亡日起兵⑧，军吏以为不可。帝曰：‘我往彼亡。’果克之。由此言之，可废明矣。然而田单为燕所围⑨，单命一人为神，拜而祠之，神言燕可破；单于是以火牛出击燕，大破之。此是兵家诡道，天官时日，亦犹此也。”

太宗曰：“田单托神怪而破燕，太公焚蓍龟而灭纣，二事相反，何也？”靖曰：“其机一也，或逆而取之，或顺而行之，是也。昔太公佐武王，至牧野，遇雷雨，旗鼓毁折，散宜生欲卜吉而后行。此则因军中疑惧，必假卜以问神焉。太公以为腐草枯骨无足问，且以臣伐君，岂可再乎？然观散宜生发机于前，太公成机于后，逆顺虽异，其理致则同。臣前所谓术数不可废者，盖存其机于未萌也。及其成功，在人事而已矣。”

太宗曰：“当今将帅，唯李世勣、道宗、薛万彻，除道宗以亲属外，孰堪大用？”靖曰：“陛下尝言勣、道宗。用兵不大胜，亦不大败；万彻若不大胜，即须大败。臣愚思圣言，不求大胜，亦不大败者，节制之兵也。或大胜，或大败者，幸而成功者也。故孙武云：‘善战者，立于不败之地，而不失敌之败也。’节制在我云尔。”

太宗曰：“两阵相临，欲言不战，安可得乎？”靖曰：“昔晋师伐秦，交绥而退。司马法曰：‘逐奔不远，纵绥不及。’臣谓绥者，御辔之索也。我兵既有节制，敌兵亦正行伍，岂敢轻战哉？故有出而交绥，退而不逐，各防其失败者也。孙武云：‘勿击堂堂之阵，无邀正正之旗。’若两阵体均势等，苟一轻肆，为其所乘，则或大败，理使然也。是故兵有不战，有必战。夫不战者在我，必战者在敌。”

太宗曰：“不战在我，何谓也？”靖曰：“孙武云：‘我不欲战者，画地而守之。敌不得与我战者，乖其所之也。’敌有人焉，则交绥之间，未可图也，故曰不战在我。夫必战在敌者，孙武云：‘善动敌者，形之，敌必从之，予之，敌必取之，以利动之，以本待之。’敌无人焉，则必来战，吾得以乘而破之。故曰必战者在敌。”

太宗曰：“深乎！节制之兵，得其法则昌，失其法则亡，卿为纂述历代善于节制者，具图来上，朕当择其精微，垂于后世。”靖曰：“臣前所进黄帝太公二阵图，并司马法，诸葛亮奇正之法，此已精悉。历代名将，用其一二，成功者亦众矣。但史官鲜克知兵，不能纪其实迹焉。臣敢不奉诏，当纂述以闻。”

太宗曰：“兵法孰为最深？”靖曰：“臣尝分三等，使学者当渐而至焉：一曰道，二曰天地，三曰将法。夫道之说，至精至微，易所谓聪明睿知，神武而不杀者，是也。夫天之说阴阳，地之说险易；善用兵者，能以阴夺阳，以险攻易。孟子所谓天时地理者，是也。夫将法之说，在乎任人利器，三略所谓得士者昌，管仲所谓器必坚利者，是也。”

太宗曰：“然！吾谓不战而屈人之兵者，上也。百战百胜者，中也。深沟高垒以自守者，下也。以是较量，孙武著书，三等皆具焉。”靖曰：“观其文，迹其事，亦可差别矣。若张良、范蠡、孙武，脱然高引，不知所往，此非知道，安能尔乎？若乐毅、管仲、诸葛亮战必胜，守必固，此非察天时地利，安能尔乎？其次王猛之保秦，谢安之守晋，非任将择才，缮完自固，安能尔乎？

故习兵之学，必先由下以及中，由中以及上，则渐而深矣。不然，则垂空言，徒记诵，无足取也。”

太宗曰：“道家忌三世为将者，不可妄传也，亦不可不传也。卿其慎之。”靖再拜出，尽传书与李世勣。

【译文】

太宗说：“太公讲：‘用步兵与战车和骑兵作战的时候，一定要依托丘陵墓穴和险阻的地形。’孙子也讲：‘断崖绝壁的隘路，丘陵墓穴和没人居住的城墙村落，军队不能驻扎。’为什么呢？”李靖说：“用兵在于众心一致，心齐又在于禁止妖祥之事和除去狐疑不定的心理。倘若主将心里有了疑惑避忌，那么群情就会动摇；群情动摇，敌人就会乘虚而至。所以安营扎寨，要选择便于人行动的地方。像绝涧、天井、天陷、天隙和天牢、天罗等地方，人举动不便，所以兵家都要引军避开它，以防止敌人乘我之隙。至于丘陵故城，不是特别险的，我们掌握在手中又有利，哪能反而放弃呢？太公所说，是用兵至关重要的道理。”

太宗说：“我想所有凶器，再没有比军队更为厉害的了。假定军事行动便于作战及人事，哪能避讳忌克而怀疑呢？今后诸将如果因为阴阳而拘泥忌讳以致有背事理的，你应该叮咛告诫他们。”李靖再拜而感谢说：“我按尉缭子说的，黄帝以德保守天下，以刑讨伐暴乱，这就叫作刑德。不能用阴阳家天官时日的说法。但是诡诈之道，可以让人去做，却不可以让他知道。后世平庸的将领，拘泥于阴阳法术，所以多次失败，不能不告诫他们。陛下的旨意，我应该宣告诸将知道。”

太宗说：“兵有分有聚，贵在分聚都适宜。前代的事迹，谁是善于这样做的？”李靖说：“秦王苻坚总领百万之兵，而败于淝水之上，这就是因为兵聚合后不能分开所造成的。东汉吴汉讨公孙述，与副将刘尚分兵驻扎，相隔二十里，公孙来攻吴汉，刘尚出来，与吴汉分进合击，大破公孙述之兵。这是兵分开后善于合的原因。太公说：‘应该分而不分的军队是被束缚住的军队；想合而不能合的军队，叫作孤独之旅。’”太宗说：“然而苻坚刚得到王猛时，由于王猛善于用兵，于是逐步取得了中原地方。到王猛死了以后，苻坚果然失败了。这就是所说的被束缚之军吧！吴汉为光武所信任，便没有受到遥制，所以吴汉果然把蜀平定了。这不是所说的孤旅吧！这两件一得一失的事迹足可以作为万代的借鉴。”

太宗说：“我看兵书，千言万语，都超不出多失以误这一句话。”李靖过了很久说：

“诚如陛下所说的，大凡用兵，如果敌人没有错误，那么我军怎能战胜呢？譬如下棋，两方势均力敌，一着的失误，竟至不能挽救。所以古今的胜败都是由一着之误而引起的，何况多有失误的呢？”

太宗说：“攻和守这两件事，其实是一个要领吧！孙子说：‘善于进攻的人，敌人不知道在哪里防守；善于防守的人，敌人不知道从哪里进攻。’孙子却不曾说敌人来攻击我时，我也去攻击敌人；我若防守，敌人也防守；还有双方势均力敌等三种情况时应该用什么办法？”李靖回答说：“前代像这样相攻相守的事很多。他们都说：‘守是因为兵力不足，攻是因为兵力有余。’这就是说：兵力不足便是弱，兵力有余便是强。这都是不懂攻守方法之论。我按孙子兵法说：‘不能战胜敌人时就守，可以战胜敌人时就攻。’讲不能胜敌人，我就暂且自守；等到可以胜敌人时，就进攻敌人。不是用强弱这个词来说的。后世的人，不懂得它的意义，因此应当攻击时反而防守，应当防守时反而攻击。两种情形既然是不同的，所以办法也不能一样。”

太宗说：“有余和不足诚然可信；使后人迷惑的，以为有余便是强，不足便是弱。却不知防守的方法，目的在使敌人以为我的力量不足；进攻的方法，目的在向敌人表示我的力量有余。表示力量不足，敌人就一定来进攻，这是因为敌人不知道我之情况；表示力量有余，敌人必然会自己防守，这是敌人不知道为什么防守。攻守这一事情，敌人与我是事情的两个方面：若是我得手，敌人便失败；敌人得手，我便失败。得失成败，敌我的界线就在这里划分了。无论攻守都是一种法则，能如此便可以百战百胜。因此说，知己知彼即使百战也不致危险，这不是一个道理吗？”李靖再拜说：“圣人所说方法非常深奥，攻是守的发动，守是攻的策略，都是为了得到胜利罢了。假如攻的时候不知守，守的时候不知攻，不但把攻守分为两回事，而且把攻守的职责也分开了。虽然口能背诵孙吴兵法，而内心不考虑妙用攻守并重的理论，那么他哪里能知道这些道理呢？”

太宗说：“《司马兵法》讲：‘国虽然大，但是好战必定要灭亡；天下虽然安宁，但是忘记了备战，必然危险。’这也是攻守的一种道理吗？”李靖说：“主持国政的人，何尝不应讲求攻守的理论呢？所说的攻，不只是攻击城池，进击军阵，必须有攻心的一套方法。所说的守，不只是完固壁垒，坚强自己的阵地，一定要保持我的志气而有所等待。大而言之，是作君主的道理；小而言之，是作将军的方法。所说的攻心，就是明了敌人；所说的守我志气，就是讲要知道自己。”

太宗说：“诚然不错！我以前临阵的时候，先估量敌我的心理，看谁周密，然后敌人的情况就可以大略知道。审察敌我的士气谁能保持高昂，然后对于我自己方面的情况就可以明了。所以知彼知己，是兵家最为重要的事。现在的这些将领大臣们虽不能知敌，假如能知己，也不致会有失利的事呢！”李靖说：“孙子说：‘先做不能胜利准备的，是知己的人，有把握地等待胜利的人，是知彼的人。’又说：‘知不可胜在我，知可胜在敌。’我从不敢一刻忘记这一训诫。”

太宗说：“孙子说三军可以夺气之法，早晨气最锐，白天气就怠惰一些，日暮饥疲，气就没有了。善于用兵的人，避开敌人的锐气，攻击敌人怠惰和暮归之气。这一说法如何？”李靖说：“人含有一种天生的血气。一旦被鼓舞而去从事争斗，虽死也不省悟，这便是血气而使他这样。所以用兵的方法，一定要考察官兵，激发他们胜利的士气，才可以去攻击敌人。吴起论说四机时，把气机放在最前面，这没有别的道理。能够让每一个人自己奋战，那就锐不可当。所讲早晨气锐，不仅仅是指时刻说的，不过是举一天的早晚为比喻罢了。如果三鼓之后，敌人的气并不衰竭，又怎能使敌人的气惰而归呢？因为有些学兵法的人，只知道口背空文，而又被敌人诱骗，所以才这样说。假如能够明白‘夺气’和‘夺心’的道理，那么就可以担当带兵的任务了。”

太宗说：“你曾经说过，李勣畅晓兵法，但是时间长久了仍能用吗？如果不是我控制驾驭他，恐怕就不能用。他日你看太子治理国家，如何控制驾驭他呢？”李靖说：“为陛下考虑，不如罢免李勣，让太子再用他，他就会感恩图报。陛下看于理有损没有？”太宗说：“很好！我没有疑虑了。”

太宗说：“如果李世勣和长孙无忌共掌国政，你看今后会如何？”李靖说：“李世勣忠义，我可以担保他胜任。长孙无忌辅佐陛下有大功，又是陛下肺腑一般的亲戚，陛下又委任他为宰相。但是他外貌虽然谦恭下士，内心却妒忌贤能。所以尉迟敬德当面指责他的短处，遂至引退了。侯军集恨他忘旧，因而犯逆。都是无忌促成他们这样的。陛下问到我，我不敢回避，就把这些说出来。”太宗说：“你不要泄漏出去，让我慢慢想一想如何处置。”

太宗说：“汉高祖善于带将领，但以后，韩信彭越被杀，萧何被下狱。是什么原因导致这样呢？”李靖回答说：“我看刘邦、项羽都不是会带将的君主。当秦朝亡灭以后，张良本来是想替韩国报仇。陈平、韩信都怨楚霸王不用他们，所以利用汉朝的形势，以奋发出头。至于萧何、曹参、樊哙、灌婴，都是由于逃命而投奔刘邦的，刘邦得力于这些人而取得天下。假使六国之后又都复国，人人都怀念旧国而离去，就是有会带将的人才，也不能为汉朝所用啊！所以我说刘邦得天下，是由于张良乘筷子之机的计谋，萧何转运补给的功劳。从这方面说，韩彭被杀，范增不被重用，这两件事是相同的。因此，我说刘项都不是会带将的君主。”

太宗说：“汉光武中兴，能够保全功臣，不使担任官吏，这是不是善于领将呢？”李靖说：“汉光武虽然凭借西汉的基础，容易成功，但是王莽的势力不下于项羽；寇恂、邓禹的才能也没有超越萧何、曹参。而光武能够推至诚之心，用柔和的手段治理，保全功臣，这比汉高祖贤明多啦！在论领将的道理上，我说光武帝很得要领。”

太宗说：“古时候出师命将，要斋戒三日，君主交给将军以钺说：‘从这里至上天，都由将军控制。’又将斧交给将军说：‘从这里至地下，都由将军控制。’又推动车轮轴心的圆木说：‘军队何时进退，如何行动，只听将军的命令，不必听君主的命令。’这种礼仪废弃已久，我想和你商定遣将出兵的仪式，你看如何？”李靖说：“我私下听说古时圣明的人规定出师制度，要先斋戒告于太庙，是要假借神的威严。授给将军斧钺还推将军的车毂，这是要委托指挥军队的权力。现在陛下每次在出师之前，总要和公卿们商议，告于太庙而后才出兵，这便是已经借用神灵了。每次任命将领的时候，一定要让他按方便行事，这便是委托给他以指挥的大权了。这与斋戒和推毂有什么不同呢？这与古礼完全相合，意义也完全相同，不必再商定了。”皇帝说：“很好！”于是命令侍臣把这两件事记下来，作为后世的法则。

太宗说：“阴阳术数，可不可以废掉呢？”李靖说：“不能。用兵本来是一种诡诈行为。假托阴阳术数，就可以用它来指挥那些贪愚的人，所以不能废弃。”

太宗说：“你曾经说过，天神星象，明智的将领不会效法；但愚暗的将领，往往被它所拘泥，废掉不用该是可以的吧！”李靖说：“纣王在甲子日而亡，武王在甲子日而兴。论天神星象，甲子是一样的；但商乱了，而周朝却兴了，兴亡各不相同。又如宋武帝（刘裕）在过去的亡日举兵，军中官吏以为不行。宋武帝说：‘我去了他就亡。’果然攻克。由此说来，天神星象，可以废掉是很明白的了。但是田单被燕军围困（于即墨）的时候，田单让一人为神拜他并把他供奉到祠堂中去，神说燕军可破。于是田单用火牛出击，大破燕军。这是兵家的诡道。所以，对天神星象，也要像这样去运用它。”

太宗说：“田单假托神怪而大破燕军，太公把蓍龟焚毁而讨灭纣朝，两件事的运用相反，却都能成功，是什么道理呢？”李靖说：“制胜之机是一样的。不过有的是反用，有的是正面施行。从前姜太公辅佐武王伐纣，到了牧野，遇到雷雨，把旗鼓也毁折了。散宜生想占卜得到吉语后再进军；这是因为军中有疑惑之心，想假借占卜问神解决问题。太公以为腐败的蓍草和枯朽的龟骨不足问，而且做臣下的去讨伐君王，只能一举成功，不能第二次再来。散宜生想借神制胜之机在前，太公不相信蓍龟而成功在后；这一反一正虽然不同，可是他们运用制胜之机的道理，也是相同的。我以前所以说术数不可以废除，是因为要保存一种制胜的机遇在事情未发生以前。至于事情的成功，就要靠人的努力了。”

太宗说：“当今将帅，只有李世勣、李道宗和薛万彻等。除李道宗系唐室亲属以外，谁可以大用呢？”李靖说：“陛下曾说过，李世勣、李道宗，用兵不大胜，也不会大败。薛万彻若不大胜，就要大败。我思考陛下所说的话，不求大胜，也不大败的，是有节制的军队；要么大胜，要么大败的，是侥幸而成功。所以孙子说：‘善于作战的人，先要立于不败之地，然后捕捉敌人失败的机会。’至于节制的方法，在于自己掌握而已。”

太宗说：“两军对阵，想不交战，怎样才能做到呢？”李靖说：“从前晋国军队讨伐秦国，仅仅接触一下就退回去了。司马兵法说：‘追击败退的敌人不要太远；纵兵追击，也不能穷追。’我所说的绥，就是御马的缰绳。我军既有节制，敌人也是整齐的行伍，双方怎敢轻易接战呢？所以一有接触就退却，即使敌人退却了也不追击，是因为双方都要防止失误。孙武说：‘不要攻击堂堂之阵，不要袭击正正之师。’两军势均力敌时，假如稍有轻举妄动，为敌人所乘，就可能大败，道理就是这样的。因此用兵有时不能战，有时就一定要战，不战决定在我，而必战则决定于敌人。”

太宗说：“不战在我，其含义是什么？”李靖说：“孙子说过：‘我若不想作战，就画地而守，敌人也不来攻击我；敌人之所以不能与我作战，是因为我用其他的方法，牵制了敌人。’假如敌人是有能力的人，那么在双方退兵的时候，便不要去图谋攻击他。所以说：不战在我。至于必战在敌，孙武说过：‘善于引诱敌人的将领示形于敌，敌人必定跟着变化；给敌人以利益诱惑敌人，敌人必定上当。用利引诱敌人，用实力等待敌人。’假如敌人是无能的就一定来战，我就可以乘机打败他。所以说，必战在敌。”

太宗说：“节制之师的道理很深奥啊！得要领的就昌盛，不得要领的就灭亡。你把历代善于节制用兵的将帅事迹编纂起来，并附图送给我，我当选择其中精彩微妙的部分，留垂后世。”李靖说：“我前次曾将黄帝和姜太公的两种阵图，并司马兵法和诸葛亮的奇正之法呈给陛下，这已经很精细详尽了。对历代有名将领，哪怕学习运用其中的一二点，成功的人也会很多了。但是史官中很少有懂得军事的，不能记载实际的情形。我怎敢不奉陛下的指示呢？自当编纂呈上。”

太宗说：“兵法以哪一种为最深妙？”李靖说：“关于兵法，我曾经把它分为三等，使学习的人能循序渐进而学到手。第一是道，第二是天地，第三是将法。所说的道，是最精细、最微妙的，《周易》所说的聪明睿智、神武而不杀人者，便是。天的说法就是阴阳，地的说法就是险易。善于用兵的人能够以阴夺阳，以险胜易。孟子所说的天时地利就是这个意思。将法的重点，在于任用贤智之人，利用锐利之器。（黄石公）《三略》书说‘得贤士而能任用就会兴盛’，管仲所谓‘攻战武器必须锐利’。都是这个意思。”

太宗说：“不错！但我以为不战而能使敌人军队屈服的，是上等；百战百胜的，是中等；深沟高垒而坚阵防守的，是下等。用这个标准衡量，孙武所著兵法三等都具备了。”李靖说：“看所著的书，考察事迹，也可以看出他们的差别。例如，张良、范蠡、孙武，超脱尘世而清高引退，不知道到什么地方去了。如果不是洞察一切，哪里能做得到呢？再如，乐毅、管仲、诸葛亮，战必胜，守必固，如果不是能够审察天时地利，哪能做得到呢？其次是王猛保苻坚，谢安守东晋，如果不是由于善用将帅，选择贤能，完善军备以坚固自守，哪里能做得到呢？所以学习兵学，一定要由下而及中，由中而及上，逐步达到精深的境地。不然的话，就是纸上谈兵，徒然死记，这是不可取的。”

太宗说：“道家的说法，忌讳三世为将。兵法不可以妄传，也不可不传；你要慎重传给人！”李靖向太宗再拜而出，把他的书全部传给了李世勣。

【注释】

①吴汉讨公孙述：东汉建武十二年（36），公孙述占据成都，刘秀令吴汉率步骑兵二万讨伐。吴汉与公孙述在今成都周围交锋八次，最后打败公孙述，公孙述战死。

②含生禀血：禀血，禀受于上天的血气；指一切有生命有血性的动物。

③长孙无忌：字辅机，唐太宗长孙皇后之兄。李渊起兵后，长孙无忌从李世民征战有功，任比部郎中。公元626年决策发动玄武门之变，以皇亲及元勋地位，历任尚书右仆射、司空、司徒、太尉等职。后因反对唐高宗立武则天为后被武放逐于黔州。

④尉迟敬德：名恭，隋末从刘武周为将，后降唐，玄武门之变时助李世民夺取帝位，历任襄州都督、同州刺史等职。李世民征辽回来后，尉迟敬德已引退。据《新唐书·尉迟敬德传》载，

他曾在上朝时对坐在他上首的人说："尔何功，坐我上？"李靖所说"面折其短"可能指以上之事。

⑤侯君集：唐太宗王府功臣之一，曾任吏部尚书，征西域、灭高昌，后参与太子李承乾谋反，事发被杀。侯与长孙不睦事，未见史料记载。

⑥籍前构：籍，凭借，依靠；前构，前人创造的基础。

⑦寇邓：即寇恂、邓禹，都是刘秀的著名将领。寇恂曾任颍川、汝南等地太守，邓禹曾任大司徒。

⑧宋武帝以往亡日起兵：公元410年，晋刘裕（即后来的宋武帝）率师十万北伐，围攻南燕慕容超于广固（今山东青州市西北）。二月初五，刘军悉众攻城。有人说，"今日往亡日，不利行师"。刘裕不听，遂攻克城池，虏慕容超。

⑨田单为燕所围：为公元前279年事，燕将乐毅率燕、秦、韩、赵之兵伐齐，围田单于即墨。田单施反间计于燕。燕惠王召回乐毅，用骑劫代将，遂为田单大败。

【评述】

卷下主要论述主客、分合、攻守、义利以及刑罚与胜负的关系等问题。比如，主客关系问题要求因时制宜，善于反客为主才能屡战屡胜；又如，分合关系问题要求有分有合，贵在适宜；再如，攻守关系问题认为守则不足，攻则有余。这些论述都充满了辩证法。

《唐太宗李卫公问对》总评

《唐太宗李卫公问对》（以下简称《问对》），原说李靖所撰，宋神宗元丰年间（1078—1085）被列为《武经七书》之一，为官家武学必修课程。以后，经宋朝学者考证为宋人阮逸所撰。

阮逸，北宋神宗年间人。据宋陈师道、何薳、邵博、陆振孙等人记载，曾著有《元经》《传》《易传》和《问对》等书。他曾同当时的文坛巨子苏洵见过面，并向苏洵透露了《问对》为自己所撰的隐秘。

《问对》内容是唐太宗和李靖两人讨论兵法的言论。为了了解历史背景，先介绍一下两人的简况。

唐太宗（595—649），是中国封建社会中最成功的开国帝王之一，文治武功极为显赫。唐太宗名李世民，李渊的次子，626—649 年在位。隋末农民大起义中，李世民劝父李渊在太原起兵。李渊称帝后封他为秦王，任尚书令，为李渊出谋划策，东征西讨，是首功人物。他曾镇压窦建德、刘黑闼等农民起义军，消灭薛仁杲、王世充等割据势力，公元 626 年发动玄武门之变，得为太子，即帝位。在位期间他推行均田制、租庸调法和府兵制度，加强对地方官吏的考核，发展科举制度，任贤纳谏，使社会经济迅速得到恢复和发展，创造了历史上有名的“贞观之治”。贞观四年（630）平定东突厥叛乱后，李世民被铁勒、回纥等部尊为“天可汗”。

李靖（571—649），本名药师，京兆三原（今陕西三原东北）人，年轻时精熟兵法，为其舅韩擒虎所称道。隋末，李靖任马邑郡丞；李渊时任行军总管，率军随李孝恭征服萧铣，并取得岭南地区，任岭南道抚慰大使，又以副帅佐李孝恭镇压辅公祏起义军。太宗时，他任兵部尚书、尚书右仆射等职，先后率兵击败东突厥、吐谷浑，封卫国公。李靖著有《卫公兵法》（今已失传），《通典》中保留了部分内容。

唐太宗晚年，军事问题常与李靖商讨。《问对》就是这些商讨的记载。《问对》虽为宋人所撰，但其内容大部分应该是确实的。因为北宋时，李靖所著《卫公兵法》，唐廷官修《通典》以及大量关于唐太宗和李靖的言论事迹均流传于世。阮逸撰《问对》时，不可能不细心研究这些史料，这从《问对》对唐太宗和李靖史实的记述可以看出。总之，同许多著名的兵法著作不是兵家本人所撰一样，《问对》并不能因为不是李靖亲撰就否定它的重要意义和史料性。

《问对》的意义，不仅表现在它的史料性上，更重要的是它的兵学价值。宋神宗曾令枢密院校正、分类、解释《卫公兵法》，以满足选《武经七书》和置武学的需要，但最后选中的却是《问对》，这绝不是偶然的。同当时流行的兵书比较起来，《问对》有哪些不同点呢？首先，《问对》以朴素唯物主义思想，回答了当时所迫切需要解答的重要问题。每当战争较少发生，社会相对安宁的时候，兵法学上的唯心主义就沉渣泛起。北宋时代。由于古阵法的失传，兵学领域风行着阴阳五行、天灾变异、谶纬迷信之说。而《问对》却以朴素唯物主义思想科学地解释了已经失传的古阵法，明确的同唯心兵学划清了界限。例如，太宗曰：“天、地、风、云、龙、虎、鸟、蛇，斯八阵何义也？”靖曰：“传之者误也，古人秘藏此法，故诡设八名耳。八阵本一也，分为八焉。若天地者，本乎旗号；风云者，本乎幡名；龙虎鸟蛇者，本乎队伍之别，后世误传，诡设物象，何止八而已乎？”寥寥数语即揭穿了神乎其神的鬼话，说出了古阵的实质。《问对》在解释姜太公牧野之阵、诸葛亮之八阵图等古阵时，无不将其从神乎其神的地位降到实际的地位中来。《问对》并以李靖六花阵的教习做实例，说明阴阳迷信的不可信。这种朴素的唯物主义思想在当时即受到许多有识见的兵学家的赞赏。深通兵法的沈括在《梦溪笔谈》中就引用了《问对》的阵法，并记载了他受神宗委托亲自进行九军阵法演习的事情。连神宗也说："今论兵者俱以唐李筌《太白阴经》中所载阵图为法，失之远矣，可约李靖之法为九军营阵之制。"

其次，《问对》对战略战术和用兵原则提出了许多独到的见解。比如，对"形"和"势"，对"奇"和"正"，对"攻"和"守"，对"分"和"合"，对技术训练和战术训练，都较此前的兵法解释得更为清楚，更合乎辩证法则。又如，对所谓《黄帝兵法》"握奇文"和"握机文"的解释，体现了对古代兵法理解的精细；对"九阵法"和"井田制"的关系以及对楚国扩大攻车步卒编制原因的解释，显示了对兵法史料研究的认真精神，不但要知其然，还要知其所以然；对唐代铁勒诸部的处置意见及番汉杂处的两全之策，对六花阵法的教习和车步骑混合编组的叙述，体现了将古代兵法同当时实际相结合的运用。这些都是唐宋时流行兵法所不及的。

《问对》所表现的治学态度也是非常可取的。如大量使用史料而不抄袭，所有引文都注明出处。此外，《问对》还显示出渊博的知识，如对诸葛亮南征、晋马隆讨凉州、霍去病征匈奴、曹操新书、淝水之战、太公兵法以及军制、司马兵法的产生、韩信和张良的"三门四种"、吴汉讨公孙述等的记述，不但有独到的见解，且为后人研究这些史料提供了可靠证据。

《问对》采取问答的形式记述，避免了烦冗的文字，克服了起承转合的困难，行文比较自由。它包括了九十八个问题，着重讨论了用兵原则，为军制、阵法、选将、训练和边防等问题，分为卷上、卷中、卷下三个部分。语言流畅，朴实无华。

中国历代兵法译注评

（全新增订版）

下

邵学清 孙金城——编著

中国传统文化经典读本系列

国学

中国出版集团 现代出版社

下卷

太白阴经[①]（节选）

卷一　人谋（上）

天无阴阳篇

【原文】

经曰：天圆、地方，本乎阴阳。阴阳既形，逆之则败，顺之则成。盖敬授农时，非用兵也。夫天地不为万物所有，万物因天地而有之。阴阳不为万物所生，万物因阴阳而生之。天地不仁，以万物为刍狗，阴阳之于万物有何情哉？夫火之性自炎，不为焦灼万物而生其炎；水之性自濡，不为漂溺万物而生其濡。水火者一其性，而万物遇之自有差殊。阴阳者一其性，而万物遇之自有荣瘁。若水火有情，能浮石沈木、流金坚土，则知阴阳不能胜败、存亡、吉凶，善恶明矣！夫春风东来，草木甲坼而积廪之粟不萌；秋天肃杀，百卉具腓而蒙蔽之草不伤。阴阳寒暑为人谋所变，人谋成败岂阴阳所变之哉！昔者王莽征天下，善韬钤者六十三家，悉备军吏，及昆阳之败。会大雷风，屋瓦皆飞，雨下如注，当此之时，岂三门不严，五将不具邪！太岁月建悮殆至于如此。古有张伯松者，值乱出居营内，为贼所逼，营中豪杰皆遁。伯松曰："今日反吟，不可出奔。"俄而贼至，伯松见杀，妻子被虏，财物被掠。桓谭[②]《新论》曰："至愚之人，解避恶时，不解避恶事。则阴阳之于人有何情哉！"太公曰："任贤使能不时日而事利；明法审令不卜巫而事吉；贵功赏劳不时祀而得福。"无厚德高明，徒占日月之数，不识敌之强弱而幸于天时，无智无虑而候于云气；少勇少力而望于天福；怯不能击而恃龟巫；士卒不勇而恃鬼神；设伏不巧，而任向背。凡天道鬼神，视之不见，听之不闻，索之不得，指虚无之状，不可以决胜负，不可以制生死，故名将弗法，而众将不能已也。孙武曰："明王、圣主、贤臣、良将所以动而胜人，成功出于众者，先知也。先知者不可象于事，不可验于度，必求于人人。”吴子曰：“料敌有不卜而战者，先知也。”范蠡[③]曰：“天时不作弗为，人事不起弗为。”盖天时者，为敌国有水旱灾害、虫蝗荒乱之政，非孤虚向背之天时也。太公曰：“圣人之所生也，欲正后世，故为谲书而奇胜。天道无益于兵也。”夫如是，则天道于兵有何阴阳哉。

【译文】

经书上讲：天是圆的，地是方的，根源在于阴阳。阴阳既已形成，违背了它就会遭到失败，顺应它就能获得成功。阴阳变化原本是为了适应农时更替的需要，并不是专为了用兵打仗的。凡天地并不是因为有了万物而存在，相反万物是因为有了天地才生存；阴阳变化不是因为万物才发生的，相反万物是因为有了阴阳变化才得以生成。天地不仁慈的时候，将万物变为野草狗畜，而阴阳和万物有什么关系呢？火的属性是燃烧，但不是为了烧焦烧枯万物才燃烧的；水的属性是淹浸，但不是专为淹溺万物才有淹浸性的。水和火，有其统一的特性，但是万物和它们相遇，会有千差万别的结果。阴和阳也有其统一的特性，但万物和它们在不同情况下相结合，有的就生长旺盛，有的则衰败死亡。如果说水火有情，能漂浮石头，沉没树木，熔化金属，坚硬土质，那么，就可知道阴阳的变化不能决定战争的胜利和失败，生存与灭亡，吉祥和凶险，善良和凶恶，这是很明白的。凡春风从东方吹来，杂草树木的种子萌芽，而仓库里堆积的米谷却不萌芽；秋霜肃打万物，百花都被保护起来了，而覆盖的草却不会被冻坏。阴阳寒暑能被人谋划而变化；但人谋划的成败，哪里是因为阴阳的变化而导致的呢！从前，王莽为夺取天下，召集了长于韬略和机谋的六十三人，全部配备到军队里任职，等到昆阳之战却遭到了大败。那时，恰逢惊雷狂风，房屋上的砖瓦都被吹飞了，大雨下得像瓢泼一样。在这时候，能说是军队的三门不严密，或五将不具备吗？从他建号之时起便贻祸误国，才到如此地步。古时，有一个叫张伯松的，恰好在兵乱的时候出入居住于军营里。军营被贼寇所威逼，军营里的英雄豪杰都逃避了。只有张伯松说：“今天是反吟日，不能出门奔逃。”一会儿，敌兵到了，张伯松被杀，妻子儿女被俘虏，财物被抢掠。桓谭的《新论》说：“愚蠢到极点的人，只懂得躲避危险的时候，不懂得躲避危险的事情。”那么，阴阳的变化对人有什么关系呢？姜太公说：“任用贤良有能力的人不在好的时间，而对事情却有利，颁布执行法律命令，没有求神问卜：而事情却会吉祥；尊重贡献，赏赐功劳，不祭祀（鬼神），但可以得到幸福。”没有高尚的德行，没有明察秋毫的能力，即使占有日月的气数也是无用的；不了解敌人的强大或弱小，而仅仅侥幸于天时条件；既没有智谋又缺乏对问题的考虑，而等候祥云吉气的到来；既不勇敢又没有勇力，而寄希望于苍天赐福；临阵怯懦不能攻击敌人，而依恃龟壳和蓍草预测凶吉；士卒不勇敢，而幻想依靠鬼神帮助；谋划的埋伏不巧妙，而寄希望于命运的好坏，侥幸取胜（是不可能的）。大凡天道鬼神一类东西，看不见，听不到，求不着，是虚无缥缈的东西，不能决定战争的胜负，也不能致人以生或死。所以，有名的将领从不效法这些东西，但一般将领却做个没完。孙武说：“英明的国王，圣武的君主，贤达的臣子，优良的将领，之所以能够一出兵就战胜敌人，而成功超出一般人之上的原因是由于他们事先了解敌情。要想事先了解敌情，不能凭空想象，也不能靠测度来检验，必须从了解敌情的人那里去求得。”吴起说：“估计敌人而不用龟占卜就交战的，就是先知。”范蠡说：“天不当时不要做，人事不兴旺时也不要做。大凡天时不当，是指敌国内有水、旱、虫、蝗等灾乱以及混乱的政治等，而不是虚无缥缈的东西。姜太公说：“圣人之所以出现，是为了治理后世，所以作这些诡秘之书以取得神奇的胜利。天道之说对于战争是没有益处的。”既然如此，天道之说对于战争又有什么阴阳之分呢？

【注释】

①太白阴经：中国古代道家认为太白星主杀伐，因此多用来比喻军事，太白阴经的名称由此而来。作者李筌为唐代宗时人，履籍未详。做过河东节度使都虞侯、京南节度副使、新州刺史等官。

②桓谭：东汉哲学家，他反对谶纬神学，其著作有《新论》29 篇。

③范蠡（lǐ）：春秋末楚国宛（今河南南阳）人，为越国大夫，协助越王勾践灭吴。他认为天时气节随着阴阳二气变化，国势的盛衰也不断在转化，要随形势变化而制定计策。

【评述】

李筌认为世界是由天圆地方的阴阳所组成的，阴阳原来并不是为了用兵打仗的。阴阳有其规律必须适应其规律。

地无险阻篇

【原文】

经曰：地利者为兵之助。犹天时不可恃也。

昔三苗氏左洞庭，右彭蠡，德义不修，禹灭之。夏桀[1]之居，左河济，右太华，伊阙[2]在其南，羊肠在其北，修政不仁，汤放之。殷纣之国，左孟门，右太行，常山[3]在其北，大河[4]经其南，荒淫怠政，武王杀之。秦之地，左崤函[5]，右汧陇，终南，太华踞其前，九原[6]、上郡居其后，刑政苛刻，子婴迎降於轵道，姚泓面缚于灞上。吴之居，五岭[7]在其南，三江[8]在其北，左沧浪，右衡山，刑政不修，吴王终于归命。陈主卒于长城。蜀之分（疑作界），左巫峡，右邛崃，南有泸溪之障，北有剑阁之险，时无英雄，刘禅不能守，李势不能固[9]。由此言之，天时不能祐无地之主，地利不能济乱亡之国。地之险易因人而险易，无险无不险，无易无不易，存亡在乎德，战守在乎地。惟圣主、智将能守之，地何有险易哉。

【译文】

经书上说：有利的地形是军队的辅助，这也像天时一样，不能依赖。从前，三苗氏居住的地方，左有洞庭湖，右有鄱阳湖，但他不修治道德信义，大禹终于灭亡了他。夏桀所居住的地方，左边是河济，右边是太华山，南边是伊阙关隘，北边是羊肠小道，但对国家不施仁政，被商汤放逐。殷朝纣王的国家，左边有孟门（在今陕西宜川东北），右边有太行山，北边有恒山，大河从南边流经，但由于纣王荒淫无道，朝政懈怠，周武王终于杀了他。秦国的地域，左有崤山关和函谷关，右边是陇地和汧山，前边有终南山、太华山，后边有九原、上郡（今河北怀来东南）等险峻地势，但由于刑法、政治极其苛刻残酷，子婴不得不在轵道向义军投降，姚泓在灞上被捆缚。吴国所处的地方，南边有五岭，北边有三江，左边有大海，右边有衡山，由于不修治刑法和政治，吴王终于死于非命。南朝陈国的君主死于长城。蜀国的国界，左边是巫峡，右边是邛崃（今四川盆地和川西高原），南边有泸溪（今湖南湘西土家族苗族自治州南郊）做屏障，北边有剑阁这样险要的地方，由于没有英雄豪杰的辅助，结果刘禅不能守业，李势也不能固土。从这些事实可以说明，天时不能保祛没有国土的君主，地利也不能帮助混乱即将灭亡的国家。地形的险易是因人而异的，没有绝对险阻也没有绝对不险阻的；没有绝对平易也没有绝对不平易的。国家的存亡在于道德，攻守的胜利在于地形，但只有圣明的君主和明智的将帅能守住它。地形哪里有什么险阻和平易之分呢！

【注释】

①桀：夏代最末一个国君。残酷剥削，暴虐荒淫，在有仍（今山东济宁东南）会合诸侯，攻灭有缗氏（今山东金乡）。后被商汤所败，出奔南方而死。

②伊阙：古关名。在今河南洛阳伊阙山上。

③常山：即恒山，汉避文帝刘恒讳，宋避真宗赵恒讳都改称常山。

④大河：大清河，海河水系五大河之一，在河北省中部，源出太行山和恒山南麓，在天津入海河。

⑤崤函：崤山在河南省西部，秦岭东段支脉，分东西两崤；函指函谷，为东自崤山，西至潼津的通称。

⑥九原：郡名。治所在今包头市西。辖境相当今内蒙古后套及其以东至包头市，黄河南岸的鄂尔多斯市北部地。

⑦五岭：即越城、都庞、萌渚、骑田、大庾五岭的总称。在湘、赣和粤、桂等省区边境。

⑧三江：汉以前指扬州地区。

⑨李势不能固：公元 306 年，李雄在成都称帝，建立大成政权，公元 342 年李势继位后改称汉。历史上称这一政权为成汉。公元 347 年，成汉被东晋桓温攻灭，李势投降。

【评述】

李筌认为有险有阻的大地不是决定存亡兴衰和战争胜负的决定性因素，决定存亡兴衰的主要因素是帝王和君主的德政。

人无勇怯篇

【原文】

经曰：勇怯有性，强弱有地。秦人劲，晋人刚，吴人怯，蜀人懦，齐人多诈，越人浇薄，海岱[①]之人壮、崆峒之人武、燕赵之人锐，汧陇之人勇，韩魏之人厚。地势所生，人气所受，勇怯然也。且勇怯在谋，强弱在势，谋能势成，谋拙势失，则勇者怯，既言秦人劲，申屠之子，败于峣关，杜洪之将，北于戏水，则秦人何得而称劲？吴王夫差，兵无敌于天下，败齐于艾陵，长晋于黄池[②]，则吴人何得而称怯？诸葛孔明蕞尔巴蜀之众，窥兵中原，身为强将，而威加魏师，则蜀人何得称懦？项羽破秦虏王离，杀苏角，威加海内，诸侯俯伏，莫敢仰视，则楚人何得而称轻？田横[③]感五百死士，东奔海岛，及横死，同日伏剑，则齐人诈乎？越王勾践，以残亡之国，恤老弱之众，九年减吴，以弱攻强，以小取大，则越果越薄邪？蚩尤败于涿鹿，燕丹死于易水，王濬缚于蓟门[④]，公孙戮于上谷，则燕赵汧陇亦未必勇且锐也。所谓勇怯，在乎法，成败在乎智。怯人使之以刑，则勇；勇人使之以赏，则死。能移人之怯、变人之心者，在刑赏之间。勇之与怯，于人何有哉。

【译文】

经书上说：勇猛和怯懦都是由人性决定的，刚强和懦弱有地域的影响。秦地人强劲，晋地人刚烈，吴地人胆小，蜀地人懦弱，齐地人狡诈，越地人浅薄，海岱人健壮，崆峒（在今甘肃平凉以西）人勇武，燕赵人锐利，汧陇人勇敢，韩魏人忠厚。地理环境的生成决定了人的性格特点，勇猛和怯懦就是这样形成的；而且勇猛和怯弱在于将帅的谋划使用，刚强和懦弱在于所处的态势。如果将帅的谋略很高明，有利的势就能形成，如果将帅的谋略粗拙，失去有利的势，那么，即使勇猛的人也会怯懦。既然说秦地人强劲，那么申屠的儿子在峣关（今陕西商县西北）失败，杜洪的大将在戏水（今陕西临潼以东）打了败仗，那么，又怎能说秦人坚强有力呢？吴王夫差的军队无敌于天下，大败齐军于艾岭（今山东莱芜东北），在黄池会盟时争长称主压过了晋国，那么，又怎能说吴地人胆小呢？诸葛亮聚合巴蜀的老百姓，军队虎视着中原地区，诸葛亮身为强将，而声盛所及竟至于魏国军队，那么，怎么能说蜀地人懦弱呢？项羽打败了秦国，俘虏了王离，诛杀了苏角，威震四海，诸侯俯首听命，不敢违抗。那么，怎么能说楚地人无足轻重呢？田横所作所为感动了五百敢死的勇士，随其东逃海岛，等到田横死了以后，他们同一天伏剑自杀。那么，能说齐人诡诈吗？越王勾践依靠一个残缺不全，行将灭亡的国家，爱护抚恤老弱病残和百姓，结果九年的时间灭亡了吴国，成了以弱攻强，以小取大的典型。那么，能说越地人浅薄吗？蚩尤被黄帝战败于涿鹿，燕丹死于易水（在今河北省西部），王濬在蓟门（今北京西南）被俘，公孙在上谷（今河北怀来）被杀，这么说，燕赵和凉陇之人也未必都勇敢锋锐呢！所谓勇敢和怯懦，关键在于刑法；成功和失败，关键在于智谋。对懦弱的人使用刑法，就会使他变得勇敢，对勇敢的人使用奖赏，就会使他更加拼死效力。能够去掉人的怯懦，改变人性的办法，就在刑法和奖赏之间，勇敢和懦弱对于人来说，哪里是什么固有不变的呢？

【注释】

①海岱：海指渤海，岱即泰山。

②长晋于黄池：黄池即黄亭，在今河南封丘西南。公元前 482 年吴王夫差与晋定公、鲁哀公等会盟于此。吴王夫差与晋定公争盟主，最后，晋定公认夫差为长。

③田横：战国末期狄县（山东商青东南）人，齐国贵族。楚汉战争时期自立为齐王。不久为汉军所破，率党徒五百余人逃亡海岛。刘邦招他到洛阳，被迫前往，因不愿称臣于汉，途中自杀。

④王濬缚于蓟门：王濬为晋幽州都督，后自任尚书令，意欲称帝。前赵将石勒用部将张宾之计，趁至幽州表贺之机，缚住王濬，攻占了城池。

【评述】

李筌认为虽然不同地方出生的人有一些不同的特性，但是“勇怯在谋，强弱在势，谋能势成，谋拙势失”，“所谓勇怯在乎法，成败在乎智”。

主有道德篇

【原文】

经曰：古者三皇，得道之全，立乎中央，神与化游，以抚四方，天下无所归其功。五帝，则天法地，有言有令，而天下太平，君臣相让其功。道德废，王者出，而尚仁义；仁义废，伯者出，而尚智力；智力废，战国出，而尚谲诈。圣人知之不足以理，则用法；法不足以理，则用术；术不足以理，则用权；权不足以理，则用势。势用，则大兼小。昔周建一千八百诸侯，其后并为六国。六国连兵结难，战争方起。小国之君非疏道德而亲权势。权势用，不得不亲；道德废，不得不疏，其理然也。唯圣人能返始复本，以正理国，以奇用兵，以无事理天下。正者，名法也；奇者，权术也。以名法理国，则万物不能乱。以权术用兵，则天下不能敌。以无事理天下，则万物不能扰。不扰则神清，神清者，智之源。智平者，心之府。神清智平乃能形物。物情交至，知万物之情，裁而用之，则君子小人不失其位。夫德厚而位卑者，谓之至德；德溥而位尊者，谓之至道。宁失于君子，无失于小人。失于君子，则未阙其理。失于小人，则物罹其殃。故曰：人不鉴于流水而鉴于止水，以其清且平也。人主之道清平，则任人不失其才，六官各守其职，四境之内，百姓之事，任之于相；四封之外，敌国之事，任之于将。语曰：将相明，国无兵。舜以干戚而服有苗，鲁以頖宫[1]而来淮夷[2]。以道胜者，帝；以德胜者，王；以谋胜者，伯；以力胜者，强。强兵灭，伯兵绝，帝王之兵，前无敌人。主之道，信其然也。

【译文】

经书上说：古时候的三皇，掌握了全部治国安民的道理，立于天池之间，用神和教化的方法，安抚四方百姓。天下并没有把这些归功于三皇，五帝施法于天地，有教化的理论和治国的法令，因而天下太平无事，君臣互相谦让功劳；后来，三皇五帝所提倡的道德废弛了，王者出现了，他们崇尚仁义；仁义废弛后，又出现了伯者（指诸侯的盟主），他们崇尚智慧和力量；智慧和力量废弛后，战国便出现了，战国崇尚欺诈和诡辩。当圣人的道理不足以治理好国家的时候，便用法制治理；法制不足以治理好国家的时候，就使用策略和手段治理；策略和手段不足以治理国家的时候，就用权谋治理；权谋不足以治理国家的时候，就用势力来治理。用势力治理国家，就出现了大国兼并小国的现象。往昔，周朝分封了一千八百个诸侯，后来互相吞并，成为六国。六国之间接连打仗结仇。战争刚刚兴起的时候，小国的君主并没有脱离道德规范而只是崇尚权势。权势这东西一旦使用了，就不能不崇尚它；道德废弛了，不得不疏远它，事理就是这样的。只是圣人才能恢复本来面目，用堂堂正正的办法治理国家；用奇谋方略带兵打仗，用无为政治来治理天下。所谓正是指的名望和法律，所谓奇指的是方法和手段。用崇高的名望和严明的法律治理国家，那么万事不会混乱；用奇妙的方法和手段指挥打仗，就会无敌于天下；用无为治理天下，万物就不会被扰乱。万物不扰乱，神志就清醒，神志清醒是智慧的源泉；智慧能够平正发挥，是心灵的仓库。只有神志清醒，智慧能够发挥，才能看清物体的形状。对事物的情理和它的形状都了解了，才能懂得万物变化的规律。根据情况利用这些规律，那么，君子和小人都不会失去其应处的地位。一般道德高尚而职位低下的，叫作最高的德行；道德全面而地位尊贵的，叫作最高的道行。宁可失之于对君子的使用，而不能失之于对小人的使用。失于对君子的使用，则对事理没有损害，而失于对小人的使用，事情就要遭殃。所以说：人们不在流水而在静水前照影，是因为静水清澈而平静。如果君主治理国家的道理清澈明亮，那么，用人就能不浪费才能，官员都能各司其职。对国境之内老百姓的事情委托给宰相去处理；国境之外，敌国的事情，就委托给将领去处理。俗语说：将相贤明，国家就没有战争。舜用武力征服了有苗，鲁国用頖宫而导致了淮夷之祸。用道取胜的是帝，用德取胜的是王，用智谋取胜的是霸，用武力取胜的是强者。强兵终究要灭亡，霸兵终究要断绝。只有帝和王的军队前面没有敌人。君主的道理，的确是这样的啊！

【注释】

①頖宫：頖（pàn），“頖宫”又作“泮宫”，西周时期诸侯所设的大学（时天子所设大学曰辟廱）。

②淮夷：古族名，周时分布在令淮河下游，曾数次抗周。秦以后逐渐与各民族相融合。

【评述】

李筌认为从三皇五帝到封建诸侯的历史要求：圣人必须用堂堂正正的办法治理国家，用奇谋方略带兵打仗，用无为治理天下，天下才能安定。

国有富强篇

【原文】

经曰：国之所以富强者，审权以操柄，审数以劝人。课农者，术之事，而富在粟；谋战者，权之事，而强在兵。故曰：兴兵而伐叛，则武。武则爵，任则兵强。按兵而劝农桑，农桑劝，则国富。国不法，地不足以成其富；兵不法，谋不足以成其强。古者圣人法天，而王。贤君法地，而帝。智主法人，而伯。乘天之时，因地之财，用人之力，乃可富强。乘天时者，春植麦，夏种谷，夏长成，秋收藏。用地之财者，国有沃野之饶而人不足于食者，器用不备也；国有山海之利而人不足于财者，商旅不备也；通四方之珍异，以有易无，谓之商旅。饬力以长地之财用，资用军实，谓之农夫。理丝麻以成其衣服，谓之女工。云梦之毛羽，黔泾之丹砂，荆扬之皮革角骨，江衡之柟梓，会稽之竹箭，燕齐之鱼盐旃裘，兖豫之漆枲絺苎，郑之刀，宋之斤，鲁之削，吴越之剑，燕之角，荆之竿，汾胡之笴，吴越之金锡，此地之财也。燕之涿，赵之邯郸，魏之温，韩之荥阳，齐之临淄，陈之宛邱，郑之阳翟，洛之二周，吴之具区，楚之云梦，齐之钜鹿，宋之孟诸，此地之良也。兵居其地，非有灾害疾病而贫者，非惰则奢。世无奇业而独富贵者，非俭则力。同列而相臣妾者，贫富使然也；同贵而相兼并者，强弱使然也；同地而或强或弱者，理乱使然也。苟有道理，地足容身，事使然也。苟有市井，交易所通，货财使然也。夫有容身之地，智者不言弱；有市井之利，智者不言贫。地诚任，不患无财；人诚用，不畏强御。故神农教耕而王天下，汤武教伐而王夏商。国愚则智，可以强国。国智则力，可以强人。用智者，可以强于内而富于外。用力者，可以富于内而强于外。是以汉武平南越，以为园圃，却羌胡以为苑囿，珍宝异物充乎后宫，驹騟駃騠实于外厩，匹庶乘坚策良，人厌葡萄橘柚，是谓智强于内而富于外。秦孝公行垦田之令，使商不得籴、农不能粜；废逆旅，一山泽，责酒肉之价，重关市之征，使农佚而商劳。行之数年，而仓庾实，人知礼义。至于始皇，以为资，乘时而并吞诸侯，此谓力富于内而强于外也。故知伯王之业，非智不战，非农不赡，过此以往，而致富强者，未之有也。

【译文】

经书上说：国家之所以能富强是因为君主能正确地审察形势以使用权力，审察规律以劝勉百姓。向农民征收赋税，是治理国家的事情，而国家是否富裕决定于粮食的多少。筹划打仗，是审察形势的事情，而国家是否强大在于军队。所以说，动用军队讨伐叛逆，就是用武；用武就会获得相应的爵位；有了爵位就会被任用；军官被任用，军队就强大，就可以按兵不动而鼓励耕种和纺织。耕种、纺织一旦得到奖励，国家就会富裕起来。国家如不立足于土地立法，就不足以成为富裕的国家；军队如不立足于谋略而立法，就不足以成为强大的军队。古时候的圣人立足于天立法，而成为王者；贤君立足于地立法，而成为帝者；聪明诸侯立足于人立法，而成为王者。利用天时条件，使用土地资源，依靠人的力量，才能够富强。利用天时条件，就是春种麦，夏种谷，夏天长成庄稼，秋天收藏。使用土地资源是指：国家有肥沃富饶的田地，而人民却吃不饱，是因为器具不周全。国家有山川湖海的有利条件，而人民的财物不足，是因为商旅不具备。交流四方的珍宝异物，用有换无，叫作商旅。依靠力气，增长土地的资财，以作军用的，叫作农夫。把丝麻加工成衣和服饰的，叫作女红。云梦泽的羽毛，黔泾一带的丹砂，荆扬的皮革角骨，江衡的柟梓，会稽的竹箭，燕齐一带的鱼、盐以及毡裘的，兖豫的漆、麻、布、苎，郑地的刀，宋地的斧子，鲁地的削刀，吴越的剑，燕地的角，荆地的竿，汾和胡（今安徽阜阳一带）的箭，吴越的锡，这些都是地上的财富。燕国的涿郡，赵国的邯郸，魏国的温（今河南温县西），韩国的荥阳，齐国的临淄，陈国的宛邱（今河南安阳），郑国的阳翟（今河南禹县），洛阳的二周，吴国的具区，楚国的云梦泽，齐国的钜鹿，宋国的孟诸（今商丘东北）地区，这些都是好地方。军队驻扎的地方如果没有灾害和疾病而贫穷的话，不是懒惰就是奢侈。祖上没有奇特的功业而富贵的，不是生活勤俭就是勤劳所致。本来处于相同地位，但后来变成奴仆关系的，是由于贫富造成的；同样显贵而互相兼并的，是因为强弱造成的；同一个地域，但有强有弱的原因，是由于治理造成的。如果有道理，土地又足以容身，那就是物事而造成的；如果有市场，能够交易，那就是所交流的财物货币造成的。如果有存身的地方，有智慧的人就不会说弱小；有市井的便利，聪明的人就不会说贫穷。如果认真使用土地，就不担心没有财富；认真地任用人才，就不怕强敌。所以神农氏教百姓耕种做了天下之王，商汤和周武教诲攻伐，取代夏和商做了王。如果国家落后，那么，才智可以是它变强；国家有才智，那么，力量就可以强加于人。有才智的国家，可以内强外富，有力量的国家，可以内富而外强。所以，汉武帝平定了南方的百粤，把它作为园圃，击退了羌胡，把它作为苑圃。珍宝奇物充满了后宫，各种良马充满厩圈。平民百姓乘坚车驱良马，人民吃葡萄橘柚都厌了，这就是所说的有智慧的内强而外富。秦孝公施行开垦荒田的政令，使商人不能买进粮食，农夫不得卖出粮食，废止商旅，统一山泽的管理，责罚酒肉的价格，加重关口的赋税，使农民安逸而商人劳苦。这种政令执行了几年，谷仓充实，百姓懂得礼义。到了秦始皇时，凭借这些资财，乘有利时机而吞并了诸侯。这就是所说的有力量就内富而外强。所以知道霸和王的事业是没有才智不打仗，没有农业养不起军队。舍此而求其他途径使国家富强的，从来没有过。

【评述】

李筌认为国家的富强在于君主能审时度势，正确行使权力，富国强兵的关键在于“课农桑，谋战事”。

贤有遭时篇

【原文】

经曰：贤人之用于世，无籍地，无贵宗，无奇状，无智勇，或贤或愚，乍醉乍醒，不可以事迹求，不可以人物得。其得之者，在明君之心，道同而志合，信符而言顺，如复水于地，先流其湿；燎火于原，先就其燥。故伊尹有莘之耕夫、夏癸之酒保，汤得之于鼎饪之间[①]，升陑而放桀。太公朝歌之鼓刀徒、棘津卖浆之叟耳；周得之垂纶之下，杀纣而擒武庚[②]。伍员被发徒跣，挟弓矢，乞食于吴；阖闾闻风而高其义，下阶迎之，三日与语，无复疑者。范蠡生于五湖之墟，为童时，内视若盲，反听若聋，时人谓之至狂；大夫种来观而知其贤，叩门请谒，相与归于地户。管夷吾束缚于鲁，桓公任之以相。百里奚[③]自鬻于秦，穆公任之以政，韩信南郑之亡卒，淮阴之怯夫，汉高归之以谋。故曰：人君之心，如明鉴澄泉，园明于中，形物于外，则使贤任能不失其时。若非心之觉，非智之明，因人之视，借人之听，其犹眩眊叟以黼黻[④]，聒聋夫以韶濩[⑤]，元黄宫徵无贯于心，欲求得人而幸其伯，未之有也。故五帝得其道而兴，桀纣失其道而废。废兴之道，在人主之心，得贤之用，非在兵强地广，人般国富而已。

【译文】

经书上说：贤良之才出现在世界上以及被任用，没有一定的籍贯或地域，也不一定出身权贵宗亲，外貌没有奇异状态，表面也没有才智和勇敢，有时候表现的是似贤似愚，忽醉忽醒。因此，不能根据他们的事迹来求得，也不能以别人和他物的关系来取得。得到贤才的关键，在于英明君主的心性。道路相同，志向相同，信念一致，言语和顺，就像把水泼在地上，首先在潮湿的地方流过，又像在原野上燃火，先从干燥的地方烧起一样。所以，伊尹是有莘氏的耕夫，夏朝癸地的一个酒保；成汤在鼎饪之间得到了他，从陑山（今陕西潼关）开始伐夏，而致放逐于桀。姜太公原是朝歌的一个屠夫，棘津卖姜的一个老头子；周文王在他钓鱼的时候得到了他，因此诛杀了纣王而擒获了武庚；伍员披发赤脚，挟带着弓矢，在吴国当乞丐。阖闾听说了他的消息以后非常钦佩他的义气，降阶亲自迎接他，一连三天和他谈论军国大事，对他的人品深信不疑。范蠡出生在五湖旁边的一个偏僻村子里，孩童时，在家里看人好像瞎子，在外面听话好像聋子，当时人们称他为癫狂之人。大夫文种来看了以后，知道他很贤良，叩门请求拜见，和他一起回到地户。管仲被齐国从鲁国捆缚而来，齐桓公用他为宰相；百里奚把自己卖给秦国，秦穆公把政事委托给他。韩信是南郑的逃兵，淮阴城里的懦夫，汉高祖将他追回，任用他的谋略。所以说，英明的国君心如明镜清泉，内心聪慧，善于观察选举人才。这样，任用贤能之才就可以不失时机。如果心里不聪慧，智慧不高明，仅仅依靠别人的看法，凭借别人的道听途说，就像年老眼花的人看礼服上绣的花纹，聋子听韶濩之乐一样，颜色和乐声都没有达到他们的心里。这样，想得到有道德才能的人来成就他们的霸业，是从来没有过的。所以，五帝掌握了这些道理而致兴盛，桀和纣违背了这些道理而致失败。兴盛和失败的道理，在于君主的心灵，能够得到贤能并被任用，不在于军队的强大、地域的广阔、人才的众多和国家的富裕。

【注释】

①得之于鼎饪之间：鼎饪古代炊具。伊尹是有莘氏女的陪嫁仆役，后来负鼎俎，以滋味劝说汤，致于王道，被汤任用，因而称得之于鼎饪之间。

②武庚：殷纣王之子，周武王灭商后，封他为殷君。武庚后反叛，被周平定后见杀。

③百里奚：春秋时秦国的大夫。原为虞大夫，被晋俘去，后逃到楚国，秦穆公用五张羊皮换回，用为大夫，帮助秦建立霸业。

④黼黻：黼（fǔ）为古代礼服上黑与白相间的花纹；黻（fú）为系有丝带的花纹。

⑤聒聋夫以韶濩：聒（guō），使听意；韶濩（sháo hù），汤乐名，后亦指庙堂、宫廷之乐，或泛指雅正的古乐。

【评述】

李筌认为选拔和发现人才不能讲求出生地域，出身贵贱，也不可以仅凭别人介绍或者事理推断，选拔和运用人才最重要的考虑是志同道合，明察在心。

将有智谋篇

【原文】

经曰：太古之初，有伯皇氏，至于容成氏，不令而人自化，不罚而人自齐，不赏而人自劝，不知怒，不知喜，俞然若赤子。庖牺氏、神农氏，教而不诛；轩辕氏、陶唐氏、有虞氏，诛而不怨。盖三皇之政以道，五帝之政以德。夏、商、周室弱，春秋战国废道德，任智谋。秦任商鞅、李斯之智而并诸侯。汉用张良、陈平之智而灭项籍。光武任寇恂、冯异之智而降樊崇。曹操任许攸、曹仁之智而破袁绍。孙权任周瑜、鲁肃之智而败魏武。刘备任孔明之智而王西蜀。晋任杜预、王濬①之智而平吴。苻坚任王猛之智而定八州之众。石勒任张宾之智而生擒王濬。拓跋任崔浩②之智而保河朔之师。宇文任李穆③之智而挫高欢之锐。隋任王高颎④之智而面缚陈主。太宗任李靖之智而败颉利可汗。有国家者，未有不任智谋而成王业也。故曰，将军之事，以静正理，以神察微，以智役物，见福于重关之内，虑患于杳冥之外者，将之谋也。

【译文】

经书上说：太古的初期，有伯皇氏，到后来有容成氏，那时不用发布命令而能自己教化，不施惩罚而能集体行动，不用奖赏而能自己劝勉，不知道愤怒，也不知道欢喜，安于本分，好像赤子之心一样没有二心。到了上古时代庖牺氏、神农氏实行教化而不诛杀；轩辕氏、陶唐氏、有虞氏进行诛杀而人无怨言。总之，三皇是以道进行治理，五帝以德进行治理。夏、商、周朝对道和德的重视减弱了；春秋战国时期废弃道德而使用智谋。秦始皇任用商鞅和李斯的智谋而并吞了诸侯，汉高祖任用张良和陈平的智谋消灭了项羽；汉光武任用寇恂和冯异的智谋降服了樊崇；曹操任用许攸、曹仁的智谋打败了袁绍；孙权任用周瑜和鲁肃的智谋击败了曹操；刘备任用诸葛亮的智谋，在蜀地建立了帝王之业；晋朝任用杜预、王濬的智谋平定了吴国；苻坚任用王猛的智谋平定了八州的地方；石勒任用张宾的智谋活捉了王濬；拓跋氏任用崔浩的智谋保全了河朔的军队；宇文泰任用李穆的智谋挫伤了高欢的锐气；隋朝任用高颎的智谋当面捆缚住了陈后主；唐太宗任用李靖的智谋而打败了东突厥的颉利可汗。凡是建国立国的，没有不任用将帅的智谋而成就帝王之业的。所以说，统率军队的事情就是用宁静的方法进行治理，用神思明察细微，用智慧来处理事情。能够看到几重关门之内的幸福，能够考虑到昏暗幽远之处的祸患，这就是将帅的智谋。

【注释】

①晋任杜预、王濬：见《百战奇略·势战》。

②拓跋任崔浩：拓跋为北魏皇族的姓，崔浩为北魏初期显臣，北魏明元帝拓跋嗣，太武帝拓跋焘都曾用他参与军国重事。他对北方士族人物多所荐拔，还擅长天文历学。

③宇文任李穆：宇文为后来北周文帝宇文泰，时为西魏将。李穆为宇文泰的都督。宇文泰挫败高欢为公元 535 年事。

④高颎（541—607）：颎（jiǒng），字昭玄，自称渤海蓨县（今河北景县）人，隋朝谋臣、名相。

【评述】

李筌认为将帅的智谋表现在用深思熟虑来策划方案；用明察秋毫来观察敌我；用奇妙智慧来处理事情。

术有阴谋篇

【原文】

经曰：古之善用兵者，必重天下之权而研诸侯之虑。重权不审，不知轻重强弱之称；揣情不审，不知隐匿变化之动。重莫难于周知，揣莫难于悉举，事莫难于必成。此三者，圣人能任之，故兵有百战百胜之术，非善之善也；不如不战而屈人之兵，善之善者也。夫太上用计谋，其次用人事，其下用战伐。用计谋者，荧惑敌国之主，阴遗谄臣，以事佐之。惑以巫觋，使其尊鬼事神；重其彩色文绣，使贱其菽粟而空其仓庾；遗之美好，使荧其志；遗之巧匠，使与土木，以竭其财；役其力，易其性，使化改淫俗，奢暴骄恣，贤臣结舌，莫肯匡助；滥赏淫刑，任其喜怒，政令不行信。下祠鬼神，逆忠进谄，请谒公行而无圣人之政。爱而与官，无功而爵，未劳而赏；喜则赦罪，怒则肆杀；法居而自顺，令出而不行；信蓍龟卜筮、鬼神祷祀、谗谄谀佞、奇技货财，行于门户，其所谓是者皆非，非者皆是；离君臣之际，塞忠谏之路，然后淫之以色，攻之以利，娱之以乐，养之以味；以信为欺，以欺为信；以忠为叛，以叛为忠；忠谏者死，谀佞者赏；令君子在野，小人在位；急令暴刑，人不堪命。所谓未战以阴谋倾之，其国素已破矣。以兵从之，其君可虏，其国可隳[①]，其城可拔，其众可溃。故汤用此而夏桀放，周用此而殷纣杀，越用此而吴国墟，楚用此而陈蔡举，三家用此而鲁国弱，韩魏用此而东周分。儒生之言皆曰：兵强大者必胜，小弱者必亡。是则小国之君，无伯王之业，万乘之主，无破亡之日。昔夏广而汤狭，殷大而周小，越弱而吴强。所谓不战而胜者，阴倾之术，夜行之道，文武之教。圣人昭然独见，忻然独乐，其在兹乎。

【译文】

经书上说：古代善于用兵的人，必定重视天下的权变，并且研究诸侯的思想。重视权变但不审察，就不了解轻重、强弱的程度和分量；推断情况不周密，就不了解隐藏着事情的变化动态。重视权变困难在于周密了解；推断敌情困难在于全都掌握；做事困难在于必定成功。这三个方面只有圣人能够做到。所以，打仗即使有百战百胜的策略，也不能算是最好的，不如不战而迫使敌人的军队屈服更好。最好的用兵方法是以谋伐敌，其次是用人事（指外交）伐敌，最次是用武力伐敌。所谓使用计谋，就是设计迷惑敌国的君主。暗中利用巴结奉承之臣，用事情牵制他，用男女巫人迷惑他，使他尊鬼信神，迷恋花绣绵帛，不重视粮食和大豆等农作物的生产，而使他的仓库空虚；向他赠送喜爱的玩物，以消磨他的志向；赠给他能工巧匠，使他大兴土木，以耗尽他的资财，让他役使民力，改变他的性情，让他变得淫乱、残暴、骄横，使贤能的人不敢讲话，不愿辅助他；让他滥施奖赏，泛用刑罚，喜怒无常，政令不信，祭祀鬼神，听不进忠言，爱听谄媚之语，动则有公爵的礼节，而无圣人的政治；对喜爱的人就给官作，无功可以封爵，未劳可以奖赏，高兴时可以随便赦免罪过，愤怒时肆意诛杀无辜；法律颁布后随意自改，政令发布后却不执行。相信占卜，祈祷鬼神；谗谄谀佞之人，集聚财物，公开出入于他们的门户。真到了所谓对的都是错的，错的都是对的的地步。离间君臣的关系，堵塞忠臣进谏的言路，然后用女色使他淫乱，用利益引诱他，用声乐使他欢娱，用山珍海味供其生活；使他把诚信当作欺骗，把欺骗当作诚信，把忠贞看作叛逆，把叛逆看作忠贞，将敢于忠诚进谏的处死，对巧言谄媚的赏赐；使君子下野，让小人在位；苛令暴行，人民不堪忍受。这就是所说的不战而用计谋颠覆他。他的国家早已破败了，再用战争相配合，他的君主就可被俘虏，他的国家就可被毁坏，他的城池就可被攻取，他的军队就可被击溃。所以，商汤使用这种办法放逐了夏桀，周武使用这种办法诛杀了殷纣王，越王勾践用这种办法使吴国成了废墟，楚国使用这种办法使陈蔡二国投降，三家（季孙、叔孙、孟孙）使用这种办法削弱了鲁国，韩国和魏国使用这种办法使东周分割。儒生们都说：军队强大的国家一定胜利，军队弱小的国家一定灭亡。如果按照这种说法：小国的君主就不可能有称霸称王的作为，万乘（大国）的君主就没有破败灭亡的日子。过去，夏的国土广大而汤的国土狭小，殷的国土大而周的国土小，越国弱小而吴国强大。所谓不战就能取得胜利的原因（不是依靠大小强弱），而是运用了阴谋颠覆的权术，秘密行动的道理，文武并用的方法。圣人独自明白，欣然独乐的道理，就在于这些吧！

【注释】

①隳（huī）：毁坏。

【评述】

李筌认为战争胜利的最高境界是以谋伐敌，其次是以人（指外交）伐敌，下策是以武伐敌。而这一切决定于位高权重的将帅之谋划。

智有探心篇

【原文】

经曰：古者邻国，烽烟相望，鸡犬相闻，而足迹不至于诸侯之境，车轨不结于千里之外；以道存生，以德安形，人乐其居。后世浇风起而淳朴散，权智用而谲诈生。邻国往来用间谍，纵横橥栝[1]，徐守仁义，社稷邱墟，鲁通儒墨，宗庙泯灭。非大奥知微，不能御敌；不劳心苦思，不能原事；不悉见情伪，不能成名；才智不明，不能用兵；忠实不明，不能知人。是以鬼谷子②述揣摩、捭阖、飞钳、抵戏③之篇以教苏秦、张仪，游说于诸侯之国而探诸侯之心。于是斯术行之。夫用探心之数者，先以道德、仁义、礼乐、忠信、诗书、经传、子史、计谋、成败混而杂说，包而罗之，澄其心，静其志，伺人之情爱恶，去就从欲而攻之，阴虑而阳发，必虚往而实来。必此虚言而往，彼实心而来，因其心察其容，听其声考其词。言不合者，反而求之，其应必出。既得其心，反射其定，符应不失契合无二，胶而漆之，无使反复，如养由④之操弓，逢蒙⑤之挟矢，百发而无不中，正犹设置罘⑥以罹鱼兔，张其喙，磔其腰，虚其腹，必冲纲而挂目，亦何有孑遗哉。夫探仁人之心，必以信，勿以财；探勇士之心，必以义，勿以惧；探智士之心，必以忠，勿以欺；探愚人之心，必以蔽，勿以明；探不肖之心，必以惧，勿以常；探好财之心，必以贿，勿以廉。夫与智者言，依乎博，智有涯而博无涯，则智不可以测博。与博者言，依乎辨；博师古而辨应今，则古不可以应今。与贵者言，依乎势；贵位高而势制高，则位不可以禁势。与富者言，依乎物；富积财而物可宝，则财不足以易宝。与贫者言，依乎利；贫匮乏而利丰赡，则乏不可以周丰。与贱者言，依乎谦；降下则贱不可以语谦。与勇者言，依乎敢；勇不惧而敢刚毅，则勇不可以慑刚。与愚者言，依乎锐；愚质朴而锐聪明，则朴不可以察聪。此八言，皆本同其道，而末异其表。同其道，人所欲听；异其表，听而不晓。如此则不测浅不测深。吾得出无间，入无阻，独往而独来，或纵而或横，如偃枯草，使东而东，使西而西；如引停水，决之则流，壅之则止，谋何患乎不成哉。夫道贵制人，不贵制于人。制人者，握权也；制于人者，遵命也。制人之术，避人之长，攻人之短；见己之所长，蔽己之所短。故兽之动，必先爪牙；禽之动，必先嘴距；螫虫之动，必以毒介；虫之动，必以甲。夫禽、兽、虫、豸尚知用所长以制物，况其智者乎。夫人好说道德者，必以仁义折之；好言儒墨者，必以纵横愚之；好谈法律者，必以权术挫之。必乖其始，合其终，摧其牙，落其角，无使出吾之右。徐以庆吊之言，忧喜其心，使神不得为心之主。长生、安乐、富贵、尊荣、声色、喜说，庆言也。死亡、忧患、贫贱、苦辱、斩僇、诛罚，吊言也。与贵者谈，言吊则怒；与贱者谈，言庆则悦。将其心，迎其意，或庆或吊，以惑其志，情变于内者，形变于外者，常以所见而观其所隐，所谓测隐探心之数也。虽有先王之道，圣智之术，而无此者，不足以成伯王之业也。

【译文】

经书上说：古代相毗邻的国家，虽然相互之间看得见烽烟，听得见鸡犬之声，然而足迹从不到达诸侯国的境内，车轨也不和千里之外的诸侯国相连接。以道义求生存，以德行安抚社会，人民都乐居其所。到了后世，轻薄的风气兴起，而淳朴的风尚消失，权术和才智被运用，欺骗和狡诈也就出现了。在邻国之间的交往中改头换面使用间谍，其踪迹遍布。徐国恪守仁义，社稷成了废墟；鲁国尊崇儒墨学说，宗庙也被毁了。不通晓道理的深奥玄妙就不能防御敌人；不精心苦思就不能实现愿望的事情；不全部洞察事情的真伪就不能使事情功成名就；对人才和智谋不了解，就不能用兵打仗；对部下忠勇和诚实的情况不明白，就不能算作聪明人。所以鬼谷子著述了揣摩、捭阖、飞钳和抵戏的文章，以此教诲苏秦、张仪，游说于诸侯之国，而探测诸侯的心理。于是这些权术便盛行起来了。一般使用探心术的人，其规律是：先用道德、仁义、礼乐、忠信、诗书、经传、子史、计谋、成功、失败等道理，并混以杂说，包罗万象，使对方平心静气，从而窥测出对方的情感，喜欢什么，厌恶什么，顺其爱、去其恶而攻其心。暗地里考虑通过正面去实现，本来打算那样做，而实际上故意这样做。这里以虚假的言语说过去，那里以诚心相报答，根据他的心理状态观察他的表情，听他的发言，分析研究他的话语。如话不投机，反而发问，他必然会做出反应。既然知道了他的心理，就以他的心理状态来反射他的心理。应该不失时机地使之契合一致，像用胶和漆粘起来一样，使他不再反复。这样就像养由基操弓；逢蒙持箭一样，百发百中；就像设网捕鱼和兔子，网中的机关，能伸开它们的嘴，束住它们的腰，悬空它们的腹部，使它们必定冲入网中并挂在网眼上，还会有一个遗漏吗？一般探察仁人的心，必须以诚信相待，而不要用财物；探察勇士的心，要以忠义相待，而不要威胁；探察有识之士的心，要诚恳，而不要欺诈；探察愚蠢人的心，要用蒙蔽的办法，而不能讲明；探察不贤人的心，要加以威胁，而不要采取一般的办法；探察贪财人的心，要行贿赂，而不要廉洁。与机智的人交谈，要依靠广博的知识；聪明人的智慧是有限的，有广博的知识是无限的，那么智慧就不能测度广博。与知识广博的人交谈，就要依靠善辩。知识广博的人往往是学习古代，而善于辩论是适应现在，那么，古代无法应付现实。与显贵的人谈话，要依靠权势；显贵的人禄位高；而权势可以制服高位，那么禄位就不会禁止权势。与富有的人交谈，要有东西；富有的人积蓄有钱财，而东西是更宝贵的，那么钱财就不足以换取珍宝。与贫穷的人交谈，要依靠利益；贫穷的人十分困乏，而利益能使人富足，这样困乏就不会比富足还周全。与地位低下的人交谈，要谦让；这样，地位低下就不能评说谦让。与勇猛的人交谈，要依靠果断；勇猛只是无所畏惧，而果断却是刚毅，这样，勇猛就震慑不了刚毅。与愚昧的人交谈，要敏锐，愚昧的人本质纯朴，而敏锐是聪明，这样，纯朴就不能察晓聪明。以上八句话，主要的都是相同的道理，而次要的是表达不同。道理相同，人们愿听；表达不同，别人听了也不懂。这样就难以测出事情的浅和深。我便可以出入无阻，独往独来，纵横自如。如同铲倒枯草，使它往东便东，使它往西便西。如同引导静止的流水，决开口子，水便流出，堵住口子，水则停止，还担心什么计谋不能成功呢？一般的道理：可贵的在于制人，而不贵受制于人。能制别人的人是因为他们掌握了权力，而受制于人者是因为只能遵命行事。制人的办法是避开别人的长处，攻击别人的短处，看到自己的长处，隐蔽自己的短处。因此，野兽行动必然先动爪牙，禽类行动必然先动嘴爪，蜇人一类的虫类行动，必然施放毒汁，带螯甲的虫类活动，必然用螯甲。禽兽和虫类尚且知道利用自身的长处以制服他物，何况有智谋的人呢！对于喜欢谈论道德的人，定要用仁义之理折服他。对于喜欢谈论儒墨学说的，一定要以纵横理论对待他。对于喜欢谈论法律的人，一定要以权术挫败他。开始时相违背，最终相一致。对于对方的异议，像摧毁动物的牙齿，脱落动物的触角那样，加以驳斥，不让他超出于我。随后说一些喜庆和丧气的话，使他的心情烦恼或高兴，使其六神无主。长寿、安乐、富贵、荣华、歌舞、女色、喜悦都是喜庆的话。死亡、忧虑、贫贱、苦辱、杀戮、惩罚都是丧气的话。与地位高贵的人谈丧气的话，会使其发怒，与地位卑贱的人谈喜庆的话，会使其喜悦。投合他们的心意，逢迎他们的意愿，或是说喜庆的话，或是说丧气的话，以此来撼动他们的意志。无论对于感情内向的人，还是对于形露于色的人，都要根据他们的行为表现，分析他们的内心活动。这就是所谓窥测内心，探察心理的办法。虽然有先王的道理，圣贤的策略，但如果没有这些，是不足以成就王霸之业的。

【注释】

①檃栝（yǐn kuò）：亦写作“檃括”“隐栝”，意为矫正竹木弯曲或使成形的器具，后引申为对原有文章、著作进行剪裁改写。

②鬼谷子：相传为战国楚人，姓名传说不一，隐居于鬼谷，并以此自号。长于养性持身和

纵横捭阖之术。苏秦、张仪俱曾向鬼谷子学术。

③揣摩、捭阖、飞钳、抵戏：战国时策士们游说用的一些方法。揣摩，意即揣度，捭阖主要讲事物的开合。《鬼谷子》有《捭阖》篇，其中有云："捭之者，开也，言也，阳也；阖之者，闭也，默也，阴也。"飞钳为钳制之意，抵戏为乘间而入之意。

④养由：养由基，春秋时楚国大夫，善射，能百步穿杨。

⑤逄蒙：逄（páng），夏代善射箭的人。《孟子·离娄子》："逄蒙学射于羿。"

⑥罦（fú）：一种装设机关的网，能自动掩捕鸟。

【评述】

李筌认为将帅除了应该侦察敌人有形的情况外，还要掌握敌将帅的心理特征。根据敌将帅的性格特征和心理活动采取有效的破敌之策。

政有诛强篇

【原文】

经曰：夫国有乱军者，士卒怯弱、器械柔钝，政令不一，赏罚不明，不预焉。所谓乱军者，豪家、权臣、阉寺、嬖昵为之军变。权军之势，擅大将之威，公政私行，私门公谒。上发谋，下沮议；上申令，下不行；猛如虎，狠如羊，贪如狼，强不可制者，是谓乱军，皆宜诛之。文宣诛少正卯[1]于两观而鲁国清，穰苴斩庄贾[2]于表下而军容肃；魏绛戮杨干[3]而诸侯服，项籍斩宋义[4]而天下怖。夫诛豪者，益其威；僇强者，增其权。威权生于豪强之身，而不在于士卒之庸愚。豪强有兼才者，则驾而御之，教而导之，如畜鸷鸟，如养猛兽，必节其饥渴，剪其爪牙，绊其足，猰其舌，呼之而随，嗾之而造；牢笼其心，使驯吾之左右。豪强无兼才者，则长其恶、积其凶、纵其心、横其志，使祸盈于三军，怨结于万人，然后诛之，以壮吾气。故曰：不善人者，善人之资。为将帅国之师，不诛豪强，何以成军之威哉。

【译文】

经书上说：凡是国家发生军队混乱的，一定是官兵怯懦无战斗力，武器装备落后不锋利，政策法令不统一，赏罚不明，预先没有防范的结果。制造军队混乱的原因，无非是豪门、权臣、宦官、宠妃发动军变所致。他们权衡军队的形势，擅自抖擞大将的威风，私行公务和政务，将自己的家门变成公开觐见的衙门。对上暗怀阴谋，对下散布丧沮的言论。对上面颁发的命令，在下面不执行。（他们）像虎一样凶猛，像羊一样狠毒，像狼一样贪婪，强横到不能约制，这就是所谓乱军的根源。对这些人，宜于统统杀掉。孔子杀少正卯于宫门外，鲁国便得安宁；司马穰苴斩庄贾于标杆下，军容便严整了；魏绛杀了杨干，使诸侯畏服；项羽杀了宋义，使天下人都怕他。诛灭了富豪的，他的威望更高；斩了强暴的，他的权势更增。威望和权势来源于豪强身上，而不在于士兵的平庸和愚钝。对于既是豪强又兼有才干的人，则要驾驭利用他，教育开导他，如同驯养猛鸟和猛兽一样，一定要节制它们的饮食，剪除它们的爪牙，束缚它们的腿足，卡住它们的舌头，以达到呼之即来，驱之便去，掌握住他们的心理，把它们驯服得不离我的左右。对虽是豪强但无才能的人，就要助长他的恶行，积聚他的凶焰，纵容他的心性，专横他的志向，使他的灾祸遍及三军，仇怨结于万人，然后再杀掉他，以此壮大我的豪气。所以说：恶人是善人的资本。作将帅的统帅着国家的军队，不诛杀豪强，凭什么建立军威呢？

【注释】

①少正卯：春秋时鲁国人。传说他聚徒讲学，使得“孔子之门三盈三虚”。孔子任鲁国的司寇后，“三月而诛少正卯”。

②穰苴斩庄贾：穰苴即田穰苴也称司马穰苴，齐景公任命他为将军，并派重臣庄贾为监军。穰苴和庄贾约定第二天正午在营门会合，穰苴在军中竖杆为标以待庄贾，庄贾却傍晚才到达军中。穰苴按照当时的军法将庄贾斩首于帐中，待齐景公派使者持符节来到营中后，按照军营中不许骑奔的规定，本应斩首使者，但穰苴考虑到使者是国君的使者，于是将他的仆人和马匹斩杀，从此三军镇服。见《百战奇略·威战》。

③魏绛戮杨干：杨干为春秋晋悼公之弟，因乱军阵于鲁襄公三年（前 571），为司马魏绛所杀。见《唐太宗李卫公问对》卷中注释。

④项籍斩宋义：项籍即项羽，项羽立楚怀王孙心为新的楚怀王后，楚怀王任用宋义为上将，项羽为次将救赵，途中宋义徇私缓进，被项羽斩杀于军帐中。见《百战奇略·死战》。

【评述】

李筌认为治军之道在敢于惩处权贵。有了法令作为标杆无论谁有违反都要施以惩罚，这样才能树立将帅的威望。

卷二 人谋（下）

善师篇

【原文】

经曰：兵非道德仁义者，虽伯有天下，君子不取。周德既衰，诸侯僭礼，乐专征伐，始于鲁隐公，夫齐以技击强，魏以武卒奋，秦以锐士胜。说者，以孙吴为宗，惟荀卿明于王道而非之谓。齐之技击是亡国之兵，魏之武卒是危国之兵，秦之锐士是干赏蹈利①之兵。至于齐桓、晋文之师，可谓入其域而有节制也。故齐之技击不可御魏之武卒，魏之武卒不可以敌秦之锐士，秦之锐士不可以当桓文之节制，桓文之节制不可当汤武之仁义。故曰：善师者不阵，善阵者不战，善战者不败，善败者不亡。黄帝独立乎中央而胜四帝，所谓善师者不阵也。汤武征伐，陈师誓众，放桀伐纣，所谓善阵者不战也。齐桓南服强楚，使贡周室，北伐山戎，为燕开路，所谓善战者不败也。楚昭王遭阖闾之祸，国灭出亡秦，相与奔秦请救；秦人出兵，楚王反国，所谓善败者不亡也。凡兵所以存亡，继绝、救乱、除害。故伊、吕之将，子孙有国，与殷周并隆，下至末代。苟任诈力贪残，孙、吴、韩、白之徒，皆身被行僇，子孙不传于嗣。夫兵者，凶器；战者，危事。阴谋逆德，好用凶器，非道德忠信，不能以兵定天下之灾，除兆民之害也。

【译文】

经书上说：军队，并不是道德仁义的东西，虽能霸占天下，但君子并不轻率动用军队。到了周代，道德衰落以后，诸侯超越礼义规范，而乐于用征战攻伐的手段解决相互之间的问题。这是从鲁隐公开始的。继而齐国因善于搏击敌人而强大起来；魏国因为士卒武勇而奋起；秦国因为士兵锐利而取胜。说以上这些话的人是以孙子和吴子用兵之法为根据的，只有荀况明白王道之理而认为不能这么说。他认为齐国善于技击的军队，是亡国的军队；魏国武勇的士卒，是使国家危险的军队；秦国的锐利士兵，是谋取赐赏和利益的军队。只有齐桓公、晋文公的军队，才称得上是攻入了其他国家的地域后，能节制自己的军队。所以齐国的技击无法抵御魏国武勇的士卒；魏国武勇的士卒不可以抵御秦国的锐利之师；秦国的锐利之师无法抵挡齐桓公、晋文公有节制的军队；齐桓公、晋文公有节制的军队不能抵挡商汤王和周武王的仁义之师。所以说，善于统兵打仗的人，不需要布阵；善于布阵的人，不需要打仗；善于打仗的人，不失败；善于处置失败的人不会灭亡。黄帝独立立国于天地的中央而制服了四帝，这是所谓善师之人不用布阵的例子。商汤、周武征伐夏桀、殷纣时，列阵誓师，最后放逐了夏桀，讨伐了纣王，这是所谓善于布阵之人不战取胜的例子。齐桓公向南制服了强大的楚国，使其向周朝进贡，向北讨伐了山戎诸族，为燕国发展开辟了道路，这是所谓善于打仗之人不失败的例子。楚昭王遭到了阖闾入侵之祸，国家灭亡，自己也逃亡在外。楚臣先后逃到秦国请求救兵。秦国出兵救楚，楚昭王返回了国家。这就是所谓善于处置失败而不灭亡的例子。凡军队，是用来保护将要灭亡、挽救处于绝境的国家和匡正混乱、铲除灾害的。所以像伊尹和吕尚这样的将帅，他们的子孙也拥有封地，与殷朝和周朝一样兴隆。到了后代，便出现了草率诡诈、暴力和贪残等手段。所以像孙子、吴子、韩非、白起等人都身遭刑罚，子孙也不能嗣位相传。军队是凶器，打仗是危险的事情。耍阴谋，违背道德，爱好使用凶器，不讲道德和忠信人，就不能用军队平定天下的灾祸，铲除平民百姓的祸害。

【注释】

①干赏蹈利：干，求取。《荀子·议兵》："干赏蹈利之兵也。"唐杨倞《荀子注》一书注："干"，求也。

【评述】

李筌认为军队本是凶器，但是掌握军队的人必须是仁人君子。只有仁人君子率领军队才能无往而不胜，他认为带兵不能不讲道德和忠信，靠耍阴谋玩诡计是不能打胜仗的。

贵和篇

【原文】

经曰：先王之道，以和为贵。贵和重而人不尚战也。春秋左氏传曰："君若以德绥诸侯，诸侯谁敢不服；君若以力强诸侯，诸侯谁肯心服哉。”方城以为城，汉水以为池，虽军之众，无所用也。是故晋悼使魏绛和戎以正诸华。八年之间九合诸侯，如乐之和，无所不谐；姜戎[①]亦归晋。惠以纳不侵不叛之臣，于是有淆之师，譬若捕鹿，晋人角之，戎人掎之。夫有道之主，能以德服人；有仁之主，能以义和人；有智之主，能以谋胜人；有权之主，能以势制人。战胜易，和胜难。语曰：先王耀德不观兵，兵戢而时动。动则威，观则玩，玩则无震，故有衣冠之会[②]，未尝有歃血之盟；有兵车之会[③]，未尝有战阵之事。兵者，不祥之事，不得已而用之。古先帝王所以举而胜人，成功出于众者，先文德以怀之；怀之不服，饰玉帛以啗之；啗之不来，然后命上将练军马，锐甲兵，攻其无备，出其不意。所谓叛而必讨，服而必柔。既怀且柔，可以示德。书曰：戎之用休，董之用威。夫如是，则四夷不足吞，八戎不足庭也。

【译文】

经书上说：先王的道理，以和为贵。如果大家都能贵和重和，那么，人们就不会崇尚战争了。《春秋左氏传》说：“国君如果能用仁德安抚诸侯，诸侯谁敢不服从呢？国君如果用武力压迫诸侯，诸侯谁会心悦诚服呢？”贪婪地把长城看作是自己的城墙，将汉水作为自己的护城河，就是军队众多，也是没有用的。所以晋悼公派遣魏绛为和戎之使，遂使山戎诸国降服。晋国从此成为中原各诸侯的盟主，八年中九次集会诸侯，就像音乐一样，没有不和谐的地方，连姜戎也归服晋国。晋国还专门恩惠并接纳那些不侵不叛的臣子。于是，就像有淆之师捕鹿那样，晋人角逐，戎人从旁配合。凡是有道德的君主，能够以德服人；有仁义的君主，能够以仁义来团结人；有才智的君主，能够以智谋战胜人；有权势的君主，能够以势制服人。打仗取胜容易，用团结的办法取得胜利困难。俗话说，先王总是夸耀道德，而不炫耀兵力。军队平时要收敛；必要时才用。用时就要发挥它的威力。炫耀兵力就会轻视仁德，轻视了仁德就不能镇服敌人。所以说，有过诸侯和好的集会，而没有见过诸侯歃血为盟；有过带有军队的兵车之会，没有发生打仗布阵的事情。打仗，是不祥的事情，只有在迫不得已时才使用它。古代帝王之所以一动就能够胜过别人，他们的成功往往超过一般人的原因是：首先以仁德对待别人；用仁德还不能使别人归服，就用财物去满足他们的需要，以引诱他们；引诱也不行，然后才命令大将操练战车马匹，锋锐武器装备，攻其不备，出其不意。这就是所谓对背叛的必须讨伐，对于归服的必须安抚。既施以仁义，又给予安抚，这就可以显出君主的德行。兵书上说：要用劝阻来防备，要以威力来震慑。如果能这样，那么周围的国家就不能吞并我，各少数民族也不能分庭抗礼了。

【注释】

①姜戎：古代少数民族。原在瓜州（今甘肃敦煌西）一带，后逐渐东迁。为秦所迫，公元前638年，首领吾离率众迁晋南，属于晋国。

②衣冠之会：指春秋时诸侯和好的集会，相对兵车之会而言。

③兵车之会：春秋时，齐桓公屡次同诸侯会盟。其中，在鲁僖公年间的四次会盟，齐国带有军队，故称为"兵车之会"。

【评述】

李筌认为对于敌对一方首先要施以仁义进行安抚，只有仁政和安抚不成时才能用兵。

庙胜篇

【原文】

经曰：天贵持盈，不失阴阳四时之纪纲；地贵丰盈，不失生长均平之土宜；人贵节事，调和阴阳，布行时令，事来应之，物来知之，天下尽其忠信、从其政事。故曰：天道无灾，不可先来；地道无殃，不可先兆；人事无失，不可先伐。四时相乖，水旱愆和，冬雷夏霜，飞虫食苗，天灾也。山崩川涸，土不稼穑，水不润下，五果不树，八谷不成，地殃也。重赋苛政，高台深池，兴役过差，纵酒荒色，远忠昵佞，穷兵黩武，人失也。上见天灾，下睹地殃，旁观人失，兵不则天不可动。师不法地不可行，征伐不和于人不可成。天赞其时，地资其财，人定其谋。静见其阴，动见其阳，先观其迹，后知其心。所谓胜兵者，先胜而后求战；败兵者，先战而后求胜也。故曰：未战而庙算胜者，得算多矣！未战而庙算不胜者，其算少矣！多算者胜，少算者不胜，而况于无算乎？以此观之，胜负亦易见矣！

【译文】

经书上说：天贵在能够保持圆满，不破坏阴阳、四季的规律；地贵在能生产丰富的东西，不失掉生长万物和平坦的特性；人贵在能够掌握事物，调和阴阳，发布执行日常的命令，达到事情来了可以应付，事情发生了可以知道的目的，使天下的人能尽忠守信，从事自己的职业。所以说：如果天道还没有灾害，就不可先来攻打；地道还没有祸殃，就不可先去残杀；人事还没有大过失，就不可先去讨伐。四季的到来违背规律，水旱不均，冬天打雷夏天降霜，蝗虫飞食禾苗等，这些是天灾。山崩河干，土地不长庄稼，天不下雨，树不结果，庄稼没有收成，这些是地殃。捐税繁重，政治苛刻，大兴高台深池，大量役使民夫，花天酒地，荒淫女色，疏忠臣亲小人，穷兵黩武，这些是人失。即使上见天灾，下见地殃，旁观人失，如果自己的军队不能利用天时，仍然不可行动；自己的军队不能利用地利，也不能行动；征战讨伐时内部人事不和也不能成功。只有天赞助时机，地资助财物，人能定出高明的谋略，不动时可以看见敌人的暗中活动，行动时可以看见敌人的公开行动（才能攻伐）。首先观察到敌人的各种踪迹，然后知道敌人的用意。这就是所说的能取得胜利的人，是先有战胜敌人的计划而后作战；失败的人，是先开战而后谋取胜利。所以说：没有打仗而国家计划可以胜利的，这是由于分析谋划得深远、周到。还没有出战而国家计划便已不能胜过敌人，这是由于分析谋划得不够。分析谋划得深远、周到，就能取胜，分析谋划得不够，就不能取胜，更何况根本不分析不谋划呢？根据这些判断，打仗的胜败也是容易预见的。

【评述】

李筌继承孙子庙算胜的思想，认为必须首先谋划战胜敌人的战略战术然后开战才能取得胜利，先开战然后才谋划战略战术的必然会归于失败。

沈谋篇[①]

【原文】

经曰：善用兵者，非信义不立，非阴阳不胜，非奇正不列，非诡谲不战。谋藏于心，事见于迹，心与迹同者败，心与迹异者胜。兵者，诡道也。能而示之不能，用而示之不用。心谋大，迹示小；心谋取，迹示与；惑其真，疑其诈。不决，则强弱不分，湛然若元阴之无象，渊然如沧海之不测。如此，则阴阳不能算，鬼神不能知，术数不能穷，卜巫不能占，而况于将乎。夫善战者，胜败生于两阵之间，其谋也策不足听，其胜也形不足观。能言而不能行者，国之宝。能行而不能言者，国之用。故曰：至事不说，大兵不言，微乎神乎。故能通天地之理，备万物之情。是故贪者利之，使其难厌；强者卑之，使其骄矜；亲者离之，使其疑二。难厌则公正阙，骄矜则虞守废，疑贰则谋臣去。周文利殷而商受杀，勾践卑吴而夫差僇，汉高离楚而项羽亡。是故屈诸侯者以言，役诸侯者以策。夫善兵者，攻其爱，敌必从；捣其虚，敌必随；多其方，敌必分；疑其事，敌必备。从随不得城守，分备不得并兵，则我逸而敌劳，敌寡而我众。夫以逸击劳者，武之顺；以劳击逸者，武之逆；以众击寡者，武之胜；以寡击众者，武之败。能以逸击劳，以众击寡，吾可以得全胜矣。夫竭三军气，夺一将心，疲万人力，断千里粮者，不在武夫行阵之势，而在智士权算之中。柔兮弱兮，卷之不盈怀袖，沈兮密兮，舒之可络寰海。五寸之键，能制开阖，方寸之心，能易成败。智周万物而不殆，曲成万物而不遗，顺天信人，察始知终，则谋何患乎不从哉。

【译文】

经书上说：善于用兵打仗的人，不讲信义难以自立，不利用阴阳的变化规律不能取胜，不理解奇正关系无法列阵，不运用诡诈不进攻。计谋藏于心中，事情表现在外边，心里想的和表现一致时，就失败；心里想的和表现相反时，就胜利。打仗是一种诡诈的行为。所以，实际能打而向敌人表示为不能打；实际准备要打而向敌人表示不想打；内心里筹划着大的作战计划，而行动上表现为小的行动；心里谋划着攻取的，表面上表现为给予别人。以假乱真，使敌不辨真伪，犹豫不决，这样就会分不清强弱，深沉得像阴阳那样没有形象，深得像沧海那样不可测。如果这样，即使懂得阴阳也难以推算，即使是鬼神也不知道变化的奥妙，方法手段运用无穷无尽，即使善于占卜，也占不出凶吉祸福，而何况将军呢？善于打仗的人，胜败都是在两军对阵时决定的。他们谋划的办法往往是不足听的，他们所取得胜利的大小也往往是不足观的。能够密谋策划但自己不能直接去实现者，是国家的宝贵财富；能征善战但缺少计谋者，是国家的有用之才。所以说，遇事不随便发表议论，有大的军事行动不露于言表，真是微妙、神秘。所以能通晓治理天下的道理，掌握各类事物的变化规律，就能做到：对贪者就给予利益，使其更加贪婪；敌人强大，就自示卑小，使其更加骄傲；敌人内部团结，就设法离间，使他们互相怀疑。贪婪就不能秉公办事，骄傲就会丧失警惕，互相怀疑就会使谋士离去。周文王给予殷朝利益而终于使商纣王被杀；勾践卑贱事吴而终使夫差被诛；汉高祖离间了楚国而终于使项羽灭亡。所以，使诸侯降服要用外交手腕，役使诸侯需要使用计谋。善于用兵打仗的人，要攻击敌人心爱之处，敌人必然前去援救；袭击敌人虚弱的地方，敌人必然跟进救援，多方向向敌进攻，敌必分兵防守；进行佯动，敌必处处防备。敌人去援救要害或空虚的地方，就必然不能防守城池，敌人分兵防备就不能集中兵力。这样，就出现了我逸而敌劳，敌兵力少而我兵力多的局面。以逸击劳，是用兵的大吉，以劳击逸，是用兵的大忌。以多击少，就是军队的胜利，以少击多，就是军队的失败。如果能以逸击劳，以多击少，我就可以获得全胜了。能够衰竭敌军的气势，压倒敌将帅的心理，疲惫敌千万人的力气，截断敌千里运粮路线，不在兵士行军布阵的时候，而全在于智谋之士的权衡筹算之中。这些权衡筹算的东西非常柔弱，以致卷起来装不满怀袖；可它们又是那样深沉神秘，以致一旦展开便可以囊括寰宇。五寸的门链条可以拴制门的开关；小小的方寸之心，可以决定战争的成败。智谋周密任何事物都不会受到损坏，委屈成全则什么都不会遗漏。顺应天时取信于民，审察它的开始，知道它的终结，那么何患计谋不能实现呢！

【注释】

①沈谋篇：沈（shěn），为审，也是现代姓；沈（chén），为古代姓。沈谋意为慎重谋划。

【评述】

李筌认为将帅虽然应该讲求信誉，但对于自己内心的谋划必须严密掩饰。谋略藏在心里表现出来时形态不能相同，谋划如果与表现形态相同必然失败。

子卒篇

【原文】

经曰：古者，用人之力，岁不过三日，籍敛不用什一。公刘[①]好货，居者有积仓，行者有裹粮；太王好色，内无怨女，外无旷夫；文王作刑，国无冤狱；武王行师，士乐其死。古之善率人者，未有不得其心而得其力者也，未有不得其力而得其死者也。故国必有亲爱、礼信之义，然后人以饥易饱；国必有孝慈、廉耻之俗；然后人以死易生。人所以守战，至死不衰者，上之所施于人者，厚也。上施厚，则下报之亦厚。且士卒之于将，非有骨肉之亲，使冒锋镝、突干刃、死不旋踵者，以恩信养之、礼恕道之、小惠渐之，如慈父之爱子也。故能救其阽危，拯其涂炭，卑身下士，一齐甘苦，亲临疾病，寒不衣裘，暑不操扇，出不乘马，雨不张盖。军幕未办，将不言坐；军井未达，将不言渴。妻子缝补于行间，身自分功于役作。箪醪之馈必投于河，挟纩之言必巡于军。是以人喜金铎之声、勇鼓鼙之气者，非恶生而乐死，思欲致命而报之于将也。故曰：视卒如婴儿，可与之赴深溪；视卒如爱子，可与之俱死。厚而不能使，爱而不能令，乱而不能理，譬骄子不可用也。是故令之以文，齐之以武，是谓必取。语曰：夫谐妻，可以攻齐；小复恕可以攻鲁。王翦[②]、李牧[③]、吴起、穰苴竟以此术而兵强于诸侯也。

【译文】

经书上说：在古代，役使民力，每年不超过三天；向百姓征收赋税，不超过其收入的十分之一。公刘爱好财物，使居住者有积粮，行路者有盘费；太王爱好女色，使家室内没有怨女，家室外没有旷夫；周文王制定刑法，使国内没有冤屈入狱的；周武王兴师打仗，而官兵乐意为其效死。古代善于统率人的人，没有不能得人心，而能使得部属尽力报效的。没有得不到其部属尽力，而能使得他以死相报的。所以，国家必须要有亲爱、礼仪、信义，取信于民，然后人们才能由饥饿变为温饱；国家必须有忠孝、慈悲、廉耻的社会风气，然后人们才能以自己的死换取国家的生存。人们之所以能做到坚守战斗，至死不屈的原因，是君主给予了他们丰厚的待遇。君主给予的丰厚，那么士卒报答君主的恩惠也会丰厚。而且，士卒对于将帅，不是骨肉之亲，但要使他们能够冒刀箭的危险，突击敌人的枪林箭雨，死不后退，就必须以恩惠和信义对待他们，以礼义和忠恕引导他们，以小恩小惠接近他们，就像慈父对待心爱的儿子一样。所以将帅要能做到：他们临近危险时能够相助，他们处于死亡边缘时能够拯救。放下架子，礼贤下士，与士卒同甘共苦，亲自探视他们的疾病。天气寒冷时自己不穿毛皮，天气炎热时自己不使用扇子，出入不乘马，下雨不张伞，军帐未扎好不坐下，未到达有水井的地方将领不说渴。妻子儿女在军中给士兵缝补衣裳，身体力行分头从事各种差役和劳作。哪怕别人馈送的一小壶酒也倒入水中与士兵共享。对高兴和鼓励的话要让它传遍军营。因此，人们喜欢听鸣锣之声，乐意击鼓激发勇气的原因，并不是他们厌恶生而愿意死，而是想要以死报答将帅的恩情。所以说，将帅把士兵当作婴儿看待，士兵就可以同将帅一起奔向深溪；将帅把士卒当作心爱的儿子一样看待，士卒就能与将帅同生死。如果对士卒厚爱，但士卒不能听从使唤，对士卒仁爱但士卒不服从命令；部队混乱不能管理，这样的士卒就像骄子一样不能使用。所以要用文的办法，同时也要用武的办法，这才叫作必胜的军队。《论语》说："夫妻和谐，可以攻打强大的齐国，对别人的小过失宽恕，就可以进攻鲁国。"王翦、李牧、吴起、司马穰苴，竟用这样的办法而使军队动雄于诸侯。

【注释】

①公刘：以及下文的太王，都是周朝的祖先。公刘传说为后稷的曾孙，夏朝末率领周族迁到今陕西彬县一带观察水利，开垦荒地，定居下来。

②王翦：战国秦国大将，秦将蒙恬和李信兵败于楚后，王翦坚持伐楚非六十万兵不可，后王翦坚避不战，待楚军疲乏势竭之机，遂大破楚军。见《百战奇略·养战》。

③李牧：战国时赵将，长驻雁门关防御匈奴，匈奴多畏惧。见《百战奇略·强战》。

【评述】

李筌认为将帅必须爱民爱兵。将帅只有首先征服士兵的心灵，士兵才能为他们效死用命。

选士篇

【原文】

经曰：统六军之众，将百万之师，而无选锋，混而杂用，即智者，无所施其计；辨者，无所施其说；勇者，无所奋其敢；力者，无所著其壮。无异独行中原，亦何所取于胜负哉。故孙子曰：兵无选锋，曰北。夫选士以赏，赏惟其进；用士以刑，刑惟其退。古之善选士者，悬赏于中军之门，有深沈谋虑，出人表者，以上赏而礼之，名曰：智策之士。有辞纵理横、飞钳捭阖，能移人之性，夺人之心者，以上赏而礼之，名曰：辩说之士。有得敌国君臣门间请谒之情性者，以上赏而礼之，名曰：间谍之士。有知山泉、水草、次舍[①]、道路迂直者，以上赏而礼之，名曰：乡道之士。有制造五兵攻守利器械、奇变诡计者，上赏，得而厚之，名曰：技巧之士。有引五石之弓矢，贯重札戈矛剑戟，便于利用陆搏、犀兕、水攫、蛟鳄、佻身捕虏，搴旗摭鼓者，上赏，得而抚之，名曰：猛敌之士。有立乘奔马、左右超忽、逾越城堡，出入营垒而无形迹者，上赏，得而聚之，名曰：骄捷之士。有往返三百里不及夕者，上赏，得而聚之，名曰：疾足之士。有力负六百三十斤行五十步者，上赏，得而聚之。四百二十斤，次赏，得而聚之，名曰：巨力之士。有步五行、运三尸[②]，多言天道通说阴阳者，下赏，得而聚之，名曰：技术之士。夫十士之用，皆尽其才，任其道。计谋，使智策之士。谈说，使辩说之士。离亲间疏，使间谍之士，深入诸侯之境，使乡道之士，建造五兵，使技巧之士。观锋捕虏，守危攻强，使猛敌之士。掩袭侵略，使骄捷之士。探报计期，使疾足之士。破坚摧刚，使巨力之士。讹愚恐痴，使技术之士。此谓任才之道，选士之术也。三王之后，五伯之辟，得其道而兴，失其道而亡。兴亡之道，不在听明文思，在乎选能之各尽其才者也！

【译文】

经书上说：作为统率六军，率领百万之众的将帅，如果不注意造好锋锐，把各种各样的人混在一起使用，即使是有才智的也无法施展他的计谋，能说善辩的也无法施展他的口才；勇敢的也无法奋起发挥出他的勇猛精神，力气大也无法显示出他的强壮。这无异独自一人在天下之间行走一样，又怎能决定打仗的胜负呢？所以孙子说，军队不选择先锋，只能叫作败军。对官兵进行选拔要给予奖赏，奖赏他们奋进；使用官兵要伴以刑罚，处治那些后退的人。古代善于选拔人才的将帅，悬挂有奖赏的布告于中军大门之外。有深谋远虑，才能出众的给予上等奖赏，并以礼相待，把他们叫作“智策之士”；能言善辩，谈古论今，巧于游说，能改变人的主见，掌握人的心理的，也给予上等奖赏，也以礼对待，把他们叫作“辩说之士”；有能得到敌国君臣之间消息和觐见情形的，也给予上等奖赏，也以礼对待，把他们叫作“间谍之士”；有熟悉山川、水源、远近、道路曲直的，给予上等奖赏，以礼对待，把他们叫作“向导之士”，有能够制造各种神奇变化、诡谲莫测的进攻或防守武器的也给予上等奖赏，得到他们后要厚待他们，把他们叫作“技巧之士”；有能拉开五石的强弓箭，惯于使用重的铁甲和戈、矛、剑、戟或擅长于利用锐利兵器进行陆地搏斗和水中擒拿，敏捷地捕捉俘虏，夺取敌人的战旗或战鼓的，给予上等奖赏，得到他们要抚慰，把他们叫作“猛敌之士”；有能站立在奔马之上，左右冲突，跨越城堡，出入营垒而无踪影的，给予上等奖赏，得到他们后要编在一起，把他们叫作“矫捷之士”；有能往返三百里而日不落山者，给予上等奖赏，得到后编在一起，把他们叫作“疾足之士”；有能负起六百三十斤重量，走上五十步的人，给予上等奖赏，得到后把他们编在一起；能负起四百二十斤的，给予二等奖赏，得到后把他们编在一起，叫作“巨力之士”；有能用五行和三尸讲说天道、阐述阴阳的，给予下等奖赏，得到他们后把他们编在一起，叫作“技术之士”。对于这十种人才的使用：都要做到尽其才、用其能。筹划各种计谋时，使用“智策之士”；进行谈判游说，使用“辩说之士”；要离间敌上下左右相互关系时，使用“间谍之士”；深入诸侯国境内时，使用“向导之士”；打造各种兵器时，使用“技巧之士”；要观察敌阵锋，捕捉俘虏，坚守危险阵地，攻打强大的敌人时，使用“猛敌之士”；要掩护部队袭击，夺取敌人阵地时，使用“矫捷之士”；要传送情报报告日期时，使用“疾足之士”；要攻破摧毁坚固的城堡时，使用“巨力之士”；要讹诈愚笨的人，恐吓痴呆的人时，使用“技术之士”。这就是所说的任用人才的道理，选拔人才的方法。三王和五霸这些君主，掌握了选才任能的道理就兴旺，失去了这个道理就灭亡。兴旺和灭亡的道理不在于耳聪目明和才思敏捷，而在于能选贤任能，使其各尽其才。

【注释】

①次舍：次为停留，舍为古时行军里程单位，三十里为一舍。

②三尸：道教称在人体内作祟的神。上尸为青姑，攻人眼；中尸为白姑，攻人五脏；下尸为血姑，攻人胃命。

【评述】

李筌认为必须按照士兵的才能智慧体力编组才能发挥最优效果，从而夺取战场胜利。

励士篇

【原文】

经曰：激人之心，励士之气。发号施令，使人乐闻。兴师动众，使人乐战。交兵接刃，使人乐死。其在以战励战，以赏励赏，以士励士。木石无心，犹可危而动，安而静，况于士乎！古先帝、王伯有天下，战胜于外，班师校功，集众于中军之门。上功赐以金章、紫绶，赐以锦彩、衣以绘帛，坐以重裀，享以太牢[①]，饮以醇酒。父母妻子皆赐纹绫，坐以重席，享以太牢，饮以酎酒。大将军捧赐，偏将军捧觞。大将军令于众曰："战士某乙等，奋不顾身，功起百万，斩元戎之首，搴大将之旗，功高于众。故赐上赏，子孙后嗣常称元勋之家。父母妻子皆受重赏，牢席有差，众士咸知。"次功赐以银章、朱绶，纹绫之衣，坐以重席，享以少牢，饮以酎酒。父母妻子赐以绵帛，坐以单席，享以鸡豚，饮以醧酒。偏将军捧赐，子将军捧觞。大将军令于众曰："某乙等勇冠三军，功轻百战，斩枭雄之首，搴虎豹之旗，功出于人，赐以次赏，子孙后嗣长为勋给之家。父母妻子皆受荣赏，牢席有差。众士咸知。"下功赏以布帛衣，坐以单席，享以鸡豚，饮以醧酒。父母妻子立而无赏，坐而无席。子将军捧赐，卒捧觞。大将军令于众曰："战士某乙等，僇力行间，劬劳岁万，虽无搴旗斩将，实亦跋涉疆场，赐以下赏。子孙后嗣无所庇诸，父母妻子不及坐享。众士咸知。"令毕，命上功起，再拜大将军，让曰："某乙等，忝列王臣，敢不尽节。有媿无功，叨受上赏。"大将军避席曰："某乙等不德，缪居师长。赖尔之功，枭悬凶逆，盛绩美事。某乙等无专美。"退而后坐。命次功再拜上功。上功曰："某乙等无谋无勇，遵师长之命，有进死之荣，无退生之辱。身受殊赏，上光父母，下及妻子。子其勉诸。"退而后坐。命下功再拜次攻。次功曰："某乙等少猛寡毅。遵师长之命，决胜负于一时，身受次赏。上光父母，下及妻子，子其勉诸。"下功退而后坐。夫如是励之，一会则乡勉党[②]，里勉邻，父勉子，妻勉夫。二会则州勉县，朋勉友。三会，则行路相勉，闻金革之声，相践而出。邻无敌国，邑无坚城，士何患乎不勇哉！

【译文】

经书上说：打仗，要激发官兵的信心，鼓励军队的士气。这样，发号施令，便让人乐意听；出兵打仗，便让人愿意去战；两军相交，兵刃相接时，便让人愿意去死。其做法在于：用战斗的激情去鼓励人们作战，用奖赏战功的方法去激励人们建功受赏，用官兵中的榜样去鼓励官兵作战。树木和石头是没有心的，处在高处时，尚且会滚动，在平处时则静止不动，何况将士呢！古时候的帝和王霸有天下，将帅在外打了胜仗，班师回朝后要评定功劳。把军队集合在中军门前，立上等功的，赠给金印和紫色绶带，赐给五彩丝绢、赏穿丝帛衣服，坐在布帛绣垫的重位上，可享受太牢的筵席，可饮醇美之酒。其父母、妻子和儿女都赐给五色丝绢，可以坐在主要席上，也可以享以太牢，饮以醇酒。大将军为立上等功者捧着赏赐的物品，偏将军捧杯，大将军向众人命令说："战士某某等人，作战奋不顾身，功劳居百万军中之首。斩杀了敌人的首领，夺取了敌将的帅旗，功劳高于大家。因此，赐给上等奖赏，他们的子孙可以永远称为元勋之家。他们的父母双亲，妻子儿女都应受到重赏，所享用的筵席是有差别的。希望全体官兵周知。"立二等功者，赏给银印和红色绶带，绣花丝衣，坐在重要席上，享以太牢，饮以醇酒。他的父母、妻子儿女都赐以丝帛，坐以单席，享以鸡和小猪，饮以滤过的酒。偏将军为立二等功者捧赏赐物品，子将军捧杯。大将军向众军士发布命令道："某乙等人，勇冠三军，功劳以百战为轻，斩杀敌魁凶之首级，夺了敌将领的旗帜，功劳高于别人，因此给他们以二等奖赏，他们的子孙后代也将是功臣之家。他们的父母、妻子儿女也都应得到荣耀和赏赐，他们的筵席是有差别的，望全体周知"。立下等功的赏给布和麻的衣服，赏给单席，享以鸡和小猪，饮以过滤过的酒。父母、妻子儿女站立在一旁但无赏赐，座上没有筵席。子将军为他们捧赐品，士卒为他们捧杯。大将军向众军士发布命令说："战士某某等人，努力打仗，常年劳苦，虽然没有夺取敌旗，斩敌将领，但确实也跋涉疆场，因此赐以下等奖赏。子孙后代不能因此而受到优待，父母、妻子的儿女没有筵席享受。望全体周知"。下完命令，立上等功的人站起，跪拜大将军并谦让道："我某某等人，愧为王公大臣，怎么敢不竭力履行臣子的职责呢？惭愧的是没有什么功劳，还沾光受到了上等的封赏。"大将军离席说道："某某不才；错误地做了将帅，全凭你们的功劳，斩杀了凶恶的叛逆。这样盛大的功绩，美好的事情，我某人不敢专美。"立上等功的人退到后面入座。又立二等功的人向立上等功的人跪拜。立上等功的人说："我某某等人无谋无勇，只不过是遵照将官的命令，有前进敢死而享受荣誉，没有退后偷生而蒙受耻辱的想法。如今受到这样崇高的奖赏，上为父母增光，下使妻子儿女受惠，咱们一起共勉吧。立二等功的人退到后面入座。再立下等功的人给立二等功的人跪拜。立二等功的人说：我某某等人缺少勇猛和刚毅，只是遵照官长的命令，在作战之时打了胜仗，从而受到了二等的赏赐，上使父母增光，下使妻子儿女受赏。咱们一起共勉吧！”立下等功的人退下入座。于是按照这种办法来鼓励官兵。一次这样的聚会可以使乡鼓励党，里勉励邻近，父亲鼓励儿子，妻子鼓励丈夫；两次这样的聚会可以使州鼓励县，朋友之间互相鼓励；三次这样的聚会就可以使行路之人相互鼓励。这样，人们听到鸣锣和击鼓之声，就会争先恐后地出来。这样一来，相邻国家就没有可以相匹敌的：进攻也不会有什么坚固的城池，怎么会担心官兵不勇敢呢！

【注释】

①太牢：古代帝王、诸侯祭祀时，牛、羊、猪三牲全备为太牢；只有羊和猪的为少牢。参见《吴子兵法》注释。

②乡勉党：乡、党和下文“里”都是居民组织，二千五百户为一乡；五百户为一党；二十五户为一里。

【评述】

李筌认为要取得胜利必须激发官兵的信心，鼓励部队的士气，使人乐战。

刑赏篇

【原文】

经曰：有虞氏画衣冠，异章服，以刑辅缪，而奸不犯，其人醇。汤武凿五形，伤四肢，以缪辅刑，而奸不止，其人淫。有虞非仁也，汤武非暴也。其道异者，时也。古之善治天下者，不赏仁，赏仁则争为施而国乱；不赏智，赏智则争为谋而政乱；不赏忠，赏忠则争为直而军乱；不赏勇，赏勇则争为先而阵乱。夫莅事以仁，权谋以智，事君以忠，制物以能，临敌以勇，此五者之常也。赏其常，则致争，致争则政乱，政乱则非刑不治，故赏者，忠信之薄，而乱之所由生；刑者，忠信之戒，而禁之所由成。刑多而赏少，则无刑；赏多而刑少，则无赏。

刑过则无善；赏过则多奸。王者以赏禁，以刑劝，求过而不求善，而人自为善。赏，文也；刑，武也。文武者，军之法，国之柄。明王首出，庶物顺时，以抚四方。执法而操柄，据罪而制刑，按功而设赏。赏一功而千万人悦；刑一罪而千万人惧。赏无私功，刑无私罪，是谓军国之法，生杀之柄。故曰：能生而能杀，国必强。能生而不能杀，国必亡。一曰：能生死而能赦杀者，上也。刑赏之术，无私于人，常公于世，以为道。其道也非自立于尧舜之时，非自逃于桀纣之朝。周得之而天下治。及其衰也，失之而天下乱。治乱之道在于刑赏，不在于人君。过此以往，虽弥纶宇宙，缠络万品，生杀之外，圣人错而不言。

【译文】

经书上说：古代有虞氏时期，不同地位的人穿戴不同，服饰花纹规定也有区别。用刑律辅以杀戮来治理，而人们并不触犯条律。那时的人纯朴。到了商汤，周武制定了五种刑罚，违犯者就伤残他的四肢，用杀戮辅以刑律来治理，但是作奸犯科的事情不断，人风淫乱。有虞氏并不仁慈，商汤周武并不是暴君。治理方法不同是时代不同的缘故。古代善于治理天下的人，不奖赏仁爱，因为奖赏仁爱就会使人争着施仁爱，这样，国家就会混乱；不奖赏才智，因为奖赏才智就会使人争着出谋划策，而使政治混乱；不奖赏忠直，奖赏忠直就会使人们争着坚持自己所谓正直的行为，而使军队混乱；不奖赏勇猛，奖赏勇猛就会使人们争先向前，而使战阵混乱。遇事行仁爱，设计用才智，对君主要忠诚，办事靠技能，临战杀敌要勇猛，这五点是正常的要求。如果奖赏这些应该遵循的常理，就会引起竞争，竞争就会使政治混乱，政治混乱就必须使用刑法才能治理。所以，奖赏既是忠诚信义的记录，也是产生混乱的根源，刑罚既是忠诚信义之士引以为戒的东西，也是禁止发生违犯条律现象的保证。刑罚多而奖赏少，就不会有被刑罚处治的，奖赏多而刑罚少，也就使奖赏失去了作用。刑罚施用过泛，就会没有善良；奖赏过度，就会使邪恶增多。凡是做王的人，都是用奖赏来禁止越轨，用刑法来劝人循规。宁失之过严，不失之过宽，而人们会自觉行善。奖赏，是文治；刑罚，是武治，文武二者，都是治军的法规，治国的权柄。贤明的君主一出现，便使万物顺应天时，对全国实行安抚之策，执行法律，掌握文武之治这一权柄，根据犯罪情况制定刑罚，按照立功情况设置奖赏。奖赏一个功臣而使千万人高兴；惩治一个罪犯而使千万人畏惧刑律。奖赏功劳不按照个人愿望私自给人，刑罚也不按个人的愿望私自治人。这是国家和军队的法规，是或生或杀的权柄。所以说：能使人生同时又能诛杀，国家必定强盛；只能使人生，而不能诛杀，国家必然要灭亡。也有的说：能使要死的人活下去，使要被诛杀的人得到赦免，是最高明的办法。刑罚和奖赏的手段，不能由个人私自制定，应经常公布于众，作为治国的根本。这个根本并不是在尧舜之时自己产生出来的，也并非自然脱离了桀纣的朝代。周朝得到了这个根本，天下实现了大治。等到周朝衰落，失掉了这个根本，天下又大乱。大治和大乱的道理就在于刑罚和奖赏，而不在于君主。除此以外，虽然还有能够包括宇宙，包罗万象的各种事情，除掌握好生和杀的事情外，圣人都是弃之不管的。

【评述】

李筌认为军队必须制定严密的刑罚，对违法犯纪，必须课以刑法。

地势篇

【原文】

经曰：善战者以地险，以势胜。如转圆石于千仞[①]之坂者，地势然也。千仞者，险之地；圆石者，转之势。地无千仞而有圆石，置之窳塘之中，则不复转。地有千仞而无圆石，投之方棱偏匾之石则不能移。地不因险不能转圆石，石不能圆不能赴深溪。故曰：兵因地而强，地因兵而固。夫善用兵者，高陵勿向，背邱勿逆，负阴抱阳，养生处实，则军无百疾。是故诸侯自战于其地，名曰散地；入人之境不深，名曰轻地；彼此皆利，名曰争地；彼我可往，名曰交地；三属诸侯之国，名曰衢地；深入敌人城邑，名曰重地；山林沮泽险阻，名曰危地；出入迂隘，彼寡可以击吾众，名曰围地；疾战则存，不战则亡，名曰死地。故散地无散战，轻地无留，争地无攻，交地无绝，衢地合交，重地则掠，危地则行，围地则谋，死地则战。是故城有所不攻，计不合也；地有所不争，未见利也；君命有所不听，不便事也。凡地之势，三军之权，良将行之，智将遵之，而旅将非之，欲幸全胜，未之有也。

【译文】

经书上说：善于打仗的人能凭借地形的险要造成势而取胜，就像圆石在千仞的斜坡上滚动一样，是地势造成的。坡高千仞是险要的地形，而圆石处在这种地形上就有滚动之势。坡如果没有千仞，而将圆石放置在上面，那就像将圆石放在粗糙的堤坝上，不会滚动。反之，坡虽有千仞之高，但如果没有圆石放在上面，而把长方或扁平的石头放在上面。石头也是不会滚动的。地形不险要，不能使圆石滚动，石头不圆也不能滚到深谷里去。所以说，军队凭借地形而强盛，地形因为军队而坚固。善于用兵的人，不面对高山，不背向丘陵，而要背阴向阳，面向水草，居高临下。这样，军队就不会生疾病。所以，诸侯在他们自己的领地里打仗，叫作散地；进入别人的领地但涉入不深，叫作轻地；在双方都有利的地方打仗叫作争地；敌、我都可以去的地方叫作交地；属于三个诸侯国的地方叫作衢地；深入到敌人城池之下，叫作重地；山林、沼泽及险阻的地方叫作危地；出入口狭窄的地方，对方可以少数攻击我多数，这叫围地；拼命作战可得生存，而不战则会灭亡的地方叫作死地。因此，在散地不能分散作战，在轻地不能停留，在争地不能进攻，在交地不能断绝，在衢地要结交诸侯，对重地则要夺取，对危地要迅速离开，在围地则要用智谋，在死地就必须坚决打。因此，有的城池就不能攻打，因为攻打它不符合总的计谋；有的地方就不能争夺，因为争夺这些地方看不到有什么利益；对君主的命令也可以有所不听，因为听了对事情不利。地形造成的势，是全军胜败的权柄，优秀的将领都利用它，聪明的将领都遵循它。而小将领却非议它，这样要想获得完全的胜利，是不可能的。

【注释】

①仞：长度单位，古代以七尺或八尺为一仞。

【评述】

本篇论述地形地理利用的问题。

兵形篇

【原文】

经曰：夫兵之兴也，有形有神。旗帜金革，依于形；智谋计事，依于神。战胜攻取，形之事，而用在神；虚实变化，神之功，而用在形。形粗而神细。

形无物而不鉴，神无物而不察。形诳而惑事其外，形圆而密事其内。视其形不见其神，见形神不见其事。以是参之，曳柴扬尘[①]，形其众也；减灶灭火，形其寡也；勇而无刚，当敌而速去之，形其退也；斥山泽之险，无所不在，形其进也；油幕冠树，形其强也；偃旗仆鼓，寂若无人，形其弱也。故形象陶人之埏土，凫氏之冶金，为方为圆，或钟或鼎。金土无常性，因工以立名；战阵无常势，因敌以为形。故兵之势，至于无形，则间谍不能窥，智略不能谋，因形而措胜于众，众不能知。人皆知我所以胜之形，莫知其所以制胜之形。形不能神，不能为变化；神不能敌，不能为智谋。水因地而制流，兵因敌而制胜也。

【译文】

经书上说：战争的发动，有外部形态，也有内部神态。旗帜和锣鼓等就是形。智谋、计划等就是神。战无不胜、攻无不取是形态的事情，而原因都是神态在起作用；虚虚实实、变幻莫测是神态的功效，但具体运用时却表现为形。形是大的方面，而神是小的方面。形态如不依附于具体事物，是无法审察的，神态不依附于具体事物，也是无法体察的。在形态上作假就可以对外迷惑敌人，形式周密无懈就可以使内部进行的事情得以保密。看到了军队的形，不一定能看到他的神；看到了他的神，不一定能看清他所从事的实质。以这些来参证：拖柴扬起尘土，是表示军队很多的样子；减灶减锅，是表示军队减少的样子；虽然勇猛但是脆弱，一碰到敌人就很快跑开，是表示退却的样子；派人侦察高山河流、险阻之地，无所不至，是表示进攻的样子；用桐油涂帐，树上插旗，是表示强大的样子；偃旗息鼓，寂静得就像无人一样，是表示弱小的样子。因此说，军队的形就像陶工揉土和泥，就像凫山人冶炼青铜，把它们做成方的就是方的，做成圆的就是圆的，做钟就是钟，做鼎就是鼎。金和土没有固定的形状，要根据工艺为它们树立名号；进攻和防守也没有固定的形式，要根据敌情来决定它的形态。所以用兵的形态，如果能达到没有形态，那么，间谍也不能窥探到内情，聪敏的敌人也不能推测我的计谋。根据形势用兵就能制胜。大多数人都不知道这一点。人们都知道我胜利的形态，但不知道我为什么能克敌制胜的原因。军队的形如果不能达到神化的程度，就不能作为变化的依托，神如果不能超过敌人，就不能为智为谋。水循地势而流动，军队根据敌人的情况而取得胜利。

【注释】

①曳柴扬尘：见《百战奇略·步战》。

【评述】

本篇讲述军队形（旗帜、号令、人员、智谋等）和神（作风）的关系。形很重要，神更重要。

作战篇

【原文】

经曰：昔之善战人者，如转木石。木石之性圆，则行；方，则止。行者，非能行而行，势不得不行；止者，非能止而止，势不得不止。夫战人者，自斗于其地则散，投之于死地则战。散者非能散，势不得不散；战者非能战，势不得不战。行止不在木石，而制在于人；散战不在于人，而制在于势，此因势而战人也。夫未见利而战，虽众必败；见利而战，虽寡必胜。利者，彼之所短，我之所长也。见利而起，无利则止。见利乘时，帝王之资。故曰：时之至间不容息。先之则太过，后之则不及。见利不失，遭时不疑。失利涉时，反受其害。疾雷不及掩耳，卒电不及瞑目，赴之若惊，用之若神，此因利之战人也。夫战者，左川泽，右丘陵，背高向下，处生击死，此平地之战人也。逼敌无近于水，彼之不免致死拒我，困兽犹斗，蜂虿有毒，况于人乎？令其半渡而击之，前此致免，涉者慕之，蔑有斗心。敌逆水而来，勿迎之于水内，此水上之战人也。左右山陵、溪谷险隘，与敌相遇，我则金鼓蔽山、旗帜依林，登高远斥，出没人马，此山谷之战人也。势利者，兵之便，山水平陆者战之地。夫善用兵者，以便胜，以地强，以谋取，此势之战人也。如建瓴水于高宇之上，砉（huā，快速动作的声音）然而无滞留，又若破竹数节之后，迎刃自解，无复着手矣。

【译文】

经书上说：古时候善于打仗的人，就好像滚动木头和石头一样。木头和石头的形状如果是圆的，就可以滚动；如果是方的，则停止不动。滚动的木头和石头，并不是它自己善于滚动，而是势使它不得不滚动；停止不动的方石和方木，不是因为它自己会静止，而是势使得它不得不静止。打仗的人，在自己的土地上打仗，就会使兵卒溃散；而将兵卒置于死地，士卒就会死战。士卒溃散并不是由于他们善于溃散，而是势使他们不得不散；死战的士卒并不是由于他们愿意死战，而是势使他们不得不死战。木头和石头的滚动或静止不在木石本身，使他们滚动或静止在于人；士卒的溃散并不决定于士卒本人，使士卒溃散的原因在于势。这就是根据势而与人作战。没见到有利因素开战，虽然人多也必定失败。看到有利后才去打仗，虽然人少也必然胜利。有利就是对方的短处，我的长处。看到有利就行动，不利就停止。条件有利，又能抓住时机，这是帝和王们赖以成功的资本。因此说：时机到了，就不容错过丝毫。提前就太过头了，推后就赶不上了。看到利就不能失去，碰到好时机就不能迟疑。失掉有利条件，错过大好时机，就会反受其害。迅雷使人来不及捂住耳朵，突然的闪电使人来不及闭住眼睛。这样出击，使敌人震慑，达到了用兵如神。这就是依照有利条件与人作战。打仗的时候，左有河流沼泽，右近丘陵山地，就应背高面下，居高击下，这就是在平易之地与人打仗。不要把敌人逼近到水边，如果将敌人逼到了水边，敌人就不免会拼死抗拒。困兽犹斗，蜜蜂、蝎子用毒刺拼命，更何况人呢？可在敌渡河到一半时再进攻他，这样，前头已渡过河的人可避免战死，正在过河的人想着快过，就没有打仗的心思。对逆水而来的敌人，不要在河上迎击他们，这是在水上与人打仗。在左右两边都是高山深谷的险隘地形与敌相遇时，就应该在山上广置锣鼓，遍插旗帜，使之像树林一样。派人登高远看，使人马忽隐忽现，这是在山谷与人打仗。有利的势是部队的便利之处，山水和平易之地是交战的好地方。善于用兵的人，往往凭借有利条件取胜，凭借好的战场取胜，凭借智谋取胜。这是利用势与人打仗，如同在高屋在倒水，哗啦一下直泻下来而屋上没有水；如同劈竹子，劈开几节之后，竹子便迎刃而解，无须用力一样。

【评述】

本篇论述战场争胜需要创造有利条件。凭借智谋、凭借地利造成高屋倒水、迎刃破竹之势。

攻守篇

【原文】

经曰：地所以养人，城所以守地，战所以守城，内得人焉。所以攻守：力不足者守，力有余者攻。攻人之法，先绝其援，使无外救。料城中之粟，计人日之费。粮多人少者，攻而勿围。力未屈，粟未殚，城尚固而拔者，攻之至也。力屈，粟殚，城坏而不拔者，守之至也。夫守城之法，以城中壮男为一军，壮女为一军，男女老弱为一军。三军无使相遇。壮男遇壮女则费力而好生，壮女遇老弱则老使怨，弱使强悲怜在心，则使勇人更虑，壮夫不战。故曰：善攻者，敌不知所守；善守者，敌不知所攻。微乎微乎，至于无形，神乎神乎，至于无声。故能为敌之司命。

【译文】

经书上说：土地能够养育人，城邑能够防守土地，打仗能够守住城池的原因，都是有人的作用。或攻或守的原因是：力量不足的就防守，力量有余的就进攻。进攻敌人的方法是：先阻断他的外援，使他没有外面的援救。再估计城中的粮食，计算人员每日的消耗，如城中粮多人少就要进攻而不要围困。兵力未竭，粮草未尽，城池还较坚固就攻下来了，是最好的进攻；兵力耗尽，粮草已完，城墙已被破坏但仍未攻取下来，是最好的防守。守城的办法是：将城中壮年男子编为一军，壮年女子编为一军，男女老弱编为一军。让这三军没有相遇的机会。壮年男子遇见壮年女子则耗费精力而又贪生，壮年女子遇见老弱，就会出现：老人使她们心里产生埋怨，弱者使强者心怀悲怜。这样，勇敢的人有顾虑，力壮的人不愿打仗。因此说，善于进攻的人，敌人不知如何防守，善于防守的人，敌人不知如何进攻。这真是微妙，微妙到看不见形。这真是神奇，神奇到听不见声，因此能够为敌人发号命令。

【评述】

本篇论述攻守关系。认为力不足者应守，力有余者应攻。善攻者敌不知所守，善守者敌不知所攻。

行人篇

【原文】

经曰：国君择日登拜大将军，缮用兵，具卒乘，出则破人之国，败人之军，杀人之将，虏人之俘。裹粮万里，行于敌人之境，而不知敌人之情，将之过也。敌情不可求之于星辰，不可求之于鬼神，不可求之于卜巫。昔商之兴也，伊尹为夏之庖厨；周之兴也，吕望为商之渔父；秦之兴也，李斯为山东之猎夫；汉之兴也，韩信为楚之亡卒；魏之伯也，荀彧[①]为袁绍之弄臣；晋之禅也，贾充[②]仕魏之起也。崔浩进，故七君用之而帝天下。夫贤人出奔，必有佞臣持，君之衡是以失度。雅侈佞桀，崇侯谄纣，优旃惑晋。故曰：三仁[③]去而商墟，二老[④]归而周炽，子胥死而吴亡，范蠡存而越伯，五羖入而秦喜，乐毅出而燕惧。将能收敌国之人而任之，以索其情，战何患乎弗克。故曰：罗其英，敌国倾；罗其雄，敌国空。他山之石，可以攻玉。夫行人之用事，有三：一曰，因敌国之人来观衅于我，我高其爵、重其辞、复其事，实则任之，虚则诛之，任之以乡道。二曰，吾使行人观敌国之君臣，左右执事，孰贤孰愚；中外近人，孰贪孰廉；舍人谒者，孰君子孰小人。吾得其情，因而随之，可就吾事。夫三军之重者，莫重于行人。行人之谋，未发有漏者，与告者皆曰死谋。发之日，削其稿，焚其草，金其口，木其舌，无使内谋之泄。若鹰鹯之入丛林，无其踪；若游鱼之入深潭，无其迹。离娄[⑤]俛首不见其形，师旷[⑥]倾耳不聆其声。微乎，微乎，与纤尘俱飞！岂饱食醉酒、争力轻命之将，而得行人之事哉！

【译文】

经书上说：国君选择吉日登上将坛，拜封大将军。大将军修理铠甲兵器，准备车乘，一出兵就攻破敌人的国家，打败敌人的军队，斩杀敌人的将领，俘虏敌国的人员。带着粮食行军万里，深入敌人之境而不知道敌人的情况，这是将领的过失。了解敌人的情况，不能求之于星辰，不能求之于鬼神，也不能求之于算卦占卜。当年商朝的兴起是由于伊尹曾做过夏朝的厨师；周朝的兴起是由于吕望曾当过商朝的渔夫，秦国的兴起是因为李斯曾是山东的猎户；汉朝的兴起，是因为韩信是楚国逃亡的士兵；魏国能成为三国之雄，是因为荀彧曾是袁绍的宠臣；晋能接受魏国的禅让，是因为贾充曾是魏国的官员。北魏崔浩进朝，七个君主都任用他，因此而做了天下的皇帝。圣贤之人出国逃奔，国内必定有奸佞之臣把持朝政，君主衡量奸贤的标准失度。雅侈是夏桀身边的奸臣，崇侯氏谄媚于纣王，优旃迷惑晋朝。所以说，（微子、箕子、比干）三位仁者离去后，商就化为了废墟，（伯夷、吕望）二位长者归顺后，周朝的国势就昌盛；伍子胥一死，吴国也便灭亡了；因为有了范蠡，越国便成为霸主，五张羊皮换回百里奚后，秦穆公大喜；乐毅出逃后，燕国便惧怕齐国。如能收容敌国之人为将，以求获得敌国情形，那么打仗时有什么不能攻克的呢？所以说，网罗敌国的英才，那么敌国就要覆灭，网罗敌国的雄才，敌国就要完蛋。他山之石，可以攻玉。对侦探的使用有两点：一是敌国的人来窥伺我方情况，我应给他高的爵位，重视他说的话，审核他的使命。如果是真的就任用，如果是假的就杀掉他。如果用就用来做向导。二是我方派遣使者去察看敌国君臣身边管理事情的人谁贤明、谁愚笨；看朝廷内外得宠的人谁贪财、谁廉洁；门客、访者谁是君子，谁是小人。我方知道了这些情况，就可据情行事，就可使事情成功。三军中最重要的人，莫过于侦探人员，侦探人员的计谋，在还没展开之前，就泄露或告密了，都被叫作死谋。派出人员的计谋执行之时，要烧掉手稿，毁掉笔迹，紧闭嘴，不说话，不让内部的计策外露出去，要像鹰飞入丛林，像鱼游入深潭一样，没有踪迹。即使是离娄低头也看不到形，师旷侧耳也听不到声。微妙啊微妙！微妙到像微小的灰尘一样飞得无影无踪。那些酒足饭饱，忘死拼命的将领，怎么能够从事派出侦探这样的事情呢？

【注释】

①荀彧（163—212）：彧（yù），字文若，颍川颍阴（今河南许昌）人，曹操的著名谋士，初依附袁绍，继归曹操，为司马，后任尚书令，参与军国大事。

②贾充（219—282）：西晋大臣。协助司马炎逼魏元帝禅让帝位。

③三仁：商纣王的臣子微子见纣王昏乱残暴而离去；箕子、比干因劝谏纣王而被辱被杀。孔子称此三人为三仁。

④二老：孟子称伯夷、吕望为二老，后人亦将两齐名的长者称为二老。

⑤离娄：传说为黄帝时的人，眼明，能于百步之外见秋毫之末。

⑥师旷：春秋时期晋国的乐师，眼瞎，但辨音能力很强。

【评述】

本篇讲述对敌方人才的使用问题。李荃认为应该大胆启用了解对方情况的人才。

鉴才篇

【原文】

经曰：人秉元气所生，阴阳所成。醇和平淡，元气也；聪明俊杰，阴阳也。淳和不知权变，聪明不知至道。夫人柔和安恕，失于断决，可与循节，难与权宜；强悍刚猛，失于猜忌，可与涉难，难与持守；贞良畏慎，失于狐疑，可与乐成，难与谋始；清介廉洁，失于拘执，可与立节，难与通变；韬晦沈静，失于迟回，可与深虑，难与应捷。夫聪明秀出谓之英，胆力过人之谓雄。英者，智也；雄者，力也。英不能果敢，雄不能智谋。故英得雄而行，雄得英而成。夫人有八性不同，仁、义、忠、信、智、勇、贪、愚。仁者好施，义者好亲，忠者好直，信者好守，智者好谋，勇者好决，贪者好取，愚者好矜。人君合于仁义，则天下亲；合于忠信，则四海宾；合于智勇，则诸侯臣；合于贪愚，则受制于人。仁义可以谋纵，智勇可以谋横。纵成者王，横成者伯。伯王之道，不在兵强士勇之际，而在于仁义智勇之间。此亦偏才，未足以言大将。若夫能柔能刚，能张能翕，英而有勇，雄而有谋，圆而能转，环而无滞，智周于万物而道济于天下，此曰通才。可以为大将军矣。故曰：将者，国之辅。辅周则国强，辅隙则国弱，是谓人之司命，国家安危之主，不可不察也。明主择人之际，阅其才通而周，鉴其貌厚而贵，察其心贞而明；居高而望远，徐视而审听，神其形，聚其精，若山之高不可升，若泉之深不可测。然后审其贤愚以与言，择其智勇以任事，乃可任之也。夫择圣以德，择贤以道，择智以谋，择勇以力，择贪以利，择奸以隙，择愚以危。事或同而观其道，道或异而观其德，或权变而观其谋，或攻取而观其勇，或货财而观其利，或捭阖而观其间隙，或恐惧而观其安危。故曰：欲求其来，观其往，欲求其古，察其今。先察而任者昌，先任而察者亡。昔市偷自鬻于晋，晋察而用之，胜楚。伊尹自鬻于汤，汤察而用之，放桀。智能之士，不在远近。仁人不因困厄，无以广其德智；士不因时弃，无以举其功；王者不因绝亡，而无以立其义；伯者不因强敌，无以远其患。明主任人，不失其能；直士举贤，不离于口。无万人之智者，不可据于万人之上。故曰：不知军中之事而同军中之政者，则军士惑矣；不知三军之权而同三军之任者，则军士疑矣。三军既惑且疑，则诸侯之难至矣。夫如是，则君不虚王，臣不虚贵。所谓君道知臣，臣术知事者耳。

【译文】

经书上说：人是秉承元气产生，由阴阳合成的。纯朴谦知，平静无奇就是元气，而聪明和才智就是阴阳。纯朴谦和就不知道权衡，聪明就不知道遵循最高的道德。性格柔和、安稳宽恕的人，往往缺少决断，可以同他一起按部就班的行动，难以同他一起因事而变；性格猛悍刚烈的人，往往失于猜疑妒忌，可以同他一起共赴艰险，难以同他一起共守大业；善良胆小的人，往往失于怀疑，可以同他一起共享成果，难以同他一道开始谋划；廉洁清白的人，缺点是拘谨固执，可以同他一起制订规范，难以同他一起灵活处事；善于隐藏才能，内向沉稳沉静的人，缺点是遇事迟缓，可以同他一起深谋远虑，难以同他一起应付突变。聪明出众，称之为英；胆力过人，称之为雄。英就是才智，雄就是勇力，英者缺乏果断；雄者缺乏智谋。因此，英者只有得到雄者才能实行，雄者只有得到英者才能成事。人有八种不同的本性，即仁、义、忠、诚、智、勇、贪、愚。仁人乐善好施，讲义气的人易亲近人，忠诚的人耿直不讳，诚实的人恪守诺言，聪明的人爱好计谋，勇敢的人果敢决断，贪婪的人爱取财货，愚笨的人矜夸自负。如果国君的本性符合仁义，那么天下就亲近；符合于忠诚，那么四海就会归顺；符合于智勇，那么诸侯就会臣服；符合于贪愚，那么就会受制于人。仁义可以谋划出竖直的关系；智勇可以谋划出左右的关系。谋划出竖直关系的可以做王，谋划出左右关系的可以做霸。王和霸的道理不在于军队强大、官兵勇猛这些方面，而在于本性的仁义、智勇上面。这些都是讲的偏于单方面的才能，还不足以讲清大将的品性。如果能柔能刚，能开能合，聪明而勇敢，勇猛又有谋略，思维周密而又善变化，左右逢源而不受阻碍，才智渊博能包罗万物，道德有益于天下，这样的人称为全才，可以授任做大将。所以说，大将是国家的辅佐。辅佐周密、全面，那么国家就强盛；辅佐有漏洞，那么国家就衰弱。这是掌握人命运的人，国家安危的主体，不能不细察。贤明的君主在选择人才的时候，要看他的才能是否精深而广博，看他的外貌是否忠厚而受尊敬，查明他的心底是否正直而明达。要站得高看得远，徐徐观察，审慎听辨，察言观色，汇集他的心理，像山高不可登，像泉深不可测一样。然后，和他谈话审察他是贤明还是愚笨，让他办事来区分他的智慧和勇气，这样才可以任用。选择圣人要看德行，选择贤人要看道义，选择智者要看计谋，选择勇者要看力量，考察贪婪要看在利益面前的态度，考察奸人要看他在有机会时的表现，考察愚人要看其在危急面前的作为。表现相同就要看他们的道理，道理不同就要看他们的德行。或者随机应变看他们的智谋，或者用攻战的办法看他们的勇气，或者给他们财货而看他们在利益面前的态度，或者通过控制和放松来看他们在有机会时的表现，或恐吓他们而看他们态度的安与惊。所以说，要想知道他们的未来，就要考察他们的以往，要搞清他们的过去，就要弄清他们现在的为人。先考察然后再任用的就兴盛；先任用而后考察的就失败。当初，市偷将自己卖给晋国，晋国考察之后任用了他，结果战胜了楚国。伊尹将自己卖给商汤，商汤考察之后任用了他，结果放逐了夏桀。有才智有能力的人不在于疏远和亲近。仁义之人如果不是由于他的窘困，就无法使他的德行和智谋广为人知；有才能的人如果不是由于时人的遗弃，就无法建立功勋，王者如果不是由于处于绝境，就无法树立信义，霸主要不是由于敌人强大，就无法远离祸患。贤明的君主任用人，能使人不失掉发挥才能的机会；忠直之士推贤举能，能做到经常不离口。没有万人才智的人，不能官居万人之上。所以说，不懂军队的事情，而参与军中政事，就会使官兵迷惑，不了解军队的权衡利弊，而担任军队职务，就会使官兵怀疑。三军既迷惑又怀疑，诸侯兴兵作乱的灾难就要临头了。如果能像前面所说的那样（知人善任），那么君主就不会枉为王者，臣下也不会枉为尊贵了。这就是所说的君主的道理，就是了解臣子，臣子的道理就是熟知具体事情。

【评述】

本篇讲述知人善任的问题。

《太白阴经》总评

《太白阴经》又名《神机制敌太白阴经》，是我国唐代以后有一定影响的兵书，为唐李筌撰。

李筌号少室山达观子，籍贯不详，曾做过河东节度使（治所在今山西太原市西南，辖境在今山西西北地区）都虞侯、荆南节度（治所在今湖北沙市，辖境在今湖北荆州地区）副使、仙州（在今辽宁西丰南）刺史等官。曾注过《孙子兵法》。

李筌作《太白阴经》时，声称得到了黄帝所作的《握机经》，《太白阴经》是根据《握机经》作的。根据后人考证，《握机经》实际也是李筌所作。《太白阴经》成书于 768 年（唐代宗时期）。《唐书 · 艺文志》《宋史 · 艺文志》等都记载该书共有十卷，而《四库全书》收藏的只有八卷。这八卷从内容和体裁来看都是完整的，很可能是经人整理和合并而成的。卷一、卷二讲的是战争的谋划，卷三叙述军队的各种程序、仪式，卷四讲兵器、装备、战具，卷五讲地形、地物和通信联络等准备工作，卷六为阵图，卷七、卷八为军队的各种杂式，包括祭文、文书、医药、星象等。现选卷一（人谋上）和卷二（人谋下），以供研究。原文文字均选自甘肃省图书馆所藏《墨海金湖》，各篇开头所谓“经曰”均指《握机经》。

从“人谋上”和“人谋下”这两卷的内容可以看出，《太白阴经》在政治上主张富国强兵，抑制强权，反对分裂，任贤使能，文武并治，这无疑体现了革新的精神。在军事上，《太白阴经》继承了春秋以来兵法家的朴素唯物思想，认为天地阴阳都不能决定战争的胜败存亡、吉凶善恶，战争的胜败决定于人事。它对迷信、巫卜之类是反对的，提出“任贤使能不时日而事利；明法审令不卜巫而事吉；贵功赏劳不时祀而得福”。特别突出的是：这两卷文字自始至终充满了军事辩证法。例如，在人性问题上，它认为人性和地理环境有一定关系，但又认为不是决定性的，人性是可以改变的。在天时、地利和人事的关系上，它认为天时、地利都很重要，但决定的又是人事。在人的品性和才智的关系问题上，主张既重品性，又重才智。在刑和赏、奇和正、形和势等方面都有独到的辩证解释。哲学家任继愈曾称赞李筌是“一个长期被忽略了的唐代哲学家”。另外，书中存录了不少有价值的资料，亦为后世兵家所重视。

守城录（节选）

一、陈规《靖康朝野佥言》[①]后序

【原文】

靖康丙午，规以通直郎知德安府安陆县事。丁未春正月，群盗王在等犯德安府。时郡将阙，规摄府事，贼来攻城，规在城上与贼语，问何因到此。贼言："京城已为金破。"规独念都城之大，壕堑深阔，城壁高厚，实龙渊虎垒，况禁旅卫士百万。虽金人乘我厄运，一时强盛，亦何能破？殆不足信。二月四日，贼遁，遣人诣都城奏功。还，乃知京城果为敌陷。徒深痛切，但不知破城之所以然。尔又恨当时不得身在围城中，陪守御之士，以效绵薄。绍兴己未春三月，朝廷既复河南，规自祠宫被命知顺昌府。夏五月到官。行及期年，暇日会同僚语及靖康之难。汝阴令云："尝收东斋杂录一篇。中有《靖康朝野佥言》，具载金人攻城始末。"规得之熟读，痛心疾首，不觉涕零。嗟呼！治乱强弱，虽曰在天有数，未有不因人事得失之所致也。扬雄[②]所谓："天非人不因，人非天不成。"靖康京城之难，若非人事之失，则天亦不得而为灾。规不揆至愚，窃观金人攻陷京城，朝廷大臣与将吏官帅应敌捍御之失，虽既往不咎，然前车之覆，后车之戒，事有补于将来，不可不备论也。朝廷欲再援太原，大臣以为中国势弱，敌势方强，用兵无益，宜割三镇以赂之。殊不知势之强弱在人为，我之计胜彼则强，不胜彼则弱。若不用兵，何术以壮中国之势，遏敌人之强？用之则有强有弱；不用则终止于弱而已。强者复弱，弱者复强；强弱之势，自古无定，唯在用兵之人何如耳。

河东宣抚使统兵十七万以援太原，又招河东义勇禁兵五万，共兵二十二万，皆败绩。致太原陷于敌，非兵不多，盖用兵之失也。其所以失者，兵二十二万直行而前，先锋遇敌者有几？一不胜而却，与其后大兵皆却，宜乎不能援也。有识者观之，不待已败，而后知其不能援也。殊不知攻城者，

分攻城兵、备战兵、运粮兵、扼援兵，若兵不多，则攻必不久而速退，又不待其援也。假使当时往援者将良得计，虽无兵二十二万，只十万亦可以必援。又无十万，只五万亦可以优为之援也。又不五万，至旗下亦可援之理。且以五万为率，若止分为五十将，留十将护卫大将，兼备策应内外，三两将诣扼援兵前，广张兵势，牵制扼援之兵。以二十将分地深入敌境，绵亘可布三五十里。不知敌人用兵多少，便能尽害。以二十将周围行偏僻小路，寻求向导，多遣远探，向前设伏，伺望敌人打粮出兵；多则退之，少即擒之；但绝其粮道，不必深入，直抵城下，其贼自退。又且兵既分遣，则人力并用。假令数将失利，其大兵必不至于一齐败衄，溃散为盗。京城之难，其源在于援太原之失利也。

尼玛哈攻太原之寿阳，寿阳城小而百姓死守，凡三攻，残敌之众万人，而竟不拔。此必守城人中有善为守御之策者。佥言以为城小而百姓死守者，非也。攻城者有胜有死，善守者有生无死。寿阳之人，可谓善守。而不得谓之死守。又或云城小而坚者，亦非也。若城太小，矢石交通，善守者亦难以设险施策。规以为城愈大而守愈易。分段数作限隔则易守。若已先策定险备，设使贼欲登城，纵令登城，已登即死；贼欲入城，引之入城，已入即死。今夫百里之城，内有数步之地，贼人登之，守城之人，便自甘心伏其城拔，乞命于贼者，非攻之善，乃守之不善也！

九月，安炮于封丘门外。大炮数百座，皆在门外。贼至不收，遂为金人所得，咸谓金人得攻城之具。规以为破亦不在此。有善守者，假使更资炮数百座，亦必无害。在于御炮之术善不善也。统制官辛康宗以贼去城远，止兵不得发箭，止之甚善。百姓鼓众击杀，此亦见其自乱，素治之术失也。

敌先采湿木编洞屋，以生牛皮盖其上戴之，令人运土木填濠，欲进攻城。守城人若得计，则城内先施大炮碎之；亦可用单梢炮，取远至二百五十步外者，制其首领。用众之人盖益州郡旧有朝廷所降守御册定格，单梢炮上等远至二百七十步，中等二百六十步，下等二百五十步。不知京城当时仓卒之际，此格用与不用。若人稍不究心，则下等二百五十步，亦莫能及；若能究心，则二百七十步过之甚易。又以小炮御近众，其小炮每十人已上，不过十五人施放一座，亦可以致数十步。勿谓小炮不能害物，中人四肢，则四肢必折；中腰以上，则人必死。中马亦然。又况大炮每放一炮，小炮可放数炮。不必用石，以重三四斤泥圆为之。泥圆之利亦博，不独放时易得无穷；放去中人，人必死伤；不中则泥圆为炮击破，不致反资敌用。若要摧毁攻械，则须用大炮及石。金人攻城用大炮，盖欲摧坏城楼；守城者欲摧毁敌人攻械，大炮与小炮齐用，纵敌在城外伐大木为对楼云梯[3]火车等攻械，可以破尽。金人广列垒石炮座，寻碑石磨盘石羊虎为炮；欲攻之所，列炮座百余，飞石如雨，击守城之卒，死伤日不下一二十人。此非攻城之能，盖守御官一时失计耳。苟守御官得计，止令卒近女头墙[4]坐立，城外炮来，高则于女头墙上过，低则打中女头墙，击破在外；无缘中人一卒，亦不至于死伤日不下一二十人者。唯女头墙稍加高厚，则愈加安堵。又须先用稍大木，造高一丈长一丈阔一丈上下外直里斜外密里稀洞子，外密处以大麻绳横编，如荆竹笆相似，以备炮石众多，攻坏女头墙，即于两边连珠进洞子向前，以代女头。若此则炮石纵大数多，未易损坏。间有损者，即逐旋抽换。假令只如此御捍，则炮石亦何能害人？已可必其无虞也。

敌以云梯对楼攻东水门。其间御捍，有设重楼获胜者，固甚善也；又恐人在重楼之上，愈招矢石。又攻东门，守御官守具亦备。对楼云梯至，每以木冲倒，仆死者无数，此亦奇策。然持冲木人与对楼上人相对不免互伤，亦非全胜。金人填壕桥城，运对楼过壕攻成。城下列炮座二百余所。七梢炮、撒星炮、座石炮并发，又以强弩千余助之。城上矢石如雨，使守御卒不能存立，然后推对楼使登城。每对楼上载兵八十人，一对楼得城，则引众兵上。此金人攻城之方也。其炮大数多，矢石齐发，只前说女头墙次备以洞子，皆可隔尽矣。对楼登城，每一对楼，果能载兵八十人？楼广不过二丈，当面立得几人？与守城人接战者，不过十数人而已。假令八十人尽用力，施设五对楼，止四百人。此外必无伏兵，亦无奇兵。楼高须及五丈，乘高而来，其迹亦自甚危。自履危地，来与城上立平地人接战，胜负人人可以自决。若守城者于此不胜，则交战于平田广野之地，不知其败若何。况对楼填平壕上，唯可以直进直退，必不能于城下横行。守人备御，不过止备对楼所占之地。假使有十对楼，所占地步数亦不多，不独接战可以必胜，纵兵上城获全胜者，术亦多矣。不思则弗得也。

敌用云梯，止要登城。每座云梯，须十余人可以负荷到城。城上御之，亦难向前来。纵不御之，使敌倚城登梯，上至城头，少不死者，何以致之？

于女头墙里鹊台上，靠墙立排叉木，每空阔三四寸一根，通度枪刀向上，高出女头墙五六尺。敌至女头墙上，必为排叉木隔住，背后乘空，守御人于木空中施枪刀刺击，岂有刺击不下者？下而不死者鲜矣。

闰十一月二十四日再攻。推对楼五座，盛矢石来城上。以竿冲倒三座。城上士卒争持草以焚之。对楼木多而草盛火炽，火乘南风遂引烧城上楼子三座。对楼既倒在城外，必不能却回，亦不能再起，自是堵住敌人攻械来路，可以置而不问。焚者失也，纵不引烧城楼，止烧了敌人对楼，亦是城上人自持草火，与敌烧开再进攻械来路。此事大失。所有再造成楼骨格，欲于旧处安立者，以理度之，自是敌必不容，矢石必倍。守御官若能用前说，造洞子于阙楼子处两头连珠并进，不终日决可蔽合，权代女头墙，以隔矢石，矢石虽愈倍于前，亦必无害。次于烧了城楼处两头，横直深埋排叉木，以防敌急登。城上分甲兵两向攻打。城里从下斜筑向上至城面，外根向下陡峻。次于城里脚下取土为深壕，离壕三五丈，筑月城围之。使敌乘对楼到城，如不下对楼，上城却回则已，若上城，必自立不得，倒入壕内无不死者。如此一挫，必罢攻退兵。乃守御之人失之以致城陷，岂不痛哉。凡攻守之械，害物最重，其势可畏者，莫甚于炮，然亦视人之能用与不能用耳。若攻城人能用，而守城人不能御之，则攻城人可以施其能；若守城人能用，则攻城人虽能者，亦难施设。窃闻金人用炮攻城，守御人于城上亦尝用炮。城面地步不广，必然难安大炮，亦难容数多。虽有炮台，炮台地步亦不甚广。又炮才欲施放，敌人在外先见，必须以众炮来击。又城上炮亦在高处，自然招城外敌人用炮可以直指而击之。以此观当时守御之人，其不能用炮也明矣。假令当时于城里脚下立炮，仍于每座炮前埋立小木为衣。敌人在外，不见立炮所在，虽有能用炮者，何由施设？或谓炮在城里，炮手不能见得城外事，无由取的。每一座炮，别用一人于城上，专管城里一座外照物所在，里照炮梢，与外物相对，即令施放。少偏，则令炮手略少挪脚；太偏，则令拽炮人抬转炮座。放过，则令减人或用炮稍大者；不及，则令添人或用炮稍小者。照料得一炮打中后，炮少有不中。又城里立炮，可置数多。守御人用炮若止能如此，则攻城人用炮何能为也？

筑城之制，城面上必作女头墙。女头墙中间立狗脚木一条。每两女头中挂搭篦篱，唯可以遮隔弓箭，于炮石则难以遮隔。若改作平头墙，不用篦篱，只于近下留品字方空眼，与女头相似，亦甚济用。

或问何以备御城外脚下？自有马面墙，两边皆见城外脚下，于墙头之上，下害敌之物。当敌人初到城下，观其攻械势恐难遏，宜便于城里脚下取土为深阔里壕，去壕数丈，再筑里城一重。对旧城门，更不作门；却于新筑城下缘里壕，入三二里地新城上开门，使人入得大城直行不得须于里壕垠上，新城脚下缭绕行三二里，方始入门。若此则假使敌善填壕，只不过填得里壕。若由门入城，须行新城脚下，里壕垠上。新城上人直下临敌，何物不可施用？正是敌人死地，必不敢入。由正门入城，尚且不敢，则岂肯用命打城？但只如此为备，则敌兵虽多，攻械百种，诚可谈笑以待之矣。又况京师旧城，亦自可守。若逐急措置，便可使势如金汤，有不可犯之理。兼京城之内，军兵百姓，金银粟帛，计以亿兆之数，亦莫能尽。若令竭力修作，不独添筑一城一壕，可不日而成，假令添筑城壕数重，亦不劳而办。重城重壕既备，然后招敌人入城议事，彼若见之，必不攻而自退。俗谚云："求人不如求己。"古人云："上策莫如自治。"又："事贵制人，不贵制于人。"皆此之谓也。

京城周围地约一百二十里，闻当时敌在城外，诸门多闭，有以土实者，止开三两门通人出入。如此乃是自闭生路，而为敌开其生路也。为守之计，不独大启诸门，仍于两门之间更开三两门，使周围有门数十座。齐门于城内运土出入，填壕作路，使战兵出入无至自碍。城上觇望敌人空隙，稍得便处，即遣兵击杀，或夜出兵，使敌在外所备处多，昼夜备战，无有休息，彼自不能久攻。兼既城内创开城门，自运土填壕，欲为出兵计，则其在外填壕欲入之计，不攻自破。然所以敢自创开城门出填壕者，非谓敌兵可欺，盖恃其自于城内设险已备，引敌入城，而敌必死耳。晋王濬⑤遣都护王昌及鲜卑段疾陆眷、末柸等部五万之众，以讨石勒⑥。诸将皆劝勒固守以疲寇，独张宾、孔苌以为可速凿北垒，为突门二十余道。勒即以苌为攻战都督造突门于北城。鲜卑入屯北垒，勒候其陈未定，躬帅将士，鼓噪于城上；会孔苌突诸门，伏兵俱出击之，生擒末柸，疾陆眷等众皆奔散。苌乘胜追击，枕尸三十余里，获铠马五千匹。此乃守中有攻，可谓善守城者也。后之守城者何惮而不法欤？

州郡城池之制，人皆以为尽善。城上有敌楼，而敌人用大炮摧击。城高数丈，而敌人用天桥、鹅车、对楼、幔道、云梯等攻具登城。据其城池之制作，可以自谓坚固前古所未有；奈何敌人攻械之备，亦前古所未有。故事贵乎仍旧，而人惮于改作，皆不可必者。古人所谓利不百者不变法，功不十者不易器。以今城池之制观之，虽利不至于百，功不至于十，然自古圣人之法，未尝有一定之制，可则因，否则革也。为今之计，如敌楼者，不可仍旧制也。宜于马面上筑高厚墙，下留品字样方径及尺空眼，以备觇望，及设施枪路。墙里近下，以细木盖一两架瓦棚，可令守御人避寒暑风雨。屋在墙里，比墙低下，则炮在外虽大而数多，施设千万悉莫能及人。

壕上作桥，桥中作吊桥，暂时隔敌则可，若出兵则不能无碍。宜为实桥，则兵出入俱利。

城门宜迂回曲折，移向里百余步置。不独敌人矢石不入，其旧作门楼处，行人一步向里，便是敌人落于阱。何谓落阱？盖百步内两壁城上，下临敌人，应敌之具，皆可设施。又于旧门前横筑护门墙，高丈余，两头遮过门三二丈。城门启闭，人马出入，壕外人皆不见，孰敢窥伺？

城外脚下，去城二丈临壕垠上宜筑高厚羊马墙，高及一丈，厚及六尺。墙脚下亦筑鹊台，高二三尺，阔四尺。鹊台上立羊马墙，上亦留品字空眼，以备觇望及通枪路，亦如大城上女头墙。墙里鹊台上栽埋排叉木，以备敌填平壕堑，及攻破羊马墙至城脚下，则敌于羊马墙内两边受敌，头上大城向下所施矢石，即是敌当一面，而守城人三面御之。羊马墙内兵赖羊马墙遮隔壕外矢石。是羊马墙与大城系是上下两城，相乘济用。使敌人虽破羊马墙而无敢入者。故羊马墙比大城虽甚低薄，其捍御坚守之效，不在大城之下也。又羊马墙内所置之兵，正依城下寨，以当伏兵。不知敌人以何术可解？若此则既有羊马墙，而鹿角木可以不用，仍于大城上多设暗门，以备遣兵于羊马墙内出入。又羊马墙脚去大城脚止于二丈。不令太远者，虑大城上抛掷砖石，难过墙外，反害墙内人；又不令太近者，虑其太窄，难以回转长枪。又于大城里城脚下作深阔里壕，里壕上向里度地五七丈，可作来往路，外筑里城排叉木，但多备下敌攻城应敌处。用此以设备，虽使敌人善攻，不足畏也！墨翟，宋大夫，善守御。公输般为云梯之械，将攻宋。墨子见之，乃解带为城，以褋为械。九设攻城之机，墨子九拒之。公输般攻械尽，墨子守有余。公输屈曰："吾知所以拒我者！"以此见攻械者，宜乎古人以为策之下也。夫守城者，每见敌人设一攻械，而无数策以拒之者，未之思也。规尝闻孙子曰："兵者，国之大事，死生之地，存亡之道，不可不察也。”又以为兵者诡也，用无中形，诡诈为道，“故能而示之不能，用而示之不用，近而示之远，远而示之近”，“攻其不备，出其不意。此兵家之胜，不可先传也”。然而有传之于家而达之于远，有利而无害，有得而无失者，不可不先传也。嗟乎，靖康丙午，金人以儿戏之具攻城，守御者一时失计，遂致城拔。迨及一纪有余，而金人犹不思当时幸胜，尚以骄气相陵。规于未知金人攻城设炮之前，每见人云：“金人攻城，大炮对楼，势岂可当？”贵显言之，则怏然而不敢辩；众人言之，则亦不敢痛析。今既知其详，则岂可不尽曲折，剖其所见而言之？然用兵之道，以正合，以奇胜。善出奇者无穷，如天地不竭，如江海千变万化，人何能穷之？今止据金人攻城设施，略举捍御之策。至于尽精微，致敌杀敌之方，虽不惮于文繁，而有所谓真不可示人者，未之传也。又况虽欲传之，有不可得而传者矣。唯在乎守城之人，于敌未至之前，精加思索应变之术，予为之备耳。区区管见，辄序于佥言之后。绍兴十年五月日陈规序。

【译文】

靖康丙午年，我以通直郎的官职，主持德安府安陆县的政务。丁未年春正月间，群盗王在等侵犯德安府。当时德安府郡将空缺，我代理德安府政务。贼兵前来攻城，我在城楼上同他们对话，问他们为什么到这里。贼兵说：“京城已被金兵攻占。”我独自思忖，京都城池很大，堑壕深而宽，城墙高大厚实，如同龙渊虎垒一样，况且还有禁军卫士近百万人。虽然金人乘我国混乱，暂时强盛起来，然而怎能攻占京都呢？恐怕言不足信。二月四日贼兵逃去，我派人去京都报功。派去的人回来后我才得知，京城果然被敌人攻陷了。我深感痛切，却不知道敌人是怎样攻占京城的，随即又怨恨自己当时不能在被围困的城池中，同守城将士一起，报效自己微薄的力量。绍兴己未年（1139）春三月，朝廷收复淮河以南地方，我在祠宫被任命为顺昌知府。当年夏天五月到任。任职一年后，暇日里与同僚谈到靖康之难。汝阴县令说：“曾收集了一本杂录，书中有靖康年间朝野人士的言论，完整地记载着金兵攻城的经过。”我拿到此书后，读了又读，感到痛心疾首，不觉落泪。是啊，国家的安危和强弱，虽说在天有命，但也未尝不是因为人为得失的原因所造成的啊！正如扬雄所说：“天命没有不是人为的原因，人为离开天命也不行。”靖康京城之难，如果不是人为的过失，那么，上天也无法降下灾难。我不考虑我异常的愚笨，私下思量：金兵攻陷京城，朝廷大臣和将帅官吏临敌时防御作战的过失虽说可以既往不咎，但是前车之覆，后车之鉴，事情有助于将来，不能不研究探讨一番。现在朝廷准备再次援救太原，大臣们认为中原国力弱小，敌人的势力正处强盛，用兵是无益的，宜于割让三镇的土地奉送敌人。他们不懂得势力的强弱在于人的作为。我的谋略胜过他就强盛：我的谋略不如他就衰弱。如不用兵，有什么办法可以壮大中原的势力，而遏制敌人的势力呢？用兵就有可能强，当然也有可能弱；不用兵，到头来只能是弱者。强者变弱，弱者变强，势力的强弱自古以来都不是一成不变的，仅仅在于用兵的人怎样罢了。

河东宣抚使领兵十七万救援太原，又招募河东义勇禁军五万，总计兵力二十二万，却都被打败了。使太原失陷于敌的原因，并不是兵不多，而是用兵不当的过失。所以失败的原因在于将二十二万人马成纵队摆开向前直行。这样，前锋遇上敌人时能有几个人呢？第一仗打不胜退却后，后面的大军也只好都退却。这样的办法是不能救援的。有见识的人已察觉到了，但还未等到自己被打败，就已无法增援了。这是不懂攻城的时候，要分为攻城兵、备战兵、运粮兵、扼援兵。如果兵不多，那攻城时间一定不会长久，而且很快就会退回去，不会等到援兵的到来。假使当时前去援救的是位懂得计谋的良将，就是没有二十二万兵，只有十万也一定能救援下来；就是没有十万，只有五万也可以很好地完成援救任务；就是不足五万，到那里也有援救的理数。暂以五万人为例，如果只有五十员将领，那么留十员将领护卫大将，兼顾策应内外；派两三员将领抗敌阻援之兵，在阵前假张声势，牵制阻援敌兵。另以二十员将领分散深入到敌军境内，盘亘可以散布三五十里之广。不让敌人知道有多少兵力，便能消灭敌人。再派二十员将领到周围偏僻的小路上，寻找向导，派多人到远处侦察，在敌人行进的路上预设埋伏，等待敌人打柴运粮等外出部队。敌人多我就退回来，敌人少我就活捉他们。只断绝敌人运粮的道路，不必深入直抵城下，敌人就会自动退兵。而且军队分散派出去了，人力却合在一起，即使有几名将领失利，我大军必定不至于一起失败，溃散而成为盗匪。京城之难正是起因于援救太原一战的失利。

粘罕进攻太原寿阳时，寿阳城虽小，但老百姓却能死守。敌军三次攻城，死伤近万人，竟没有攻下城池。这一定是守城人中间有善于运用防御要领的人。佥言认为是因为城小而百姓才死守的原因，这是不对的。攻城的人有可能生有可能死，善于防守的人却只会生不会死。寿阳的人民称得上是擅长防守，而不能叫作死守。又有人说是因为城小所以坚固，这也是不对的。如果城太小，箭和炮石可击中任何地方，善于防守的人也难于设置险要，实施计策。我认为城越大，守城也就越容易。把城分做几段，中间加以阻隔，把守起来就容易了。如果预先准备好险要的工事，假使敌军想登城，就是让他登上城墙，一登上就会丧命。敌军如想进城，就引他进来，一进来也会丧命。一座宽达百里的大城，城墙上有几步宽的空间，敌人登上时，守城的人便甘心拜倒在敌军的攻势下，向敌人乞求饶命，这不是攻城有方，而是防守失策。

九月间，在封丘门外安置了大炮。几百座大炮都放在城外，敌军来了也不收回，以致被金兵夺走，成了金兵攻城的武器。我认为，城破的原因也不在这里。善于防守的人，假使敌人再添几百座大炮，也不至于失利。关键在于对付大炮的方法合适不合适。统制官辛康宗因为敌军离城尚远，制止士兵不要放箭，制止得很对。可百姓却鼓动士兵出击杀敌，由此也可以看出内部的混乱，素来管理部队的方法都失掉了。

敌军先采集潮湿的树枝编成洞屋，再用生牛皮蒙在上面，然后让人运土和木头去填城壕，准备攻城。如果守城的人得法，城里面就应先放炮打碎它。也可以用单梢炮，取距离二百五十步以外，轰击那些指挥士兵的敌首领。根据益州郡保存的朝廷所颁发的防御手册所载指标，单梢炮上等的可射二百七十步，中等的二百六十步，下等二百五十步。不知京城当时仓促之中，是否用了这个标准。如果稍不精心，那么下等的梢炮不一定能射到二百五十步，如果精心，那么超过二百七十步也是很容易的。再如用小炮防御近处的敌人。小炮每座只需十多人操作，不过十五人施放一座，也可以射出几十步。不要以为小炮不能杀伤，击中人的四肢，四肢一定被打断；击中腰部以上，那么人一定要丧命；击中战马也是同样的。况且大炮每放一炮，小炮可以放几炮。小炮不必使用石块作炮弹，可用重三斤至四斤的泥团作炮弹。泥团的好处也是很多的，不但施放时容易大量制造，而且射出去打中人，人必定死伤；就是打不中人，泥团也会被炮轰碎，不至于又被敌人拿去使用。如果要摧毁敌人攻城的器械，那就必须使用大炮和石弹了。金兵攻城时，将全部大炮都用上了，想要摧毁城楼。守城的人要想摧毁敌人的攻城器械，也须大炮与小炮一齐使用；纵然敌军在城外砍伐大树，做成对楼、云梯、火车等攻城器械，也可以全部加以摧毁。金兵用石头垒成为数众多的炮座，搜集碑石、磨盘、石羊、石虎做炮弹。在进攻的方向，陈列炮座一百多个；飞起的石弹像下雨一样，击中守城的士兵，每天死伤不下一二十人。这并不是攻城的能干，而是守御军官一时失策罢了。假如守城的将官得法，只需让士兵靠近女头墙坐立，那么从城外飞来的炮石，高的就越过女头墙，低的就打在女头墙上，击破墙壁，无法击中一个士兵，就不至于一天死伤不下一二十人。如能将女头墙稍为加高加厚，那就更加安全。还要再用稍大的木头，营造成高、长、宽各一丈左右，外直里斜，外密里稀的洞子，外部密处用大麻绳横编，如荆竹篱笆一样。一旦炮石众多，击破女头墙，就从两边鱼贯进入洞子，以此来代替女头墙。如能这样，那么，纵然炮石又大又多，也不易损伤人；偶尔有损伤，也可立即更替下来。假如能这样防守，那么炮石又怎样能伤人呢？我们就完全可以不必忧虑了。

敌军用云梯、对楼攻东水门。在那里的防御交战中，有设置重楼而获胜的，这自然很好。但恐怕人在重楼上，更容易招来箭矢、炮石。敌军又攻东门，守御的将官也准备好了。敌人的对楼、云梯到了，每次都用大木头冲倒它，以致摔死敌人无数，这也是个奇策。然而手持大木头与对楼上的敌人相对，不免互有伤亡，这也不是全胜。金兵填城壕而当桥，运送对楼过壕攻城。城下排出炮座二百余个，七梢炮、撒星炮、座石炮齐发，又用强弓千张相助。城上箭石如雨，使防守的士兵无法立足，然后敌推上对楼，让士兵登城。每个对楼上载士兵八十个，一座对楼靠近城墙，就送上来许多士兵。这就是金兵攻城的方法。敌人的炮威力大，数量也多，箭石齐发，只要用前面提到的女头墙配备洞子，就完全可以遮拦住。敌人使用对楼登城，每座对楼真能载下八十名士兵吗？楼宽不过二丈，正面能站下几个人？与守城士兵接战的，不过十几个人而已。就算八十人都能出力，设置五座对楼，也才四百人。此外肯定不可能有伏兵，也不可能有奇兵。对楼必须高达五丈，敌人乘这样高的对楼前来，行进中自己也会感到危险。自踏危险境地，来与在城墙上如站在平地一样的人交战，胜负结果是人人都可以自己判断的。如果守城的人在这样的情况下还不能取胜，那么如果到广阔平坦的地方交战，就不知要败到什么程度。况且对楼是在填平的壕沟上，仅仅可以直进直退，肯定不能在城墙下横行，守城人所要防守的，只不过是对楼所要接近的地方。假如有十座对楼，所占的地段步数也不多，不但接战时可以必胜，就是让敌兵上了墙，要获得全胜的方法也是很多的。不动脑子就不会有方法啊！

敌人使用云梯，只是要登城。每座云梯需要十余人才可以抬到城边。城上有人守住，他也难以向前推进。即使没有防住，让敌人沿城墙登云梯上至城头，也很少有不死的。用什么办法能达到这点呢？在女头墙内的鹊台上，靠墙竖起一排叉木，每间隔三四寸一根，将枪和刀向上穿过空隙，高出女头墙五六尺。敌人至女头墙上，必然被排叉隔住，背后又空虚；守御的人在排叉木之间挥枪和刀刺杀敌人，哪有刺击不进去的？掉下去不死的恐怕罕见了。

闰十一月二十四日，敌人再次攻城。推对楼五座，装满箭石来到城边。守城士兵用木杆冲倒三座。城上的士兵争着拿草去焚烧这些对楼。对楼上木头多而易燃，火乘着南风，结果引燃了城上的三座楼子。对楼既然已倒在城外，必定退不回去，也不能再扶起来，堵住了敌人攻城的器械来路，就应该置之不理。点燃它就错了，即使不引燃城楼，只烧了敌人的对楼，也是城上人自己用火给敌人烧开了再攻城的器械来路。这事大错了。所有再造城楼骨架，安放在原处的想法，只要用情理想一想，必然为敌人所不允许。再安放时，箭和石弹必加倍袭来。守御的将官如能用前面说的，在城楼缺陷的地方造洞子，人由两头鱼贯并进，不用一天一定可以遮合，暂且代替女头墙，以遮挡箭石。箭石即使比原先增多一倍，也一定没有大害。再者，在被烧毁的城楼两头，深埋上横的和直的排叉木，以防备敌人急速登城。城头上再派上穿盔甲的士兵从两侧攻击。再将城墙里侧从下至上筑成斜面墙，外侧向下陡峻，另在城墙里侧脚下挖掘壕沟，离壕沟三五丈远筑一条月牙形小墙围住壕沟。敌军乘对楼到了城头，如不下对楼，上了城头就退回去也就罢了。如要进入城中，必然无法站稳，而倒入壕沟内，没有不死的。敌军如受到这样的挫折，必然会停止进攻退兵回去。守御的人耽误了这些事，以致城池陷落，怎不令人痛心呢？所有攻守的武器，杀伤最厉害，其势最怕人的，没有胜于炮的，但也要看人会用与不会用呢！如果攻城的人会用，而守城的人不会对付它，那么，攻城的人就可以施展本领；如果守城的人会用，那么，攻城的人虽有本领，也难以施展。我私下听说金兵用炮攻城时，守卫的人在城上也曾用过炮。城墙上面积不大，必然难以安置大炮，也难以容纳很多炮。虽然有炮台，炮台的面积也不会太大。另外，刚想放炮，敌人在城外就可以看见，肯定会甩很多炮来摧毁它；城上的炮又在高处，自然会招引来城外敌军的炮击，敌人可以直对我炮台轰击。由此分析，当时守卫的人不会用炮是显而易见的。假使当时在城墙内侧脚下安炮，并在每座炮前树立一小木桩为依靠，敌人在城外看不见安炮的位置，虽然有会用炮的人，却向哪里放炮呢？也许会说，炮在城里，炮手不能看见城外的情况，无法对准目标；对此，每一座炮只需另外用一人在城墙上，专为炮寻找对外目标的方位，看里面炮所指方向与城外的目标相对时，立且下令放炮。如稍偏，就让炮手稍微挪动一下炮的后脚；如太偏，就让拖炮的人抬转炮座。炮弹落远了；就让减少人或者用大一些的炮石；够不着，就让添人或用小一点的炮石。这样调整得有一炮打中后，就很少有不中的。此外，在城里架炮，可安置很多炮。守卫的人如能这样用炮，那么攻城的人用炮又能有什么用呢？

筑城的规矩，是必须在城头上修女头墙。在女头墙中间竖一根狗脚木。每两个女头之间搭挂篦篱。这仅可以遮隔弓箭，而对炮石就无法挡住。如若改修成平头墙，不用篦篱，只在边上留出品字形的方孔，与女头相似，那也是十分管用的。

也许要问如何防备城外脚下呢？自然有马面墙，两边尽可看到城外脚下，从城头上，向下杀伤敌军。当敌人初到城下时，观察他的攻城器械。如势大难以遏制，宜于在城里脚下挖土成深阔的里壕；离壕几丈远，再修筑一重里城。对着原城门的地方不要修门；而在新筑城墙下面，里壕的埂上，沿新城脚下绕行两三里再修门。如这样做了，假使敌军擅长填壕，也只不过填得了里壕。如果要由城门进城，必须在新城脚下，里壕堤上行进。新城上的人直下对敌，什么武器不能使用呢？这正是敌人的死地，必定不敢进入城中。由正门入城，尚且不敢，怎么又肯舍命攻城呢？只要有这样的设备，哪怕敌兵众多，攻城器械百种，守卫的人完全可以谈笑面对待敌人了。况且京都的旧城，也可以防守。只要有各种应急处置办法，便可达到势如金汤一般，有不可侵犯的道理。同时京城之内，士兵百姓、金银、粮食和布匹以亿兆计算也不能算完。如能竭力修造，不用说增添一城一壕，可以不用一天的时间就能修成，就是要添筑几重城壕，也无须费力就能做到。重城重壕修备之后，就可招引敌将入城议事。敌人看到这些，必然不敢进攻而自行退去。俗语说：“求人不如求己。”古人说：“上策莫过于依靠自己的力量。”又讲，“遇事贵在能控制人，不贵于受人控制。”都是说的这个道理。

京城方圆约有一百二十里。听说当敌军在外时，各座城门都关闭了。有的还用土堵实了，只开了两三座门，用以进出。这样乃是自己堵住自己的生路，而为敌人放开了生路。防守的计策，不单要敞开各个城门，还要在两门之间再开两三座门，使周围有门几十座。直对城门的壕沟，要运土来填平成为道路，以便战士出入时不致有妨碍。从城上发现了敌人的空隙，稍有机会，就派兵出击，或者在夜间出兵，使得敌军在外戒备的地方增多，昼夜备战，不能休息，他自然就不能长久地攻城。同时，如果从里大开城门，自己运土填壕，做准备出击的姿态，那么，敌人由城外填壕想入城的计谋，就不攻自破了。当然，之所以敢于自己打开城门，出城填壕，并非说敌人可欺，而是依仗自己在城内设下险要的戒备，引敌入城时，能置敌人于死命。晋朝王濬派遣都护王昌及鲜卑段疾陆眷、末柸等部五万士兵，去讨伐石勒。

石勒的各将领都劝他固守，以使敌军疲劳。唯独张宾、孔苌认为应该迅速凿开北面的城垒，开辟二十余座突门。石勒便令孔苌为攻战都督，在城墙上修造突门。鲜卑屯兵在城北，石勒乘他排列阵容未定，亲率将士，在城头上呼喊，而孔苌从各城门突出，伏兵倾巢出击，活捉了末柸，疾陆眷等剩余人众都狼狈四下逃散。孔苌乘胜追击，战场上横尸三十余里，缴获铠甲战马五千多。这真是守中有攻，称得上是善于守城。以后守城的人却为什么胆怯不敢效法这种战法呢？

州郡城池的建造，人人都以为尽善尽美了。实际上，城上有敌楼，但敌人可以用大炮摧毁它；城墙高达几丈，但敌人可以用天桥、鹅车、对楼、幔道、云梯等攻城器具登城。有人以为城池的这些建筑，可以称得上是前古所没有的，却不知道敌人攻城器械的完备，也是前古所没有的。所以，习惯于老样子而害怕改造，这都是大可不必要的。古人有所谓“利益不达百次的不改变方法，功效不达十次的不替换器具”的说法。就现在的城池建筑来看，虽然利益没有达到百次，功效也没有达到十次，但自古以来圣人的法则，也未必就是一成不变的。适用的就沿袭，不适用的就要加以改革。根据现在的情况，比如敌楼，就不能仍然依照以前的规矩了。应该在马面墙上修筑高大厚实的墙壁，下面留出一尺长的“品”字形方孔，以备观察敌人以及使用长枪。墙内侧的边上，用细木条盖一两座瓦棚，让守备的人避寒暑风雨。屋子在墙的内侧，又比墙矮，敌人的炮在外面再大再多，部署成千上万，也都不能击中人。

城壕上（筑坝）作桥，把坝中间修成吊桥，暂时隔开敌军倒还可以；如果要出击，就不会没有妨碍。最好修成实桥，那么士兵进出都方便。

城门最好修得迂回曲折，向里移一百余步安置城门。这样不但敌人的弓箭、炮石打不进来，而且从原来修门的地方向里行走一步，就使敌人落入陷阱。为什么说落入陷阱呢？因为百步之内两侧的城墙上，可向下直接临敌，所有杀敌的武器都可以使用。再在原来的城门前修一道护门墙，墙高一丈多，两头超过城门两三丈。城门开启，人马进出，城壕外面都看不见，谁敢窥视乘我之机呢？

城外墙脚下，离城墙两丈在壕沟的堤上宜于修筑高大厚实的羊马墙。墙高要达到一丈，厚六尺。墙脚下也修筑鹊台，台高二三尺，宽四尺。在鹊台上再修羊马墙。墙上也留“品”字形方孔，以备观察和伸枪出去，同大城上的女头墙一样。墙里侧的鹊台上栽埋排叉木。这样，敌人填平壕堑或攻破了羊马墙至城脚下时，便会在羊马墙内两边受敌。头上有大城上向下施放的箭和炮石，即使敌人挡住了这一面，守城人也能从三面攻击。羊马墙里的士兵还能凭借羊马墙遮挡城壕外飞来的箭石。这样，羊马墙与大城墙就成为上下两个城墙，相互补充使用。即使敌人攻破羊马墙，也无人敢入城。因此，羊马墙虽比大城墙低矮单薄，但它防御和坚守的效果，却不在大城之下。还有，羊马墙里的士兵，紧紧依城下寨，因此可作为伏兵使用。不知敌人有什么办法可以对付？既然有了羊马墙，那么鹿角木便可以不用，仍在大城上多设置暗门，以备派遣部队时从羊马墙进出。另外，羊马墙脚离大城墙脚只能二丈远。不让太远的原因是顾虑到大城上的人抛掷砖石，难以抛越羊马墙，反而会伤害墙里边的人；也不能太近，太近太窄了就难于调转长枪。再在大城里侧城脚下挖宽而深的壕沟，从里壕再向里量五丈至七丈远，作为来往的道路，在外边构筑里城的排叉木，多多准备一些敌人攻城时有利于我击杀的地方。只要这样预设守备，纵然敌人善于攻城，也不足害怕。墨翟是宋国的大夫，他善于防卫。公输般作云梯等机械，将要进攻宋国。墨子见到后，便解下衣带当作城墙，用单衣为器械与他斗计。公输般九次设定攻城机关，墨子九次都抵御住了。公输般攻城器械用尽了，墨子守城的方法还富富有余。公输般屈服说："我明白了抵御我的缘故。"由此可以看出，原来古人也以攻城为下策。一般说，守城的人每见敌人设计一种攻城方法，而没有几种方法来抵御的，就是没动脑子。我曾听说，孙子有"战争，是国家的大事，关系到国家的生死存亡，是不能不认真考察研究的"的说法。孙子还认为，战争是诡诈的，用起来没有固定的形式，以诡诈作为根本的原则。"所以能战胜敌人而故意表示不能战胜，要行动而故意表示没有行动，要在近处行动而故意表示在远处行动，要在远处行动而故意表示要在近处行动。""进攻敌没有防备的地方，袭击敌料想不到的地方。这是兵家制胜的要领，是不能预先传授的。"然而有的还是传给了家人，而且传得很远，传的结果是有利而无害，有得益而无损失，这说明不能不先传。是啊，靖康丙午年，金兵用几具儿戏般的器具攻城，守卫的人一时失计，竟致城池被敌攻陷。此事至今已过去十多年了，而金兵还不想着当时是侥幸取胜，还在傲气凌人。在不知道金兵攻城和设炮之前，每听人说："金兵攻城，使用大炮和对楼，其势怎能阻挡得住呢？"与权贵们谈论，只有怏怏不快而不敢争辩；与众人谈论，也不敢作深刻的分析。现在既然知道了详细的过程，怎么能不辩明曲直，剖析一番所见所闻的道理呢？理所当然，用兵的道理应该是用正规的战法接战，用奇兵取胜。善于出奇的人，出奇的方法是无穷的，就像天地不会枯竭，就像江海千变万化，又怎么能用完呢？现在只根据金兵攻城所用办法，概略列举防御的策略。至于精确而详尽地列出制敌杀敌的方法，虽然不怕文字烦琐，却真有点不能传给人的感觉，因而没有讲。即使想讲，也怕讲的不得要领。这仅仅在于守城的人在敌人未到来之前，精心地思考应变的办法，事先做好准备而已。区区管见，就写在佥言的后面作为序吧。绍兴十年五月日，陈规序。

【注释】

①《靖康朝野佥言》：靖康（1126—1127），是宋钦宗的第一个年号，也是北宋的最后一个年号；佥（qiān），佥言，众人的言论。

②扬雄：西汉文学家、哲学家、语言学家。在哲学方面，主张如实地认识自然现象，驳斥神仙方术的迷信。“天非人不因，人非天不成”，语见扬雄哲学著作《太玄》。

③对楼云梯：古代攻城时攀登城墙的器具。以大木做床状底盘，下有六轮，上设二登梯，均长二丈多，两梯以转轮与床前面的支架梯相连，以生牛皮为屏蔽，人在里面推进。至城墙根，使支架梯紧靠城墙，攀登梯即可登城。如一梯不够，另一梯可转上去继续攀登。对楼也是攻城的攀登器具，大致与城墙同高，士兵可直接坐在上面，推至城墙边后，可直接下到城墙上厮杀。

④女头墙：即女墙，城墙上面边缘的矮墙。下文“马面墙”指两侧高出屋面的斜阶梯形山墙。

⑤王濬：西晋时为幽州都督。刘渊攻陷洛阳后，曾立太子，自为尚书令。王濬讨伐石勒是西晋愍（mǐn）帝二年（公元 314 年）之事。

⑥石勒：十六国时人，羯族，曾投刘渊为大将，后发展成为割据势力，自称赵王，建立政权，史称后赵，公元 329 年灭前赵。

二、守城机要

【原文】

城门旧制，门外筑瓮城[1]，瓮城上皆敌楼[2]，费用极多。以御寻常盗贼，则可以遮隔箭丛；若遇敌人大炮，则不可用。须是除去瓮城，止于城门前离城五丈以来，横筑护门墙，使外不得见城门启闭，不敢轻视，万一敌人奔冲，则城上以炮石向下临之。更于城门里两边各离城二丈，筑墙丈五六十步，使外人乍入，不知城门所在，不可窥测；纵使奔突入城，亦是自投陷阱。故城门不可依旧制也。

护门墙，只于城门十步内横筑高厚墙一堵。亦设鹊台[3]，高二丈。墙在鹊台上高一丈三尺，脚厚八尺，上收三尺，两头遮过门三二丈，所以遮隔冲突。门之启闭，外不得知；纵使突入墙内，城上炮石雨下，两边羊马墙内可以夹击。

城门贵多不贵少，贵开不贵闭。城门既多且开，稍得便利去处，即出兵击之。夜则斫[4]其营寨，使之昼夜不得安息，自然不敢近城立寨。又须为牵制之计，常使彼劳我逸。又于大城多设暗门，羊马城[5]多开门窦，填壕作路，以为突门。大抵守城常为战备，有便利则急击之。

城门旧制皆有门楼，别无机械，不可御敌。须是两层，上层施劲弓弩，可以射远；下层施刀枪。又为暗板，有急则揭去，注巨木石以碎攻门者。门为三重，却厚一门，如常制，比旧加厚；次外一重门，以径四五尺坚石，圆木凿眼贯串以代板，不必用铁叶钉裹；又外一重，以木为栅，施于护门墙之两边。比之一楼一门，大段济事。

城门外壕上，旧制多设钓桥，本以防备奔冲，遇有寇至，拽启钓桥，攻者不可越壕而来。殊不知正碍城内出兵。若放下钓桥，然后出兵，则城外必须先见，得以为备；若兵已出复拽起桥板，则缓急难于退却，苟为敌所逼逐，往往溺于壕中。此钓桥有害无益明矣。止可先于门前施机械，使敌必不能入。拆去钓桥，只用实桥，城内军马进退皆便；外人皆惧城内出兵，昼夜不敢自安。

干戈板[6]，旧制用铁叶钉裹，置于城门之前，城上用辘轳车放，亦是防遏冲突。其碍城内出兵，则与钓桥无异。既于城门里外安置机械，自可不用干戈板，以为出兵快便之利。

城身，旧制多是四方，攻城者往往先务攻角，以其易为力也。城脚上皆有敌楼、战棚，盖是先为堤备。苟不改更，攻城者终是得利。且以城之东南角言之，若直是东南角攻，则无足畏。炮石力小，则为敌楼、战棚所隔；炮石力大，则必过入城里。若攻城人于城东立炮，则城上东西数十步，人必不能立；又于城南添一炮，则城上南北数十步，人亦不能立，便可进上城之具。此城角不可依旧制也。须是将城角少缩向里。若攻东城，即便近北立炮；若攻南城，则须近西立炮，城上皆可用炮倒击其后。若正东南角立炮，则城上无敌楼、战棚，不可下手。将城角缩向里为利，甚不可忽也！

女头墙，旧制于城外边约地六尺一个，高者不过五尺，作“山”字样。两女头间留女口一个。女头立狗脚木一条，挂搭皮、竹篦篱牌一片，遮隔矢石，若御大炮，全不济事。

又女头低小，城外箭丛可中守御人头面。须是于城上先筑鹊台，高二丈，阔五尺。鹊台上再筑墙，高六尺，厚二尺。自鹊台向上一尺五寸，留方眼一个，眼阔一尺，高八寸。相离三尺，又置一个。两眼之间，向上一尺，又置一个，状如“品”字。向上作平头墙。敌上登城，只於方眼中施枪刀，自可刺下。方眼向下，自有平头墙，即是常用篦篱牌挂搭，不必临时施设也。更于鹊台上靠墙，每相去四寸，立排叉木一条，高出女墙五尺，横用细木夹勒两道或三道。攻城者或能过“品”字眼，亦不能到平头墙上。更兼墙上又有排叉木限隔，若要越过排叉木，必须用手攀缘，则刀斧斫之，枪刃刺之，无不颠扑。守者用力甚少，攻者必不得志也。

马面，旧制六十步立一座，跳出城外不减二丈，阔狭随地利不定，两边直觑城脚。其上皆有楼子，所用木植甚多，若要毕备，须用毡皮挂搭，然不能遮隔大炮，一为所击，无不倒者。楼子既倒，守御人便不得安。或谓须预备楼子，随即架立。是未尝经历攻守者之言也。楼子既倒，敌必以炮石弓弩并力临城，则损害人命至多，亦不可架立。今但只於马面上筑高厚墙，中留“品”字空眼，以备觇望，又可通过枪刀；靠城身两边开两小门，下看城外，可施御扞之具。墙里造瓦厦屋，与守御人避风雨，遇有攻击，便拆去瓦厦屋。靠墙立高大排叉木，用粗绳横编，若造笆相似。任其攻击，必不能为害。

城不必太高，太高则积雨摧塌，修筑费力。城面不可太阔，太阔则炮石落在城上，缓急击中守御人。城面通鹊台只可一丈五尺或一丈六尺，高可三丈或三丈五尺。沿边大郡城壁，高亦不过五丈，阔不过二丈而已。

羊马墙，旧制州郡或无之，其有者，亦皆低薄，高不过六尺，厚不过三尺，去城远近，各不相同，全不可用。盖羊马城之名，本防寇贼逼逐人民入城，权暂安泊羊马而已，故皆不以为意，然扞御寇攘，为力甚薄。当于大城之外，城壕之里，去城三丈，筑鹊台，高二尺，阔四尺。台上筑墙，高八尺，脚厚五尺，上收三尺。每一丈留空眼一个，以备觇望。遇有缓急，即出兵在羊马墙里作伏兵，正是披城下寨，仍不妨安泊羊马。不可去城太远，太远则大城上抛砖不能过，太近则不可运转长枪。大凡攻城，须填平壕，方可到羊马墙下。使其攻破羊马墙，亦难为入，入亦不能驻足。攻者只能于所填壕上一路直进，守者可于羊马墙内两下夹击，又大城上砖石如雨下击，则是一面攻城，三面受敌，城内又有一小炮可施。凡攻城器械，皆不可直抵城脚。攻计百出，皆有以备之也。

羊马墙内，须酌量地步远近，安排叉木，作排叉门；分布安排人兵，易于点检，兼防奸细入城

城郭，旧制只是一重，城外有壕，或有低薄羊马城者。使善守者守之，虽遇大敌，攻计百出，亦可退却。或不经历攻守者，忽遇大敌围城，无不畏怯，须是先为堤备。当于外壕里修筑高厚羊马墙，与大城两头相副，即是一壕两城。更于大城里开掘深阔里壕，上又筑月城，即是两壕三城。使攻城者皆是能者，亦无可攻之理。大抵城与壕水，一重难攻于一重。至若里城里壕，则必不可犯。计羊马墙与里城、里壕之费，亦不甚多。若为永久之计，实不可缺。

修筑里城，只于里壕垠上，增筑高二丈以上，上设护险墙。下临里壕，须阔五丈、深二丈以上。攻城者或能上大城，则有里壕阻隔，便能使过里壕，则里城亦不可上。若此则不特可御外敌，亦可潜消内患。里城、里壕，费用不多，不可不设，庶免临急旋开筑也。

修城，旧制多于城外脚下，或临壕栽了叉木，名为鹿角，大为无益。若城中人出至鹿角内，壕外人施放弓弩，鹿角不能遮隔。若乘风用火，可以烧毁。不如除去为便也。

今来修城制度，止是在外州郡城池。若非京都会府，须于城内向里，量度远近，再于外修筑一重，其外安置营寨；向里更筑一重，作官府。若此，岂特坚固而已哉；内外之患，无不革尽。

攻城用云梯，是欲蚁附登城。今女头上既留“品”字眼，又有排叉木，又有羊马墙，重重限隔，则云梯虽多，无足畏也。

攻城用洞子，止是遮隔城上箭丛，欲以搬运土木砖石，填垒壕堑，待其填平，方进攻具；或欲逼城挖掘。今既有羊马墙为之限隔，则洞子亦自难用。

对楼则与城上楼子高下相对。鹅车稍高，向前瞰城头，向下附城脚。天桥与对楼无异，止是於楼上用长板作脚道，或折迭翻在城上。皆是登城之具。今羊马墙既有人守，自可两边横施器刃。敌人别用撞竿，与其他应急机械，

自不足畏。大凡攻城用天桥、鹅车、对楼、火车、火箭，皆欲人惊畏，有以备之，则不能害。

攻城多填慢道，有至三数条者，高与城等，直逼城头。今羊马墙中既有人拒敌，又大城上抛掷砖石，自然难近大城。更照所填慢道，于城内靠城脚急开里壕，垠上更筑月城，两边栽立排叉木。大城上又起木棚，置人于棚上。又于欲来路上，多设签刺。使能登城，亦不能入城；或能入城，亦不能过里壕；纵过里壕，绝不能过月城。以慢道攻城者，百无一二。今所备如此，亦何足畏！凡攻城者有一策，则以数策应之。

攻城用大炮，有重百斤以上者，若用旧制楼橹，无有不被摧毁者。今不用楼子，则大炮已无所施。兼城身与女头皆厚实，城外炮来，力大则自城头上过，但令守御人靠墙坐立，自然不能害人；力小则为墙所隔。更于城里亦用大炮与之相对施放，兼用远炮，可及三百五十步外者，以害用事首领。盖攻城必以驱掳胁从者在前，首领及同恶者在后。城内放炮，在城上人照料偏正远近，自可取的。万一敌炮不攻马面，只攻女头，急于女头墙里栽埋排叉木，亦用大绳实编，如笆相似，向里用斜木柱抢，炮石虽多，亦难击坏。炮既不能害人，天桥、对楼、鹅车、慢道之类，又皆有以备之，则人心安固，城无可破之理。

攻守利器，皆莫如炮。攻者得用炮之术，则城无不拔；守者得用炮之术，则可以制敌。守城之炮，不可安在城上，只於城里量远近安顿；城外不可得见，可以取的。每炮於城立一人，专照斜直远近，令炮手定放。小偏则移定炮人脚，太偏则移动炮架；太远则减拽炮人，太近则添拽炮人。三两炮间，便可中物。更在炮手出入脚步，以大炮施小炮三及三百步外。若欲摧毁攻具，须用大炮；若欲害用事首领及搬运人，须用远炮。炮不厌多备。若用炮得术，城可必固。其于制造炮架精巧处，又在守城人工匠临时增减。

用炮摧毁攻具，须用重百斤以上或五七十斤大炮。若欲放远，须用小炮。只黄泥为团。每个干重五斤，轻重一般，则打物有准，圆则可以放远。又泥团到地便碎，不为敌人复放入城，兼亦易办。虽是泥团，若中人头面胸臆，无不死者；中人手足，无不折跌也。

城被围闭，城内务要安静。若城外有人攻击，城内惊扰，种种不便。须是将城内地步，分定界分，差人巡视。遇有人逼城，号令街巷，不得往来。

非籍定系上城守御及策应人，不得辄上城；在城上人，不得辄下城。过当防闲，不特可免惊惶，亦可杜绝不虞。

【译文】

城门设置的原有编制，城门外构筑瓮城，瓮城上布满敌楼，建城费用非常多。如果是防御普通盗贼，是可以遮挡箭羽的；如果遇到敌人的大炮则很不实用，必须拆除原有瓮城，而在城门外距离城门五丈的地方建筑一道横的护门墙，使外面的敌人看不见城门是否开启或者关闭，不敢贸然而动；如果敌人冲击我便在城上以石炮向下射击。还应该在城门里面两边离墙两仗的地方构筑五十步到六十步长的防护墙。这样刚冲进城门的敌人搞不清城门的位置，即使突入城中也会自投罗网。因此现在的城门不能仅仅依靠旧制构造。

护门墙，应该在城门内，距城门十步的地方构筑一堵高大厚实的墙，墙高两丈，上设鹊台，鹊台高一丈三尺脚厚八尺上收至三尺，墙的两头超过大门两丈至三丈，这样就能阻隔敌人的冲击。大门的开启或者关闭，城外不得而知，敌人纵然突入城内还有城墙上如下雨的炮石，加上两侧羊马墙的夹击（完全可以置敌于被动）。城门设置多比少好，打开比关闭好。城门设置很多并且处于开启状态，我防守稍微有利的时候即可以出兵反击；夜晚还可以威胁敌方营寨，使他们昼夜不得安宁，他们自然不敢太靠近城墙安营扎寨。为了牵制敌人应采取措施，使敌人经常处于疲劳状态。另外，如果城墙很大，应多构筑暗门，在羊马城上多开门洞，填平壕沟用作反击之门，一般情况下，防守战形势有利时，便可急出反击。

筑城旧制，城门上都有门楼，但是没有作战器具，不能进行防御作战。必须将门楼建成两层，上层构筑发射的强攻硬弩可以远射。下层多置刀、枪，用伪装板挡住，情况紧急时再揭开伪装板，往下推滚圆木和石头，以粉碎攻城者。将城门设为三重，每重厚度像往常的城门。第二重外边放置四五尺直径的大石，石上凿眼，安装圆柄。一排一排放置各用铁丝钉子固定；最外一重用木料制作的栅栏放置于护门墙两边。这样比起简单的一门一楼设置要管用得多。

按照旧制，城门外的壕沟上应铺设吊桥防备敌人的冲击。当敌人突至近处的时候，拉起吊桥。使敌人不能越壕沟而进，但是这样设置也阻碍了城内出兵反击。如果先放吊桥，然后出兵，在城外必然最先看见，得以从容防备，如果我反击部队出到城外，在拉起吊桥情况危急时却难以退却，很可能因敌人追逐溺水，这样看来吊桥的设置是有害无益的。应于城门前布设器械使敌人不能进入。拆除吊桥，改用石桥这样城内的军队和人马进退均很自如。城外敌人惧怕城内出兵反击，昼夜不敢放心休息。

按照旧制，干戈板铁钉铁叶钉过放置于城门之外，城上放置辘轳车，原是为了防御遏制敌人的冲击，但是其阻碍城内出兵反击，却与吊桥并无二异。既然在城门外放置了防御器械，当然可以不用干戈板了，这样出兵反击便十分方便。

按照旧制，城池应该是方形的。攻城的人往往先从城角开始，这样比较省事省力。墙脚上有敌楼、战棚等预先设施。如果不更改这些设施最终会被敌人所用。姑且以城池的东南角做比喻：如果敌人直接攻打东南角，我炮石的威力和射距如果小，则石弹被我敌楼战棚所阻隔。如果炮石威力、射距很大，那么石弹必然越过攻城之地。如果攻城的敌人在城东边设立炮位，那么城墙上东西几十步内必然不能站人。如果敌人在城墙南设置炮位，则城墙上南北几十步不能站人。这样敌人便可以从容使用攻城器具，因此，城墙脚落绝不可以按照旧制设置，必须将城墙脚稍向里缩。如果敌人进攻东城我便在靠近北城设立炮位，敌人如果进攻南城我就必须靠近西城设立炮位，这样我在城内便可用炮攻击敌人后方。如果只在东南角设立炮位，那么城墙上没有敌楼、战棚可以放手使用。因此将城墙脚向里收缩一些，这件事情千万不可忽视。

按照旧制，城墙上面边缘的矮墙——女头墙。离地约六尺，高五尺以下，为“山”字状。两女头间各留口一个，女头上立狗脚木一条，用皮革包装，杂以竹篦篱。目的是遮挡箭石，如果是防御大炮则全然不起作用。因为女头墙很低矮，城外的箭矢可从中间射中防御人的头面。所以必须在城墙上先构筑鹊台，鹊台高两仗，宽五尺。鹊台上再筑墙，高六尺厚两尺，鹊台向上留方孔一个，孔宽一尺，高八寸。方孔间距离三尺，两孔之间向上一尺，在置一个方孔形成“品”字形。再向上筑成平头墙，敌人如果登上城墙，我只要从方孔中使用刀枪，便可将敌人刺死或刺落。方孔向下因为有平头墙挡住，平时即披上篦篱，不必临时披挂。如果进一步在鹊台上靠外墙的地方，每相隔四寸竖立排叉木一条，高出女头墙五尺，用细木编织两道横杠，敌人即使能越过“品”字孔，也不能到达平头墙。敌人如果想越过排叉木，则必须用手攀缘，那么我用刀斧砍他，用刀枪刺他，没有消灭不了的道理。这样看来防守的人用劲很小，就能使进攻者不能如愿以偿。

按照旧制，马面墙应六十步构筑一堵，超出城墙外不低于两丈。宽、窄随地利而定，从两边看护城墙脚。马面墙上面，建有楼子，楼子用木料很多，如果比较完备还要用毡皮披装。这样的马面墙却不能阻挡大炮，一旦被炮石击中，无一不会倒塌墙上。楼阁既然倒了，防守的人员便处于危险之中。有的说需预备一些阁楼，随塌随架，说这话的人显然没有经历过攻城和守城的场景。楼亭既然倒了，攻城之人必然会以炮石和弓弩一起攻城，守护方人员伤亡必然更为严重，所以随塌随架是架不起来的。而今，我的意思是仅仅只需把马面墙上部构筑的又高又厚，中间预留出“品”字形孔洞，以备观察，也可通过孔洞施展刀枪；靠城墙的两边开两个小门，从下可看到城外，可以释放防御竹竿等器械。墙的里面构筑成一些瓦物，既可为守城人避挡风雨，也可以在遇到攻击的时候撤去。靠墙一边再竖立一些高大的排叉木，用粗的绳索将其横编起来。这样就像一堵篱笆，任敌人怎么攻击必然不致危险。

城墙不必太高，太高了容易积水使城墙坍塌。维修起来也很费力，城墙上面不应太宽，太宽了则容易溅落炮石，或击守城人。城墙面上铜鹊台宽度只能一丈五尺到一丈六尺，高度可达三丈或者三丈五尺。即使是高一级的州、郡的城墙高也不过五丈，宽不过两丈而已。

按照旧制，州或郡有的有羊马墙，有的没有羊马墙。有羊马墙的墙也很低窄，高不过六尺，厚不过三尺，离城墙的远近也各不相同，这些羊马墙全然都不适用。之所以建羊马墙，本意是为安置被敌人驱赶入城的居民之用。所以有的对其质量不加重视，当然，对于抵御敌人也就起不到什么作用。因此应当在较大的城池以外，城壕沟以里，离城墙三丈处构筑鹊台，鹊台高二尺宽四尺，台上再筑一道墙去，墙高八尺，墙脚宽五尺，墙顶宽三尺。每一丈远留孔洞一个，以备观察，遇有情况之时，即将伏兵隐蔽在羊马墙里。即使出城安营扎寨也不妨充分利用羊马城墙，羊马墙不可离城太远，太远了，城墙上的砖瓦，抛射不过；太近了，又不能施展长枪长刀。凡是敌人攻城，需先填平壕沟，才能到达羊马墙下，即使敌人攻破了羊马墙也难以进入，即使进入了，也不能立足。进攻的人只能在所填的壕沟上一路直进，但是防守者却可以从羊马墙两边夹击，再加上城墙上抛射砖石，这样攻城的一方便是三面受敌，如若城内安放的小炮，则更可大显神威。由于敌人攻城器械均不能直接运抵到城脚下，所以攻城者即使有百种计谋，防守者皆可一一化解。羊马墙内需根据地形或距离设置排叉木，也可做成排叉门，分别派兵把守，检查行人以防奸细混入。

按照旧制，城郭只有一重，城外有壕沟，有的有一些矮而薄的羊马城。即使善于防守之人遇到强敌攻城的时候，也是最先想到退却，也有没有攻防经验的人遭遇强大的敌人围城没有不害怕怯战的。应该将城墙外壕沟里的羊马墙修高修宽，于城墙的两端相对应，形成一壕两墙。进一步，在城墙里再开挖一道更深更宽的壕沟，在此壕沟上构筑起月城，这就形成了两壕三城。即使敌人再有能耐也无从下手。因为抵达城墙与壕沟，一重难于一重，到里城里壕必然攻不可破。修筑羊马墙和里城墙、里壕沟也不用很多经费，为了从长计议这些设施实在是不能缺少的。

修筑里城墙只需建于里壕沟的埂上，增筑高二丈的墙，墙上再设护险墙。护险墙下临里壕沟，里壕沟须宽五丈，深二丈以上。攻城者即使能上到主城墙上，也有里面的里壕沟阻隔，即使能越过里壕沟，也不能攀爬上里城墙，这样不但可以抵御外敌，也可以消除内患。里城墙里壕沟，修筑费用不多，不能不修筑，不可等情况紧急时再来修筑。

按照旧制，一般在城墙外脚下或者紧靠壕沟埋栽一些排叉木（名叫鹿角），这是根本没有用处的，如果防护者前出至鹿角内，攻城者在壕沟外发射弓弩，鹿角是不能抵挡的，如果敌人乘风放火，鹿角便会烧毁，所以鹿角不如不设。

以上所述，城池制度只是适合较大的州、郡。如果是京都、府都应该在城墙里侧再向里丈量一定距离再修筑一重城墙，安营扎寨；再向里一定距离，再筑一重，用作指挥官邸。如能做到这样，不但城池坚固，敌人难以攻克，而且内忧外患亦可扫除干净。

攻城用的云梯，是靠附城墙、登城用的。如今，城墙上又有女头墙，又留有“品”字孔洞，又有排叉木，又有羊马墙，重重阻隔。敌云梯虽多也无足畏惧。敌人攻城用的洞子本是为了遮挡城墙上箭弩，只有搬运土木砖石填平壕沟，才能推进至城下或者靠近城墙进行挖掘。现在我之羊马墙完全可以将其隔断，敌人的洞子自然难以建造和使用。敌之对楼与我城墙上的楼台高矮相当。鹅车则比我楼台稍高，能俯瞰城墙头和城墙脚。敌之天桥与对楼性能大体相当，只是在对楼的基础上用长板和城墙搭起了一条木板道，这些都是攻城的器具。现在，我羊马墙既然有人防守当然可以在羊马墙两边施展长枪大刀，即使敌人硬用撞杆撞城或用其他器械攻城，也不足以害怕，所以对敌人攻城用的天桥、鹅车、对楼、火车、火箭，如果有了准备则不会被其吓倒，也不会被其战胜。

敌人攻城一般会在城外修筑三条至数条与城墙同高的窄道称为慢道，直抵城墙。现在，我之羊马墙中既然有人抗击，又能从主城墙上投射砖石，敌人自然难以接近主城。如能据前述，构筑里壕沟、月城并于两边埋栽排叉木，主城上又搭起木棚，再能在敌人的来路上广为埋设竹签和铁刺，则敌人既不能登城也不能入城，也不能过壕沟，也不能过月城。敌使用慢道攻城，本来就很少，如今我防备如此严密有什么惧怕的！敌人攻城有一法，我就有数种方法应对。

敌人攻城用的大炮有重达百斤以上的，如果按照旧制建造的楼亭橹，没有不被其摧毁的。现在我不用楼亭，敌人大炮则无所施展。更因为城墙墙体与女头墙都很厚实，城外来炮威力大的从城墙头上飞过防护人员只要靠墙站立自然不会受到伤害；敌人炮弹威力小的则被城墙所阻隔。更有城墙里，我之大炮与敌互相对攻。我的远炮也可以射达三百五十步以外，用以消灭其首领。

敌人攻城，必然会驱逼胁从着在前，其首领和主力必然在后，我城里放炮城墙上的人可以观察、引导、修正，即使敌炮不轰击马面墙只轰击女头墙，只要紧急在女头墙里埋栽排叉木，用粗绳编扎结实，如同篱笆在里面用木柱斜撑，即可阻挡炮石。敌人的大炮既然不能造成危害，天桥等攻城器具，我又一一有应对之策。那么，我军心稳固城池绝无可破之理。

攻城和守城最厉害的兵器，莫不如炮。攻城的人掌握了用炮的技巧，则城无不破；守城的人掌握了用炮的技巧就可以制服敌人。防守城池的大炮，不可以安放在城墙上，只能够安放在城里面，适当距离的地方；这个距离要造成城外敌人看不见，但是炮弹又可以射打目标。我每门炮要在城墙上部署一人，进行观察、引导、修正。如果施放稍有偏差，则只移炮架之脚，偏差很大则要移动炮架；炮石落点过远则引导炮管降低，落点太近则引导炮管抬高。这样经过两三炮，便可击中目标。城上之人还可以引导炮手用大炮或者是小炮射击三百步外的敌人。如果想摧毁攻城器具，就需要用大炮；如果想射杀他的首领及后勤搬运人员就必须用远程炮。炮不厌其多，如果用炮得当，城池必然稳固。即使能工巧匠制作的精确大炮，在守城人员运用时也要进行临时的调整。

摧毁敌人攻城器具须用重百斤以上甚至于一百六七十斤的大炮。如果要远射，则要用小炮。小炮可以黄泥团为弹，每个干弹重五斤，轻重相同，就能准确击中目标。圆形的黄泥弹可以施放很远，而且泥弹落地便碎，敌人不能回放。将其射入城中，泥弹虽是泥制，如果射中人员头面胸体，没有不被打死的。射中手脚，没有不被打断的。

主城被围困以后，城内务必要保持安静。如果城外敌人进攻，城内非常惊慌就会造成种种混乱。应该将整个城池分成若干地块，派出巡视人员。敌人攻城的时候，要号令大街小巷不得来往、穿行。非已确定登城防守和接应的人员，不得随便登上城墙；已登城头的人员，不得随便下城。严密的组织和防护，不但可以消除惊慌也可以确保不出现意外情况。

【注释】

①瓮城：古城门外修筑的半圆形或方形的护门之城。

②敌楼：古城墙外凸出的台子。分上下两层，下层为可容人的小间，上层可供瞭望用。

③鹊台：楼台亭阁上像台的建筑。

④斫（zhuó）：用刀斧伤害的意思。

⑤羊马城：在古城外为防御敌人而构筑的类似城墙的建筑。

⑥干戈板：用铁钉、铁叶钉在木板上，放置于城门之外。

《守城录》总评

宋代，我国北方先后兴起了辽、西夏、金、元等少数民族政权。这些政权屡次大举南侵，和宋王朝频频发生战争。宋王朝虽然国力比较强盛，但是由于重文抑武，军力却比较孱弱，所以在这些战争中，宋军多数处于守势。宋代军事家不得不围绕防守的问题进行深入的探讨和研究，《守城录》正是一部能体现这一时期军事特点的代表作。

《守城录》的作者陈规，字元则，北宋末南宋初安邱（今属山东）人。曾任德安府（辖地在今湖北孝感地区）安陆（今属湖北）县令、德安知府，镇抚史、顺昌（今安徽阜阳）知府等职，后被任为庐州（今合肥市）知府兼淮西安抚使，逝于南宋乾道年间。陈规是宋代的一个文臣，但在抵御金军南侵的斗争中英勇无畏，多次率领军民坚守德安、顺昌等城池，斗争时间长达十五年之久。表现了很大的胆气和高超的智谋。北宋靖康元年（1125），金将粘罕与斡离不攻陷宋都城汴梁（今开封市），掳走徽、钦二帝，这就是历史上有名的“靖康之乱”。1126—1132年间，乱兵九次进攻德安，陈规以通直郎的卑职勇敢地代理守务，九次打退敌人的进攻。当时，中原州郡全都陷落，只有德安一城独存。绍兴九年（1139），陈规改任顺昌知府，兀术率十万余兵攻顺昌。当时，顺昌城兵不满两万。陈规极力主张防守，使当时在顺昌的东京留守刘锜（字信叔，今甘肃静宁人，骁勇善战，南宋抗金名将），深为感动。

金兵攻城之日，陈规身穿甲胄与刘锜一起督战。宋军以逸待劳，不断变化作战方法并主动出击，大败了包括“拐子马”在内的兀术十万大军，使金军损失惨重。按照陈规守城思想进行的这次防御战在历史上被传为佳话。

《守城录》共四卷，分三个部分。一为《“靖康朝野佥言”后序》，二为《守城机要》，三为《建炎德安守御录》。“靖康朝野佥言”原为记述靖康年间金军攻打汴京经过的书。陈规任顺昌知府后，曾找来熟读。当他读到京城黎民凄惨景象时，不觉痛心涕零，便写下了应该如何御敌的分析意见，作为后序。《守城机要》着重论述守城的组织编制，力量使用，城防构筑，如何对付大炮等问题，据说就是陈规的《攻守方略》一书。《建炎德安守御录》详细记录了陈规 1126—1132 年间抵抗乱兵，保卫德安的情况，是南宋淳熙十四年（1187）汤璹［璹（shú），湖南浏阳人，淳熙十四年（1187）进士］任德安教授时搜寻陈规守城遗事而追记的。

陈规在谈到写《“靖康朝野佥言”后序》的目的时说：“前车之覆，后车之戒，事有利于将来，不可不备述也。”从这篇后序以及陈规所撰《守城机要》，我们可以看到陈规守城思想的一些主要方面：

一是辩证地分析形势，敢于防守取胜。针对士大夫阶层认为金兵强大，主张割地求和的偏安思想，他极力主张抗击金兵、防守城池。他痛心地承认宋军处于相对弱小地位的事实，但认为强弱不是一成不变的。“弱者复强，强者复弱，自古无定，唯在用兵之人何如。”他客观地分析攻和守的利弊，指出守城在被动中有主动的一面；攻城在主动中也有被动的方面。“古人以（攻城）为策之下也。”陈规还具体分析了寿阳守卫战的胜利和太原救援战役失败的原因，指出守卫者的准备和努力程度，措施和处置是否得当是胜负的根本原因。

二是攻守兼备，积极防御。陈规把各种被动应付的方法看作是自取灭亡，极力摒弃；主张“事贵制人，不制于人”。他主张一切防御的设施要有利于保存自己和出击敌人；因此，防御城池时要广开城门，填筑壕路。他对城墙、各种防护墙和城内外壕堑的构筑都提出了大胆而独特的设想。他尤为重视防守中的主动出击，引用后赵石勒拒王濬的防御战例和设想援救太原的方法来说明，只有虚实相间，多方设伏，抓住有利战机攻击敌军粮道，打击敌军薄弱环节，才能取得防守战的彻底胜利。顺昌保卫战中的各种战法与陈规的这些设想是完全一致的。顺昌战役的胜利，充分说明了这些设想在当时有着重要的兵学价值。

三是事在人为，预作准备。陈规认为，“求人不如求己”“上策莫如自治”，只要根据客观实际情况，于敌未至之前精加思索，充分做好计划和物质方面的准备，就可以取得胜利。他主张对旧的防御设施“可则固，否则革”，并具体提出了改造旧城池的一整套设想。比如，一般人认为守城者不能使用大炮，陈规却主张积极利用大炮守城。大炮可以在敌攻城以前摧毁敌各种攻城器具，破坏敌攻城准备，打击敌指挥将领。在攻城中，大炮也可用来打击敌将领，摧毁敌炮台，并且提出了在城里脚下立炮的设炮方法。

虎钤经[1]（节选）

卷一

天功第一

【原文】

天道变化，消长万汇，契地之力，乃有成尔。天贵而地贱，天动而地静；贵者运机，而贱者效力。上有其动，而下行其地矣。是以知天之施地匪专也；知地之应天有常也。生机动则应之以生，气机动则应之以气，机正则泰，机乱则否。万物列形，而否泰交著，见之于地焉，岂止地之为乎？盖天道内而地道外者也。王者，天也；将，地也。将者，天也士卒，地也。我，天也；敌，地也。由此观其所动，故负胜可知矣。五之于将也，阃[2]外之寄，择贤授柄，举无所疑；将必内应其正，外务其顺。应以正则师律严，务以顺则臣节贞。举而御敌，讵有舆尸之患乎？君恃智以自用，倨礼而傲下，授柄匪人，任人不信；将不正应，内包犹豫之惑，外丧驭众之威矣。举而御敌，宁免失律之凶乎？师之成败见之于将焉，岂将之为乎？将之为任也！智敌万人，苟无万人之用，与愚者同矣；勇冠三军，苟无三军之用，与懦者同矣。善为将者，正而能变，刚而能恤，仁而能断，勇而能详，以策驭吏士，未有不振拔勋业，以戡祸乱者也。反是，则吏士外无攻，内多离散之势。勇怯见之吏士焉，岂吏士之为乎？我之于敌也，夫功拔战胜使敌不敢抗衡者，岂敌怯乎？由我威令整，进退肃，赏罚明也。复兵杀将，弱国削地者，岂敌疆乎？由我不严师律故也。夫如是，亦自上而及下，自内而迨外，其犹天地之用乎。故天必藉地力，然后运四气，正生杀也；贵必藉贱力，然后能立元功，而建王业也。

【译文】

上天的规律不断变化，此消彼长，变化万千，只有借助地理的力量，才能完成。

天是主要的，地是次要的；天是变化的，而地则是固定不变的。居首位的天决定事情的命运，次要的地则是为事情的成功起实际作用。天一有变化地必然会有响应。因此可以知道：天道施行于地理并没有固定的模式，但地响应于天则是有规律的。上天关于生长的时机一到，地就以万物的繁茂生长来响应；上天气候的时机一到，大地则随之呈现出四季不同。天时正常，事物就安泰；天时一乱，事物就会被扰乱。万物都有固定的形态，而混乱和安泰是交替出现的。混乱和安泰虽然是见之于地上的，但难道仅仅是地上单独有的吗？天道以内，地道以外，都有否和泰的交替出现。做王的人属于天，将领就是地；将帅是天，士卒就是地。敌我之间，我是天，敌就是地。从这个道理出发去观察敌方的动态，则战争的胜败就可以预测。做王的人如能把将领看成是在朝廷外的寄托，择贤使用，并授以权柄，对他们的举动不加怀疑，这样，将领必然在心里以正直相报，在外表上则恭顺治事。内心以正直相报，则军纪严明；外表恭顺，则操守忠诚。这样的人领兵抵御敌人，难道还用担心抬运战死者的尸体吗？但如果国君依恃自己的才智刚愎自用，慢于礼节而看不起臣下，将权柄交给不正直的人，用人又不信任人，将领就不会以正直应命，内心包含着犹豫不定和迷惑不解，对外又丧失了驾驭众人的威严，抵御敌人时，能够逃脱丧师失律的命运吗？军队的胜利与失败表面看来，是在将领身上体现出来。但仅仅是将帅所致吗？实际是任用将领的人所致的。将领的才智，要求抵得上万人，如果没有万人的才用，那么就和愚笨的人差不多了。将领的勇气要求赛过三军，如果不够三军之勇，那么也就和怯懦的人差不多了。善于做将领的人，正直而又能灵活变化，刚强而又能体恤别人，仁慈而又果断，勇猛而又细致，能用谋略驾驭官兵。这样就没有不能建立功业，平定祸乱的。反之，则官吏和将领就会对外无所进攻，而内部又会出现人心离散之势。勇敢和怯懦，表现在官吏和官兵身上，但难道仅仅是他们本身的所作所为吗？我方与敌人作战，凡攻克战胜，使敌人不敢与我抗衡的原因，难道是因为敌人怯懦吗？这是由于我军军威严整，进退有节，赏罚分明而致。军队失败，将领被杀，国家被削弱，土地被分割，难道是由于敌人强大吗？这是由于我纪律不严，治军失律所致。这样看来，治军也是从上而到下，从内而及外。这一切不是和天地的道理一样吗？所以，天必须依靠地的作用，然后才能使四季正常运行，生命和死亡正常交替。尊贵之人必须借助于卑贱之人的力量，然后才能建立大功勋从而建立王者的业绩。

【注释】

①《虎钤经》：虎为“虎符”，即“兵符”；钤（qián），即“锁钥”。虎钤经意为开启兵符锁钥之书。

②阃（kǔn）：门槛、门限。

【评述】

本篇讲述天、地和人的关系。许洞从自然四季变化规律推断天、地、人的顺序应该是“先以人，次以地，次以天”。人的王霸之业是要依靠下层民众的力量才能建立的；军队选拔贤能智将是取胜的主要原因，足见许洞是重视人在战争中的作用的。

地利第二

【原文】

地之形，险易殊也；地之气，寒热异也。用形与气，在知逆顺焉。昧此道者，不能得地利必矣。善用地者则不然，险而易之，易而险之也。夫居险用险必内溃，居易用易必内蹶。当有形之用，逆之者善矣。何谓险而易之？曰：简以夷其政，要以节其动，用以缓其约，不以疏慢为失也。何谓易而险之？曰：进止戒严，内外无怠，用其谨慎，不以暴急为务也。如是者，乃险易之用也。以方位观之，则寒热之气异也。当有气之用，顺之者善矣。南方之气热，北方之气寒也。其气异，则水土之性必相戾。逆诸人而使之饮其地脉，食其土毛，蒙其风气，瘴疠之疾，冻溢①之戾加焉。以我之不便，犯顺方之人，不有患乎？天不能以气顺人，君能以人顺气，可也。是故利不可以专一，北人之马，南人之航也，各有便焉！反是不可措手足矣。行师者不能择而用之，斯亦更北南之所便也，冀其成功远矣。是知地之所利者，可兼而有乎。善用兵者择利而从之，善矣。

【译文】

地的形貌，有险峻有平坦，相差殊异；地的气候，有冷有热，相差殊异。利用地形和气候，在于了解有利和不利，如果违反了这个道理，就不能得地利。善于使用地利的人，就不是这样了，可以使险地化为易地，使易地变成险地。居在险隘之地而只凭险隘用事，必然会从内部溃散；居在易地而单靠使用易地，内部必然动摇。对地形地貌的使用，根据险、易不同的地势，反其道而用之带来利是很多的！什么叫将险地化为易地呢？就是：简化条令，用有节制的行动，来放宽对部队行动的约束，这样就不会因为疏忽简慢而造成过失了。什么叫作易地变成险隘呢？这就是：令行禁止，军队内外都紧张而不松懈，谨慎从事，千万忌急躁，如果能这样，那么无论险隘还是平易的地形都能为我所用了。从地的方位上看，有寒冷和暖热的差别。对于气候也应当加以利用，适应气候就有很多好处。南方气候炎热，北方气候寒冷。气候不同，水土习性也必然不同。逆着人的水土习性安排饮食或蒙受风尘，那么瘟疫和冻伤等疾病就会加剧。以有对气候不适应弱点的我军，去侵犯对气候适应的敌人，能没有失败的祸患吗？天是不会让气候适应人的要求的，但君主让人去适应气候的变化，这是可以做到的。因此，地利不可能为某一方单独占有。北方人骑马，南方人驾船，各有各的长处。反之，如果让南方人骑马，让北方人驾船，他们就会手足无措了。领兵打仗的人不会选择地理和气候条件并利用它，也就如同让南北方人改变所长，用其所短一样，离事情的成功相去太远了。所以说：懂得地利的人，对地形、气候都可以加以利用。善于用兵的人，能选择有利的地形和气候而适应它，使用它，这就好了！

【注释】

①澁（sè）：古同涩。

【评述】

本篇讲述利用地形地理。许洞认为，只有懂得地理、气候，善于适应并加以利用的人，才能带领部队打胜仗。

人用第三

【原文】

今之世取人也，每务其多学而舍其偏技，非良术也。兵家所利，随其长短而用之也。是以善抚恤[1]者勿频斗，虑其劳疲而无勇也；善保守者勿使进攻，虑其迟缓而不猛也；多方者[2]勿使与于决事，虑其犹豫也；多勇者勿与谋敌，虑其过轻也。精悍者使斗；果敢者使攻也；沉毅而性执者，使其据阻险；见小而贪财者，不可使守储蓄；智而善断者，可择其言；轻健者，使诱敌；刚愎者，使当锋；利口喋喋者，使行间；善鼠窃狗偷者，使盗号探敌；恶言多骂者，使之扬毁訾詈；奇才异识者，使予谈论；深识大度者，使安众；倔强多力者，使斩辟榛莽；善随地形结构者，使度树营栅；怯懦者，使辇运器用；老弱者，使备炊汲；谙山川、择高下水泉之利者，使地形；妖言诈辞、善张皇鬼神之心、推引天命者，使扬声惑众以动敌心；善择地势平易险阻，知往来细大之蹊路者，使通粮储；奇辞伟辨，能架虚矜大者，使奋振威德；耳目聪明、探察敌人情者，使伺候奸伪；敏才健笔者，使主牒檄。明七曜休咎者，为历数之士；善占风云吉凶者，为候气之士；晓六壬遁甲者，为选日时之士；谙蓍龟者，为卜巫之士。是四人者，虽推验体测阴阳，各不可使相乱，贵其专一也；医药之人，二十人已上，以兵数增之。兽医亦如医人之数。大将军权通才者，与之参议可否。故我大众之内，有善有恶，无弃人焉。人无所弃，斯不怨则动有功矣。

【译文】

当今之世取用人才的时候，往往只是追求博学，而忽视了在某一个方面有特长的人才，这不是用人的好办法。兵家的用人一般是依据人的长处和短处，而加以使用。所以，对善于体恤人的人不要让他频频打仗，这是顾虑他过分劳累后会失掉勇气；善于防守的人，不要让他进攻，这是顾虑他动作迟缓而不悍猛；多方术的人不要让他参与决定事情，这是怕他犹豫不定；勇气过人的人，不要和他一起谋划策略，这是怕他草率从事。精明强悍的人，让他争斗；果断勇敢的人，让他去进攻；沉着刚毅而性格执着的人，让他去据守险隘；好小利而贪财的人，不能让他去防守仓库储蓄；有智谋并且善于判断的人，可以选用他的计策；轻健敏捷的人，可以派他引诱敌人；刚强固执的人，可以让他充当先锋；唇齿伶俐，能言善辩的人，可派他去挑拨敌人的内部关系；善于偷摸的人，可派他去盗取号令刺探敌情；口出恶言，常好骂人的人，可令他去诽谤对方，叫骂敌人；见识出众的人才，可让他参与议论大事；深明大义，豁度大方的人，可让他去安抚众人；倔强有力的人，可让他开辟道路；善于依据地形而建造的人，可派他扎营建寨；胆小的人，可派他运输器械；年老体弱的人，可让他打水做饭；熟悉山水地形，了解地形高低和水草之利的人，可利用他了解地形；善于妖言惑众、装神弄鬼、假推天命、使人张皇失措的人，可让他虚张声势、蛊惑敌人，动摇敌军心；善于选择地形，能辨险易、了解来往大小道路的人，可派他押运、储备粮草；语言豪壮、善于强辩、能够夸张虚言、自壮声势的人，可派他去振奋军心；耳聪目明、善于探察敌人情况的人，可派他去窥视敌人的诡计伪装；思路敏捷、文笔流畅的人，可派他掌管文书牒符。善天文辨星辰的人，是计算历法时数的官员；善预测风云、天候好坏的人，是观察气象的官员；通阴阳，学历书的人，是选日择时的官员；熟悉蓍和龟的人，是占卜的官员。以上这四类人员，虽然都是属于推测、体验阴阳一类的人员，但是不能让他们互相扰乱。这一类人员的使用贵在让他们专一。从事医药的每二十人以上要设一人，随着部队数量的增加，医药之士也要增加。兽医人数也同医生的人数大体相当。具有大将之才，学识全面的人，可与他共商大计。所以，在我人数众多的军队里，有善良的人，也有凶恶的人，但没有被弃置不用的人。一个人不被抛弃不用，他必然不生怨气，这样，只要肯干就能建立功勋。

【注释】

①抚恤（fǔ xù）：安抚体恤，此处指善于体恤人之人。

②多方者：方，方法、方略、方术。此处多方指遇事很有办法的之人。

【评述】

本篇讲述如何用人。许洞认为，人各有长短，用人必须用其所长，避其所短。

三才①应变第四

【原文】

易曰：见机而作，不俟终日。故用兵之术，知变为大。军虽气锐时胜而行列散溃，旌旗紊乱，金鼓不节，击之可也。或曰：彼得天时，讵可破乎？许洞曰：天之所祐，正也。怙天时而戾军政，与天违也。天人相违，不凶何俟？故兵利以顺应顺也。顺而逆应之，必凶之兆也。或曰：军乘天时，跨有地利，将吏骄怠，谋划不精，军阵散乱，如之何？洞曰：可击也。彼获天地之利，如何击之？曰：人者天地之心也。苟心不正，虽有其表，将焉用乎？或曰：军违天时，逆地利，大将深谋沉毅，部伍清肃，进退有节，如之何？许洞曰：未可击也。曰：不获天地之利，奚谓未可乎？曰：正则可以率天地之用，草寇可为王矣。或曰：彼如是也。我之动将之如何？许洞曰：先以人，次以地，次以天，然后攻之，必克敌也。曰：先后如之何？曰：利为主。何谓主？曰：动为客静为主。观敌之动何如，乃应之。先胜而后举，神明之道也。

【译文】

《周易》上说："见机而行，不能坐等终日。"所以，用兵的方法以懂得变化为最重要。军队虽然士气旺盛，占有天时，但是行列不整，旗帜紊乱，锣和鼓的号令没有节制，对这样的军队可以进行攻击。有的人会说，他已占得天时，我们还能打败他吗？许洞说，天所保佑的，是昌顺的。凭借天时而违背治军的道理，这也就与天意相违了。人意和天意相违，不遭凶险还会有什么别的结果呢！因此，军队的锋利在于以顺应天时的行动去实现顺应天时的事情。以逆天时的行动去实现顺应天时的事情，这一定是遭凶险的预兆了。也有的说，军队乘着天时，占有地利，将官骄横懈怠，筹谋策划不精心周到，军队阵营散乱，这会怎么样呢？许洞说，这样的军队可以攻击。敌方占有天时地利，怎样攻击他呢？我们说，人是天和地的核心，如果这个核心不正，即使有天时地利的外表，又有什么作用呢？如果问，军队违反天时悖逆地利，但率军的大将深谋远虑，沉着刚毅，部队齐整、严密，进退有节制，这样的军队应怎样对待呢？许洞说，对这样的军队不能攻击。有人会说：不占天时地利，怎么能说不能攻击呢？我说：人正义就可以统领天时地利，为我所用。草莽盗寇也可以做王。如果问：敌人如果这样，我应如何行动呢？许洞说，首先依靠人事，其次依靠地利，再次依靠天时，然后去进攻他，必然能够打败敌人。问，以哪个为先，哪个为后呢？答：以得利为主。什么叫"主"呢？不战先动是"客"，静以待战叫"主"。应先弄清敌人如何行动，然后我才相应行动。后行动而先胜利，这就是用兵如神的道理。

【注释】

①三才：指天、地、人。语出《周易·系辞下》："有天道焉，有人道焉，有地道焉……三

才之道也。”《三字经》:“三才者，天地人；三光者，日月星”

【评述】

本篇讲述应变的重要性。作者引用《易经》的话语来说明“用兵之术，知变为大”。

三才随用[①]第五

【原文】

天著吉凶，以阴阳辨也；地布险易，以山川章也；人包勇怯，以战阵见也。苟欲阴阳之顺，险易之利，勇怯之用在于闲暇可得而择也。当彼我相逢，各出不意，忽然交合，曷能择所利而用哉？或曰：两师不期逼于险地，天地震晦，雨雪交积，山川不辨。当此之举，何以御之？许洞曰：大将止众坚阵，严肃号令，虽敌来攻，勿与交战。俟天变少罢，观弱强之势，而后进退之。曰：我既安矣，彼自惊扰，则如之何？曰：以积兵乘之。又曰：仓卒之际，大将以何术即能坚行阵，严号令，使士卒不自惊乱？许洞曰：善用兵者有动必备。预择轻勇者二十四人，八方各三骑，相去一里，昼以旗，夜以鼓。第一骑见贼，昼举旗。第二骑亦如之。第三骑驰告。夜用鼓如昼法，烟雾蓊塞，风雷震惊，旗之不见，鼓之不闻，亟驰告，斯谓八卦探骑者也。是以值贼而能备焉。苟天地有变，则引轻兵突之。大阵不可妄动，观彼动静而后举焉。故我常用其整也。此皆随天之变也。或曰：与敌卒然相遇，或平原广泽，或山谷深峭，或坡嶝穹隆，或坳污沮洳，或草木蒙密，俱是危地，当其用之如何？许洞曰：回渠污涧，可以冲车突驰也；深峡隘口，可以少击众也；长林丰草，可以为伏也；原野漫衍，可以骑兵相属也；草木隐障，可以步士接战；长郊往来，可进可退，可以长戟当敌；逾水跨远，高下相乘，不可得亲近，可以长弩当敌；崖壁相隐，狭径斗回，可以剑楯当敌；苇萧芦荻，枝叶朦胧，可以戈梃当敌。此皆随地之性也。或曰：寨栅之间，三军已息，寇敌乘间冲突攻击，当此之时如之何？许洞曰：使勇者据其前，怯者匿其后。忽遽之时，怯者强驱而前进焉。必挫锋折锐，不若隐之也。曰：当此之时，何暇别勇怯之用乎。曰：不然。善用兵者，防乱于未乱，备急于未急。结营既定，预择强勇者卫外，怯弱者附之，所以虑晦夜之急也。此皆随人之性也。如是，顺天地人预备之道者也。故易之卦以豫者预也，取预备之象为难之用也。故曰：重门击柝以待暴客，盖取诸豫，用兵者可不审于此乎？

【译文】

天呈现吉和凶的征兆，可用阴阳来辨别；地分布险隘和平易，可用山和河来表明；人有勇猛和怯懦的区别，可在战场上表现出来。要想知道阴阳是否和顺，地形险易是否有利，人是勇敢还是怯懦，在于平时就能了解而区别开来。当敌我遭遇，双方都是出其不意，突然接战时，如何分辨所长而加以利用呢？有人问：两军突然在险隘地方遭遇，天昏地暗，雨雪交夹，山势不清，水流不辨，在这个时候，怎样抵御敌人呢？许洞说，作为将帅，应该让部队停止前进，坚固阵势，严肃军纪，森严号令，敌人即使进攻也不要和他交战。等待恶劣的天气稍微好转，再观察敌我之势，谁强谁弱，然后决定是进还是退。问：我军已安定而敌人却还在惊慌失措，这该怎么办呢？答：集中兵力攻打他。又问：在仓卒的时候，将帅用什么办法才能坚固部队的阵势，严肃号令，使官兵能够不慌乱呢？许洞答：善于领兵打仗的人，有所行动必然要预先做好准备。应预先挑选二十四名敏捷而勇敢的人，分八个方向，每个方向各三名骑兵，每人间隔一里地，白天用旗、晚上用鼓作信号。第一名骑兵看见敌人就举起旗子；第二名看见信号，也举旗为号；第三名立即骑马报告。夜间用鼓为号，方法和白天相同。如果烟遮雾障，风猛雷鸣，看不见旗帜，听不见鼓声，就立即骑马报告。这就叫八卦侦察骑兵，用来监视敌人而能做到有备无患。如果气候有了变化，那么就首先率轻骑兵突击敌人。整个部队的大阵式不可轻举妄动，要观察好敌人的动静然后再出动。因此，我经常使用整个部队。这些都是随天时变化而变化的方法。也有的问：和敌人仓促相遇时，或者是在平原沼泽，或者是在山谷深峭，或者是在陡坡崖上，或是在低洼潮湿之地，或是在草深林茂之地，总之都是危险的地方，这时怎么办呢？许洞道：盘水浅沟，可以用战车冲突；峡谷隘口，可以用少击多；密林深草，可以埋设伏兵；平原广野，恰值使用骑兵；草木遮盖，可以用步兵接敌；城邑外道路通达，可进可退，可以用长戟对敌；涉河或从远处进攻敌人，高低两地距离较大，无法近战，可以用长弩射杀敌人；悬崖壁陡峰遮，道窄路曲，可用长剑和盾牌对敌；芦荡茫茫，枝叶遮目，可以用长枪棍棒对敌。这都是适应地形的特点。有的问：营寨之内，全军都已休息，敌人突然乘机进攻，这时怎么办呢？许洞答：让勇敢的人在前，怯懦的人藏在后面。匆忙急促之中，胆怯者如果竭力驱赶前面的人前进，就必然会遭受挫折，不如乖乖地藏在勇敢者的后面（坚守不动）。问：在这种时刻，哪有时间去分辨勇敢和怯懦以分别使用呢？答：不一定。善于用兵打仗的人，在动乱未发生的时候就做好了防备动乱的准备，在情况不紧急的时候，就做好了应付紧急情况的准备。一旦安营扎寨已毕，就预先挑选强壮勇敢的人防卫外围，而将胆怯懦弱的人挨着勇士安排，以防夜袭等紧急之时。这都是适应人的性格。这就是顺应天时、地利和人事而预作准备的道理。所以在《周易》的卜书上，把“豫”字写作“预”，是把预有准备作为解决危难方法的象征。所以说，关好几道门并打更巡夜，以防备暴徒，这都是做好预备的样子。用兵打仗的人，不清楚这一点能行吗？

【注释】

①三才随用：随，基本词义为跟从、顺从的意思。此处“三才随用”意指围绕“天地人”三种要素预作准备，随时利用。

【评述】

本篇讲述战争准备的问题。许洞认为，围绕天时、地利、人和预做准备，是解决危难问题的最好方法。

卷二

辨将第六

【原文】

国家行师授律，生杀之柄，大将所主。将者国之腹心，三军之司令也。可不慎于选乎？苟欲命将，预以精诚辨其可否者有四：一曰貌，二曰言语，三曰举动，四曰行事。其一曰貌。凡眉上双骨横起而隆巘者，语言而不纯者，目反仰视者，方坐内多虚惊者，行而瞠乎必照后者，目睛多白而有赤焰、瞻视不端者，此六者人有其一，斯人常蕴不臣之心，不可使之也。半下锐上，神气安详者，重德而善安众人也。目黑多白少，点睛深，而神气与形相副者，机度沉厚，不可以诈动人也。目睛荧朗，五岳相照，燕领虎颐者，心机疾速，勇而有断人也。龟背虎臆，点睛深而朗彻，瞻视详谛，而神骨耸峭者，雄壮有智虑人也。是五者，人有其一，可使之也。至若神气重浊，骨相不正，头薄面浅，颈大腹细，目睛昏瞢，点睛近上，视顾不正，此皆志气浅劣，智识庸鄙人也。其二曰言语。人有言肆而目骇视者，心怀异图也；言枝蔓而不径者，心有隐也；矜大人善唯恐不至者，党人也；言错综而无所归者，心躁竞也；方言而他视者，心不诚也；言卑而色下者，心有所屈也；方言频四顾者，其辞妄也；言人之短而视不定者，诬罔人也；言多以私事为忧者，顾妻子之人也；言大而理不精者，其学虚也；色悦而徐徐顺人意者，佞媚人也；矜己善而斥人不善者，崛强人也；言欲发而却缩者，含蓄人也；言无公私必及利者，贪人也；色卑而言多谄者，志下劣人也。事曲而言直，气悖而言顺，鄙而言大事，不详而强能，理矫而强正，此皆奸诈人也。是十有六者，人有其一，不可使也。言大而意精至者，有识度人也；言希而出必中者，志节人也；言动而必及国家者，忠孝人也；言奋而不污者，壮直人也；辞寡而意恳者，公正人也；言多及军吏之私者，善抚恤人也；言及阵敌，喜动色者，好勇人也；言及细微，而能剖析是非者，有智人也；言迂阔，而卒近于理者，识深见远人也；言少而事详者，大度人也，语气和，而神色相称者，善纳众人也；言徐徐而事备者，性缓而有德人也；言速而事当，性急而不暴，有识人也。是十三者，人有其一，皆可使之也。其三曰举动。行有狼顾者；行与坐忽如惊恐者；非时言语，而手足纷拿者；方食而不觉弃匙筋者；方坐而首偏，口目辄斜动者；行而唯恐有人逐者；欲坐而频四顾，如有所骇者；方言勃气上腾，神色自得者；待下多卑恭而不实者；睹事觉，己如不知，而目它视者。是十者，有其一，此皆心不诚实，多蓄异图人也，不可使之也。行欲如大辂，足动而身不摇也；坐欲如山岳，形神俱定也；卧欲如覆舟，神气安详也；此皆智度沉深，大节崇德人也。是三者，人有其一可使之也。其四曰行事。有人行事先己后人者，好私人也；事繁多而用事不当者，无智人也；做事不急于用者，无益人也；做事有首无尾者，伪人也；先急而后慢者，卒众庸人也；事不求详而辄为者，粗疏人也；巧妙而无裨急用者，浮艳人也；所措舍鲁钝而不适用者，愚人也；利害章章而不能析之者，无识人也；临事而惧者，懦弱人也；进退不决者，无断人也；记一而忘二者，神昧人也；事虚而构架广大，以善为恶，以恶为善者，奸人也；善候人之颜色，随所欲而言者，佞人也。是十四者，人有其一，不可使之也。有事简而用当者；有喜怒之事不露于色者；临大事而神气自若者，此谓神有余人也。有微而不弃，大而不烦者，凶事不惧，美事不喜者，事有众惑而独断之者，事有众危而独安之者，事有难动而独动之者，事有难安而能安之者，此谓志有余人也。是十者，人有其一皆可使之也。是以知貌也者，神之聚也；言语也者，神之发也，举动也者，神之用也；行事也者，神之本也。察其神，则尽其为人之道也大矣。况国之命将，可不审于此乎。

【译文】

国家兴兵打仗，发布命令，生杀大权，都由大将做主。将领是国家的心腹，掌握三军号令的人，能够不慎重挑选吗？如要任命将领，应该预先精心诚意考察其是否可当重任。这里有四点：一是相貌，二是言语，三是举止，四是办事行动。其一是相貌。凡是眉上两个眉头横长，高高隆起的人，语言不好的人，双眼爱斜视或朝上看的人，一坐下心里老是阵阵虚惊的人，行走时两眼圆睁经常后顾的人，眼中眼白过多而且带有血丝，看人看物不正视的人，这六种现象只要有其中之一，就是不甘心臣位的野心人，这种人不能使用。对下宽厚，对上尖锐，神气安详的人，是看重品德而又善于安抚人心的人；眼中眼白少瞳仁多、眼球较深、神气与长相相符合的人是机敏适度、沉稳内涵的人，这种人是不能以欺诈手段鼓动得了的。眼光明亮、五官端正、额宽颌正的人是思路敏捷、勇敢而又善断的人。脊柱弯曲隆起、状如龟背，虎眼有神、眼窝较深但目光明朗、观察事物透彻周详，同时眉骨较高的人是雄壮而又有智谋的人。有以上五种现象之一的人，都是可以使用的。如果是一个人的神态不明不白，骨相不正，头小，面孔平板，脖子大而肚子小，眼睛混沌，瞳仁长在眼球的上方，看人眼睛不正，这都是一些志气不高，知识浅薄，粗俗的人。第二是言语。出言放肆，看人眼神惊慌的是心怀鬼胎的人；说话只讲皮毛而漫不经心的，是心有隐秘的人；喜欢夸耀自己上司的好处，唯恐有说不到的地方，这样的人是爱结帮拉派的人；语言混乱不着头绪，性急抢快，一说话就看别人的，是心里不诚实的人；语言卑恭，脸色恭敬，这是心里有委屈的人；一开口说话就眼睛频频地四处看，这种人说出来的话是胡言乱语；说别人的短处时神色不定，这是诬陷人的人；说话很多，但都是挂念一些个人小事的，是只顾妻子儿女的人；说话口气大，但道理却不深，这是学问不扎实的人；神色喜悦，言辞总是徐徐顺着别人的话，这是谄媚的人；以自己的长处为骄傲而斥责别人短处的，是倔强的人；开口欲言却又把话咽回去的，是含蓄的人；开口说话不论是公事还有私事，总是要涉及利益的，是贪婪的人；脸色卑贱，言语又多且总爱奉承别人的，是才志低下的劣等人；事情不对却偏要说对，道理不顺而偏要说顺，小事偏要说成大事，对事情了解得不细却偏要逞能，没道理却偏要强辩的，这都是奸诈之人。以上共是十六种，对具有其中任何一种的人，都不能使用。说大道理但非常精深透彻的，是有见识的人；说话虽少但出言必切中要害的，是有志向有节度的人；话一出必涉及国家的，是忠诚孝义的人；语言激奋而不粗俗的，是健壮直爽的人；说话很少，但意思诚恳的，是公道正直的人；说话多为涉及军士官吏家庭事务的，是善于抚恤别人的人；一说到临阵对敌就喜形于色的，是勇敢的人；谈及细微之处而能剖析是非曲直的，是有智之人；语言迂远不切实际而后来终于近理的，是见识广博深远的人；说话虽少但对事情了解得周密详尽的，是豁达大度的人；语气和蔼而神色与语言相符的，是善于与众人交往的人；说话不急但很完整的，是性情缓慢但有道德的人；说话很快但讲事讲得恰当，是性急但不暴躁而有学识的人。以上这十三种情形，具有其中任何一种的人都可以使用。第三是举止。走路像狼一样四顾的；走路和坐立之时忽然好像受惊一样的；说话不看时候，同时手舞足蹈的；正在吃饭却不知不觉掉落筷子汤匙的；刚坐下头颈就不正，口和眼都乱动的；走路时唯恐有人追逐的；想坐下而频频四顾乱盼，好像被什么惊怕了似的；刚说话便盛气凌人，神色扬扬自得的；对待下属卑下恭谦，但不实在的；看到事情装作不知而眼睛向别的地方看的。这样的一共是十种，有其中任何一种，都是心底不诚实，怀有不轨之图的人，都不能使用。行走如同大车行驶一样腿动而身体不摇；坐下如同山岳一般，形态神色都很安定；躺卧好比翻过来的船，神宁气祥，这都是有才智、豁度、深沉、有大节、崇高道德的人。以上三种情况，只要具备一种，就是可以使用的人。第四是办事行动。有的人办事先己后人，这是私心重的人；事情繁多但办事不当的，是没有才智的人；办事情不急于使用的，是不讲效益的人；做事有头无尾，这是伪人；办事先着急后又迟缓下来，是庸人；对事情没有了解清楚就急着动手，是粗心大意的人；办事巧妙，但事情对眼前并无用处，是浮夸的人；办事方法笨拙而且事出无功，是愚蠢的人；事情的利弊历历清晰却分析不出，是没有见识的人；遇事就恐慌，是懦弱的人；事情当头，进退犹豫不决，是没有主意、优柔寡断的人；记一忘二，是心神不定的人；办事不实在，办事声势大，把善当作恶，把恶当作善的，是奸险的人；善于窥探别人的脸色，说话办事投其所好的，是谄佞之人。以上表现十四种，其中任何一种人都不能使用。办事简便但又得体的人，喜怒哀乐不露声色的人，每临大事而神色自若的人，这些都是神奇过人的人。小事不嫌弃，大事不厌烦；凶险的事不惧怕，美好的事不追求；对众人疑惑的事情能独自决断；事情对众人都有危险而自己能安然处之；事情对众人都是难以解决而自己能独立解决；事情出现难以平定，而自己能平定。这些都是志向过人的人。以上十种人，只要是其中之一都可以使用。由此可以得知：人的面貌，是人精神的汇聚；人的言语，是人精神的表现；人的举动，是人精神的实用；人的办事，是人精神的根本。考察一个人的精神，才能了解一个人为人处世的道理。这已经很重要，更何况国家任命将领，怎么能不详细了解这个道理呢？

【评述】

本篇讲述选择将帅的具体方法。许洞认为应从面相、言语、举动和行事等四个方面进行考察。

论将第七

【原文】

《万机论》[1]曰：虽有百万之师，恃吞敌在将者，恃将也。夫举国之利器以授之，苟非其人，是轻天下。将何以为？谓大小者各有四焉。八者皆无，何足以谓之将乎？其大者，一曰天将，二曰地将，三曰人将，四曰神将；其小者，一曰威将，二曰强将，三曰猛将，四曰良将。凡兴师举众，列营结阵，视旌旗之动，审金鼓之声，揆日度时，以决吉凶；随五行运转，应神位出入，以变用兵，敌人不测其所来，以神用兵，我师不知其所为；动有度，静有方，胜负在乎先见；持天地鬼神之心，以安士众，此之谓天将者也。所至之境详察地理，山泽远近，广狭险易，林数之厚薄，溪涧之深浅，若视诸掌；战阵之时，前后无阻，左右无滞，步骑使其往来，戈戟叶其所用；指挥进退，皆顺其情，人马无逼塞之困，攻守获储蓄之利，振野得水草之饶，使人马无饥渴之色；陷死地而能生，攻亡地而能存，逆地而顺用之，顺地而逆用之；不择险易，皆能安而后动，动而决胜者，此之谓地将者也。又若廉于财，节于色，疏于酒；持身以礼，奉上以忠；忧乐与士卒同，获敌之货赂而不蓄，得敌之妇女而不留；纳谋而能容，疑而能断，勇而不陵物，仁而不丧法；原其小罪，决其大过，犯令者不讳其亲，有功者不忌其仇；老者扶之，弱者抚之，惧者宁之，忧者乐之，讼者决之，滥者详之，贼者平之，强者抑之，懦者隐之，勇者使之，横者杀之，服者原之，失者扶之，亡者逐之，来者爵之，暴者挫之，智者昵之，谗者远之；得城不攻，得地不专；敌浅以待变，敌诡以顺会；逆势则观，顺势则攻，此之谓人将者也。又若以天为表，以地为里，以人为用，举三将而兼之，此之谓神将者也。行师之时，无失天时，无失地利，无失其人；无有勇怯，闻敌而即行，心无疑虑；犯令者，罪无大小，必绳以刑；敌闻之即畏，当之即破，此之谓强将者也。师无多少，敌无强弱，三军顺令若臂使指，往复万变；出其敌不意，举动如神，匹马单剑摧锋先入，使敌人失措，惧而远遁，此之谓猛将者也。夫能以威为表，以猛为里，以强居中，兼三将而有之，此之谓良将者也。国之任将也，得天将，可以当违天之敌；得地将，可以当逆地之敌；得人将，可以当悖人之敌；得神将，可以当天下之敌，举无遗算矣。威将可附天将，强将可附地将，猛将可附人将，良将可保四方。曰：虽有敏捷之用，然皆不可以独用焉。如是者，将之体也。

【译文】

《万机论》说道，虽然有百万之多的军队，但歼灭敌人所依靠的主要在于将领。将全国锐利的兵马和武器授予人，如果这个人选择得不当，就是对天下的藐视。怎样才能做将领呢？属于将领的，大小各有四种。如果这八种都不是，那么还凭什么称为将领呢？大的四种将领，一叫天将，二叫地将，三叫人将，四叫神将；小的四种将领，一叫威将，二叫强将，三叫猛将，四叫良将。凡是兴兵打仗，安营布阵，看旌旗的飘动，听锣鼓的声音，审时度势，就能判断出吉和凶。能随着金、木、水、火、土五行来运筹战事，能顺应天意的变化而进退得当；以灵活多变的方法用兵，使敌人无法测度我到来的方向，以神机妙算的方法用兵，使我军官兵都不知道自己的行动；行动有度，静居有方；对于战争的胜负有先见之明，能用天地鬼神的精神来安定官兵的心。这就是被称为天将的人。凡所到的地方，都能详细了解地形，对山和水的远近，地势的广阔狭窄、险易程度，丛林草被的茂密深浅，山谷河涧的高度等情况能了如指掌；打仗布阵的时候，前后没有阻塞，左右不会滞留，步兵骑兵能互相呼应来往，枪戟刀剑各有所用；指挥军队前进后退都能适应部队的情况，人员车马不会出现塞阻拥挤的现象，进攻和防守均能获得充足的粮食储备；移兵旷野能占有富饶的水源和粮草，使人员和马匹没有遭受饥渴和疲惫的危险，部队陷于死地能生，攻打亡地能存；在不利的地方能适应它而利用它，在平坦的地方能反其道而用之；地势不论险易，都能使部队安然静处，然后再发起行动而取得胜利。这就是被称为地将的人。又如那些在钱财面前能保持廉洁，在女色面前能有节制，对待酒食能够疏而远之；用礼义来修身养性，以忠诚来侍奉君主，而自己的忧愁和欢乐是和官兵相同的；缴获敌人财物而不中饱私囊，俘获敌方妇女而不贪色自纳；能接纳谋士又能容人，对疑惑能果敢决断，勇敢而不超越界线，仁义又不丧失法度；原谅人的小过失，而惩处大过错；对违犯军令的就是亲属也不隐瞒，对有功的，即使是仇人也不忌赏；扶持老人，抚养弱者；使害怕的人安宁，使忧愁的人欢乐；对诉讼官司的能够明断，对贪婪的人能详察明了，对盗贼之人能够平定，对豪强能够抑制；对于胆小的人保护他，对勇敢的人使用他，对横行的人处决他，对已折服的人原谅他，对遗失东西的人扶助他；对逃跑的人追捉他，来报效的人封以官爵，对暴烈的人挫服他的习性，对有才智的人亲近他，对爱进谗言的人疏远他；对已得到的城池不实施攻伐，对占领的土地不专横施威；敌人势力不长久则等待它的变化，敌人诡诈则顺着他的计谋对付它；形势不利则观察待机，形势有利则果断进攻。这就是被称为人将的人。又比如能将天时作为外部条件，将地利作为内部条件，选用优秀人才，对三种将领（天将、地将、人将）的品性兼而有之，这就是被称之为神将的人。行军打仗的时候，不失掉天时的依靠，不失掉地利的借助，不失掉对人才各尽其能的使用，官兵不分勇敢的、怯懦的，听到有敌人的消息立即行动，心中不存迟疑和犹豫；对于违反军令的人，不论罪过大或小，均能用刑律衡量惩治；敌人闻风即怕，阻挡即被打败。这就是被称为强将的人。军队无论多少，敌人无论强弱，三军都能严守号令，就像胳膊指挥手指一样自如；行动变化多端，作战出敌不意，举动迅速像神一样；即使单枪匹马，一人当先，冲入敌阵，也能使敌人惊慌失措，害怕远逃。这就是被称之为猛将的人。以威严为治军的外表，以悍猛为治军的实质，以强健为治军的目的，对三将（威将、强将、猛将）的品性兼而有之，这样的人称之为良将。国家任用将领，得到了天将，可以挡住违背天意的敌人；得到了地将，可以抵挡违背地利的敌人；得到了人将，则可抵挡违背人心的敌人；而得到了神将，就可以抵挡天下之敌了，这是决不会有什么失算的。威将可以跟随天将，强将可以跟随地将，猛将可以跟随人将，而良将则可以保守四面八方。（四类小将）虽然各有其聪明智慧，可以任用，但都不能单独去使用。以上所说的就是使用将领的根本。

【注释】

①《万机论》：为《隋志》《旧唐志》《新唐志》等书中的杂文，亦称《蒋子万机论》，三国蒋济撰。蒋济，魏国重臣，历仕曹操、曹丕、曹叡、曹芳，官至太尉，为魏国出过不少有价值的建议，死后谥号景侯。曹丕称帝后，蒋济上表《万机论》。本篇许洞所引文字出自《万机论》之《长短经·将体》(《御览》二百七十三页)。

【评述】

本篇讲述将帅的品素要求。许洞按照才能大小将高层将领划分为天将、地将、人将和神将；将一般将领划分为威将、强将、猛将和良将。

出将第八

【原文】

王者既审定大臣之可否以将之，于是居正殿召之，曰："今某地不臣，愿烦将军应之，社稷安危，亦在将军。"乃使太史氏择吉日，授之斧钺。王入大庙，西面而立，王操钺持其首，授之柄，曰："从是以上至天者，将军制之。"复操其柄，授之以刃，曰："从是以下至天者，将军制之。"将既受命，拜而报曰："臣闻国不可以从外理，军不可以从中御。二心不可以共济，疑心不可以应敌。臣既受命，专斧钺之威，臣不敢生还。"乃辞而行，凿凶门而出。是以将之行也，不问妻子，示其忠于国；君之命将，不敢轻其礼，示其崇于用。将之于外也，君命有所不受，唯逐便利国家是务。其于己也洁，其于人也至。是故将拒谏则英雄散，策不从则谋者去，善恶等则贤愚混，赏罚乱则纲纪散；多喜则不威，多怒则人心离，多言则机泄，多好则智惑；宽则众懈，暴则众怨；将专权则下归咎，将自善则下无功，将纳谗则正人离，将好赂则士卒盗，将内顾则士卒淫；贬声挥色，所以自洁；避嫌远疑，所以自持；沉机远虑，所以不失；委时顺变，所以逮功；恕物笃竹，所以归爱；昵善斥谗，所以来远；先度后作，所以应卒；先信后言，所以伏下；信赏必罚，所以正人；明今鉴古，所以照众；卑色贵人，所以保终；去私循公，所以存国；其神欲正，其形欲端，动欲如风，止欲如山，斗欲如雷电，机欲如鬼神，思欲如照影，令欲如雪霜，苟有此者，可以当国之大命矣。

【译文】

做王的审定大臣是否可以担任将领完毕后，就要在正殿召见将领，说道："现在，某某地方叛逆，不肯臣服，我想麻烦将军去平定。国家的安危，维系于将军身上。"然后命太史官选择吉日，授给斧钺等权力凭证。吉日那天，君主来到太庙，面向西站立，拿起钺，手持钺头，而将钺柄授给被任命的将领，说道："从这里起，上至于天的事情，都由将军你管理。"然后，再手持斧柄，将斧头授给将军，说道："从这里起，下至于地的事情，都由将军你管理。"将领接受任命后，向君主拜谢并报告道："臣下听说，一个国家不可以在国外进行治理，军队不可以从朝廷进行统帅。人不同心则不能同舟共济，互相猜疑就不能对付敌人。臣下既然已经接受任命，执掌大权，就不敢想从战场生还。"于是，将领辞别君主出征，在城墙上凿一个凶门而出。因此，将军出征之前，不询问妻子儿女，以表示忠于国家；而君主任命将领时，不敢轻慢礼节，也表示对将领的尊重和崇尚。将帅在外打仗，对君主的命令可以有所不接受，而以求取国家利益为根本。将领对于自己要洁身自好，对待别人则是关怀备至。所以，将领如果拒听劝诫，那么，属下的英雄豪杰便会纷纷离去；不采用计谋，那么谋划者也会离去；如果对善人恶人同样对待，那么，才智之人和愚笨之人就会混淆不清；如果赏罚不明，那么纲纪就会败坏。爱经常喜笑就没有威严，常爱发怒就会使人心背离，话语过多就会使机密泄露出去，爱好太多就会使智慧迷惑，治理过宽就会使众人懈怠，管理方法粗暴就会使众人怨恨。将领专权，下属有事就会将责任归咎上面；将领只是自己做事情，下属就会感到无法建立功绩；将领喜听谗言，那么正直的人就会离去；将领喜欢接受贿赂，官兵就会偷盗；将领贪恋妻妾，官兵就必然淫乱。远离声色，是为了自爱；做事避嫌减少猜疑，是为了自持；深谋远虑，是为了不犯过失；顺应时势随机应变，是建立功勋的原因；爱惜东西行动沉稳，是能受人爱戴的原因；接近善良之人，而斥责谗言小人，是远方之士前来归顺的原因；先审度清楚然后再干事，是能得到士卒响应的原因；以身作则然后讲话，是使下属信服的原因；奖赏必信，有过必罚，是使人们行为端正的原因；通今博古，是使众人都明白道理的原因；不看脸色而尊重人格，是能保节始终的原因；去掉私欲秉公办事，是国家得以保存的原因。神态要庄重，形貌要端正，行动要像风一样顺疾，停止要像山一样稳健，打仗要像雷电一样迅猛，机智要像鬼神一样变幻莫测，思虑问题要像镜子照影一样清晰，号令要像雪霜一般严厉。如果有这样的人，就可以担当国家的大任。

【评述】

本篇讲述拜将仪式和将帅出征在外的注意事项和要求。

卷三

先胜第十六

【原文】

孙子曰：胜兵先胜，谓先定必胜之术而后举也。何谓必胜？许洞曰：先务三和，次务三有余，次务三必行。何谓三和？曰和于国，然后可以出军；和于军，然后可以出阵；和于阵，然后可以出战。国不和则人心离，军不和则教令乱，阵不和则行列不整。不先务此三和之道，何其可战耶？何谓三有余？曰力有余，食有余，义有余也。力无余则困于斗，食无余则怠於时，义无余则吏士怨。不务三有余之术，师其可动耶？何谓三必行？曰必行其谋，则奸机不成；必行其赏，则好功者不爱死；必行其罚，则有过者不归咎。不务三必行之道，人其可用耶？是以知善务和者，公无私，舍小惠，务大惠；善务有余者，力诸事而不自怠；善务必行者，兴勇断去犹豫之谓也，举是九者务令预定之于前，则万变千机，然后动乎其中矣。率此以御敌，未有不胜者也。故曰胜兵先胜者，胜在我也。其在易曰先天不违之义也。

【译文】

孙子说："胜利的军队首先胜于战争之前。"意思是首先定下了必胜的方法，然后再举兵出征。什么是必胜的方法呢？许洞说，首先要做到"三和"，其次要做到"三有余"，再次要做到"三必行"。什么是"三和"呢？就是：国家和睦，然后才可以出兵打仗；军队和睦，然后才能布阵作战；战阵和睦，然后才能接战。国家不和，人心就会离散；军队不和，军令就会混乱；阵列不和，行列就会不整齐。不先达到这“三和”，怎么可以打仗呢？什么是“三有余”呢？就是：力量有余，粮食有余，信义有余。力量无余，军队就会无力作战；粮草无余，就会延误军队的时间；信义无余，官兵就会怨恨。不达到“三有余”的程度，军队怎么能行动呢？什么是“三必行”呢？就是：一定要施行考虑好的计划，这样奸诈诡计就必然不成；一定要执行奖赏，这样，愿意建功的人就不吝惜死；一定要实行惩罚，这样，有过失的人便不会推卸责任。不做到这“三必行”，怎么能用人呢？所以，可以知道，善于搞好“三和”的人，公而忘私，能舍弃小利，而专致力于国家大利。善于搞好“三有余”的人，凡事努力而自己毫不懈怠。善于“三必行”的人，就是提倡勇敢果断而去掉犹豫的意思。以上所说的九条，务必事情进行以前就安排好。这样，事情在进行中即使变万化，也在掌握之中。掌握了这些而去打仗御敌，没有不胜利的。因此说，胜利的军队能首先取胜于战前，胜利的根本原因还在于自己。这其中的道理，就是《周易》中说的“先天不能违背”的意思。

【评述】

本篇讲述自己方“先胜”的条件，即“三和”“三有余”“三必行”。这三个方面均体现了谋定而后动的思想。

知奸第十八

【原文】

敌使来，目数动，色数异，而言肆者，刺客也；敌未困而请和者，谋也；敌卑辞厚币者，骄我也；使虽频来，为寇不止者，侮我也；厚货啖[①]我左右者，欲构我密谋也；使来言语辩利，欲两国休解者，将掩我不备也；使言崛强者，欺我也。敌使有此七者，宜细详之，将为挟之。谋者反其谋，骄者反其骄，侮者陵之，构者示之，将掩不备复之，欺者诛之。留使者不可久，久则知我微，不若杀之。是以知奸之道，兵之本也，不可不审。

【译文】

敌人派来的使者，眼睛乱转，脸色常变，而言语放肆的是刺客；敌人并没有陷入困境而来请和的，是有阴谋；敌使者言辞卑下，又带来很多钱的，是为了使我骄傲起来；敌使者虽然频繁派来，但仍然不断侵扰我的，是为了侮辱我；用大量财物来引诱我将领身边人员的，是要刺探我方机密；来使语言善辩锋利，力图使交战双方休兵和解的，这是想造成我不加防备；使者言语强硬，是欺负我。敌人使者有以上七种表现的，应仔细地了解情况。将领（在接见时）要陈兵挟制他。对于有阴谋的要反用其谋；对于要使我军骄傲的，可以使敌方认为我军已骄傲；对于侮辱我方的，要以同样方法羞辱他；对于想刺探我机密的，故意让他去看（虚假的）；想使我方不加防备的，可以同样方法去回答他（反使敌方不加防备）；对欺负我方的，就杀掉他。款留使者时间不能太久，时间一久，使者就能知道我方细微之处，还不如杀掉为好。所以，详细了解派遣奸细的道理，是军队的根本，不能不审慎对待。

【注释】

①啖（dàn）：本意为吃或给人吃，此处意为拿利益引诱人。

【评述】

本篇讲述对敌方使者的分辨，许洞讲了一系列辨别方法。

《虎钤经》总评

《虎钤经》是北宋开国后一部对后世有一定影响的兵书。作者许洞是一位职位不高的年轻人。

许洞，976年生，24岁中进士，被派往今甘肃天水地方做下级军官，不久因经济问题罢官回到家乡吴郡（治所在今苏州市）。

《虎钤经》就是这罢官期间撰写的。许洞后来曾被起用做过均州参军（治所在今湖北郧县东南）、乌江主簿（今安徽马鞍山市以北）等地方低级官吏。

《虎钤经》于1001年开始撰写，成书于1004年末。现存有明嘉靖刊本及清《四库全书》等刊刻本。

全书二十卷共一百二十篇。前十卷论述实际用兵问题。其中，卷一讲述治军的一般道理，卷二论述将领，卷三讲兵机、谋略，卷四讲述进攻，卷五为地形天候的利用，卷六为各种特殊战斗形式，卷七为旗鼓等信号事情，卷八讲安营扎寨，卷九为各种阵法，卷十为人马医药，后十卷为各种杂式杂仪。现选择卷一、卷二中的大部分章节和卷三的少部分章节进行译注，以供大家研究之用。

《虎钤经》在内容上主要继承和发挥《孙子兵法》和《太白阴经》的朴素唯物和辩证思想。例如，它用“天”和“地”来解释世界和一切事物。“天”和“地”是对立的，又是相辅相成的；认为天、地、人三者的关系应是“先以人，次以地，次以天”。

他强调人在战争中的地位和作用，指出：即使“违天时，逆地利”，只要“大将深谋沉毅，部伍清肃”，这样的军队仍然是不可击的。

他强调，谋略的运用必须要在一定物质基础之上，而谋略的运用本身就包括对军用的谋划等广泛的内容。战争要以“粮为本，谋略为器”“欲谋用兵，先谋安民；欲谋攻敌，先谋通粮；欲谋疏阵，先谋地利；欲谋胜敌，先谋人和；欲谋守据，先谋储蓄；欲谋强兵，先谋赏罚”等。

在战略战术和用兵方法上，许洞强调根据客观情况的变化而变换。所谓“用兵之术，知变为大”“机正则泰，机乱则否”。他要求将帅“观彼动静”而灵活用兵，做到“以虚、含、变应敌”。他指出，尽管天时有吉凶，地形有险易，战势有利害，如能吉中见凶，凶中见吉；易中见险，险中见易；利中见害，害中见利，就能用兵尽其变。在地理的运用上，他不但主张利用“形”，还提出利用“气”（即天候、气象）。在作战的实施过程中，要注意善于夺气、夺隘、夺勇等，即创造压倒敌人的有利条件；要善于“袭虚”，即以佯动等手段，造成敌人的错觉，使敌人失去主动，从而保证自己能主动采取行动。要善于“任势”，乘敌懈怠攻击；乘敌不意攻击；乘势扩张战果等。许洞还主张要善于逆用战法，不要把兵法原则看成僵死的教条，这样才能收到出其不意之效。这些无疑都是进步的。

该书在体例上分类编排，按类阐述。后十卷汇集的与军事有关的天文、历法、记时及识别方位等知识，有许多为过去兵书所少见。此外，还汇集了不少阵法，诸如飞鹗、长虹等阵。

练兵实纪（节选）

练胆气第二

第一，辨真操

【原文】

夫陈师鞠旅，列众于场，谓之操练，尔等知之矣。殊不知教场操练，不过明金鼓号令，习射、打、击、刺手艺之能。此等事不是在人家房门院墙内做得，故设教场操练之。平时在各歇家之时，若肯心心在当兵，起念一心，以杀贼为计，蓄养锐气，修治军装，讲明法令，通之以情，结之以心，何尝不是操练也！

【译文】

凡排阵列队，集合部队在操练场上，叫作操练，这是你们都知道的。但你们却不知训练场上的操练，不过是鸣响锣鼓、传达号令，练习射、打、击、刺等手段的技能。这些事不便在人家房门庭院内练习，所以设教场操练。平时歇息于军营的时候，大家如能想着当兵，举动想法齐心协力，以杀敌为目的，蓄养锐气，修治军装，讲解弄懂法律、条令，通晓道理，团结诚心，又何尝不是操练呢！

【评述】

作风、纪律的培养是训练的重要内容，现代也是如此。

第二，循士情

【原文】

主将常察士卒饥饱劳逸，强弱勇怯、材技动静之情，使之依如父母，则和气生。气和则心齐，兵虽百万，指呼如一人。

【译文】

主将要经常体察士卒的饥饱劳逸，强弱勇怯，才能本领，爱动还是喜静等情况。如能使他们依赖长官如同父母一样，军队就和气。气和就心齐，兵士虽有百万之多，指挥呼喊就像一个人一样。

【评述】

“爱施于前，威加于后”，带兵法则。

第三，公赏罚

【原文】

凡赏罚，军中要柄。如该赏者，即与。将领有不共戴天之恨，亦要录赏；患难亦须扶持。如犯军令，便是亲子侄亦要依法施行，决不许报施恩仇；有此者以其所报之罪坐之。

【译文】

赏罚是军队中的重要权柄。如果该赏的，就要赏。将领与他有不共戴天之恨，也要录赏，他有了灾乱也要扶持。如有犯军令的，就是亲儿子侄儿，也要按照法律施行，决不许以私徇情。有报私徇情行为的，用他所徇之罪定他的罪。

【评述】

严明赏罚，是治军的重要权柄。

第四，信口耳

【原文】

发号施令，预先决定，不可临时反复，使三军疑惑，敌云：“将无还令。”

凡应行军务，系有文字，事缓者除通行揭示外。若值紧急军机，虽有文字抄示不及者，主将门上掌号笛各偏裨[1]、传带头目，自百总以上，赴听面谕。主将无定位，但凡临时在本地方独尊者便是；如职位相等，则尊其老成年长者一人主之。掌号笛，各同僚中军[2]、千、把、百、旗总[3]以上，俱赴共行，会计遵守。夫主将一人耳，车步骑官兵数万,一句说话，如何传得遍知？但主将号令，只传偏裨，偏裨只传中军千把总，千把总只传百总，百总只传旗总，旗总只传队总，队总口授军兵而止。须要传说明白，叮咛熟记。若一时听记不全，还挨次再问所传之人，若都问不明，再问主将。不许搀越推挨。若有得令不传，传到不遵，及与传说不明，或忘记不来再问以致误事者，军法重治。干系偏裨者，事小则治其中军官。其告示文字之类，亦要挨次抄传，互相字字说明，以上二项，传谕口令，抄誊文字，仍要一字一言，不许增减及别添祸福之说。每传毕，差巡视旗于街上，或歇家，唤二三个军来问之，照不知条内，查治所由。

【译文】

发号施令，要预先决定，不能临时反复，使全军疑惑。所以说“将军没有收回的命令”。凡是应该办的军务，都应有文字，事情不急，大家又都已施行并知道的除外。如遇紧急军务，虽然有文字但抄写传发不及的，由主将在门前吹号笛通知各副将和传令的头头。自百总以上的头目都要到主将那里听从交代。如没有任命主将的，在一个地方最高职位的便是临时主将。如职位相同，就推其中老成年大的一人主持。吹响号令时，主将的各同僚，中军、千总、把总、百总、旗总以上，都要一起去，共同遵听。主将只有一人，车步骑官兵有几万,一句话怎么能够传得大家都知道呢？这就要求主将的号令，只传给偏裨将，偏裨将只传给中军的千总把总，千总或把总只传给百总，百总只传给旗总，旗总只传给队总，队总口授给兵士。必须传达得明明白白，并叮嘱记熟。如果一遍听不全或记不全，回头依次再问传达的人。如果都问不明白，再问主将，不许超越推托或拖拉。如是得到命令不传，传到不遵守或传达不明白及忘记不来再问，以致误事的，定以军法从重惩处。关系到偏将、裨将的，如果事小就惩治他的中军官。告示和文字之类，也要依次抄传，一级级一字字说明白。以上两项在传达口令、抄誊文字时，仍要一字一句，不许增减，或从旁增添祸福一类妄说。每次传达完毕，应派巡视人执旗到外面（如部队歇息于军营时，可叫两三个兵士来）查问。如检查有不知道内容的，要查出原因。

【注释】

①偏裨（piān pí）：即偏将和裨将，均为主将以外副将的具体称呼，偏裨将在作战中一般担任临时职务。后文营将为一营的主将（一军往往分为几营）；哨将为专管军营警卫、巡逻、查哨等事务的将领。

②中军：主将的代称。古时候，行军作战分左、右、中或上、中、下三军，主将在中军指挥，后世遂中军和主将互相代称。

③千、把、百、旗总：即千总、把总、百总、旗总，连同下文的队总均为明代军队的官名。千总领兵约千人，以下依次为前面的下属。队总下属还有伍长，伍长领兵四人。

【评述】

军中立草为标，命令就是法令。

第五，一号令

【原文】

军中有主将，而副将以上辄出号令，及改易旌旗军号者，重治。若号令未便，须合改易者，先申主将。

【译文】

军中有主将，副将以上擅自制定号令或更改旌旗军号的，要从重惩治。如果号令有不当之处，需要改换的，应事先报告主将。

【评述】

正职负责制。

第六，谨漏泄

【原文】

凡承受到军期密约号令及关报贼情事宜文字，只可传到将领等人员自知，常作提备，不许漏泄令众人知之。如漏泄，致贼乘我者，军法不贷。

【译文】

凡承办军队机密号令及禀报敌情事宜，只能传到应传人员自己知道。要经常戒备，不许泄露让其他人知道了。如有泄露，致敌乘我之机的，军法严惩不贷。

【评述】

古代，保密工作也是九分不行，九分九也不行，非十分不可。

第七，定军礼

【原文】

中军千总见本管主将，两跪一揖，合营主将亦如之，路迎从便。别营主将官衔拜帖角门庭参，一跪两揖，后堂旁坐待茶。凡千总待中军，以长官礼；阅人马，则并坐于次。凡把总见千总，平时两揖一跪；入营奉台上发放，则跪而听之；私谕旁立受教。途遇本管千总，下马拱立；遇合营千总，待如本管礼，路迎从便；遇别营千总，让道立马候过。凡队总之于旗总，旗总之于百总，平时与教场，俱照兵士之于队总，其途遇本管俱下马。倘见迟下马稍误，不必加罪，但终于下马即已；非所管者，道旁策趋，不许抗礼。

凡议过礼节，定要遵行。谚云："军中立草为标。"但一字一言出口，就是军令，更易不得。虽卑如队长，所管数人，既知恶属下数人，抗违不能行事，即知己身，不可又效属下之人，复抗在上头目。夫军机乃国家重务，情难掩法。敢有亲识相容，故违明抗，容者犯者通以军法重治。

【译文】

中军、千总见直接管辖的主将，两跪一揖，见合营的主将也是如此，路遇时从便。见别营主将应先递官衔拜帖，从角门进至庭内参拜，一跪两揖，然后旁坐饮茶等待。千总对中军，要用长官的礼节，检阅人马时，则并坐在下手。把总见千总，平时两揖一跪；如因公务进入营门听众将台发放时，则要下跪，然后听着；如私下面谈，就要站在旁边接受教诲。路遇直接管辖自己的千总，要下马拱手而立。遇合营的千总，同直接上司千总礼节，路遇从便。遇别营的千总，要让道站一旁等候过去。凡队总对待旗总，旗总对待百总，无论在平时或教场上，均照兵士对队总的礼节。他们路遇本部上司都要下马。如看见下马稍为迟缓了一些的，也不要加罪，只要终于下马就行。不是本部的上司，要在道旁等待过去，不许违抗礼节。

凡是定过的礼节，必定要遵照执行。谚语说："军中即使立一根草也是标准。"只要一字一言出口，就是军令，不能更改。虽如队长这样职位卑下的，所管辖只有几个人，既然知道如果得罪了这几个人，他们抗违命令便不好办事，已经知道了这种情况，那么就不能再学属下的人而违抗自己的上级了。军事是国家的重要事情，不能以情代法。如果胆敢因为亲熟相互容允，违抗规定的礼节，容允者和违犯者都要以军法从重惩治。

【评述】

尊卑有序有助于养成服从命令、听从指挥的习惯。

第八，止蓦越①

【原文】

队总旗总文移，只至千把总；千把总文移，只至营将；营将只至镇道；镇道转达督抚镇，转达兵部。偏裨以下，不许擅往都会，说人是非，逞己功劳。如有蓦越各上司径行者，查究参治。甚或有仍前结交京要，私写揭帖，有所倾害人，遇调发临敌腾布功罪者，访出定行重治。明有天道，幽有鬼神，决不佑此奸心险行之徒。

【译文】

队总旗总上报函文，只至千总把总；千总把总上报函文，只至营将；营将只至总镇、道台；总镇道台转达督、抚镇史，再转达兵部。偏将裨将以下，不许擅自去都市，说别人的是非，夸耀自己的功劳。如有越过上司直接这样办的，要追查并请示惩治。如有仍坚持结交京城权要，私写帖子，有陷害人的行为，或调查发现临敌之时有乱说人功过的，行为访出后一定从重惩治。明有天道，暗有鬼神，决不庇佑这类奸诈、险恶的人。

【注释】

①蓦越（mò yuè）：超越、跨越。

【评述】

一般不能越级打交道，在古代也是禁条。

第九，详责成

【原文】

凡责成之例，不拘平时临阵。小而一切号令有违，作奸犯科；大而退缩，致误军机。管五名以上者，一名有犯，必连坐之；管二十名以上者，二名有犯，必连坐之；管六十名以上者，六名有犯。必连坐之；管百名以上者，十名有犯，必连坐之；管三百名以上者，二十名有犯，必连坐之；管一部以上者，五十名有犯，必连坐之；管三部以上者，一百五十名有犯，必连坐之；一万名者，五百名有犯，必连坐之。若先呈举者，免坐。至于赏亦如之。若逃去奸盗等事不诘首，疾病患难不报官，专罪队总与同队；甲兵器械损害不充足，专罪旗总；武艺不精习，专罪百总；号令不明通，专罪千把总。所谓专者，特于此等人加重也，非是只罪此项人员，而本管大小头目便不相干。

【译文】

明确责任。不拘平时或临阵，小至违犯一切号令，作奸犯科，大至临敌退缩以致耽误军机都在其内。管辖五人以上的头目，五人中有一人犯罪，必定连罪于他；管二十人以上的，有两名犯罪，必定连罪；管六十人以上的，六人犯罪，必定连罪；管百人以上的，有十人犯罪，必定连罪；管三百人以上的，有二十人犯罪，必定连罪；管一个部队以上的，有五十人犯罪，必定连罪；管三个部队以上的，有一百五十人犯罪，必定连罪；管一万人以上的，有五百人犯罪，必定连罪于他。如果事先检举呈报了犯罪人，免于连罪。反之，奖赏也是这样。如果遇到奸盗等事不追问首犯，疾病患难等事不报告官长，专罪队总和同队之人；铠甲、兵器和器械损坏，使部队缺乏武器，专罪旗总；武艺不精熟，专责百总；号令不明白通畅，专罪千总把总。所说的“专”，是要特别加重对这些人处理的意思，不是说只处这些人的罪，而管辖犯罪之人的大小头目便可以不相干。

【评述】

长官负责，按级负责。

第十，正名法

【原文】

行伍既定，军士与旗队总同宿歇一房者，立则傍立，坐则傍坐，所睡床炕，不拘方向。饮食之际，军士候旗队总；旗队总务先取其次者，以成揖让之风。凡有当行事体，军士务听旗队总言语，不许抗违。如旗队总有过，集本旗并一队之人，合辞谏止。一次不听，再谏；又不听，三谏，禀百总知。若因谏止，旗队总既不知过，又计害军士以图报复者，军士避之，不可与争，只赴百总处告之。百总亦晓谕旗队总知过。再不知过，若与挟怨者，送把总处治。若军士有小过，旗队总即时口责，三次不听，先将令书供在桌上，无桌则悬于壁，命犯兵跪。旗队总立傍云：“你这个人所为，今对号令某一款所犯相同。我念同歇处，恕你二次，你又不改，今照令书处治。”多不过五棍，不服者径送本营将官处。凡军士与不系本管旗队总同歇者，亦让以兄长之礼。凡事逊避，不许冲犯。其余则平处。系百总，则照旗总礼，百总与旗队总同居者，照依军士共旗队总同住例。

【译文】

行和伍编定以后，军士与旗总或队总同住一房的，站要站在旁侧，坐也要坐在旁边。所睡的床炕可不拘方向。吃饭的时候，军士要等候旗总、队总先吃。旗总、队总也务必按先后次序，以养成揖让的风气。凡有应该办的事情，兵士务必听从旗总队总的言语，不许违抗。如果旗总、队总有过失，可集合本旗或本队人，共同劝谏阻止。一次不听，再谏，再次不听，三次谏阻，并禀报百总知道。如果因为谏阻制止事，旗总、队总既不认错，又陷害兵士以图报复的，兵士要避开，不可与他争执，只到百总处告百总知道。百总也要劝晓旗总、队总知过。再不知过，甚或与军士挟嫌抱怨的，要送把总处惩治。如果兵士有小过失，旗总队总应即时口头责罚。三次不听，先将令书供在桌上，如没有桌子就悬在墙上，命令犯兵跪下，旗总或队总站在旁边说："你这个人的所作所为，违犯了号令的某一款，我念我们在一起歇息相处，饶恕了你两次，你还不改，现在按条令书处治你。"可打最多不超过五棍，不服的可直接送本营的将官处治。

凡兵士与不是本部上级的旗总、队总一起歇息时，也要以兄长之礼相让，遇事要谦逊、避让，不许冲撞冒犯，其他事情则可以平等对待。是百总的，就参照旗总的办法。百总和旗队总同居一室的，与兵士和旗总队总同住的礼节相同。

【评述】

起居生活，尊卑有序。

第十一，连觉察

【原文】

同队之人，即不同住；同住之人，虽不同队，务要互相觉察彼此奸弊。三劝不改，即报在本管。如军士犯法，报在队总；队总犯法，报在旗总；旗总犯法，报在百总之类，各先行量处。如处过不悛，报在营将；再处不悛，报在主将，必以军法重治。

【译文】

同队的人即使不同住，同住的入即使不同队，也务必要互相监督不做坏事。三次劝告还不改正，就应报告本部的官长。兵士犯法，报告队总；队总犯法，报告旗总；旗总犯法，报告百总，依此类推。各官接报后要先自己量度处理。如处罚了还不悔改，报告营将，处罚后再不悔改，报告主将，一定要依军法从重惩治。

【评述】

在部队，互相监督是有必要的。

第十二，达士情

【原文】

军士若有公事私事，紧急欲诉至本管者，先与旗队总言之，径赴应该千把百总处，门上即时放入，不许拦阻执辱。把百总以下，不拘暮夜食寝之时，即穿衣领赴某衙门；或应自往者，谕其自往，务要耐烦待他。如或厌恶作性，不与他好好晓谕者，或被访出，或问本人得知，定将该管官记过类论。

【译文】

兵士如果有公事或私事，紧急要告诉本部队的，可以先跟旗总、队总讲一声，然后直接到想要去的千总、把总或百总处。各处门卫要随时放入，不许阻拦欺侮。把总、百总以下，无论是傍晚、夜间还是吃饭、睡觉的时候，都要即时穿衣领他们到某个衙门。如果是应由他个人前去的，嘱咐他自己去，务必耐心对待。如有厌恶或不耐烦，不向他们好好讲清楚的，一经访出，或询问本人查出，必定将这样的管官记过论处。

【评述】

这样做的目的是营造公正、顺气的军营环境。

第十三，清克减

【原文】

本管官克减钱粮者，许本属军士及属官告治，此不坐犯上之罪。若系责比武艺，督治遣过，因而怀恨或刁诬者，定以军法从事。

【译文】

上司官员克减钱和粮食的，允许属下官员及兵士告发，这不得处以犯上的罪名。如系因责罚武艺或惩治过失而怀恨在心，刁钻诬告的，定要以军法从事。

【评述】

禁止上级勒索下级，也禁止下级贿赂上级。

第十四，分军饷

【原文】

军士月粮赏赐出，先将数报知，即时委官。并请主将委官，监鉴包封。先刊印板一方，上书某月粮额该若干。每人以一分为耗，委官某人鉴银二日内完足。请主将下教场，或在衙门，通候军士集到，唱名给与。先取一封秤兑，如一封不足，则所包诸封尽行算数倍偿治罪。军士已散到手，若复情愿送人者，日后告状亦不许扯引在内。如未散到手，而本管官私克，并不禀鉴包封而径散者，通坐以边海钱粮论，径听告理。

【译文】

发放兵士每月的粮食，先将人数查清上报。管军饷的人员应即时委派官吏，并请主将委派专门官员监督包封好。分粮前先刻印板一个，上写明某月粮数应是多少。按每人一份，委派官员监督分粮。限定两天分好。请主将到教场或在衙门，等兵士到齐后，唱名发给。发前先任意取一份验称。如果分量不足，那么所包封的都算分量不足，加倍补足并惩治分粮人罪过。兵士分到手后，如果自愿又送给别人的，以后告状时不许牵扯在内。如果还未分到手，而管辖上司私自克扣，或未禀报监督包封就直接分发的，都要处以侵占军饷的罪名，听从申告诉理。

【评述】

严禁克扣军饷。

第十五，苏劳役[1]

【原文】

凡军中除教阅外，将领不得以无要紧事劳扰军士，务令休息。即用一人，如劳自己一般。

【译文】

军队除操练和校阅外，将领不得以无关紧要的事情烦劳兵士，务必让他们多休息。要想着用一个人就像烦劳自己一样。

【注释】

①苏劳役："苏"同"疏"。

【评述】

古代军队也存在公差勤务过重的现象。

第十六，戢滥差

【原文】

凡军称曰军士、战士、力士、勇士、义士、士卒。夫必称曰士者，所以贵之也。朝廷之命名贵士如此，所以望之出力疆场，卫国保民。其责非轻，今却使之为轿夫厮役。以厮役待士而欲其出死力，捐命御寇，有是理哉？缘往日责实未至，习弊成痼，姿人占用，迎送上司，无不安然顺承，只恐结下怨恨，阴为訾害，未思将军马累坏失损，复失其心。万一有事，不能战御，利害在谁？即使平日执持得罪于人，比败军失守之罪孰重？况主客将领既定，有杂流以供差用，复以何辞擅役伍军？如有私情应迎送者，准于杂流内差拨。敢将编定战兵擅遣差使迎送者，各以责成款内分数治罪，坐处副参游守把等官。除正额应用人役外，凡守垛守墩远哨守口之人，一名不许擅行差遣；凡各处公差人到，亦不许擅作威福，强取跟用。今置差薄一扇，其顶缺带粮不该轮差者，俱不必开。只将实在军士，逐名一字平列，开在册内。马军为一起，步军另为一起。该营自置票板一方，印刷差票，发各中军提调收候。凡差一军，必须填票一张，明注为某事见差某人。票收军人之手，差注该簿之内。每半年查比外，仍听不时调票查对。如票有而册无，或票无而册有者，俱系将领私用及卖放之弊并不准作数。其军士买票者，定从重惩治。补差如填某差而却私用者，许各军即时将票赴府陈告，定与查处，审出定将填票官识重治。本告免差半年，决不许各队抽差，致乱行伍；违者，营将而下，通以军法责究。

【译文】

凡军人，称为军士、战士、力士、勇士、义士、士卒。之所以一定要称为士，是表示尊贵。朝廷这样尊重士兵，是希望他们在疆场出力，保卫国家和老百姓。他们的责任很重，现在却让他们当轿夫杂役。用杂役的待遇对待士而想让他们效死力战，捐献生命抵御敌寇，有这样的道理吗？因为过去没有要求到这一步，习弊成疾，兵士也任人随意驱使，迎合上司，没有不默默顺从承受的，唯恐结下怨恨，暗受毁谤迫害。不想一想将兵和马都累坏损坏了，又失掉了人心，万一有事情，不能进攻和防守，这时的利害关系谁来承担？即使平时坚持规定得罪了人，比战败失守的罪名哪些更重呢？而且主将、副将都已明确，有杂役供他们当差使唤，又有什么理由擅自役使行伍的兵士？如果有私事应予迎送的，准予在杂役里差遣调拨。胆敢将编定作战的兵士擅自差遣，让他们迎送官长的，按“祥责成”一款里的各条论罪。分别处罚副将、参将、游守把等官员。除编内可以差遣的杂役外，凡是看守粮草、远方探哨或把守关口的人，一个也不许擅自差遣；凡外地来办公事的人，也不许擅自对他们作威作福，强迫使唤他们。现置公差登记簿一本，凡属顶替缺额、自带粮食不应该轮流当差的，一律不写名，只将实际在编的兵士，逐一将名字平列写在册子里。骑兵为一册，步兵另为一册，各营自制票板一块，印刷公差票，发给各中军提调收藏。凡差遣一名兵士，必须填写一张差票，写明为什么事情差遣某人等内容。差票开给军人的手中，并在差票簿里注明。每半年检查考核一次，还要经常不定期的抽查。如果兵士有票而差票册里无记载，或兵士手里无票但册子里有记载的，均算将领私自动用差役和发放差票作弊，一律不算数。兵士有自己私买差票的，一定从重惩治。派差之人如填某某差事而却私用差役的，允许兵士即时拿着票到府衙陈述揭发，一定要查处。审查属实定要将填票官从重惩治，原告人免半年公差。决不许各部乱派差役，扰乱行伍的秩序。违犯的，营将以下，通通要以军法制裁。

【评述】

看来古代军队私差现象也很严重，不然为什么这样假以辞色？

第十七，励火兵

【原文】

编过火兵，有能奋学武艺精熟者，升为战兵；战兵内懒惰不习武艺，号令生疏者，降改火兵。每季终次月初二日一考，平时听各火兵自首，即与验升。

【译文】

编制的炊兵，有能够勤学武艺致精通熟练的，升为作战兵；作战兵中懒惰不练武艺，对号令生疏的，降作炊兵。每季度结束的下月初二考核一次。平时听到炊兵自荐的，也应立即考核调升。

【评述】

调动炊事员的积极性，既是储备了兵员，又能改善伙食。

第十八，恤病伤

【原文】

凡军士有疾病，同伙房即报本管队总，队总报旗总，同到歇处验过，即报百总，径赴本营将官并主将处报知，遣医诊看病形轻重。百总一面再报该管把总，把总报千总，千总报营将知会。所以百总即报主将者，盖病人一时感患，立待救济；若循资挨报七八处衙门，何时报达得遍也？凡报病者，不论大小衙门启闭冗暇，即时投入。如有把门人阻拦及将官施行迟误者，罪坐所由。报病迟过一日者，罪在报迟之官，若因迟报致病兵身死者，究其迟误之人以军法。

【译文】

凡兵士有疾病，同伙或同房之人应立即报告管辖的队总，队总报告旗总，并一起到病兵歇息的地方验过病情，即报告百总，然后直接到本营营将和军中主将处报告，派医生诊断病情轻重。百总再将病情报告管辖自己的把总，把总报给千总，千总报给营将知道。所以要百总直接报给主将的原因，是怕病人感染重病，急待抢救；如果要一级一级逐一报告，七八个衙门，什么时候才能报完呢？凡是报告患病的，不论大小衙门，是开着还是闭着，繁忙还是空闲，都要即时放进。如果有守门人阻拦或将官行动迟缓的，用他所陈述的理由处罪。报告病情延迟一天的，罪在迟报的官员。如果因拖延报告的原因致使患病兵士死亡的，要追究迟误人的军法责任。

【评述】

重视伤病员的治疗，是安定部队、恢复战斗力的有力措施，对部队有着更重要的意义。

第十九，视病期

【原文】

凡病兵初病者视之。以后在队总则看着视，旗总则一日一看，百总则三日一看，把总则五日一看，千总则十日一看，营将每半月一看，主将惟看病重者存恤之。

【译文】

凡是兵士刚患病必须探视。之后，队总要经常探视，旗总要一天一次，百总要三天一次，把总五天一次，千总十天一次，营将每半月一次，主将只探视患重病的兵士以示体恤。

【评述】

体现爱兵如子，手足情深。

第二十，戒居常

【原文】

同伙住歇兵士，入晚则安眠静睡，以养精神。不许枕上呕吟唱曲，以耗精气，勾惹淫念，鼓惑思乡。仍轮流喂马，务要勤起添草。白昼早起，梳洗毕，各团聚一处，将所给号令，逐款听一识字人讲说一遍。早饭毕，各出当差放马买卖等事。午间休息，或坐或睡，务在安闲。日西，各于便处习学武艺，或学弓马，或学披甲，至昏而止。每五日一次，将自己器械应磨光者磨光，修利者修利，以上俱该管队总旗总督率行事，百总于磨器械之日一查。

【译文】

同伙同住歇的兵士，进入晚上就要安静睡觉，以养足精神。不许在枕上哼念唱曲，以致耗费精神气力，勾惹邪念，鼓惑思乡之情。仍然轮流喂马，值勤喂马时务必勤起添加草料。天亮要早起床，洗漱完毕后，各部队要集合在一起，将所发的号令，一项一项地听识字的人讲解一遍。早饭后，各自去当差，如放马、买东西、卖东西等事情。午间休息，或坐或睡，务必安静。太阳偏西时，各自找一个方便的地方练习武艺，或者学骑马射箭，或者学披甲搏斗，至黄昏停止。每五天保养一次兵器，将自己的器械应该磨亮的磨亮，应修整锋利的修整锋利。以上事情都应由管辖的队总旗总率领并监督办理，百总在保养兵器这一天要对兵器检查一次。

【评述】

严格一日作息，熄灯号一响，宿舍鸦雀无声。

第二十一，遵节制[①]

【原文】

军中唯有号令。宋时人称岳忠武军曰："撼山易，撼岳家军难。"夫军士一人，不过一百斤气力，如何比山难撼？盖山是土石，可以掘取钻挖。军士万人一心，一个百斤力，万个百万力矣！如何撼得动？若人各一心，百万之众各是一个身子，即贼一个，便可冲动之。古者义勇武安王，即今天下庙中关王也。生前曾独马单刀于万众中斩颜良，正是颜良之兵人各一心也。或者又谓万人各俱一个身，如何使得一心？要我一个身子，合得百万斤力气来，不亦难乎？是不然。你只看用人抬巨石大木，万万斤木石，用千数个人便能抬得来。盖数千人虽是力在各人身上，而绳子扛子则可均在众人身上也。如今操练的赏罚号令节制规矩连坐之法，都是抬木石的绳扛一样。人人遵守号令，重如性命；死便死，不敢违令。死于贼手，尚有优恤立庙祭祀；犯了军法被杀，空丧了性命，又无前项许多恩典，人人只得拣着好处死。且与贼对敌，固恐杀死，所以怕他，却不想见他走了，被他快马赶来，却也是死。走在水里，不免淹死；山上跳下，不免跌死。但愚众不怕死，只是怕贼，若将走了死的念头，肯向前与他厮杀，杀他一个，做个好汉死，也报了我的仇恨，自然万人一心，万身一力。况尔辈与人争竞，一句一言都要报复他；却被贼杀来，不肯动手，与他一对，低头听他杀死，全不想我若杀死贼，贼必不能又杀我。有功生还，登时富贵，何等是好！尔辈愚人，何不肯万众一心，一齐杀贼？所谓天堂有路不肯往，地狱无门自撞入也。思之思之，今日号令，决要比岳爷爷军。又如一株大木，一块大石，绳子杠子，不拘千万人同抬，都要压到肩头上来，断然不准你们人各异心，如往年儿戏也。

【译文】

军队唯号令是听。宋朝人称赞岳飞忠武军说："撼山易，撼岳家军难。"一般说，一个兵士不过只有一百斤力气，怎么会比山还难撼？因为山是土和石头，可以挖掘取完，军队可以万人一心，一个人出百斤力，一万个人就是一百万斤力，怎么能撼得动？如果一人一条心，百万之众各是各，即使只有一个敌人，也可以冲动它。古时候的义勇武安王，就是现在天下庙中的关王，生前曾独马单刀在万众之中斩颜良，原因正是颜良的兵人各一心。或者又有人说，一万人每人都有一具身子，怎么能使得只一条心呢？要把每人的一个身子，合成百万斤力气，不是很难吗？其实不然。你只要看一看人们抬巨石或大木头时，万万斤的大木头或石头，用几千人便能抬起来。虽然各人的力气在各自身上，但绳子和杠子却可以把重量均在众人身上。现在操练的赏罚号令和节制所规定的连罪法，就和抬木头和石头的绳子杠子一样。人人要遵守号令，视号令跟生命一样；死就死，不能违犯号令。死于敌人的手中，还有立庙祭祀等体恤；犯了军法，被杀头，就白白丧了性命，还没有上面说的那些恩典。所以人人只应拣着好处死。况且与敌人对阵时，固然有可能被杀死，所以怕他，却不想着即使逃走了，敌人也可能骑快马赶上来，那也是死。人走在水里，不免淹死；从山上跳下来，不免跌死；但愚蠢的人却不怕这种死，反倒怕敌人。如果去掉怕死的念头，肯用力向前与他厮杀，杀死他一个，当一个好汉而死，也报了我的仇恨。如能人人这样，自然就可以万人一心，万个身子一个力量。况且你们平时与人争吵时，一句话都要报复他，而遇敌人杀来时却不肯动手与他拼一拼，低着头让他杀死；全然不想我如果杀死了敌人，敌人就一定不能再杀我。这样带功活着回去，到时就富贵了，该有多好！你们这些蠢人，为什么不肯万众一心，一齐杀敌呢？真是“天堂有路不肯往，地狱无门自撞进”。这样想想，就会觉得对今天的号令，一定要像对岳爷爷的号令一样。又如一株大木头，一块大石头，用绳子杠子抬，不论你千人万人同抬，总要压到肩头上来，也断然不允许你们一人一条心，像过去那样当儿戏。

【注释】

①节制：节制最早见于《荀子·议兵》：“秦之锐士，不可以当桓文之节制；桓文之节制，不可以敌汤武之仁义。”节制的原意为限制，使其不过度。古代兵学领域的节制专指指挥、管辖。

【评述】

节制之师，战无不胜。

第二十二，思豢养

【原文】

凡你们当兵之日，虽刮风下雨，袖手高坐，少不得行月二粮。这银米都是官府征派地方百姓办纳来的。你在家哪个不是耕种的百姓？你肯思量在家种田时办纳的苦楚艰难，即当思量今日食粮容易。又不用你耕种担作；养了一年，不过望你一二阵杀胜。你不肯杀贼保障他，养你何用？就是军法漏网，天也假手于人，定不放过骗食官粮之人也。

【译文】

在你们当兵的时日，虽然刮风下雨，但大家袖手高坐，每月银子和米粮是不能少的。这钱粮都是官府从地方百姓那里征纳来的。你们在家的时候，谁不是耕田种地的百姓？你们如果想一想在家种田时交税交粮的艰辛苦楚，就应该想一想今天的银粮容易不容易。这田地不用你们耕作，把你们豢养了一年，不过是希望你们冲杀一二阵。你们如果不肯杀敌保卫他们，供养你们有什么用处？就是军法将你们漏网了，老天也要假手于人杀死你，一定不会放过那些骗吃官粮的人。

【评述】

“思豢养”的道理既深刻，又浅显。

第二十三，稽功过

【原文】

各营将立功过总簿一扇，每千各与一扇。凡遇百旗队总及兵夫寻常勤劳，譬如多差他行了几十里路，多差他干了一件事，纪在功条一次。与人言语之争，不至军法处者，纪在过条一次。兵之功过，队旗总开送百总，转送把总纪之。凡百把千总与中军家丁夜不收杂流功过，俱营将纪之，附于总簿，每积一季，听调查一次，类行赏罚。

【译文】

各营将建立功过簿一本，给每个千总一本。凡是百总、旗总、队总及兵卒、夫役平时勤于军务，比如，多差他走了几十里路，多派他干了一件事等，在功条里记上一次；和人言语争吵，够不上军法处置的，在过失条里记上一次。对兵卒的功过，队总和旗总要总计开列送给百总，百总转送把总记录在案。凡百总、把总、千总和中军的家丁晚间如不收录勤杂人员功过，营将都要记录，附在总簿里。每一季度听调检查一次，实行例行赏罚。

【评述】

事虽具体，但涉体大，作用不可小视。

第二十四，体初犯

【原文】

官兵除犯有行营野营对阵军机及谋逆、杀人、奸盗、诈伪、赌博等项重情不论初犯二犯必行军法外，其余一切小过，并违犯新出号令，系平时操行者，初犯免究，二犯记过于簿，三犯方捆打。

【译文】

除行军、扎营、临敌等重要军事罪行及谋反、杀人、奸盗、欺诈和赌博等项重罪不论初犯再犯一定要以军法处置外，官兵初犯的其余一切小过，或平时操练时违犯了新出号令的，免于追究，二次违犯的记过于功过簿，三次违犯才捆打。

【评述】

不教而诛为野，孙武三教而诛。

第二十五，省己过

【原文】

凡你们本为立功名报效而集。兵是杀贼的东西，贼是杀百姓的东西。百姓们岂是不要你们去杀贼，官府岂是好为作践轻视你们？设使你们果肯杀贼，守军法，不扰害地方，百姓如何不奉承，官府如何不爱重？只是你们到个地方，百姓不过怕贼抢掠，你们也曾抢掠；百姓怕贼焚毁，你们也曾折毁；

百姓怕贼杀，你们要讨功也曾杀他。这百姓如何不避而远之，如何不关门锁户？官府为尔粮饷，千思百虑，东挪西处，日日只见运粮运草，及至敌入时，却并不见你一人出力，只是任敌纵横，官府如何不作践，如何不恶弃也。今练之后，但凡军行，必是依令抬营，一人不得搀越生事。详见行营款内。

【译文】

你们大家本来是为了建立功名，报效国家才集于一起的。军队是用来杀敌的东西，敌人是杀老百姓的东西。老百姓们哪有不希望你们杀敌的？官府哪有喜欢轻视作践你们的？如果你们真能杀敌守法，不扰乱地方，老百姓怎么会不欢迎？官府怎么会不敬重？只因为你们每到一地时，百姓怕贼抢掠，而你们也曾抢掠过；百姓怕贼焚烧，而你们也曾折毁过百姓的房子；百姓怕贼杀他们，而你们为了讨功也曾杀过他们。这样，老百姓们怎么会不避而远之，怎么会不关门闭户？官府为了你们的粮饷，千方百计，东挪西凑，天天只见运粮运草，等到敌人来时，却看不见你们一人出力，只是让敌人纵横逞狂。这样，他们怎么会不轻视，怎么会不厌恶呢？从现在起，经过训练以后，凡是军队行动，必定要按照条令进行，不许一人扰乱生事。具体详见“行营”款内容。

【评述】

这里的“己”是相对于地方的部队，“省”的“过”是部队的“过”。

第二十六，劝涵忍

【原文】

他人索我争斗，就是他人理短，亦要好好避他，禀赴本管，转达应该上司，定与处分得平，若与争竞，纵是军士十分理长，先打军士不忍之故，然后另与审处。若强买民物亏折价值等项，因而争竞者，不论曲直，只将军士先处，然后听有司剖断。

【译文】

军营外人来找我争斗，就是他理亏，也要好好避让他，禀报自己的管辖上司并转达他的上司，定能公平处理。如果争斗起来，即使军士有十分的理由，也因为他不涵忍而要先打他，然后再审查处理。如果因为强买老百姓的东西，压价短款而争斗的，不论是非，只先处罚军士，然后听从司法部门处断。

【评述】

忍得一时气，迎得百花来。

第二十七，程逃故

【原文】

凡遇有逃故，本伍即刻报队总，队总报旗总，旗总报百总，百总报把总，把总报千总，千总报哨将。即于本日开手本呈递营将，一面行令该管队伍，将故者一切衣装财物点查，并身间有无银两，听详给付本生家属。有敢克留者，以军法论。仍加倍追恤故军之家。

【译文】

凡遇亡故，本伍之人要立即报告队总，队总报告旗总，旗总报百总，百总报把总，把总报千总，千总报哨将，哨将即于当日写手本呈递营将，并下令所在行伍将亡者所有衣帽装具、财物、身边有无银两查点清楚，交本人家属。有敢克扣截留的，以军法论处，并要加倍追恤死者的家庭。

【评述】

部队的亡故人员，最多的是战殁者，对他们更应该肃敬。

第二十八，补军限

【原文】

凡遇事故顶补，每月初一、十五二次，呈送验发。

【译文】

凡遇事故需要替补的，每月初一和十五两次呈送验证，发给凭证。

【评述】

及时补充兵员，才能长保部队战斗力。

第二十九，拟捕拘

【原文】

各营官军，有犯事同一起者，不许擅自拘捕问理，须呈本营将官，转呈右营，取来。仍令各中军官会问，通详主将定夺，不许一营偏断。违者察治。

【译文】

如有几个营之官兵在一起犯事的，不许一个营擅自拘捕审问，须经本营的将官转呈别营，并让各营中军官一起询问后，报告主将裁定，不允许一个营偏断。违犯的要查明惩治。

【评述】

偶发小事也可引起单位之间的矛盾，甚至打架斗殴。

第三十，明勾摄

【原文】

军卫有司提取官军，一面留差人等候，一面呈请主将，酌量时势缓急，事体轻重，摘发收问。如不详请，而擅听拘去者，同队同伙、该管官员、把总以下通治；若已呈详，而本总哨将不为留人转详及迟延者，拿书手治罪；若差人强拿，不由分说者，先将此令与看，说之不听，一面拘守，一面飞报主将收监，定以打搅军政，阻挠练兵参治。

【译文】

遇军队禁卫执法人员要捉拿官兵，要一面留差人等候，一面呈请主将根据时间缓急和事情的轻重批准拘捕询问。如未经过详细报告而听任拘捕去了的，同队同伙的把总以下的官员都要治罪。如果已经呈报过但本总的哨将不为来人转达或拖延的，拿文书治罪。如果差人不由分说强行拘捕的，先将此令给他看。对说了还不听的，一面看住拘捕之人，一面飞报主将收监，一定以打搅军务，阻扰练兵的罪名参治。

【评述】

对外单位抓人等重大问题，必须刻不容缓的请示报告，搞清楚。

第三十一，申军纪

【原文】

平时恃强凌弱，酗酒忿争，喧骤无礼，蹂取人果稼，作践人庐器，分别轻重治之。贯耳游营，奸淫人妇女，偷盗人财物，军法示众。以上有犯，但系同伙同队之人有一举首，余皆免罪，首者行赏。若互相容隐，同伙同队之兵俱以军法连坐。

【译文】

平时恃强凌弱，酗酒闹事，喧嚣无礼，蹂躏人家的庄稼果树，践踏人家房屋器皿，要分轻重惩治。对军人进行穿耳游营示众，奸淫妇女，偷盗财物的，军法示众。犯有以上罪行的，同队同伙中只要有一人检举，其余的都免罪，检举的要奖赏；如果互相隐瞒，同队同伙的士兵都要依法处以连罪。

【评述】

严明对百姓“秋毫无犯”的纪律。

第三十二，立逃约

【原文】

凡募兵必取保结。若遇逃走，同队之人各连坐。一半送监，一半保拿，革去月粮。一年不获，原保人发哨三年，本伍军从重捆打，发落收伍，准支半粮，获日乃复。

【译文】

凡招募兵卒一定要取保具结。如有人逃走，同队之人都要连罪，一半送监禁，另一半保释，在此期间不发月饷。到一年还未抓获逃兵，原保人发配远哨三年，同伍军兵从重捆打，并解散分到其他行伍中去。此间只准发给一半的粮饷，直至抓获逃兵之日才恢复。

【评述】

逃兵问题，古已有之。

第三十三，究冒顶

【原文】

凡冒兵顶替入操者，正替身俱以军法捆打，所雇之人即充兵，收操工食，即将原雇之人分支一半。

【译文】

凡是冒名顶替进行操练的，正身、替身均以军法捆打。所雇用的人即充兵卒，操练完毕开饭，即将雇他之人的饭分一半给他吃。

【评述】

这个办法还真是少花钱效果好。

第三十四，禁争殴

【原文】

自己军士头目，两相斗殴，不论曲直，各捆打，然后查其所由加治。若军士与非管队总、队总与非管旗总车正、旗总车正与非管百总、百总与非管把总、把总与非管千总争殴者，先治其卑者以不守分之罪，然后另剖曲直；若与本管争殴者，以殴父母论，定行军法从事。

【译文】

严禁争吵殴斗。自己的军兵头目，两相斗殴的，不问理由先行捆打，然后审查斗殴理由再治。如果兵士与不是管自己的队总、队总与不是管自己的旗总车正、旗总车正与不是管自己的百总、百总与不是管自己的把总、把总与不是管自己的千总殴斗的，先惩治职位低的以不守本分之罪，然后再辨是非。如下级与自己的直接上级殴斗的，以殴打父母论罪，定按军法从事。

【评述】

还是"正名分"的问题，部队是武装集团，不允许"造反"。

第三十五，禁喧哗

【原文】

凡军中要紧，第一件只是不许喧哗说话。每遇动止进退，自有旗帜金鼓。若无令许说话，但开口者，着实重处，夜间尤是切禁。

【译文】

军队第一要紧的事情就是不许喧哗。每遇行动与停止，前进与后退等，自有旗帜和锣鼓来指挥。如果没有命令让说话，只要开口的就要扎扎实实惩处。夜间尤其要严禁说话。

【评述】

部队行动之时，未经允许不得说话。

第三十六，禁窃盗

【原文】

自相窃盗者，不计物多少，在军中以军法从事，非出军临阵，自有常法。

【译文】

内部互相偷盗的，不论东西多少，在出军时以军法从事，不是出军临阵时自有常法惩治。

【评述】

特别强调临敌对阵时的纪律。

第三十七，禁博弈

【原文】

凡军中除习武艺为戏不禁，若将条约随俗改为唱曲，习学以相戏乐者，有赏；凡别项博戏俱皆禁止，违者照条治。

【译文】

军中不禁止以习武艺为游戏；如能将条令、约法改写为通俗唱曲习学以取乐的，有赏。除此以外的各种赌博和游戏均应禁止。违反的按条令制裁。

【评述】

赌博在古代军队中也是被严格禁止的。

第三十八，禁妖妄

【原文】

讹言诳惑，妄说阴阳卜筮，道释鬼神，灾祥祸福，摇动众心者，重治。因而误事者，军法从事。

【译文】

讹言狂言，胡说阴阳八卦，信口鬼神、灾祸祥福而动摇军心的，从重惩治；因此而误事的，军法从事。

【评述】

无论是奴隶社会、封建社会还是资本主义社会，有作为的将领一定不会允许鬼神迷信，妖言惑众。

第三十九，禁乖异

【原文】

凡将领官哨队长，不相和协，倾陷妒忌，因而误事者，军法处之。商议兵机，务在平允，即时决定，违与执拗者处治。

【译文】

凡将领和各级军官，不团结协作，倾压陷害妒忌，因而误事的，以军法惩处。商讨军机大事，务必平心公允，适时决定；违气执拗的，要惩处治裁。

【评述】

禁止搞内讧、内斗。

第四十，严途令

【原文】

凡军士途遇文武大小官，俱下马让道。若在营中操练，奉金鼓号令者，一唯号令是听，不必回避。

【译文】

凡军去路遇文武大小官员，都要下马让路。如在营中操练，正受制于锣鼓号令指挥的，仍然只听号令指挥，不必回避。

【评述】

路遇礼仪。

第四十一，书器械

【原文】

应有兵器，军士配定随身，虽一弓一箭，须书各行伍在上，或遗失易为检给，或临操易为办赏。官器不必书名，以便更代者。

【译文】

军兵随身配备的兵器，即使是一张弓一支箭，也须登记于各行伍的册子上，以便遗失后找到交还，也便于临操时易于分发。公用兵器不必登记名称，以便能够代替。

【评述】

兵器装具的登记造册。

第四十二，整骑什

【原文】

马上鞍辔①什伍，每一月营将点验一次，千总点验一次，把总点验一次。每三操过，旗队总督查一次。仍须身率，以为士倡。况营将千把总各有坐马，有家丁马，百旗队总各有骑驮马，必照条约，先将己马逐一点验，然后方可责军以不如式之罪。属下有不自为倡率者，营将查出，轻则自行责治，扣廪粮处办，重则解送主将重治。营将之马，听主将验治。

【译文】

对马上用的鞍辔等物品，每月营将、千总、把总各要点验一次；每练过三操，旗总队总要督查一次。各级官长并要以身力行，以作为士卒的表率。营将、千总、把总各配备有坐马和家丁马；百总、队总各配备有坐骑和驮马。一定要按条约先将自己的马逐一检查点验，然后才能督治部属不按章办事之罪。部属有不能作表率的，营将查出后，轻则自行责治，如扣减月粮等；重则押送主将处从重惩治。营将的马具由主将点验。

【注释】

①鞍辔（ān pèi）：驭骑马的用具，嚼子和缰绳。

【评述】

那时候战马和马具是什伍最重要的装备，相当于现代连队连属重武器的保管问题。

第四十三，养战马

【原文】

夫国之大事在戎，兵之驰骋在马。西北原野，以马为命，所赖不亦重乎？但马之饥饱劳佚，湿燥疾病，有口无言，不能自白，必须在我领马官军，时其水草，适其性情，节其饥饱劳佚，加意调息，戢其踶耳，习其驰逐，闲其进止，人马相亲，然后可使。鞍辔勒御，必令全好，乏绝辄补。冬归深厩，夏人凉庑。今者既无深厩凉庑，可不思所以处之乎？每于盛暑之时，务将马匹拴系就阴所在。如城市无阴凉之隙，可牵于城外人家村落林木阴郁之所，与东西北三面城墙之下拴喂。盛寒则拴于南墙之外，向阳明与近人烟处；入夜将屉用肚带缚在马脊上遮冷，庶堪战阵之用。但各该官军率无敌忾之心，唯是奉身之计，克减草料，饮饲不时，再加差役繁多，以致马匹损惫劳伤，不知临时以何为命？况今降罚之例甚严，主将偏裨悉所不免，诚不可不严加稽考。各哨将置立等第循环文簿二本，将该管见在马匹通行查出，逐一躬亲验选。其往时原以超上、上、中、下及下下五等比验，近该本府操阅三屯标下军马验得各兵马骡。如头等之内，有十分膘壮，应拟头等之上者，有膘分正合头等者，有膘分稍次难作二等者；二等之内，有膘分出二等之上，次于一等之下者；三等之内，有瘦弱而可骑者，有瘦弱不至狼狈者，有十分瘦弱垂死者。五等不尽其选。临时执笔，犹豫难决，拟之不得其平，何以使人激劝？近照武艺一体，定为九则。如上等内满膘过当，则注为上之上；满膘而不至溢肥，则为上之中；有膘而不满，则为上之下；膘壮而未至平鞧[①]，则为中之上；半膘则为中之中；拟下等则稍肥，拟中等则未及，乃为中之下；虽瘦而不至弱，拟属下等，则为下之上；瘦弱而不至不可骑喂，则为下之中；瘦弱不堪骑喂，则为下之下。如此验注，当时流水拟去，人既不枉其劳，马又拟得其当，再无疑难，颇称得意，合行通遵改拟。自今以后，凡点验马骡膘分，分别上等三则：要见某马为上上等，即旧之超等，某马为上中等，某马为上下等，即旧之上等推广也；中等三：则某马为中上等，某马为中中等，某马为中下等，即旧之中等推广也；下等三：则某马为下上等，某马为下中等，即旧之下等推广也，某马为下下等，即旧之下下等也。庶便稽考膘分进退，以凭赏罚，其上中等六，则马匹省。令各军自行取便，用心喂养。下等三，则责委勤慎官一员，专管攒槽喂饲。逐日查验各军草料，仍查夜草，如有不用心及短少草料者，径自责治，将责治过缘由填注簿内。该管将官，每三个月一次点验膘分。如二等喂至头等、三等喂至二等，俱免比责。即于循环内明开，某人原系二等，今入头等；某人原系三等，今入二等。各令自行喂养，如三等喂至头等，亦要明开某人原系三等，今入头等，免其攒槽，仍具名呈来，以凭犒赏，免工免差。如三等马匹，膘分不加，各捆打二十。其间如有头等反为二等，二等反为三等者，责如之；三等反为至瘦弱者，捆打四十。各照旧攒槽喂养，每季一次，将填注循环，责令经管书手齐送赴镇，倒换查考，通以三个月为则，二等者俱要喂至头等。中间如有膘分不增，呈请发落。仍系三等或瘦弱者，各捆打四十，责令变买膘壮好马解络。若将瘦弱马匹不行明白开报，那移作弊者，定将作弊人役痛以军法惩治，将领连坐，马军加倍重处，断不轻恕。

凡夏秋，轮队赶就水草牧放，至晚归交各主。如其放牧不以实，致令各马饥饿者，将该日之人送把总处治，登于簿上。各军情愿自出割草喂马者听。

凡春冬，马匹上槽，须多留夜草，每日饮水以时。如无夜草及饮水失误者，队总、旗总查治之，一次责五棍；如事重，仍开送把总，附过于簿。

凡马不伤于末，必伤于始；不伤于饥，必伤于饱。日暮道远，必数上下，宁劳于人，切无劳马。常令有余，备敌之覆我也。凡走骤之时欲住者，看远近缓缓收勒，不可陡然紧收，常自约度，不至喘损。

凡战马，除本军自驮马草马料之外，若代他人驮物及雇人骑乘者，雇者与者各罚马一匹。本军以军法捆打一百枷号示众。

凡马军除器甲及饮食外，不得驮物过十五斤。

凡马操一日，次日必歇操。各五更早出放马，采草备马一日之食，以便次日进操。

凡马匹草料，本折兼支，本为定例。但各军，只将本色三日者，匀作六日喂马，而三日折银遂为己用。是本折兼支，本为体悉便军之意，而今反资克落之奸，致减马口之食，马安得不瘦损哉？今后三日草准作四日喂养，其余二日须用折银买草买料喂之。若仍再减，不行买料草喂马者，定行军法重治，折银追究下落。以上一法，全在哨将之督责，千、把总之考查，而哨将总之稽考也。

凡关支本色草料出日，该队总一日一查。哨将、千总时常差人缉访。若将草料卖借与人者，查举得出，本军军法捆打。旗总免罪。如被拿获，而非队总检报，一体连坐，卖者买者同罪。

凡马虽畜类，其效汗血之劳，战阵之间，为国家宣力，与官军无异；又为尔辈骑乘代劳，且最有功于尔也。死在出征地方止，许割耳蹄回报应该衙门，全体掩埋，不许开剥食用。如违者军法重治。凡官府有责其不以皮张送验者，执此条为证。

凡比较武艺之日，马匹或付火兵出放，或留在槽喂养，火兵看守，不必进操，军士亦不必着盔甲。

【译文】

国家的大事在于军队，军队的纵横驰骋在于战马。西北高原以马为生命。这样依赖于马，不是很重要吗？但马有口无言，对饥饱、劳逸、干湿、疾病不能自己说明，必须由我用马的官兵按时添加水和草料，熟悉它的性情，节制它的饥饱、劳逸，着意调理，爱护它的蹄子和耳朵，使它习惯于驰逐，熟悉前进和停止的使唤信号。人和马要有感情，然后才可以使唤。鞍辔等控御的工具，一定要齐备完好，缺损或用完要及时补齐。冬天要拴在深的马厩里，夏天要牵进凉爽的庑棚里。现在既无深厩，又无凉庑，不能想一想用别的办法来处置吗？每年盛暑之际，务必将马匹拴在靠阴凉的地方。如在城里没有阴凉的空地，可以牵到城外有人的村落树木阴凉的地方，或者东、西、北三面城墙之下拴喂。严寒之时则拴于南墙之外向阳和靠近人烟的地方；进入夜晚时，将蹬脚用的肚带缚在马的脊背上遮风寒，这样还能勉强在攻战时使用。但如果各使用的军官士兵都没有爱惜之心，只是一味想着保护自己的身子，克减马的草料，饮饲也不按时，再加上差用繁多，以致马匹损伤疲惫劳累的，不知临战之时用什么保命？而且现在处罚的条例非常严格，连主将、偏将和裨将也全都不能除外，实在不能不严加考查。各哨将要设立马匹等级变化的文簿两本，将所辖范围里的所有马匹通通查清，逐一亲自点验划分。过去原分超上、上、中、下和下下五等评比查验，最近本府翻阅了三个部队战马的记录簿，点验了马匹。像头等马内，有十分膘壮的，应该定得比头等还高；有膘分正好相当于头等的；还有膘分稍次于头等，但也不便定为二等的。二等之内，有膘分比二等稍好，而又比一等稍次的。三等之内，有虽瘦弱但还可以骑的；有虽瘦弱但还不至于十分狼狈的；有十分瘦弱，差不多垂危的。只五个等级还不能满足划分，到动笔时，犹犹豫豫不好决定。如果分等分得不公平，怎么能激励劝勉人呢？现在，参照划分武艺等级一事，定为九等。比如，上等马内，满膘超好的，就注为上等上级；满膘但不是最肥壮的，则注为上等中级；有膘，但不是满膘，则定为上等下级。膘壮，但还没有长满屁股的，就定为中等上级；膘只长一半定为中等中级；比下等稍肥，比中等又不如，就定为中等下级。虽然很瘦但还不虚弱，拟比度为下等的，可定为下等上级；虽瘦弱但还不至于不能骑的，可定为下等中级；瘦弱至不堪骑养，则定为下等下级。这样点验注册，不用过去的方法，既不埋没人的劳动，又能使马适得其所，再无疑难问题，很称心意，特颁布全体遵照执行。从今以后，凡是点验马、骡的膘分时，分别划为上等三级。要说某某马为上等上级，就是过去的超上等，某某马为上等中级，某马为上等下级，即是过去上等马再分的。中等三级，就是某马为中等上级，某马为中等中级，某马为中等下级，即是过去的中等马再分的。下等三级，就是某马为下等上级，某马为下等中级，即是过去下等马再分的。某马为下等下级，即是过去的下下等马。这样方便于考查膘分的变化，据此进行赏罚。上等和中等的六级马匹好办，让部队自定办法用心饲养即可。下等三级，则要委派勤快精细的官员一名，专门管理喂养。要每天查验各部队的草料，并要查夜间的草料，如果不精心喂养或短少马匹草料的，可以自己直接责罚惩治，并将原因结果填注在册。各部队将领官员，每三个月检查核验一次该部马匹的膘分。如有从二等喂养成头等，三等喂养成二等的，都免于评比责罚，可在变化栏内写明：某人所养之马原是二等，现入头等，某人所养之马原是三等，现入二等，仍让各人自己喂养。如果将三等马喂养成头等，也要写明：某人所养之马原为三等，现入头等，免去他清理马槽的勤务并写好名字呈递上去，凭此犒赏，减免他的工作和差役。如果三等马匹的膘分没有增加，要捆打二十军棍。其间如有把头等马反喂成了二等马，二等马喂成了三等马，也如上法责治。将三等马喂得更瘦弱的，捆打四十军棍，并令照旧洗槽喂马。每季这样评验一次，将结果填注变化表内，责令经管的文书携送至镇台处取换本册，以便查考。都以三个月为原则，二等马均要喂成头等。其间如果膘分未增加，要呈报处理，仍然是三等马甚至于更瘦弱的，各捆打四十军棍，并责令其变买一匹膘分肥壮的好马顶替。如果评验时不将瘦弱马匹清楚地写明上报，甚或转移作弊的，必定将作弊之人用军法从重惩治，他的将领也要处以连罪，养马的军兵要加倍重治，定不轻饶。

夏秋之季，要成群轮换着赶到有水草的地方放牧，晚上归还给各主人。如果放牧得不壮实，以致马匹饥饿的，将这天放马之人送把总处治，登记在簿上。各部队自愿外出割草喂马的听便。

冬春之季，马匹上槽后，要多留夜草，每天按时让马饮水。如果没有夜草或饮水不按时的，队总旗总要查清处治，一次责打五棍；如果事情严重，还要写明报送把总，附记过失于簿上。

一切马不是在服勤之末尾，就是在服勤之初受到伤害，不是因饥饿，就是因过饱受到伤害。如果日已黄昏而路途还远，一定要经常上下马（多给马以间歇），宁可让人疲劳一些，千万不要使马过于疲劳。要使马经常有余力，以防备敌人偷袭。凡快走的时候想收住的，要视远近慢慢收勒缰绳，不能突然猛收，要经常自己思量估度，不要致使马匹气喘损伤。

凡是战马，除了本部队自驮马的草料以外，如果代为别人驮东西，或雇给人骑乘的，雇的人、给的人各罚马一匹，本军还要以军法捆打一百棍，戴枷锁游街示众。

骑兵除兵器甲具及吃的东西以外，驮的其他东西不能超过十五斤。

战马操练一天，第二天一定要歇操。各部队五更一过就要早起外出放马，并打好一天的草料，以便第二天战马进操。

马匹的草料，用实料和折银两种形式支付，这本是定例。但有的部队只将所发的三天实料均作六天喂，而三天的折银便成自己的了。兼发实料和折银，本来是体谅方便兵士的意思，而现在反成了帮助克扣的坏事，致使马匹减少食料，马怎么能不瘦弱损伤呢？今后，所发三天的草料可以分成四天喂，其余的二天必须用折银去买草料喂马。如果仍然再减省，不买草料喂马的，定要依军法从重惩治，折银也要追究下落。以上这件事情全在哨将监督责治，千总、把总检查考究和哨将的全面考核。

凡是发放实物草料一天以后，队总要一天一查，哨将、千总经常差人缉访。如有人将草料卖给他人或借给他人，是检举出来的，当事人以军法捆打，旗总可以赦免罪过。如果是被拿获而不是该队队总检举报告的，一干人连罪，卖草人、买草人同罪。

马虽然是畜类，但报效的也是血汗之劳，攻战之时，为国家效力，这跟官兵没有差别；还要为你们代骑乘之劳，是最有功于你们的。如果死在征战场上，只许割下耳朵和蹄子回来报告应报的府衙，整个身子应该掩埋，不许剥皮吃和用。如有违犯的，以军法重治。如遇官府责备不将马皮送去验视的，可持此条例去做证明。

凡评比较量武艺的当天，马匹或者交给炊兵放牧，或者留在槽边喂养。炊兵看守时，不必出外操练，看守兵士也不必穿盔甲。

【注释】

①鞦：即鞘（shāo），为牛马后面的革带。

【评述】

养好战马是那时部队，特别是地处北方平原地区部队的重要问题。戚继光新到蓟州，为了防止北方的蒙古旧贵族的南侵，必须有一支能征善战、集中使用的骑兵部队，因此，他对养战马的工作极其重视。

练将第九

第一，正心术

【原文】

将有本[①]，心术[②]是也。人之为类，万有不同。所同赋[③]者，此心也。近而四海，远而外域，贵而王侯，贱而匹夫，纷如三军，不言而信，不令而行，不怒而威，古今同辙，万人合一者，皆此心之同相感召之也。是以不待造作而自相孚照。夫为将者上副君父之恩，中契僚寀之交，下服三军之众，岂奉承阿谀、财帛惠徕而尽能之乎？唯有正此心术，光明正大，以实心行实事，纯忠纯孝，思思念念在于忠君、敬友、爱军、恶敌、强兵，任难上做去，尽其在我。不以死生患难易其念，坚持积久，久则大，大则通，通则化幽，可以感动天地，转移鬼神，君父宠之，僚寀敬之，三军乐服，莫有异同，众皆尊而亲之。谚云“皇天不负好心人，皇天不负苦心人”是也。书曰：“作善降之百祥，作不善降之百殃”，此非外至皆我心术所作。善与不善祥与殃随之，鬼神亦随之。故称心，曰心神，又曰心之神明不可欺。凡俗语骂人曰“欺心”，语曰，“自作孽不可活”，是鬼神不在庙宇内只在我心上，心神之“神”字即鬼神之“神”字也。善报恶报地狱轮回岂真有哉！轮回亦在我心上，地狱亦在我心上。试问吾人日间作此不好事件，夜间梦寐颠倒，此正欺了心神，故心神就作此模样。譬如，一人出外，梦中依然在家夫妇同眠。彼在外之肉身不曾到家，在家之少妇不曾随行，此正心神所为。缘平日结爱之熟，故俨然生前一个景象。譬如，心术不正之人，平日居将位偷生谋利，避难巧为，不干实事，不忠君父，清夜良心发见，思虑惊恐，只怕犯出。久久作成惊恐畏人之态，思思念念于此缠绕解脱不得，噩梦就从这念上生出。是白日为官轰烈，夜里已下地狱，死后即是做梦相似，堕地狱轮回苦恼，再无出期。若能心术光明如前，所存心内无有私曲愁虑相关，其形于梦寐，死于冥府依然还是这等所为。正直无私，扬眉吐气，我不怕人，人皆敬我，就都是天堂快乐之境，此为将之根本，建功立业，光前裕后的一道通天符契也。

【译文】

作为将领，最根本的是心术要正。人分很多类型，各有不同心性，相同的资质是心。心术正，无论是近如四海，远处海外，也无论是贵为王侯，贱为匹夫，纷繁如三军之众，都能不言而信，不令而行，不怒而威，从古至今如出一辙。能够使万众同心的，都是心灵相通所感召的。尽管没有特别作为也能自相对比。作为将领，上要对得起君王和父辈的恩情，中要无愧于同僚们的交情，下要使三军之众威服。要做到这样，岂能是阿谀奉承、钱财恩惠所能达到的？唯有养成良好的思想品质，光明正大做人，实事求是做事，忠诚孝悌，时刻想念忠于君王、敬爱热友、热爱军事、仇恨敌人、强军练兵，争先困难，尽我所能。要不因为生死患难改变观念，持之以恒，时间长了就能成为集大成者，大了就会通达，通达了就能感动上帝，可以感天地，泣鬼神。那时君王和父辈会宠着你，同僚们会敬佩你，三军之众会服从你，概无例外，大家都会尊敬亲近你。谚语说“皇天不负好心人，皇天不负苦心人”就是这个意思。书上说“做善事天会降下百种吉祥，做坏事天会降下百种灾祸”，这其实不是外力非要强加于你，全是由于你的心术所决定的。善与恶，都会有吉祥和灾祸伴随而来的，鬼神也会伴随而来的。所以人们把心称为心神，又说神明的心灵不可欺。俗语骂人说“欺心啊”，还说“自作孽不可活”，就是说，鬼神不在庙宇内，只在我们的心上；心神之“神”字也就是鬼神之“神”。善有善报、恶有恶报，地狱轮回，哪里真有其事？轮回不过在人心上罢了，地狱也不过在人心上罢了。试问一下，白天做了坏事的人，夜间噩梦颠三倒四，不正是欺了心神，心神就这样报复的吗？譬如一人出外，梦中依然在家夫妇同眠。他的肉身不曾到家，在家的妻子也不曾随行，这不正是心神所为吗？这是因为平时和妻子非常熟悉，所以梦中好像和实际是一样的情景。如果是心术不正的人，平日窃居将领的位置却贪生怕死、谋取私利，躲避困难投机取巧，不干实事，不忠于君王父辈，夜间良心发现了，惊恐思虑，可能就要犯规了。会长久地成惊弓之鸟，纠缠于此排解不开，就会生出噩梦来。这样白天是像模像样的官员，夜间却已地狱了。做人到了这个份上，和做梦没有什么区别，堕入到地狱轮回之中，永无出头之日。如果心术光明正大，心内没有私心杂念，就是做梦死了，在阴间也还是这样光明正大。所以，正直无私，扬眉吐气，我不怕人，人皆敬我，就是天堂快乐境界。这是做将领的根本，也是建功立业、光宗耀祖的一道通天符契。

【注释】

①本：由一木一横组成。一木泛指树木；一横指土地，这一横被木字之干（竖）向下穿越，此处意为根本。

②心术：原意指人认识事物的方法和途径。此处意为思想品质，居心。

③赋：从贝从武，表示与财物有关。旧指田地税，此处特指生成的资质。

【评述】

本篇讲述对将领的思想品质要求。戚继光认为做一个好的将领，首要的是养成正直无私的良好品质。

第二，立志向

【原文】

此志，即心也。心之体则为神明，心之用则为志向。譬如，花草树木种子，小者如沙如尘，大者如卵如拳，纯然无一物，可谓微寂之甚。一入土中，乘春萌芽，勾甲之细蚁可食而尽之。及其长成参天合抱之术，五色灿烂之华，悉由乎此。为将恨无志，志定即如此种而加真积力行之功，自然取信于上下，大利于施为，为国家贤臣良将，戡难立功，垂名竹帛皆此志。一定条理做出无不收效。但吾方立志之初，未能大通于人，不无困难拂郁阻挠践害之患，即木种初生蚁可食而尽之类也。若于此时以为立志无益，以为做好人行好事无效，便改了初志，其人终如此而已矣，竟亦堕落尘土而已矣。即如种子初出，见其难长遂纵牛羊践害之，生意一尽根种永绝。若爱之护之，不计岁月，待其根脉坚固发荣舒长，尽其种子所有之力而后已。呜呼！世有立志向上而所遭不偶不得亨达者之矣，未有不立志之人便能做得事业为将者。凡于古之忠臣义士，今之名将丈夫，一切为国为民英雄豪杰所为事业，如某人纯心报主百死不回，某人文钱不取，某人爱士如身，某人温恭有礼，某人练兵有法，凡耳目不闻不见则已，但见之闻之必曰：“彼亦人耳如何能，如是吾亦人也如是不能？”如是便奋立志气，凡于艰苦利害生死患难都丢在一边，务要学个相似，岂有不成之理？此所谓立志也，此所谓好种子也。

【译文】

这里的所谓志，也是心的意思。心的根本是心灵，心的功能是志向。比如，花草树木的种子，小的像沙尘一样，大的像卵石和拳头那么大，全然不像后来的物种，可说是微小安静得不能再微小和安静了。一入土中，春来萌芽，沟里的小虫都能把它们吃了。但当它们长成参天大树，成为五光十色的生物以后，还会是这样的吗？做将领的，最怕没有志向。志向坚定，就会像这样认真积蓄力量和成功，自然可以取信于上下，有利于有所作为，成为国家的贤臣良将，戡难立功，名垂青史。只要做到，无不获得收获。我刚立志的时候，没能明白告诉世人，也是害怕有困难障碍的顾虑，就像树木初生，蚂蚁也能吃个干净一样。如果这时以为立志没有好处，做好人好事也是没有效果的，便改移了初心初志，那样最终人也就不过如此而已了，可能也就堕落在尘土之中了。就像刚出芽的种子，觉得难以长大，就让牛羊来践踏，生命也就永远没有了。如果能够爱它、保护它，不论岁月长短，当它的根系坚固发达伸长了，就能尽到种子的作用了。啊，世界上有立志向上而遭遇不得志的人，但是没有不立志便能做出一番事业的将领！但凡古时候的忠臣义士，现如今的名将名帅，都是要为国为民做一番英雄豪杰的事业的。如某人忠心报主百折不回，某人文钱不取，某人爱兵如子，某人谦恭有礼，某人练兵有法等，凡耳目未见未闻也就罢了，但凡见到听到，一定会说：“他也是耳朵，怎么就能，我也是耳朵，如何就不能？”如是便奋起立志，把一切艰苦困苦、生死患难都丢在一边，务必要学习得差不多，还哪有不成功的道理？这就是所谓立志，也就是所谓好种子啊！

【评述】

戚继光讲起立志的道理来，真可谓头头是道，深入浅出啊！

第三，明死生

【原文】

人之生也，于大块冥冥之中忽有此身；其死生，一去不复再返。是生死之事，可谓大矣。故凡血气之类，莫不爱生畏死。但死生有数，不专在水火兵戈之中。试看城郭之内，富贵之家，既无官事拘摄之难，又无工作行役之苦，不曾当兵不曾上阵，若皆不死，如今该有几千岁之人矣。有朝生而夕死者，有数岁而死者，有二三十岁而夭死者。彼富贵之家，何欲不遂，微得疾病便请数十医，奇药盈，几曾不可救。是岂水火兵戈独能夭死人哉，必待受苦上阵才死？天下无有将与士矣。且看那个将领不是自少年为下官上阵杀贼，一级一级挣到大将？果是阵上能死人，如今也无人等得到大将还活在世。又有勇士屡经战阵刀痕遍体披面，尚且享有高年。故谚云："人是苦虫，我命在天。"况使死得当，立庙祭祀血食百世，是死后还活，地方士女口碑一日相传，是一日活在世间。若生前无闻于世，就活在世间已是死了。尔将士之情临阵只思退缩，乃是见阵上杀伤想说就一个死。焉知不到指望退缩的必生，殊不思一动了脚个个都死，若同心力战，我胜过他，务使他退缩，我如何得死？即死亦有数，何不想说便只有一个活，焉知不是我如何只怕死到身上，再不寻路求活到身上。又有愚之甚者，偷生戴罪百计恋此肉身，却不想神仙、佛、老、圣、贤、王侯那个肉身于今还在？为将者不必计死生，但要做得个忠臣义士，便此肉身受苦受难不过数十年之物，丢他去了换得名香万古立像庙庭，哪个便宜？勘破此关便能真心任事上阵不惧矣？

【译文】

人一生下来，在大千世界之中便有了身体；死的时候，一去不复再返。生死的事情，可谓是再大不过了。所以，但凡血肉之躯，没有不喜生怕死的。但是，死生有定数，不光是只在水火兵刀的战场上。城郭之内，富贵之家，既无刑狱之难，也没有劳役之苦；不曾当兵，不曾上阵，如果都不死，到现在该有几千岁的人吧！他们中也有朝生而夕死的，有几岁就死了的，有二三十岁就夭折的！那些富贵人家，什么欲望不能满足？稍有疾病便请几十个医生，什么奇药贵药都有，可是有没有救不活的？所以，哪里只有水火刀兵能使人夭折死的，哪里一定是受苦上阵杀敌才死的？（如果都怕死不上阵），天下不就没有将领和士兵吗？大家看看，哪个将领不是从少年时就作为底层兵官上阵杀敌，一级一级走过来才成为大将军的？如果上阵就死，如今也就没人做到大将军还能活在世上了。也有勇敢之士，屡经战阵，刀痕遍体，但还在安享高寿。所以谚语说："人是受苦的虫，我的生命在上天。"况且，只要死得其所，朝廷立庙祭祀，血食百世，人死了但还活着，当地口碑日日相传，仍然是活在世间。人如果活着，但默默无闻，即使活着，等于已经死了。你把心思一心用在临阵退缩上，在战场上有死伤就想到死，你就知道退缩就必定能生？殊不知一动脚（退缩），个个都得死；如果齐心协力，就能战胜敌人，使敌人退缩，我又怎么会死？即使死，也是少数，为什么不想着活呢，岂知我也可能不怕死，也能有活的份啊。还有更愚蠢的人，贪生怕死，千方百计保护自己的身体，全然不想：神仙、佛、老、圣、贤、王、侯，哪个肉身如今还在？做将领的一定不能整天考虑生死，要争取做个忠臣义士。这样，自己的身体不过受苦受难几十年，舍去了还换得万古留名，庙庭立像，哪个更好？看破这一点，便能够真正在上阵之时无所畏惧了！

【评述】

难怪戚家军能够在凶顽的倭寇面前死战不退，视死如归！

第四，辨利害

【原文】

今之通弊，率以眼前虚套奉承一时喜悦为利为能，却将贼到时一个失机大法置之缓玩，无可奈何似谓哄过一时便可免害，殊不思理欲不并举，实事虚声不同道。平日习弄虚套将军务废坠，一遇贼来失守又不能战，莫说平日奉承的上官，便父为上官子为将官亦免不得参究，亦逃不得公论正法，亦遂不得私恩宿好。便使守正尽职不合时好致怒上官，无事之时不过去官，至重则提问，比之失事问死罪何如？提问不过诬以钱粮侵占，此等必须勘问。若我平日钱粮支销案卷明白，军士实实充伍，岂能尽无公道，成了战守之功不录我功业已矣。舍功业而复加之罪，有是理乎？或不能立功报国，却堂堂血战一番死于马革，即有宿怨不恤荫已矣，顾于一死之后复有罪可加乎？加罪于死后，必是叛逆，世间无阵亡叛夫也！为吾将者，只当以礼义为利害，一观理之是非，毋计人之毁誉，心心念念着实干，当毋干钱粮，毋犯行止，时时点检，事事正大尽其在我，固不可舍己以徇人，亦不可恃己以欺人，分所当为，固不可非理以取容，亦不可失礼以凌驾，人将责我以理外之事所之而已矣，人将我害义不可免者，此身可辱此志不可辱，此命可死此义节不可死。即加我以祸以此命付于数，以公论付天下万世公是公非之口，凡轻于死者皆无足惜。语有曰："朝闻道，夕死可矣！"[①]况未必死，况公论流行于天下乎，审取舍者辨之。

【译文】

如今的通病，便是以眼前虚伪奉承，图一时的愉悦和利益为己能，却在敌人来到的时候，错失歼敌时机这重大法理问题当作儿戏，在万般无奈时还以为能哄过一时便过一时。完全不知道理性和欲望是不能同时实现的，实事和虚假也不可能处在同一条路上。平时尽是弄虚作假，军备废弛，一遇敌人即进退失常不能战斗。不要说平时奉承的上级，就是父亲做上级也免不得要追究并逃脱不了法律的惩罚，绝对不可能徇私舞弊就能过关的。即便奉公尽职恪守正道不合时宜地惹恼了上级，在平时不过丢官去爵，再重也就是提刑坐牢，比起错失战事问成死罪来孰轻孰重？提刑坐牢被诬以侵占钱粮这样的罪责当然是要追究的，如果平时每天钱粮收支记载清楚，军用实实在在，岂能全无公道可讲？最多是不记作战的功劳吧。如果战功不记，还再乱加罪状，世界上还有公理吗？也许不能立功报国，但能堂堂正正拼死战斗一番，死于马革裹尸，即使因为宿怨不能获得抚恤荫而已，何必顾虑死了以后还会加罪呢？加罪于死者的人，必然是叛逆之徒！世界上绝无阵亡者是叛徒的！做将领的人，只应当以礼义为重，唯以真理判是非，不应计较别人的毁誉，一心只想着干实事，别想着贪钱贪粮，行动不犯条规，时时检点，事事正道，这都完全在于个人。坚决不以身徇私，也不可以依势欺人，不做不应该做的事情。既不可以没道理地取悦于人，亦不可以失礼的凌驾于人。如果别人要以道理以外的事责难于我，只能由他去责难好了，别人一定要陷我于不义的话，那我身可受辱，但志不可辱，生命可死，义节不可死！即使横加灾祸命死多次，也要以正道晓示天下，以搏万世之公，是非之口。凡不值得的死都不足惜。《论语》说："朝闻道，夕死可矣！"何况不一定死呢！何况自有公论流行于天下呢！你们要审慎辨别，审慎取舍啊！

【注释】

①“朝闻道，夕死可矣”：出自《论语》，“道”指的是儒家的“仁义之道”，“死”是动词的为动用法，即“为……而死”。

【评述】

本篇讲述对将领的一项重要品质要求：为人要正直，不能牺牲原则一味迎合、讨好上级。

第五，做好人

【原文】

为将者，或立功而不蒙酬录，或行好而人不见知，或有守而人诬以贪，或用心职务而暂被斥逐，或任怨而被谗，或向上而不达，便生怏心，或变其所守，或怨天尤人，遂放肆改节，殊不知好官易做好人难做，官有訾议不过一任改易他方，再能励志向上即称为好官矣。好人变节坏却一生，即晚年再要立德，訾议在人，人不相信，便是苟免利害苟得顺利，还须思量做了一场好人品，一旦尽行改变以前成立之难，何如却将不死之名为易死之身所换耶？不独将官，即缙绅士民恐亦当有之。

凡吾为将者，须学做好人。天之付我原来有善无恶，如此做去，人知也可，不知也可。其见他人坏却心术，图得享一时顺利者，任他快活我只守己，到头来巧伪败露，毕竟有我受用之日。宁要先难后易，毋使先易后难。便到底不亨通亦是命数。夫公论不弃好人，与私情党扶邪小数亦相当，此已试之效，非诳吾徒也。

【译文】

做将领的，或者立了功但不被承认，或者做了好事但没被人看见，或有操守而被人误解为贪占，或者悉心于本职工作反而受到批评，或者任劳任怨而被谗言，或者积极向上而达不到目的便心生怠慢，或者改变所坚守的信念，或者怨天尤人，或者恣肆改节。岂不知道好官易当，好人难做啊！当官有了非议，改一个地方再立志积极努力就可以称为好官；一个好人改变节操变坏却是一生的事，即使晚年再立德立万，不好的议论也仍然会流传，因为有人可能不相信，以为是偶尔做好偶尔顺便做好。所以，必须想到养成好的人品不容易，一旦改变，便是前功尽弃。不如将不死的名义换作为易死的身躯。不独将领官员，即使绅士乡民，可能也会这样做。

凡做将领的，必须学做一个好人。上天交付于我的，原本有善无恶。他人知道也罢，不知道也罢，都要做一个好人。见了他人坏了心术，贪图享乐于一时，要任他快活，我只保守好自己的节操。他到头来终究会伪装败露，那时毕竟有得罪遣。我们宁要先难后易，不要先甜后苦。即便到最后也不发达，那也是命数注定。一般说，公理是不会抛弃好人的。营私结党，扶邪击正的人毕竟是少数，这是屡试不爽的事实，绝不会欺骗你们的。

【评述】

确实：好官易当，好人难做；做好人不易，变坏人却只需一念之差。

第六，坚操守

【原文】

夫士之廉犹女之洁，此本等修身立己之事。况朝廷俸禄豢养，为官不耕而食，不蚕而衣，正要不贪取军财不克剥粮赏，况将官要军士用命，立功扬名保位免祸必当如此。故廉之一字，全是本等分内所该，军士月粮一石又是他们本等所该，只一不科敛剥削殆见，感之若父母，爱之如骨肉，即严刑重法受之而不怨，夫以军士应得之财，以将领分内之守，而得军士感服之心、死报之力、何惮而不为之乎？盖有说焉，凡人生在世，父母妻子一个冻饿不得，已身衣服、饮食件件要拔人受用，皆人欲之至愿，且见同僚富家肥马轻裘鲜不动心，而眼前苟且朦胧弥缝，未必刑法动身，以此从欲则易守己却难。殊不思武牟之利，无非侵落官银，科敛军士，彼军士人众口多，譬如每军科粮几分罚纸一刀，百金之入即出数十人之手，彼岂无朋友父母亲戚邻里相告？一人之口又插数十人之口，岂得掩耳盗铃终不可败？即总计一年所取不过数百金，不如有势者一启齿之多。一字之窃，何不坚心忍性苦心窒欲？凡粗衣粝食不过饱暖而已，父母妻子不至冻饿足矣。后日实久名著，人人知我为清操德人，三军服我为爱士贤将，所成所就功立位高自然足用。官久必富，岂不信然？即不能然，落得个好人品，日后有意外之患人亦怜我。况平时任我令行禁止做了好官，上司到日刮目待我，又无人敢为指告，行动之间扬扬德色，所谓半夜敲门心不惊是也。

贪污之徒，平日轰轰烈烈享用一切，上司按临唯恐仇人告索，半夜敲门惊得魂不附体，披衣而出置酒退赃。跪浼啼告免其讦发事露之日忘身丧家，彼时披枷带锁坐狱受刑，不知还有往日受用的快活在否？还是羞耻苦难难过也。曾有不才子云："强如借债要利钱，临时还他便了！"又有甘于事败而死，欲悔无门，乃曰："该当！该当！"

嗟乎，果是何人遣命，势不由我所致。此不才子之自败也。如此固无足惜，又有操如水檗守如处女者，可谓完器矣。但每每恃廉傲物专伺人之短，犯上凌下罔思顾忌，数年以前边将之贤者，率不免有此病竟致名位不终无以善后。

嗟乎，天虽高独于廉官子孙视听甚近，何不返照自己视为本等职分，完全做个德人，天未尝不有厚报于子孙，何用傲物为哉廉而傲物不如不廉者能取容于世可以保身矣。

【译文】

官员贵族的廉洁应该像女人的贞洁一样，这是关系到修身立命的大事。朝廷用俸禄豢养着官员，官员不事耕作而有饭吃，不养蚕桑而有衣穿，本不应贪占军队的钱财，不应克扣盘剥粮秣赏赐。将领官员本是从军服役的，立功扬名保官免祸必须如此，廉洁本是本分之内应该做到的。官兵每月的一石粮秣本是他们应该得到的，只要不苛捐盘剥，他们就会像感谢父母一样的感谢你，像爱惜自己骨肉一样的爱惜你，即便严刑峻法也受之不怨。面对钱财，将领用本应坚持的操守，来得到官兵的感服之心、效死报效于你，为什么要忌惮不做呢？也有说法是：人生在世，父母、妻子是不能挨冻受饿的，自己身上的衣服、口中的食品，件件都可以拿出来让他们享受，这是每个人最高的愿望。见了同僚家富马肥、裘皮轻盈，很少有不动心的。如果萌生苟且之意，虽然不一定就马上刑法加身，但从此以后欲壑难平，操守难持了。当兵之人，无非侵占公家银两，克扣官兵钱财。因为官兵人数众多，如果从每个军人那里克扣粮食几分、奉纸一刀，百金的进账只需要几十个人便可达到。但他们难道没有父母、亲戚、朋友、邻里可相告诉？一人之口可传数十人之口，哪能是掩耳能盗铃，不会败露的？即使一年所贪不过几百两金子，也比不了有钱有势的人，一开口就是很多。不要一念之差！要坚持初心忍得住疾苦克服得了欲望！穿衣吃饭，不过是饱暖罢了。只要父母、妻子不挨冻受饿就可以了！等以后时间久了，名望大了，人人了解我是有清德操守的人，三军佩服我爱兵爱将，功成名就位高，自然可以富足了。当官时间长了，必然会富，还有什么不相信的？即不能实现，落得个好人品的名声，以后也有意外之人亦怜惜我。而且，平时令行禁止做了好官，上司到来时对我刮目相看，也没有人敢为诬告，言语行动趾高气扬，遇到半夜鬼敲门，心也不惊啊！

别看贪污分子平时轰轰烈烈地享受，上司巡查之时唯恐仇人告发，半夜听到敲门之声吓得魂不附体，披衣而出，置酒退赃，跪求啼哭，求人不要告发作奸犯科之事，事情败露之时，如丧家之犬。到披枷带锁坐牢受刑，不知还有没有往日享受的快活？恐怕是羞耻难当吧！曾有不肖子弟说过，如果是借债还钱，临时还了便好了，贪占事情一败露必无疑，想后悔也不可能了，只能说：活该，活该！

可叹啊，不知什么罪孽，却因我所致！这就是不肖之子的自损自败，是死不足惜的。只有像处女一样地坚守节操，才能保持完好的结局。凡是物质享受第一，专揭别人之短，犯上欺下，无所顾忌，即使曾长期戍边的贤能将领，也免不了有这些毛病，以至于名位不保，无以善终。

可叹啊，天恩虽然很高，但只有廉洁官员的子孙才能感受。应该时时反思自己，尽职本分，做个有德之人，上天自会厚报于子孙的！何必要物质享受第一？既想清廉而又想物质享受，还不如不廉洁的人，还能见容于世而保全身家性命呢。

【评述】

廉洁奉公，是应该坚守的最重要节操。

第七，宽度量

【原文】

事无大小以量为主，量能容一人则一人之长也。一家之主，必度量足以容一家之人。以故父子兄弟亲戚娅莫不称贤，和气致祥，动罔不吉。况为三军之主，驭数千万血气之夫，非度量宽容岂能使之各得其所，各无怨尤也哉？为将者有主帅上司，皆我父师长上，我从他易，他从我难，僚友势位相敌，朋友外至之事多有两不相应之变；三军愚人无知最多，在我当将自己心常清常净，不可先着一毫己意，不可先要望人如何让我。凡僚友之事，便冥目细想，我今日就是他，他的事就是我所当如何而可。至于不通之人，不可就发性与之争较，且看下落。常退后一步，常将着数放在后手自然受用，就是行间士卒，有犯公私罪过或凡百情罪亦瞑目坐想，设我是此人遇有此事心下如何而可。即如打人十板打至六七板且止再思，或者恕去再思之，其待一切有非礼之来必当报复者，犹且思之恐其人言之过也。恐其我发之暴也，或其他人真是，而我之性识有偏，再查再省，自然能容不是付之人，是处必当在我，自然度量宽宏，先让一着与人，自然行之不错。无量受用庶免后悔是诚然也。但将道贵严，国是当守，上司虽尊事有必争，不争则不利于下，僚友虽亲法必当执，不执则被挠于中。若一概以宽容含忍处之，所谓萎靡，所谓疲软，此人即为一人之长，一家之长亦且不堪，况驭三军而将将乎？嗟乎，法果宜民当争则争，此为力量而非抗傲也。令果当行何厌诛戮，此为威严而非狂妄也。中间在吾辈有志向上者，辨而审之，审而力行之，动与道合而功业成，既不失为有容之士，又可免萎靡疲软之祸矣？

【译文】

事情无论是大还是小，都要有度量。能容一人，度量就是一人的长度。作为一家之主，其度量必须能容下一家之人。所以，父子兄弟亲戚，温文尔雅的没有不称贤惠，和气致祥，没有规矩就会不吉祥。作为三军主将，驾驭数千万血气方刚的男儿，没有度量宽容，哪能使各得其所，各无幽怨的？做将领的，对主帅上司，都要视为我的父辈师长。我服从他很容易，他顺从我则很困难。同僚友好，地位权势相当，朋友间的事情，很多是相互呼应的。军队之中，没有文化的人很多，我作为将领，要保持心态的清净。不能以自己的一丝一毫强加于人，不应希望别人总是谦让于我。凡同僚友好的事情，应先闭目细想，设想如果我在他的位置，他的事不就是我应该面对的吗？就是对于不通道理的人，也不可以随便率性与他一争短长，非看笑话不可。经常后退一步，经常将道理放在后手，自有得益之时。就是行伍单位的兵士，有以私犯公或者其他犯罪情形的，也要闭目想清楚，设想我是这人，遇有这事我会怎么处理。即使要打人十大板，打到六七板时，也要停下来再想一想，或者暂且饶恕，让他去再思再想。即使对待有非礼行为应该报复的人，也应想清楚有没有言过其实的情形。人在发急的时候，也许判断是错的，而别人是对的！如果我之性子确有偏颇，不妨再查再省。这样，自然能容于不对之人。对的是我，自然度量宽宏。先让人一着，自然行为无愧。缺度量的人总免不了会后悔的。当然，为将之道，贵在尊严，大是大非也必须坚持。上司虽然尊贵，但事有必争之时，不争则不利于下级；同僚友好虽亲，有法必执的时候，不执则被梗阻于此。如果一味宽容隐忍对待，就是萎靡不振，就是疲软。这样的人即使当个一人之长或一家之长，也不堪任，怎能驾驭三军而统帅将领呢？感叹啊，法令如果于民有利，当争就要争，这是因为力量底气而不是骄横自傲；法令如果应当施行，何必厌烦诛杀，这是威严而不是狂妄。其间的道理在于我们立志向上的人仔细辨别谨慎对待，慎重而全力施行，行动与道理相结合，功业就能成，既不失为一个有容之士，又可免除萎靡拖沓的灾祸！

【评述】

有容乃大，无欲则刚；诸葛一生唯谨慎，吕端大事不糊涂；当断不断，反受其害。

第八，声色害

【原文】

淫声美色易以动，人缘血气之躯本以情胜，投情之好岂不易动哉！古今人为此败坏者斗载斗量。夫淫声过耳便如大风吹去随吹随灭。何似看些好书、操些武艺、教习士卒，书入心记便不可忘，武艺到手年年得用，士卒一熟便不能生疏，皆为我有用之物。古人尚惜分阴，听一会淫声误了几个分阴。美色与人相为终始，缘阴阳之道实此性生，但不思人之精神有限，一着念于此，即责任利害士伍甘苦皆不在心上。疆场之臣一有疏虞罪死，临阵之士不能战亦死，此身死后还有美色受用否？何不兢兢业业跳出此关。迨归休林下谁复我禁？予常见系念于此之人，百事无心一片暮气。夫三军恃我为强弱，岂可以暮气临之，甚至败伦伤化夺军士之妻家丁之色，卒至全家受祸，名丧身亡不可枚举。戒之，戒之！

【译文】

淫声美色本来容易动人心境。越是血气方刚之人，越容易被情所驱动。投情所好，哪有不动心的呢！古今之人被此斗败的可以说是不计其数。淫声过耳，就像大风吹过，随来随消，不如看些好书、操练武艺、教导兵士。好书入心便不会忘记，武艺到手便可年年使用，兵士训练一精便不会生疏，这都是能为我所用的东西。古人都知道谨慎分辨靡靡之音，听一听就害怕失去分辨的能力。美色是始终与人类相伴的，因为阴阳之道确实是由此产生的。但应想想，人之精力是有限的，一心念念不忘，就会将责任、利害、部队、甘苦等都不放在心上。疆场上的臣子稍有疏虑就会犯死罪，临阵的官兵如不全力作战也会死掉。试问人死后还能享受美色吗？既然如此，为何不兢兢业业闯过此关，待年老退休后，谁能再禁止？我常看到，一心系于此道之人，什么事情都无所用心，一片暮气。三军之事，不强即弱，哪里可以充满暮气地对待？至于伤风败俗，丧失伦理，抢夺军人妻女，以至于全家受祸，名丧身亡的事，也是不可枚举。应该警惕，警惕啊！

【评述】

远离声色，最重要的还是“色”字。食色，性也，但不可过分。戚继光开出某些办法，在现代也仍属打击的范畴啊！

第九，货利害

【原文】

货利者，财帛珍玩也。此物虽天地生之以给人用，而能资人之乏养人之身，但天地鬼神又忌多取。有聚必有散，且财物与怨相联，利入则怨随，子孙恃此堕志益过。况天地间运气流行，未有富而不贫、盛而不衰者，谚云：“朱门生饿殍，白屋出公卿。”[①]且军之富何所来乎？不是军士身上膏血，必是朝廷帑藏，国朝军士之养，月仅一石，耗于官私，十仅得五。却乃功立名目，敛千万贫乏之资而归之一人身家之奉，饱饫烹宰鼓瑟吹笙，快口体于目前，致使精神淹废，夺有限之年充一朝之欲犹之可也。且以此敛怨失士卒心，败疆场事，身死名丧，求为匹夫而不可得，甚至奴仆害其主，属伍叛其上，乐极悲生，死于刑戮，冥司报应，六道轮回，远则害在子孙，唾骂万世，何若以此易彼哉。惟有知止知足，以淡薄节俭为务则无欲，无欲则心清神爽，智虑生焉。奉职为将，大得人心，周详防御，古人所谓武臣不惜死，文官不爱钱，天下太平矣。[②]是故不惜死由不爱钱中生来，不爱钱由无欲而充之。平居可以延生，为将可以济事，天之加报，子孙盛昌，为万世长久之计也。今吾为将者，勿用心于货利，毋百计以求积。谚曰："儿孙自有儿孙福，莫为儿孙作马牛。"[③]又云"天不生无禄之人"[④]。悉当推此念头，加意职任，施恩士卒，使之为我，用命保我艰危，立我功名，为天下大丈夫岂不美乎？

【译文】

物质利益，指的是财帛珍玩等。这些能解除人们困难，养护人们身体的物品，虽然天地生出来就是给人享受的，但天地鬼神从来忌讳多取。有聚就有散，而且财物从来和仇怨相联系，得到利益，也会随着得到仇怨，子孙们也会凭此志消惰增。天地之间，运气流行，没有富而不变为贫，盛而不变为衰的。谚语说："朱门生饿殍，白屋出公卿。"军人的富是从哪里来的？不是官兵身上的膏血，就是朝廷的钱帑。我朝官兵的给养，月粮仅一石。消耗于当官之人私利的，占到十分之五。有的人却还要巧立名目，私敛千千万万贫困人的资金，把它收归成一个人的薪俸，饱食终日，鼓瑟吹笙，逞快与口体，精神颓废，牺牲有限的岁月，充盈一时的欲望。因这种横征暴敛尽失将士之心，失败于疆场战事，身败名裂，再求为普通人亦不可能了。甚至有的奴仆杀害主人，属下背叛上司。乐极生悲，死于刑罚；阴司报应，六道轮回；甚至危害子孙，遭万世唾骂。何苦要取此舍彼呢！只有知足知进退，以淡薄节俭为要的人，才能无欲。人无欲才能神清气爽，智慧和顾忌重生。奉职为将领，大得人心，才能周密谨慎从事防御。古人有所谓"武臣不惜死，文官不爱钱，天下太平矣"。所以，不惜死是由于不爱钱来的，不爱钱是由于无欲来的。平民可以延长生命，做将领侍奉国家，上天会加报于子孙，使子孙盛昌，这是万世长久之计。现在我们做将领，不要倾心于物质利益，不要千方百计地求积蓄。谚语说："儿孙自有儿孙福，莫为儿孙作马牛。"又说"天不生无禄之人"。应当推崇这一观念，努力忠于职守，施恩兵士，使他们为我所用，用生命保我渡过艰难困苦，为我立功扬名，成为天下的伟男子，岂不美哉?

【注释】

①朱门生饿殍，白屋出公卿：语出《增广贤文》，意思是说，许多豪门权贵之家生出一些无能之辈，多少贫穷之家却生出了达官贵人。这句话告诉我们：家族兴衰是不断发展变化的，个人命运和家庭门第也是可以改变的。

②武臣不惜死，文官不爱钱，天下太平矣：《宋史·卷三百六十五列传第一百二十四·岳飞传》载：帝或曰："天下何时太平？"飞曰："文臣不爱钱，武臣不惜死，天下太平矣！"

③儿孙自有儿孙福，莫为儿孙作马牛：元·王哲《集贤宾·鸣鹤余音》卷一有语："仔细曾穷究，想六地众生，强揽闲愁。恰才得食饱，又思量、骏马轻裘。有骏马，有轻裘，又思量建节封侯。假若金银过北斗，置下万顷良田，盖起百尺高楼。儿孙自有儿孙福，莫与儿孙作马牛。贪利禄，竞虚名，惹机勾，岂知身似水上浮沤。贪恋气财并酒色，不肯上钓鱼舟，荒尽丹田三顷，荆棘多稠。宝藏库，偷了明珠；铁灯盏，渗漏了清油。水银迸散难再收。大丹砂甚日成就，杀曾叮咛劝，劝著后，几曾苦海深，波浪流，心闲无事却垂钓。呜呼锦鳞终不省，摇头摆尾，姿纵来来往戏波流，愚迷子，省贪求，只为针头上名利，等闲白了少年头。"

④天不生无禄之人：元·郑廷玉《看钱奴》第一折："便好道'天不生无禄之人，地不长无名之草'。"禄，原指古代官吏的俸薪，此处指吃的和穿的，意谓人既生在世上，就会有谋生的路子，有饭吃，有衣穿。

【评述】

做将帅，不但要淡泊名利，尤其要淡泊物质追求。

第十，刚愎害

【原文】

坚志而勇为谓之刚，刚生人之德也；恃强而自用不回谓之愎，愎，刚德之贼也。吾人患其不刚，固然矣，刚而愎又不如不刚之为愈也。故为将者一有自用之心，士情不问，人人解体，敌情不得，耳目瞽瞶，忘身败家，可立而待矣。善将者，几于古今名将成败之政，一时山川形势之殊，敌情我军微隐之变，必广询博访，集众思，屈群策，虽不挠于非礼，而转环于听纳。人之有技，如己有之，即其不足取，而言可采，略其人而取其言，师其言而不必用其人，使吾之言行固皆尽善当理，岂无一二之讹？宜忘其尽善当理之美，而急急求吾一二之讹，改过就中，行之以强健不息之志，如此庶刚为吾之德，而通下情，知敌变，来众善，成功业，转凶为福矣。

【译文】

志坚而勇敢叫作刚，刚生来就是美德。恃强而自用不回头叫作愎。愎是刚的对立面。我们有的人害怕别人说自己不刚，做事总是恃强不回头。刚而愎还不如不刚的好。做将领的人一有刚愎自用之心，就会兵情不问，使人人离心离德；敌情不了解，耳目就闭塞，离身败名裂之时便不远了。善于做将领的，对于古今名将的成败之策，今时山川地形之特点，敌情我情的些微变化，必然要多问多访，集思广益，群策群力。虽然不破坏礼仪规矩，但一定能变通多听多采纳。对待别人的技艺，就如对待自己的一样。即使其不足取，也要说可以考虑采纳。综观其人而听其言，学习其言而不必用其人，就能使自己的言行尽善合理。难道自己永远不会有些许错误？应该不计自己的尽善尽美，而认真搞清自己的错误不足，将其改了就好。施行自强不息的志愿，这样就能将自己的小刚变成大德。通下情、知敌变、博众善、成功业，就能逢凶化吉。

【评述】

克服刚愎自用，才能广泛听取意见，博采众长，团结上下，永远立于不败之地。

第十一，胜人害

【原文】

古人训士立志，惟耻不若人。夫耻不若人，正欲胜人也。何在为害？彼耻不若人者，见人好处，敏己以求之，极力以行之，真积力久出于彼上，则彼自让我，我自胜彼。设将自治之功忘却，只存一点不许人胜我之念于胸中，见人有能必思所以忌之，见人有功必思所以没之，便谓人不如我。如此推之僚属之才者，但行事有一长必思所以忌没之而后已，他人有寸能必思所以攘为己有而后已。如此必至损人利己，不顾天理，无所不为，是必树怨，怨厚则祸成。天地鬼神本为福善，而善者为胜人之徒所枉，天地鬼神肯容之乎？故天灾人谴，立足可待。戒之，戒之！

【译文】

古人训练士兵树立志愿，以不如人为耻。所谓不如人为耻，就是想胜过人。为什么又说是坏事呢？他以不如人为耻，看见人的长处，即千方百计求取帮助，极力效法实践行动。经久积蓄，必然超出于他。如果他再自谦礼让于我，我当然就胜过他了。如果将自己努力的因素忘掉，只将不许人超过我的念头藏于胸中，看见别人有能力就嫉妒，看见别人有功就必想搞鬼，总觉得他不如我。这样，就远离了同僚和下属中的有才之人。做事时见人有所长就嫉妒想掩盖起来，见人稍有能力就想着据为己有。这样必然损人利己，枉顾天理，无所不为奇迹，势必树怨，怨多了必然成祸。天地鬼神本来是福善。福善的人被一心胜过别人的狂徒所扼杀，天地鬼神能够容纳吗？这样天降灾人责备，立马可待。警惕啊，警惕！

【评述】

为将之道，应有英雄主义，不要嫉贤妒能。好胜是动力，嫉妒是魔鬼。

第十二，逢迎害

【原文】

将者，死官也；兵者，危事也。一有处置不宜，安危存亡所系。何今九边之将不顾安危与存亡、是非与利害，凡于上司势要，当面唯唯，不顾事理之通否。即曰：“山可挟乎？”亦且依唯，曰：“我当遵奉挟山。”不惟自己欺心，遗患及将上司，逢迎迷乱。遂为我此举也，可以为千百年之计，可以兴利，可以除害。殊不知非议于背后者已纷纷矣。逢迎之徒更不思他日地方乖张致失军机，祸必逮夫身。夫无责于身而逢迎以取悦已不可也。有责于身而逢迎之，是自卖其身于祸患之中，不亦左乎？吾人有疆场之责，遇上司之命令，当道之咨询，必须是曰是、非曰非，某事不宜行则曰不宜，某事力不能奉行即曰力不能，直以告之，虽一时有拂上官意，终必无失于己。他时功求成，事求可，其上官且感我矣。故忠心有德之将必励謇謇谔谔之风，断不逢迎以为悦。

【译文】

做将领之人，就是已经死了的官；当兵的人，就是随时处在危险之中的人。一有处置不当，所涉均是安危存亡问题。为什么现在各方向戍边的将领总是不顾安危存亡、是非利害，对于上级权势，当面唯唯诺诺。不管事理通与不通，上级问："这山能抱住吗？"下级总是顺着回答说："我会遵命把山抱走。"胡乱逢迎，不但自己欺心，也连累遗患上级。顺从于我的这一举动，虽然可以成为千百年之大计，可以兴利，可以除害，但不知道在背后有多少纷纷扰扰的非议呢！逢迎之徒更不想着他日地方有事会错失军机，祸必遭逮捕法办。对于没有责任在身而逢迎上级以取悦于己的已是不可，有责任在身而逢迎上级，更是自卖自身于灾祸之中，不是更过分吗？我们这些人，有疆场卫国之责任，遇到上级的命令或当权者的咨询，当然必须回答"是"，不能回答"不是"。对于那些不适宜的要说不适宜，对于那些不能执行的就要说力不能及，应直接告之。虽然会一时有拂上级之意，但最终必然不会失之于己。等到他日功可求成、事可求成之时，上级一定会感激于我的。所以说，忠诚有德的将领，必须厉行一是一、二是二的实事求是作风，断然拒绝逢迎上级以为愉悦的做派。

【评述】

部队逢迎之风古已有之，危害甚大。

第十三，萎靡害

【原文】

人之生也直，萎靡者，直之反也。为将而萎靡者，必是平日贪滥徇私、虚冒帑饷、临阵偷生怕死、不肯用命之徒，此固无足道者。或守廉志谨而亦萎靡，何也？良以兵凶，战危易于媒孽[①]，而世人公行报复，责其足恭[②]

为贤，遂以军务为趋承人情之具，寄耳目于委命，而低昂于颜面之间，柔媚足恭，不顾名分，不思廉耻，互相习效，只于奉承钻刺，一边用尽心机，专事虚套，所谓朝廷不尊官府，尊官府无权，吏有权是也。意者如此可以免祸，可以得誉，殊不思凡官斯土者，岂皆好汝辈奉承之人，一遇豪杰在位，底蕴尽露，平日贱恶甚于粪土，万一地方失事，彼将拾柔媚旧勤而恕之否乎？吾恐畏人议，彼且落井而下之石矣。夫人之所最爱重者，此生也。将官先以舍生为本，生既可舍，复有何事又重于此而故为萎靡之态？萎靡则号令不行，虽赏罚三军，彼且不感不畏，他日偾事如执左券[3]。何其愚耶！何其愚耶？

究而言之，萎靡之徒君可负，国可卖，父母可弃，妻妾可以与人，所不屑计也。呜呼！世有此将，禽兽所羞，尚足齿于人类乎？善为将者刚，不可吐柔，不可茹礼，体吾循旧，果与典章太戾，必不可从者酌中而处之，其人遇我过甚，吾只如是；其人厚以遇我，吾亦只如是。军中名分稍从损益，惟可行则已；如无可损益，亦惟安之和平之中。而有必不可假借之力，持守之下而令人有可亲近之慈，君子之中不过如是，矧将领乎？

【译文】

人一生下来就具有直爽的品性。萎靡，却是直爽的反面。作为将领表现萎靡，一定是平时贪赃徇私，虚报冒领，临阵贪生怕死，不肯拼命，是不用说的原因。也有的是因为要保持廉洁而畏缩不前。为什么呢？认为兵凶战危，容易被诬陷罔构，而有的人公然施行报复，专以谦恭谄媚为要务，把工作作为奉承和人情的工具，只听命于上级，奴颜婢膝于上级脸色之间，一味谦恭，不顾名分，不思廉耻，互相吹捧，奉承钻营，用尽心机，专事虚伪，使人们不尊重官府。因为官府无权，官吏个人才有权。这些人以为这样可以消灾免祸，可以平白无故收获荣誉，不想着为官的人中，哪里都是你这样喜好奉承之人？一遇豪放之人在位，底蕴就暴露出来。平时的恶行肮脏龌龊，总有万分之一可能暴露，暴露以后，你还可以重拾谄媚的那一套争取宽恕吗？我觉得人言可畏，那些人恐怕落井下石都来不及呢。这些人最看重的是生命。将领官兵本应以舍生取义为要，生命都可舍去，又有什么比这还重要的？萎靡不振就会不顾号令，虽然赏罚，哪里会被感动得无所畏惧？他日事情败露，执拗之人还以为胜券在握呢！多么愚蠢，多么愚蠢！

总而言之，萎靡不振之人，君可负，国可卖，父母可弃，妻妾可以与人，都可以不屑计较。感叹啊，世界有了这些将领，禽兽不如，还能齿于人类？善为将领的人刚正不阿、不可露怯，不可失礼法。对于一些旧的习俗，如果与规章太过相左，一定不会从中加以利用，遇有对我过分的人，我只会像对别人一样对待他；遇有对我有恩的人，我也只是这样对待。对军队荣誉如果稍有损害，就只能这样处理；如果没有损害，也可以以安定平和为重。对不需要的借助力量，按照操守的下策处理以示可亲近的形象，君子之道也不过如此，何况做将领的呢！

【注释】

①媒孽（niè）：亦作“媒糵”。原指发酵之酒母。《汉书·司马迁传》：“今举事壹不当，而全躯保妻子之臣随而媒孽其短……”转意指借端诬罔构陷，酿成其罪。

②足恭：语出《论语·公冶长》，表示过度谦恭，以取媚于人。

③偾事如执左券：偾事，败事之意。《礼记·大学》：“一人贪戾，一国作乱，其机如此，此谓一言偾事。”如执，即执拗之人。左券，古代称契约为券，用竹做成，分左右两片，立约的各拿一片。因此，左券常用作索偿的凭证。后来把“有把握”叫作“操左券”。

【评述】

心底无私，才能振作精神，一心正务。

第十四，功名害

【原文】

太上立德，其次立功，其次立言①，功名乃太上所与，何谓害？夫功名有分，天地最忌多取。使我实尽此力，实力有十分而功名至七八，则受之不为过，享之不为侈，天地鬼神亦安然付我矣；若只管多方做虚套，求益功名，专事粉饰而实事不继实苦不受，最难瞒是久远，一旦败露，天怨人恶，鬼神阴为褫夺，甚至寿命且不永。吾人只当尽力以报朝廷，功名之事安命以俟其自至。即有功而不见禄则当曰：“吾命仅止此耳。”有功而禄之过，便当兢兢业业，多加勤苦以副之，免为造物所忌，谚云：“常调官好做，家常饭好吃。”②

吾人常当使劳苦功业迈于身上之功名，宁发达迟挫抑多，即不受用于身，亦必受用于子孙。他人有功，扬之；他人欲取吾之功，让之。积累既深，屈困既久，自然真迹发见，公论有归。是又在于的知暂饰之非多取之害，然后能不攘功而功属于我，不求人知而无不知矣。

【译文】

太上老祖立德，其次立功，再次立言。功名是太上老祖所赐，怎么就成了祸害？原来，功名是有定数的，在天地之间最忌多取。我尽了十分力量，而取七八功名，那么受之就不为过，享受也不算侈，天地鬼神也会安然对我。如果只是千方百计弄虚作假，求取功名利禄，一心粉饰事实，不付实苦，是难以长久隐瞒的。一旦败露，天怨人怒，鬼神也会私下剥夺，甚至寿命也会不保。我们只应尽力报效朝廷，功名利禄的事情就安心以待，等它自来为好。即使有功劳而不见利禄，可这样想：“我的命运就是这样的吧！”有功劳但是利禄过分了，那就更加兢兢业业，更加勤劳付出以对得起它，以免造物主忌讳。谚语说：“按部就班升迁的官好做，家常便饭吃起来舒服。”应该明白，即使劳苦功高，远超已得到的功名利禄，宁可发达来得迟一些，挫折来得多一些，即使自己不能享受，也会由子孙享受的。别人有功劳，褒扬他；别人想要我的功劳，让给他。日积月累，时间长了，真相自然会显露出来，自有公论。不要在意暂时的矫饰掩盖，多取无益有害。能做到不争功而功属于我，不求人知而无人不知，那才是最佳的。

【注释】

①太上立德，其次立功，其次立言：立指竖立，德指道德，功指功劳，言指语言。该语出自《左传》：“太上有立德，其次有立功，其次有立言，虽久不废，此之谓不朽。”

②常调官好做，家常饭好吃：出自宋罗大经的《鹤林玉露》，意指照本宣科，按部就班升迁的官好做，家常便饭吃起来舒服。

【评述】

功大压身，利过害名，千古至理。

第十五，尚谦德

【原文】

谦者，美德也，不独士君子当力行之，为将者处功伐之间，当危疑之任，非虚不能受益，非谦不能永保终誉全身完名，此为上计。今将之通弊，宁以萎靡为美德而视谦虚为萎靡，谦虚、萎靡大有不同；夫卑以自牧，有功能忘，有劳不伐谓之谦；取人为善，收服人心谓之虚。凡人有德，我必慕之效之，一言一行之长，我必求之纳之。凡遇上司，僚属必尽礼尽职立功建业，视为职分所该，辛勤劳苦，须知臣子当然，上则爱之，下则戴之，所谓赞念福生，吉人天相。言无怨尤，行无悔吝，即万一疆场之累，人将怜之身死而名存。《大易》①惟谦卦无凶辞，古之大将惟谦善终，此之谓也。

【译文】

谦虚，是一种美德。不但贤人君子应该全力施行，做将领的在征伐建功之时，临危解难之际，也是非谦虚不能受益，非谦虚不能永保全身而退。可当今的通病，宁以萎靡不振为美德，以视谦虚谨慎为萎靡不振。比较谦虚和萎靡，是大有不同的。摆正自己的位置，有功劳能放下，有功劳而不争叫谦；与人为善，收服人心叫虚。对于别人的道德，我仰慕效法，一言一行的长处，我一定求之采纳；对上级和同僚、下属建功立业，一定视为责任所该，尽礼尽职，辛勤服务。做臣子的能这样做，上级会喜爱，下级会爱戴。所谓赞扬生福，吉人天相。言无怨恨，行无悔吝，即使万一疆场有事，别人也会加以怜惜，身死而名存。《大易》谦虚占卦无凶词，古时候的大将只有谦虚之人才能善终，就是这个意思。

【注释】

①《大易》：即《周易》。

【评述】

古时候，只有张良、赵云等少数谦虚之人能够善始善终。戚继光应该还有一层意思不便说出：“伴君如伴虎也”，必须“诚惶诚恐、如履薄冰”。

第十六，惜官箴[1]

【原文】

箴者，规戒也。明其守官之道而时时有所规戒耳。何世之武弁者，自襁褓时父母溺爱之则曰："纵不读书有官做。"父母之过已不胜叹。及长有知觉亦自曰："我有俸禄，可无忧贫矣；我有世官，可无忧位矣。"遂至无所顾惜，不惟不能荣耀门闾，且并其故物而失之。夫朝廷一命之寄，思所以号令乎？一命之上亦必有体，况为将者，三军司命，表率数千万人而欲使之尽力于我，我得假此以报国，期使杀之而不怨，利之而不庸，我不自己爱惜官箴，恪守正道立身行己。凡百点检务可以率下事上，以身为众人之法程，以官为众人之视效，否则人心解体。万法丛脞不知三罚覆之诛，斧钺在前矣[2]，岂止曰不能保此职而已。吾人但居一职，毋问崇卑，务要使此官门面相趁，独处则无愧于神明，自思则无愧于此心，上无愧于上司，中无愧于僚友，升堂无愧于公座，庶几乎？

【译文】

箴，就是规矩。要明白，即使是为官之道，也要时时刻刻守规矩，何况我们这些当兵的武夫呢！还在襁褓的时候，父母溺爱时就说："就是不读书也有官做。"父母这样的过错已经让人不胜叹惜！等到长大后有思想了，自己又说："我有俸禄可保，不忧贫穷了；我有终身官爵，可以不忧官位了。"这样，他就无所顾忌，不仅不能荣耀门庭，而且连祖传的旧物也损失了。对朝廷的一纸命令，你以为可以用于万能吗？命令必有范围。做将领的，司三军之命，率领数千数万人，要使他们为我尽力，我要凭此报国，让他们杀身而不怨，让他们获利而不慵懒。如果不爱惜为官的规矩，恪守正道，立身行正怎么行呢？凡一切事务均应检点，以身作则当大家的榜样，以官为范让大家看得见，否则，人心便会涣散。法律博大精深，斧钺在前，刑罚再三之下，哪有万全之理？岂止是不能保官保职而已！我们一旦身居一职，不管高低，务必要和头脸相配，独处则无愧于神明，自思则无愧于我心；上无愧于上级，中无愧于同僚友人，升堂无愧于官椅，岂能有其他？

【注释】

①箴（zhēn）：劝告、劝诫。

②万法丛脞不知三罚覆之诛，斧钺在前矣：丛脞（cóng cuǒ），细碎，杂乱之意，此处引申为博大、渊博。斧钺，锋利的武器。整句话的意思是：法律博大，斧钺在前，法既三刑，岂能保全？

【评述】

明代官场和战场也都有相应的规矩。

第十七，勤职业

【原文】

语云："惟勤有功。"①毋论职之崇卑，艺之大小，商贾勤则致富，农夫勤则收获丰，工勤则器精家给，士勤则德进业修，一命之士勤于职则职修名显。况夫为将之道，疆埸之安危、三军之死生系焉。譬如农夫种田，春则勤耕，下种以时，粪多力勤，夏耘不失，秋乃有获。尚有天时、虫灾、水旱未卜。若有美田，春仅下种，不耕不耘，不粪不力，到秋来也要与他农同获粮粟，有此理否？兵中事件一一预先勤苦教练，见见成成只是等候待用，还恐备久则损，气久则暮，否则求守固战胜，即与不耕不耘望地内收粮粟之徒何异？为将者，须将所守疆域时时放在心上。军士有病患难、颠连无靠之事，时时访询，随有所闻，即时处之；军器时时辨验，一有不堪，即便修之；行伍时时点检，一有紊乱，即清编之；烽火、哨报、城池、墙垣，稍暇即一巡行，随目所见，即为修缮；文移案牍时时检行，如一事未完，即忘其饥劳，务必终之，不拘夜半久劳之后，必不使军机文案姑待来时。如此行之既熟，自然忘劳；精粗巨细，无不毕举，自然有备无患，若夫百务废弛，且顾眼前妻孥之乐，宴饮之欢，致将事务耽搁，行伍废败，卒然遇变，束手受死而为市曹之鬼，是自取之也。

【译文】

人常说："唯有勤劳有好处。"无论职位高低，技艺大小，做商贾的，勤劳就能致富；做农夫的，勤劳就有收获；做工匠的，勤劳就能以器养家；做士子的，勤劳就能增长学业；一条命的兵士，勤劳就能职显名修。我们做将领的，战场的安危，三军将士的死生，维系一身。农夫种田，春天勤耕，下种按时，多施肥多出力；夏天耘田不失时机，秋天才有收获。还要考虑气候、虫灾、水旱等不定因素。即使有良田，春天仅仅下种，不耕不耘，不施肥不出力，到秋天时也想与其他农民一样收获粮食？世上有这个道理吗？军队的事情，只有一一预先勤学苦练，件件练得精熟只等使用，尚且还害怕久备有损，久气有衰，到时不能达到守则固战则胜。这和不耕不耘指望多收粮食的人有什么不一样？做将领的，必须将自己所保卫的疆土时时刻刻放在心上。官士有病有难、疾苦无靠等事情经常询访，一有情况，即时处理；兵器装具时时检验，一有问题，即时修理；队伍也要时时检点，一有紊乱，即时清理；烽火、哨报、城池、城墙，一有问题立即巡查，一经所见，立即修缮；文案条牍，时时检查，如有事未完，即使饥劳了，也务必做好。不管是夜半还是长时间劳顿以后，一定不能有机要文书等待处理。如此这样养成了习惯，自然忘记疲劳；无论大事小事，都要及时办理完毕。军队应该有备无患，如果百事松弛，只顾眼前妻女之乐、饮宴之欢，以致把任务要事耽搁了，队伍涣散，遇有突发情况，束手无策，便是死而为鬼，也是自取其辱。

【注释】

①语云："惟勤有功"：出自《三字经》，原文为："人遗子，金满籝。我教子，惟一经。勤有功，戏无益。戒之哉，宜勉力。"意为：别人都给子孙后代留下钱，我留下的只是教育后代的经书；勤劳有好处，懒惰没有好处。

【评述】

勤是世界观，勤是通向成功的桥梁。

第十八，辨效法①

【原文】

语云："取法乎上，仅得其中；取法乎中，则无足术，斯下矣。"况兵事须求于实际之间，而可无效法之辨乎？为将者何所取材？必于经典中求之。前言往行而史册浩瀚，岂武弁所能检习？幸而有《百将传》②焉。人品心术事业俱已概见，吾人当熟玩而习之。每一将传中不独习其用兵之事，凡为人存心立行一一细玩，有不二之心、纯忠之行者，我则师其德；长于兵机而短于德行者，我则师其术；某将竟至败坏，属之自取，我则鉴之戒之；某将忠廉智勇无愧于己而无妄得祸，我师其行，苟无彼之祸，是我所遭之时幸也，即有不虞之变，古人已然，我何避何嫌？如此辨法，真心师向，自然完名全节，成古人之事业，有古人之荣遇，而无古人之祸难矣。此可以券取影随，非浪说也。

【译文】

人常说："取其上法，仅能收获中等效益；取其中法，就只能收获下等的效益。"用兵的学问是必须在实践中学习的，但仍然有个识别辨别的问题。做将领的学习，取什么才，怎么运用？必须在历代经典中学习。越往前看史册越浩瀚，哪里是一个武人所能学习完的？幸而有《百将传》可以供我们阅读。《百将传》中，人品、心术、事迹都有概略介绍，我们可以当作熟悉的门道而学习。每一个将领传中，不但要学习用兵的方法，还要对为人、修性、立行等一一仔细琢磨。那里有不怀二心、忠诚淳厚的，就可以学习他们的道德品质；长于用兵而若于德行的，就可以学习他们的战术技术；有些将领品德或绩业败坏，属于自取灭亡，我们就借鉴警戒有些将领忠勇廉洁智慧，但遇无妄之灾，我们就学习他的行为，不要学习其他的。我们现在所遇是幸运的，即使有不虑之事，古人已经经历了，我们何必忌讳避嫌？如此分别学习效仿，真心向师，自然会保全名节，成就古人之事业，有古人之光荣，而无古人的祸殃。这是可以有把握立行立影的事，绝不是我随便瞎说的。

【注释】

①辨效法：效法，仿照别人的做法去做，学习别人的长处。辨效法，就是要辨别、区别学习的不同对象和不同内容。

②《百将传》：又称《正百将传》《十七史百将传》，一部中国古代百名将领的传记，北宋东光（今属河北）人张预（字公立）编。他从十七史中选出一百位名将，按照《孙子兵法》的思想，编写出他们的传记。后世许多名将的传记都受到了该书的影响。

【评述】

学习既要博学广取，也要取其精华，去其糟粕。

第十九，习兵法

【原文】

兵之有法，如医之有方，必须读习而后得，但敏智之人自然因而推之，师其意，不泥其迹，乃能百战百胜。率为名将，盖未有不习一法、不识一字、不经一事而辄能开阖变化运用无穷者，即有之亦于实阵上经历闻见，日久乃能，否则吾知其断不能也。但古人兵法，如《七书》[①]之类，就同药肆，五金八石，草木鳞虫，无所不备，盖不知患者症，所宜何药耳，必须医诊认病势，真正宜用某药，即取储肆中药，无不效。倘误诊病患，取药肆中，服之不瘳[②]，将归罪曰："药之不灵。"呜呼，灵也！《七书》内百法俱备，即药肆也，为将者要先知士伍之情，山川之形，认察敌人动静，即问病诊脉之医也，稍差误，用法不效也。吾人童儿习之，幼儿学之，又须长壮之日履名将之门，处实境之间，方知兵法为有用，方能变化兵法，以施之行事之际，至于见任将领，付以边场之寄，岁有桴鼓[③]之举，可谓学法于实境之间矣。却恃其骁勇，或因幼年失学，不解文字，或不知兵法之有助于实用，遂又弃之而不讲。夫有资可习者，无实履之地；有实属之地者，无可学之资，如何而得全材为干城之器乎？以后将士识字者，于冬日夜长之时，宜将兵法、将传每夜饭后限看数页，然后或有室家之扰，或庭阶散步以舒其怀，睡则枕上，且细细玩味，内有不省义意者，次日仍复质问于先知之人，自然有得。不识字者，端坐澄心，令书手识字之类，或通文武生、秀才为之高声朗读数页，省其大概，复令讲说数遍，归枕之际，亦如前玩味，自然有得，久则开口议论，谁谓此人不学耶？古人谓"开卷有益"[④]"学不误人"，况我国家疆场之计，而可以懵然一白丁克济乎？当是任者思之。

【译文】

用兵有方法，就像医生有方子一样，必须学习以后才能获得。机敏的人，自然会从此及彼，推而广之，学习其精神，不拘泥于其形迹，这样才能百战百胜。所有名将，没有不学习一些兵法，不认识一个字，不经历一次战事就能开阖变化，运用精妙的。即使有，也是在实践中经历和听闻过，时间久了就慢慢掌握了，否则我觉得是断然不可能的。古人的兵法，如《七书》之类，就如同药房，五金八石，草木鳞虫，无所不包。因为你不知道患者的症状，怎么知道该用什么药呢？必须经过医生的诊断，认清病情，判断该用什么药，才到药房取药，这样就没有收不到效果的。如果误诊了病情，到药房取药，服了以后不能痊愈，肯定归罪说“这药不灵啊”。呜呼，灵啊！《七书》内各种方法都有，就是药房。做将领的要先知道队伍情况，山川地理的形态，了解侦察敌人的动向，也就是问询病人诊状把脉之医生的工作，稍有误差，就没有效果。我们必须从儿童开始学习，幼儿开始学习，长大以后再经过名将的教导，到实战中锻炼一番，才能知道兵法的利用，方能知道兵法变化的意义，将其应用到实践之中。至于担任将领，挑起边防战场的厚望，则更需要时月，才能相互配合紧密。这就是兵法必须在实践中学习的道理。如果只恃其勇敢；或者幼年失学不识文认字；或者不懂得兵法对实践的帮助作用，弃之不学；或者有资质可以学习，但是没有实践的地方；或者虽有实践的地方，但无学习的资质，怎么能成为全才式的宝器呢？以后规定，凡是认识字的将领，在冬季晚上，要将《兵法》《百将传》等书每天看几页，对有家室的，或在庭院散步以舒其怀时，或在枕席之上，也应认真思索书内的不解之处，次日再询问已经懂得的人，这样自然会有所收获。至于不识字的，则应在端坐静心时，让识字的文书或通晓文字的武生、秀才等为他之大声朗读，作大概的讲解，再让他复述几遍，睡觉的时候，也要和前述之人一样细细琢磨，自然也会有所收获。时间久了，就能开口议论，别人会说，谁说这人不能学习？古人尚且说“开卷有益”“学不误人”，何况我们为了国家疆场的大计，能做一个什么都不懂的白丁吗？这是担当重任的人应当思索的。

【注释】

①《七书》：即《武经七书》，是由北宋朝廷作为官书颁行的兵法丛书，是中国古代第一部军事教科书。《武经七书》由《孙子兵法》（含曹操孙子注）《吴子兵法》《六韬》《司马法》《三略》《尉缭子》《唐太宗李卫公问对》七部著名兵书汇编而成。自宋朝以来一直作为武学必读的课本，集中了中国古代汉族军事著作的精华。

②瘳（chōu）：病愈、损害、减损之意。

③桴鼓：桴（fú），通“枹”，鼓槌。用鼓槌打鼓，鼓就能响起来，比喻相互应和，配

合紧密。

④开卷有益：开卷即打开书本，指读书；益，好处，读书总有好处。语出宋朝王辟之《渑水燕谈录》："太宗日阅《太平御览》第三卷，因事有阙（缺），暇日追补之，尝曰：'开卷有益，朕不以为劳也。'"

【评述】

开卷有益，学不误人！

第二十，习武艺

【原文】

一物一事，有象有则①，况乎五兵制器②尚象，自有用使之法。法即彀③也，在艺中得法者，谓之入彀。为将者身司统率，似不必以技艺为高，但士卒全以器械为爪牙，古人有言："器械不利，以卒予敌。"利之一字不专为锋利用之，便利亦此利也。欲用之利，必习之精。习矣，而不得正彀大阵之中，稍有失误，或进退转跳间，前行未动，后行先误。若夫以少击众人疏分击，尤贵于艺精。为将者，己不先学，何以倡人？己不知花法、实法之辨，何以辨别士卒所习之高下？如凭教师而高下之人不服矣。谚云："艺高人胆大。"将军者，将军于前，使无技艺在身，安得当前不惧？且身当前行，恃我之技，可当二三人，左右勇健，密密相随，人人胆壮，惟看将军气色。气色系于胆；胆系于我艺，是所关非小小也。欲为全才之将。凡种种武艺，皆精习之，在俱知而不必俱精。再须专习一二种，务使精绝，庶有实用，庶可练兵，肯专心致志，不过一月可熟一种。各种教师置于左右，每日饮食之余，无所消遣，则用一教师习之，以为消遣之地，他功不妨，而武艺自精。

【译文】

每一种物品都有外形尺寸和使用规则，何况武器装具呢！一切兵器自然有使用的方法。方法就是范围，掌握了方法，叫作入围。做将领的，职责是率领部队，好像不需要很高超的技艺，但是士兵们完全拿兵器当爪牙。古人说："兵器不锋利，就是把兵士送给敌人。”兵器使用不专，锋利发挥不了。要想锋利地使用，必须练习精熟。虽然练习过，但进入庞大战场之中，或进退转换之间，前行未动，后行先误，稍有失误，即损失巨大。如果是以少击众，或疏散分进，武器的精良使用就更显必要了。做将领的，自己如不先习学，用什么教育别人？自己不懂得什么是花架子，什么是实战管用之法，怎么能判断士兵练习的水平高下？如只凭教师之言分高下，别人心里可能不服啊。俗话说：“艺高人胆大。”将军是带兵之人，如果没有一些技艺在身，大敌当前时，怎能做到无所畏惧？能不能做到身体力行，依靠我之技艺，一人可当二三人，左勇右健，紧密跟随，人人胆壮，这就要看将领的胆色。色系于胆，胆系于艺，所以技艺也不是小事。想做个全才的将领，对这种种武艺，就都要加以练习。重点在于懂得，不必都很专深，只需要将一两种练得专深便可，这样，既可实用，又可练兵。如果专心致志，不过一月即可熟悉一种。各位教师每天都在左右，茶余饭后，如果没什么消遣的，就可以让教师练习，作为消遣。既不妨碍其他工作，而且武艺也日自精进了。

【注释】

①有象有则：象，外观、样子、形状；则，规矩、规程、制度。有象有则，即有形状、尺寸和使用规则。

②五兵制器：“五兵”是古代武器的通称，传说因蚩尤首先发明了五种兵器，故称“五兵”。“五兵制器”的具体所指，历史上不完全一致。《太平御览》引《周礼》说：“五兵者，戈、殳、戟、矛、牟夷。”《北堂书钞》引《汉旧仪》说：“五兵，言弩、戟、刀、剑、铠也。”

③彀（gòu）：意为弓弩射程所及的范围。

【评述】

组织指挥部队训练作战，不必行行精通，但必须行行懂得；否则，就是瞎指挥。

第二十一，正名分

【原文】

天尊地卑，乾坤定矣；卑高以陈，贵贱位矣。惟皇建极①以率诸侯，诸侯以率大夫，大夫率四民，秩然莫可紊也。即如织绵者，千丝万缕，为经为纬，一丝乱不得。况将领统驭千军万马，纵横进退，使非名分平日素定，谁肯甘当诛戮，莫敢仰视乎？孔子论治亦只曰“正名”，名正分定则上下相安，臂指相使，莫敢有违。军中名分须以军礼为始，但军中之政以联情义为首务，恪执名分，情义颇隔，须于名分之间寓以联属之道，尊严之地通以共难之情，如此在下事上则尊而亲之，在上使下则顺而悦之，三军之众，可使赴汤蹈火矣。

【译文】

天尊地卑，乾坤就安定了；地位按照顺序排列，贵贱的位置就明确了。只有皇帝才能统帅诸侯，诸侯率领大夫，大夫率领四乡之民，秩序井然不能紊乱。就像织绵，千丝万缕，经是经，纬是纬，一丝一线错乱不得。何况将领驾驭千军万马，进退纵横，如果不是平时就定位好名分，谁肯甘愿被杀头惩处，都不敢抬头仰视？孔子讲治理业只是说要“正名”。名分摆正了，上下才会相安无事，指挥命令，不敢违抗。军队中的名分必须从军礼开始，军中的政事则以联络和感情为首要。严格恪守名分，情义就会远隔。需要在名分和感情之间适当保持一种平衡；讲尊严的地方也要讲患难与共的感情。这样，下级在尊敬上级的同时也会对上级感到亲近；上级指挥下级的同时对下级也会感到热心。这样，三军之众便能赴汤蹈火。

【注释】

①皇建极：极指中道、法则，意思是只有天子才能制定天下最高准则，此处强调皇权，皇帝才能统帅一切。

【评述】

军队必须各安其位、各司其职，才能全局一盘棋打胜仗。在这个意义上说，尊卑有序在部队是必要的。

第二十二，爱士卒

【原文】

将者，腹心也；士卒者，手足也。将诚勇，以力相敌不过数人极矣。数十万之众，非一人可当，必赖士卒，誓同生死，奋勇当锋。兵法爱士如婴儿，故可以之赴深溪[①]。古人吮士之疽[②]，杀爱妾以飨士[③]，投醪于河以共滋味[④]，此何等作为！如今将领不惟不如此推思，且使之肩舆，使之供爨[⑤]，使之厮役，死亡不恤，冻馁不问，甚至科敛财物，克减月粮，到处先择好歇处安眠，将领已熟睡而士卒尚有啼饥号寒于通衢者，将士夜卧美榻，甚乃伴以使女，而士卒终夜眠人檐下枵腹[⑥]而宿者，种种不可枚举，如此而欲人共性命，人谁肯哉？夫士卒虽愚，最易感动，死生虽大，有因一言一缕之恩而甘死不辞者，却是将领头目千思百虑负义忘恩，何也？愚卒心歧尚少，又有军法驱之，易就善路故也。第士卒之众，吾岂能人人而惠之？惟我真有是心，自然人相观感，固不必其人人及之，人人受千金之惠、再生之德，而后谓之爱，而后得其感耳。爱行恩结，力行气奋，万人一心，何敌不克？功成名立，捷如影响。

【译文】

将领是人的心脏，士兵是人的手足。将领忠诚勇敢，且用最大力气相搏斗，最多也不过能敌几个人罢了。而几十万的敌兵，不是一个人可以挡得住的，必须依赖众多士兵，誓同生死，奋勇争先。兵法说爱士兵要像爱自己的婴儿一样，那就可以共赴深渊。古人吸吮士兵的痈疽，杀自己的爱妾以飨士兵，把赏赐的醪酒倾倒于河水以共滋味，这是何等的做派？现在，有的将领不但不这样想这样做，而且驱使士兵们肩扛担舆，以供自己饭食；用起士兵来，像使唤家里的小厮奴隶一样；对死亡的士兵也不抚恤；挨冻受饿的也不闻不问；有的甚至私敛其财物，克扣其月粮；安营扎寨时先挑好的地方睡觉；将领熟睡了，士兵们还在大路上啼苦哀号；将领夜卧美榻，甚至有使女陪伴；士兵还饿着肚子整夜在人屋檐下睡眠！种种恶行，不胜枚举。这样的将领想别人和他共生死，谁人肯干？士兵比较忠厚，最容易被感动，生死虽然是大事，也有因一句话一缕恩而甘愿赴死而不辞的。可他们的将领和头目却千方百计地忘恩负义，为什么？忠厚的士兵歪心眼少，又有军法督促他们，很容易就能走上从善之路。士兵家庭众多，我们也不可能个个都照顾到，但只要我们是真心，自然别人会相互感动。所以也不必把每个人都照顾到。这样，人人能受千金的恩惠，具有再生之德，然后传播爱，后来之人看到他们的言行而受其感染。有爱的行动就有恩惠的果实，有奋不顾身的努力就有向上的气势，万众一心，什么样的敌人不能战胜？功成名就，会快如声影一样到来。

【注释】

①爱士如婴儿，故可以之赴深溪：语出《孙子兵法》之《地形篇》，意为爱惜士兵像爱惜自己的婴儿一样，士兵就会和你一起共赴深渊。

②吮士之疽：《史记·孙子吴起列传》："（吴）起之为将，与士卒最下者同衣食。疽者，起为吮之。卒母闻而哭之。人曰：子卒也，而将军自吮其疽何哭为？母曰：非然也。往年吴公吮其父，其父战不旋踵，遂死于敌。吴公今又吮其子，妾不知其死所矣，是以哭之。"

③杀爱妾以飨士：公元757年7月，安禄山子安庆绪部将尹子琦和杨朝宗率同罗、突厥、奚等部族精锐十几万人再次进攻睢阳。这时城内守军只剩千余人，士兵每日只能分到一勺米，饿了只好吃树皮和纸，瘦弱得拉不开弓，很多士兵因饥饿死去，留存的又大多伤残疲惫不堪。守将张巡杀其爱妾，煮熟犒赏将士。副将许远也将其奴僮勒死给士兵吃。最后，在张巡的规劝下，许多叛军将领投诚，反过来帮助张巡守城。

④投醪于河以共滋味：醪（láo），《吕氏春秋·顺民》载："越王下养百姓以来其心，有甘脆，不足分，弗敢食，有酒，流之江，与民同之。"后来，投醪便成为同甘共苦的代名词。

⑤爨（cuàn）：烧火做饭。

⑥枵（xiāo）腹：空腹、饥饿的人。

【评述】

平时有恩，战时方有报恩；将领爱兵如子，方能万众一心共赴疆场。

第二十三，教士卒

【原文】

士卒爱矣，与我同死生而不辞矣，苟不加教习之，亦是以卒予敌耳。语云："爱而不教，禽犊之爱[①]也。"故凡礼义名分、行伍进退、营阵武艺，不教不能知。徒有亲上死长之心，而无亲上死长之具，所谓乳犬犯虎，伏鸡搏狸，虽有斗心，随之死矣。是徒鱼肉我众。必悬为赏格，辅以刑杖，先正名分，习威仪，上下秩然，然后授以号令，操之于场，练以武艺，教之于夙[②]，俾人人有勇智，方人自为战，蔑有不胜敌者。

【译文】

施爱与士兵，使之能与我同死共生而不推辞，但如果不加以教育学习，也等于是把他们送给敌人罢了。俗话说："爱他们但不教他们，那是一种动物式的慈爱。"所有的礼义、名分、行伍、进退、营阵、武艺，不教育实不可能懂得的。就是有敬上级而效死长官的心，但没有敬上级效死长官的本领也是不行的。就像小狗斗虎，趴着的鸡和狐狸搏斗，虽有战斗之心，但很快会死去的，这是徒然让我做鱼肉而已。一定要高悬赏罚条例，辅以刑杖，先正名分，常习威仪，使上下秩序井然，然后传达号令，操练之教场，练习武艺，教育日常知识，使人人勇敢智慧，人人可以单独作战，这样，少有敌人是不能被战胜的。

【注释】

①爱而不教，禽犊之爱：禽，鸟类；犊，小牛。意思是，对下属和子女的爱要体现在严格的要求和教育上，否则就是一种动物式的爱。

②夙（sù）：夜，素有的，旧有的。

【评述】

教育，教育，只有教才能育。

第二十四，明恩威

【原文】

乌合之众，上下不亲，非有赏罚，孙吴不能以为将，夫赏不专在金帛之惠，罚不专在斧钺之威。有赏千金而不劝者，有不费数金而感深挟纩[①]者，有赏一人而万人喜者，有斩首于前而不畏于后者，有言语之威而畏如刀锯，罚止数人而万人知惧者，此盖有机。机何物也，情也。理兴于心，情通于理，赏之以众情所喜，罚之以众情所恶。或申明晓谕，耳提面命[②]，务俾人人知其所以赏与罚之故。感心发则玩心消，畏心生则怨心止。微乎，微乎！用之正则圣人所谓王道仁者之事也，用不正则圣人所谓五霸智者之事[③]也。

【译文】

乌合之众，上级和下级不亲密。如果没有赏罚，就是孙武、吴起也不能做将领。奖赏不一定非金银锦缎不可，惩罚也不一定非斧钺不行。有奖赏千金而没有劝勉效果的，也有只费少量金钱而被深深感动的；有奖赏一人而万人高兴的，有斩首于前而后来者却不畏惧的；有的只有语言之威胁而畏惧得像刀斧一样，也有只处罚了几个人而万人畏惧的，此中都有机巧啊！机巧是什么呢？是情啊！道理在心中，感情能使道理通达。奖赏大家所喜欢的，惩罚大家所厌恶的。或者再三申明，以使家喻户晓，耳提面命，务必让人人都知道这样奖赏或惩罚的原因。感动于心而在心里仔细琢磨，畏惧在心里生长而怨恨停止于心间。细微又细微啊！用得正确就是圣人说的王道和仁者所为，用得不正确就是圣人所说的五霸智者所为。

【注释】

①挟纩（jiā kuàng）：出自晋杜预注《春秋左传·宣公十二年》："纩，绵也，言说以忘寒。"意思是披着绵衣，转移为受人抚慰而感到温暖。

②耳提面命：出自《诗经·大雅》，意为：不仅是当面告诉，而且是提着耳朵向他讲，形容长辈教导热心恳切。

③五霸智者之事：出自《反经·管子》："智者善谋，不如当时。""五霸不同法"。后人也用来形容太过聪明的智者，脑子太灵活居心叵测的意思。

第二十五，严节制

【原文】

兵有二。用数十百人随意野战，风雨之势，非罚所加，非法所管，可以一语传呼而止，无节制可也，虽然，此即节制也；若用数万之众堂堂原野之间，法明令审，动止有则，使强者不得独进，弱者不得独退，峙如山岳，不可撼摇，流如江河，不可阻遏，虽乱犹整，百战不殆，握定胜算，以全制敌，舍节制必不能军。节制者何？譬如竹之有节，节而制之，故竹虽虚，抽数丈之笋而直立不屈。故军士虽众，统百万之夫如一人。夫节制工夫始于什伍，以至队哨，队哨而至部曲，部曲而至营阵，营阵而至大将。一节相制一节，节节分明，毫不可干。金鼓各有所用，音不相杂；旗麾各有所用，色不相杂。人人明习，人人恪守。宁使此身可弃，此令不敢不守；此命可弃，此节不敢不重。视死为易，视令为尊。如此必收万人一心之效，必为堂堂无敌之师，百战百胜。用之塞上则外摧强敌，用之域中则内清叛乱，万里无危，万战无失。岂直曰："百里趋利"①已哉，将见天下莫当此兵矣。

【译文】

用兵有两种情况：一种是用百十人随意布于野外，就像刮风下雨一样，没有刑罚，没有法令，而不用指挥，只用一个口令传呼（当然，口令也是一种指挥）。另一种是把几万人堂堂正正排列在野外，法明令审，动静有规则，强的也不能单独前进，弱的也不能单独后退，威峙像山一样不可撼动，流动像江河一样不可遏阻，虽然表面好像很乱，其实是组合的整体，百战也没有危险，握定胜算。综合制敌，没有节制必然不能成军。节制是什么？就像竹子的节，有节才能成为竹子。所以竹内虽然是空的，但生长数丈的竹笋直立而不弯曲。军队士兵虽多，但统领百万就像领导一人一样。节制的对象从队伍的兵士开始，兵士到伍长，伍长到分队，部分队到营阵，营阵到主将。一节指挥一节，节节分明，丝毫不能扰乱。锣鼓各有各的功能，声音不能互相干扰；旗麾各有各的用途，颜色不能混杂。人人懂得做法，人人都能恪守规则。宁可舍弃身体，也不能不听命令；宁可牺牲生命，也不能不重视指挥。牺牲容易，命令为大。这样万人一心，就是堂堂的无敌之师，可以百战百胜。用于塞上，就可以对外摧毁强大的敌人，用于境内就可以对内肃清叛乱，使江山万里无危，疆场万战无失。哪里真会"百里趋利"？可以想见：天下也不能抵挡这种军队！

【注释】

①百里趋利：出自《史记·孙子吴起列传第五》，原文为："百里趋利者，蹶上将；五十里趋利者，军半至。"意思是：急行军百里与敌人争利的有可能损失上将军，急行军五十里与敌人争利的只有一半士兵能赶到（孙膑利用百里趋利的战法不断减灶迷惑庞涓，使庞涓丧失警惕，一举将其彻底歼灭）。

【评述】

节制之师，天下无敌。

第二十六，明保障

【原文】

天地之道，惟阴与阳；治世之具，惟文与武。文武者，阴阳之义也。故治乱相寻，本阴阳叠运，必文武并用，乃相济有成。粤稽三代[①]而上，井田聿兴[②]，兵农合一,五等封爵[③]，文武不分。故出则为将率，入则为师保，声气既同，绩用有底。迨至春秋战国，民无宁宇，卒有常征，井田寝废，兵农攸分。顾孙、吴者出，立为一家之言，特设军务，不由民社，以是文武异途，门户渐立。秦开郡县，汉封同姓，唐设藩镇，历代沿革，虽各鉴一时之弊而曲为更张，戍边御侮，官制固有不同。然且文武职衔，互相加授，名义相关，判途未甚，核军实者，犹诘责于事定之后，以故议论事权势常相埒[④]，所以蔡功[⑤]惟断乃成。迨至宋室立国本弱，儒术歧多，故分者决不可合，而合者亦分。讫于我朝以武功驱除僭乱，恢拓区宇，一时握戎者辄以汗马自骄，纷然多事，以故防微虑重，军政肘掣。承平二百年来，文法日密，不惟分党而治，抑且恶兴而攻，惟驭众临垒为将士之责，而粮饷赏罚操纵予夺，纤细之事，悉在有司，即器具行伍教授法令，亦缙绅预其章程，复不关于利害，故文武势分，情格阴阳之义，判而相成之实堕矣。盖当思之朝廷设官分职，外而百里之令、五百里之守，上而旬宣之司，激扬之位，皆所以保民也。凡我将士跃马食肉，握符当关，其所统军卒，不耕而食，不织而衣，民商税课为之供养，毋问风雨，宴安坐糜廪饩[⑥]，无非用其力于一朝除乱定暴则民生遂，民生遂则国本安。故文武之职不同，所司之政虽异，而其所以保民一也。

顾今反其道者，止知军士是我统驭，其于保民之意漠然不省，率徇情而偏爱之，每到地方，纵容骚扰百姓，不肯克己，当见东南受兵之处，有谣语云："贼是木梳，兵是竹篦。"盖言梳还有遗，篦则无遗矣。及有军卒生事相讦到官，又辄右兵而左民，以致军士纵恣，纪律不整，百姓失望，比临阵时，不惟无以戡定患乱，且杀平民以报馘，劫避寇之家以充食，奸淫被难女妇，矫诬掩败，设诈冒功，此辈不遭人祸，必受天刑。于是文吏耻武夫之无术，视军士如仇雠，凡军民相干之事，一切肆其克毒，务要军将受亏，曲护小民以为仁爱，而小民亦只顾目前便宜，那管隐祸在后。等而在上，惟以刻抑将士，为得体，为有风力，互相仿效，稍有通念者，众共笑而排之，以为同流合污。遇有警时，即钱粮军器馈饷应付，率不究心，一意只要军士杀贼，要将驱不饲之马、不哺之军，不着人家居宿，无视贼势众寡，机宜何如，一到便杀了贼来，庶才将就，何其不通之甚也！夫平日于凡军伍气势被其摧抑已尽，将官事权被其掣肘莫展，临时又不相济，复加以未谙兵机之人硬强调度，岂能杀贼？是以贼得猖獗，蹂践边关，虔刘子女，损伤国体，不知几何，与平日偏爱私恩，孰为得失？即将士粉身碎骨，何补于民社也哉？

今后为吾将者，须是看定兵马，真为安国保民之物，事事报恩之本，无问文武，分涂展布[7]，难易一心，从保安民社上起念推此而驯之，必以严节制为务，欲严节制必先明恩威，恩威明而教不行，士何由措？故先教士卒。教士之急莫如正名分，必自身率。始而习武艺，知兵法。身率之艺也，非本也。本不端则万目丛脞[8]矣，必先辨古人而效法之，先勤职业则效法有日进之益，先知谦德之利，则我为官箴惜而人亦为我惜之。但俗知义之所趋者，必先知害之所伏，是而审功名之害。功名之害小，萎靡之害大，故先审萎靡之害。萎靡自逢迎生，故先审逢迎之害。逢迎之害未若胜人为害足以取祸也。故先审胜人之害。胜人之害生于刚愎，故先审刚愎之害。大都诸偏之为害，未有甚于欲之为害也，而货利声色尤害之大者。货利犹可勉强，无如声色易在惑人，故声色先于货利。能审害之所伏而不为，须知大本大端之所先而定其趋，宽度量焉，德之次也，故先之以坚操守。操手勉乎外，无若先做好人以立其基。做好人而惕于忧，祸趋难定也。故先辨利害。利害莫大于死生，明死生，利害自辨。死生利害，惟其昧于志向，故为所夺，志向定，虽死生不足以移之。故曰先立志向。然志向起之于心，故以正心术为首？是故心术正则志向自立而不忒，志向立而死生自明而不畏，死生明而利害自辨，利害辨人品自好，做好人而未有不知坚操守者也。操守坚而狭隘者有之，故次之以宽度量，心广体胖矣。而最难窒者欲也，欲莫如声色与货利，真能拔除难窒之欲而尚德，不可以不谨，刚愎害，胜人害，逢迎害，萎靡害、功名害，皆以轻重次第而切磋琢磨之可也。夫惟诸害既去乎身，善美已归诸已，于是而骄吝或生焉，非所以受益也。故尚谦虚之德焉，谦而无箴其弊也弱矣。勤职业者官之箴也，辨效法者官之箴也。官箴正矣，或于将之职未尽也。将以戡乱为务，戡乱有具，兵法为要，武艺次之；治军有方，名分为切，教授次之，教授有术，故次之以恩威也，节制也。合而言之，无非以保民为职，故终之以明保障。约之以一言曰："正心术而已矣。"

於戏！大本既正，百行翼张，贤将汇征，文治广被，王国之庆、邦家之光也。

【译文】

支持天地的道理，不外乎阴和阳；治理世界的理论，不外乎文与武。文和武，就是阴和阳的体现。治和乱互相联系又互相转化，就是阴和阳的交替。只有文武并用，才会相互促进，使事情成功。考察唐尧虞舜三代以上，井田制已经常见诸文字，兵农合一，公侯伯子男五等封爵，部分文官武官。外则为将率军，内则为相保朝廷，声誉和气质差不多，绩效和任用同标准。到了春秋战国，兵常征伐，民无宁日，井田废弃，军队和农事分开。孙武、吴起一类人出现了，建立了军事理论，设置了军队事务，不由民间举办。从此文武异途，门派渐渐多了起来。秦开郡县之制，汉封同姓诸侯，唐设藩镇节度。历朝历代沿革，各自针对当时的流弊而改弦更张、戍边御敌，其官制虽有所不同，但文武的职衔级别，仍然有交互授予的，名誉意义也相关联，途程差别也不大。核查军用实绩，也是问责在事情发生以后，议事权力地位基本相当，功劳要根据征伐扩地业绩判断。迁延到宋代，国力羸弱，儒家学说歧义也多，分裂的绝不可能再联合，联合了的却会再分。到于我朝，以武力扫除叛乱，恢复扩大一统江山。一些掌握兵权的人动辄以汗马功劳自居，纷纷多管闲事。为防微杜渐，让军、政互相肘掣。自承平二百年来，法令法规不断严密，治理分党分派，相互牵制。率军临敌是将士的责任，粮饷供应和赏罚操作等具体事在于朝廷各部；武器装具、行军训练等法令，亦是由地方绅士学者参与写出章程。既不涉及利害关系，也使文武不同立，舆情如阴阳之隔。想当年朝廷设官位分职务，百里之外的命令、五百里之远的守卫，上有起草宣扬的机关，激励褒扬的职位，都是为了保国安民。将士跃马食肉，握符当关，所统率的兵士，不耕田而有吃的，不织布而有衣穿，老百姓和商贾们交税供养我们，不管风雨，稳坐着消耗国家的粮食，不干具体事务。无非是为了把力量用于一旦有的镇乱除暴安民。老百姓生活顺心，则国家安定。文武职责不同，所从事的虽然有异，而保国安民的目的是一致的。

看今天，有些人反其道而行。他们只知道兵士是他统驭的，对保国安民的要义却漠不关心。他们草率徇私，每到一个地方，纵容部下骚扰百姓，不肯约束自己。在东南（沿海）饱受战祸的地方，有谣语说："盗贼是木梳，官兵是竹篦。"大意是说：

"梳子还有遗漏的，篦子则无一遗漏。"有兵士生事相告到官府，竟然是兵士站右边百姓站左边，兵士在那恣意胡闹，纪律不整，老百姓非常失望。等到临阵之时，这些兵士不但不能戡平患乱，而且枉杀平民以报功，抢劫未被盗贼危害过的人家，奸淫危难妇女，矫情诬陷掩盖，欺诈冒功。这些人如不遭人祸，也要受天谴。一些文官于是以武官为耻，把官兵看作仇敌，凡涉及军民关系的事情，一律肆意刻薄作歹，非要使军人吃亏不可。保护平民百姓本来是仁爱之举，但有些百姓只贪一时的便宜，不管隐藏在后的祸患，只以刻薄抑制将士为得体，互相借风送力，互相仿效，对稍有同情心的，嘲笑排挤，同流合污。遇有警报的时候，就用钱粮器械应付，从不过心，只要兵士杀敌，却要驱除没饲料的马匹，不照顾军人，不让军人住宿，无管敌人多少，情形如何，恨不得敌人一到便将其杀死，这才可以。真是不通道理之胜！部队平时的威严气势被他们摧残殆尽，将领处事的权力被他们掣肘的一筹莫展。时间不对劲，再加上不晓军事之人胡乱强硬调度，怎么能杀敌呢？所以敌人得以猖獗，蹂躏我边关，掳掠我子女，践踏我国体，不知道有多少呢！这和平时偏爱私恩，哪个得失更大？即使让将士们粉身碎骨，也不能弥补百姓乡里的啊！

今后做我将领的人，必须守护好自己的兵马，真正将其作为保国安民的宝贝，本着事事报恩的根本，不分文武，按照分工，难易一心，从保国安民的目的出发，念念不忘而服从。一定要以严格节制为要。严格节制首先要明白恩威，恩威明了但不施教育也不行，不施教育士兵拿什么作为措施？所以一定要先教导兵士。教导他们不要急于正名分，而要自身作则。开始要习学武艺，熟知兵法。立身的技艺是根本，根本不正就会枝叶杂乱。要向一些古人学习，先殷勤于职业，学习就会每天有进益；先懂得谦虚和道德，这样，就能恪守官场规矩，别人也会爱惜于我。要懂得在趋利的时候，就会有祸害潜伏着，所以要尽知功名之害。功名害人事小，消极不振的害处更大。要懂得消极不振的害处。消极不振，就会逢迎阿谀，所以也要尽知逢迎阿谀之害。逢迎阿谀如果达到嫉妒人，就一定要为害取祸了，所以要尽知嫉妒的害处。嫉妒的害出来自刚愎自用，所以也要尽知刚愎自用的害处。但凡偏颇的害处，没有很强的欲望害处大，而货利声色害处就更大了。如果说货利还可勉强的话，极易迷惑人的声色就更大了，应该尽知祸害所伏而不为。要知道，人的根本大计要先设定再努力，放宽度量，品德随之，所以要先坚持操守。操守勉强于外，不如先做一个好人以打好基础。为做好人就要警惕忧患，防止祸患来临，就要首先辨别利害。利害莫大于生死之事，明白了生死，利害自然能清楚辨明。只是生死利害，不能昧于志向，被其所夺。志向坚定，生死也不足改变。所以要先立志向。志向发自心灵，所以正心术是首要之事。心术正则志向明而自立而不坏，志向立而生死明就会无所畏惧，生死明就能利害自辨，能利害自辨，人品自然就好，一个好人而没有不知道坚守操守的。也有狭隘坚守操守的，所以紧接着的是要宽度量，心旷就体胖啊！最难抑制的是欲望，欲望没有超过声色与货利的，要想除掉难以抑制的欲望而崇尚道德，不可以不谨慎，刚愎害人，嫉妒害人，逢迎阿谀害人，消极不整害人，功名害人。这都需要按照轻重缓急的次序逐一琢磨才行。所有祸害既已远离，真善美就归来了，真善美归来，也许会产生骄傲或吝啬，这也是没有好处的。有了谦虚的美德，但谦而没有规矩其流弊也是有的。勤于职守的人应该守规矩，认真辨别学习对象就是官场的规矩。为官的操守正了，又或许未尽到将领的职责。将领的职责是戡乱为要务，戡乱要有所作为，熟悉兵法最重要，武艺技能为次。治军有方，等级名分要切切执行，教育传授为次，教导有方，施以恩威次之。施以恩威，要有节制。总而言之，无非是保过安民为职责，所以最终的明保障，一言以蔽之："正心术而已。"

推演至此，根本即正，百翼展张，贤将汇集，文治广达，帝王之庆、家国之光！

【注释】

①粤稽三代：粤，查考，考证；稽，核查，稽查。此处意为：考察（唐尧虞舜）之前三代……

②井田聿兴：聿，古代称笔，用笔写文章之意。此处意为：井田制已经常见于文字记载。

③五等爵位：爵位是古代皇帝对贵戚功臣的封赐。旧说周代有公、侯、伯、子、男等五种，后代的爵位等级往往因时而异。

④埒（liè）：矮墙，场地四周的土围墙，此处转意为等同。

⑤蔡功：公元前 655 年，齐桓公打着伐楚的旗号，其实是为了袭击蔡国，一举将蔡国灭掉后，又举兵伐楚。以后，常把偷袭征伐称为蔡功或伐蔡之功。

⑥宴安坐糜廪饩：糜，浪费；廪，米仓；粟，谷子，合起来泛指粮食。此处意为：稳坐着消耗国家的粮食，不干实事。

⑦分涂展布：分涂，指多色地图制作工序，转为分道、分路之意；展布，指展现、施展。此处合一为各按分工之意。

⑧万目丛脞：丛脞，细碎，杂乱。万目丛脞，意为枝叶杂乱。

【评述】

总而言之，人的素质、品德和才能智慧是为将之道的根本。

《练兵实纪》总评

《练兵实纪》是我国古代兵法中讲授训练问题的一部代表作，作者戚继光是我国明代杰出的民族英雄和著名军事家。

戚继光字元敬，山东蓬莱人。1528 至 1587 年在世。他出身将门家庭，青年时即世袭登州卫指挥佥事，后历任蓟州（今天津市蓟州区）、永平、山海等地方总兵，官至中军都督府左都督，进封太子太保。

从元朝末年起，日本的武士、商人和海盗即开始骚扰我国沿海地区居民，杀人放火，抢劫财物，这就是“倭患”。明代中叶，浙江、福建一带的倭寇更加猖獗。

戚继光调任浙江都指挥使的时候，浙江沿海正不断受到倭寇侵犯。一次，一股四十多人的倭寇登陆后竟深入腹地行程近千里，从浙东直窜入安徽、江苏，还围绕南京城兜一大圈，一路掠杀。当时南京驻有明军十二万人，却无人敢出战。这股倭寇造成明朝军民伤亡达三千多人！

当时中日双方在军事组织和战术上存在巨大差距。由于日本下层社会结构严密，倭寇头目对下属能施以严格管制和指挥，又采取飘忽不定的狡诈战法，并配备了仿西洋的火枪制成的鸟铳，因而能以少胜多。而明军实行世兵制，每个“军户”出一人，军队纪律松懈，训练废弛，虽兵力多达二百八十万，但量多而质差，作战能力十分低下。

戚继光奉命后，立即招募浙江一带流亡农民和矿工，精选三千人组建新部队。这支军队出现在浙东沿海战场后，抗倭形势很快改观。戚继光集中使用部队，形成拳头主动出击，在台州发动九次战役，均取得胜利。最后一次是嘉靖四十年，他率军经新河、花街、上峰岭、藤岭、长沙等地，十三战十三捷，斩杀真倭三千余名（烧杀溺毙不算），捣毁了台州倭寇的老巢。

日本海盗转而窜扰福建沿海。戚继光随之也南调援闽，嘉靖四十二年再次援闽。两年后，戚继光与另一著名抗倭将领俞大猷共同在广东围剿倭寇。在福建、广东作战期间，戚家军同样主动出击，不断稳准狠地袭击倭寇老巢。其中福建之役，戚继光总兵力六千人，经横屿、牛田、林墩三战，斩杀真倭五千余首级。其中横屿之战是一场精彩的步炮协同作战。戚继光先以火炮击沉倭战船并轰击倭大营，再以突击队强行登陆突破倭本阵，斩杀了倭寇首领。嘉靖四十二年莆田的平海卫、仙游、王仓坪、蔡丕岭等四战，斩杀真倭两万余。在广东期间，他剿灭了勾结倭寇的海盗吴平，斩杀伪倭三万余，同时还创造了以平均每二十二人的伤亡斩杀一千名敌人的冷兵器时代“敌我伤亡比”记录。

戚家军在浙江、福建、广东三省转战十年，日本海盗终于不敢再犯，东南沿海倭患从此被彻底消除。

隆庆元年（1567），戚继光被宰相张居正调到北方，以都督同知总理蓟州、昌平、保定三镇军队的训练。据说戚继光到蓟州以前，蓟州十七年中易大将十人，这些将领均因治理无效而被革职。戚继光镇守十六年，将边境防务修治得井然有序。蓟州成为太平之州。后来继任者也按照他的办法治理，亦数十载无事。戚继光对治械、阵图等也都有独特的创见。

戚继光为将，精于训练。戚家军之所以英勇善战，屡战屡胜，固然有民族战争正义性质的因素，同时也是严格训练的结果。他是一位锐意进取的创新者。他的新军建立后，不用明军旧制，而是建立以队、哨、营等组织和调度都很灵活的新编制。他以“保国卫民”的主题对官兵进行政治训导，同时严肃军纪，实行“连坐法”。规定全队退却队长要被处以斩首，因此部队战斗意志非常高昂。戚继光还摈弃旧式“看武艺”的训练法，采取了鸳鸯阵等新战术，他还注重研究葡萄牙和日本的新式火器，仿制出鸟铳和“佛朗机”炮，从而使明军进入了冷热兵器混用的阶段。戚继光的新军被称为“戚家军”。史称，戚家军作战“如暴风起、如闪电至”。

戚继光到任蓟州以后，即奏请浙江杀手和炮手各三千，招募西北骑兵五支、步兵十支进行专门训练。《练兵实纪》就是他为这一训练写的总教材，也是训练情况的真实记录。《练兵实纪》成书于隆庆五年，这在明史中有记载，《墨海金壶》《守山阁丛书》等均载有原文，其可靠性应该是没有疑问的。该书由正文九卷和杂集六卷组成。正文九卷分为六部分。第一部分为《练伍法》四十三条，讲授骑兵，步兵、车兵、辎兵、合车步骑营等兵种的组织编制、人员选配、兵器配备等。第二部分为《练胆气》四十三条，讲授军队内务和作风纪律的素质要求。第三部分为《练耳目》十六条，讲授各种号令的含意、传递方式方法和要求。第四部分为《练手足》二十条，讲授各兵种技术成绩评定标准和等级以及考核校阅方法。第五部分至第八部分为《练营阵》四卷九十五条，讲授临战时各兵种的阵势排定和作战方法。第九部分为《练将》

二十六条，讲授将领所应具备的品德、性格、知识以及谋略胆识等方面的修养和要求。由于篇幅限制，本集只选刊其中的第二部分《练胆气》和第九部分《练将》共计六十九条，以供研究。

重视军队内部关系和作风纪律的建设是戚继光治军和练兵思想的一个显著特点。在《练胆气》中，他制定了这方面的具体规定和要求并进行讲解。这样系统的文字在明以前的兵法书中还是少见的。首先，戚继光主张对军队进行严格的管理。他认为训练不仅是操场上的事，而且应该贯穿于日常生活之中，所谓“各歇家之时”，也要“蓄养锐气、修治军装、讲明法令”。这些规定同现代军队关于军容风纪和内务方面的要求已经很相似了。他主张严明的纪律，《练胆气》中关于纪律方面的条款有十九项之多。他还提倡官长关心士兵，要求主将“察士卒饥饱劳逸、强弱勇怯、才技动静之情”，规定“清克减”“苏劳役”“戢滥差”“恤病伤”。他对士兵的惩罚也同以前轻则五十军棍，重则斩首示众有所不同。比如，责治小过可以背诵条令来顶替挨军棍。他还深入浅出地讲道理，这都有利于兵士接受他的政治主张和训练要求。正是由于经受了这样严格的训练和严格的管理，戚家军才能在抗倭战争中表现出严明的纪律和英勇的战斗作风，适应了抗倭战争的要求，也赢得了人民的支持。

戚继光重视对将领的选拔和训练。对将领的培训首先是思想品德的训练：所谓“正心术”，就是要求将领首先要忠君孝父；“立志向”就是将艰苦利害死生患难都丢在一边，像种子一样生根发芽，创建功业；“明死生”就是战阵之时拼命杀敌。其次是作风纪律的培训：要求将领不事阿谀奉承，远“声色”，正确对待功名利禄，不贪占，不刚愎自用，热爱岗位、勤恳职业，有宽厚的“度量”，振作精神务战备，做一个“坚操守”的“好人”。最后是领兵作战方面的训练：要求将领熟读兵法，习学武艺，严明指挥，严明赏罚，严格执法，爱惜士兵，大力训练士兵，搞好后勤保障，等等。

百战奇略

卷　一

计　战

【原文】

凡用兵之道，以计为首。未战之时，先料将之贤愚，敌之强弱，兵之众寡，地之险易，粮之虚实。计料已审，然后出兵，无有不胜。法曰：料敌制胜，计险厄远近，上将之道也。

汉末，刘先主在襄阳，三往求计于诸葛亮。亮曰："自董卓以来……汉室可兴矣。"① 先主曰："善！"后果如其计。

【译文】

一般用兵的方法，应该以分析谋划作为首要条件。在没有打仗以前，首先要估量敌人将领才能的高低，军力的强弱，数量的多寡，地形的险易以及粮食储备的虚实等情况。对这些分析判断清楚了而后才兴师出兵，就会无往而不胜。兵法说，判明敌情，制订取胜的计划，了解地形的险要狭隘和距离的远近，这是统帅的职责。

东汉末年，先主刘备在襄阳时，三次去向诸葛亮请教计谋。诸葛亮说："自董卓专权以来……汉朝江山就可复兴了。"刘备说："很对！"后来，刘备采用诸葛亮的计谋，果然实现了三分鼎立。

【评述】

计即计算，属战略决策环节之一。

---

① 此段文字见"隆中对"，请参看《诸葛亮兵法著作选编》。

谋　战

【原文】

凡敌始有谋，我从而攻之，使彼计衰而屈服。法曰：上兵伐谋。

春秋时，晋平公①欲伐齐，使范昭往观齐国之政。齐景公觞之。酒酣，范昭请君之樽酌。公曰："寡人之樽进客。"范昭已饮，晏子②撤樽，更为酌。范昭佯醉，不悦而起舞，谓太师曰："我欲成周之乐，能为我奏，吾为舞之。"太师曰："瞑臣不习。"范昭出。景公曰："晋大国也。来观吾政，今子怒大国之使者，将奈何？"晏子曰："观范昭非陋于礼者，今将惭吾国，臣故不从也。"太师曰："夫成周公之乐，天子之乐也，唯人主舞之。今范昭人臣，而欲舞天子之乐，臣故不为也。"范昭归报晋平曰："齐未可伐，臣欲辱其君，晏子知之；臣欲犯其礼，太师识之。"仲尼曰："不越樽俎之间而折冲于千里之外，晏子之谓也。"

【译文】

凡临敌之初，即应制定谋略；按照谋略进攻敌人，使他计衰力竭而投降。兵法说，最好的作战方法是用谋略战胜敌人。

春秋时期，晋平公想讨伐齐国，派范昭到齐国探察其政治情况。齐景公宴请他。酒兴正浓的时候，范昭求用国君的樽（zūn）饮酒，景公说："用我的樽给客人进酒。"范昭饮完酒后，晏子便撤回了樽，又换上原来用的酒杯。范昭佯装喝醉了，不高兴地跳起舞来，并对太师说："我想乘周公的舞乐跳舞，您能为我伴奏，我就跳这个舞。"太师说："我眼睛昏花，不熟悉这些曲子。"范昭出门以后，景公说："晋是大国，来探察我政事。现在你激怒了大国的使者，这该如何是好？"晏子说："我看范昭不是粗俗失礼的人，现在故意羞辱国君，所以我不听他的。"太师说："周公的舞乐是天子的舞乐，只有人君才能跳。现在，范昭只不过是一个臣子，就想跳天子的乐舞，所以我不为他伴奏。"范昭返回晋国后报告晋平公说："齐国不能讨伐。我想羞辱他的国君，晏子就知道了；我想违犯他的礼节，太师就识破了。"孔子说："不超越酒席之间的礼节而折服了千里之外的敌人，这就是在讲晏子。"

【注释】

①晋平公：春秋时晋国君，公元前 557 年继悼公位。下文齐景公为齐国君，公元前 547 年至前 490 年在位。

②晏子：齐国名相，曾使楚，说服楚灵王与齐结好。

【评述】

简单之谋。

间　战

【原文】

凡欲征伐，先用间谍觇敌之众寡、虚实、动静，然后兴师，则大功可立，战无不胜。法曰：无所不用间也。

周①将韦叔裕②，字孝宽，以德行守镇玉壁。孝宽善于抚御，能得人心，所遣间谍入齐者，皆为尽力。亦有齐人得孝宽金赂者，遥通书疏。故齐动静，朝廷皆知之。齐相斛律光③，字明月，贤而有勇，孝宽深忌之。参军曲严，颇知卜筮，谓孝宽曰："来年东朝必大相杀戮。"孝宽因令严作谣歌曰："百升飞上天，明月照长安。"百升斛也。又言："高山不推自崩，槲木不扶自立。"令谍者多赍此文遗之于邺。齐祖孝正与光有隙，即闻，更润色之。明月卒以此见诛。周武帝闻光死，赦其境内，后大举兵伐之，遂灭齐。

【译文】

凡征战讨伐，首先要使用间谍来查明敌人的众寡、虚实和动静，然后才能兴师出兵。这样，就可大功告成，战无不胜。兵法说，没有不用间谍的战争。

北周将领韦叔裕，字孝宽，以品德和操行高尚而镇守玉壁（今山西稷山西南）。孝宽很善于用安抚的办法守边，深得人心。他派遣到北齐的间谍都很尽力；也有不少北齐人得了韦孝宽的贿赂，在远方用书信给他通风报信。所以北齐的一举一动，北周朝廷都知道。北齐宰相斛律光，字明月，为人贤明勇敢，韦孝宽深深地忌怕他。韦孝宽的参军曲严，很懂占卜之类的事情，曲严对韦孝宽说："明年齐国必定互相杀戮。”韦孝宽因此让曲严作歌谣说：“百升飞上天，明月照长安。”百升就是斛律光。又作歌谣说：“高山不推自溃，槲木不扶自立。”并让许多间谍携带这些文字到齐都城邺（在今河北临漳西南）广为散布。北齐左仆射祖孝正与斛律光不睦，听到这些歌谣后，更是添枝加叶，斛律光终于因此被杀。北周武帝听到斛律光死的消息，大赦国内，此后大举兴兵讨伐，终于灭掉了北齐。

【注释】

①周：南北朝时期的北周，为北朝之一。公元557年宇文觉取代西魏称帝，建都长安。公元577年灭掉北齐，统一中国北方。581年为隋所取代。下文北齐也为北朝之一，为高洋取代东魏称帝所建。

②韦叔裕（509—580）：名叔裕，字孝宽。京兆杜陵（今陕西西安南）人，南北朝时期官拜北周大司空、上柱国，封郧国公。

③斛律光：北齐有名的将领，任左丞相，长期从事抵抗北周的战争，公元572年为北齐后主高纬所疑忌，被杀。

【评述】

谋略一过，即是用间，算是兵书中最看得起用间者。

选　战

【原文】

凡与敌战，须要拣选勇将锐卒，使为先锋，一则壮我志，一则挫敌威。法曰：兵无选锋者北。

建安十二年，袁绍败亡，袁尚与其兄熙率众奔上谷郡投乌桓①。乌桓数入塞为害。曹操征之。夏五月至无终，秋七月，大水潦，海道不通。田畴请为向导，操从之。率轻骑兼道而行，出卢龙塞，乃堑山堙谷五百余里；越白檀，历刚平，鲜卑庭东，陷柳城。未至二百里，敌方知之。袁尚、袁熙与蹋顿、辽西单于等众将数万骑逆军。八月登白狼山，操辎重在后，披甲者甚少，左右皆有惧色。操登高而望，见敌阵不整，乃使张辽为先锋，纵兵击之，敌众大溃。斩蹋顿，及名王以下，降汉者二十余万口。

【译文】

凡与敌军交战，必须挑选猛将精兵作为先锋，一方面可以长我志气，另一方面可以灭敌人的威风。兵法说，军队不选择精锐先锋定要败北。

东汉建安十二年（207），袁绍败死后，袁尚与其兄袁熙率残余军队逃到上谷郡（今河北怀来东南）投奔乌桓族。乌桓军队多次入塞骚扰为害，曹操于是出兵征讨。五月，曹军到达无终（今天津市蓟州区）。七月，大水弥漫，沿海道路不通。田畴请求做向导，曹操听从了他的建议，率轻骑兵加倍兼程前进，出卢龙塞（今河北喜峰山口附近）后，掘山填谷五百余里，越过白檀（今河北滦平东北兴州河南岸），经过刚平、鲜卑朝廷以东，攻占了柳城（今辽宁朝阳南）。行进不到二百里，敌军知道了消息。袁尚、袁熙和乌桓首领蹋顿、辽西单于楼班等人率几万骑兵向曹军奔来。八月，曹操登白狼山（今白鹿山，在辽宁喀喇沁左翼蒙古族自治县境）。曹军辎重尚在后面没上来，披甲的很少，左右都显出惧怕的样子。曹操登上高处眺望，看见敌军阵容不甚严整，就令张辽为先锋，挥兵攻击，敌军大败溃散。斩杀蹋顿，名王以下投降汉朝的有二十多万人。

【注释】

①乌桓：古族名，为东胡族的一支，汉初附匈奴，以后附汉，生活于辽西等塞外。建安十二年曹操战败乌桓后，迁移万余名落户于中原，部分留居东北，后渐与各地汉族及其他民族相融合。

【评述】

曹操善选将，张辽骁勇善战。

步　战

【原文】

凡步兵与车骑战者，必依丘陵险阻草木而战则胜。若遇平阳之道，须用拒马枪为方阵，步兵军于其内。分为驻队、战队。驻队守阵，战队出战；战队守阵，驻队出战。敌攻我一面，则我两哨出兵从旁以掩之；敌攻我两面，我分兵从后以捣之；敌攻我四面，我为圆阵分兵四出以奋击之。敌若败走，以骑兵追之，步兵随其后，乃必胜之法。法曰：步兵与车骑战者，必依丘陵险阻，如无险阻，令我士卒为鹿角、为蒺藜。

《五代史》：晋[1]将周德威[2]为卢龙节度使，易敌不修边备，遂失榆关之险。契丹每刍牧于营平之间，陷新州；德威复取不克，奔归幽州。契丹围之二百日，城中危困。李嗣源[3]闻之，约李存勖[4]，步骑七万，会于易州以救之。乃自易州北行，逾大房岭，循涧而东。嗣源以养子从珂，将三千骑为先锋，进至山口；契丹以万骑遮其前，将士失色。嗣源以百骑先进，免胄扬鞭，胡语谓契丹曰："汝无故犯我疆场，晋王命我将百万骑众直抵西楼，灭汝种族。"因跃马奋挝，三入其阵，斩契丹酋长一人。后军齐进，契丹兵却，晋兵始得出。李存勖命步兵伐木为鹿角阵，人持一枝以成寨。契丹环寨而过，寨中万弩齐发射之，流矢蔽日，契丹人马死伤者塞道。将至幽州，契丹列阵以待之。存勖命步兵阵于后，戒勿先动。令羸兵曳柴燃草而进，烟尘蔽天。契丹莫测其兵多少，因鼓入战。存勖乃趣后阵起而乘之，契丹遂大败，席卷其军，自北山口遁去。俘斩其首级万计，遂解幽州之围。

【译文】

一般步兵与战车和骑兵作战，一定要依托丘陵险阻或草木树林才能胜利。如果是平坦的大道必须用拒马和长枪布列成方阵，将步兵置于中间。整个队形要分为驻队和战队。驻队守阵时，战队出战；战队守阵时，驻队出战。敌人从一面攻击我时，我两翼出战从旁掩杀；敌人从两面夹击我时，我就分兵从敌后攻击他；敌人从四面围攻我时，我就布列圆阵分兵四路奋勇还击。敌军如果败逃，我就用骑兵追击，步兵跟随在骑兵的后面。这是必胜的办法。兵法说：步兵与战车和骑兵作战，一定要依托丘陵险阻；如果没有丘陵险阻，就让我官兵多制作鹿角和蒺藜。

《旧五代史》载：晋王将周德威做卢龙节度使时，轻敌，不重视修治边防守备，以致丢失山海关之险隘。契丹军队的活动经常到达营州（今河北昌黎）和平州（今河北卢龙）之间，攻占了新州。周德威反攻不克，逃回幽州（今北京）。契丹又包围了幽州二百多日，幽州城十分危急。李嗣源听到这个消息率领步兵和骑兵七万余人，同李存勖在易州（今河北易县）会合去救援。大军即从易州向北行进，过大房岭后，沿着河涧向东。李嗣源让养子李从珂率三千骑兵做先锋。前进至山口时，契丹以万余骑兵阻挡在前面，官兵大惊失色。李嗣源率百余名骑兵当先，脱掉甲胄扬鞭向前，用契丹语对他们说："你们无故侵犯我疆界，晋王命令我率百万骑兵直抵西楼，消灭你们种族。"并乘势跃马奋进，三次冲入敌阵，杀契丹酋长一人。后面的军队一齐奋进，契丹军队便退却，晋军这才得以通过。李存勖命令步兵砍伐树木排列成鹿角阵，每人拿一个树枝排成村寨的样子。契丹兵绕寨而过，寨中万箭齐发，流矢蔽住了太阳。契丹人马死伤多得堵住了道路。快到幽州时，契丹军队已列好阵等待晋军。李存勖令步兵列阵于后，告诫他们切记不要先动；而后令老弱兵士拖着柴烧起火前进，烟尘蔽住了天日。契丹不知道晋军有多少，就按照鼓声进入战斗。李存勖便奔向敌阵后乘机攻击。契丹军队大败溃输，席卷而逃，从北山口败遁。晋军俘虏斩获首级共一万多，终于解了幽州之围。

【注释】

①晋：后唐建立以前，李存勖一直称晋王，表示自己是唐朝臣子，不臣服朱温的后梁政权。此处晋指唐朝之晋王，而非后来石敬瑭的后晋。

②周德威（？—919）：字镇远，小字阳五，朔州马邑（今山西朔州东）人，唐末五代时期前晋将领，历任骑督、代州刺史、振武节度使、卢龙节度使等职，公元919年1月战死于胡柳陂。

③李嗣源：即后唐明宗，公元926年至933年在位。沙陀部人，本名邈佶烈，称帝后改名亶。

④李存勖：勖（xù），为五代后唐主，公元923年称帝，号唐庄宗。

【评述】

李存勖、李嗣源、周德威均为唐后期著名战将，可惜二李厚武少文，称帝后为政较为暴躁，所建政权时间不长。

骑　战

【原文】

凡骑兵与步兵战者，若遇山林险阻、陂泽之地，疾行急去，是必败之地，勿得与战。欲战须得平阳之地，进退无碍，战则必胜。法曰：阳地则用骑。

《五代史》：唐庄宗救赵，与梁军相拒于柏乡五里营，于野河北。晋兵少，梁将王景仁将兵虽多，而精锐者亦少。晋军望之色动。周德威勉其众曰：“此汴宋[1]佣败耳。”退而告之。庄宗曰：“吾提孤兵出千里，利在速战，今若不乘势而急击之，使敌人识我之众寡，则计无所施矣。”德威曰：“不然，赵人皆守城而不能野战；吾之取胜，利在骑兵。平原旷野之中，骑兵之所长也；今吾军于河上，迫近营门，非吾之所长盖也。”庄宗不悦，退卧帐中，诸军无敢入见者。德威乃请监军张承业曰：“王怒。老将不速战，非怯也。且吾兵少而临贼营门，所恃者一水隔耳；使梁得舟筏渡河，吾无类矣。不如退军鄗邑，诱敌出营，扰而劳之，可以策胜也。”承业入言曰：“德威老将知兵，愿无忽其言。”庄宗遽起曰：“吾方思之耳。”已而德威获梁游兵，问景仁何为，曰：“治舟数百，将以为浮梁。”德威乃与俱见。庄宗笑曰：“果如公所料。”乃退军鄗邑。德威乃遣骑三百，扣梁营挑战，自以劲兵三千继之。王景仁怒，悉以其军出。德威与之转斗十里，至于鄗南，两军皆阵，梁军横亘六七里。庄宗策马登高，望而喜曰：“平原浅草，可前可却，真吾制胜之地也。”乃使人告德威曰：“吾当与战。”德威又谏曰：“梁军轻出而远来与吾转战，其来既速，必不暇斋粮糗；纵其能斋，有不暇食。不及日午，人马饥渴，其军必退；退而击之，必获胜焉。”至未申时，梁军中尘烟大起，德威鼓噪而进，梁军大败。

【译文】

骑兵与步兵作战，如果遇到山林险阻或水洼的地形时，应急速离去。这些地形是骑兵的必败之地，不能与敌交战。骑兵作战必须在平坦的地形上，进退没有障碍，这样才能每战必胜。兵法说，平坦地形才可使用骑兵。

《五代史》载：唐庄宗李存勖救赵时，与梁军于柏乡（在河北省滏阳河流域）五里营相对峙。晋军兵少，列阵于河的北边；梁将王景仁手下兵将虽多，但精兵强将很少。晋军看到梁军兵多，感到有些惧怕。周德威鼓励部下说：“这些梁军是容易被打败的。”周德威返回本营向唐庄宗报告了这些情况，唐庄宗说：“我率领孤军千里出战，只有速战速决才有利；如果现在不乘势立即发动进攻，一旦敌人知道了我们的兵力，我们就无计可施了。”周德威说：“这倒不一定。赵国人擅于守城而不擅于野外作战；我们要想取胜，优势在于骑兵。在一望无际的平原上，骑兵作战最易发挥自己的长处；现在我军驻扎在河边，迫近敌人营垒，这不利于发挥我们的优势。”唐庄宗听了心中不高兴，退回后帐休息，全军上下没有人敢进见。周德威于是请监军张承业说：“晋王发怒了。我不想速战，并不是因为害怕。我军兵少，又临近敌人营垒，所依赖只有一条河的阻隔。如果梁军得到了船和木筏而渡河的话，我们就都没命了。不如退兵到鄗城（今河北柏乡县北），引诱敌军出营，不断骚扰疲劳他，还可以有取胜的策略。”承业入见唐庄宗说：“周德威是老将了，熟知兵法，希望您不要轻视他的话。”庄宗也突然起来说：“我刚才也是这样想的。”随后，周德威抓到了梁军的一个散兵，审问他王景仁在干什么，回答说：“造了数百条船，将用船做搭浮桥的梁。”周德威就带俘虏一起去见周庄宗。庄宗笑道：“果真像你所预料的一样。”于是将部队退到鄗城。周德威派遣骑兵三百人逼近梁军营门挑战，自己带领精锐部队跟随在后边。王景仁大怒，率部队倾巢而出。周德威与他边战边退，辗转十余里，一直到了鄗城南。双方军队在这里都摆开了阵势，梁军纵横连绵六七里。唐庄宗策马登高一望，高兴地说：“宽广的草原，草长得也不深，可进可退，这真是我克敌制胜的好地方啊！”于是派人告诉周德威说：“我们应该和他决战了。”周德威又谏阻说：“梁军轻率出兵远途奔袭来与我作战，来得这么急速，一定顾不上带足粮食；即使带了一些粮食也没有时间吃。不到中午，人马就会饥渴，一定会退军；等他撤退时再追击他，我必然能大获全胜。”不到未申时刻（下午4点左右），梁军阵中烟尘弥漫，周德威令部队击鼓进攻，梁军大败溃输。

【注释】

①汴宋：指五代朱温的后梁王朝。因后梁建都汴京，朱温又为宋州砀山（今属安徽）人，因此，晋军蔑称其为汴宋。

【评述】

骑兵须使用于平原地区。

舟　战

【原文】

凡与敌战于江湖之间，必有舟楫须居上风、上流。上风顺风，用火以焚之；上流者随势，使战舰以冲之，则战无不胜。法曰：欲战者无迎水流。

春秋吴子伐楚[1]，楚令尹[2]卜战不吉。司马子鱼[3]曰："我得上流，何故不吉？"遂战，已巨舰冲突；吴军势弱，难以相据，遂至败绩。

【译文】

凡和敌人在江河湖泊上作战，必须备有船只并占据上风、上水。占据上风，可以乘风势用火攻，以焚烧敌方；占据上水的人，可以乘水势用战舰冲击敌方，因此可以战无不胜。兵法说，在水上进攻，不要逆着水流行驶。

春秋时期吴子讨伐楚国。楚国令尹占卜后认为作战不吉利。司马子鱼说："我军据于上流，有什么不吉利的呢？"于是应战，用巨舰向敌船冲击。吴军势薄力弱，难以抵挡，最终失败了。

【注释】

①吴子伐楚：据《春秋》载：公元前548年10月2日，吴子遏伐楚，刚进入巢邑（今安徽省巢湖）的城门就被乱箭射死了。

②令尹：职官名，春秋战国时期楚国的最高行政长官。这里具体指阳匄（gài），即楚穆王曾孙子瑕。

③司马子鱼：司马，官名，西周始置，主管军政和军赋。春秋、战国时仍沿用未变。子鱼，即楚公子鲂。

【评述】

这个司马子鱼还真懂得顺流而进击的道理。

车　战

【原文】

凡与步骑战于平原旷野，必须用偏箱、鹿角车为方阵，以战则胜。所谓一以治力车，一则前拒，一用整束部伍也。法曰：广地则用车军。

晋凉州刺史杨欣[1]，失羌戎之和，为敌所没，河西断绝，每每帝有西顾之忧。临朝而叹曰："谁能为我通凉州讨此贼者乎？"朝臣莫对。司马督马隆[2]进曰："陛下若能任臣，臣能平之。"帝曰："若能灭贼，何为不任，顾卿方略何如耳？"隆曰："陛下若能任臣，当听臣自在。"帝曰："云何？"对曰："臣请募勇士三千人，无问所从来，率之鼓行而西，禀陛下威德，丑类何足灭者！"帝许之，乃以隆为武威太守。隆募腰开弩三十六钧，立标陈试，自旦至日中，得三千五百人。隆曰："足矣！"隆于是率其众西渡温水，虏树机能[3]等以众万骑，或乘险以遏隆前，或设伏以截隆后。隆以八阵图，作偏箱车，地广用鹿角车，路狭则为木屋施于车上，且战且前。弓矢所及，应弦而倒，转战千里，杀伤以千数。隆到武威，虏大人萃跋韩、且万能[4]等，率万余众归。隆前后诛杀及降附者数万。又率善戎、没骨能等，与树机能等战，斩之，凉州遂平。

【译文】

凡与步兵或骑兵在平坦的原野上作战，必须用偏箱、鹿角摆成方阵，这样就可以取得胜利。这是因为这种方法一方面可以保持战力，另一方面可以阻止敌人接近，还可以约束自己的队伍。兵法说，开阔的地方就用战车作战。

西晋凉州刺史杨欣因和当地羌人军队失和，被敌人所灭。河西（今甘肃武威一带）被分割阻断。晋武帝经常因西部局势而忧虑，临朝时感叹道："谁能为我打通凉州（今武威）讨平这些盗贼呢？"朝廷大臣没有一人回答。司马督马隆上前说："陛下如能任用我，我能讨平他们。"武帝说："如果能消灭盗贼，为什么不任用呢？想听听你用什么策略和方法啊！"马隆说："您如果能任用我，就应当让我自己方便行事。"武帝说："怎么讲呢？"回答说："我请求招募勇士三千人，不要问他们从哪里来，率领他们击鼓西行，依靠陛下您的神威和道德，何愁敌人不被消灭呢？"武帝同意了，就任命马隆为武威太守。马隆自己出钱打制了三十六钧的弓弩，树起旗标进行实阵考试，从早晨到中午，选得三千五百人。马隆说："足够了！"于是马隆率领部众西渡温水（今南盘江），敌寇树机能等以万余骑兵阻击。敌人或者乘险要阻挡晋军的去路，或者设伏兵拦截晋军的后卫。马隆依照八阵图法制作偏箱车，在广阔的地方，就用鹿角车设营；道路狭窄则做成木屋放在车上，一面作战一面前进。弓箭所射达的地方，敌人应弦而倒；转战千里，杀伤敌人数千。马隆到达武威时，俘虏了大人萃跋韩，敌将且万能等率万余人归降。马隆前后诛杀和降服敌军数万人，又率领善戎、没骨能等直接与树机能作战，将其斩杀，终于平定了凉州。

【注释】

①杨欣（？—278）：魏晋时期人物。魏时，为天水太守，参与灭蜀之战；入晋担任刺史期间，激化了与鲜卑等族的矛盾。咸宁四年，与若罗拔能等战于武威，兵败而死。

②马隆：生卒年不详，字孝兴，东平平陆（今山东汶上）人，西晋靖边名将，兵器革新家，官至东羌校尉，封奉高县侯。有史评价说："马隆、孟观虽出贫贱，勋济甚大。"

③树机能（？—280）：晋朝时期"河西鲜卑"秃发部首领匹孤的四世孙。他在祖父寿阗死后率部反抗西晋王朝，咸宁三年十二月，为晋将马隆所败，旋即为部将所杀。

④萃跋韩、且万能：均为当时鲜卑族军队将领。

【评述】

马隆讨平树机能之战役，是有名的坚车利弩、稳扎稳打、且行且战的战例。

信　战

【原文】

凡与敌战，士卒蹈万死一生之地而无悔惧之心者，皆信令使然也。上好信以任诚，则下用情而无疑，故战无不胜。法曰：信则不欺。

三国，魏明帝自征蜀归长安，遣司马懿督张郃诸军会雍、凉以劲卒二十万潜军，窥向剑阁。蜀相诸葛亮时在祁山，旌旗利器，守在险要，其兵更下者八万[①]。时魏军始阵，代兵适交，秦佐城以贼众强盛，非力所制，宜权停下兵一月行，以并声势。亮曰："吾统武行师，以大信为本，得利失信，古人所惜；去者速装以待期，妻子鹄立而计日，虽临征难，义所不废。"皆催令去。于是去者皆悦，愿留一战；征者奋勇，思致死命。相谓曰："诸葛公之恩，死犹未报也。"临战之日，莫不拔剑争先，以一当十，杀张郃，却司马懿，一战大克，信之由也。

【译文】

凡与敌作战，士兵踏上了九死一生之地而没有后悔恐惧之心，这都是诚信促使他们这样的。将帅讲信用而诚心，士兵就会毫不犹豫地拼死效力，这样才能战无不胜。兵法说，讲信用就不会受欺骗。

三国时期，魏明帝征伐蜀国回到长安，派遣司马懿、都督张郃诸军并会同雍州（今西安市西北）、凉州劲旅共二十万人秘密指向剑阁（在四川省北部、嘉陵江流域）。蜀汉丞相诸葛亮当时在祁山旌旗高树，兵器锋利，守备着险要之地。部队应该轮换下八万兵士。当时恰逢魏军开始布阵，（蜀国）换下的兵士也在等待交接。秦佐城看到敌人兵力众多，势力强盛，自己力不能制胜，建议停止更换，将应该换下的兵士留一个月再走，以此壮大自己的声势。诸葛亮说："我统帅军队以讲信用为根本，为了得到眼前的利益而失去信用，是古人最痛惜的事情。要走的人很快就会整好行装等待启程，而家里妻子像鹄一样伸颈站立盼望，计算着回归的日子。现在虽然面临着战阵的困难，但礼义不可废置。"便催着他们都快离开。于是要走的人都非常高兴，自愿留下再参战一次。出征者个个奋勇，决心拼死一战，互相说："诸葛公的恩情，就是死也报答不完。"临战的那天，没有不拔剑争先，以一当十的，杀了张郃，打退了司马懿，一战获得全胜，这都是讲信用的缘故啊。

【注释】

①其兵更下者八万：蜀汉建兴九年（231），诸葛亮五出祁山时，采用长史杨仪的建议，将士兵分为两部分，轮流进攻，以克服部队疲劳和粮食运输的困难。此句即指当时正值两拨军队轮换的时候。

【评述】

此战取胜，原因甚多，诸葛亮兑现轮换诺言，也是其一。

教　战

【原文】

凡欲兴师，必先教战。三军之士，素习离合聚散之法，备谙坐作进退之令，使之遇敌，视旌麾以应变，听金鼓而进退之，如此则战无不胜。法曰：以不教民战，是谓弃之。

战国时，魏将吴起曰："夫人常死其所不能……神而明之，是谓将军。"[①]

---

① 此段文字参见《吴子兵法·治兵第三》第五段，译文亦同。

【译文】

凡要领兵作战，必须先教习作战的方法。三军官兵，平时学会了分散集合的方法，完全熟悉了起坐进退的命令，假使遇到敌人，便能根据旌旗的指挥变换队形，根据金鼓的声音前进后退，这样就能战无不胜。兵法说：不教会百姓作战的方法就让他们作战，就是抛弃他们。

战国时期，魏将吴起说："人常常是死于他所不会的地方……这就是所谓将军的事情。"

【评述】

不教会士兵作战，就让他们去作战，就是把他们送给敌人屠杀。

卷　二

众　战

【原文】

凡战，若我众敌寡，不可战于险阻之间，须要平阳宽广之地；闻鼓则进，闻金则止，无有不胜。法曰：用众进止。

晋元时，秦苻坚①进屯寿阳，列阵临淝水②，与晋将谢玄③相拒。玄使谓苻坚曰："君远涉吾境，而临水为阵，是不欲速战；请君稍却，令将士得周旋，仆与诸君缓辔而观之，不亦乐乎？"坚众皆曰："宜阻淝水，莫令得上。我众彼寡，势必万全。"坚曰："但却，无令得过，而我以铁骑数万，向水逼而杀之。"融亦以为然。遂麾兵，使却，众因乱而不能止。于是玄与谢琰、桓伊等，以精锐八千渡淝水，右军拒张耗小退。玄、琰仍进兵，大战淝水南，坚众大溃。

【译文】

凡攻战，如果我众敌寡，就不能在险阻的地形上进行，而必须在平坦开阔的地方进行，听到鼓声就前进，听到锣声就停止，这样就没有不胜利的。兵法说，指挥大军作战就在于前进和停止。

东晋太元时（383），前秦王苻坚进兵屯驻寿阳（今安徽寿县），在淝水沿岸列阵，与晋将谢玄相对峙。谢玄派人对苻坚说："您长途跋涉来到我国境内，逼水阵列，是不想速战的架势；请您稍向后退一点，使我将士能够渡水上岸奉陪您，我与各位骑着马慢慢行走观看，不是很快乐吗？"苻坚诸将都说："应该将晋军阻隔在淝水那边，不要让他们上岸。我众他寡，一定要用万全之策才行。"苻坚说："只稍稍后退，不等他们渡完时，我即以铁骑数万人向淝水冲击而消灭他。"苻融也以为这样可以。于是指挥军队后退，因为混乱，部众无法停止。谢玄与谢琰、桓伊等用八千精锐部队渡过淝水，苻坚的右翼军抵挡不住，便稍向后退。谢玄、谢琰即挥兵挺进，大战于淝水南岸，苻坚大军全线溃败。

【注释】

①秦苻坚：此处秦为前秦，公元 350 年由氐（dī）族人苻洪所建，是东晋十六国时期的政权之一，历六主，共计四十四年。公元 357 年，苻健死，子苻生继位，因淫杀过度，被苻健弟苻雄之子苻坚杀死，苻坚遂自立。

②淝水之战：淝水位今安徽省寿县东南。公元 383 年，前秦出兵伐晋，交战与淝水，最终东晋以八万军力大胜八十余万前秦军。淝水之战是东晋时期北方政权向东晋发起的一系列战役中的决定性战役。

③谢玄（343—388），字幼度。陈郡阳夏（今河南太康）人。谢奕之子，谢安之侄。东晋时期军事家，早年为大司马桓温部将，后为建武将军、兖州刺史，他组建训练了一支精锐部队，号为"北府兵"。太元四年（379）和太元八年（383），两次率军击败前秦军，第二次即著名的淝水之战。

【评述】

淝水之战是以少胜多、乘势击敌的著名战例。

寡 战

【原文】

凡战，若以寡敌众，必以日暮，或伏于深草，或邀于隘路，战则必胜。法曰：用少者务隘。

《北史》：西魏[1]大统三年，东魏将高欢[2]渡河逼华州，刺史王霸严守；乃涉洛，军于许原西。西魏遣将宇文泰[3]拒之。泰至渭南，即遣人造浮桥于渭南。军士斋三日粮，轻骑渡渭，辎重自渭南夹渭而西。十月壬辰，至沙苑，拒齐六十余里。高欢率兵来会。候骑告齐兵至，泰召诸将议。李弼曰："彼众我寡，不可争也；宜至陈此东十里，有渭曲可据以待之。"遂迫至渭曲，背水东西为阵，李弼为右拒，赵贵为左拒。命将士皆偃戈于葭芦之中，闻鼓声而起。日晡，齐军至，望见军少，争进，卒乱而不成列。兵将交，泰鸣鼓，士卒皆起。于谨等以大军与之合战，李弼等率铁骑横击之，绝其军为二，遂大破之。

【译文】

凡是作战，如果以少对多，必须在天黑的时候，或者埋伏在深草丛中，或者夹击于隘路两侧。这样战则必胜。兵法说，使用小部队务必在阻隘之地。

《北史》载：西魏文帝大统三年（537），东魏大将高欢渡河紧逼华州（今陕西华县一带），刺史王霸防守严密，于是高欢涉过洛河，驻扎于许原以西。西魏派大将宇文泰抵敌。宇文泰到渭南后，立即派人在渭南造浮桥一座。军士携带三天的干粮以轻骑渡过渭河，而辎重沿渭河南岸，与轻骑隔河相望西行。十月九日，到达沙苑（今陕西大荔南，洛、渭之间），距离齐兵六十余里。高欢率兵前来会战。侦察骑兵报告齐兵到了，宇文泰召集诸将商议对策。李弼说："敌众我寡，不能争战；最好将阵向东移十里，在那儿有渭曲可依托，待敌到来。"于是，宇文泰将部队移动靠近渭曲，背水从东向西布阵，李弼为右军，赵贵为左军。命令将士掩藏埋伏于芦苇之中，听到鼓声就出击。下午，齐军到达，看到西魏兵少，争先恐后往前，兵卒散乱不成队伍。两军刚要接触，宇文泰鸣鼓，官兵从芦苇中突起。于谨等人率领大军从正面与齐兵接战，李弼等人率领铁骑从两边夹击，将齐军分割成两部分，齐军终于大败。

【注释】

①西魏：中国南北朝时期由北魏分裂出来的割据政权。由宇文泰拥立北魏孝文帝的孙子元宝炬为帝，建都长安，管辖今湖北襄阳以北、河南洛阳以西，原北魏统治的西部地区，与高欢所掌控的东魏对立。至 557 年被北周取代，经历两代三帝，历时二十二年。

②高欢（496—547）：北朝东魏渤海蓨（今河北景县）人，被北魏封为齐王，故下文称高欢兵为“齐兵”。其子高洋于公元 550 年取代东魏，建立北齐政权。

③宇文泰（507—556）：字黑獭（一作黑泰），代郡武川（今属内蒙古）人，鲜卑族，西魏的实际掌权者，亦是北周政权的奠基者。公元 534 年，北魏孝武帝投靠宇文泰，被授为大丞相。同年十二月宇文泰杀孝武帝，立元宝炬为帝，是为西魏，都长安。从此宇文泰专制长达二十年。宇文泰掌权期间，对内团结各方，澄清政治，创府兵制；对外立足关陇，争战东魏，蚕食南梁，奠定了其身后关陇政权一统天下及隋唐王朝强盛的基础。

【评述】

以寡敌众须用奇。

爱战

【原文】

凡与敌战，士卒宁进死而不退生者，皆将恩惠使然也。三军知在上之人爱我如子之至，则我之爱上也如父之极。故蹈危亡之地而无不愿死以报上之德。法曰：视民如爱子，故可与之俱死。

春秋，魏将吴起为河西太守，与士卒最下者同衣、食，卧不设席，行不乘骑，亲裹赢粮，与士卒分劳苦。卒有病疽者，起为吮之。卒母闻而哭之。或曰："子卒也，而将军自吮其疽，何哭为？"母曰："非然也。往年吴公吮其父，其父战不旋踵，遂死于敌；吴公今又吮其子，妾不知其死所矣，是以哭之。"文侯以吴起用兵廉平，得士卒心，使守河西，与诸侯大战七十六，全胜六十四。

【译文】

凡与敌作战，士兵宁愿前进战死而不愿后退生还，都是将领的恩惠使他们这样的。三军官兵知道将领爱兵如爱子一般，就会像爱父亲一样爱将领，即使处于危亡之地，也没有不愿以死来报答将领恩德的。兵法说，将领对老百姓就像对自己的爱子一样，老百姓就可以和他一起死。

春秋时期的魏国将领吴起做河西太守时，与官兵中身份最低下的人同衣同食；睡觉不铺席，行路不骑马；亲自包装携带粮食，与官兵同分担劳苦。士兵中有人长了疽，吴起用嘴为他吮脓。士兵的母亲听说后为儿子大哭。有人说："你的儿子是个兵卒，将军亲自为他吮疽，你为什么还哭呢？"母亲说："不是因为这样才哭。只因过去吴公为我儿的父亲吮伤，他父亲作战不后退，最终死在敌人手中；吴公今天又吮他的儿子，我不知他会死在哪里，所以才为他哭呢！"魏文侯因吴起用兵廉洁平等，深得官兵人心，便让他守河西。吴起与诸侯大战七十六次，全胜的就有六十四次。

【评述】

吴起爱兵的故事凡兵即用。

威战

【原文】

凡与敌战，士卒前进而不敢退后，是畏我而不畏敌也；若敢退而不敢进者，是畏敌而不畏我也。将使士卒赴汤蹈火而不违者，是威严使然也。法曰：威克厥爱[①]，允济。

春秋齐景公时，晋伐阿、鄄，而燕侵河上，齐师败绩。晏婴乃荐田穰苴，曰："穰苴虽田氏庶孽，然其人文能附众、武能威敌，愿君试之。"景公乃召穰苴，与语兵事，大悦之，以为将军，将兵扞燕、晋之师。穰苴曰："臣素卑贱，君擢之闾伍之中，加之大夫之上，士卒未附，百姓不信，人微权轻。愿得君之宠臣、国之所尊，以监军，乃可。"于是景公许之，使庄贾往。穰苴即辞，与庄贾约旦日日中会于军门。穰苴先驰至军中，立表下漏待贾。贾素骄贵，以为将己之军而己为监，不甚急。亲戚、左右送之，留饮。日中而贾不至。苴则破表决漏，入，行军勒兵，申明约束。既定，夕时，贾乃至。苴曰："何为后期？"贾对曰："不佞大夫亲戚送之，故留。"苴曰："将受命之日，则忘其家；临阵约束，则忘其亲；援桴鼓之日，则忘其身。今敌国深侵，邦内骚动，士卒暴露于境，君寝不安席，食不甘味，百姓之命皆垂于君，何谓相送乎？"召军正问曰："军法，期而后至者云何？"对曰："当斩。"贾惧，使人驰报景公请救。既往，未及反，于是遂斩庄贾以徇三军，三军皆震栗。久之，景公遣使持节救贾，驰入军中。苴曰："将在军，君命有所不受。"问军正曰：

“军中不驰，今使云何？”对曰：“当斩。”使者大惧。苴曰：“君之使不可杀之。”乃杀其仆，车之左驸，马之左骖，以徇三军，遣使者还报，然后行事。士卒次舍、井灶、饮食、问疾、医药，身自拊循之。悉取将军之资粮以享士卒，平分粮食。比其羸弱者，三日而后勒兵。病者皆求行，争奋出为之赴战。晋师闻之，渡河而解。于是苴乃率众追击之，遂取所亡邦内故境，率兵而归。

【译文】

凡是与敌人作战，官兵前进而不敢后退，是惧怕我将领而不是惧怕敌人；假如士兵敢后退而不敢前进，就是惧怕敌人而不惧怕我将领。将领能让官兵赴汤蹈火而不敢违抗命令，是因为威严所致。兵法说，威胜于爱，事情可以有成。

春秋齐景公的时候，晋国进攻齐国的阿邑和鄄邑，燕国也侵占了齐国黄河南岸的地方，齐国军队大败亏输。晏婴便向吴公推荐田穰苴，说：“穰苴在田姓门中虽是旁支庶系，但他文能使众人信服归附，武能使敌人威服。希望君王您能试用他。”齐景公于是召见田穰苴，和他谈论战事，非常高兴，便任命他为将军，领兵抵御燕国和晋国的军队。田穰苴说：“我一向地位低下，君王将我从平民中提拔出来，放在大夫的位置之上，官兵还没有亲附，百姓对我还缺乏信任，人轻而权不威，希望得到一位国君您所宠爱的、国家所尊重的大臣作为监军，这样才行。”于是齐景公答应了他的要求，派庄贾前往监军。田穰苴向齐景公辞行之后，和庄贾约定第二天正午在营门会合。田穰苴先赶到军中，树立标杆以观测时刻等待庄贾。庄贾向来很骄矜，认为率领的原是自己的军队，而自己又是监军，所以不很着急。亲戚朋友欢送他，留他吃酒，到了正午，他还没有到。田穰苴就推倒了标杆，记下了时刻，返身入营门办理军务，指挥部队，宣布条约规章。军队安定下来。已是傍晚了，庄贾这才到。田穰苴诘问说：“为什么迟到？”庄贾回答道：“官员和亲戚们给我送行，所以留在那边了。”田穰苴说：“作为一个将领，从他接受命令的那一天起，就应忘掉自己的家庭；临敌对阵受条令规章的约束，就应忘掉自己的父母；拿起鼓槌擂鼓对阵作战的时刻，就应忘掉自己。如今敌人深深侵入我境，国内骚动不安，官兵在边界上日晒夜露，国君睡也睡不好，吃也吃不香，老百姓的性命，都悬在你的手里，还送什么行啊！”田穰苴召军法官问道：“按照军法，对约定时间却迟到了的人是怎样讲的呢？”回答道：“应当斩首。”庄贾惧怕了，连忙让人快马驰报齐景公求救。人去后，还没有来得及回来，田穰苴已将庄贾斩首，并号令三军，三军的官兵都被震动了。隔了好一会儿，齐景公派的人拿着符节，骑马来到了军营中。田穰苴说："将领在军队里，对于国君的命令，是有所不受的。"又问军法官说："军营中是不许骑马奔驰的，如今使者该当何罪？"回答说："该斩首。"使者吓慌了。田穰苴说："国君的使者，不可以杀死。"于是斩了使者的仆人，砍断了车子左边的杆，宰了左边驾车的马，并号令三军。让使者回去报告景公，然后继续办理军务。对部队所有官兵安营扎寨、掘井挖灶以及兵士的饮食、疾病等事宜，田穰苴都要亲自检查、过问，并把自己将军名下应得的钱粮，一概拿出来和士兵们共同享用。他还淘汰了那些身体瘦弱的士兵。三天之后，才开始整队行军。这时，连生病的士兵都要求同行，争先恐后要求投入战斗。晋国军队听见这个消息，不等交战，就赶忙渡河撤退。于是田穰苴率领部众追击，终于收复了所丧失的国土，率军胜利回归。

【注释】

①威克厥爱：厥（jué），昏倒之意。全句的意思是：以威胜爱，就会成功；以爱胜威，就会失败。

【评述】

这又是一个凡兵必引用的军中立草为标的故事。

赏　战

【原文】

凡高城深池，矢石繁下，士卒争先登；白刃始合，士卒争先赴者，必诱之以重赏，则敌无不克焉。法曰：重赏之下，必有勇夫。

汉末，大将曹操每攻城破邑，得靡丽之物，则悉以赏有功者。若勋劳宜赏，则不吝千金；无功妄施，分毫不与。故能每战必胜。

【译文】

凡攻打高深的城池，要让官兵能在箭石纷落的情况下奋勇争先去攀登；在双方兵器刚一接触时就奋勇争先冲锋，必须用重赏来诱惑他们。这样才能攻无不克。兵法说，重赏之下，必有勇夫。

东汉末年，大将曹操每次攻破城池，对所获的华丽宝物全部都赏给有功的人。

如果有大功勋应该奖赏的，不惜奖赏千金。对那些没有功劳还想得到恩施的，却一分一毫也不给。所能每战必胜。

【评述】

百战奇略对曹操多有赞赏。

罚 战

【原文】

凡战，使士卒遇敌敢进而不敢退，退一步者，必惩之以重刑，故可以取胜也。法曰：罚不迁列。

隋，大将杨素①御戎严整，有犯军令者立斩之，无所宽贷。每将对敌，辄求人过失而斩之，多者百余人，少者不下十数人，流血盈前，言笑自若。及其对阵，先令三百人赴敌，陷阵则已；如不能陷阵而还者，无问多少悉斩之。又令二三百人复进，还如向者。将士股栗，有必死之心，由是战无不胜。

【译文】

凡是作战，须使官兵在遇到敌人时只敢前进而不敢后退，如有人后退一步，就用重刑处罚，这样就可以取得胜利。兵法说，施用刑罚，队伍就不乱。

隋朝时，大将杨素所率领的军队严谨整齐，有违犯了军令的就立即斩首，没有一点宽容。每次对敌作战之前，总要将犯有过失的人斩首，多则百余人，少也不下十多人，面前鲜血遍地，杨素却谈笑自如。等到与敌人对阵时，杨素先命令三百人向敌人进攻，能攻破敌阵则罢，如果不能攻破敌阵而活着回来，不问有多少人都要全部斩首；然后又命令二三百人再进攻，还像前次一样处置。将领和官兵吓得大腿发抖，于是抱着必死的决心出战，因此，他能战无不胜。

【注释】

①杨素（544—606）：隋大臣，弘农华阴（今属陕西）人。字处道，出身北朝士族，北周时任车骑将军，杨坚建国，以为御史大夫，后以行军元帅率水军东下攻陈。灭陈，炀帝即位，

拜司徒，改封楚国公。

【评述】

罚为奖惩的一面，有奖必有罚，否则，奖赏成了无信之物。

主　战

【原文】

凡战，若彼为客，我为主，不可轻战。为吾兵安，士卒顾家，当集人聚谷，保城备险，绝其粮道。彼挑战不得，转输不至，俟其困敝而击之，则无不胜矣。法曰：自战其地为散地。

《北史》：后魏[①]之武帝，亲征后燕慕容德[②]于邺城[③]，前军大败绩。德又欲攻之，别驾韩諿（zhuó）进曰："古人先决胜庙堂，然后攻战。今魏不可击者四，燕不宜动者三。"德曰："何故？"諿曰："魏垂军远入，利在野战，一不可击也；深入近畿，致其死地，二不可击也；前锋即败，后阵必固，三不可击也；彼众我寡，四不可击也。官军自战其地，一不宜动；动而不胜，众心难固，二不宜动；城隍未修，敌来未备，三不宜动。此皆兵家所忌。不如深沟高垒，以逸待劳。彼千里馈粮，野无所掠。久则三军靡费，攻则士卒多毙。师老衅生，起而图之，可以捷也。"德曰："别驾之言，真良、平策也。"

【译文】

凡与敌作战，如果敌方为客方，我方为主方，绝不可轻战。如果我部队平安据守，官兵思念家乡，就应当集合部队屯积粮食，设立险要保守城池，切断敌人的粮道。敌人挑战不能，辗转运输又不能达到，等他陷入困境和疲惫时再攻击他，就能战无不胜。兵法说，在自己的土地上作战叫散地。

据《北史》记载：后魏武帝拓跋珪率领军队到邺城征讨后燕慕容德。魏军前锋被打得大败溃输。慕容德想乘胜攻击。别驾韩諿进谏说："古人都要先在朝廷议决，有胜利把握然后才出兵进攻。现在不能攻击魏国的原因有四个，燕国不宜出兵的原因有三个。"慕容德问："什么原因？"韩諿说："魏军从远方进入我境，野战对魏军是有利的，这是不宜攻击的第一个原因；敌军深入我城池的近郊，这就将他的军队置于了死地（必定拼死作战），这是不宜攻击的第二个原因；敌军前锋已经败阵，后面部队的阵势必然会加固，这是不宜攻击的第三个原因；敌众我寡，这是不宜攻击的第四个原因。而我官兵是在自己的土地上作战，（自战其地易散）这是不宜出动的第一个原因；如果出动不能获胜，官兵的心就难以稳固，这是不宜出动的第二个原因；护城墙和城河未修，敌人来了还未做好防御的准备，这是不宜出动的第三个原因。这三条都是兵家所忌讳的，不如深挖沟高垒壁，以逸待劳。敌军从千里以外运来粮食，野外又没有什么可以掠取的，时间长了，三军耗费必然很多，进攻官兵就会大半死伤，军队疲惫了就会有隙可乘，这时再乘虚谋取，一定能够获胜。”慕容德说：“别驾说得有理，真是良好的计策。”

【注释】

①后魏：即北魏（386—557），由鲜卑族拓跋珪建立的北方政权，也是南北朝时期北朝第一个王朝。

②燕慕容德：此处燕指十六国时期的南燕。南燕的建立者为慕容德（336—405），公元398年至405年在位，鲜卑族，昌黎棘城（今辽宁义县）人。其兄慕容垂建立后燕，北魏军攻占河北，后燕被截为南北两部，他率众南迁到滑台（今河南滑县东南）称王；魏军攻占滑台，他又东取广固（今山东益都西北），据有今山东一带。

③邺地：即古邺城，为今河北临漳至河南安阳一带。

【评述】

在自己之地进行的作战应该充分发挥我地形地利的优势。

客　战

【原文】

凡战，若彼为主，我为客，惟务深入。深入，则为主者不能胜也。谓客在重地，主在轻敌故耳。法曰：深入则专。

汉，韩信、张耳以兵数万，欲东下井陉，击赵。赵王及成安君陈馀[①]聚兵井陉口，众号二十万。广武君李左车说成安君曰："闻韩信涉西河[2]，获魏豹，擒夏说，新喋血阏与，今乃辅以张耳，议欲以下赵。此乘胜而去国远斗，风声所及，足以夺人，其锋何可当也。臣闻千里馈粮，士有饥色，樵苏后爨，师不宿饱；今井陉之道，车不得方轨，骑不得乘列，其势粮食必在其后。愿足下假臣奇兵三万人，从间道绝其辎重；足下深沟高垒勿与战。彼前不能进，退不能还，野无所掠，不十日，两将之头可悬麾下，愿君留意；否则，必为所侵。"成安君自以为义兵，不听其策，果被杀。

【译文】

凡是作战，假如敌为主方，我为客方，务必要深入。只要深入，守城的主军就不能胜利。这是因为客军处在重地，而主军往往忽视轻敌的缘故。兵法说，深入就专擅。

西汉初，韩信、张耳领兵数万，想东往井陉（河北省今县）进攻赵。赵王和成安君陈馀在井陉口聚集部队号称二十万。广武君李左车劝成安君说："听说韩信渡过西河，虏获魏豹，擒捉夏说，鲜血流遍阏与（今山西和顺），现在又有张耳辅助，看来是想要攻我。这是乘胜离开国家进行远征，敌人风声所到的地方，足以使人害怕，其锋锐是没有办法阻挡的。我听说千里运粮，官兵就要挨饿，先砍柴后做饭，军队就不能按时吃饭。现在井陉的道路，战车不能纵横行驶，骑兵不能列队前进。这种情况下，粮食必然在部队后面。请您委我率三万名奇兵，从中间切断他的辎重，您深挖沟高垒壁不与他交战，他前不能进，后不能退，野外又没有什么东西可以掠取，不出十天，韩信和张耳的头就可以悬挂在您的指挥旗下。请您要注意到这一点，不然的话，一定会为敌人所犯。"成安君以为自己的军队是正义的，不采纳李左车的计策，结果被杀。

【注释】

①陈馀（？—前 204）：大梁（今河南开封）人，与张耳一同投奔陈胜。武臣占据赵地自立为赵王后，出任大将军。武臣被部将李良杀死后，又与张耳立赵歇为赵王。韩信平定魏后，与张耳一同攻赵，陈未接受谋士李左车的建议，轻视韩信的背水列阵法，败后被斩杀于泜水。

②西河：指黄河在山西、陕西界上自北向南流的一段。

【评述】

韩信客战，背水列阵，是看准了陈馀优柔寡断的性格。

强 战

【原文】

凡与敌战，若我众强，可伪示怯弱，以诱之来与我战；吾以锐卒击之，其军必败。法曰：能而示之不能。

战国，赵将李牧[①]，常居雁门，备匈奴。以便宜置吏，市租皆输入幕府，为士卒费，日击数牛享士，习骑射，谨烽火，多间谍。后与将士约曰："匈奴入盗，急入收保，有敢捕者，斩。"匈奴每入盗，辄入收保，不与战。如是数岁，无所忘失。然匈奴以李牧为怯，虽赵边兵亦以为吾将怯。赵王谓李牧，李牧如故。赵王召之，使人代牧将。岁余，匈奴来，每出战，数不利，失亡多，边不得田畜。于是复请牧，牧称疾，杜门不出。赵王乃复强起，使将兵。牧曰："若用臣，臣如前乃敢奉命。"王许之。李牧遂往，至如故约。匈奴来无所得，终以为怯。边士日得赏赐，不用，皆愿一战。于是乃具选车，得一千三百乘；选骑得一万三千匹；百金之士五万人，控弦者十万人，悉勒兵习战。大纵畜牧，人民满野。匈奴来，佯败不胜，以数千人委之。单于闻之，大率众来入。李牧多为奇阵，张左右翼以击之，大破之。杀匈奴十余万骑，单于奔走。其后十余岁，匈奴不敢犯赵边。

【译文】

凡是与敌人作战，如果我兵多力强，可故意显示出怯弱的样子，以引诱敌人来与我交战。我用精锐部队攻击他，他必定会败。兵法说，能胜而故意表示出不能胜。

战国时期，赵国大将李牧，常年居守在雁门（郡名，今山西右玉南）防备匈奴进犯。他设置官吏以方便为原则，将收来的租税都送入幕府，作为官兵的费用。每天杀好几头牛慰劳士兵。练习骑马射箭，各处多设烽火，多派间谍。然后又和将士约法说："如果匈奴前来进犯，要立即收兵回城防御，谁胆敢捕捉敌人，立即问斩。"

匈奴每次来犯，都立即收兵防守，不与敌交战。这样几年，没有什么遗漏和损失。然而匈奴却以为李牧是胆怯，就是赵国边关的士兵也以为自己的将领是胆怯。赵王告诉了李牧，李牧依然如故。赵王将李牧召回，派人代李牧为将领。一年时间，匈奴每次来犯时，都出兵交战，多数失利，伤亡很多，边疆百姓不能种田畜牧。于是重请李牧任将，李牧声称有病，闭门不出。赵王便再一次强请李牧出来带兵。李牧说："如果任用我，必须允许我用以前那样的办法，我才敢奉命。"赵王答应了他，李牧才前往边关。到后仍然像以前那样约法。匈奴进犯时一无所得，到头来还以为赵兵胆怯。边关兵士每天都得到赏赐，却不愿享用，都宁愿出战。于是就广选战车，得到一千三百乘；挑选战马，得到一万三千匹；挑选精锐士兵五万人，弓箭手十万人；全都指挥他们练习进攻，又大肆放牧牲畜，老百姓满山遍野。匈奴来时，假败不胜，将几千人让他掳去。匈奴单于听说后，率领大军来犯。李牧广设奇阵，用左右两翼攻击，终于打败匈奴，杀死匈奴十多万骑兵，匈奴单于也逃走了。以后十多年，匈奴再也不敢侵犯赵国的边境。

【注释】

①李牧（？—前229）：战国时期赵国名将，嬴姓，名牧，柏仁（今河北隆尧）人，战国时期的赵国军事家，与白起、王翦、廉颇并称"战国四大名将"。李牧先是在赵国北部边境抗击匈奴；后以抵御秦国进攻为主，在宜安之战中重创秦军，得到武安君的封号。公元前229年，赵王迁中了秦国的离间计，听信谗言将李牧杀害。

【评述】

敌弱我强，能而示之不能，用而示之不用。

弱　战

【原文】

凡与敌战，若敌众我寡，敌强我弱，须多设旌旗，倍增火灶，示强于敌，使彼莫能测我众寡强弱之形，则敌必不轻与我战。我可速去，则全军远害。法曰：强弱形也。

后汉，羌戎[1]反寇武都。邓太后[2]以虞诩[3]有将帅之略，迁武都太守。羌率众数千，遮诩于陈仓崤谷。诩即停车不进，而宣言上书请兵，须到当发。羌闻之，乃分抄傍县。诩因其兵散，日夜进道兼行，日行百余里。令吏士各作两灶，日增倍之，羌不敢逼。或曰："孙膑减灶，而君增之；兵法：日行不过三十里，而今日且百里，何也？"诩曰："敌人众多，吾今兵少，吾之增灶，使敌必谓郡兵来迎；众多行速，必惮追我。孙膑见弱，吾今示强，势有不同故也。"

【译文】

凡与敌人作战，如果敌众我寡，敌强我弱，必须多设旌旗，成倍地增加火灶，以显示我的兵力比敌人强，使他不能推测出我兵力多少和强弱的底细，这样敌人必然不敢轻易与我交战。我军就可迅速离去，全军也就可以远离灾祸。兵法说，强或弱，是由形决定的。

东汉时，羌兵反叛，侵犯武都。邓太后因虞诩有将帅的谋略，提升他为武都太守。羌敌率领部队数千人，将虞诩阻挡在陈仓（今陕西宝鸡市东）的崤山峡谷。于是虞诩停车不再前进，而扬言要向朝廷上书请求援兵，等援兵到了再出发。羌兵听说后，就分兵包抄周围几个县。虞诩利用羌兵分散的弱点，日夜兼程前进，一天行进一百多里。行进中，命令官兵每人各做两个灶，每天增灶一倍，羌军竟不敢逼近。有人说："孙膑用减灶法，而您却用增灶法；兵法说，每日行程不能超过三十里，而您现在每天达到百里，为什么呢？"虞诩说："敌军人数众多，我的兵少，我用增灶法，使敌人以为是郡兵来迎接。我军人多，行进又快，敌人必然不敢追赶我。孙膑是示弱，我现在是示强，其势不同，因此这样。"

【注释】

①羌戎（qiāng róng）：中国古代西部的民族，主要分布于四川省一带。

②邓太后：邓绥（81—121），南阳新野人，东汉第四代皇帝汉和帝的皇后。邓绥15岁入宫，22岁被册封为皇后。年仅27岁的汉和帝突然驾崩，她临朝称制，对内帮助朝廷度过了"水旱十年"，对外镇压了西羌之乱，被誉为"兴灭国，继绝世"。但她废长立幼，临朝称制达十六年不愿还政于刘氏，朝中多有非议。

③虞诩（？—137）：字升卿，陈国武平（今河南鹿邑）人。初为郎中，历任县令、武

都太守，以增灶计大破羌军，后任司隶校尉、尚书仆射、尚书令等职，为官清正廉明，刚正不阿，多次得罪权贵，一生九次遭到斥责，三次被依法惩处，但他刚正的性格，一直到老都没改变。

【评述】

虞诩在敌强我弱时，增灶示强、集中兵力，争取主动，同样打了胜仗。

卷　三

骄　战

【原文】

凡敌人强大，未能必取，须当卑辞厚礼，以傲其志。候其有衅隙可乘，一举可破。法曰：卑而骄之。

蜀将关羽北伐，擒魏将于禁，围曹仁于樊。吴将吕蒙在陆口称疾诣建业，陆逊往见之，谓曰："关羽接境，如何远下，后不堪忧也。"蒙曰："诚如来言，然我病笃。"逊曰："羽矜其功，骄气凌轹于人。禁等为水所没，非战守之所失，于国家大计未有所损。又相闻病，必益无备。今出其不意，自可擒制。若见至尊，宜好为计。"蒙曰："羽素勇猛，即难与敌；且已据荆州，恩信大布；兼始有功，胆气益坚，未易图也。"蒙至都，权问："卿病，谁可代者？"蒙对曰："陆逊虑深思长，才堪负重。观其规虑，终可大任。而未有远名，非羽所忌，无复是过。若用之，当令外自韬隐，内察形便，然后可克。"权乃召逊，拜偏将军，都督代蒙。逊至陆口，书与羽曰："前承观衅而动，以津行师，小举大克，亦何巍巍！敌国败绩，利在同盟；相遂席卷，共奖王纲。逊不敏，受任来西，延慕光尘，思禀良规。"又曰："于禁等见获，遐迩欣欢，以为将军之功，足以长世，虽畴昔晋文城濮之师，淮阴拔赵之略，蔑以尚之。闻徐晃等步骑驻旌，望麾窥葆；操，猾贼也，忿不思难，潜增众以逞其心。虽云师克，犹有悍骑。且战捷之后，常苦轻敌，古将军胜弥警，愿将军广为方计，以全独克。逊书生疏漏，忝所不堪，嘉邻威德，乐自倾盖，虽未合策，犹可怀也。"羽览书有谦下自托之意，遂大安，无复所嫌。逊具启状，陈其可擒之要。权乃潜军而上，使逊与吕蒙为前部。至，即克公安、南郡。

【译文】

凡敌人力量强盛，我没有必胜的把握，就应当用谦恭的言辞和丰厚的礼物，使敌人骄傲和松懈。等敌人内部有衅隙可乘时，就一举打败他。兵法说：对强敌可使用谦恭的态度使他骄傲。

三国时，蜀将关羽北伐，擒捉了魏国将领于禁，并将曹仁包围在樊城。吴国将领吕蒙在陆口（今陆水与长江汇合处）称病并报告建业（今南京）。陆逊来陆口看望他，对他说："关羽军已接近我境，如果长驱直入，后果不堪设想。"吕蒙说："形势确实像你说的那样，但是我现在生病了啊！"陆逊说："关羽自夸其功，盛气凌人。于禁等人是被水所淹的，并不是交战失败，而且对魏国也没有什么大的损失。又听说您病了，关羽必然不加防备。现在如果出其不意，必然可以擒获制服他。如果见了陛下，宜于好自商讨计谋。"吕蒙说："关羽向来勇猛，很难与他匹敌，况且他已据有荆州，恩惠信义远传，更因刚刚有功，勇气更加旺盛，是不容易对付的呢！"吕蒙到了吴国都城，孙权问："你养病时谁能代你呢？"吕蒙道："陆逊深谋远虑，才能足以完成重任。从他的规劝和忧虑看，这个人是终究可以担当大任的。而且他没有大的名声，不是关羽所妒忌的人，没有这些方面的问题。如果用他，就让他对外隐藏才能，对内审察形势方便，然后才能进攻。"孙权便召陆逊，拜他为偏将军，代吕蒙为都督。陆逊到陆口后，写信给关羽说："前次您乘衅隙举行军事行动，以恩泽用兵，小小的举动即获大的胜利，真是多么伟大！敌国被打败，我们同盟也受到功利，很想乘着您席卷之势的胜利，共同奖励王霸的事业。陆逊我很愚笨，自受命来到西边，非常仰慕您的威望，常常思想禀承您的良好规范。"陆逊又说："于禁等人被您俘获，远近都很欢欣鼓舞，都认为将军您的功绩足以久传后世。即使过去城濮边上晋文公的军队，淮阴破赵时韩信的谋略，也可以轻蔑而不崇尚了。又听说徐晃等人的步骑兵广张旌旗，虎视眈眈；曹操是很狡猾的敌人，愤怒时往往不考虑困难，不顾一切地增加部队以随心所欲。虽然说曹军有些疲劳，但仍然不缺精锐剽悍的骑兵。而且，在战胜之后，往往苦于轻敌失事。古时候的将军作战胜利后却更加警惕。愿将军您更加广泛地思虑方略计谋，以取得完全的胜利。陆逊我是一介书生，才能粗疏浅陋，自觉有愧于所担重任。为了嘉奖邻国的威德，乐于尽我全部的力量。所言虽然不一定合您的心意，但也可以素明我的心怀。"关羽看了信后有轻视陆逊和自我得意之形，便安下心来，再也不顾虑吴军了。陆逊将此种情形一一写明报告，并讲明关羽可擒捉的大要。孙权便暗暗派军沿江而上，令陆逊和吕蒙为前锋。陆逊和吕蒙一到，便攻克了公安（今属湖北）和南郡（今湖北江陵）。

【评述】

骄傲的关羽，果然中计，被胜利冲昏了头脑，不但大意失荆州，而且连性命也搭上了，还破坏了蜀汉集团“联孙抗曹”的战略方针，从此走上了日益衰落的道路。

交 战

【原文】

凡与敌战，傍与邻国，当卑词厚赂以结之，引为己援。若我攻敌人之前，彼犄其后，则敌人必败。法曰：衢地则合交。

三国，蜀将关羽围魏曹仁于樊，魏遣左将军于禁等救之，会汉水暴起，羽以舟兵虏禁等步骑三万，送江陵。是时，汉帝都许昌，曹操以为近敌，欲徙河北以避其锋。司马懿谏曰：“禁等为水所没，非战守之所失，于国家大计未有所损，而便迁都，即示敌以弱，又淮沔之人俱不安矣。孙权、刘备，外亲而内疏，羽今得意，权必不愿也。可谕权令犄其后，则樊围自解。”操从之，遣使结权。遂遣吕蒙西袭公安、南郡，拔之，羽果弃樊而去。

【译文】

凡与敌人作战，对相近的邻国，应当用谦辞和厚礼来结好他们，使之成为自己的援助力量。如果我正面攻击敌人，邻国又能从后面夹击，敌人必然失败。兵法说，对各国交界的地方就要交结诸侯。

三国时期，蜀将关羽将魏将曹仁包围在樊城，魏派遣左将军于禁等人前去救援。恰逢汉水暴涨，关羽用水军俘虏了于禁等人和步骑兵三万人，将他们解送到江陵。当时，东汉献帝都城在许昌，曹操认为离敌军太近了，想迁都河北以避锋芒。司马懿谏阻道：“于禁等将是被大水所淹，并不是攻守不当，对国家的根本没有什么损害。如果现在迁都，就是向敌人示弱，淮河流域的老百姓也不会安心。孙权和刘备表面亲密，骨子里却很疏远。现在关羽得意，孙权心里一定不愿意。可以告诉孙权，使他从背后行动，那么，樊城之围就可自解。”曹操听从了他的话，派遣使者联络孙权。吴国便派吕蒙向西袭击公安、南郡，夺取了这两个地方。关羽果然弃樊城而去。

【评述】

司马懿的一个外交主意，便解了樊城之围。

形　战

【原文】

凡与敌战，若彼众多，则设虚形以分其势，彼不敢不分兵以备我。敌势即分，其兵必寡；我专为一，其卒自众。以众击寡，无有不胜。法曰：形人而我无形。

汉末，建安五年，曹操与袁绍相拒于官渡。绍遣郭图、淳于琼、颜良，攻操将东郡太守刘延于白马。绍率兵至黎阳，将渡河。夏四月，曹操北救延。荀攸说操曰：“今兵少不可敌，若分其势乃可。公到延津，若将渡河向其后，绍必西应之。然后轻兵袭白马，掩其不备，颜良可擒也。”操从之。绍闻兵渡河，即分兵西应之。操乃率军兼行趋白马，未至十余里，良大惊，来迎战。操使张辽、关羽前登，击破之，斩颜良，遂解白马之围。

【译文】

凡是与敌人作战，如果敌军人数众多，就必须造成假的形态以分散敌军的兵力，敌军是不敢不分兵以防备我的。敌军兵力分散了，每一地的兵力必然减少。我的兵力集中，数量自然就多，以多攻少，没有不胜利的。兵法说，示形于敌而我实际上没有固定的形态。

东汉末建安五年，曹操与袁绍相对抗于官渡。袁绍派遣郭图、淳于琼、颜良攻曹操将领东郡太守刘延于白马。袁绍率军来到黎阳，准备渡河。四月，曹操北上援救刘延。荀攸对曹操说：“现在我军兵力少，不能和袁绍匹敌，如果能够使袁军分散兵力，就可以相敌。如果主公您到延津后能渡河攻打袁军后方，袁绍一定会转而向西迎战；然后，轻骑兵偷袭白马，这样乘其不备，就可以擒获颜良。”曹操采纳了他的意见。袁绍得知曹操渡河，忙相应分兵向西堵截。曹操便率军加倍兼程直奔白马。走了不到十里，颜良得知后大吃一惊，慌忙领兵迎战。曹操即令张辽、关羽做前锋，打败袁军，杀了颜良，解了白马之围。

【评述】

这是著名的官渡之战的一部分。曹操示形以二，实乃集中兵力于白马，一举将颜良部歼灭。

势　战

【原文】

凡战，所谓势者，乘势也。因敌有破灭之势，则我从而迫之，其军必溃。法曰：因势而破之。

晋武帝密有灭吴之计，而朝议多违，惟羊祜、杜预、张华与帝议合。祜病，举预自代；及祜卒，拜预镇南大将军，都督荆州诸军事。既至镇，缮兵甲，耀威武，遂简精锐，拟破吴。西陵都督张政，乃启请伐吴之期。帝报待明年方欲大举。预上表曰：“凡事当以利害相较，今此举十有八九之利，而其害一二，止于无功耳。朝臣言破败之形，亦不可得，直是计不出己，功不在身，各耻其前言之失，故守之耳。昔汉宣帝议赵充国[1]所上事，较之后，责诸议者，皆叩头而谢，以塞异端也。自秋以来，讨贼之形颇露之。今若中止，孙皓怖而生计，或徙都武昌，更添修江南诸城，远其居人，城不可攻，野无所掠，积大船于夏口，则明年之计，或无所及矣。”时帝与张华围棋，而预表适至。华推枰敛手曰：“陛下圣明神武，国富兵强。吴王淫虐，诛杀贤能，当今讨之，可不劳而定。”帝乃许之。预陈兵江陵，遣周旨、伍巢等率奇兵泛舟夜渡，以袭乐乡，多张旗帜，起火巴山，出于要害之地，以夺贼心，遂获吴都督孙歆。即平上流，于是湘江以南至于交广，吴之州郡，望风归附。预仗节宣诏而绥抚之。时诸将会议，或曰：“百年之寇，未能尽克。今大暑，水潦方盛，疾疫将起，宜伺东来，更为大举。”预曰：“昔乐毅借济西一战，以并强齐。

今兵威已振，譬如破竹数节之后，即迎刃而解，无复着手处也。”遂指授群帅，径造秣陵，所过城邑，莫不束手，遂平孙皓。

【译文】

凡是作战，所谓势就是乘势。只要敌军有动摇失败之势可以利用，那么，我军应紧紧抓住，并进一步逼迫他，这样，敌军就必然溃败。兵法说，乘势而败敌。

晋武帝司马炎秘密订立了一个消灭吴国的计策，但朝廷多数大臣的议论却和武帝计谋不符。只有羊祜、杜预、张华的意见与武帝相同。羊祜病重，推荐杜预代替自己。羊祜死后，武帝就拜杜预为镇南大将军，总领荆州军务。杜预一到任，就整顿兵器，修缮装备，壮大军队的声威，挑选精兵猛将，准备实施破吴的计划。西陵都督张政请示攻打吴国的时间，武帝答复明年才能大规模地进攻。杜预上表奏称：“凡事都要权衡利弊，现在行动十分中有八九分对我有利，而不利之处只占十分之一二，顶多不过是劳而无功罢了。朝廷大臣们所讲此次行动的恶果，就更不可能。这是因为，讨吴的计划不是他们想出来的，功劳也落不到他们的身上，他们都为自己前次言论失当而感到羞耻，所以故意要讲防守。过去汉宣帝商议赵充国所秉奏的事情，斟酌之后，斥责了那些非议者，吓得那些人叩头谢罪。这样就堵住了这些异端邪说。自入秋以来，我要讨伐吴国的形迹已经外露，如果现在停止，孙皓由于害怕势必要找计策对付我，说不定迁都武昌（今鄂城），或者加紧修固江南的各城池，将其居民远迁，这样，我军既无法攻城，也得不到补给。孙皓如再将大战船集中在夏口（今武昌），那么明年实施攻吴的计划，怕更不能奏效了。”当时武帝正与张华下围棋，恰好杜预的奏章送到了。张华推开棋盘拱手说：“陛下圣明神武，我国富兵强，吴王淫乱暴虐，枉杀贤明和有才能的人，现在讨伐他，可以轻而易举地大获全胜。”于是武帝同意了杜预的奏章。杜预将军队驻在江陵，派周旨、伍巢等率奇兵乘船黑夜渡江，袭击乐乡（今江陵以西长江南岸），到处置张旌旗，火烧巴山，来往出没于要害之地，以扰乱敌人的军心，并擒捉了吴国都督孙歆。吴国上游地区平定以后，从湘江以南到交趾（今广西、越南等地）、广州（今广东）的吴国州郡望风归附晋国，杜预派出使者宣读诏书，安抚他们。这时，晋国将领集会议事，有人说：“吴国是盘踞了一百多年的敌国，恐怕不能一下全部攻克。现在正是酷暑季节，又逢大水，瘟疫疾病就要蔓延，最好等到冬天再进行大规模的讨伐。”杜预回答说：“古时候乐毅凭借济西一战，吞并了强大的齐国。现在我军的军威已经振奋，好像竹子已经破开了几节之后，就可以迎刃而解，无须再从别处下手了。”于是指挥分派各路领军的将领直逼秣陵（吴称建业，即今南京市）。所经过的城池，没有不投降的，晋军终于平定了孙皓的吴国。

【注释】

①赵充国（前137—前52年）：字翁孙，原为陇西上邽（今甘肃天水）人，后移居湟中（今青海西宁地区），为人有勇略，熟悉匈奴和氐羌的习性。汉武帝时，随贰师将军李广利出击匈奴，后拜为中郎，官居车骑将军长史。汉昭帝时，历任大将军都尉、中郎将、水衡都尉、后将军，率军击败武都郡氐族的叛乱，并出击匈奴，俘虏西祁王。昭帝死后，封营平侯，后历任蒲类将军、后将军、少府，神爵元年（前61），献计宣帝平定羌人叛乱，并进行屯田。赵充国病逝后，谥号壮，为“麒麟阁十一功臣”之一。

【评述】

新取代曹魏称帝的西晋政权利用吴地天灾人祸之机出兵征伐，一举将吴扫平，是利用势的成功战例。

昼战

【原文】

凡与敌昼战，须多设旌旗，以为疑兵，使敌莫能测其众寡则胜。法曰：昼战多旌旗。

春秋，晋侯伐齐。齐侯登山以望晋师。晋人使斥，山泽之险，虽所不至，必旆而疏陈之。使乘车者，左实右伪以旆，先舆曳柴而从之。齐侯见之，畏其众也，遂逃归。

【译文】

凡是与敌人在白天作战，必须多设置旌旗，以此作为疑兵，使敌人无法测度我军的实力，这样就可以取得胜利。兵法说，白天作战要多置旌旗。

春秋时，晋侯领军讨伐齐国。齐侯登上山顶观察晋国军队。晋军派出侦探，凡山水等险要之处无所不到，都要多多少少设置一些旌旗，战车也是左边乘人，右边虚设旗帜，前边是战车，而后边拖着柴火。齐侯一见，害怕晋军人多势众，便逃回去了。

【评述】

疑兵示伪，风声鹤唳。

夜 战

【原文】

凡与敌夜战，须多用火鼓，所以变乱敌之耳目，使其不知所以备我之计，则胜。法曰：夜战多火鼓。

春秋，越伐吴①。吴人御之笠泽，夹水而阵。越为左右两军，值夜，或左或右，鼓噪而进。吴兵分以御之。越为中军潜涉，当吴中军而鼓之，吴师大乱，遂败之。

【译文】

凡是与敌人夜间作战，必须多多使用火和鼓，以此扰乱敌人的耳目，使敌人不知如何防备，这样便可以取得胜利。兵法说，夜间作战应多用火和鼓。

春秋时，越国讨伐吴国。吴国军队在笠泽（今太湖东南岸）防守，沿吴江摆好了阵势。越军分为左右两军进攻，到了夜晚，左右两军轮番鸣鼓向前进攻。吴军分兵以防守越军。越国中军却偷偷渡过吴水，直至接近吴国中军，才突然鸣鼓冲锋，吴军大乱，最终被打败。

【注释】

①越伐吴：公元前 478 年，经过十多年的休养生息后，越王勾践率军在今太期东岸一举打败吴王夫差的军队。

【评述】

经过十年的休养生息，越国实力已不在吴国之下，加上战术运用得当，利用夜暗出奇制胜，越国遂能剿灭吴国。

备　战

【原文】

凡出师征讨，行则备其邀截，止则御其掩袭，营则防其偷盗，风则恐其火攻。若此设备，有胜而无败。法曰：有备不败。

三国，魏大将吴鳞征南，兵到精湖，魏将满宠率诸将在前，与敌夹水相对。宠谓诸将曰："今夕风甚猛，敌必来烧营，宜为之备。"诸将皆警。夜半，敌果遣十部来烧营，宠掩击，大破之。

【译文】

凡出兵征战讨伐，在行军时要防备敌半路拦截；停止时要防备敌突然袭击；驻营时要防备敌偷营；大风时要防备敌火攻。如果能这样处处预设防备，就会有胜而无败。兵法说：有了防备就能立于不败之地。

三国时，魏国大将吴鳞南征，军队到了精湖（今江苏高邮湖）地方。魏国将军满宠率领各将领作为前锋与敌军隔水相对峙。满宠对各将领说："今晚风很猛，敌人必然要来烧我营寨，应该严加防备。"魏国各军营都很警觉。半夜，敌果然派遣十个小部队来放火烧营，满宠率军突然发动袭击，敌军大败。

【评述】

军队要务，戒备为先；提高警惕，有备无患。

粮　战

【原文】

凡与敌对垒，胜负未决，有粮则胜。若我之粮道，必须严加守护，恐为敌人所抄；若敌人之饷道，可分锐兵以绝之。敌既无粮，其兵必走，击之则胜。法曰：军无粮食则亡。

汉末，曹操与袁绍相持于官渡。遣军粮使淳于琼等五人，将兵万余人送之，宿绍营北四十里。绍谋臣许攸贪财，绍不能用，奔归操。因说操曰："今袁绍有辎重万余乘，而乏严备，今以轻兵袭之，燔其积聚，不过三日，袁氏自败矣。"操乃留曹洪守，自将步骑五千人，皆用袁军旗帜，衔枚缚马口，夜从间道，人负束薪，所历道有问者，语之曰："袁公恐操抄掠后军，遣军以益备。"闻者信以为然，皆自若。既至围屯，即放火，营中惊乱，大败之。绍弃甲而遁。

【译文】

凡是与敌人相持作战，胜负一时难决，有粮食就能胜利。对我方的供粮道路，务必严加守护，以防被敌人抄袭截击；对敌方的粮道，要派精兵切断它。敌人既然没有了粮食，军队必然要撤退，这时攻击他就必然胜利。兵法说，军队没有粮草就要灭亡。

东汉末年，曹操和袁绍相持于官渡（今河南中牟以北）。袁绍派军粮使淳于琼等五人率军万余人护送粮草，驻扎在袁军营寨以北四十里的地方。袁绍的谋臣许攸贪财，不被袁绍重用，便投奔了曹操，并且对曹操说："现在袁绍有辎重车一万多乘，缺乏严格的守备。我可以用轻骑兵袭击他，烧毁他的积蓄。这样不过三天，袁绍就会自行失败。"曹操便留曹洪守营寨，亲自率领步骑兵五千人，都打着袁军的旗帜，人衔枚马缚口，乘黑夜从小道进军。曹军每人背一捆柴，在道上碰到有查问的人，便对他们说："袁公怕曹操抄袭后军，特派军增防。"听到这话的袁军官兵都以为是这样，泰然自处。曹操一到袁军粮屯，即放火烧粮，袁军营中惊慌失措，大败，袁绍丢盔弃甲而逃。

【评述】

官渡之战的决定性胜利，就是火烧袁绍粮仓。粮仓被烧，袁绍注定失败。

导　战

【原文】

凡与敌战，山川之平险，道路之迂直，必用乡人引而导之，乃知其利而战则胜。法曰：不用乡导者，不能得地理。

汉武帝时，匈奴比岁入寇，所杀掠甚众。元朔五年春，令卫青[1]将三万骑出塞[2]。匈奴右贤王以为汉兵不能至此，遂醉卧帐中。汉兵夜至，围，右贤王遂大惊，独与其爱妾一人，骑兵数百，突围夜逃北去。汉遣轻骑校尉郭成等追四百里弗及，得裨将王数百人，男女五千余口，畜马数百万。于是，青率兵而还。至塞，天子使使者持大将军印，即军中拜青为大将军，诸将皆以兵属，立号而归，皆用校尉。张骞[3]以尝使大夏，留匈奴人导军，善知水草处，大军得以无饥渴之患。

【译文】

凡与敌人作战，山川有险有平，道路或曲或直，必须使用乡民做向导，才能懂得它的利和害。这样作战就可以胜利。兵法说，不使用向导的人，不能得到地利。

西汉武帝时，匈奴每年入侵，烧杀抢夺很厉害。元朔五年（前124）春，汉武帝令卫青率三万骑兵出塞外进攻匈奴。匈奴右贤王认为汉军不能到达这些地方，便醉卧在帐篷中。汉军夜间浦至，包围了匈奴兵。右贤王大吃一惊，仅带他的爱妾，率骑兵几百人突围，乘夜向北逃去。汉军派轻骑校尉郭成等追赶了四百多里，也没有追上。这一仗汉军俘获匈奴偏将副将以下几百，男女兵丁五千多，牲畜战马几万匹。于是卫青率领军队返回，到达塞内后，汉武帝派使者拿着大将军的印，就在军中拜卫青为大将军，各将领都委以兵权，评定级别后返回，都被任命为校尉。在这以前，张骞曾出使大夏（今阿富汗），并带回了一些匈奴人做向导。这些向导很了解塞外的水和草，所以卫青大军没有受到饥渴之患。

【注释】

①卫青（？—前106）：河东平阳（今山西临汾西南）人。本平阳公主家奴，后为汉武帝重用。卫青继元朔二年控制河套地区后，又于元狩四年和霍去病共同打败匈奴。他前后7次出击，解除了匈奴对汉王朝的威胁。

②塞：即塞外，也称塞北，指外长城以北，包括今内蒙古、甘肃和宁夏的北部及长城以北等地。

③张骞：汉武帝初年，张骞出使西域时，中途曾被匈奴俘虏，被拘留了十多年，后乘间逃出，到了大月氏（dà ròu zhī），公元前119年，张骞再一次出使伊犁河流域的乌孙。张骞的两次出使增进了西汉和西域地区的了解。

【评述】

有熟悉敌山川地理的人做向导，方能利用地理优势。

知　战

【原文】

凡兴兵伐敌，所战之地必预知之。师至之日，能使敌人如期而来，与战则胜。知战地，知战日，则所备者专，所守者固。法曰：知战之地，知战之日，则可千里而会战。

战国，魏与赵攻韩，韩告急于齐。齐用田忌将兵往救，走大梁。魏将庞涓闻之，去韩而归魏。孙膑谓田忌曰："彼三晋之兵素悍勇而轻齐，齐号为怯。善战者因其势而利导之。兵法：百里而趋利者，蹶上将；五十里而趋利者，军半至。使齐军入魏地为十万灶，明日为五万灶，又明日为二万灶。"涓追三日，大喜曰："我固知齐军怯，入吾地三日，士卒亡者过半矣。"乃弃其步兵，与精锐奇兵，倍道兼行逐之。孙膑度其行，暮当至马陵。道狭而旁多阻隘，可伏兵。乃斫大木，白而书之曰："庞涓死此树下。"于是，令齐军善射者万弩夹道而伏。涓追至，见白书，乃钻火烛之。读其书未毕，齐军万弩俱发，魏军大乱。涓自知智穷兵败，乃自刎。

【译文】

凡是起兵讨伐敌人，对要交战的地点必须预先了解。军队到达这里的时候，能使敌人也如期到达，这样和他交战就能胜利。知道作战的地方，知道作战的时间，那么，所进行的准备就精深，防守就会坚固。兵法说，知道交战的地方，知道交战的时间，就可以远行千里而去会战。

战国时，魏国和赵国联合进攻韩国，韩国向齐国告急求救。齐国派田忌带兵去救韩，齐军直接扑向魏国都城大梁（今开封），魏将庞涓听说后，便离开韩国而返回魏国。孙膑对田忌说："他们魏、赵等国的军队向来剽悍勇猛，轻视我齐军，齐军过去被称为怯懦之军。擅于打仗的人应该因势利导。兵法说，行百里而去夺占利益的，要损失上将；行五十里而去夺占利益的，军队只有一半能够到达。让齐军在刚进入魏国境地时做成十万灶，第二天便只做五万灶，再过一天便只做二万灶。”庞涓追了三天后大喜道：“我本来就认为齐军怯懦，进入我境三天，士卒逃亡的就超过了一半。”庞涓便甩掉了他的步兵，只率领精锐部队，加倍兼程追赶。孙膑计算魏军行军速度，傍晚应当到达马陵。这里路窄，两旁地势险隘，可以埋伏军队。孙膑便砍剥下树皮，在上面写道：“庞涓死于此树下。”写完，令齐军万名善于射箭的弓弩手埋伏在道路两旁。庞涓追到这里，见树上有白色的字，便钻木取火照着看。还没有读完，齐军万箭齐发，魏军队便大乱。庞涓知道自己已处于穷途末路，便自杀了。

【评述】

最重要的“知彼”，是熟知敌将。

卷　四

斥　战

【原文】

凡行兵之法，斥候为先。平易用骑，险阻用步。每五人为一甲，人持一白旗，自近及远，军前后左右接续候望。若见贼，以次传近告白主将，令众预为之备。法曰：以虞待不虞者，胜。

汉宣帝时，先零诸羌[①]叛，犯边塞，攻城邑，杀长吏。时后将军赵充国年七十余，上老之，使问：“谁可将者？”充国曰：“百闻不如一见。兵难预度，臣愿驰至金城，图上方略。然羌戎小夷，逆天背叛，灭亡不久，愿陛下属之老臣，勿以为忧。”上笑曰：“诺。”充国至金城，须兵满万骑，欲渡河，恐为羌所遮，即夜遣三校[②]衔枚先渡，渡辄营阵。会明，遂以次尽渡。羌数十百骑来，出入军傍。充国曰：“吾士马新至，困倦，不可驰逐。此皆骁骑难制，又恐为其诱兵也。击羌以殄灭为期，小利不足贪。”令军中勿击。遣骑候[③]望，四望峡中无羌。夜半，兵至洛都，召诸校、司马谓曰：“吾知羌戎不能为矣。使彼发数千人杜守四望，狭中兵众，岂得入来？”充国常以远斥候为务，行必为战备，止必坚营壁，尤能持重爱士卒，先计而后战，遂平先零。

【译文】

一般用兵的方法，首先要进行侦察。平坦的地方使用骑兵，崎岖不平的地方使用步兵。每五人为一甲，每人打一面白旗，由近到远，在部队的前后左右连续不断地侦察瞭望。一旦发现敌人，便依次将消息传报主帅，使部队预作准备。兵法说，以有准备对付无准备，必胜无疑。

西汉宣帝时，先零羌的几个部落叛乱，进犯边塞，攻破城池，杀死官吏。当时，后将军赵充国已年过七十。宣帝看他老了，便召他来询问：“谁可以领兵出征？”赵充国回答道：“百闻不如一见，如何用兵打仗是难以事先预料的，我愿意立即赶至金城（今兰州），再商量好的对策。羌军不过是小小的外族，违犯天意反叛朝廷，灭亡的时间不会长久，请陛下将此事托付给我，不必担忧。”宣帝笑着说：“可以。”赵充国到了金城，等到聚够了万余骑兵，便准备渡河。因担心羌人阻击，便于夜晚派三名小将率领一部分人衔枚先渡河，过河后就列好阵势。等到天亮，大队人马便依次渡过了河。羌军数百骑兵奔来，在汉军左右驰骋徘徊，赵充国说：“我军刚到，人困马乏，不能出营交战。这些羌人骑手骁勇善战，很难对付，更何况还要提防他们的诱兵之计。打击羌人是为了消灭他们，不能贪小便宜。”于是命令众将不得出击。赵充国派出骑兵进行侦察，四下瞭望，证实狭谷中并无羌军。半夜，部队来到洛都，赵充国召集各校尉和司马，对他们说：“我估计羌人兵穷智尽了，即使他有几千人在四处伺机而动，但狭谷中我人多势众，他也攻不过来。”赵充国经常派出远探进行侦察，行军时必定做好交战的准备，宿营时必定坚壁防守营寨，尤其是遇事持重、体恤士兵，先计算、准备，然后才进攻，终于讨平了先零羌的叛乱。

【注释】

①先零诸羌：先零羌为汉时西羌的一支，分布在今甘肃临夏以西和青海东北一带。汉武帝时移居西海、盐池地区，以畜牧为主，屡次进扰金城、陇西等郡；东汉初，被陇西太守马援征服，迁徙天水、陇西一带，后逐渐与汉族及其他民族融合。

②三校：校，古代军官军衔的一级，在“将”之下，“尉”之上，相当后世中层主官。后文“司马”也是军官名：一般大将军府置司马一人，位次于将军，掌本部军事，相当于后世的参谋长。

③骑候：骑马的侦察兵；后文“斥候”亦为侦察兵，“远斥候”为远方侦察兵。

【评述】

行军打仗，侦察为先。

泽 战

【原文】

凡出军行师，或遇沮泽之地，宜倍道兼行速过，不可稽留也。若不得已与不能出其地，道远日暮，宿师于中，必就地之环龟，形者中高四下为圆营，四面受制。一则防水潦之厄，一则备四围之寇。法曰：历沛泽，坚守环龟。

唐，调露元年[①]，突厥阿史德温傅[②]反。诏吏部尚书右卫大将军裴行俭[③]，为定襄道行军大总管讨之。军次单于界。比暮，已立营，堑壕即周。行俭更命徙营高冈。吏曰："吏士安堵不可扰。"不听，徙之。比夜，风雨雷霆暴至，前设营所，水深丈余，众莫不骇叹。因问何以知其有风雨也，行俭笑曰："自今但依我节制，毋须我所由知也。"

【译文】

凡行军打仗，可能会遇到低洼的沼泽地。这时应当加速通过，不能在这些地方滞留。如果迫不得已或路远天黑走不出去，要在里面宿营，就必须按照地形呈龟壳状驻扎，形成中间高而四周环绕的圆形营，四周向外。这样，一方面可以防水淹，另一方面可以防备周围的敌人。兵法说，处沼泽之地，要坚守成环龟形状。

唐朝调露元年（679），东突厥阿史德温傅叛乱，朝廷命吏部尚书右卫大将军裴行俭为定襄道行军大总管前往征讨。军队开到单于的边境，到黄昏时营帐已立好，四周挖好了堑壕。裴行俭却命令将营帐迁往高岗上。有部下说："将士刚安睡，不宜再打扰他们。"裴行俭不听，仍然迁移了营帐。当夜，电闪雷鸣，狂风暴雨突起，迁移前扎营的地方，水深一丈有余，部众无不惊叹称幸。大家请教裴行俭如何料到今夜有风雨，裴行俭笑着说："从今以后只管听我调遣，不必问我为什么知道要这样做。"

【注释】

①调露元年：唐高宗年号之一。李治在位三十三年，先后用了永徽、显庆、龙朔、麟德、乾封、总章、咸亨、上元、仪凤、调露、永隆、开耀、永淳、弘道等十四个年号。调露元年为公元 679 年。

②突厥阿史德温傅：679 年，西突厥阿史德温傅参与十姓可汗阿史那匐延都支反叛，被当时受命册送波斯王子泥涅师归国的裴行俭平定。

③裴行俭（619—682）：绛州闻喜（今属山西）人，隋朝礼部尚书裴仁基次子；曾得名将苏定方教导；唐高宗废王立武时，裴行俭因私议论，被贬为西州都督府长史。麟德二年（665）拜安西大都护，诸部多慕义归附。后来还朝，掌事十余年，甚有能名。

【评述】

善观天文地理，预见气象灾害是将领必须具备的知识。

争 战

【原文】

凡与敌战，若有形势便利之处，宜争先据之，以战则胜。若敌人先至，我不可攻，候其自变，则击之乃利。法曰：争地勿攻。

三国，魏，青龙二年，蜀将诸葛亮出斜谷。是时，魏将司马懿屯渭水。郭淮策亮必争北原，宜先据之。议者俱不谓然。淮曰："若亮跨登渭原，连兵山北，隔绝陇道，摇荡民心，此非国之利也。"懿善之，淮遂屯北原。堑垒未成，蜀兵大至，淮遂逆击之。后数日，亮盛兵西行，淮将皆以为欲西图，淮独以亮见形于西，欲使兵众应之，必北攻耳。其夜，果攻阳遂，有备不败。

【译文】

凡与敌人作战，如果有形势便利的地方，宜于抢先占据，依靠这种地形作战，战就能胜。如果敌人抢先一步，我军就不能进攻，应等候敌人内部的变化，然后发动进攻才能胜利。兵法说，对相争之地不能进攻。

三国时，魏青龙二年（234），蜀将诸葛亮率军出斜谷（今陕西眉县西南）。当时，魏将司马懿驻扎在渭水，部将郭淮推断诸葛亮必然要争夺北原，主张抢先占据，议论的人全都不以为然。郭淮说："如果让诸葛亮登上渭河高原，连接山北，切断陇南道路，那就会动摇民心，这对国家是不利的。"司马懿认为他的话很对。于是郭淮率军驻守渭北高原，防守的堑沟壁垒尚未筑成，蜀军便蜂拥而来。郭淮便率兵迎击。后过了几天，诸葛亮忽然率主力向西进攻，郭淮部将都以为要向西进攻，唯有郭淮认为诸葛亮是故意示形于西，目的是将魏军也引向西，然后必定向北攻。当夜，诸葛亮果然攻打阳隧，因魏军有了准备，最终没有遭受失败。

【评述】

锦囊妙计不如临敌正确分析判断。

地　战

【原文】

凡与敌战，三军必要得其地利，则可以寡敌众，以弱胜强。所谓知敌之可击，知吾卒之可以击，而不知地利，胜之半也。此言即知彼，又知己，但不得地利之助，则亦不能全胜。法曰：天时不如地利。

晋，武帝讨南燕[1]。慕容超召群臣议拒晋师。公孙五楼曰："晋师劲果，所利在速战，初锋勇锐，不可击也；宜据大岘，使不得入。旷日延时，阻其锐气。可徐拣精兵二千骑，循山而南，绝其粮道；别遣段晖率诸州之军，缘山东下。腹背击之，此上策也。各命守者依险自固，较其资储之外，余悉焚荡，芟除粟苗，使敌人来无所资，坚壁清野，以待其衅，中策也。纵贼入岘，出城迎战，下策也。"超曰："京都富盛，户口众多，非可以一时入守；青苗布野，非可猝芟；设使芟苗、守城，以全性命，朕所不能。据五州之强，带山河之固，战车万乘，铁马万群，纵令过岘，至于平地，徐以精兵蹂之，必成擒也。"慕容镇曰："若如圣旨，必须平原十里而军，军垒成，用马为便，宜出岘，逆战而不胜，犹可退守。不宜纵敌入岘，自贻窘逼。昔成安君不守井陉之险，终屈于韩信；诸葛瞻不守剑阁之险，卒擒于邓艾。臣以天时不如地利也，阻守大岘，策之上也。"超又不从。为摄莒、梁父二戎修城隍，拣士马，蓄锐以待之。其夏，晋师已东克，超遣其左军段晖等步骑五万，进据临衢[2]。俄而晋师渡岘，慕容超惧，率兵四万就段晖等，于临衢战败，超奔广固，数日而拔，燕地悉平。

【译文】

凡与敌作战，部队必须占据有利地形，这样就能以少胜多，以弱胜强。这就是说，知道敌人可以攻击，也知道自己的兵士可以进行攻击，但不知道利用有利地形，胜利的把握只能有一半；即使知己知彼，但得不到地形的帮助，那么仍然不能全胜。兵法说，天时不如地利。

东晋刘裕讨伐南燕时，南燕慕容超召集群臣计议抵抗晋军的办法。公孙五楼说："晋军强大，利在速战，刚来时士气勇猛锋锐，不可攻击，宜于据守大岘山（在今山东临朐县境），使晋军不能进来，拖延时间，以挫其锐气。然后从容挑选精锐骑兵二千，沿大岘山向南，切断晋军的粮道；再派段晖率领各州军队，沿大岘山东下，腹背夹击晋军，这是上策。命令守军依托险阻地形各自固守，除必要的钱粮储备之外，其余全部焚毁，铲除青苗，使敌人来后什么也得不到，坚壁清野，以等待时机，这是中策。放敌兵过岘山，出城迫战，这是下策。"慕容超说："京都富裕昌盛，人口众多，固守城池一时难以做到，青苗遍野，一时也难以铲除；即使能铲除青苗，固守城池而得以保全性命，我也不能答应。我占据着五州的强地，控制着山河的险固，有战车万乘，铁骑万群，纵使晋军过岘山来到平地，我以精兵徐徐攻击，也必定能全部俘获他。"慕容镇说："如果按照您的旨意办，必须有平原地带十里以上扎营，营垒建成后，使用骑兵比较方便。因此，最好能前出至大岘山以外，这样，即使在迎战时不能取胜，也可以退守。不可将敌放进大岘山，给自己造成被动。过去赵成安君不守井陉之险，终于被韩信所屈服；诸葛瞻不守剑阁之险，终于被邓艾所擒获。臣以为天时不如地利。据守大岘山，确实是上策。"慕容超又不听从，并命令摄莒、梁父二军修筑城墙和护城河，挑选官兵和战马，养精蓄锐等候晋军。那年夏天，晋军攻破东面，慕容超派遣左军段晖等步骑兵五万进驻临衢。不久，晋军通过了大岘山，慕容超害怕了，忙率兵四万支援段晖，在临衢战败。慕容超逃奔广固（今山东淄博市东南）固守，没几天也被晋军攻破。南燕终于全部被晋扫平。

【注释】

①武帝讨南燕：晋安帝义熙五年（409），刘裕征讨南燕。刘裕后来代晋做了南朝宋的皇帝，

称为武帝。下文慕容超为南燕第二个皇帝，公元410年为刘裕擒杀，南燕遂亡。

②临衢：即临朐，今属山东。

【评述】

弃险守难，除非会打游击，南燕的地理知识一塌糊涂，早已败了。

山　战

【原文】

凡与敌战，或居山林，或在平陆，须居高阜，恃于形势，顺于击刺，便于奔冲，以战则胜。法曰：山上之战，不仰其高。

战国，秦伐韩。韩乞军于赵，王召廉颇而问曰："可救否？"曰："道远路狭，难救。"又召乐乘而问曰："可救否？"乐乘对如颇言。又召赵奢①问，奢曰："道远险狭，譬如两鼠斗于穴中，将勇者胜。"王乃令奢将兵救之。去赵国都三十里，垒而不进，令军中曰："有以军事谏者死。"秦军武安。有一人谏，奢立斩之。坚壁留二十八日不行，复益增垒。秦间来入，赵奢善食而遣之。间以报秦将，秦将大喜，曰："夫去国三十里，而军不行，乃增垒，非救韩，卫赵地也。"赵奢即遣秦间，乃卷甲而趋之，一昼夜至，秦闻之，悉甲而至。军士许历请入谏，赵奢纳之。许历曰："秦人不意赵师至此，其来气盛，将军必厚集其阵以待之，不然必败。"奢曰："请受教。"历曰："请受刑！"奢曰："须后令至邯郸。"历复请曰："先据北山者胜，后至者败。"赵奢曰："诺。"即发万人趋之。秦兵后至，争山不得上，奢纵兵击之，大破秦军，遂解其围。

【译文】

凡与敌作战，不论是山林还是平原，必须占据制高点，依靠有利的地形、态势，便于进攻和撤退。这样作战就可以胜利。兵法说，在山地作战，不能仰视高处而攻。

战国时，秦国征伐韩国，韩国向赵国求援。赵王召廉颇问计说："可救吗？"廉颇回答："道远路窄，难以相救。"赵王又召乐乘问说："可救吗？"乐乘的回答和廉颇一样。赵王又召赵奢问，赵奢说："道远路险，就像两只老鼠在洞穴中相斗，勇者将胜。"于是，赵王令赵奢带兵援救韩国。赵奢在离开赵国三十里后，就扎营设垒而不前进，并下令说："有因为战事进谏者必死。"这时秦军也停止了攻打韩国。有人进谏，赵奢立即下令斩首。坚壁安营二十八天不前，每天还增防设垒。秦军派间谍来探听消息，赵奢用美食招待一番送回。间谍将此情况报告秦将，秦将喜出望外，说："赵军离开赵国三十里就止军不前，增壁设垒，这不是为了救韩国，而是为了保卫赵国的土地。"赵奢遣走了秦军间谍后，即收拾武器甲胄向秦军急行，一昼夜就到了。秦军听了，也全部披甲而来。军士许历请求进谏，赵奢允诺。许历说："秦人没有想到赵军来到这里，秦军来势凶猛，将军必须严阵以待，不然就要失败。"赵奢道："请求教诲。"许历道："请求处罚。"赵奢道："等到了邯郸以后再说。"许历又说："先占据北山的就胜利，后到北山的就失败。"赵奢说："很对。"即发兵登山。秦兵晚到一步，争夺山头不能上去。赵奢居高临下，挥兵出击，大破秦军，终于解了韩国之围。

【注释】

①赵奢：生卒年不详，主要生活在赵武灵王（前324—前299）到赵孝成王（前265—前245）时期。据《战国策·赵策》记载，赵奢曾对平原君赵胜提过自己曾经亡命入燕，后来纸上谈兵的赵括为赵奢之子。

【评述】

先占山峰者主动。

谷 战

【原文】

凡行军越过山险而阵，必依附山谷。一则利水草，一则附险固，以战则胜。法曰：绝山依谷。

后汉将马援为陇西太守，三降羌与塞外诸种为寇，杀长吏。援将四千余人，击之至氐道县。羌在山上，援军据便地，夺其水草不与，羌遂穷困。羌师数十万亡出塞外，诸种万余人悉降。羌不知依谷之利，而取败焉。

【译文】

凡行军越过高山险阻而列阵时，必须依山傍谷，一则便于取水取草，二则有险固地形可作为依托，这样，战就能胜。兵法说，处大山一定要靠近山谷。

后汉将领马援为陇西太守时，被三次降服的羌族又与塞外诸族勾结作乱为寇，杀了长吏。马援带四千余人，进击至氐（dī）道县（今甘肃武山县东南）。羌人在山上，马援军占据山谷边的便道，切断了羌人的水草。羌兵很快便处于穷途困乏的境地，数十万羌军逃出塞外，将领和万余兵士降汉。羌人不懂得利用山谷之便，终于自取失败。

【评述】

军队驻地需要有水源和粮草供应。

攻 战

【原文】

凡战，所谓攻者，知彼者也。知彼有可破之理，则出兵以攻之，无不胜。法曰：可胜者攻也。

三国，魏曹操遣朱公为庐江太守，屯皖。大开稻田，又令间人招诱鄱阳败归者，使作内应。吴将吕蒙曰："野田肥，若一收熟，彼众必争；如是数岁，曹难制矣，宜早除之。"乃具陈兵状。于是孙权亲征，一朝夜至。问诸将计策，诸将皆劝作高垒。蒙曰："治垒必历日乃成，彼成备已修，外救必至，不可图也。且乘雨水以入，若淹留经日，必须尽还；还道艰难，蒙窃危之。徐观此城不甚固，以三军锐气四面攻之，不移时可拔，及水未涨而归，全胜之术也。"吴主权从之。蒙乃荐甘宁为外城都督，率兵攻其前，蒙以精锐继之。侵晨进攻，蒙手执桴鼓，士卒皆腾踊自升，食时破之。既而张辽至夹石，闻城已拔，乃退。权加蒙功，即拜庐江太守。

【译文】

凡与敌人作战，所谓进攻的一方，也就是知彼者。知道敌方有可破的道理，即出兵攻击他，就会无有不胜。兵法说，可以胜利的就进攻。

三国时期，魏王曹操派朱公为庐江太守，驻扎于皖（今安徽潜山）。朱公大面积开辟稻田，又让间谍招引鄱阳败逃的人，使之作为内应。吴将吕蒙禀告孙权："野田肥沃，如果有一个好年成，曹军必然更加争相开垦。这样几年，制服曹操就更难了，宜于及早除掉祸害。"吕蒙并详细列举了用兵的情形。于是，孙权亲征，一天一夜即至。孙权向诸将问计策，众将都劝他构筑高垒攻城。吕蒙说："筑垒必定要几天才能成，等筑成了，敌人的设备也就完成了，外面的援兵也必定到了，城就不能攻下。况且乘雨水入城，如果水在城里淹留几天，我就必须全部撤回。退路艰难，我个人以为就危险了。详细观察：这座城池不甚牢固，以我全军的锐气从四面攻打，不长时间就可攻破，不等水涨就返回，这是全胜的办法啊！"孙权听从了这个计策。吕蒙即推荐甘宁为外城都督，率兵在前进攻，自己带精锐部队继后。拂晓进攻，吕蒙亲自执桴击鼓；士卒个个踊跃登城，一顿饭工夫便攻下了城池。等张辽至夹石时，听说城已攻破，即退回去了。孙权为吕蒙记功，拜他为庐江太守。

【评述】

有进攻条件的，应及时攻击。

守 战

【原文】

凡战，所谓守者，知己者也。知己有未可胜之理，我且固守，待敌可破之时，则出兵以攻之，无有不胜。法曰：知不可胜，则守。

汉景帝时，吴楚七国反①，以周亚夫②为太尉，东击吴楚七国。因自请于上曰："楚兵剽轻，难与争锋。愿以梁委之，绝其食道，乃可制也。"上许之。亚夫至，会兵荥阳。吴方攻梁；梁急，请救于亚夫。亚夫率兵东北走昌邑，坚壁而守。梁王使使请亚夫，亚夫守便宜不往救。梁上书于景帝，帝诏亚夫救梁。亚夫不奉诏，坚壁不出，而使高侯等将轻骑，绝吴楚兵后食道。吴楚兵乏粮，饥欲退，数挑战，终不出。夜，亚夫军中惊乱，自相攻击，至于帐下，亚夫坚卧不起，顷之自定。吴奔壁东南陬，亚夫使备西北。已而吴兵果奔西北，不得入。

吴楚兵饥，乃引兵退。亚夫出精兵追击，大破之。吴王濞弃其军，与壮士数千人，亡走，保于江南丹徒。汉兵因乘胜追击，尽获之，降其郡县。亚夫下令：“有得吴王者赏千金。”月余，越人斩首以告。凡相攻守七月，而吴楚平。

【译文】

凡作战，所谓防守的一方，是知己的一方。知道自己没有必胜的把握，就暂且固守；等到有破敌的时机，就出兵发起攻击，这样，没有不获胜的。兵法说，知道不能获胜，就防守。

西汉景帝时，吴、楚等七国反叛，景帝用周亚夫为太尉，领兵往东讨伐吴、楚七国。周亚夫自己请求景帝说：“楚（治所在今徐州市）军行动迅速敏捷，很难和他们正面交锋。我想先把梁国（今河南东郊商丘地区）丢给他们，而绕道截断吴楚军的粮道，这样，方能克敌制胜。”景帝同意了。周亚夫到后，在荥阳（今属河南）集合了军队。吴军攻打梁国，梁国危急，向周亚夫求救。亚夫却领兵从东北方向到昌邑（今山东巨野南）坚壁防守。梁王又派使者来向周亚夫求救，周亚夫为了自己的方便还是不去援救。于是梁王上书给景帝，景帝诏令周亚夫救梁。周亚夫拒绝奉诏，仍然坚壁不出，而只派高侯等率轻骑切断吴楚军后方的粮道。吴、楚军缺粮饥饿，想后撤，多次向周亚夫挑战，周亚夫始终不出战。有天夜里，周亚夫军中惊慌，官兵自相攻击，一直闹到他的营帐前面。他却睡着不起来，过了一会儿，惊恐也就自行安定了。吴军到城东南角挑战，周亚夫却命令防备西北角。一会儿，吴军果然奔向西北，但没法进城。吴楚军队饥饿，便率军撤退。周亚夫发动精锐部队追击，大败敌人。吴王濞撇下他的军队，只率数千名精兵逃走，退保江南丹徒（今江苏镇江市东）。汉军乘胜追击，吴军全部被俘获，郡县也都被收降。于是周亚夫下令：“有捉拿到吴王的，赏千金。”过了一个月，一越人斩了吴王的首级来报。汉军和吴楚攻守七个月，吴楚地全部平定。

【注释】

①吴楚七国反：公元前 154 年，吴王刘濞联合楚、赵、胶东、胶西、济南、菑川共七个王，以清除晁错为名，在长江下游发动叛乱。

②周亚夫（前 199—前 143）：沛郡丰县人，汉名将周勃的次子。后蒙冤下狱，闭食自尽。

【评述】

防守一方，应避敌锋芒，挫其锐气，再而图之。

先 战

【原文】

凡与敌战，若敌人初来，阵势未定，行阵未整，先兵以急击之，则胜。法曰：先人有夺人之心。

春秋，宋襄公及楚人战于泓。宋人即成列，楚人未既济。司马子鱼曰："彼众我寡，及其未济，请急击之。"公弗许。即济未成列，子鱼复请，公复未之许。及成列而战，果不胜。

【译文】

凡作战，如敌人刚到，阵势还未定，队伍还没整齐，应先发兵猛烈攻击他，这样就一定能胜利。兵法说，先发制人可以打击敌人的意志。

春秋时，宋襄公与楚国人在泓水边交战。宋军已摆好了阵势，而楚军还没有渡完河。司马子鱼对襄公说："敌众我寡，趁他们还没全部过河，请允许猛烈攻击。"襄公不许。后来，楚军全部渡过河，但还没有整理好行伍，司马子鱼再次请宋襄公发动进攻，襄公又不许。等到楚军整理好队伍再交战，宋军果然不能获胜。

【评述】

毛泽东评价宋襄公此战愚蠢之极。

后 战

【原文】

凡敌人行阵整而且锐，未可与战，宜坚壁待之。候其阵久气衰，起而击之，无有不胜。法曰：后于人以待其衰。

唐，武德中，太宗围王世充于东都，窦建德率众来救，太宗守武牢[1]以拒之。建德阵汜水东，弥亘数里，诸将皆有惧色。太宗将数骑登高以望之，谓诸将曰："贼起山东，未见大敌。今渡险而嚣，是军无政令；迩城而阵者，有轻我之心也。我按兵不动，待彼气衰，阵久、卒饥，必将自退。退而击之，何往不克？"建德列阵自卯至午时，卒饥倦列坐，又争饮水。太宗令宇文士及率三百骑，经贼阵之西驰而南，诫曰："贼若不动，止，宜退归；如觉其动，宜率众出。"士及才过，贼众果动。太宗曰："可击矣！"乃命骑将建旗列阵，自武牢乘高入南山，循谷而东，以掩贼背。建德率其阵却，止东原，未及整立，太宗轻骑击之，所向披靡。程咬金等众骑缠幡而入，直突出贼阵后，齐张旗帜，表里俱备，贼众大溃，生擒建德。

【译文】

如果敌人队伍严整，士气旺盛，就不能与他交战；宜于坚壁防守以等待时机。等到敌列阵久了，士气衰弱了，突然发起攻击，就没有不胜利的。兵法说，后发制人以等待敌人士气衰退。

唐高祖武德年间，太宗李世民将王世充包围在东都（今洛阳）。窦建德率领全部兵马前来救援，太宗坚守武牢以抵御窦军。窦建德在汜水东面列阵，纵横长达数里，唐军将领都有些害怕了。太宗带领数骑登高远望，对诸将领说："贼兵来自山东，没有遇到过强敌。现在他们渡河涉险时还吵吵闹闹，是军队政令不明的表现；挨着城池列阵，是因为有轻视我军的心理。我现在按兵不动，等他们士气衰竭。列阵久了，士兵饥饿了，必然会自行撤退。敌军撤退时再进攻，还怕不能战胜他们吗？"窦建德从早晨列阵到中午，士兵饥饿困倦，都坐了下来，既而又争先恐后喝水。唐太宗便命令宇文士及率领三百骑兵，经敌阵的西面驰向南。太宗并告诫说："敌如果不动就停下来，最好退回来；如果察觉到敌有动静，宜率领部众向敌攻击。"宇文士及率领骑兵刚从敌阵西面经过，敌军果然动了起来。太宗说："可以攻击了！"于是命令骑兵将领树旗列阵，从武牢山上行进到南山，再沿着山谷向东，从敌军背后掩杀。窦建德率领队伍退却到东原，还没来得及整顿阵容，太宗的轻骑兵就向他发起了进攻。唐军所向披靡，程咬金等率骑兵乘势而入，突如其来地出现在窦军的阵后，挥旗麾帜，里外夹击，窦建德部众大败溃散。唐军活捉了窦建德。

【注释】

①武牢：即虎牢关。在今河南荥阳汜水西。

【评述】

所谓后战，仍然是避敌锐气，挫其锋芒，攻其堕疲。

卷　五

奇　战

【原文】

凡战，所谓奇者，攻其无备，出其不意也。交战之际，惊前掩后，冲东击西，使敌莫知所备，如此则胜。法曰：敌虚则我必为奇。

三国，魏景元四年，诏诸军征蜀，大将军司马昭指授节度使。邓艾与蜀将姜维①相缀连于雍州，刺史诸葛绪邀维，令不得归。艾遣天水太守王颀等直攻维营，陇西太守牵洪邀其前，金城太守杨欣诣甘松。维闻钟会诸军已入汉中，退还。欣等蹑于山口，大战，维败走。闻雍州已塞道，屯桥头，从孔函谷入北道，欲出雍州后。诸葛绪闻之，却还三十里。维入北道三十里，闻绪军却还，从桥头过，绪趋截维，不及。维遂东还守剑阁。钟会攻维未能克。艾上言："今敌摧折，宜遂从阴平由邪径经德阳亭趋涪，去剑阁西百里，去成都三百里。奇兵冲其腹心，剑阁之守必还，赴涪，则会方轨而进；剑阁之军不还，则应涪之兵寡矣。军志曰：'攻其无备，出其不意。'今掩其空虚，破之必矣。"艾自阴平道，行无人之地七百余里，凿山通道，造作梁阁，山高谷深，而甚艰难；粮运将匮，频至危殆。艾以毡自裹，推转而下；将士皆攀木缘崖，鱼贯而进。至江油，蜀守将马邈降。蜀卫将军诸葛瞻自涪还绵竹，列阵待艾。艾遣子邓忠出其右，师纂出其左。忠、纂战不利，并退还，曰："敌未可胜。"艾怒曰："存亡之分，在此一举，何不可之有？"乃叱忠、纂等，将斩之。忠、纂驰还，更战奋勇，大破之，斩瞻，进军成都。刘禅遣使请降，遂灭蜀。

【译文】

凡是进攻，所谓奇，就是攻其不备，出其不意。两军交战时，在前面威逼敌人，从后面偷袭敌人；声东而击西，使敌人不知在何处设防。这样作战就可以取胜。兵法说，敌人空虚，我就必定要用奇兵。

三国时魏国景元四年（163），元帝曹奂诏令各军征伐蜀国。大将军司马昭被任命为节度使。魏国将领邓艾与蜀汉将领姜维相对峙于雍州（今陕西中部，甘肃东南部），刺史诸葛绪拦截姜维后军，使其不能后退。邓艾又派遣天水（今甘肃天水、定西一带）太守王颀等人直接进攻姜维的营寨，派陇西（今甘肃陇西、临夏一带）太守牵洪拦截姜维的前方，派金城太守杨欣去甘松（今甘肃迭部县东南）把守。姜维得悉魏国将领钟会的军队已进入汉中，便领兵退还。王颀等追踪至山口，与姜维大战一场，姜维败退。他得知去雍州的道路已被堵，便屯兵桥头（今甘肃文县碧口），从孔函谷（今甘肃舟曲以东白龙江两岸）进入北道，想进到雍州后方。诸葛绪听说后，将军队后撤三十里。姜维进入北道三十里，得知诸葛绪军后撤，便又从桥头通过。诸葛绪出兵阻击姜维，未能赶上。姜维向东退守剑阁（今四川剑阁以北）。钟会进攻姜维，未能攻克。邓艾向前进言说："现在要挫败敌人，最好从阴平（今甘肃文县）出发，走斜路，经德阳亭（今剑阁以西五十公里处）去涪县（今四川绵阳）。这一地方在剑阁以西百里，成都以北三百里。以奇兵冲击敌心腹之地，剑阁守军必然退回。如果敌军退到涪县，那么钟会就可以大摇大摆前进；如果剑阁的守军不退回去，那么，援救涪县的兵就会寥寥无几。《军志》说：'攻其不备，出其不意。'现在我军偷袭敌空虚的地方，必能打败他。"于是邓艾取道阴平，在荒无人迹之地跋涉七百余里。凿山造路，架阁为桥，一路上山高谷深，十分艰难；加上粮食供应不上，军兵几度面临绝境。邓艾曾用毛毡裹住自己，让人推滚至山下。将士们也都攀着树木，沿着岩石，鱼贯向前。军队到达江油（古县名）后，蜀守将马邈投降。蜀卫将军诸葛瞻（诸葛亮之子）则由涪退守绵竹（今四川绵竹东南），布列阵势，等待邓艾。邓艾派儿子邓忠出击诸葛瞻右军，师纂出击左军。邓忠、师纂作战失利，一起退回，说："敌军不可战胜。"邓艾大怒说："我军生死存亡全在此一举，还有什么不可办到的呢？"于是叱骂邓忠、师纂，并要杀掉他们。邓忠、师纂拨转马头，奋勇再战，大破蜀军，斩杀了诸葛瞻，进军成都。蜀后主刘禅派人求降，从此蜀汉灭亡。

【注释】

①邓艾与蜀将姜维：邓艾（约 197—264），义阳棘阳（今河南新野）人，魏国将领，谙兵法，

曾长时间与姜维对峙，因出险暗走阴平直取成都，是灭蜀的功臣。姜维（202—264），天水冀县（今甘肃甘谷）人，蜀汉将领，官至大将军。姜维原为魏国将领，诸葛亮北伐时，被怀疑有异心，不得已降蜀。诸葛亮死后，曾长期主掌蜀国军事。

【评述】

出奇必有险，无险安有奇，邓艾正是险走阴平之荒无人迹之道，才能直取成都，出奇制胜。

正　战

【原文】

凡与敌战，若道路不能通，粮饷不能进，计谋不能诱，利害不能惑，宜用正兵。正兵者，拣士卒，利器械，明赏罚，信号令，且战且前，则胜矣。法曰：非正兵，安能致远。

【译文】

凡与敌人交战，如果道路不通，粮草接济不上，用计谋也不能引诱敌人，用利益也不能迷惑敌人，此时最好用正兵之法。所谓正兵，就是挑选士兵，磨砺武器，申明赏罚，统一号令，一边作战一边前进，这样就能胜利。兵法说，不是正兵，怎么能进行远征呢？

【评述】

以正合，以奇胜。正是基础，是全盘，是长期，奇是设计，是偶尔，是局部。

虚　战

【原文】

凡与敌战，若我势虚，当伪示以实形，使敌莫能测其虚实。所在必不敢轻与我战，则我可以全师保军。法曰：敌不敢与我战者，乘其所之也。

三国，蜀将诸葛亮在阳平道①，魏延诸将并兵东下，亮惟留万余守城。魏司马懿率二十万众拒亮，与延军错道径，前去亮军六十里，候还白懿云："亮城中兵少力弱。"亮亦知懿军垂至，恐与己相逼，欲赴延军，相去又远，势不能及。将士失色，莫知其计。亮意气自若，敕命军中皆偃旗卧鼓，不得妄出；又令大开四门，扫地却洒。懿尝谓亮持重，而复见以弱形，疑其有伏兵。于是率众北趋。明日食时，亮与参佐拍手大笑曰："司马必谓吾示怯，将有伏兵，循山走矣。"候还白，如亮言，懿深以为恨。

【译文】

凡与敌人交战，如果我力量虚弱，就应当故意显示为充实的形态，使敌人不能测度我的虚实，这样敌人必然不敢轻易与我交战，我军就可得以保全。兵法说，敌人之所以不敢与我交战，是因为我利用了敌军弱点的原因。

三国时，蜀国将领诸葛亮驻在阳平（今陕西勉县西）道上，魏延等将领一起领兵往东去了，诸葛亮仅留万余军队守城。魏将司马懿率二十万大军抵抗诸葛亮，与魏延军错开道路，距离诸葛亮军队六十里。侦探回来报告司马懿说："诸葛亮城中兵少势弱。"诸葛亮也得知司马懿的军队已经临近，担心逼近自己，想去追赶魏延，距离又远，势必追不上。官兵惊慌失色，不知他将用什么计谋。诸葛亮的态度却镇定自若，下令军中偃旗息鼓，任何人都不得擅自出城，又下令敞开四周城门，让人洒水扫地。司马懿一贯认为诸葛亮用兵稳重，而现在看到的却是虚弱之形，便怀疑城中有伏兵，于是率领部众向北离去。第二天吃饭时，诸葛亮与参佐拍手大笑道："司马懿必定以为我故意显示怯懦，就会有伏兵，才沿着山走了。"侦探回来，果然像诸葛亮所说的那样，司马懿懊悔不迭。

【注释】

①诸葛亮在阳平道：诸葛亮首次伐魏时，魏延曾建议诸葛亮在走斜谷（今陕西太白至眉县山谷）的同时，派一支军队沿秦岭东进绕出子午谷（今陕西宁陕至户县以东山谷），直攻长安。诸葛亮不用魏延计，只从阳平关一条道进军，故有"阳平道"说法。又因蜀军在街亭遭遇失败，于是便有了这一历史上著名的空城战例。

【评述】

空城计只有诸葛亮对司马懿才可用。

实 战

【原文】

凡与敌战，若敌人势实，我当严兵以备之，则敌人必不轻动。法曰：实而备之。

后汉将吴汉讨公孙述[①]，进入犍为界，诸县皆城守。汉攻广都，拔之，遣骑绕成都市桥。帝诫汉曰：成都十余万众，不可轻也。但坚据广都待其来攻，勿与交锋。若不敢来，公须转营迫之，须其力疲乃可击也。汉不听，乘利遂自将步骑二万余人进逼成都。去城十余里阻江北，为营，作浮桥，使别将刘尚将万余人屯于江南，相去二十余里。帝大惊，责汉曰：比敕公千条万端，何意临时悖乱，既轻敌深入，又与尚别营，事有缓急不复相及。贼若出兵缀公，以大兵攻尚，尚破公即破矣！幸无他者，急率兵还广都。诏书未到，述果遣其将谢丰、袁吉将众十万余出攻汉。使别将将万余人劫尚，令不得相救，汉大败。

【译文】

凡与敌交战，如果敌人势实，我军即应以严整的队伍来防备，这样敌人就必然不敢轻举妄动。兵法说，敌人势实，就须防备。

东汉将领吴汉讨伐公孙述时，进入犍为郡（今云南、贵州北部）境内，沿途各县均有兵守城。吴汉进攻广都（今成都南），攻克了城池，然后派遣骑兵绕到了成都市桥。光武帝告诫吴汉说："成都城中尚有十余万部队，不可轻视，只坚守广都，等待他来进攻，不要跟他交锋。如果敌人不敢前来，你必须转移营寨，以此逼迫敌人，必须等敌人疲惫后才能进攻。"吴汉不听，乘胜率步兵和骑兵二万余人进逼成都，在距成都十余里时被阻在嘉陵江北岸。汉军就地扎营，制作浮桥。吴汉另派副将刘尚领兵万余人屯兵嘉陵江南岸，两军相隔二十多里。光武帝得知后，大惊失色，叱责吴汉说："我曾千遍万遍地命令你，可你为什么到时又违背我的意思乱来呢？既轻敌深入，又与刘尚分开扎营，一旦有事，无论缓急都不能彼此照应。如果敌人出兵牵制你，再以大军进攻刘尚，刘尚如被击破，你也就被击破了！幸好没有发生意外，你马上率军退回广都。”刘秀的诏书尚未送到，公孙述果然派遣将领谢丰、袁吉领兵十万余人攻吴汉，派遣副将带领一万余人前去威逼刘尚，让他们不能互相援救，吴汉大败。

【注释】

①吴汉讨公孙述：吴汉为东汉初南阳宛县（今河南南阳）人，曾帮助刘秀消灭王郎的割据势力。刘秀即位后，任大司马，封广平侯。公孙述成都称帝后，受命举兵讨伐，后攻破成都。公孙述，东汉初扶风茂陵（今陕西兴平）人。王莽篡汉，公孙述受任为导江卒正（蜀郡太守）。王莽末年，天下群雄竞起，公孙述自称辅汉将军兼领益州牧，建武元年（25），称帝于蜀，国号成家，建武十二年（36），汉廷派吴汉举兵来伐，攻破成都，尽诛公孙氏，“成家”共在位十二年。

【评述】

吴汉讨公孙述前期，藐述轻战，未察虚实，致有此败。

轻　战

【原文】

凡与敌战，必须料敌，详审而后出兵。若不计而进，不谋而战，则必为敌所败矣。法曰：勇必轻合，轻合而不知利，未可也。

春秋，晋文公与楚战①，知楚将子玉刚忿偏急，文公遂执其使宛春以挠之。子玉怒，遂乘晋军，楚师大败。

【译文】

凡与敌人交战，必须熟悉敌人的情况，详尽地了解敌人而后才能出兵。如果不计算、对比就前进，不谋划、分析就进攻，就必定要被敌人打败。兵法说，勇敢就必然会轻率地接战，轻率接战而不知利害，这是不行的。

春秋时，晋文公与楚国交战，知道楚将子玉性格刚直偏激，便故意捉住楚军派来的使者宛春以挑逗子玉。子玉发怒，便进攻晋军，结果楚军大败。

【注释】

①晋文公与楚战：晋文公，姬姓，名重耳（前697—前628），前636—前628年在位，文治武功卓著，是春秋五霸中第二位霸主。

公元前631年，楚将成得臣（子玉）伐宋，宋求救于晋。晋文公联合秦国和齐国，用大将先轸计攻伐和楚友好的卫曹等国，牵制楚军，然后率军迎楚，用退避三舍之计大败楚军。

【评述】

怒不可兴师。

重 战

【原文】

凡与敌战，务须持重。见利则动，不见利则止，慎不可轻举也。若此，则必不陷于死地。法曰：不动如山。

【译文】

凡与敌交战，务必老成稳重，有利才动，不见利就停止，千万不能轻举妄动。如果这样，就必定不会陷入绝境。兵法说，军队不动时要稳如山岳。

【评述】

军必须以正合。

利 战

【原文】

凡与敌战，其将愚而不知变，可诱之以利。彼贪利而不知害，可设伏兵以击之，其军可败。法曰：利而诱之。

春秋，楚伐绞。莫敖屈瑕曰：“绞小而轻，轻则寡谋。请无扞采樵者以诱之。”从之。绞获三十人。明日，绞人争出趋楚役徒于山中。楚人坐其北门，而伏诸山下，大败之。

【译文】

凡与敌交战，如果敌将愚昧呆板而不通晓变化，就可用小便宜去引诱他。如果他贪图小便宜而不知害，就可以预设伏兵袭击他，他的军队便可被打败。兵法说，以利益引诱敌人。

春秋时，楚国讨伐绞国。莫敖屈瑕说：“绞人弱小而且轻妄，轻妄也就缺少计谋。请派不带武器的樵夫去引诱他们。”楚王听从了他的计策，绞人俘获了三十名楚国樵夫。第二天绞人便争着出城，到山中追逐楚国的役夫。楚军扼住绞人的北城门，而在山脚设下埋伏，大败了绞人。

【评述】

诱之以小利。

害　战

【原文】

凡与敌各守疆界，若敌人寇掠我境，以扰边民，可于要害处设伏兵，或筑障塞以邀之，敌必不敢轻来。法曰：能使敌人不得至者，害之也。

唐时，朔方总管①沙砣忠义为突厥所败，诏张仁亶②摄御史大夫伐之。即至，贼已出。率兵蹑出，夜掩其营，破之。始，朔方军与突厥以河为界，北岸有拂云祠③，突厥每犯边，必先谒祠祷祀，然后引兵而南。时，默啜④悉兵西击突厥，张仁亶请乘虚取河北，筑受降城，绝兵南寇路。唐休璟⑤以为西汉以来，皆北守河，今筑城虏腹中，终为所有。仁亶固请，中宗许之。表留岁满。以助力咸阳人二百逃归，仁亶擒之，尽斩城下，军中股栗。役者尽力，六旬而三城就。以拂云为中城，南直朔方；西城南直灵武，东城南直榆林。

三垒相距，各四百余里，其北皆大碛也，斥地三百里益。又于牛期庙那山北，置烽候千八百所。自是突厥不敢逾山牧马，朔方无寇岁，省费亿计，减镇兵数万。

【译文】

凡与敌各守疆界，如果敌人侵占抢夺我边境，骚扰我边民，我可在要害地方设置伏兵，或者构筑障碍，以便拦截敌人。这样，敌人必然不敢轻易来犯。兵法说，能使敌人不敢来犯，这是在要害处设防的功劳。

唐朝时期，朔方总管沙吒忠义被突厥打败。中宗诏令张仁亶代理御史大夫前去讨伐突厥。张仁亶到达朔方时，敌人主力已经西出。张仁亶领兵夜袭敌营，大败了敌军。原先，朔方军与突厥以黄河为界，河北岸有一座拂云祠，突厥军每次来犯，必定要先去参祠祭祀，然后领兵向南进犯。张仁亶来时，默啜正率领全部军队向西去进攻西突厥，张仁亶请求乘敌空虚之时攻取黄河北岸地区，筑一道受降城，断绝突厥兵南侵的道路。但是唐休璟认为，自西汉以来都是居黄河南岸面北守疆的，现在将城筑在敌人腹地，恐怕最终不免为敌所占。张仁亶仍一再请求，唐中宗同意。张仁亶请表到时，一年已经过去了。咸阳役夫二百人逃跑，张仁亶将他们抓回，全部杀死在城下，军中人人震惊。从此服劳役者人人尽力，两个月就将三座城池建成。以拂云祠为中城，南向朔方；西城南向灵武（今属宁夏）；东城南向榆林（今内蒙古准格尔旗）。三座城池各相距四百余里，北面是大沙漠。另又开拓荒地三百里，在牛期庙那山北麓设置烽火瞭望台一千八百座。从此突厥人再也不敢越山南侵了，朔方几年没有遭受侵扰，并节省了成亿的费用，裁减了数万名镇守士兵。

【注释】

①朔方总管：朔方为唐时的藩镇。朔方总管为唐开元元年为防御突厥南侵改朔方行军大总管置，为边防十节度使之一。治所在灵州（今宁夏灵武西南）。

②张仁亶（？—714）：后改名张仁愿，华州下邽（今陕西渭南临渭区）人，唐朝宰相，曾任殿中侍御史，后任肃政台中丞，检校幽州都督，击退突厥默啜可汗的进犯。

③拂云祠：即包头的古老名寺拂云祠，建于唐中宗以前黄河北岸的一处高地上。那时朔方军与突厥以黄河为界，突厥人每次南侵，要先至该祠求福而后渡河。张仁愿带领朔方军占领了此地后，遂改称中受降城。

④默啜：东突厥首领（可汗），唐武则天末年曾率突厥兵攻陷妫州（今张家口、延庆等地区）、檀州（今北京密云区一带）、定州（今河北定州市地区）、赵州（今石家庄市东南）等地区。

⑤唐休璟（627—712）：名璿，字休璟，京兆始平（今陕西兴平）人，唐朝宰相。早年以明经擢第，历任营州户曹、丰州司马、安西副都护等职。

【评述】

尽知其害者，可变害为利。

安战

【原文】

凡敌人远来气锐，利于速战；我深沟高垒，安守勿应，以待其敝。若彼以事挠我，求战，亦不可动。法曰：安则静。

三国，蜀将诸葛亮率众十余万出斜谷，垒于渭水之南。魏遣大将司马懿拒之，诸将欲往渭北以待之，懿曰："百姓积集，皆在渭南，此必争之地也。"遂率军而济，背水为垒。因谓诸将曰："亮若勇者，当出武功，依山而东。若西上五丈原，则诸军无事矣。"亮果上五丈原。会有长星坠亮之垒，懿不出。因遗懿以巾帼妇人之饰。懿终不出。懿弟子孚策问军事，懿复曰："亮志大而不见机，多谋少决，好兵而无权，虽持兵十万，已随吾画中，破之必矣。"与之对垒百余日。会亮病卒，诸将烧营遁走，百姓奔告懿，出兵追之。亮长史杨仪，反旗鸣鼓，若将向懿者，懿以归师不之迫。于是，杨仪结阵而去。径日，懿行其行垒，观其遗事，获其图书、粮食甚重。懿审其必死，曰："天下奇才也！"辛毗以为尚未可知。懿曰："军家所重，军书、密计、兵马、粮食，今皆弃之，岂有人损其五脏，而可以生乎？宜急追之。"关中多蒺藜，懿使军士三千人着软材平底木屐前行，蒺藜着屐。然后，马步俱进，追到赤岸不及。百姓为之谚曰："死诸葛能走生仲达。"懿笑曰："吾能料生，不能料死故也。"

【译文】

如果敌军远途而来，气势锐猛，速战必然有利于敌人。这时，我军应以深沟高垒，坚守不应，以等待敌军疲惫。如果敌军故意找事向我挑衅以求交战，也不可出动。兵法说，安稳就会平静。

三国时，蜀汉将领诸葛亮率领部众十余万出兵斜谷（今陕西眉县西南），筑垒营阵于渭河南岸。魏国派遣大将司马懿抵敌。魏军各将领都想到渭河北岸待敌，司马懿却说："老百姓都聚集在渭河南岸，这是必争之地。"于是率领军队渡河，背水扎营。他对各将领说："如果诸葛亮勇敢的话，（出斜谷后）就应当前出武功（今武功和眉县之间），沿山向东。如果他向西上五丈原（今岐山县南），那么我各军都会平安无事了。"诸葛亮果然上了五丈原。刚好有一颗大星陨落在诸葛亮的营垒，司马懿更加坚守不出。诸葛亮派人给司马懿送去妇女的衣服和首饰，司马懿仍然不出战。司马懿的侄子孚策问起军情，司马懿回答说："诸葛亮志大但抓不住机会，多谋但不能决断，好用兵但不会权衡，虽然他拥有十万军队，但已落入我的谋划中，打败他是必然的了。"司马懿与诸葛亮对阵一百多天，刚好诸葛亮病死了，蜀军各将领焚烧了营寨，悄悄地走了。老百姓将此事报给司马懿，司马懿出兵追击。蜀长史杨仪调转旌旗，敲响战鼓，做出向司马懿进攻的样子。司马懿认为返回的军队不能压迫过紧，结果，杨仪结阵离去。一天后，司马懿来到蜀军驻过的营寨，察看那里的遗物，得到了许多地图、文件、粮食。司马懿认为诸葛亮肯定死了，说："诸葛亮真是天下奇才！"辛毗认为还不一定。司马懿说："军事家所重视的就是军队文书、计谋、人马、粮食等，如今他却都抛弃了。哪有一个人的五脏损坏了，还能活着的道理呢？应该追赶。"关中地区的道路上埋设了很多蒺藜，司马懿让士卒三千人穿上平底软木履在前面开路，蒺藜被软木履带起来了。这样，骑兵一起前进，追到赤水岸边，未能追赶上。老百姓为此做谚语说："死诸葛亮能吓走活仲达。"司马懿笑着说："这是因为我能预测活人，而不能预测死人的缘故啊！"

【评述】

这次战役，司马懿安战待胜，取得了战略上的主动。

危　战

【原文】

凡与敌战，若陷在危亡之地，当激励将士决死而战，不可怀生则胜。法曰：兵士甚陷，则不惧。

后汉将吴汉为公孙述所败，走入壁，丰围之。汉召诸将励之曰："吾与诸将逾越险阻，转战千里，所在斩获，遂深入敌地。今至其城下，而与尚二处受围，势即不接，其祸难量。欲潜师就尚于江南御之。若能同心协力，人自为战，大功可立，如其不然，败必无余。成败之机，在此一举。"诸将皆曰："诺。"于是，飨士秣马，闭营三日不出，乃多立幡旗，使烟火不绝，夜，衔枚引兵，与尚合军。丰等不觉，明日乃分兵拒水北，自将兵攻江南。汉悉兵迎战，自旦至晡，遂大败之，斩谢丰、袁吉。于是率兵还广都[①]，留刘尚拒述，且以状闻，而深自谴责。帝报曰："公还广都，甚得宜，述必不敢略尚而击公。若先攻尚，公从广都五十里悉步骑赴之，适当值其危困，破之必矣。"于是，汉与述战于广都、成都之间，八战八克，遂军于郭中。述自将数万人出城大战，汉使护军高午、唐邯将锐卒数万击之。述兵败走，高午奔阵刺述杀之。旦日城降，蜀遂平。

【译文】

凡与敌人交战，如果我军陷入了危险的境地，就应当激励官兵决死战斗，只要不苟且偷生就能取胜。兵法说，士兵遭受极大的危险，就不会惧怕。

东汉将领吴汉被公孙述打败后，逃回军营，公孙述的将领谢丰包围了他。吴汉召集各位将领，激励他们说："我与各位将领涉越险阻，转战千里，所向披靡，才深入到敌境来。如今我们兵临敌城下，却与刘尚在两个地方被包围，实难互相接应，眼前的灾祸是难以估量的。我想偷偷地将军队移至江南与刘尚合兵防守。如果大家能同心协力，人自为战，大功可以告成；如其不然，必败无疑，成败在此一举。"众将领都说："是。"于是用酒饭招待士兵，喂饱马匹，闭住营门，三天不出，并树立起许多旌旗，使烟火缭绕不绝。到了夜晚，部队口衔竹片，悄悄出动，与刘尚合兵一处。谢丰等人没有察觉，第二天便分兵挡住江北，而自己领兵攻打江南。吴汉全军出战，自清晨杀到黄昏，大败敌军，斩了谢丰、袁吉。于是率军退还广都，留下刘尚抵挡公孙述。吴汉向光武帝上报了这一情况，并深深地责备自己。光武帝回诏文说："你退回广都，是很合适的。公孙述必然不敢同时进攻刘尚和你。如果他先攻刘尚，你就从广都率全部步骑兵赶五十里到那里。其时当是公孙述正处危难之时，这样就必然能打败他。"于是，吴汉与公孙述交战于广都至成都之间，吴汉八战八胜，遂进入成都外城。公孙述亲自率领几万人出城大战，吴汉派护军高午、唐邯带领几万名精锐士兵进攻。公孙述兵败溃逃，高午冲到敌阵中将公孙述刺死。第二天成都全城投降，从此蜀地被平定。

【注释】

①广都：亦称都广，今成都双流，始建于公元前316年，与古蜀国成都、新都并称古蜀国“三都”。

【评述】

人在经历失败之后，往往就能冷静思考，提出正确举措，应对危险局面。败战之将亦是宝贵将领。

卷　六

死　战

【原文】

凡敌人强盛，吾士卒疑惑，未肯用命，须置之死地。告令三军，示不获已。杀牛燔车，以飨将士。烧弃粮草，填井夷灶，焚舟破釜，绝去其生虑，则必胜。法曰：必死则生。

秦将章邯已破楚将项梁[①]，以为楚地兵不足忧，乃渡河击赵，大破之。当此时赵歇为王，陈馀为将，张耳为相，兵败，皆走入钜鹿城。章邯令王离涉涧围钜鹿。章邯军其南，筑甬道而输之粟。楚怀王以宋义为上将，项羽为次将，范增为裨将，救赵。诸别将皆属焉。宋义行至安阳，留四十余日不进，遣其子宋襄相齐，自送之无盐，饮酒高会。项羽曰：“今国兵新破，王坐不安席，扫境内而专诸将军，国家安危，在此一举。今不恤士卒，而徇其私，非社稷之臣。”项羽晨朝，即其帐中，将宋义斩之。下令军中曰：“宋义与齐谋反，楚王阴令羽诛之。”是时，诸侯皆慑服，莫敢支吾，皆曰：“首立楚者，将军家也。今将军诛叛乱。”即共立羽为假上将军，使人追宋义子襄，及之齐，杀之。使旦报命于楚怀王。因命项羽为上将军，当阳君、蒲将军皆属焉。项羽以杀宋义，威震楚国，名闻诸侯。乃遣当阳君、蒲将军率二万众渡江救钜鹿。战不利。陈馀夏请兵项羽。乃悉兵渡江，沉舟、破釜甑、烧庐舍，持三日粮，以示士卒必死，无还心。围王离，绝其甬道，大破之，杀苏勇，虏王离。当是时，楚兵及诸侯军救钜鹿者，无不以一当十，呼声动天地，诸侯人人惴恐，于是大破秦军。

【译文】

凡敌人强盛，我军官兵惶惑不安，不肯努力向前时，就必须要将他们置于绝境，通告三军，表示不获胜利誓不罢休。杀牛烧车，以招待官兵，然后，烧掉粮草，填平水井，夷平灶坑，焚烧舟船，砸毁饭锅，断绝他们求生的念头，就必定能胜利。兵法说：抱着必死的决心就能生还。

秦朝大将章邯打败楚将项梁后，以为楚国的兵力不足为忧，便渡过黄河去攻打赵国，大败了赵军。此时赵歇为赵王，陈馀为大将，张耳为丞相。军队失败后，都逃进了钜鹿城（今河北平乡西南），章邯令部将王离涉过小涧，包围了钜鹿城。章邯军驻扎在钜鹿南侧，修筑甬道为其输送粮食。楚怀王用宋义为上将，项羽为次将，范增为副将，前去援救赵国，众别将都归属他们管辖。宋义行至安阳（今安阳南）时，逗留四十多天不前进，派遣自己的儿子宋襄去齐国做宰相，亲自送他到无盐（今山东东平东），并大摆酒宴。项羽说："现在我国军队刚遭受失败，国王坐都坐不安席，将平定国土的责任专门托付给将军，国家的安危，全在此一举。现在你却不体恤士兵，而只徇私情，这不是国家重臣的行为。"第二天，项羽早起上朝，即在宋义的军帐中将他杀了，并在军中传令说："宋义与齐国谋反，楚王暗令让项羽杀掉他。"当时，诸侯都慑服于他，不敢吭声。都说："首先起来恢复楚国的，是将军你家的人，如今将军还要剪除叛乱。"大家即共同拥立项羽为代理大将军，并派人追赶宋义的儿子宋襄，追至齐国并将其杀死。使者天亮时将此事上报楚怀王，怀王就任命项羽为大将军，当阳君、蒲将军都归其指挥。因为杀了宋义，项羽威震楚国，名闻诸侯。于是派遣当阳君、蒲将军率领二万人渡江去援救钜鹿城，但接战后失利。赵将陈馀又前来向项羽请求救兵。项羽便令全军渡江，然后凿沉舟船，砸碎锅盆，焚烧草屋，只让士兵携带三天的粮食，以此向官兵显示必死不回的决心。项羽过江后包围了王离，切断了他输粮的甬道，并彻底打败了他，杀了苏勇，俘获了王离。当时，楚国及诸侯国前去援救钜鹿城军队的官兵无不以一当十，呼喊声惊天动地，使秦国的诸侯人人都觉得恐惧，终于大败了秦军。

【注释】

①章邯已破项梁：章邯为秦将军，任少府，率军镇压陈胜起义军的主要将领。

【评述】

破釜沉舟的成语典故就此产生。

生　战

【原文】

凡与敌战，若地利已得，士卒已阵，法令已行，奇兵已设，要当割弃性命而战则胜。若为将临阵畏怯，欲幸生必反为所杀。法曰：幸生则死。

春秋时，楚子伐郑[①]，救之与战于敖鄗之间，晋赵婴齐使其徒先具舟于河，欲败而先济，故将士懈卒不可胜。

【译文】

凡与敌交战，如果我方占据了有利的地形，士兵已布列成阵，军令已经下达，并且设下了伏兵，就应当舍命作战，这样就能取得胜利。将领如果临阵贪生畏怯，想侥幸活命，必然反被敌人所杀。兵法说，贪生怕死就会死。

春秋时期，楚庄王率兵讨伐郑国，晋国前往救援，与楚国在敖山（今河南荥阳西北）和鄗山（今河北柏乡县北）之间摆开了战场。晋将赵婴齐派部下预先在黄河口备下船只，以便万一失败后抢先渡河。结果因为将士斗志松懈，而兵士不可能取胜。

【注释】

①楚子伐郑：郑国原为晋国属地。楚国灭了陈国后，又于公元前597年举兵讨伐郑国。晋景公派出荀林父、赵婴齐等率军救郑，被楚军打败。

【评述】

两军相遇勇者胜。害怕失败，预留退路，是信心不足的表现，必然松懈自己的战斗意志，已经埋下了失败的种子。

饥 战

【原文】

凡兴兵征讨，深入敌境，刍粮之阙，必须分兵抄掠。据其仓廪，夺其蓄积，以继军饷，则胜。法曰：因粮于敌，故军食可足也。

《北史》：北周①将贺若敦②率兵渡江取陈③，湘州陈将侯瑱讨之。秋水汎溢，江路遂断，粮援即绝，人怀危惧。敦于是分兵抄掠，以充资费。恐瑱等知其粮少，乃于营内多聚土，以米覆之。召侧近村人，佯有访问，随即遣之。瑱等闻之，以粮为实。敦又增修营垒，造庐舍，示以持久。湘罗之间，遂废农业，瑱等无如之何。初，土人乘轻船、载米粟、笼鸡鸭，以饷其军。敦患之，乃伪为土人船，伏甲兵于中。瑱兵望见，谓饷船至，逆水争取，敦甲士遂擒之。又敦军数有叛者，乘马投瑱，瑱辄纳之。敦乃取一马牵以趋船，令船中人以鞭鞭之，如是者再，马畏船不敢上。后伏兵于江岸，使人乘畏船马，诈投瑱军。瑱即遣兵迎接，争来牵马。马即畏船不上，伏兵发，尽杀之。后实有馈饷及亡奔瑱者，犹恐敦设诈兵，不敢受。相持岁余，瑱不能制。

【译文】

凡兴兵征讨，深入敌境，遇有粮草缺乏时，必须分兵包抄掠夺，占据敌人的粮仓，夺取敌人的储备，以作为自己的军饷，这样才能取得胜利。兵法说，从敌人那里获取粮食，那么军队的供给就充足了。

《北史》记载：北周将领贺若敦率兵渡江攻取陈国，在湘州的陈国将领侯瑱前往讨伐。此时秋雨泛滥成灾，江上的水路便中断了，粮食供应也随之断绝，周军官兵人人心里恐惧。贺若敦于是分兵外出掠取粮食，以充实自己的供给。贺若敦担心军中无粮的事被侯瑱察觉，便在军营中垒起许多土堆，上面覆盖一层大米。然后招来邻近村子里的人，做出一副让他们来访的样子，随后又把他们送走。侯瑱得知后，以为贺营粮食充足。贺若敦又增修营房壁垒，加盖草房，显示要长久对峙下去。由此湘州（今湖北大悟、黄陂、红安一带）至罗山（今河南省东南部，淮河上游，邻接湖北省）一带农业便荒废下来了，侯瑱等人对此毫无办法。开始，当地人常驾小船，载上米粟和鸡鸭去犒劳军兵。贺若敦很怕这点，便伪装成当地的船只，在船里埋伏下士兵。侯琪的士兵看到后，以为犒劳船来了，逆水而上争夺物品，结果都被贺若敦的士兵擒获。后来，贺若敦军中多次有人叛逃，骑马投靠侯琪，侯琪一概收留。贺若敦便牵来一匹马到船前，让船上的人用鞭子抽打，这样几次，马怕船便不敢上船了。然后他将士兵埋伏在江边，派人骑上这匹害怕船的马，去诈降侯琪。侯琪立刻派士兵前去迎接，士兵争先过来牵马，但马害怕船，不敢上。这时江边伏兵四起，杀尽了侯琪的士兵。后来确实有送食品和投奔侯琪的人，侯琪也害怕其中有诈，不敢接受。双方相持一年多以后，侯琪便支持不住了。

【注释】

①北周：又称后周，是中国历史上南北朝的北朝之一，存在于公元557—581年，由西魏权臣宇文泰奠定国基，其子宇文觉正式建立，历五帝，共二十四年。

②贺若敦（517—565）：北周将领，以武猛而闻名，任金州（今陕西省安康）刺史。北周保定五年（565）十月，贺若敦因口出怨言，为北周晋王宇文护所不容，逼令自杀。其子贺若弼为隋初著名将领。

③陈：南朝之一。公元557年，陈霸先代梁称帝，国号陈，是南朝版图最小的王朝，589年为隋所灭。

【评述】

古代交通运输不发达，“因粮于敌”是后勤供应的主要解决办法。

饱战

【原文】

凡敌人远来，粮食不继。敌饥我饱，可坚壁不战，持久以待之，绝其粮道。彼退走，密遣奇兵邀其归路，纵兵追击，破之必矣。法曰：以饱待饥。

唐武德初，刘武周据太原，使其将金刚屯于河东。太宗往征之，谓诸将曰：“金刚重军千里入吾地，精兵骁将皆在于此；武周自据太原，专寄金刚以为援。顾金刚虽众，内实空虚，虏掠为资，意在速战。我当坚营待其饥，未宜速战。”于是，遣刘洪等绝其粮道，其众遂馁，金刚乃遁。

【译文】

一般敌人远道而来，粮食供应往往接济不上。此时敌饥我饱，我可坚壁防守，不与交战，持久坚持以待时机，断绝敌人的粮源。而当敌人退兵时，秘密派遣奇兵截断他的退路，再发兵追击，就必定能大败敌人。兵法说，以我之饱对待敌人之饥饿。

唐武德年初（620 年），刘武周占据太原，派其将领金刚屯兵河东（今山西省境内黄河以东地区）。唐太宗李世民率兵前往征讨。他对诸将领说："金刚大军千里行军深入我境，其精兵勇将均集中在这里，刘武周自己据守太原，指望金刚为援军。再看金刚虽然人数众多，但内部其实是空虚的。他到处抢掠以补充供给，目的在于速战，我应坚守阵营，等待敌人饥饿，不宜速战。"于是派刘洪等人断绝敌人的粮道，敌众饿馁，金刚只好逃遁。

【评述】

以饱待饥，专断敌人粮道，唐军取胜是必然的。

劳　战

【原文】

凡与敌战，若便利之地，敌先结阵而据之；我后去趋战，则我劳而为敌所胜。法曰：后处战地而趋战者劳。

晋，司空刘琨①遣将军姬澹率兵十余万讨石勒②，勒将拒之。或谏曰："澹兵马精盛，其锋不可当，且深沟高垒，以挫其锐。攻守异势，必获全胜。"勒曰："澹军远来，体疲力竭，人马乌合，号令不齐，一战可胜也，何强之有？援又垂至，胡可舍去？大军一动，若澹乘我之退，顾身无暇，焉得深沟高垒乎？此谓不战而自灭亡之道。"遂斩谏者。以孔苌为前锋都督，令军后出者斩。设疑兵于山上，分为二伏。勒率兵与澹战，伪收众而北，澹纵兵追之，伏发夹攻，澹大败而退。

【译文】

凡与敌交战，如果敌人先于我占据了有利地形并摆好阵势，这时我再去交战，就会疲劳并被敌军打败。兵法说，后进入阵地再投入战斗的人就会疲劳。

晋时，司空刘琨派遣将领姬澹率十余万兵讨石勒。石勒将要出兵抵御，有人进言说："姬澹军队精锐强盛，锋锐勇猛不可挡。应暂且深挖沟高筑垒，以挫伤他的锐气。攻和守的态势一改变，我必获全胜。"石勒却说："姬澹的军队远道而来，精疲力竭，完全是一群乌合之众，号令也不严整，一战就能打败他，哪有什么强大呢？援兵很快就要到了，怎么能够放弃呢？整个军队一出动，如果姬澹乘我后退而进，我便无暇顾身，又怎么能够深挖沟，高筑垒呢？这简直是不战而自取灭亡的理论。"于是斩了进言的人，派孔苌为前锋都督，下令行动迟缓的人一律斩首，然后在山上设置疑兵，分设了两个伏击圈。当石勒与姬澹交战时，石勒佯装收兵败北，姬澹挥兵追击，石勒的伏兵发动夹击，姬澹大败而退。

【注释】

①刘琨：中山魏昌（今河北无极）人。他忠于晋王朝，长期坚守并州，招抚流亡，与刘聪、石勒相对抗。

②石勒：羯族，上党武乡（今山西榆社北）人，十六国时期后赵的建立者，公元319年自称赵王，史称后赵，319—333年在位。

【评述】

乘敌未稳、疲劳之际实施攻击，以逸待劳，事半功倍。

佚 战

【原文】

凡与敌战，不可持己胜而放佚，当益加严厉以待之，佚而犹劳。法曰：有备无患。

【译文】

凡与敌交战，不能因为自己一时的胜利而松懈，胜利后更应该严阵以待。安逸时要像疲劳时一样紧张。兵法说，有备无患。

【评述】

有备无患。

胜 战

【原文】

凡与敌战，若我胜彼负，不可骄惰，当日夜严备以待之。敌人虽来，有备无害。法曰：既胜若否。

秦二世时，项梁使沛公、项羽别攻襄邑城，屠之；西破秦军濮阳东。秦收兵入濮阳。沛公、项羽攻定陶，因西略地至雍丘，大破秦军，斩李由，还攻外黄，项梁益轻秦有骄色。宋义进谏于梁曰："战胜而卒惰将骄者败。今君稍惰矣；而秦日益谨，臣为君畏之。"梁弗听，而使宋义于齐。义道遇齐使者高陵君，曰："公将见武信君乎？"曰："然。"曰："今武信君必败，公徐行即免死，疾行则及祸。"秦果悉兵益章邯，击楚军，大败之，项梁死。

【译文】

凡与敌交战，如果我胜敌败，切不可骄傲和松懈，应该日夜严阵戒备以等待敌人。这样就算敌人来犯，也会有备无患。兵法说，已经胜利了要和没有胜利一样对待。

秦二世二年，项梁派刘邦、项羽分路进攻襄邑（今属河南）城，攻克了城池；自率军西进濮阳（今属河南）以东，又败秦军。秦军收兵退入濮阳城，刘邦、项羽率兵攻定陶（今属山东），又乘势向西占领了雍丘（今河南杞县），大败了秦军，斩杀了秦将李由（秦丞相李斯之子），然后回军进攻外黄（今河南民权西北）城。此时项梁愈加轻视秦军而有骄傲的表现。谋士宋义进言劝谏项梁说："打仗胜利以后，士兵松懈，将领骄傲的定要失败。现在您已稍微有了松懈的表现，而秦军却日益谨慎了，我为您担心呢！"项梁不听劝谏，而派遣宋义出使齐国。宋义在路上遇到齐国的使臣高陵君，便问他道："您将要去拜见武信君（即项梁）吗？"答："是的。"宋义说："如今武信君必定要失败，您慢些走可以免除一死，走快了就会遭殃。"后来秦朝果然出动全部军队援助章邯，进攻楚军，大败了楚军，项梁被杀死。

【评述】

胜骄自满，大意失戒，失败的祸由。

败 战

【原文】

凡与敌战，若彼胜我负，未可畏怯，须思害中之利。当整理，砺器械，激扬士卒。候彼懈怠而击之，则胜。法曰：因害而患可解也。

晋末，河间王颙①在关中，遣张方讨长沙王②。方率众自函谷入屯河南，惠帝遣左将军皇甫商拒之。方潜军破商，遂入洛阳。商奉帝命讨方于城内。方军望见乘舆，于是稍怯，方止之不可得，众遂大败，杀伤满衢巷。方退壁于三十里桥，人皆挫衄，无复固志，多劝方夜遁。方曰："兵之利钝是常事，贵因败以为成耳。我更前作垒，出其不意，此用兵法之奇也。"乃夜前进，逼洛阳城七里，商即新捷，不以为意，忽闻方垒成，乃出战，遂大败而退。

【译文】

凡与敌交战，如果敌胜我败，也不可畏惧怯懦，必须想到不利中也有有利的因素。应当整顿军队，磨砺兵器，激励官兵的士气。等到敌人松懈散漫了，再攻击他，就可以取胜。兵法说：因失利而总结教训，就可以摆脱困境。

西晋末年，河间王司马颙在关中，派遣都督张方征讨长沙王。张方率兵自函谷（今河南灵宝东北）进入黄河以南，晋惠帝派左将军皇甫商领兵抵敌。张方军队偷袭打败了皇甫商，终于进入洛阳。皇甫商又奉惠帝的诏命去洛阳讨伐张方。张方的军兵看到有帝王的乘舆麾盖，不免有些畏怯，张方极力阻止但没有成功。结果军队败下阵来，死伤者遍布大街小巷。张方撤退到三十里桥。手下人因遭到惨败，无法恢复以往的士气，都劝张方乘夜逃遁。张方说；"打仗时，胜利和挫折是常有的事，可贵的是要在败中求胜。我在天黑前摆下阵势，可以出其不意，这是用兵的奇谋。"于是乘夜前进，进逼洛阳城外七里，皇甫商刚获胜，对此毫不在意，忽然听说张方的阵势已定，便出兵应战，结果大败而归。

【注释】

①河间王颙（yóng）：司马颙（？—306），司马懿三弟安平献王司马孚孙，太原王司马瑰子，咸宁三年（277）受封河间王。晋武帝司马炎之子司马衷即位后称晋惠帝。晋惠帝年间，贾后专权，引起汝南王亮、楚王玮、赵王伦、齐王冏、长沙王乂（yì）、成都王颖、河间王颙、东海王越之间争权夺利的战争，这就是有名的八王之乱。司马颙是八王之乱的八王之一。永兴三年（306 年），东海王司马越讨伐司马颙，司马颙失败，征召入朝后，被南阳王司马模将军梁臣掐死。

②张方讨长沙王：张方为河间王司马颙大将，长沙王司马乂为司马炎另一子。张方讨长沙王司马乂发生在公元 303 年。

【评述】

失败之后能反败为胜，谓之败战。

进　战

【原文】

凡与敌战，若审知敌人有可胜之理，则宜速进兵以捣之，无有不胜。法曰：见可则进。

唐，李靖为定襄道行军总管，击破突厥，颉利可汗走保铁山，遣使入朝谢罪，请举国归附。靖往迎之。颉利虽外请朝谒，而内怀迟疑，靖揣知其意。时诏遣鸿胪卿唐俭等慰谕之。靖谓副使张公谨曰："诏使到彼，彼必自安。若万骑斋三日粮，自白道袭之，必得所欲。"公谨曰："上已与约降，行人在彼奈何？"靖曰："机不可失，韩信所以破齐也。如唐俭辈何足惜哉？"督兵疾进，行至阴山，遇其斥候千余，皆俘以随军。颉利见使者大悦，不虞官兵。李靖前锋乘雾而行，去其牙帐七里，颉利始觉，列兵未及阵，靖纵兵击之，斩首万余级，俘男女十余万，擒其子叠罗施，杀义成公主。颉利亡去，为大通道行军总管张宝相擒以献。于是斥地自阴山北至大漠矣。

【译文】

凡与敌人交战，如果经判断有战胜敌人的可能，就应迅速进兵，以捣毁敌军，这样就没有不胜利的。兵法说，见到可以胜利，就要进兵。

唐朝时，李靖任定襄（今内蒙古呼和浩特市东南）道行军总管，打败了突厥人。东突厥首领颉利可汗逃往铁山（今内蒙古阴山北），并派使者到唐朝赔罪，请求举国归附唐朝。李靖前往迎降。颉利可汗虽然表面上去拜谒朝廷，可内心却怀有迟疑。李靖揣测到了他的用心。此时，朝廷派遣鸿胪卿唐俭等人前去安抚颉利可汗。李靖对副使张公谨说："朝廷诏命使节到了那里，他们必然自安自得。如果派出万名骑兵，携带三天的干粮，自白道（今内蒙古呼和浩特市西北）进兵偷袭，必定能够达到目的。"张公谨说："圣上已准予突厥人投降，况且使节已到达那里，倘若被害怎么办？"李靖说："不能错过好时机。韩信因为做到了这点才打下了齐地。像唐俭这样的人又有什么可惜的呢？"于是指挥军队快速前进。走到阴山，遇到突厥军前哨千余人，全部擒获，留在军中同行。颉利可汗见到使节十分高兴，不再担心官兵进攻。李靖的前锋乘着大雾前进，距突厥人的牙帐只有7里，颉利方才察觉，整兵尚未成阵，李靖已挥军冲杀过来。唐军杀死敌人一万多名，俘虏突厥人10余万，活捉了颉利可汗的儿子叠罗施，斩杀了义成公主，颉利可汗逃亡而去，后被大通道行军总管张宝相擒捉献给朝廷。于是唐朝的疆域开拓到阴山以北一直到戈壁沙漠一带。

【评述】

"宜将剩勇追穷寇"，谓之进战。

退 战

【原文】

凡与敌战，若敌众我寡，地形不利，力不可争，当急退以避之，可以全军。法曰：知难而退。

三国，魏将曹爽伐蜀，司马懿同行，出骆谷，次于兴元。蜀将王琳乘夜袭击，懿令坚壁不动。琳退，懿谓诸将曰："费祎据险拒守，进不获战，攻之不可急，宜旋军以为后图。"爽等遂退。祎果驰兵趋三岭争险。爽等潜师越险，乃得退。

【译文】

凡与敌军交战，如果敌众我寡，地形又对我不利，尽最大力量仍然不可能争得胜利，就应当迅速撤退以避开敌军。这样才能保全自己的军队。兵法说，知道难以取胜就退却。

三国时期，魏将曹爽征讨蜀汉，司马懿与曹爽同行。军队通过了骆谷，随后到达兴元（今陕西南郑县）。蜀将王琳乘夜色偷袭魏营，司马懿下令坚壁防守不准出战。王琳退兵时，司马懿又对众将领说："现在费祎占据着险要地形进行防守，我军向前也不能交战，进攻又不能速战速决，宜于回军便于以后再做打算。"于是曹爽等率兵后撤。费祎果然领兵急速驰向三岭，抢占险要地形，曹爽等悄悄地率军队越过了险地，才得以退回。

【评述】

险地该退，应坚决退出，不可犹豫。

卷　七

挑　战

【原文】

凡与敌战，营垒相远，势力相均，可用轻骑挑攻之，伏兵以待之，其军可破。若敌用此谋，我不可以全气击之。法曰：远而挑战，欲人之进也。

十六国，姚襄攻洛阳[①]，苻坚遣将苻黄眉、邓羌等率步骑讨襄。襄深沟高垒，固守不战。邓羌曰："襄姓刚愎，易以挠动。若长驱一行，直压其垒，襄必忿而出敌，可一战而擒也。"黄眉从之。遣羌率骑三千，军于垒门，襄怒，尽锐出战。羌伪不胜，率骑而退。襄追之于三原，羌回拒襄，而黄眉至，大破之，俘其众。

【译文】

凡与敌军交战，如果敌我双方营垒相距较远，双方力量又差不多，我就可使用轻装的骑兵前去挑战进攻他，并设下伏兵等待他。这样敌军就可以被击败。如果敌军使用这种计谋，我切不可用全军去出击。兵法说，从远方前来挑战，是为了想引诱敌人冒进。

十六国时，姚襄进攻洛阳，前秦苻坚派将领苻黄眉、邓羌等率领骑兵前往讨伐。姚襄深沟高垒，坚守不战。于是邓羌说："姚襄性格刚愎自用，容易被激怒。如果我军长驱直入，直至他的营垒，他必定被激怒而出来，这样，就可以一战而擒获他。"苻黄眉听从了他的计策，派邓羌率三千骑兵，驻扎在姚襄的营门前，姚襄大怒，将全部精锐部队带出城应战。邓羌佯装失败，率骑兵后退。姚襄追击至三原，邓羌回兵抗击，而苻黄眉也赶到那里，大败姚襄，俘获很多姚军士兵。

【注释】

①姚襄攻洛阳：姚襄（331—357），十六国南安赤亭（今甘肃陇西西）人，羌族，公元352年归东晋，第二年又叛晋。姚襄攻洛阳是公元357年的事，兵败后被杀。

【评述】

故而扰之，使之骄躁，再乘机进攻。

致 战

【原文】

凡致敌来战，若彼势常虚，不能赴战，则我势常实，多方以致敌之来，我据便地而待之，无有不胜。法曰：致人而不致于人。

后汉，建武五年，光武诏耿弇[①]，悉收集降附，结部曲，置将吏。弇帅骑都尉刘龙、泰山太守陈俊将兵而东。张步[②]闻之，使其将费邑军历下，又分兵屯祝阿，别于泰山、钟城列营数十以待之。弇渡河先击祝阿。拔，故开围一角令其众得奔归。钟城人闻祝阿已溃，大恐，遂空壁亡去。费邑分兵，遣其弟费敢守巨里。弇进兵先胁巨里，严令军中赶修攻具，后三日悉力攻巨里城。阴使亡归，以弇期告邑。邑至日果将精兵来救。弇谓诸将曰："吾所以修攻具者欲致之耳。野兵不击，何以城为？"即分兵守巨里，自帅精锐上冈坂，乘高合战，大破之，斩邑。既而取首级，以示巨里。城中惧，费敢亡归张步。弇悉收其聚积，纵兵攻诸未下者，平四十余营，遂定济南。

【译文】

如果敌人力量虚弱，不能赴战，而我方势力充实，想要敌人前来应战，就要想方设法使敌人前来。我军占据着有利地形，等待敌人，没有不胜利的。兵法说，要牵制敌人，而不能被敌人牵制。

东汉建武五年（公元29），光武帝刘秀诏谕耿弇将各地投降和归附的兵士全部召集起来，编成行伍，并设置文官武将。耿弇同骑兵都尉刘龙、泰山太守陈俊率领这些军队东进。张步得知后，便派部将费邑屯兵历下（今山东济南市西），又分兵驻守祝阿（今山东历城西南），此外还在泰山、钟城等处布列营阵几十个以等待耿弇。耿弇首先渡过黄河，进攻祝阿。打下城池后，却故意放开一个角，让守敌部众逃走。钟城人听说祝阿的军队已经溃败，都十分恐慌，便留下空城而逃。费邑又分兵派他的弟弟费敢防守巨里。耿弇进兵先威胁巨里，严令军队赶制攻城的器械，准备三天后全力攻打巨里城。暗中故意让费敢的人逃回去，将耿弇攻城时间报告费邑。到了那天，果然费邑率领精锐部队前来救援。耿弇对众将领说："我之所以要营造攻城器械，就是要诱敌前来。外面的敌兵不消灭，攻城又有什么意义呢？"于是分兵守住巨里，而自己率领精锐士兵，登上山冈，居高作战，结果大败敌军，斩了费邑。然后取下费邑的首级，把他悬在巨里城外。巨里城里的人都感到恐惧，费敢逃回到张步那里。耿弇缴获了巨里城里的全部物资积蓄，又指挥军队攻打各个还未攻下的地方，扫平敌营四十余座，最终平定了济南。

【注释】

①耿弇（yǎn）（3—58）：字伯昭，扶风茂陵（今陕西省兴平市）人。耿弇自幼喜好兵事，后劝父投奔刘秀，刘秀称帝后，耿弇封建威大将军，为东汉的统一立下赫赫战功，永平元年（公元58）去世，谥号愍侯，列云台二十八将第四位。

②张步（？—32）：琅邪郡不其县（治所在今山东省即墨市西南）人。王莽末年，天下大乱，乘机起兵，割据齐地十二郡。公元29年（建武五年），刘秀派大将耿弇讨伐张步，张步兵败投降，公元32年（建武八年），张步想乘刘秀西征之机，东山再起，被琅邪太守陈俊捕杀。

【评述】

我强敌弱，诱敌前来，聚而歼之。

远　战

【原文】

凡与敌阻水相拒，我欲远渡，可多设舟楫，示之若近济，则敌必并众应之，我出其空虚以济。如无舟楫，可用竹木、蒲苇、罂铫、公瓦囊、枪杆之属，缀为排筏，皆可济渡。法曰：远而示之近。

汉初，魏王豹①初降汉，夏以亲疾请归。至国，即绝其关河，反与楚约和。汉王遣使往说，豹不听。汉以韩信为左丞相击豹。豹陈兵蒲坂，塞临晋。信乃益为疑兵，陈船欲渡临晋；而引兵从夏阳以木罂缶渡军，袭安邑。魏王豹大惊，引兵迎信。信遂虏豹，定魏。

【译文】

凡是与敌人隔水相对峙时，如果我军想从远处渡河，就要多准备船只，并做出想从近处渡河的样子。这样敌军必然调集部队并力进行防守，我军就可以从敌人防守薄弱的地方渡河。如果没有船只，可以用竹木、蒲草、芦苇以及罂、铫、瓦、囊、枪杆等物连接在一起，扎成竹排、木筏，也可以渡河。兵法说，想从远处进攻就要装作从近处进攻的样子。

西汉初年，魏王豹刚投降汉朝，当年夏天，以探视母病为由，请求回到魏地。一到魏国，立即将山和河口截断，反叛汉朝并和楚缔结和约。汉王派遣使者前去劝说，魏豹不听从。于是汉王用韩信作为左丞相领兵讨伐魏豹。魏豹将军队陈列在蒲坂（今山西永济市西浦州）一带，封锁了临晋（今陕西大荔县）。韩信便在临晋广设疑兵，摆开战船做出要从临晋渡河的样子，实际上却引兵从夏阳（今陕西韩城南）用木罂缶将军队渡过了河，袭击安邑（今山西夏县西北）。魏王豹得悉后大吃一惊，率兵迎战韩信，结果韩信活捉了魏豹，平定魏地。

【注释】

①魏王豹：魏豹（？一前 204），原为战国时魏国的贵族。秦将章邯攻魏，其兄咎被迫自杀，豹逃亡至楚，向楚怀王借兵数千人，攻下魏地二十余城，自立为魏王。项羽改封其西魏王。继投刘邦，后又叛归项羽。韩信破魏后，将其虏至荥阳，后为汉将周苛所杀。

【评述】

处远而出奇，虽远犹近。

近 战

【原文】

凡与敌夹水为阵，我欲近攻，反示以远，须多设疑兵，上下远渡。敌必分兵来应，我可以潜师近袭之，其军可破。法曰：近而示之远。

春秋，越人伐吴，吴人御之。笠泽夹水而阵①，越人为左右阵，鼓噪而进，吴军大败，遂至灭亡。

【译文】

凡与敌军隔水列阵，如果我军想从近处进攻，就要反而做出从远处进攻的样子。必须多设疑兵，从远处的上游和下游渡河，这样，敌人必然分几路应战，我军便可以从近处秘密渡河偷袭敌军，必定可攻破敌军。兵法说，想从近处进攻就要做出从远处进攻的样子。

春秋时期，越国人征讨吴国，吴国防守，两军在笠泽（今太湖附近）隔水列阵。越国人排列成左右两阵，轮番鸣鼓喧嚣前进攻击，吴军大败，以致灭亡。

【注释】

①笠泽夹水而阵：公元前 478 年，越勾践再次起兵伐吴，吴王夫差率军到笠泽江（今江苏省苏州市松江）抵御。吴在江北，越在江南，两军隔水布阵。勾践抽出部分兵力组成左、右两队，左队溯江而上五里，右队顺江而下五里。夜半，左、右两队鸣鼓渡江，在水中央待命。吴军获信，也将军队分为二部，抵御越军。勾践率主力中军六千人偷渡过江，突袭吴中军，吴军溃败。越左、右队趁势渡江追击。吴军退保吴都，大片土地落入越国之手。笠泽之战过后，吴越两国军事实力对比发生根本性变化，越国已占有绝对优势。

【评述】

左右行远示伪，中军主力近而突破，左右再乘机包围。

水 战

【原文】

凡与敌战，或岸边为阵，或水中泊舟，皆谓之水战。近水为阵者，须去水稍远，一则诱敌使渡，一则示敌无疑。我欲必战，勿近水迎敌，恐其不得渡。我欲不战，则拒水阻之，使敌不得济。若敌渡水来战，可于水边，伺其半渡而击之，则利。法曰：涉水半渡可击。

汉，郦生说齐之下，齐王日与生纵酒为乐，而罢守备。蒯通说信，遂渡河袭破齐。齐王以郦生卖己，烹之而走高密，请救于楚。楚遣龙且将兵救齐。或曰："汉兵远斗穷寇，战锋不可当也，齐楚自居其地，战，兵易败散，不如深壁。令齐王使其信臣招所亡城，城人闻王在楚求救，必反汉。汉二千里客居齐，齐城皆反之，其势无所得食，可毋战而擒也。"龙且曰："吾知韩信为人易与耳。今君救齐不战而降之，有何功？今战而胜，齐半可得。"进兵与汉军夹潍水而阵。信夜使人囊沙壅水上流已渡，击其军，佯败走。龙且喜，曰："吾固知信怯。"遂追之。信使人决壅，水大至。龙且军大半不得渡，即击杀且，军走亡去，遂平齐而还。

【译文】

凡与敌交锋，无论是在岸边列阵，还是在水中停船，都称为水战。靠近水边列阵的，要离水远一些，这样一方面可诱敌渡河，另一方面可使敌军不生疑心。如果我军决心要战，就不要逼近水边迎敌，以免敌人不来渡河；如果我军想要不战，就要临水拒敌，使敌人无法渡河；如果敌人渡河前来作战，可以在岸边等待敌人渡了一半时攻击他，这样就能胜利。兵法说，敌人渡河至一半时可以攻击。

汉朝年间，汉王部下郦生游说齐国，劝说齐王归汉，齐王每天和郦生饮酒作乐，而撤除了守备。谋士蒯通说服韩信取齐，于是韩信渡河打下了齐国。齐王以为郦生出卖了自己，便将他生煮了，然后逃往高密（今属山东），向楚国求救兵，于是楚王派遣龙且领兵救齐。部下有人对龙且说："汉军是远道而来的亡命之徒，进攻的锋锐部队不可阻挡。齐楚两国都在本国土地上，打起来士兵容易逃跑失败。不如坚壁防守，让齐王派出宠信的臣子去招募那些失守城池的人。城里人如果得知齐王向楚国求救，必然会反叛汉军。汉军远离二千里而客居齐国，齐国人一造反，汉军肯定得不到粮食，就可以不战而擒获他们。”龙且说：“我知道韩信为人容易亲附。现在君王让我们救齐国，如果没有战就使他投降了，又有什么功劳呢？如果打仗而胜利，就可得到齐国的一半土地。”于是率领部众进至潍河（山东省东部），与汉军隔水列阵。韩信夜间派人在潍水上流取土沙贮入囊中，阻住流水，渡水进攻楚军，佯装败逃。龙且高兴地说：“我就知道韩信胆怯。”即派兵追击。韩信派人决开河水，河水涌至，龙且的军队大都未渡完河。韩信立即攻击，杀了龙且。龙且军四下逃散。韩信终于平定齐国而归。

【评述】

韩信乘敌半渡，决水淹之，这是较早的一次水淹之战。

火　战

【原文】

凡战，若敌人近居草莽，营舍茅竹，和刍聚粮，天时燥旱，因风纵火以焚之，选精兵以击之，其军可破。法曰：行火必有因。

汉灵帝中平元年，皇甫嵩讨黄巾。汉将朱儁与贼波才战，败。波才遂围嵩于长社。贼依草结营，会大风，嵩敕军士束炬乘城，使锐卒间出围外，纵火大呼，城上举燎应之，嵩因鼓而奔其阵，贼惊乱奔走。会帝遣曹操将兵适至，合战，大破之，斩首级万余。

【译文】

凡是作战，如果敌人靠近荒草驻扎，在草棚竹林中宿营，粮草又堆聚在一起，天气又干燥时，可根据风向放火焚烧，再挑选精锐士兵攻击，敌军就会被打败。兵法说，纵火一定要有条件。

汉灵帝中平元年，皇甫嵩讨伐黄巾军。汉朝将领朱儁与敌军波才相遇，战败。波才在长社（今河南长葛东）包围了皇甫嵩。敌军靠近草地扎营，当时正好有大风，皇甫嵩下令军士手持火把登城，又派精锐士兵冲出城外，纵火并大声呼喊，城上士兵也举起火把响应。皇甫嵩乘势击鼓奔向敌阵，敌军惊慌奔逃。这时正好又赶上灵帝派遣曹操领兵到来，合兵作战，大败敌军，杀死一万多人。

【评述】

这是三国时期最早的火攻。

缓 战

【原文】

凡攻城之法，最为下策，不得已而为之。若彼城高池深，多人而少粮，外无救援，可羁縻取之，则利。法曰：其徐如林。

十六国，前燕①将慕容恪击段龛于广固②，围之。诸将请恪急攻，恪曰："有宜缓者。若彼我势均，外有强援，恐有腹背之患，则攻之不得不速。若我强彼弱，外无救援，当羁縻守之，以待其敝。兵法：十围五攻，正谓此也。龛党尚众，未有离心，今凭阻坚城，上下戮力。尽锐攻之，数旬可拔；然杀吾士卒必多矣。要在自为变通耳。"乃为壁，垒以守之，终克广固。

【译文】

凡是采用攻城的战术，都是下策，只有不得已才这样做。如果敌人城高壕深，人多粮少，外面又无援救，可以徐徐攻取。这样就可以胜利。兵法说，缓行如同树林一样缜密。

十六国时期，前燕将领慕容恪在广固进攻段龛，并包围了段军。将领都请求慕容恪急速攻城。慕容恪却说："用兵有时也宜缓行。如果敌我双方势均力敌，敌又有强大的外援，我有腹背受敌的忧患，那么就不能不急速进攻。如果我强敌弱，敌人又无外援，就要慢慢困住敌军，等待他力量衰竭。兵法说，十围中只有五攻，就是这个意思。现在段龛部众尚多，还没有背离之心，凭着坚固城池的险阻，上下齐心协力。如果我倾全力进攻，几十天后可以攻下城池，但是敌杀我官兵也必然很多。用兵最重要的在于变化啊！"于是修筑坚固壁垒以围守城池，最后拿下了广固。

【注释】

①前燕：公元 351 年，慕容俏称帝建前燕。

②慕容恪击段龛于广固：段龛（？—357），鲜卑人。父段兰降于后赵石虎。公元 350 年

（东晋永和六年），后赵亡，段又附东晋，被封为镇北将军、齐公。段龛率众东进，占据广固城（在今山东青州境），称齐王。355 年 11 月，前燕派遣太原王慕容恪进攻广固。段龛率三万人迎战于济水之南，败，退守广固城。慕容恪军筑营垒，垦田地，做长久围困计。广固城中粮尽，人相食。10月，龛率众出战，又败，派人向东晋求救。晋援军惧前燕强大，迁延不进。慕容恪攻城，段龛出降。前燕慕容恪攻取广固后，段投降，慕容恪以段龛为伏顺将军，段后为慕容儁杀。

【评述】

缓战，乃经过计算后稳扎稳打实施攻击的战法。

速　战

【原文】

凡攻城围邑，若敌人粮多人少，外有救援，须速攻之，则胜。法曰：兵贵神速。

三国，蜀将孟达降魏，遂领新城太守。未几，复连吴附蜀，以叛魏。司马懿潜军进讨。诸将言达与蜀交接，宜观望而后可。懿曰："达无信义，此其相疑之时，当及其未定促而决之。"乃倍道兼行，至新城下。吴蜀各遣将救达，懿乃分兵拒之。初达与诸葛亮书曰："宛去洛八百里，去吴一百二十里，闻吾举事，表上天子，往返时一月间也，则吾城已固，诸将足力，吾所在深险，司马公必不自来。诸将来，吾无患矣。"及兵到达，又告亮曰："吾举事八日，而兵至城下，何其神速也。"上庸城三面阻水，达于外为木栅以自固。懿渡水破其栅，直造城下。旬日，李辅等斩达首，开门以降。

【译文】

凡围攻城池，如果敌人粮多兵少，又有外援，必须迅速攻击。这样就一定能胜利。兵法说，兵贵神速。

三国时期，蜀国将领孟达投降魏国，被任命为新城太守。没过多久，他又联合吴国归附蜀国，叛离魏国。司马懿秘密派兵前去讨伐。众部将对司马懿说，孟达与蜀地相交通，最好观察一段时间才能攻打。司马懿说：“孟达不讲信义，现在他正处于疑惑的阶段，应当趁他未下定决心时解决他。”于是率兵急速行进，抵达新城（今房县）城下。吴国和蜀国各派出将领援救孟达，司马懿便分兵抵御。起先孟达曾去信给诸葛亮说：“宛城（今河南南阳）距洛阳八百里，距吴国一百二十里。魏国得知我举兵的消息，上表奏请皇帝，往返需要一个月的时间。等军队来时我城池已经坚固了。眼下各将领奋勇尽力，我又地处险要，司马懿必定不会前来。其他将领来，我是没有忧患的。”等魏军到后，他又告诉诸葛亮说：“我举事才八天，魏军就到了城下，真是太神速了！”上庸（今湖北竹山县西南）城三面临水，孟达在城外围起水棚栏，加固防守。司马懿渡河冲垮了木棚栏，直达城下。十天后，李辅等人杀了孟达，开城投降。

【评述】

司马懿神机妙算，孟达反复狐疑，错判形势。

整　战

【原文】

凡与敌战，若敌人行阵整齐，士卒安静，未可轻举。伺其变动以击之，则利。法曰：无邀正正之旗。

【译文】

凡与敌交战，如果敌人的队伍和阵容整齐，官兵安稳平静，就不能轻举妄动，而要等敌军有变动时方可出击。这样才能胜利。兵法说，不要袭击旗帜严整的军队。

【评述】

对待阵容严整的军队，要待敌之动，徐而图之。

乱 战

【原文】

凡与敌战，若敌人行阵不齐，士卒喧哗，急出兵以击之，则胜。法曰：乱而取之。

吴人伐州来①，楚率诸侯之师救之。吴公子光②曰："诸侯从于楚者众，而皆小国也，畏楚而不获已，是以来。吾闻之曰：作事威克其爱，虽小必济。胡、沈之君③幼而狂；陈大夫齿壮而顽；顿与许、蔡疾楚政；楚帅贱多宠，政令不一。七国同役而不同心。帅贱而不能整，无大威命，楚可败也。若分师先以犯胡、沈与陈，必先奔。三国败，诸侯之师乃摇心矣。诸侯乖乱，楚必大奔。请先者去备薄威；后者敦阵整旅。"吴子从之。戊辰晦战于鸡父，以罪人三千，先犯胡、沈与陈，三国争之。吴为三军，以击于后：中军从王，光帅右掩，余师左。吴之罪人或奔或止，三国乱，吴师击之。三国败，获胡、沈之君及陈大夫。舍胡、沈之囚奔许与蔡、顿曰："吾君死矣。"师噪而从之，三国奔，楚师大奔。

【译文】

一般作战，如果能在敌队伍不整齐，士兵大声喧哗时立即出兵进攻他，就可胜利。兵法说，乘乱而夺取他。

春秋时，吴国讨伐州来时，楚国率领诸侯国的军队救援州来。吴国公子姬光说："诸侯服从于楚国的确实不少，但都是小国，他们因为惧怕而不能不来。我听说，凡事如果威胜过爱，虽然小也一定能成功。胡国和沈国的国君年幼而狂妄；陈国的大夫年壮但愚蠢；顿国、许国和蔡国妒忌楚国的政治；楚国领兵的人卑贱而受宠爱，因此政令不一致。这七国同行但不同心。领兵的人卑贱就不能使军队整齐，因而没有大的威望。楚国是可以打败的。如果我们能分兵先用一部分进攻胡国、沈国和陈国，他们就一定会先败逃。这三国败了，诸侯国的军心就动摇了。诸侯一混乱，楚军也必然败逃。因此，请让先出动的少戒备少威严，后出动的要严阵整旅以待。"吴王听从了这个计策。戊辰年（前 533 年）末，吴军和七国军队交战于鸡父（今河南固始县东南）。吴用犯人三千先攻胡国、沈国和陈国，三国军队迎战。吴军分成三部分，跟在犯人后面进攻；中军由吴王带领，公子姬光率右军掩护，其余军队在左边。吴国的犯人时而奔跑，时而停止，三国军队就乱了。吴军向三国军队发起进攻，三国军队大败。吴军俘获了胡国和沈国的国君以及陈国的大夫，放出胡国、沈国的俘虏。俘虏逃奔到许国、蔡国和顿国时说："我们的国君死了。"于是这些国家的军队也吵吵嚷嚷跟着跑，这三国也大败奔逃。最后，楚国军队也败逃了。

【注释】

①吴人伐州来：州来为西周分封的诸侯国之一，公元前529年为吴国所灭；以后，州来又被楚国占，成为楚邑；公元前519年又入吴国。故址在今安徽凤台。此处吴国讨伐州来的战争发生在公元前519年。

②公子光：即以后的吴王阖闾，名姬光，为吴王诸樊之子，故称公子。此时的吴王为王僚。

③胡、沈之君：胡、沈连同下文的陈、顿、许、蔡都是西周分封的诸侯国。胡在今安徽阜阳，公元前495年被楚灭；沈在今河南平舆以北，公元前506年为蔡灭；陈在今河南和安徽交界处，前479年被楚灭；顿在今河南商水北，前496年为楚灭；许初在今河南许昌东，后相继迁往河南叶县、安徽亳县、河南西峡和鲁山等境内，战国初期被楚灭；蔡初在河南上蔡境，先后迁至新蔡和下蔡（即州来）境内，前447年为楚灭。

【评述】

火中取栗、乱军引胜。

卷　八

分　战

【原文】

凡与敌战，若我众敌寡，当择平易宽广之地以胜之。若五倍于敌，则三术为正，二术为奇。三倍于敌，二术为正，一术为奇。所谓一以当其前，一以攻其后。法曰：分不分为縻军。

梁将陈霸先、王僧辩讨侯景①军于张公洲。高旌巨舰，截江蔽空，乘潮顺流。景登石望之，不悦曰："彼军士有如是之气，不可易也。"率铁骑万人，鸣鼓而前。霸先谓僧辩："善用兵者，如常山之蛇，首尾相应。贼今送死，欲为一战。我众彼寡，宜分其势。”僧辩从之。以劲弩当其前，轻锐蹂其后，大阵冲其中，景遂大溃，弃城而走。

【译文】

一般与敌作战时，如果我众敌寡，就应当选择平坦开阔的地方战胜他。如果我五倍于敌，那么就用三份为正兵，两份为奇兵；如果我三倍于敌，就用二份为正兵，一份为奇兵。这就是说，用一部分兵挡在敌人前面，用另一部分兵攻击敌人背后。兵法说，该分兵的时候不分，这样的军队是乱军。

南朝梁将陈霸先和王僧辩讨伐侯景，军队驻扎在张公洲时，旌旗高树，遮住了天空；巨舰横江，截断了江面，乘潮顺流，气势磅礴。侯景登上石山眺望，不高兴地说：“敌军有这样大的气势，不能更改了。”于是率领精锐骑兵一万多人，鸣鼓前进。陈霸先对王僧辩说：“善于用兵的人，像常山的蛇一样，头和尾相照应。敌人现在来送死，想拼死一战。我众敌寡，宜于分兵乘势夹击。”王僧辩同意。于是，用强弩手阻挡在侯景军前面，用轻骑袭击他的后面，用大军冲击他的中间。侯景终于溃败，弃城逃走。

【注释】

①梁将陈霸先、王僧辩讨侯景：公元 551 年南北朝时期，南朝丞相侯景废梁汉帝，陈霸先、王僧辩等人拥湘东王萧绎，讨平了侯景。萧绎称帝后为梁元帝。

【评述】

拥有优势兵力的一方，像斩蛇一样分割围歼相对弱势的敌人。

合　战

【原文】

凡兵散则势弱，聚则势强，兵家之常情也。若我兵分屯数处，敌若以众攻我，当合军以击之。法曰：聚不聚为孤旅。

【译文】

一般说兵力分散就会势单力弱，兵力集中就势盛力强，这是用兵之人懂得的常识。如果我军分驻几个地方，敌人又以众进攻我，就应当聚合军队来迎击他。兵法说，该聚时不聚的军队叫孤独之军。

【评述】

分散驻扎的部队，尤其应注意不要被敌人分割围攻。

怒　战

【原文】

凡与敌战，须激励士卒，使忿怒而后出战。法曰：杀敌者，怒也。

汉，光武建武元年，诏将军王霸、马武讨周建于垂惠①。苏茂将军四千余救建。先遣精骑遮击马武军粮，武往救之。建于城中出兵夹击武。武恃霸援，战不甚力，为茂、建所败，过霸营大呼求救。霸曰："贼兵势盛，出必两败，努力而已。"乃闭营坚壁，军吏皆争之。霸曰："茂兵精锐众多，吾吏士必恐，而吾与相持，两军不一，败道也。今闭营坚守，示不相援，彼必乘势轻进。武恨无救，则其战当自倍。如此，茂众疲劳。吾乘其敝，乃可克也。"茂、建果悉兵出攻武，合战良久。霸军中壮士数千人，断发请战。乃开营大出，精骑袭其后，茂、建前后受敌，遂败走之。

【译文】

凡与敌人作战，必须激励官兵，使他们愤怒以后再出战。兵法说，奋勇杀敌的人，是因为愤怒所致。

东汉光武帝建武元年（公元25），刘秀诏令将军王霸和马武到垂惠（今山东江苏交界处）讨伐周建，苏茂带领四千余兵增援周建。苏茂派遣精锐骑兵阻击马武的军粮，马武前去救援时，周建又从城里出兵夹攻马武。马武仗着有王霸救援，交战时不甚用力，结果被苏茂和周建打败，经过王霸营寨时大声呼救。王霸说："敌人势力强盛，我们出来必定会一齐失败，你努力作战就行了。"王霸闭门坚壁，军兵却都争着出战。王霸说："苏茂军队精锐众多，我们出战，官兵必然恐慌，我们与苏茂对阵，本身两支军队不统一，就只有失败的道理。现在闭门坚守，表示我不援救，苏茂必然用轻骑乘势快进；马武恨我不援救他，也就会加倍奋战。这样苏茂的部队一定会疲劳。我乘他疲惫时再攻击，就可以克敌制胜。"苏茂和周建果然倾巢出动进攻马武，交战了很长时间还没攻下。王霸军中壮勇之士几千人割发请求出战。王霸这才大开营门出战，用精锐骑兵偷袭敌后部。苏茂、周建前后受敌，终于大败逃走了。

【注释】

①诏将军王霸、马武讨周建于垂惠：王霸（？—59），颍川颍阳（今河南许昌西南襄城县）人。刘秀打败王寻、王邑于昆阳后，以王霸为功曹令史；后因王霸追杀王郎之功，封王乡侯；刘秀即帝位后，拜王霸为偏将军，改封富波侯。公元 28 年，王霸大败苏茂、周建，拜讨虏将军、上谷太守。王霸率军总计和匈奴、乌桓等交战上百次，也多次上书说应与匈奴结亲讲和。公元 54 年，改封淮陵侯；公元 59 年，因病去世。"云台二十八将"之一。光武帝刘秀曾评说："颍川从我者皆逝，而子独留，疾风知劲草。"马武（？—61），南阳湖阳（今河南唐河县）人。马武先入绿林军，为新市兵将领，更始二年（公元 24 年）归顺刘秀，协助其建立东汉，刘秀称帝后，任捕虏将军，封杨虚侯。"云台二十八将"中排名第十五。周建为梁王的部将，刘秀诏令王霸和马武讨周建是东汉建武四年（公元 28 年）秋的事。

【评述】

激励自己，置之死地而后生。

气　战

【原文】

大将之所以战者兵也，兵之所以战者气也，气之所以胜者鼓也。能作士卒之气，则不可太频，太频则气易衰；不可太远，太远则力易竭。须度敌人之至六七十步之内，乃可以鼓，令士卒进战。彼衰我胜，败之必矣。法曰：气实则斗，气夺则走。

春秋，齐师伐鲁，庄公将战，曹刿请从，公与之同乘，战于长勺。公将鼓之，刿曰："未可。"齐人三鼓，刿曰："可矣。"鼓之，齐师败绩。公问其故，对曰："夫战勇气也，一鼓作气，再而衰，三而竭。彼竭我盈，故克之。"

【译文】

将帅用来攻战的是军队，军队赖以攻战的是勇气，勇气之所以能胜是击鼓激励的结果。鼓起官兵的勇气，就不能太频繁，太频繁了气就容易用竭。必须把握着离敌人六七十步之内，才可以击鼓，命令官兵进战。这时敌衰我盛，就一定能打败他。兵法说，气实的时候就攻战，气虚的时候就撤退。

春秋的时候，齐国军队进攻鲁国，鲁庄公将要迎战，曹刿请求一同前往。庄公与他一起乘车，和齐军在长勺相遇。庄公想击鼓进攻，曹刿说："不行。"齐国军队三通鼓过，曹刿说："可以进攻了。"鲁军击鼓，大败了齐军。庄公问他原因，曹刿答说："作战，靠的是勇气，一鼓时激起了气势，再鼓就衰弱了，等三鼓时气势就尽了。彼方气势衰竭而我方气势正旺，所以能战胜。"

【评述】

齐鲁长勺之战一鼓作气，再而三，彼竭我盈。

逐 战

【原文】

凡追奔逐北，须审真伪。若旗齐鼓应，号令如一，纷纷纭纭，虽退走，非败也，必有奇也，当须虑之。若旗参差而不齐，鼓大小而不应，号令喧嚣而不一，此真败却也，可以力逐。法曰：凡从匆急，敌人或止于路，则虑之。

唐武德元年，太宗征薛仁杲[①]，其将宗罗睺（hóu，睺之别字）拒之。破于浅水原，太宗帅骑追之，直趋高墌，围之。仁杲将，多临阵来降。复还取马，太宗纵遣之。须臾，各乘马至。太宗具知仁杲虚实，乃进兵合围。纵辩士喻以祸福，仁杲遂降。诸将皆贺。因问曰："大王破敌，乃舍步兵，又无攻具，径薄城下，咸疑不克，而卒下之何也？"太宗曰："此权道也。

且罗睺所将，皆陇外人，吾虽破之，然斩获不多。若缓之，则皆入城，仁杲收而抚之，未易克也。追之，则兵散陇外，高墌自虚。仁杲破胆，不暇为谋，所以惧而降也。”

【译文】

凡追击败敌，必须辨明真假。如果逃敌旌旗整齐，鼓声响应，号令统一，虽然散散乱乱地退走，也不是真被打败，一定是有奇兵，必须谨慎对待。如果旌旗东倒西歪不整齐，鼓声时大时小不协调，号令吵吵嚷嚷不统一，这就是真的失败退却，可以加紧追赶。兵法说，凡追击敌人不能懈怠，敌人如果在退路上行行停停，就要慎重思虑。

唐武德元年，唐太宗李世民征讨薛仁杲，薛仁杲将领宗罗睺（hóu）前往抵抗。唐军在浅水原打败罗睺，太宗率领骑兵追击，一直追到高墌，将其包围。薛仁杲的将领，很多在临阵时来投降，投降后又要求回去牵取马匹，太宗一律遣返。不一会儿，他们又都骑马来了。太宗因此详细了解了薛仁杲的虚实，便进兵合围他。唐军派遣许多能言善辩之人到薛营，用祸福之类的言语劝说，薛仁杲终于投降了。诸将都来向太宗祝贺，并问太宗道：“大王您在破敌时，丢掉步兵，又没有攻城的器具，竟直抵城下；大家全部都怀疑不能攻克，而您却终于攻下了，这是为什么呢？”太宗说：“这是依赖天道啊！况且宗罗睺所带的兵，都是陇外人，我虽然打败了他，但杀死和俘虏的不多。我后面的行动如果慢了，败兵就都逃回城去了；薛仁杲如果收留和慰抚他们，我就不易攻下此城了。我紧急追赶，败兵全溃散到陇外，高墌自然就空虚了。薛仁杲被吓破了胆，没有机会设计谋，因此害怕就投降了。”

【注释】

①太宗征薛仁杲：薛仁杲（gǎo），陇西金城府（今兰州市西）人。其父薛举于隋末在陇西一带割据，称西秦霸王。薛举死后，薛仁杲继立。李世民打败薛仁杲，在今天水至陇西一带。

【评述】

真败之敌可追。

归　战

【原文】

凡与敌相攻，若敌无故退归，必须审察。果力疲粮竭，可选轻锐蹑之。若是归师，则不可遏也。法曰：归师勿遏。

汉献帝建安三年，曹操围张绣于穰，刘表遣兵救之，绝军后。绣与表合兵守险。操军前后受敌，操乃凿险伪遁，伏兵以待。绣悉兵来追，操纵奇兵夹攻，大破之。操谓荀彧曰："敌遏吾归师，而与吾死地战，吾是以胜矣。"

【译文】

凡和敌人互相攻伐，如果敌人无故退去，就一定要慎察情形。如果敌人真的是力疲粮尽，可以选派精锐轻骑追击；如果是回归之军，就不能阻击。兵法说，不要阻击回归的军队。

东汉献帝建安三年（198），曹操在穰县（今河南邓县）包围了张绣，荆州刺史刘表派兵援救，切断了曹军退路。张绣与刘表在两边合力据守险阻，使曹军前后受敌。曹操便开山凿险，装作逃跑，设伏以待。于是张绣倾巢出动追击，曹操指挥奇兵夹攻，大破张绣。曹操对荀彧说："敌阻击我回归之师，而和我在死地作战，所以我胜利了。"

【评述】

围师必阙，虽不必每每如此；但对归师的阻击，确应十分谨慎。

不　战

【原文】

凡战，若敌众我寡，敌强我弱，兵势不利；或远来，粮饷不绝，皆不可与战。宜坚壁持久以敝之，则敌可破。法曰：不战在我。

唐武德中，太宗率兵渡河东讨刘武周[①]。江夏王李道宗，时年十七，从军，与太宗登玉壁城观贼阵。顾谓道宗曰："贼恃其众，来邀我战，汝谓何如？"

对曰："群贼锋不可当，易以计屈，难以力争。今深沟高垒，以挫其锋，乌合之徒，莫能持久，粮运将竭，当自离散，可不战而擒也。"太宗曰："汝见识与我相合。"果后食尽，夜遁。追入介州，一战败之。

【译文】

凡攻战，如果敌众我寡，敌强我弱，作战态势不利于我；或者敌军远来，粮食尚未断绝，都不能交战，宜于坚壁持久防守以疲惫敌军。这样，敌军就可以被打败。兵法说：决定不战，主动在我。

唐武德年间，当时的秦王即后来的唐太宗李世民率军东渡黄河讨伐刘武周。江夏王李道宗当时17岁，出在军中，跟随太宗登上玉壁城观察敌阵。太宗回头看了看道宗说："敌恃仗人多，来逼我交战，你说该怎么办？"回答说："敌众初来，锐不可当，用计可以使他屈服，用力难以与他争锋。我应深沟高垒，以此挫伤他的锐气。敌军乌合之众，一定不能持久，粮食供给也会很快枯竭，那时便会自行离散，就可以不战而擒获他。"太宗说："你的看法与我相同。"后来，刘武周军果然粮尽，乘夜逃去。太宗追到介州，一举打败了敌人。

【注释】

①刘武周：原为隋朝王仁恭部将，后杀王，在今太原、介休一带割据。李世民讨刘武周，是公元619—620年间的事。刘武周失败后出奔突厥。后拟从突厥逃归马邑，事泄被杀。

【评述】

对有锐气，难与争锋之敌，应深沟高垒，挫其锐气；待其供给枯竭，才可不战而擒获。

必战

【原文】

凡兴师深入敌境，若彼坚壁不与我战，欲老我师，当分兵攻其军，捣其巢穴，截其归路，断其粮草，彼必不得已而须战。我以锐卒击之，可败。法曰：

我欲战，敌虽深沟高垒，不得不与我战者，攻其所必救也。

三国，魏明帝景初三年，召司马懿于长安，使将兵往辽东讨公孙渊①。帝曰："四千里征伐，虽云用骑，亦当任力，亦宜计妥，后费也。度渊以何计得策？"懿曰："弃城预走，上策也；守辽东拒大军，其次也；坐守襄城，此成擒耳。"曰："三者何出？"懿曰："惟明者，能量彼量我，预有所弃，此非渊所及也。"曰："往还几日？"对曰："往百日，还百日，攻百日，以六十日为休息，一年足矣。"遂进兵。渊遣将帅步骑数万，屯辽隧，围堑二十余里。诸将欲击之，懿曰："此欲以老吾兵，攻之，正堕其计。此王邑所以耻过昆阳②也。彼大众在此，巢穴空虚，直抵襄平，出其不意，破之必矣。"乃多张旗帜，欲出其南，贼尽锐赴之。懿潜弃贼，直趋襄平。贼将战败，懿围襄平。诸将请攻之，懿不听。陈珪曰："昔攻上庸，旬日之中，破坚城，斩孟达；今远来，而更安缓，愚且惑之。"懿曰："达众少，而食支一年；渊军四倍于达，而粮不淹月。以一月图一年，安可不速？以四击一，纵今失半而走，犹当为之，是以不计死伤而计粮也。今贼众我寡，贼饥我饱；而雨水乃尔，攻具不设，促之何为？自发京师，不忧贼守，但忧贼走。今贼粮垂尽，而围落未合；掠其牛马，抄其樵采，此故驱之走也。夫兵者诡道，善因事变。贼凭众恃雨，故虽饥困，不肯束手，当示无能以安之。若求小利而惊之，非计也。"既而雨霁，造攻具攻之，矢石如雨。渊粮尽窘，急人将相食，乃使其将王建、柳甫请降，懿斩之。渊突围而走，懿复追及大梁水上，杀之，遂平辽地。

【译文】

凡兴兵深入敌人境内，敌军如果坚壁防守，不与我交战，想疲惫我军，就应当分兵进攻敌军，捣毁他的巢穴，切断他的退路，断绝他的粮草。这样，敌军就必然不得不与我交战。这时，我用精锐兵士进攻，就可以打败敌军。兵法说，我如果想战，虽然敌人的深沟高垒，也不得不与我交战的原因，在于攻击他一定救援要的地方。

三国时期，魏景初三年（239），明帝召司马懿到长安，派他率兵往辽东（今辽宁沈阳以南地区）讨伐公孙渊。明帝说："遥遥四千里路程的征战，虽说是用骑兵，也要凭力量，也需适宜、妥当的计谋和后方的费用。你看公孙渊应该使用什么计策比较得当呢？"司马懿回答道："如果公孙渊弃城先逃，这是上策；据守辽东，抗拒我大军，这是中策；坐着不动防守襄平城（今辽阳市），这就会被我擒获。"明帝问：

"三种计策中，公孙渊会使用哪一种呢？"司马懿回答说："只有明晓事理的人，才能正确估量敌人和自己，事先有所舍弃，而这却不是公孙渊所能达到的。"明帝问："往返需要多长时间呢？"回答说："去一百天，回一百天，攻战一百天，用六十天休息，一年足够了。"司马懿遂进军辽东。公孙渊派大将率步兵和骑兵几万人，驻扎在辽隧（今鞍山市西辽河上），开挖堑壕二十多里长。魏军将领都想进攻，司马懿说："这是想疲惫我军。攻他，就正好中了他的计，像王邑耻于放过昆阳一样。敌军大部分在这里，巢穴内必然空虚。我现在直奔襄平，出其不意，必然能攻破城池。"于是，魏军广张旗帜，做出要进攻辽隧以南的样子，敌精锐部队全都奔往那里去了。司马懿偷偷甩开了敌人，径直奔向襄平。城外敌将被打败后，司马懿便包围了襄平。各将领请求攻城，司马懿不听。陈珪说："过去您进攻上庸（今湖北竹山西）时，十天之内打破城池，斩杀孟达；现在从这么远的地方来，反而却安安缓缓地。在下智愚，确实疑惑呢！"司马懿说："孟达兵少，而粮食可以支持一年，公孙渊的兵是孟达的四倍，但粮食支持不了一个月。用一个月的时间攻打要支持一年的敌人，怎么能不速战呢？如果是以四击一，即使现在损失一半而能战胜，我也会进攻的。这些都不是计算死伤而是在计算粮食。现在敌众我寡，敌饥我饱，雨水这么大，我如进攻他不设防的地方，会促使他设防，这有什么益处呢？自打京城出发，我就不忧虑敌防守，只忧虑敌逃走。现在敌粮食已尽，但我包围圈还未合上，如果抢夺他的牛马，拦截他砍柴的樵夫，这就是故意驱使他逃走。用兵，是一种诡诈的道理，全凭善于根据具体事情而变化。敌凭着兵卒众多，依赖着雨水，虽然饥饿困倦，但仍不会束手投降。所以，我应该显示出不能攻克的样子以暂时稳住他。如果为了小利而惊动他，这不是好计谋。"不久，雨停了，魏军打造攻城战具，攻城时，箭和石像雨一样飞向城里。公孙渊粮尽陷入窘境，危急中恨不得人吃人，便派将军王建和柳甫去魏营请求投降。司马懿杀了这两人。公孙渊突围而逃。司马懿又追到大梁水（今太子河）上，斩杀了公孙渊，终于平定了辽东一带。

【注释】

①公孙渊：辽东太守公孙康子。其父曾斩杀袁尚、袁熙首级献给曹操。公孙渊于魏明帝时自立称燕王。

②王邑所以耻过昆阳：王莽将领王邑，率兵四十二万攻刘秀，部将严尤曾建议放弃昆阳，直攻宛城。王邑说："迁城不拔，如何示威？"结果在昆阳被刘秀所打败。

【评述】

为了不让敌逃走，可采取措施暂时稳住他，等我条件齐备，再实施包围歼灭。

避战

【原文】

凡战强敌，初来气锐，我之势弱，难以相持，且当避之。伺其疲惫而击之，则胜。法曰：避其锐气，击其惰归。

汉灵帝中平六年，凉州王国①围陈仓，以皇甫嵩②讨之。董卓请速进，嵩曰："百战百胜，不如不战而屈之。是以善用兵者，先为不可胜，以待敌之可胜。陈仓虽小城，固有备未易拔。王国强攻陈仓不下，其众必疲，疲而击之，全胜之道也。"围攻之，终不下，其众疲惫解去，嵩率兵追击之。卓曰："穷寇勿追，归师勿遏。"嵩曰："不然。"乃独追击，而破之，卓由是有惭色。

【译文】

如果敌军强大，又是初来气盛，而我力小势弱，难以与他争锋时，就应当暂时避开他。等敌疲惫以后我再攻击，就可以胜利。兵法说，避开敌之锐气，攻击他疲惫回归之时。

东汉灵帝中平六年（189），凉州王国包围了陈仓（今宝鸡市以东）。灵帝用皇甫嵩为将前去讨伐。董卓请求迅速进攻，皇甫嵩说："百战百胜，不如不战就能使敌人屈服高明。所以，善于用兵的人，先要做出不能战胜敌人的样子，以等待战胜敌人的机会。陈仓虽然是一个小城，但原来就已设防，敌未必就能轻易攻破。王国强攻不下，部队必然疲劳，等他疲劳时再攻击他，这是取得彻底胜利的办法。"王国围攻陈仓，始终没有攻下，部众疲惫，只好撤去。皇甫嵩率军追击。董卓说："对穷寇不能追击，对回归之军不能阻止。"皇甫嵩说："不能那样。"便独自追击，打败了王国。董卓因此而有惭愧之色。

【注释】

①王国：凉州狄道（今甘肃临洮）人，自称合众将军，东汉末凉州军阀之一。公元 187 年，

联合韩遂反叛于西州，被推举为首领，公元 189 年（中平六年）二月，王国首领地位被废。

②皇甫嵩（？—195），东汉末安定郡朝那县（今宁夏彭阳）人，出身于将门世家。汉灵帝时被征为侍郎，迁任北地太守；黄巾起义爆发后，率军镇压黄巾军；董卓掌权时，入朝为城门校尉，被陷害下狱；董卓被诛后，任征西将军，拜太尉，逝后追赠骠骑将军。

【评述】

避其锐气，击其疲惫。

围 战

【原文】

凡围战之道，围其四面，须开一角，以示生路。使敌战不坚，贼城可拔，军可破。法曰：围师必缺。

汉末，魏曹操围壶关①，攻之不拔。操曰："城拔皆坑之。"连日不下，曹仁言于曹操曰："围城必示活门，所以开其生路也。今公告之必坑，使人人自为死。且城固而粮多，攻之则士卒伤，守之则延日久。今屯兵坚城下，攻必死之敌，非良策也。"操从之，乃拔其城。

【译文】

凡围攻敌人的办法，应包围他的四面，还须放开一角，以表示给敌活路，使他作战不坚决。这样，就可以攻克敌城，打败敌军。兵法说，包围敌军必须留有缺口。

东汉末，魏王曹操包围了壶关，攻打不下。曹操说："破城的时候，一定要把全城人都坑埋。"这样接连几天，还是攻打不下。曹仁对曹操说："包围城池一定要留有活门，这样才能使敌军有生的希望。现在您告诉敌人要坑杀他们，这样，敌军人人都死战。况且，这座城池很坚固，粮食也很多。我军如攻打，官兵伤亡必然很重；包围着不打，时间又拖得太久。现在把军队驻扎在坚固的城下，进攻抱着必死之心的敌人，不是好办法。"曹操听从了曹仁的话，才攻下壶关。

【注释】

①曹操围壶关：袁绍的外甥高幹于建安十年在邺城降曹，但随后又叛守壶关（今山西黎城东北太行山口）。曹操于建安十一年率军围攻壶关。

【评述】

“围师必缺”意在“缴枪不杀”，减少伤亡。

卷 九

声 战

【原文】

凡战，所谓声者，张虚声也。声东而击西，声彼而击此，使敌人不知其所备。则我所攻者，乃敌人所不守也。法曰：善攻人者，敌不知其所守。

后汉，建武五年，耿弇与张步相拒。步使其弟兰将精兵二万守西安，诸郡太守合万余人守临淄，相去四十余里。弇进兵画中，居二城之间，视西安城小而坚，且兰兵又精；临淄虽大，而易攻，乃敕诸将会，俟五日攻西安。兰闻之日夜为备。至期，弇敕诸将夜半皆蓐食，会明，至临淄。护军荀梁等争之，以为宜速攻西安。弇曰：“西安闻吾欲攻之，日夜备守。临淄出其不意，至必惊扰，攻之，则一日可拔。拔临淄，则西安孤。张兰与步阻绝，必自亡去，所谓击一而得二者也。若攻西安，卒不下，顿兵坚城，死伤必多。纵能拔之，兰帅兵奔还临淄，并兵合势，观人虚实。吾深入敌地，后无转输，旬日之间，不战而困。诸君之言，未见其宜。”遂攻临淄，半日拔之，入据其城，张兰闻之，果将兵亡去。

【译文】

凡攻战，所谓声，就是虚张声势，即声东而击西，声南而击北，使敌人不知道应该在哪里防守。这样，我所进攻的地方，才是敌人所不防守的地方。兵法说，善于进攻的人，他的敌人不知道怎样防守。

东汉建武五年，光武帝大将耿弇讨伐张步。张步派遣他的弟弟张兰带精兵二万人防守西安（今山东省桓台县东），而自己集合各郡守军一万人守临淄（今属山东）。西安、临淄两地相隔四十多里路。耿弇进军至画中，位于两城中间。他看西安城虽然小但很坚固，而且张兰所带的兵又很精锐；临淄城虽大，但容易攻下来，便命令各将领集合，扬言五天后攻打西安。张兰听到这个消息后日夜加紧防备。五天后，耿弇命令各将领半夜起床吃饭，天刚明就奔往临淄。护军荀梁等人争辩说应该尽快攻打西安，耿弇说："西安守敌听说我要攻打他们，日夜增加防备；而打临淄却出其不意，我到那里后敌必然惊慌，攻打临淄，一天就可破。破了临淄，西安就孤立了。张兰和张步被隔绝，张兰必然会自己逃走。这是打一而能得二的事情。如果攻西安，最终如果打不开，把军队放在坚固设防的城池下，死伤必然很重；即使打下来，张兰带兵逃回临淄，合兵一处，势力大增，就有了乘势攻我的机会。我军深入敌境，后面缺乏运转，十天之内，不战就困疲了。你们的话，我看不出有什么合适的地方。"耿弇遂去攻打临淄，半天就打破了城池，进驻城内。张兰听到这个消息，果然带兵逃走了。

【评述】

出其不意，攻其不备。

和 战

【原文】

凡与敌战，必先遣使约和。敌虽许诺，尚在羁縻。因其懈怠，选锐卒以击之，其军可败。法曰：无约而请和者，谋也。

秦末，天下兵起，沛公西入武关，欲以二万人击峣关，张良曰："秦兵尚强，未可轻视。闻其将多商贾子，利以动之则易。如愿且留壁。"先遣人益张旗帜为疑兵，而使郦生为陆贾往说秦将啖以利，秦将果欲连和。沛公欲听之，良曰："此独其将欲叛，恐士卒不从，当因其懈击之。"沛公乃引兵击秦军，大破之。

【译文】

凡与敌交战，必须首先派遣使者议和。敌人虽然许诺和议，但还在犹豫；乘他懈怠的时候，选派精锐兵卒攻击，就可以打败他。兵法说，不缔约而请求和议的，是有计谋。

秦朝末年，各地义军兴起，沛公刘邦向西进入武关（位今河南、陕西交界处丹江上），想以二万军队进攻峣关（位今霸水上游）。张良说："秦军还很强大，不能轻视他们。听说其将领多是商人的子弟，用利益打动他们是比较容易的。如果您同意的话，请暂且留在山上。"刘军先派人广张旗帜作为疑兵，继而派遣郦生做说客，去向秦将领讲说利害，秦军将领果然想讲和。于是刘邦想同意议和，张良说："这只是秦军将领单独反叛求和，官兵恐怕不会听从的。应该乘他懈怠的时候发动攻击。"刘邦立即领兵进攻，大败了秦军。

【评述】

谈和更须备战。

受战

【原文】

凡战，若敌众我寡，暴来围我，须相察众寡、虚实之形，不可轻易遁去，恐为尾击。当圆阵外向，受敌之围。虽有缺处，我自塞之，以坚士卒之心。四面奋击，必获其利。法曰：敌若众，则向众而受敌。

《北史》：魏普泰元年，高欢讨尔朱兆[①]。孝文帝永熙元年春，拔邺。尔朱天光自长安，兆自晋阳，度律自洛阳，仲远自东郡，同会于邺，众二十万夹漳水而军。欢出顿紫陌，马不满三千，步兵不满三万，乃于韩陵为圆阵。连牛驴以塞归路，将士皆为必死。选精兵步骑从中出，四面击之，大破兆等。

【译文】

凡攻战，如果敌人以众多部队突然包围了我，就必须认真审查众寡和虚实形态，而不能轻易逃跑，因为敌人可能尾追攻击我。应当将部队摆成圆阵面向外，以对付敌人的包围。即使出现了缺口，也要尽力堵住，以坚定官兵的信心。这样四面奋战，一定能得到胜利。兵法说，如果敌人众多，就要向敌而对付他。

《北史》载：北魏普泰元年（531），高欢讨伐尔朱兆；魏孝文帝永熙元年（532）春，攻下邺。尔朱天光自长安，尔朱兆自晋阳（今太原市西南），尔朱度律自洛阳，尔朱仲远自东郡（今河南滑县）领兵会集于邺。尔朱氏部众二十万沿漳河两岸驻扎。高欢出邺城驻扎紫陌，当时骑兵不满三千，步兵不足三万。他便在韩陵山下设一圆阵，将牛和驴接连系起来以堵塞退路。将领和军士都做好了必死的准备。高欢选择精锐步兵和骑兵从圆阵中杀出，四面冲杀，终于大败了尔朱兆。

【注释】

①高欢讨尔朱兆：高欢与尔朱兆均为北魏将。高欢以尔朱兆家族专权为名起兵讨伐。

【评述】

先立于不败之地。

降 战

【原文】

凡战，若敌人来降，必要察其真伪。远明斥候，日夜防备，不可怠忽。严令偏裨，整兵以待之，则胜。法曰：受降如受敌。

后汉，建安二年，曹操讨张绣于宛，降之。既而悔恨复叛，袭击曹军。操败中流矢，引兵还舞阴。绣将骑来，操击破之，绣奔刘表。操谓诸将曰："吾强绣，失在不便取质，以致于此。诸卿观之，自今以后，不复败矣。"

【译文】

如果敌人来投降，一定要审察真假。要多派侦探，日夜防备，不能懈怠疏忽；并要严令各主副将领，整好军队以对付不测，这样，就会胜利。兵法说，接受投降要像对待敌人一样。

东汉建安二年，曹操讨伐张绣于宛城，收降了他。不久，张绣悔恨又反叛了，袭击曹军。曹操在失败时中了流矢，领兵退回了舞阴。张绣带骑兵来攻，曹操打败了他，张绣投奔了刘表。曹操对将领们说："我军比张绣军强大，而失败在于不便取他的人质，以致这样。各位看着，从今以后，再不会因此失败了。”

【评述】

敢战方能受降。

天 战

【原文】

凡欲兴师动众，伐罪吊民，必任天时。君暗政乱，兵骄民困，放逐贤人，诛杀无辜，旱蝗水雹，敌国有此举，兵攻之，无有不胜。法曰：顺天时而制征讨。

北齐，后主纬，隆化元年，擢用邪佞。陆令萱、和士开、韩长鸾等，宰制天下，陈德言、何洪玠等参预机权，各领亲党，升擢非次。官由财进，狱以赂成。乱政害人，遂致旱蝗水潦、寇盗并起；又猜嫌诸王，皆无罪受损。丞相斛律光及弟荆山公羡，并无罪受诛。甫形复溺之萌，俄见土崩之势。周武帝乘此一举而灭之。

【译文】

凡想兴师动众，为民讨伐，必须根据天时。敌国如果国君昏庸，政治混乱，军队骄横，百姓困苦，贤人被放逐，无辜的人遭诛杀，旱、蝗、水、雹等灾害不断发生，这时发兵攻打他，没有不胜利的。兵法说，顺应天时而进行征讨。

南北朝北齐隆化元年（576）时，后主高纬提拔使用奸邪之人。陆令萱、和士开、韩长鸾等分割天下，陈德言、何洪玠等谋权参政；他们各自拥有亲朋和党徒，对这些人的提拔是一步登天。官由钱财进升，状由贿赂告成。混乱的政治危害人民，以至于旱、蝗、水灾齐生，敌寇盗贼并起。后主又怀疑各王族，使他们无罪受害。丞相斛律光及其弟荆山公斛律羡同时无罪被杀。当开始出现覆灭萌芽，刚刚看见瓦解趋势的时候，北周武帝便乘机一举讨灭了北齐。

【评述】

政治混乱，人心思变，不败也难。

人　战

【原文】

凡战，所谓天官者，系人事而破妖祥也。行军之际，或枭集牙旗，或杯酒变血，或麾竿毁折，惟主将决之。若以顺讨逆，直逆以待曲，以贤击愚，皆无疑也。法曰：禁邪去疑，至死无所之。

唐，武德六年，辅公裕反①，诏赵郡王李孝公等讨之。将发，与将士晏集，命取水，水变为血，在座皆失色。孝公自若曰："无疑，此乃公裕授首之征也。"饮而尽之，众心为安。先是贼将拒险邀战，孝公坚壁不出，以奇兵绝其粮道。贼饥，夜薄李孝公，孝公坚卧不动。明日，以羸兵扣贼营挑战，别选骑阵以待。俄尔羸却，贼追，遇祖尚薄战，遂败。赵郡王乘胜破其别阵，辅公裕穷走，骑生擒之。

【译文】

凡攻战，所谓天官天命等，都是由于当事人能够破除妖祥之类的言语。行军之前，在枭集牙门军旗时，或者杯中酒变成了血，或者旗杆折断，这些现象只有主将能够决定怎么办。如果是以忠顺讨伐叛逆，以正直对待邪曲，以贤明攻击愚妄，就应该对自己确信无疑。兵法说，禁止邪恶去掉疑惑，至死也不要改变。

唐朝武德六年，辅公裕反叛，皇上诏令赵郡王李孝公等去讨伐。李孝公将要出发时，与将领晚聚，让人取水，水变成了血，在座的将领都大惊失色。李孝公却神态自若地说："大家不要疑惑，这乃是辅公裕献出头来的征兆。"说着把水一饮而尽，大家的心才安下来。出征以后，敌将先是据险阻挑战。李孝公坚壁防守不出战，用奇兵切断了敌粮道。随后，敌军饥饿，夜间来攻唐军，李孝公又坚卧不动。第二天李孝公派羸弱之兵抵敌营门前挑战，另外布列骑兵阵以阻击敌军。不一会儿，弱兵退却，敌军追赶，遭到祖尚的攻击，遂被打败。赵郡王乘胜攻破了敌的侧阵，辅公裕穷途逃奔，骑兵活捉了他。

【注释】

①辅公裕反：辅公裕原为杜伏威部将。杜伏威降唐后，他趁杜伏威到长安的机会反，自称宋帝。

【评述】

成大事者，必不被妖祥迷信所蛊惑。

难 战

【原文】

凡为将之道，要在甘苦共众。如遇危险之地，不可舍众而自全，不可临难而苟免，护卫周旋，同其生死。如此，则三军之士，岂忘己哉？法曰：见危难，毋忘其众。

魏，曹操征孙权还，张辽、乐进、李典将七十余万屯合肥。操征张鲁，教与护军薛悌书，题其函曰："敌至乃发。"俄而，权率众围合肥，乃发此教曰："若孙权至，张、李将军出战、乐将军守城护军，勿与战。"诸将皆疑。辽曰："公远征在外，及敌至此，破我必矣，是以指教：及其未合，逆击之，折其盛势，以安众心，然后可守也。胜负之机，在此一举，诸君何疑？"李典意与辽同。于是，辽夜募敢从死士得八百人。椎牛享士，明日大战。平旦，辽披甲出战，先登陷阵，杀贼数十人，斩二大将，呼自名冲阵至权麾下，权大惊。众未知所以，走登高，权以长戟自守。辽叱权下，权不敢动。乃聚兵围辽数重，辽左右突围，直前急击，围解，辽将麾下数十人得出。余众呼号曰："将军其舍我耶？"辽复入围，援出余众，权军无敢当者。自旦至日中，吴人夺气。辽修守备，众乃安心悦服。权攻合肥。旬日，城不得下，乃退。辽帅将追击，几获权。

【译文】

做将领的道理，最重要的在于能和部众同甘共苦。如果处在危险境地，不能丢掉部众而只顾保全自己，不能临危难而苟且偷生；要周旋保护部下，与他们同生共死。如能这样，全军的官兵，又怎能忘记将领呢？兵法说，遇到危难，不要忘了部众。

三国时，魏曹操去征讨张鲁，临行前交给护军薛悌一封信，封面上题着："敌人来了才打开看。"不久，孙权率部众围攻合肥，张辽等才打开信。只见上写着："如果孙权来了，张辽、李典将军出战，乐将军守城保护军营，不要出战。"诸将都很疑惑。张辽说："曹公在外远征，虑及敌军到这里来会打败我们，所以指教我们：在两军没有接触以前，就迎面攻击他，挫折他的盛气，以安定我军心，然后才可以防守。胜负之机，全在此举，各位又有什么可疑惑的呢？"李典的意思也和张辽相同。于是，张辽连夜选募敢死之士，共得八百人，杀牛慰劳他们，准备第二天大战。第二天早，张辽披甲出战，率先冲入敌阵，杀敌几十人，斩敌两员大将，大声呼喊着自己的名字在敌阵中横冲直撞，直至孙权的指挥旗下。孙权大惊，部众还没搞清楚是怎么回事，就纷纷登山逃跑。孙权用长戟自卫。张辽大声呵斥孙权，孙权吓得不敢动。吴军聚兵把张辽包围了几圈。他左冲右突，一直向前猛攻，包围圈终于被冲破，张辽率部下几十人得以冲出。其余部众大声呼喊说："将军要丢掉我们吗？"张辽又杀入重围，救出其余部众，孙权军兵没有人敢阻挡。从早晨一直杀到中午，吴军的盛气被夺尽。回城后张辽又整修守备，部众官兵心悦诚服。孙权攻合肥，十天还没攻下，便撤退。张辽带将追击，差一点捉住了孙权。

【评述】

曹操甚是了解张辽；经此一战，张辽威名大振。

易 战

【原文】

凡攻战之法，从易者胜。敌若屯备数处，必有强弱众寡。我可远其强而攻其弱，避其众而击其寡，则无不胜。法曰：善战者胜于易胜者也。

《北史》：周武帝伐齐之河阳。宇文宪曰："河阳要冲，精兵所聚，尽力攻围，恐难得志。彼分之曲城小，山平，攻之易拔。"武帝不纳，终无成功。

【译文】

进攻的方法，攻取容易的地方就可轻易取胜。敌人如果在几个地方防守，必然有强弱众寡之分。应该远离强敌而进攻弱敌，避开多数而打击少数。如能这样，就可无往而不胜。兵法说，善于作战的人往往胜于容易战胜的地方。

《北史》载：北周武帝攻北齐的河阳（今河南孟州市以西）。宇文宪说："河阳是要冲之地，精锐部队聚集，即使尽力围攻，恐怕也难以得手。河阳分出来的曲城，城小，山平，容易攻下。”武帝不采纳这个计策，最终没有成功。

【评述】

避强击弱是要务。

离 战

【原文】

凡与敌战，可密候邻国君臣交接有隙，乃遣谍者以间之。彼若猜贰，我以精兵乘之，必得所欲。法曰：亲而离之。

战国，周赧王三十一年。燕王将乐毅[1]并将秦、魏、韩、赵之师伐齐，破之，湣王出奔于莒[2]。燕军闻齐王在莒，合兵攻之。楚将淖齿欲与燕将分齐地，乃执湣王数其罪而诛之。齐人杀淖齿，立太子法章，因坚守莒城、即墨，以拒燕，数月不下，乐毅并围之，即墨大夫战死，城中推田单为将军。顷之，昭王薨，惠王立。初，惠王为太子时，与毅有隙。田单闻之，乃纵反间曰：“乐毅与燕新王有隙，畏诛，欲连兵于齐，齐人未附，故且缓攻即墨，以待其士。齐人惟恐他将来，即墨残矣！”燕王以为然。乃使骑劫代毅，毅遂奔赵。燕将士由是不和。单乃诈以卒为神师而祀之，列火牛阵，大破燕军。复齐七十余城，迎襄王自莒入临淄。

【译文】

凡和敌国交战，可秘密等候其君臣交接时出现裂痕。如果有隙可乘，就派遣间谍去离间他们，如果他们相互猜疑，就乘机用精锐部队去攻击。这样，一定能够得到所想得到的结果。兵法说，对敌所亲密的就离间。

战国时期周赧王三十一年（前 284），燕国将领乐毅同时率领燕和秦、魏、韩、赵军队讨伐齐国，大破齐军。齐湣王出逃到莒城（今属山东）。燕军听说齐王在莒城，又聚兵攻莒城。楚国将领淖齿想和燕将共分齐国土地，就捉住湣王历数他的罪行，将他杀了。齐国人杀了淖齿，拥立太子法章（即齐襄王），并坚守莒城和即墨，抵抗燕军。燕王攻打了几个月还没攻下，乐毅便将莒城和即墨包围起来。即墨大夫战死后，城中推荐田单做了将军。不久，燕昭王死了，燕惠王即位。当初惠王做太子的时候，与乐毅曾有嫌隙。田单听到这事，便施反间计说："乐毅与燕国新王有嫌隙，怕被杀死，想联合齐军。齐军还未归附，所以他缓攻即墨，等待齐国大夫从内部进攻。齐国人唯恐他再来攻即墨，那样，即墨就完了。"燕惠王听了也认为是这样的，就派骑劫替代乐毅为将领，乐毅便投奔了赵国。燕国将士因此不和睦了。田单诡诈地让一个卒子装成神师并祭祀他，布列火牛阵，大败燕军，恢复了齐国城池七十多座，将齐襄王从莒城迎接至临淄。

【注释】

①乐毅：生卒年不详，中山灵寿（今属河北）人。公元前 284 年，他统帅燕国等五国联军攻打齐国，连攻下七十余城，后因受燕惠王猜忌，投奔赵国，被封于观津，号为望诸君。

②湣王出奔于莒：齐湣王曾率强大的齐军在重丘战胜了楚国，在观津打垮了魏国和赵国，随即又联合韩、赵、魏三国攻打秦国，还帮助赵国灭掉中山国、宋国，扩展了一千多里地的领土。可是齐湣王自大骄横，被乐毅领导的五国联军打败后，退出都城临淄，逃跑到莒邑（在今山东省沂水县境）。

【评述】

离间之计居然可以屡试不爽。

饵　战

【原文】

凡战所谓饵者，非谓兵者置毒于饮食，但以利诱之，皆为饵兵也。如交锋之际，或弃牛马，或丢财物，或舍辎重，皆切不可取，取之必败。法曰：饵兵勿食。

汉献帝建安五年，袁绍遣兵攻白马，操击破之，斩其将颜良，遂解白马之围，徙其民而西。绍追之。军至延津南，操驻兵扎营南坡下，令骑解鞍放马。是时，白马辎重就道，诸将以为敌骑多，不如还保营。荀攸曰："此所谓饵兵，如之何，其去之？”绍骑将文丑与刘备将五六千骑前后至。诸将曰：“可上马。”操曰：“未也。”有顷，骑至稍多。或曰：“分趋辎重。”操曰：“可矣！”乃皆上马纵击，大破之。

【译文】

所谓饵，不是讲用兵的人把毒直接放到饮食里去。只要是用利益引诱，就都叫作饵。比如：交锋的时候，或者扔掉牛马，或者抛掷财物，或者舍弃辎重，对这些切切不可拾取，拾取就必定要失败。兵法说，不要吃饵食。

东汉献帝建安五年，袁绍派兵进攻白马城（今河南滑县以东），曹操击败了袁军，斩杀了袁军将领颜良，解了白马之围。曹操迁徙白马百姓向西而行，袁绍率军追赶。袁军到延津河南岸的时候，曹操正在南坡山下驻军扎营，让骑兵解鞍放马。当时，从白马运出来的辎重也都在路上。曹军将领都认为敌军骑兵多，不如收马回来保守营寨。荀攸说：“这就是所说的饵兵，如果收了，谁去引诱？”袁绍骑兵将领文丑和刘备一起带五六千骑兵先后到了。曹军各将领问：“可以上马了吧？”曹操说：“还没到时候。”不久，袁军骑兵到得比较多了，有人说：“分兵攻击他的辎重吧！”曹操说：“可以！”众将这才上马出击，大败了袁军。

【评述】

军纪涣散的部队易受引诱。

卷　十

疑　战

【原文】

凡与敌对垒，我欲袭敌，须丛草杂木，多张旗帜，以为人屯。使敌备东而击其西，则必胜。或我欲退，伪为虚阵，设留而退，敌必不敢追我。法曰：众草多障者，疑也。

《北史》：周武帝东讨，以宇文宪为前锋，守雀鼠谷。时，陈王纯屯千里径，大将军永昌公椿屯鸡栖原，大将军宇文盛守汶水关，并宪。节度密谓椿曰："兵者，诡道。汝今为营，不须张幕，可伐柏为庵，示有所处。兵去之后，贼至犹疑。"时齐主分兵向千里径，又遣众出汶水关，自帅大军与椿对。椿告齐兵急，宪自往救之。会军败，齐追逐，师夜引还。齐人果以柏庵为帐幕之备，遂不敢进。翌日始悟。

【译文】

与敌军对垒的时候，如果我想袭击敌军，应该在草丛和杂木之中多张旗帜，布置成好像有军队驻扎的样子，使敌军迷惑，以达到敌备东而我击西的目的。这样，我就必然胜利；或者在我想撤退的时候，伪装设置假阵，敌人就一定不敢追我。兵法说，在杂草丛生的地方多设假障，以迷惑敌人。

《北史》载：北周武帝东征时，用宇文宪为前锋，防守雀鼠谷（今山西介休至灵石以西汾河谷）。当时，陈王宇文纯驻千里径，大将军永昌公椿驻鸡栖原，大将军宇文盛防守汶水关（今山西文水县境），和宇文宪成犄角。节度秘密对椿说："用兵，是一种诡诈行为。你现在设营时，不必张开营幕，可砍伐一些柏枝制作成小屋，以显示出这里驻有军队。我部队离去之后，敌军到这儿还会疑惑。"当时，北齐后主高纬分兵向千里径进攻，又派部众西出汶水关，亲自率大军与椿对敌。椿报告齐兵来势凶猛，宇文宪领兵去援救他。两人合军仍然战败，北齐军追赶，北周军乘夜撤退。北齐军追赶中果然把柏树小屋当成了周军的帐幕，以致不敢前进，到第二天早上才知道上当。

【评述】

疑兵之计，可以争取时间。

穷　战

【原文】

凡战，如我众敌寡，彼必畏我军势，不战而遁。切勿追之，盖物极则返也。宜整兵缓追，则胜。法曰：穷寇勿追。

汉，赵充国讨先零羌，兵至羌虏所在。羌久屯聚懈弛，望见大军，弃辎重，渡湟水。道隘狭，充国徐行驱之。或曰："逐利行迟。"充国曰："此穷寇不可追也，缓之则走不顾，急之则还死战。”诸校曰：“善。”羌遂赴水溺死者数百，余皆奔溃。

【译文】

凡作战，如果我众敌寡，敌必然惧怕我军声势，不战而逃，对这样的敌人不要急速追赶，因为但凡物极必反。宜整齐队伍徐徐追击，这样就会胜利。兵法说，不要追击穷寇。

汉代，赵充国讨伐先零羌，军队到了羌人所驻的地方。羌兵久驻一地，军队松弛，看见汉军势大，便丢弃了辎重，渡过湟水逃跑。山路狭窄险隘，赵充国徐徐向前追赶。有的人说：“追逐利益，这样太迟缓了。”赵充国说：“这是穷寇，不能急追。太慢了追不上，太急了又会促敌死战。”各军校都说：“很对。”羌兵在汉军的追击下赴水逃跑，被淹死的有几百人，其余的都溃散逃命。

【评述】

穷寇是否要追，应视具体情况而定。

风　战

【原文】

凡与敌战，若遇风顺，致势而击之；若遇风逆，出其不意而捣之，则无有不胜。法曰：风顺致势而从之，风逆坚阵以待之。

《五代史》：晋都排阵招讨使符彦卿[①]等与契丹战于阳城，为敌所围。而军中无水，穿井辄崩。又东北风大起，敌顺风纵火，扬尘以助其势。军士皆愤怒大呼曰：“都招讨何以用兵，令士卒枉死。”诸将请战。杜威曰：“候风稍缓，徐观可否？”李守贞曰：“风沙之内，彼众我寡，莫测多少，但力战者胜，此正风力助我也。”呼曰：“诸军齐击贼！”符彦卿召诸将问计，或曰：“敌得风势，宜待风回。”彦卿亦以为然。右厢副使乐元福谓曰：“今军饥渴已甚，待风回，吾属皆为敌有矣。且敌谓我军不能逆风以战，宜出其不意，急击之，此诡道也。”符彦卿等乃将精骑，奋力击之，逐北三十余里。契丹主奚车走十余里，追兵击之；得一橐驼，乘之遁去。晋军乃定。

【译文】

凡与敌军作战，如遇顺风，可乘势进攻他；如果是逆风，可出其不意地捣破他，这样没有不胜利的。兵法说，风顺就乘势而攻击，风逆就严阵以等待。

《五代史》载：晋都排阵招讨使符彦卿等率军与契丹军交战于阳城（今属山西）。当时军中缺水，掘井取水，总是崩塌。又刮起了很大的东北风，契丹军顺风纵火，扬起烟尘以助攻势。晋军士兵都愤怒地大声呼喊道："都招讨是怎么用的兵，让兵士冤枉死去？"各将领都请求出战。杜威说："等风势稍微减小一些，再看看能不能出去。"李守贞说："在这样的大风沙中，敌众我寡，谁也不知谁有多少，只要是苦战，就能胜利，这正是风力帮助我军的好时机。"并大声呼叫说："各军都出击敌人。"符彦卿召集部将商量。有的部将说："现在敌人有风势相助，宜于等待风向反转了再出击。"符彦卿也以为是这样。右军排阵副使乐元福说："现在军队饥渴已极，等到转风向的时候，我们都早已被敌俘虏了。况且敌以为我军不会逆风出战，我们正应出其不意，迅猛攻击他，这完全符合诡诈的原则。"符彦卿等人便带领精锐骑兵，奋勇出击，将敌打败，追击三十多里。契丹主乘车走了十多里，晋军穷追不舍；敌酋得到了一匹骆驼，改乘逃去，晋军才停止追击。

【注释】

①都排阵招讨使符彦卿：都排阵招讨使为五代时领兵将领都招讨使的部将。当时领兵的都招讨使为杜威。

【评述】

不仅仅是顺风或逆风的问题，其实是能否突破惯性思维的问题。

雪　战

【原文】

凡与敌相攻，若雨雪不止，视敌不备，可潜兵击之，其势可破。法曰：攻其所不戒。

唐遣唐邓节度使李愬讨吴元济[1]。先是愬遣将将千余骑巡平青陵城，遇贼将丁士良，与战，擒之。士良，乃元济骁将，尝为东边患。众请刳其心，愬许之。士良无惧色，遂命解其缚。士良请尽死以报其德。愬署为捉生将，士良言于愬曰："吴秀琳据文城栅，为贼左臂，官军不敢近者，有陈光洽为之主谋也。然光洽勇而轻，好自出战，请为取之。"乃擒以献，秀琳果降。祐延问计，答曰："将军必欲破贼，非得李祐不可。"祐，贼健将也。有勇略，守兴桥栅，每战常轻官军，时祐率众割麦于野。愬遣史用诚以壮士三百伏林中，秀琳擒之以归。将士争请杀之，愬独待以客礼，时复与语，诸将不悦。愬力不能独完，乃械祐送之京师。先密奏曰："若杀佑，则无成功。"诏以佑还愬，愬见大喜，署为兵马使，令佩刀出入帐中。始定破蔡[2]之计，令祐以突将三千为前锋，李忠义副之；愬以监军三千为中军；李进诚以三千殿为后军。令曰："且东行。"六十里，夜至张柴村，尽杀其卒。敕士少休，令士卒食干粮，整羁靮、鞍铠、弓刃。时大雪，旗旆持裂，人马冻死者相望，人人自谓必死。诸校请所之，愬曰："入蔡州，取吴元济。"众皆失色。相泣曰："果落李祐奸计。"然畏愬莫敢违。夜半雪愈盛。分轻兵断贼朗山之援，又断洄曲及诸道桥梁。行七十里至悬瓠城。城傍皆鹅鹜池，愬击之以乱声。初蔡人拒命，官军凡三十余年不能至其城下，故蔡人皆不为备。祐等攀城先登，众从之。杀守门者，而留击柝[3]者，纳其众城中。鸡鸣雪止，遂执元济，监送京师，而淮西悉平矣。

【译文】

凡与敌军相互攻守，如果雨雪不停，可在敌不防备的时候，派兵偷袭，这样就可以打败敌军。兵法说，攻击敌人不戒备的时候。

唐朝时，宪宗派遣唐邓节度使李愬讨伐吴元济。李愬首先派遣将领带一千多骑兵巡察青陵城，遇到敌将丁士良，与他交战，将其擒捉回营。丁士良是吴元济的勇将，过去多次给唐军东防线造成灾害。众将请求刳他的心，李愬同意。丁士良毫无惧色，李愬遂命令给他松绑。丁士良请求尽死作战以报答恩德。李愬部署再擒捉敌将，丁士良对他说道："吴秀琳据守在文城栅，是吴元济的左臂。官军之所以不敢接近吴秀琳，主要是有陈光洽在为他出谋划策。但陈光洽年轻善战，喜欢自己出战，请允许我去把他擒来。"于是丁士良擒捉了陈光洽，献给李愬。后来，吴秀琳果然归降唐军。李愬向吴秀琳询问破吴元济的计谋，答道："将军您如果一定要破敌，就非擒获李祐不可。"

李祐是吴元济的健将，有勇气有谋略，据守着兴桥栅，出战时常常轻视官军。其时，他正率领部众在田野上割麦，李愬派史用诚带健壮士兵三百人埋伏在树林中，吴秀琳将他擒住后带回营中。唐军官兵争着要杀死他，唯独李愬却用宾客的礼节对待他，不时和他交谈，众将领都不高兴。李愬见不能独自保护李祐，就用枷铐着将他送到了京城。李愬事先秘密奏道："如果杀了李祐，讨伐的事情就没有成功的希望了。"唐廷诏命将李祐送还李愬军中使用。李愬见了诏命非常高兴，命李祐为兵马使，并可以佩刀出入营帐之中。自此之后才定下了攻蔡州的计谋；令李祐率领三千勇将作为前锋，李忠义为前锋副将；李愬自率三千监军为中军，李进诚率三千殿军作后卫。李愬命令说："明早向东。"第二天向东行了六十里，夜晚时到达张柴村，将敌军兵卒全部杀死。官兵稍事休息后，令士兵吃些干粮，整理鞍马、刀箭。其时天下大雪，旌旗都冻裂了，冻死的人和战马到处可见，人人都以为必死无疑。众将士询问到哪里去，李愬说："到蔡州，去捉吴元济。"大家大惊失色，相互哭诉说："果然堕入了李祐的奸计。"但因惧怕李愬，都不敢违抗命令。过了半夜时，雪下得更大了，唐军分兵隔断了敌朗山来援的道路，又拆毁了洄曲和各条道路上的桥梁。唐军再行七十里到了悬瓠城。城旁有一个方池，池内都是野鸭，李愬令军士搅打野鸡，使它们乱叫唤。从吴元济抗拒唐命起，官军三十年的时间没有能够到达过城下，所以蔡州城里都没有设防。李祐等人首先攀登上城墙，部众跟随其后，杀死了敌守门兵士，留下更夫照旧击柝，并下城开门招纳部众进入城里。到鸡鸣雪停了，终于捉住了吴元济，将他监禁解送京城，淮西一带才全部平定。

【注释】

①李愬讨吴元济：吴元济为唐淮西节度使吴少阳子。吴少阳死后自领军务，多拒唐命，后叛唐自立，于元和十二年（818）被李愬擒获。

②蔡：即蔡州（今河南汝南），为唐淮西节度驻地。辖地相当今河南淮河以北，洪河上游以南，桐柏山以东地区。

③击柝（tuò）：旧时巡夜者击以报更的木梆。击柝即敲木梆。

【评述】

实质仍然是出其不意。

养　战

【原文】

凡与敌战，若我军曾经挫衄，须察士卒之气。气盛则激励而战，气衰则且养气，待其可用而使之。法曰：谨养勿劳，并气积力。

秦始皇问李信曰："吾欲取荆度用几何人？"对曰："不过二十万人。"及问王翦，曰："非六十万不可。"王曰："将军老矣！何怯也？"乃命信及蒙恬将二十万人伐荆。翦不用，遂谢病归濒阳。信与蒙恬攻楚，大破之。乃引兵西与蒙恬会城父。荆人因随之，三日不顿舍，大败信军，入两壁，杀七都尉，信奔还。王怒。自至濒阳，见王翦，强起之。对曰："老臣悖乱，大王必不得已用臣，非六十万人不可。"王从之。翦遂将兵，王送至坝上。荆人闻之，悉兵以御翦。翦坚壁不战，日休士卒，洗沐而善饮食，抚循之，与士卒同甘苦。久之，问："军中戏乎？"对曰："方投石超距。"翦曰："可用矣！"荆人即不得战，乃引而东。翦追击之，破之。至蕲南，杀其将军项燕，荆兵遂败走，翦乘胜略定城邑。

【译文】

凡与敌军交战，如果我军曾遭受过挫折，就必须审察官兵的士气。士气旺盛就激励他们再战，士气衰弱就暂时养精蓄锐，等达到可用之时再使用。兵法说：谨慎休养不要疲劳，养精蓄锐聚积力量。

（公元前224年）秦始皇问李信说："我想攻取楚国，你看需要用多少军士？"李信答道："不过二十万人即可。"当问王翦时，答道："非六十万人不可。"秦王说："将军老了，怯懦到这种程度！"便命令李信和蒙恬率二十万军队讨伐楚国。王翦不得重用，便谢病辞归濒阳（今陕西富平东北）。李信与蒙恬攻打楚国，大败楚军，便领兵向西与蒙恬在城父（今安徽亳县东南）会合。楚军跟随在后，三天三夜不歇息，大败李信，向西追击，斩杀秦军七个都尉，李信逃归秦。秦王大怒，亲自到濒阳见王翦，硬要起用他。王翦说："老臣无理，大王如一定用我，非给我六十万军队不可。"秦王听从了，王翦才带兵出征，秦王送他至坝河上。楚国听到这个消息，全部军队倾巢出动抵御王翦。王翦坚壁不出战，每天让士卒休养，让他们收拾得干干净净，吃好喝好，以抚慰他们，并和他们同甘共苦。时间久了，又问他们："在军队中以什么相娱乐？”答道：“刚刚进行了投掷石块和跳远比赛。”王翦说：“军队可以使用了。”楚军既不能战，即引兵向东退。王翦追击，大败了楚军。追至蕲南（今江苏长江南岸），杀死楚国将军项燕，楚兵遂败逃，王翦乘胜攻占了这一带的城池。

【评述】

士气到了游戏都有益于战斗的时候，是可以一战了。

畏 战

【原文】

凡与敌战，军中有畏怯者，鼓之不进，未闻金先退，须择而杀之，以戒其众。若军中之士，人人皆惧，不可加诛戮；须假之以颜色，示以不畏，说以利害，喻以不死，则众心自安。法曰：执戮禁畏；大畏则勿杀戮，示之以颜色，告之以所生。

《南史》：陈武帝①讨王僧辩，先召文章与谋。时僧辩婿杜龛据吴兴，兵甚众。武帝密令文章速还长安，立栅备之。龛遣将杜泰乘虚掩至。将士相视失色，帝言笑自若。部分益明，于是众心乃定。

【译文】

凡与敌交战，如果军队中有畏怯的人，听到鼓声不敢前进，没听到锣声就后退，必须选择一部分将其杀掉，以惩戒其余的人。如果官兵人人都惧怕，就不能妄加诛杀；必须依靠严厉的命令，使他们不惧怕；对他们说明利害关系，使他们明白不死的道理。这样，大家的心自然就会安定下来。兵法说，用杀戮禁止畏怯；如果是特别畏怯，就不能杀戮，必须用严厉的命令，告诉他们活的道理。

《南史》载：陈武帝讨伐王僧辩时，首先召文章商议。当时，王僧辩女婿杜龛据守吴兴，部队人数很多。陈武帝秘密命令文章急速返回长安，设立铁栅栏防备。杜龛派遣部将杜泰乘虚来袭，陈军将士相顾均大惊失色，只有陈武帝谈笑自如。等防守的部分队伍陆续到来，将士们看清形势以后，部众的心才安定下来。

【注释】

陈武帝：即陈霸先。陈霸先讨王僧辩为公元 555 年的事，此时他尚未称帝。

【评述】

一言一行，都要有利于安定军心。

书　战

【原文】

凡与敌对垒，不可令军士通家书，亲戚往来，恐语言不一，众心疑惑。通信问，则心有所恐；亲往来，则心有所恋。法曰：书亲绝，是谓绝故之虑。

汉将关羽屯江陵，吴以吕蒙代鲁肃屯陆口。蒙初至，外倍修恩德，与羽厚结好；阴袭收公安、南郡，而蜀将皆降于蒙。蒙入据城，得羽将士家属，皆抚喻，令军士不得于人家有所取求。蒙麾下士与蒙同汝南人，取民一笠，以覆官铠；虽公，蒙犹以为犯军令，不可以乡里故，废法，乃泣而斩之。于是军中震慄，道不拾遗。蒙旦暮使亲近存恤耆老，问所不足。疾病者给医药，饥寒者与衣粮。羽还在道①，每使人相问，蒙辄厚遇之，周游城中，家家致问。羽入还，私相参问，咸贺家门无恙，相待过于平时，故羽士卒皆无斗志。会权又至，羽西走之，乡众皆降。

【译文】

凡与敌军交战对阵时，不能让官兵通家信，也不能让他们和亲朋来往，这是怕家人和亲戚说法不一，使官兵心里疑惑混乱。通信问消息，心里就往往有所畏惧；和亲戚朋友往来，心里就会有所牵挂。兵法说：断绝了书信以及亲朋往来，就是断绝了所谓的后顾之忧。

蜀汉将领关羽驻扎在江陵（今属湖北），吴国用吕蒙代鲁肃为将，驻扎在陆口（今湖北嘉鱼以西）。吕蒙刚到，对外加倍布施恩德，与关羽结好；暗地却偷偷地收取了公安（今属湖北）、南郡（今沙市以北）等地，蜀将都投降了吕蒙。吕蒙进入城池，俘获关羽部将家属，都进行抚慰，命令官兵不得向当地百姓索取任何东西。吕蒙帐下有一同乡（汝南）军官，在老百姓家里拿了一个帽笠，用来覆盖公家的铠甲。这虽是公事，吕蒙还是认为违犯了军令，不能因为是同乡就废除法律，便含泪将他斩首。从此军中威慑，道不拾遗。吕蒙早晚还派亲近的人抚恤老人，嘘寒问暖，对有疾病的送医送药，对饥寒的送衣送粮。关羽还在途中时，曾派人前去探听消息，吕蒙都用厚礼相待，让他们在城内周游，到家家户户去问候。关羽军中有人回来，更是让人私下去参拜问候，说明家中安然无恙，吕蒙待他们比往时更好。因此，关羽的官兵都没有斗志，恰逢孙权又来夹攻，关羽终于向西败走，部众都投降了吴军。

【注释】

①羽还在道：关羽围攻樊城时，被曹操将领徐晃杀败，又听说公安、南郡失守，便从樊城外南下驰援江陵。

【评述】

书战即心理攻势，瓦解敌军，使其无斗志。

好　战

【原文】

夫兵者，凶器也；战者，逆德也。实不获已而用之。不可以国之大、民之众，尽锐征伐，争讨不止，终至败亡，悔无所追。然兵犹火也，弗戢将有自焚之患。黩武穷兵，祸不旋踵。法曰：国虽大，好战必亡。

隋之炀帝，国非不大，民非不众，嗜武好战，日寻干戈，征伐不休。及事变，兵败辽城①，祸起萧墙②，岂不为后世笑乎？吁，为人君者，可不慎哉！

【译文】

军队，是最厉害的凶器；战争，是违背道德的行为。这些东西只有在实在不得已时才能使用。不能因为国大民多，就可以一味动用部队征战讨伐，争夺不止。如果这样做，最终总要失败，追悔就来不及了。用兵就像玩火一样，不收敛就会有自焚的祸患。穷兵黩武，灾祸就不远了。兵法说，国家虽然很大，好战必然败亡。

隋朝的炀帝，国家不能说不大，百姓不能说不多，但他嗜武好战，每天都要大动干戈，征讨不休。等到有事时，军队失败于辽城，灾祸发生于门屏，怎能不被后世之人所耻笑呢？做国君的，可一定要该慎重啊！

【注释】

①兵败辽城：隋炀帝曾于公元 612—614 年三次派兵进攻高丽，为此耗费了全国大量的人力、物力和财力。公元 613 年，隋军三十万在今辽阳市一带被高丽打败。

②祸起萧墙：公元 618 年春，在隋政权摇摇欲坠之时，宇文化及等隋廷官僚在炀帝的行都江都（今江苏扬州）举行兵变，杀死炀帝。

【评述】

天下虽大，好战必亡。

变 战

【原文】

凡兵家之法，要在应变，好古知兵。举动必先料敌，敌无变动，则待之；乘其有变，随而应之，乃利。法曰：能因敌变化而取胜者，谓之神。

五代梁末，魏州兵乱，贺得伦降晋。庄宗入梁。梁将刘鄩乃军于莘县，增垒竣池，自莘及河筑甬道输饷。梁帝诏鄩出战。曰："晋将未易击，候进取，苟得机便，岂敢坐滋患害。"帝又遣使问以决胜之策。对曰："臣无奇谋，但人给十斛粮，尽皆破敌。"帝怒曰："将军留米将疗饥耶？"又遣使督战。鄩谓诸校曰："大将专征，君命有所不受。临敌制变，安可预谋？今揣彼自气盛，难可轻克，诸君以为如何？"众皆欲战，鄩默然。乃复召诸将列军门，人给河水一杯，因命饮之。众未测其意，或饮或辞。鄩曰："一杯之难若是，滔滔河流可尽乎？"众皆失色。时庄宗以兵压鄩营，亦不出。帝又数遣人促之，鄩以万人薄其营，俘获甚众。少顷，晋兵即至，鄩退复战于故元城。庄宗与符彦卿夹击，梁兵大败。

【译文】

但凡兵家用兵的方法，大要都在于随机应变，通晓古今，善于运用。凡有所动，一定要先估计到敌人。敌人没有变化，就要等待；敌人有变化时，随机应变，这样就会胜利。兵法说，能按照敌人的情况变化而取得胜利的，叫作用兵如神。

五代梁末时，魏州（在今河北省南部）军队作乱，贺得伦降晋，唐庄宗得以进入魏境。梁朝将领刘鄩便进军于莘县（今属山东），增垒挖堑设防。自莘城至河流（今徒骇河）修筑甬道转输粮饷。梁末帝诏令刘鄩出战，刘鄩说："晋军将领是不易攻击的，要等候进攻的时机；如果时机合适，怎么能坐在这里害怕灾祸呢？"梁末帝又派人询问决胜的计策，刘鄩回答说："我没有什么奇策，只要给每人十斛粮食，就可以打败敌人。"梁末帝发怒道："将军保留着粮食是用来治疗饥饿的吗？"于是又派人去督促刘鄩出战，刘鄩对各将校说："大将带兵专任征讨，君命可以有所不接受。临敌应变，怎能一切都在事前预计好呢？现在我揣度敌正气盛，难以轻易取胜，你们各将领意见怎样呢？"众将领都想出战，刘鄩于是不说话，重新召集各将领排列在营门口，每人给一杯河水，并命令他们喝掉。众人都不知道是什么意思，有的喝了，有的推辞。刘鄩说："一杯水的测度都这样困难，滔滔的河水可能测度尽吗？"众人大惊失色。但是唐庄宗大军迫近刘鄩的营寨，刘鄩也不出战。梁末帝又几次派人督促他出战，刘鄩用一万人的军队进攻晋军营寨，俘虏了很多人。不久，晋军大批拥至，刘鄩撤退，两军交战于故元城。唐庄宗与符彦卿夹击刘鄩，梁军终于被打败。

【评述】

固守自己的方针，但也要临敌灵活应变。

忘　战

【原文】

凡安不忘危，治不忘乱，圣人之深戒也。天下无事，不可废武；虑有弗周，无以捍御。必须内修文德，外严武备，怀柔远人，戒不虞也。四时讲武之礼，所以示国不忘战；不忘战者，教民不离习兵也。法曰：天下虽安，忘战必危。

唐玄宗时，承平日久，毁戈牧马，罢将休兵，国不知备，民不知战。及安史之乱，仓卒变生，文士不足以为将，市人不足以为战。而神器几危，旧物失守。吁，战其可忘乎哉！

【译文】

居安不可忘记危难，治世不可忘记战乱，这是圣人的深刻告诫。天下无事的时候，不能废弃武备，如果考虑不周全，有事时就不能抵御。所以，对内必须修明文德，对外必须严整武备。要怀柔德化四方，武备也不能不考虑。一年四季讲习武备的礼节，是为了表示国家没有忘记战争；不忘记战争，是为了教导百姓不抛弃习武的习惯。兵法说，天下虽然安宁，忘记备战必然危险。

唐玄宗时，天下安定时间很久了。刀枪毁坏，马放南山；罢免武将，不用军队；国家不懂武备，百姓不懂战争。等到安史之乱，事变突起，文官不会为将带兵，百姓不会临阵作战，以致社稷几乎危亡，政权几乎断送。由此看来，能忘记武备吗？

【评述】

刀枪入库，马放南山，国家危矣！

《百战奇略》总评

《百战奇略》据传为明朝刘基（刘伯温）所作，根据清代人的考证，可能是无名氏托伪的。

刘基（1311—1375），字伯温，浙江青田人，世号青田先生，元末进士，曾任高安县丞，浙江元帅府都事等职。后辅佐朱元璋起兵，参与机要，劝说朱元璋脱离韩林儿，独树一帜，并为其筹划用兵次第，为明王朝的开国功臣之一。明初任御史中丞兼太史令，封诚意伯。1371 年辞官，后被丞相胡惟庸毒死。著有《诚意伯文集》和《郁离子》等文集。后人假托其名的著作，除《百战奇略》外，还有《烧饼歌》等天文迷信著作。

《百战奇略》主要将《武经七书》的各种观点，按照作战双方的军事、政治、经济和自然条件等加以分门别类，并用古代战例加以题解。作为兵法书，《百战奇略》的论述并没有多少新东西。它的最大特点在于收集了从春秋到五代 1700 多年间散见于史籍的古代杰出战例。例如，春秋时期齐鲁长勺之战、战国时期的围魏救赵、西汉时期平定吴楚七国叛乱之战、东汉时期的昆阳之战、三国时期的赤壁之战、东晋时期的淝水之战，等等。读了这些生动丰富的战例之后，可以从中受到许多有益的启发。这正是《百战奇略》的最大价值。

三十六计

总 说

【原文】

六六三十六，数中有术，术中有数。阴阳变理，机在其中。机不可设，设则不中。

［按］解语重数不重理。盖理，术语自明；而数，则在言外。若徒知术之为之，而不知术中有数，则术多不应。且诡谋权术，原在事理之中，人情之内。傥事出不经，则诡异立见，诧世惑俗，而机谋泄矣。或曰：三十六计中，每六计成为一套。第一套为胜战计；第二套为敌战计；第三套为攻战计；第四套为混战计；第五套为并战计；第六套为败战计。

【译文】

六乘六等于三十六，在筹算中求出策略，而策略又依赖于周密的计算。这就是相反相成原理——阴阳变理的运用。作战策略就是这样制定的。机谋不可勉强安排，勉强安排就注定失败。

［按］解语重视计算，而反对空讲道理，道理能说明策略，而计算却更为重要。假若只知道为策略而策略，而不知道策略的制定，是依赖于周密的计算，则那种策略运用起来多数是不能成功的。而秘计和应变的手段，本来就合乎事理人情，倘若漫不经心地运用，则秘计立刻被发现，引人怀疑和惊讶，而机谋也就必然暴露了。或者说：三十六计中，每六计为一套。第一套胜战计；第二套敌战计；第三套攻战计；第四套混战计；第五套并战计；第六套败战计。

【评述】

“总说”及“按语”开宗明义：《三十六计》的理论基础是阴阳学说和孙武战略

决策学。

第一套　胜战计

第一计　瞒天过海

【原文】

备周则意怠，常见则不疑。阴在阳之内，不在阳之对。太阳，太阴。

［按］阴谋作为，不能于背时秘处行之。夜半行窃，僻巷杀人，愚俗之行，非谋士之所为也。如：开皇九年，大举伐陈。先是弼请缘江防人，每交代之际，必集历阳，大列旗帜，营幕蔽野。陈人以为大兵至，悉发国中士马，既而知防人交代。其众复散，后以为常，不复设备，及若弼以大军济江，陈人弗之觉也。因袭南徐州，拔之。

【译文】

认为防备万分周到的，就容易松劲；平时看惯了的，往往就不再怀疑。秘计隐藏在暴露的事物里，而不是和公开的形式相排斥。非常公开的往往蕴藏着非常机密的。

［按］秘计不能在无人的地方使用。半夜偷东西，在僻静的小巷里杀人，这是愚蠢的行动，都不是谋士所应做的事情。例如：隋朝开皇九年（589），大举进攻陈国。作战前，隋将贺若弼给沿江守备部队规定，每次调防，都要在历阳（今安徽和县地区）集中。插上很多旗帜，野外搭许多帐篷。陈国以为隋军要来进犯，便马上集结国内全部兵力进行防御，事后才知道是隋军的守备部队调防。于是将集结的部队撤了回来，以后他们对隋军的做法习以为常，也就不再防备了，以致贺若弼率部队渡过长江，也没有察觉，因而隋军很顺利地袭击并占领了南徐州（今镇江市）。

【评述】

军事计谋的基础是阴阳辩证，但军事计谋只能用于战略决策，不能用于偷鸡摸狗之类的行为。

第二计　围魏救赵

【原文】

共敌不如分敌，敌阳不如敌阴。

［按］治兵如治水：锐者避其锋，如导流；弱者塞其虚，如筑堰。故当齐救赵时，孙子谓田忌曰："夫解杂乱纠纷者不控拳，救斗者，不搏击，批亢擒虚，形格势禁，则自为解耳。"

【译文】

树敌不可过多，对敌要各个击破，对现时还不忙于消灭的，要隐蔽我们的意图。

［按］对敌作战好像治水一样：对来势迅猛强大的敌人必须躲过他们，像浪头般的冲击，而采取因地制流的办法；对弱小的敌人，就要抓住时机消灭他们，像筑一道堤把小水流给堵住，不让它流走一样。所以当齐国去营救赵国时，孙子对田忌说："理开乱丝和绳索的，只能用手指去解，不能握紧拳头去捶打；排解搏斗的，只能用口去调解，不能动手参加。避实就虚，击其要害，使彼方的形势受到挫折，而不能够继续发展，就会自然而然地解围了。"

【评述】

对强敌必须实施分割、分解，然后各个歼灭。

第三计　借刀杀人

【原文】

敌已明，友未定，引友杀敌，不自出力，以损推演。

［按］敌象已露，而另一势力更张，将有所为，便应借此力以毁敌人。如：郑桓公将欲袭郐，先向郐之豪杰、良臣、辨智、果敢之士，尽与姓名，择郐之良田赂之，为官爵之名而书之，因为设坛场郭门之外而埋之，衅之以鸡豭，若盟状。郐君以为内难也，而尽杀其良臣。桓公袭郐，遂取之。诸葛亮之和吴拒魏，及关羽围樊、襄，曹欲徙都，懿及蒋济说曹曰："刘备、孙权外亲内

疏，关羽得志，权必不愿也。可遣人劝蹑其后，许割江南以封权，则樊围自释。”曹从之，羽遂见擒。

【译文】

作战对象已经确定，而朋友的态度还不稳定，要诱导朋友去消灭敌人，避免消耗自己的力量。施用“损”卦推理演算。

[按] 敌军的征态已经表露，而另一种新生的力量正在扩展，将要参与活动，应当立刻借用这种力量去消灭敌人。例如：西周末年，郑桓公打算乘郐人不备去袭击郐国。发兵之前，他先探听好了郐国有哪些优秀的文臣武将，列了一张名单，注明要把郐国的哪些良田送给他们，准备封他们什么官爵等。之后，又在城外广场上筑起祭坛来，把这张名单埋在下面，杀鸡宰猪，举行了十分隆重的仪式，仿佛订立什么庄严的盟约似的。郐国的国君知道了这件事，大吃一惊，以为自己的臣子们都要叛变。于是一怒之下，把这些优秀的文臣武将全部杀了。结果郑桓公乘虚而入，不费吹灰之力就占领了郐国。又如：诸葛亮献计刘备，联络孙权，用吴国兵力大破曹操于赤壁。还有蜀国大将关羽围困魏地樊城、襄阳，曹操惊恐，要迁都以避关羽的威胁。司马懿和蒋济劝曹操说：“刘备、孙权表面上是亲戚，骨子里是疏远的，关羽得志，孙权是不愿意的。可派人劝孙权攻击关羽的后方，并答应把江南地方分给孙权，这样，樊城的围困自然会得到解救。”曹操听从了他们二人的意见，结果关羽被孙权所擒。

【评述】

成语“借刀杀人”现在虽然属于贬义词，但所举两战例却为历史上的经典战例，没有丝毫贬低之意。

第四计　以逸待劳

【原文】

困敌之势，不以战，损刚益柔①。

[按] 此即制敌之法也。兵书云：“凡先处战地而待敌者佚，后处战地而趋战者劳。故善战者，致人而不致于人。”兵书论敌，此为论势，则其旨非

择地以待敌；而在以简驭繁、以不变应变、以小变应大变、以不动应动、以小动应大动、以枢应环[2]也。如：管仲寓军令于内政，实而备之；孙膑于马陵道伏击庞涓；李牧守雁门，久而不战，而实备之，战而大破匈奴。

【译文】

控制地方力量发展的命脉来扼杀他。而不采取进攻作战的形式，这就是“损刚益柔”原理的演用。

［按］这就是调动敌人的方法。兵书上说：“凡先到战地等敌人者安逸，后到战地应战者疲劳。所以，善于作战的人，能调动敌人而不被敌人所调动。”兵书讲的敌方劳逸形式，这里讲的是掌握战争主动权的艺术，目的不在于找好地形等待敌人，而在于：用少的控制多的；以不变应万变；用小的对待大的变化；用静的对待动的；用少量对待大量活动的；用中心枢纽——也就是关键性的东西，对待无穷无尽的广大四周——也就是非关键性的东西。例如：管仲在管理齐国内政的时候，就实行军事训练，实际上是在备战。孙膑为齐国军师，齐军攻入魏境后，用其减灶计诱庞涓亲率骑兵突进，孙膑在马陵道设伏，使庞涓兵败自杀。赵将李牧镇守雁门关的时候，长期不和匈奴作战，其实是积极备战。所以，后来两国交战时就能一举大破匈奴。

【注释】

①损刚益柔：损为减少，益为增加。刚指暴力的行动，柔指非暴力的行动。意为减少暴力行动而多采用非暴力行动。

②以枢应环：枢为中心关键，环是广大的四周，枢和环的关系，是中心和四周的关系。

【评述】

调动敌人，达到以逸待劳的目的。

第五计　趁火打劫

【原文】

敌之害大，就势取利，刚决柔[1]也。

［按］敌害在内，则劫其地；敌害在外，则劫其民；内外交害，则劫其国。如：越王乘吴国内蟹稻不遗种而谋攻之，后卒乘吴北会诸侯于黄池之际，国内空虚，因而捣之，大获全胜。

【译文】

敌方的危机很大，就乘机取利，用优势力量攻击软弱的力量。

［按］敌方有内忧，就抢占他的土地；敌方有外患，就掠夺他的民财；敌方内忧外患交迫，就吞并他的国家。像：越王勾践乘吴国国内大灾，螃蟹、稻子都死绝的时候，策划进攻吴国。后趁吴王夫差北上，与各国诸侯在黄池会见，国内空虚之机，进军吴国，大获全胜。

【注释】

①刚决柔：《周易·夬》："象曰：'夬，决也，刚决柔也。'"这里指强大者乘势出兵征服弱小者。

【评述】

国与国之间，要从大局看待战争的正义或非正义性质。

第六计　声东击西

【原文】

敌志乱萃，不虞，坤下兑上[①]之象，利其不自主而取之。

［按］西汉，七国反，周亚夫坚壁不战。吴兵奔壁之东南蔽，亚夫便备西北；已而吴王精兵，果攻西北，遂不得入。此敌志不乱，能自主也。汉末，朱儁[②]围黄巾于宛，张围结垒，起土山以临城内，鸣鼓攻其西南，黄巾悉众赴之，儁自将精兵五千，掩其东北，遂乘虚而入。此敌志乱萃，不虞也。然则声东击西之策，须视敌志乱否为定。乱，则胜；不乱，将自取败亡。险策也。

【译文】

敌人乱撞瞎碰，摸不清情况，这是《周易》萃卦上所说的“坤下兑上”的混乱状况。必须利用敌方失去控制力的时机给以消灭。

［按］西汉景帝时，吴、楚等七国造反。周亚夫固守城堡，坚决不出战。围城的吴国军队佯攻城东南角，周亚夫便守备西北方向，不出他所料，一会儿吴国果然使用精锐部队攻击西北角，结果攻不进去。这是摸清了敌情，能正确地指挥部队作战而取得胜利的战例。汉末，朱儁围攻黄巾起义部队于宛城（今河南省南阳），下令在城外垒起一座小土山，来观察情况。他一面擂起战鼓向城西南方佯攻，黄巾部队都奔去守备西南角；一面亲自率领五千精兵，乘东北守备空虚而攻进城去。这是黄巾军因没摸清敌方情况，而导致失利的战例。如此看来“声东击西”的策略，必须首先查明敌方是否了解我情而定。如果敌方不了解我情，我方运用必然胜利；如果敌方了解我情，我方运用必然失败。这是一条险策啊！

【注释】

①坤下兑上：见《周易・萃》：“乃乱乃萃，其志乱也。”解：“故无所适从而志乱。”

②朱儁：东汉会稽上虞（浙江省上虞）人，字公伟。灵帝时，任交趾刺史，公元 184 年黄巾起义，东汉政府派他为朝廷右中郎将，与皇甫嵩等镇压颍川、汝南、陈国等地黄巾起义军，又围攻南阳赵弘、韩忠、孙夏等黄巾军，屠杀 2 万余人，后封钱塘侯。

【评述】

声东击西，才能出其不意。

第二套　敌战计

第七计　无中生有

【原文】

诳也，非诳也，实其所诳也。少阴，太阴，太阳①。

［按］无而示有，诳也。诳不可久而易觉，故无不可以终无。无中生有，则由诳而真，由虚而实矣。无不可以败敌，生有则败敌矣。如：令狐潮②围雍

丘，张巡[3]缚藁为人千余，披黑衣，夜缒城下；潮兵争射之，得箭数十万。其后复夜缒人，潮兵笑，不设备；乃以死士五百砍潮营，焚垒幕，追奔十余里。

【译文】

无中生有是运用假象，但不是弄假到底，而是使假象变真相，大小假象，掩护真相。

［按］没有装作有，这是欺骗。欺骗不能长久，很容易被敌方发现，所以没有不能让他老没有。没有变成有，这就是由假变真，变虚假为真实。没有是不能击败敌人的，如果变成有，就能击败敌人了。如唐代令狐潮包围雍丘，城里守将张巡命令士兵扎草人一千多个，给草人罩上黑色衣服，用绳子拴住，夜里缒下城去。令狐潮的士兵认为有人缒城，争先放箭，张巡赚得箭几十万支。后来，张巡夜里把人缒下城去，令狐潮的士兵认为是张巡用草人来赚箭了，看着发笑，毫不做战斗准备。于是张巡用绳子拴住五百名敢死队，放下城冲进令狐潮的军营，烧毁营栅帐篷，并一直追杀了十多里。

【注释】

①少阴，太阴，太阳：见《灵棋经》卷上《发蒙卦》：“阴变阳来。”象曰：“阴极阳生。”刘注：“阴极变阳，刚在内也。”可解为变虚假为实在。

②令狐潮：唐代安禄山的部将，与张巡战于雍丘（今河南杞县），被张巡击败。

③张巡（709—757）：唐代南阳（河南省南阳）人，进士出身。安史之乱时，以真源令起兵守雍丘，抵抗安禄山军。公元757年移守睢阳（河南省商丘南），与太守许远共同作战，在内无粮草、外无援兵的情况下，依靠人民，坚持数月不屈，兵粮俱尽。城陷，他与部将同遭杀害。

【评述】

将无伪示为有，有伪示为无。

第八计　暗度陈仓

【原文】

示之以动，利其静而有主，益动而巽。

［按］奇出于正，无正则不能出奇。不明修栈道，则不能暗度陈仓。昔邓艾屯白水①之北；姜维遣廖化屯白水之南，而结营焉。艾谓诸将曰：“维令卒还，吾军少，法当来渡，而不作桥，此维使化持我，令不得还。必自东袭取洮城矣。”艾即夜潜军，径到洮城，维果来渡。而艾先至，据城，得以不破。此则是姜维不善用暗度陈仓之计；而邓艾察知其声东击西之谋也。

【译文】

故意暴露行动，利用敌方固守的时机，便主动偷袭。

［按］出奇制胜的用兵方法，来自正常的用兵法则。如果没有正常的用兵法则，就不会有出奇制胜的用兵方法；不公开修筑栈道，也就不能暗中东渡陈仓。古时，邓艾驻军白水北岸。三天后，姜维令廖化进到白水南岸，并扎下营寨。邓艾对诸将说：“姜维大军突然撤走了，我方兵力不多，按照作战要求，他应该不等造好桥梁便先渡河来攻；现在反而没有动静，估计是为了阻断我军归路，特派廖化前来进行牵制，而他自己必定率领大军从东袭取洮城（今甘肃岷县以西）了。”说罢，下令当夜从小路一直偷回洮城。果然，姜维正在那里渡河。但邓艾大军已先进城，所以该城未被攻陷。这是姜维不善于运用“暗度陈仓”的谋略，而邓艾却善于识破姜维的“声东击西”谋略的战例。

【注释】

①白水：源出岷山，在今岷江源之东北。邓艾所屯，在白水上流，在今四川松潘县东北。

【评述】

以正合，以奇胜。姜维受诸葛亮影响较多，姜、邓斗智中少出奇兵。

第九计　隔岸观火

【原文】

阳乖序乱，明以待逆。暴戾恣睢，其势自毙。顺以动豫，豫顺以动①。

［按］乖气浮张，逼则受击，退则远之，则乱自起。昔袁尚、袁熙奔辽东，

众尚有数千骑。初，辽东太守公孙康，恃远不服。及曹操破乌丸，或说曹遂征之，尚兄弟可擒也。操曰："吾方使康斩送尚、熙首来，不烦兵矣。"九月，操引兵自柳城还，康即斩尚、熙，传其首。诸将问其故，操曰："彼素畏尚等，吾急之，则并力；缓之，则相图，其势然也。"或曰：此兵书火攻之道也。按兵书《火攻篇》前段言火攻之法，后段言慎动之理，与隔岸观火之意，亦相吻合。

【译文】

敌人内部分裂，秩序混乱，我便等待他发生暴乱，那时敌人穷凶极恶，反目仇杀，势必自行灭亡。我要根据敌人的变动做好准备；做好准备之后，还要根据敌人的变动而行动。

［按］敌人倾轧的气氛暴露出来了，还去逼迫他就会受到还击；避开他，他会自行发生暴乱。三国时，袁尚、袁熙被曹操打败，带领数千人马投奔辽东。起初，辽东太守公孙康仗着自己的地区远隔，不肯服从曹操。等到曹操击破乌丸后，有人建议曹操立刻乘胜远征公孙康，袁氏兄弟可以被擒住。曹操说："我正教公孙康杀掉袁尚、袁熙，把头送来，用不着劳师远征了！"九月，曹操率军队从柳城（今辽宁凌海市西北）回来，果然公孙康杀了袁尚、袁熙，并把他们的头送来了。众将不明情况，向曹操请教。曹操说："公孙康向来怕袁尚、袁熙吞并他。今二袁往投，他必猜疑。如果我用兵急攻，他们定然合力抗拒；如果放松一下，他们就会自相火并。这种形势的发展是非常自然的。"有人说，这是兵书《火攻篇》上所说的原理。按兵书《火攻篇》前段火攻的方法，后段慎动的原理，和隔岸观火的意思是相吻合的。

【注释】

①顺以动豫，豫顺以动：《周易·豫》："豫，刚应而志行，顺以动豫，豫顺以动，故天地如之。"大意是：准备应付强者、实现意图的重要条件，一定要根据敌人的变动而做好准备；做好了准备，还要根据敌人的变动而行动。这一原则，就是天地的运行，也是要遵守的。这里可解释为：做好准备待机行动。

【评述】

如果可以扩大敌之嫌隙，不妨隔岸观火。

第十计　笑里藏刀

【原文】

信而安之，阴以图之，备而后动，勿使有变：刚中柔外也。

［按］兵书云："辞卑而益备者，进也……无约而请和者，谋也。"故凡敌人之巧颜令色，皆杀机之外露也。宋曹玮[①]知渭州，号令明肃，西夏人惮之。一日玮方对客弈棋，会有叛卒数千，亡奔夏境。堠骑报至，诸将相顾失色，公言笑如平时。徐谓骑曰："吾命也，汝勿显言。"西夏人闻之，以为袭己，尽杀之。此临机应变之用也。若勾践之事夫差．则意使其久而安之矣。

【译文】

使敌人相信我方，并使其麻痹松懈，我则暗中策划，充分准备，一有机会，立即动手，使他来不及应变。这是暗中厉害，表面柔和的策略。

［按］兵书写道："敌人派来的使者措辞谦逊，而敌人却正在加紧备战，准是要进攻我方；没有具体条约而请求媾和的，准是另有阴谋。"所以凡是敌人扮笑脸、讲"好话"，都是要企图消灭我方的。宋代，曹玮做渭州的知州，号令严明，西夏人很惧怕他。有一天，曹玮正和客人下棋，突然有几千名士兵叛变，逃往西夏，当侦探骑马前来报告时，许多将官面面相觑，十分惊恐，而曹玮却谈笑自如，仍然像平时一样。只见他慢慢地对侦探说："他们是遵照我的命令行事的，你们不要声张。"西夏人听了，以为逃亡来的是宋营派来袭击他们的，因而把他们全都杀了。这是临机应变谋略的运用。另外，春秋时代，越王勾践被吴国打败，他含羞带辱侍奉吴王夫差，使夫差长期思想麻痹而贪求安逸。这也是运用临机应变谋略的例子。

【注释】

①曹玮（973—1030）：字宝目。宋代名将曹彬的第三个儿子。做渭州同知时，年方十九岁，有勇谋，善于用兵。

【评述】

这笑里藏刀，其实是名副其实的借刀杀人。

第十一计　李代桃僵[1]

【原文】

势必有损，损阴以益阳。

［按］我敌之情，各有长短。战争之事，难得全胜，而胜负之诀，即在长短之相较。而长短之相较，乃有以短胜长秘诀。如以下驷敌上驷，以上驷敌中驷，以中驷敌下驷之类。则诚兵家独具之诡谋，非常理之可推测者也。

【译文】

当局势发展必然有所损失的时候，要舍得局部的损失，以换取全局的优势。

［按］我敌双方情况，是互有长短的。在战争中各方面都胜过对方是很难做得到的。战争的胜负，取决于双方力量的较量，占优势的一方往往获得胜利，但劣势战胜优势的巧妙方法也是有的。比方用下等马对上等马，用上等马对中等马，用中等马对下等马一类的事例，便是军事家所具有的独特谋略。这并不是用普通道理可以推测得到的啊！

【注释】

①李代桃僵：见《乐府诗集·鸡鸣》："桃生露井上，李树生桃旁。虫来啮桃根，李树代桃僵。树木身相代，兄弟还相忘。"此处意为，以此代彼。

【评述】

有大局观念，则可以局多争胜。

第十二计　顺手牵羊

【原文】

微隙在所必乘，微利在所必得。少阴，少阳。

［按］大军动处，其隙甚多，乘间取利，不必以战。胜固可用，败亦可用。

【译文】

微小的漏洞，必须加以利用；微小的利益，也必须获取。变敌人小的疏忽，为我方小的胜利。

［按］敌人大军运动的地方，它的漏洞一定很多。乘此时机，夺取胜利，可以不必作战。这个方法，胜利者固然可以运用，失败者也是同样可以运用的。

【评述】

争胜需要综合利用各种机会。

第三套　攻战计

第十三计　打草惊蛇①

【原文】

疑以叩实，察而后动；复者，阴之媒也。

［按］敌力不露，阴谋深沉，未可轻进，应遍探其锋。兵书云："军旁有险阻、潢井、葭苇、山林、翳荟者，必谨复索之，此伏奸所藏处也。"

【译文】

有怀疑就要侦察实情，实情完全掌握了再行动。反复侦察是发现暗藏敌人的方法。

［按］敌方兵力不暴露，必然隐藏着很大的阴谋，不可冒失前进。应该普遍地搜索他的前锋。兵书上说："进军的路旁，遇有重险关隘、坑池水网、芦苇茂林、野草深长的地方，必须慎重地反复搜索，因为这些都是敌人可能设下埋伏、隐蔽兵力或潜伏奸细的地方。

【注释】

①打草惊蛇：原意指打击一人，使他人惊动。段成式《酉阳杂俎》载：唐代，王鲁为当涂县令，爱财贪污。一日，县民联状告发他的主簿受贿。他看了状子，十分惊骇，不由自主地在状子上批了："汝虽打草，吾已惊蛇。"意思是：你打的虽是草，而我却像草地里的蛇一样受到

惊恐了。

【评述】

反复侦察才能发现敌人的阴谋。

第十四计　借尸还魂

【原文】

有用者，不可借；不能用者，求借。借不能用者而用之，匪我求童蒙，童蒙求我[①]。

［按］换代之际，纷立亡国之后者，固借尸还魂之意也。凡一切寄兵权于人，而代其攻守者，皆此用也。

【译文】

有用的不可以利用，怕的是我不能控制它；不能利用的却要去利用，因为我完全能控制它。利用不能用的而控制它，这不是我受别人的支配，而是我支配别人。

［按］历史上改朝换代时，纷纷扶植亡国君主的后代，这固然属于“借尸还魂”的计谋；而把一切兵借给别人，并代替别人进行攻击或是防御的，也都属于这一计谋的运用。

【注释】

①匪我求童蒙，童蒙求我：见《周易·蒙》，《经解》：“喻童子弱昧必依附先生以强立。故曰童蒙。……又蒙者，蒙蒙，物初生形。是其未开著之名也。童，未冠之称。”大意是：不是我听从孩童，而是孩童听从我。这里可解作：不是我受别人的支配，而是我支配别人。

【评述】

“借尸还魂”，目的是“李代桃僵”。

第十五计　调虎离山

【原文】

待天以困之，用人以诱之，往蹇来返[1]。

［按］兵书曰："下政攻城。"若攻坚，则自取败亡矣。敌既得地利，则不可以争其地。且敌有主而势大。有主，则非利不来趋；势大，则非天人合用，不能胜。汉末，羌率众数千，遮虞诩[2]于陈仓崤谷。诩即停军不进，而宣言上书请兵，须到乃发。羌闻之，乃分抄旁县。诩因其兵散，日夜进道，兼行百余里，令军士各做两灶，日倍增之，羌不敢逼，遂大破之。兵到乃发者，利诱之也；日夜兼进者，用天时以困之也；倍增其灶者，惑之以人事也。

【译文】

等待天时对敌方不利时再去围困他，用人为的假象去诱骗他。往前有危险，就返身离开。

［按］兵书说："下策攻城。"倘若不问条件硬攻，那是自己寻找失败。敌人既然占了有利地形，就不要只从地形上去争夺；何况敌方已经有准备，兵力又多。敌方有了准备，如果用小利引诱，他就不会前来攻击；敌方兵力多，如果不把天候季节和人为的条件结合利用，就不能战胜他。东汉末期，几千羌人把虞诩截至陈仓崤谷（今陕西宝鸡市西南），虞诩停下来，扬言写信请求救兵，等救兵到来再前进。羌人听了，想趁援兵到来之前发洋财，都分散到邻县去掠夺财物。虞诩见羌人分散，便乘机进军，不分昼夜，每天急行一百多里。每次驻军，命令士兵各做两灶，每日加倍。羌人以为虞诩的救兵赶到了，不敢攻击。于是虞诩发动进攻，把羌人打得大败。虞诩扬言等救兵到了再前进，是用小利的办法去引诱羌人分散；日夜急行军，是给羌人造成时间和空间上的被动；加倍修灶，是为了迷惑羌人，让他们以为援兵已经到了。

【注释】

①往蹇来返：《周易·蹇》："往蹇来反。""象曰：蹇难也，险前在也，见险而能止，知矣哉。"此处大意为：往前去有危险，就返身离开。

②虞诩：东汉陈国武平（今河南鹿邑西北）人，字升卿，曾为武都（今甘肃成县西）太守。

【评述】

进而示之静，出其不意。

第十六计　欲擒故纵

【原文】

逼则反兵；走则减势。紧随勿迫，累其气力，消其斗志，散而后擒，兵不血刃。需，有孚，光①。

［按］所谓纵着，非放之也，随之，而稍松之耳。“穷寇勿追”，亦即此意。盖不追者，非不随也，不迫之而已。武侯之七纵七擒，即纵而随之，故蹑辗转推进，至于不毛之地。武侯之七纵，其意在拓地，在借孟获以服诸蛮，非兵法也。故论战，则擒者不可复纵。

【译文】

逼得敌人无路可走，就会遭到坚决的反扑，让他逃走，就会消灭敌人的士气。所以要紧紧地跟踪敌人，但不要逼迫他，借以消耗他的体力，瓦解他的士气，等他的兵力分散了，再行加以捕捉。这样用兵可以避免流血。不进逼敌人，并让他相信，这对战争是有利的。

［按］这里讲的“纵”，不是对敌人放任不管，而是在后面追随，不过追随得宽松一些罢了。孙子说“对溃退的敌人不要过分逼迫他”，也是这个意思。说不追，不是不去跟踪，只是不要跟踪过紧。三国时，诸葛亮的七擒七纵计谋，就是：既释放孟获，从而又跟踪他，转来转去，就把部队推进到人迹不到的地方。诸葛亮的七纵，意图在于，扩大边疆，拿孟获做个样子，去降服其他蛮族。这种做法，不符合作战的要求。如果按照作战的要求，被擒住的敌人，是不可以轻易再放掉的。

【注释】

①需，有孚，光：见《周易·需》：“需，有孚，光亨贞吉。”这里可解作：不进逼敌人，并让他相信，这对战争是有利的。

【评述】

不追得太紧，不是为了放跑敌人，而是欲擒故纵。

第十七计 抛砖引玉

【原文】

类以诱之，击蒙①也。

［按］诱敌之法甚多，最妙之法，不在疑似之间，而在类同，以固其惑。以旌旗金鼓诱敌者，疑似也；以老弱粮草诱敌者，则类同也。如：楚伐绞，军其南门，屈瑕曰："绞小而轻，轻则寡谋，请勿捍采樵者以诱之。"从之，绞人获利。明日绞人争出，驱楚役徒于山中。楚人坐守其北门，而伏诸山下，大败之，为城下之盟而还。又如孙膑减灶而诱杀庞涓。

【译文】

用类似的东西去迷惑敌人，使敌人懵懂上当。

［按］迷惑敌人的办法有很多，最妙的办法，不是用似是而非的办法，而是用类似的办法迷惑敌人的疑心。凡是用张设旗帜、擂响战鼓去迷惑敌人的，是用似是而非的方法；凡是用老的、弱的以及军粮柴草去迷惑敌人的，是用类似的办法。例如：公元前700年（周桓王二十年），楚国进攻绞国（湖北郧县西），绞军闭城坚守。楚国的大臣屈瑕向楚吴王建议说："绞军轻躁好斗，既不会运用计谋，又没有行动计划，可以用小利诱他出来打击，不必去强攻，我们不是每天派人进山打柴吗？那里地形隐蔽，便于设置埋伏，要是不派兵保护打柴的人，便可以把绞军引诱上钩。"楚吴王同意了这一建议，派一些人去打柴，诱绞军出城掠夺；又派一支人马到山里埋伏；另一支人马准备在绞军出城后断绝他的归路，同时乘机攻城。第一天，绞军见打柴的人没有兵护送，果然出城来拦截，获得了一点小利；第二天，都争着出城来拦截，伪装打柴的楚军向山里奔跑，绞军狂追，追到山脚下，受到了楚军的伏击。这时，另一部分楚军乘机堵住绞国都城的北门，截断归路，并且猛攻城寨。绞人兵败城空，只好举国投降。又如孙膑针对魏军向来轻视齐军的特点，为加重他们的轻敌思想，采取了减灶法，以示己军溃兵逃，诱庞涓仅率轻骑追赶，于马陵（河北省大名县东南）设伏，使庞涓兵败自刎。

【注释】

①击蒙：蒙，意思是懵懂，击，意思是使之成。

【评述】

是否保护打柴人，添灶或是减灶，都是为了迷惑敌人。

第十八计　擒贼擒王

【原文】

摧其坚，夺其魁，以解其体。龙战于野，其道穷也。

［按］攻胜则利不胜取。取小遗大，卒之利，将之累，帅之害、攻之亏也。全胜而不摧坚擒王，是纵虎归山也。擒王之法，不可图辨旌旗，而当察其阵中之首动。昔张巡与尹子奇①战，直冲敌营，至子奇麾下，营中大乱，斩贼将五十余人，杀士卒五千余人。巡欲射子奇而不识，剡蒿为矢，中者喜谓巡矢尽，走白子奇，乃得其状，使霁云②射之，中其左目，几获之，子奇乃收军退还。

【译文】

彻底地摧毁敌人的主力，抓住他的首领，借以粉碎他的战争机构，这是一场激烈的总决战。

［按］完全战胜敌人，那利益是取之不尽的。如果满足于小的胜利，而丧失了获得大胜利的时机，即使是士兵可以少牺牲一些，但是由于敌人主力没有被摧毁，它仍然会成为将军的累赘、主帅的祸害，甚至还可能导致前功尽弃。认为完全胜利了而不去摧毁敌人的主力，捉拿他的首领，那就像放虎归山，后患无穷。捉拿敌人首领的方法，不要只从旌旗上去辨别，还应当观察敌人阵地上的指挥者。唐肃宗时，张巡和尹子奇作战，队伍一直冲到帅旗下。这是敌营大乱，巡部乘机斩杀了贼将五十余人，士兵五千余人。张巡想射死尹子奇，但是不认识他。便叫士兵削蒿子秆当箭射。中了箭的都很高兴，以为张巡的箭射完了，急忙报告给尹子奇。于是张巡辨认出尹子奇，立即叫南霁云放箭。一箭射去，正中尹子奇的左眼，几乎把他俘获了。尹子奇吃了败仗，只好收兵大败而去。

【注释】

①尹子奇：安禄山部将，官封河南节度使，公元757年率同罗、仆骨十余万围困睢阳，数为张巡所败，被南霁云射瞎一目。后不断增兵，围城近一载，终攻破睢阳，张巡等悉为其所杀。

②南霁云（？—757）：唐代顿丘（河南省清丰县）人，为张巡部下。张巡被围睢阳，南霁云突围求救不遂，又突围入城，后和张巡一同殉国。

【评述】

擒贼先擒王。

第四套　混战计

第十九计　釜底抽薪

【原文】

不敌其力，而消其势，兑下乾上之象。

［按］水沸者，力也，火之力也，阳中之阳也，锐不可当；薪者，火之魄也，即力之势也，阳中之阴也，近而无害；故力不可当而势犹可消。尉缭子曰："气实则斗，气夺则走。"而夺气之法，则在攻心，昔吴汉为大司马，有寇夜攻汉营，军中惊扰，汉坚卧不动，军中闻汉不动，有倾乃定。乃选精兵反击，大破之；此即不直当其力而扑消其势也。宋薛长儒①为汉、湖、滑三州通判，驻汉州。州兵数百叛，开营门，谋杀知州、兵马监押，烧营以为乱。有来告者，知州、监押皆不敢出。长儒挺身徒步，自坏垣入其营中，以福祸语乱卒曰："汝辈皆有父母妻子，何故作此？叛者立于左，胁从者立于右！"于是，不与谋者数百人皆趋立于右；独主谋者十三人突门而出，散于诸村野，寻捕获。时谓非长儒，则一城涂炭矣！此即攻心夺气之用也。或曰：敌与敌对，捣强敌之虚以败其将成之功也。

【译文】

力量上不能战胜敌人，可以瓦解他的气势，这就是《周易》兑上乾下《履卦》上所说的"柔履刚"的办法。

［按］水之所以沸腾，是靠一种力量——火的力量。火烧得越旺，火势越大，越发迅速猛烈而不可阻挡。柴草是产生火力的灵魂，是蕴藏火势的地方，靠近它并不会受到伤害；所以，强大的力量虽然阻挡不了，但它的气势是可以削弱的。尉缭子说："士气旺盛，就投入战争；士气不足，就避开敌人。"而削弱敌人士气的办法，就在于运用攻心的办法。东汉初年，吴汉做大司马时，有敌人黑夜袭击军营。当时部队惊慌混乱，但是，吴汉却安稳地躺在床上，一动也不动。士兵们听说吴汉这么沉着，不大一会儿，也就安静下来了。这时吴汉选出精锐部队乘夜反击，大败敌人。这就是不去直接拦阻敌人的力量，而运用计谋去扑灭、抵消它气势的办法。又如宋朝薛长儒做汉州、湖州、滑州通判，驻汉州（今四川广汉）。守卫汉州的士兵数百名叛变，打开营门，谋杀知州及兵马监押，并焚烧营房作乱。有人前来报告，知州和监押都不敢出来。只有薛长儒挺身而出，从坏了的垣墙步行入营，用祸福开导乱兵说："你们都有父母妻子，为什么做出这样的事情？凡叛者向左边站，胁从者向右边站！"于是随大流参与叛乱的几百人都向右边站，只有为首的十三人从营门逃走，分散到各乡村躲藏，不久都被捉拿归案。当时人们都说，如果不是薛长儒长于计谋，全城必然遭到祸害了。这就是运用政治攻势削弱敌人士气的效果。有人说，乘敌人之间互相攻打时，我方突然捣毁敌人的薄弱部分，彻底击败他的军队，以取得完全胜利，这也是"釜底抽薪"计谋的运用。

【注释】

①薛长儒：公元 1000—1060 年在世，字元卿，宋代绛州（今山西新绛）人，历任汉、湖、滑三州通判，后知彭州。欧阳修称他淳朴谨慎、沉默少语，对群众颇有惠爱之心。

【评述】

临危不惧，釜底抽薪，瓦解敌人。

第二十计　浑水摸鱼

【原文】

乘其阴乱，利其弱而无主。随，以向晦入宴息①。

［按］动荡之际，数力冲撞，弱者依违无主，敌蔽而不察，我随而取之。《六韬》曰：“三军数惊，士卒不齐，相恐以敌强，相语以不利，耳目相属，妖言不止，众口相惑，不畏法令，不重其将，此弱征也。”是鱼，混战之际，择此而取之。如：刘备之得荆州，取西川，皆此计也。

【译文】

乘敌人内部混乱，利用他还是弱小而没有主见，使他随从我，像人随着天时吃饭、休息一样。

［按］动乱不定的局面，存在着几种冲突的力量。弱小的依从谁或是反对谁都没有确定，敌人又多是蒙蔽而没有察觉，我方应当即随手将他猎取过来。兵书《六韬》写道：“全军多次惊慌，士兵缺乏一致的目标，都把敌人估计过强而产生惧怕心理，说着泄气的话，大家咬耳朵、使眼色、谣言纷纷，听信假话，都不怕法令，不尊重将帅，这些都是衰弱的征兆啊！”这样的鱼，混战时，就像搅浑水时一样，应该乘机把他猎过来。比如，刘备得荆州、取西川，都是用这条计策。

【注释】

①随，以向晦入宴息：见《周易·随》：“象曰：泽中有雷。随，君子以向晦入宴息。”大意是：随，为跟从。人跟随天时而吃饭休息。

【评述】

把水搅浑，才可摸鱼。

第二十一计　金蝉脱壳

【原文】

存其形，完其势；友不疑，敌不动。巽而止蛊①。

［按］共友击敌，坐观其势。尚另有一敌，则须去而存势。则金蝉脱壳者，非徒走也，盖为分身之法也。故大军转动，而旌旗金鼓，俨然原阵，使敌不敢动，友不生疑，待已摧他敌而返，而友敌始知，或犹且不如。然

则金蝉脱壳者，在对敌之际，而抽精锐以袭别阵也。如：诸墓亮卒于军，司马懿追焉，姜维令仪反旗鸣鼓，若向懿者，懿退，于是仪结营而去。檀道济[2]被围，乃命军士悉甲，身自（白）服乘舆徐出外围，魏惧有伏，不敢逼，乃归。

【译文】

保存阵地的原形，造成强大的声势，使友军不怀疑，敌人也不敢贸然进犯，而我却可以隐蔽地击破另外一支敌军。

［按］同友军联合对敌作战，要仔细察明敌人的态势。如果发现别处有敌人，必须保持原来的阵势而分兵去迎击。“金蝉脱壳”并不是一走了事，它是分身的法术。因此，我方大军转移行动，依然要旗帜招展，战鼓咚咚，很逼真地保持着原来的阵势，这就可以使敌人不敢动，友军不生疑。等到摧毁别处的敌人回来，友军和敌人才会发觉，或者还没有发觉。“金蝉脱壳”就是在对敌作战时，暗中抽走精锐部队去袭击别处敌人的奇谋。如诸葛亮病死在前线，姜维率师回蜀，司马懿跟踪追击。姜维乃命令杨仪反旗鸣鼓，好像要进攻司马懿军的样子，司马懿怕中计，不敢追赶而退军，于是杨仪全师而回。又如，檀道济被敌人围困，便命令士兵都披上甲胄（即皮制的军衣、军帽），他自己穿显眼的白色衣服，坐在车子上，慢慢向外围进发。魏军害怕檀道济另有伏兵，不敢逼近他，他就安然出围回国了。

【注释】

①巽（xùn）而止蛊：巽，巽和蛊都是八卦中的卦。巽代表木和风，蛊代表惑和乱。

②檀道济（？—436）：南朝宋将领，祖籍高平金乡（今属山东），出生于京口（今江苏镇江）。从军二十余年，由士兵升至大将军。东晋末从刘裕攻后秦，屡立战功，后宋文帝以其前朝重臣，忌而杀之。据传，檀道济对《三十六计》的总结和流传有重要贡献。后文“魏”为北魏。

【评述】

金蝉脱壳，是为了使主力尽快脱离敌人，去歼灭敌之主力。

第二十二计　关门捉贼

【原文】

小敌困之。剥，不利有攸往[①]。

［按］捉贼而必关门，非恐其逸也，恐其逸而为他人所得也；且逸者不可复追，恐其诱也。贼署，奇兵也，游兵也，所以劳我者也。吴子曰：“今使一死贼，伏于旷野，千人追之，莫不枭视狼顾。何者？恐其暴起而害己也。是以一人投命，足惧千夫。”追贼者，贼有脱逃之机，势必死斗；若断其去路，则成擒矣。故小敌必困之，不能，则放之可也。

【译文】

对付弱小的敌人，要加以包围、歼灭；对付垂死挣扎的敌人，如果从后边急追远赶，那是很不利的。

［按］捉贼之所以必须闩上门，不是恐怕他逃走，而是怕他逃走了却被别人捉去。况且，对逃走的不可以再追，这是为了不中他的诱兵之计。所谓贼，是指突然来袭的队伍，出没无常的队伍。他们的目的，是使我疲劳不堪，以便实现他们的企图。兵书《吴子》写道：“现在让一个亡命之徒隐藏到广大的原野里，纵然一千人去追随他，也不免要视而不见，顾虑很多。什么原因呢？害怕对方突然袭击而伤害自己。所以只要有一个人不怕死，他就可以让一千人害怕。”追赶盗贼这件事，如果他发现有逃掉的机会，他必然拼死格斗。如果截断他的去路，强盗就一定要被擒住了。所以对待弱小的敌人必须加以包围、歼灭；如果办不到，暂时放他逃走也未尝不可，但是不可急追远赶。

【注释】

①剥，不利有攸往：出自《周易·剥》：“剥，不利有攸往。”剥，落也。以阴剥阳，以小人损君子，是小人道长，君子道消，小人侵害君子，故君子不利有攸往。象曰：“剥，落也，柔变刚也，不利有攸往，小人长也。”大意是：有剥落之象的，虽然弱小，也能突然变得刚强起来，因而对他不宜急追远赶。

【评述】

对弱敌，能歼灭就围而歼之；不能全歼就应给出路。

第二十三计　远交近攻

【原文】

形禁势格①，利从近取，害以远隔，上火下泽②。

［按］混战之局，纵横捭阖③之中，各自取利。远不可攻，而可以利相结；近者交之，反使变生肘腋。范雎④之谋，为地理之定则，其理甚明。

【译文】

处于（扭转）不利的形势（局面），要考虑（阻止）它发展的方向（趋势），（利于）攻取附近的地方，就有利；（不利于）攻击远隔的地方，就有害。《易经·睽》说：火苗向上冒，池水向下流，志向不同，也可以结交。

［按］在纷乱攻占的局势下，不择手段，随机应变，各自争夺利益。远隔的不要去攻击，可以用利益和它结交；邻近的不要结交，结交了，反而会使变乱发生在近处。战国时范雎的谋略，就是把地理相隔的远近作为结交和攻击的标准，它的道理是十分清楚的。

【注释】

①形禁势格：一作“形格势禁”，出自《史记·孙武吴起列传》：“批亢捣虚，形格势禁，则自为耳”意思是：形式受到挫折，势必会有所考虑。

②上火下泽：见《周易·睽》：“象曰：上火下泽，睽，君子以同而异。”大意是：目标不同，仍然可以结合。

③纵横捭阖：《鬼谷子·捭阖》：“捭之者，开也、言也、阳也；闔之者，闭也、默也、阴也。”意思是：伺机行事，采取联合分化、公开与秘密的手段，来制服敌人。因为古时候南北叫纵，东西叫横。战国时，苏秦联合六国，抗拒强秦，叫作合纵；张仪瓦解六国，变拒秦为事秦，叫作连横。

④范雎：一名范且，曾化名张禄。战国时魏人。入秦国游说秦昭王，驱逐（专权）贵戚，公元前 266 年被任为相国。封于应（今河南省宝丰），号应侯，主张远交近攻，歼灭敌国兵力。

【评述】

远交近攻，体现了国家利益至上的战略原则。

第二十四计　假道伐虢

【原文】

两大之间，敌胁以从，我假以势。困，有言不信。

［按］假地用兵之举，非巧言可诳，必其势不受一方之胁从，则将受双方之夹击。如此境况之际，敌必迫之以威，我则诳之以不害，利其幸存之心，速得全势，彼将不能自阵，故不战而灭之矣。如：晋侯假道于虞以伐虢[①]，晋灭虢，虢公丑奔京师，师还，袭虞灭之

【译文】

对处在两个强大敌人中间的国家，敌人胁迫它屈从时，我方却假作援救它，立即出兵。《周易·困》卦说，对处在困迫状况下的国家，光空谈而没有行动，是不会被它信任的。

［按］借道用兵的行动，不是靠花言巧语可以欺骗成的。必须使他处在这样的情况下：不受到一方的威胁，就要受到双方的夹击。在这种情况下，敌人必然用武力来逼迫他，我军却用不侵犯他的利益来诱骗他，利用他侥幸图存的心理，立即把力量扩展进去，控制整个局势。这样他势必不能够保住阵地，所以不需要进行战争就把敌人消灭了。例如：春秋时，僖公二年，晋侯借道虞国进攻虢国，灭了虢国，虢国公丑逃奔到周朝的首都洛阳。僖公五年晋国从虢国回军，再过虞国时，趁其不备，发动突然袭击，轻而易举地把虞国消灭了。

【注释】

①晋侯假道于虞以伐虢：春秋时，虞、虢二国毗邻，都靠近晋国。晋国久有并吞他们的野心，采取荀息的策略，先用名马、宝玉买通了虞公，借道给晋兵攻打虢国。虢国被灭亡后，虞国也被消灭了。

【评述】

假道伐虢的条件和意义在于：借故使弱小的一方，不受另一方的威胁，而甘愿被我方所用。

第五套　并战计

第二十五计　偷梁换柱

【原文】

频更其阵，抽其劲旅，待其自败，而后乘之，曳其轮①也。

［按］阵有纵横，天衡为梁，地轴为柱。梁柱以精兵为之，故观其阵，则知精兵之所有。共战他敌时，频更其阵，暗中抽换其精兵，或竟代其为梁柱；势成阵塌，遂兼其兵。并此敌以击他敌之首策也。

【译文】

多次变动敌人的阵容，把他的兵力调开，等待他自行败阵，然后用计谋进攻他。《周易·即济》卦说："先拖住敌人，然后再替换他。"

［按］阵势有东南西北位置，天衡在前后，二横相对，当作阵的大梁；地轴在中央，当作阵的柱子。梁和柱的位置都是主力部队防守的地方。因此，察看敌人的阵容，就能发现他的主力之所在。如果与友军共同联合对敌作战，可以多次变动友军的阵容，暗中更换他的主力，或者派自己的部队去代替他做梁柱，这样必然要使阵地塌台。这时，立即吞并他的部队。这是并吞这股敌人再去攻击他股敌人的一个首要策略。

【注释】

①曳其轮：《周易·既济》："初九，曳其轮。"《经解》："之前有险，众皆兢济，初能曳而止之，所谓见险而能止，体离明故也。"轮流代替之义。这里可解为：先拖住他，然后再代替他。

【评述】

抽掉他的劲旅，然后取代他。

第二十六计　指桑骂槐

【原文】

大凌小者，警以诱之。刚中而应，行险而顺[①]。

［按］率数未服者以对敌，若策之不行，而利诱之，又反启其疑；于是故为自误，责他人之失，以暗警之。警之者，反诱之也。此盖以刚险驱之也。或曰：此遣将之法也。

【译文】

强大的慑服弱小的，要用警告的方法来诱导它。《周易·师》卦说，适当的强硬，可以得到拥护；施用险诈，可以得到顺从。

［按］统率一向不肯服从我的力量去对敌作战，如果你调动他，他不理睬，你用金钱引诱他，反而引起他的怀疑。这时，你可以故意制造错误，责备别人的过失，借以暗中警告他。所谓警告，就是从反面来诱导他，这时施用强硬而险诈的办法来迫使他服从的方法。或者说，这也是调遣部将的方法。

【注释】

①刚中而应，行险而顺：《周易·师》："彖曰：……刚中而应，行险而顺，以此毒天下，而民从之。"这里大意是：恰当的刚强，可以得到拥护；施用险诈，可以得到顺从。

【评述】

指桑骂槐原来是指对内部。

第二十七计　假痴不癫

【原文】

宁伪作不知不为，不伪作假知妄为。静不露机，云雷屯[①]也。

［按］假作不知而实知，假作不为而实不可为，或将有所为。司马懿之假病昏以诛曹爽，受巾帼假请命以老蜀兵，所以成功；姜维九伐中原，明知

不可为而妄为之，则似痴矣，所以破灭。兵书曰：“故善战者之胜也，无智名，无勇功。”当其机未发时，静屯似痴；若假癫，则不但露机，则乱动而群疑。故假痴者胜，假癫者败。或曰：假痴可以对敌，并可以用兵。宋代，南俗尚鬼。狄青②征侬智高③时，大兵始出桂林之南，因佯祝曰：“胜负无以为据。”乃取百钱自持，与神约，果大捷，则投此钱尽钱面也。左右谏止，傥不如意，恐沮师，青不听。万众方耸视，已而挥手一掷，百钱皆面。于是举兵欢呼，声震林野，青亦大喜；顾左右，取百丁（钉）来，即随钱疏密，布地而帖丁（钉）之，加以青沙笼，手自封焉。曰：“俟凯旋，当酬神取钱。”其后平邕州还师，如言取钱，幕府士大夫共视，乃两面钱也。

【译文】

宁可假装不知道而不行动，不可假装知道而轻举妄动。要沉着，不要泄露一点机密，就像迅猛激烈的云雷，在冬季藏入地下般的平静。

［按］假装不知道的，事实上却非常清楚；假装不行动的，事实上却是因为不可能行动，或者是将要有所行动。三国时，司马懿假装衰老病笃，使曹爽丧失警惕性，从而把曹爽杀死；接受孔明的侮辱首饰、衣物而不出战，故意通过上表请命，让魏主曹叡传谕坚守不战，以疲劳蜀军，这些都是他之所以获得成功的因素。姜维九次进兵中原，明明知道不能成功而偏要这样做，就像个傻子，所以他失败了。兵书说：“善于作战的人，并没有智谋的名声，没有勇敢的功劳。”当他进攻的时机未到来时，部队集中待命，镇定得如同痴人一样；如果假作癫狂，就不仅泄露了机密，而且因为乱动会招致大家的猜疑。所以，装作痴人的，必然胜利；装作癫狂的，必然失败。或者说，假痴可以对敌作战，也可以用于治军。宋代，南方有崇拜鬼神的风俗。狄青征伐侬智高时，大军刚到桂林以南，他假装拜神祝道：“这次用兵胜败没有把握。”于是自己拿了一百个制钱向神许愿：“如能大胜敌人，这些钱扔在地上钱面都要向上。”左右官员都劝他别这样做，因为他们担心：恐怕弄不好会影响部队的士气。狄青不加理睬。在千万人的注视下，他突然一挥手，把制钱全部扔到地上，结果一百个钱的钱面，都是朝上的。这时，全军欢呼的声音，响彻山林和原野。狄青也异常兴奋，命令左右侍从，拿来一百个钉子，依照制钱分布的疏密，用钉子把它钉在地上，盖上青布，然后狄青亲手把它封好，说：“等到凯旋回来，一定酬谢神灵收回制钱。”后来平定了邕州，领

着部队回来，按原先所说的那样，把钱取回。他的僚属们一看，原来那些制钱两面是一样的。

【注释】

①云雷屯:《周易·屯》:“象曰:云雷屯，君子以经纶。”《周易姚氏学》解:“冬雷藏地中，至春乃激薄而出。”这里可解作:迅猛激烈的云雷藏入地里。

②狄青（1008—1057）:北宋大将。西河（今山西省汾阳）人。在对西夏战争中屡立战功，为范仲淹所赏识，由士兵累升为大将。1052年，率兵镇压侬智高。次年升为枢密使同平章事，旋即被排挤去职。出判陈州而死。

③侬智高（1025—1055）:北宋中期广源州（今广西靖西、田东一带）僮族首领，仁宗皇祐年间起兵袭安德州，攻邕州（广西邕宁），建立南天国。后被狄青打败，逃到大理而死。

【评述】

从来使诈使伪，都是为了使愚使贱。

第二十八计　上屋抽梯

【原文】

假之以便，唆之使前，断其援应，陷之死地。遇毒，位不当也①。

［按］唆者，利使之也。利使之而不先为之便，或犹且不行。故抽梯之局，须先置梯，或示之梯。如：慕容垂、姚苌诸人怂秦苻坚侵晋，以乘机自起。

【译文】

故意露出破绽，引诱敌人深入我方，然后选择有利时机，断绝敌人的前应和后援后，使它完全处于死地。敌人这样的下场，《周易·噬嗑》卦上说得好：“抢吃腊肉的磕掉了牙，怪自己的动作不当！”

［按］唆，就是用小利去引诱，如果只有小利引诱，而不大开方便之门，那敌人或许就犹豫不动。因此，凡用“上屋抽梯”的计谋，必须先安置好梯子，让敌人不怀疑；如果那里已经有了梯子，就要显示出来，让敌人知道。如慕容垂，姚苌等人

怂恿秦苻坚南下侵入晋国，以便乘机东山再起。苻坚上了他们的当，全师南下，大败于淝水，竟为慕容垂，姚苌等所乘。

【注释】

①遇毒，位不当也：见《周易·噬嗑》："象曰：遇毒，位不当也。"《城斋易传》："若腊（肉）之坚而难噬也，噬之则遇毒而伤齿也。……此弱于齿而噬夫坚者也，能不遇毒乎，故曰，位不当也。"这里可解作：贪求不应得的利益，必招后患。

【评述】

使对手自觉自愿上梯，必须以利诱之。

第二十九计　树上开花

【原文】

借局布势，力小势大。鸿渐于陆，其羽可用为仪①也。

［按］此树本无花，而树则可以有花，剪采粘之，不细察者不易觉，使花与树交相辉映，而成玲珑全局也。此盖布精兵于友军之阵，完其势以威敌也。

【译文】

借别人的局面布成阵势，兵力弱小的看来阵容也显得强大。《周易·渐》卦说："鸿雁飞向大陆，全凭它羽毛丰满的双翼助长气势。"

［按］这棵树上的枝干本来没有生长花朵，但是可以使它有花朵。把彩色绸绢剪成花朵粘在树上，不仔细察看的人不容易发觉。让美丽的花朵和树干互相衬托，放出光彩，造成巧妙逼真的完善局面。这是指：把精锐部队布置到友军的阵地上，造成强大的声势以慑服敌人。

【注释】

①鸿渐于陆，其羽可用为仪：见《周易·渐》："上九，鸿渐于陆，其羽可用为仪，吉。"《周

易姚氏学》注："鸿，大雁也；渐，进也。仪，仪表。"这句话的意思是：弱小的部队凭借了强大部队的力量，阵容严整，就像长了羽毛丰满的翅膀一样。

【评述】

借势布势，所以能取得胜利。

第三十计　反客为主

【原文】

乘隙插足，扼其主机，渐之进也。

［按］为人驱使者为奴，为人尊处者为客，不能立足者为暂客，能立足者为久客，客久而不能主事者为贱客，能主事则可渐握机要，而为主矣。故反客为主之局：第一步须争客位；第二步须乘隙；第三步须插足；第四足须握机；第五步乃成为主。为主，则并人之军矣；此渐进之阴谋也。如李渊书尊李密，密卒以败；汉高祖势未敌项羽之先，卑事项羽。使其见信，而渐以侵其势，至垓下一役，一亡举之。

【译文】

有空子就要插脚进去，扼住他的主脑机关。《周易·渐》卦说："循次而进。"就是这个意思。

［按］受人差使的是奴隶，受人尊敬的是客人；不能站稳脚跟的，是暂时的客人，能站稳脚跟的，是长久的客人；长久当客人而不能主管事情的，是卑贱的客人，能主管事情并逐渐抓住大权的就变成主人了。所以反客为主的局势：第一步要争取当客人的身份；第二步要会找空子；第三步要插脚进去；第四步要掌握大权；第五步就变成主人。做了主人，也就必然兼并了他的军队，这就是循次而进的策略。例如：隋朝李渊没有取得天下前，写信推尊李密，后来便消灭了李密。汉高祖刘邦在兵力不足和项羽敌对的时候，对项羽很恭敬，使项羽相信他，而慢慢削弱项羽的兵力，到了垓下会战时，便一举消灭了项羽。

【评述】

四步走好，才能反客为主。“周公恐惧流言日，王莽谦恭未篡时”都是反客为主的成功范例。

第六套　败战计

第三十一计　美人计

【原文】

兵强者，攻其将；将智者，伐其情。将弱兵颓，其势自萎。利用御寇，顺相保也。

［按］兵强将智，不可以敌，势必事先。事之以土地，以增其势，如六国之事秦：策之最下者也。事之以币锦，以增其强，如宋之事辽金：策之下者也。惟事以美人，以逸其志，以弱其体，以增其下之怨。如勾践以西施重宝取悦夫差，乃可转败为胜。

【译文】

兵力强大的，就要攻击他的将帅；将帅明智的，就打击他的情绪。将帅斗志衰弱，部队士气消沉，他的气势必定自行萎缩。《周易·渐》卦说，利用敌人内部严重的弱点，来控制敌人，可以有把握地保存自己的实力。

［按］兵力强大和将帅明智的，不可以和他作战，形势要求必须暂时向敌人屈服。向敌人屈服的方式有很多：用土地侍奉他，借以增强他的力量，像战国时六国侍奉秦国那样，这是最下等的策略；拿金钱、绸缎侍奉他，借以增强他的财富，像宋朝侍奉辽国、金国那样，这也是下等的策略；独有用美女侍奉他，借以消磨他的志气，削弱他的体质，并进而增加他的部下对他的埋怨。例如：春秋末年，越王勾践被吴国打败后，便以美女西施和国内的贵重宝物来取悦吴王夫差，使其贪图安逸享受，放松警惕，而后越国乘机出兵，一举打败了吴国。这才是比较好的策略。

【评述】

原来美人计的经济效益最好。只可惜牺牲了无数妇女的幸福。

第三十二计　空城计

【原文】

虚者虚之，疑中生疑；刚柔之际，奇而复奇。

［按］虚虚实实，兵无常势。虚而示虚，诸葛而后，不乏其人。如吐蕃陷瓜州，王君焕[1]死，河西恼惧。以张守圭[2]为瓜州刺史，领余众，方复筑州城。版干（筑城墙用的夹板和立柱）栽立。敌又暴至。略无守御之具。城中相顾失色，莫有斗志。守圭曰："彼众我寡，又疮痍之后，不可以矢石相持，须以权道制之。"乃于城上，置酒作乐，以会将士。敌疑城中有备，不敢攻而退。又如齐祖珽为北徐州刺史，至州，会有阵寇，百姓多反。珽不关城门。守陴者，皆令下城，静坐街巷，禁断行人鸡犬。贼无所见闻，不测所以，或疑人走城空，不设警备。珽复令大叫，鼓噪聒天，贼大惊，登时走散。

【译文】

空虚的就让他空虚，使人更加难以揣测；在进攻和防御中运用空虚的战术来隐藏自己的空虚，越发显得用兵出奇。

［按］用兵是虚虚实实的，没有固定的方式。空虚的就显示空虚，自诸葛亮以后，运用这条计策的人并不少。如唐玄宗时，吐蕃人攻陷了瓜州（今甘肃瓜州县），守将王君焕战死，河西地区（今甘肃河西走廊地区）人民非常震动惊慌。张守圭被派做瓜州刺史。他到任后，立即带领群众修建城墙。刚安置木桩大板在打墙，吐蕃人又突然袭来。城里没有防御工具，大家惊慌相看，毫无斗志。张守圭说："敌众我寡，而且战争创伤还没治好，不能用利箭、礌石防御，必须用谋略去战胜敌人。"于是他命令在城楼上摆好酒席，叫乐工吹打弹奏，和将士们饮酒取乐。吐蕃人见了，心疑城内设有伏兵，不敢攻击，撤兵回去。又如：公元 573 年，北齐祖珽做北徐州刺史，刚到任，正逢南陈大举入寇，当地老百姓乘机纷纷暴乱。祖珽命令不要关城门，守城的士兵纷纷下城墙静静地坐在街巷里，街道上禁止行人通行。全城寂静无声，鸡不乱鸣，狗不乱吠。南陈军队看不到什么，也听不到什么，摸不清情况。他们怀疑这是座无人防守的空城。这时祖珽突然命令士兵高声大叫，声音震天，南陈军队大吃一惊，立即纷纷逃散了。

【注释】

①王君焕：瓜州常乐人，字威明，唐开元年间为河西陇右节度使，因击破吐蕃有功，升为大将军。后吐蕃陷瓜州，回纥等部叛，他力战而死。

②张守圭：陕西人，唐开元中为瓜州刺史，因为打败吐蕃有功，官至辅国大将军。

【评述】

谁言空城计只能是诸葛亮用以对付司马懿？看来，只要是不懂空城计的敌人，都可以冒险一用。

第三十三计　反间计

【原文】

疑中之疑。比之自内，不自失也①。

［按］间者，使敌自相疑忌也；反间者，因敌之间而间之也。如燕昭王薨，惠王自为太子时，不快于乐毅。田单乃纵反间曰："乐毅与燕王有隙，畏诛，欲连兵王齐，齐人未附。故且缓攻即墨，以待其事。齐人唯恐他将来，即墨残矣。"惠王闻之，即使骑劫代将，毅遂奔赵。又如周瑜利用曹操间谍，以间其将；陈平以金纵反间于楚军，间范增，楚王疑而去之。亦疑中之疑局也。

【译文】

在疑阵中再布置一层疑阵；《周易·比》卦说："来自敌方内部的援助，自己不会受到损失。"

［按］做间谍的，是唆使敌人互相猜疑、嫉妒；做反间谍的，是诱使敌方的间谍离间敌人。例如：战国时，燕昭王死了，齐将田单利用燕惠王做太子时，对大将乐毅的不满，便使用计扬言说："乐毅同燕惠王有宿怨，怕燕惠王杀他，他企图连接齐军，在那里做齐国国王。只是齐国人还没有归顺他，所以他暂时放松攻打即墨的计划，为的是等待时机成熟。现在齐国担心的，就是燕国改派别的大将来，要是这样，即墨就会被毁灭。"燕惠王听了，觉得这话有理，立刻另派骑劫去代替乐毅的职务，统帅大军。乐毅被免了职，很害怕，便逃奔到赵国。又如，三国时，周瑜利用曹操

的间谍进行反间的活动，使曹操斩杀了大将蔡瑁、张允。汉刘邦的谋士陈平用金钱收买楚军将士，传播谣言，离间楚王和军师范增的关系。楚王项羽果然相信范增和汉刘邦有暗中勾结，便不相信他，致使范增离开项羽回老家，病死于途中。这也是在疑阵中再布疑阵的策略。

【注释】

①比之自内，不自失也：源自《周易・比》。大意是，来自对方内部的援助，自己不会受到损失。

【评述】

不知为什么，古今中外，反间计一用再用，成功的多，失败的少。

第三十四计　苦肉计

【原文】

人不自害，受害必真；假真真假，间以得行。童蒙之吉，顺以巽也①。

［按］间者，使敌人相疑也；反间者，因敌人之疑，而实其疑也；苦肉计者，盖假作自间以间人也。凡遣与己有隙者以诱敌人，约为响应，或约为共力者，皆苦肉计之类也。如：郑武公伐胡而先以女妻胡君，并戮关其思；韩信下齐而骊生遭烹。

【译文】

人不自己迫害自己，受迫害必然是真的；假的变真，真的变假，间谍便乘机活动。《周易・蒙》卦说："把他骗得乖乖的，顺着他活动。"

［按］做间谍的，使敌人互相猜疑，做反间谍的，是利用敌人内部原有的猜忌，而更加强他们的猜忌。行使苦肉计的，是向敌人承认自己是派来的间谍，再趁机做间谍活动。凡是派遣同己方有仇恨的人去迷惑敌人，不论是相约作为内应的，或是相约共同起事的，都属于苦肉计一类的计谋。例如：郑国武公伐胡国，先把自己的女儿嫁给胡国的国君，又杀了本国主张伐胡的大夫关其思。胡君以为郑国亲己，便不对郑国做守备之计。后来

郑国突然袭击胡国，将胡国灭亡。汉高祖派郦食其去齐国劝说齐王降汉，使齐王不做守备之计；后来韩信忽然向齐国进攻，齐王以为郦食其出卖自己，便将其煮杀。

【注释】

①童蒙之吉，顺以巽也：出自《周易·蒙》。《周易·诀义》卷一解："六五童蒙吉祥者，而处尊，不自任察。但委付于二，不劳己之聪明，犹如童稚之人，自可获吉。如成王委用周公之义。"这里意思：顺着敌人的性子活动，敌人被骗得像小孩一样。

【评述】

古今中外，苦肉计也是一用再用，成功率比较高。

第三十五计　连环计

【原文】

将多兵众，不可以敌，使其自累，以杀其势。在师中吉，承天宠也①。

［按］庞统使曹操战舰勾连，而后纵火焚之，使不得脱。则连环计者，其法在使敌自累，而后图之。盖一计累敌，一计攻敌，两计扣用，以摧强势也。如宋毕再迂②赏引敌与战，且前且却，至于数四。视日已晚，乃以香料煮黑豆，布地上。复前搏战，佯败走。敌乘胜追逐，其马已饥，闻豆香，乃就食，鞭之不前。遇率师反攻，遂大胜。皆连环之计也。

【译文】

敌军兵力强大，不能靠硬打，应当运用谋略，使他们自相牵制，借以削弱他的力量。《周易·师》卦说："将帅靠指挥不偏不倚，惯打胜仗的就是用兵如神。"

［按］庞统诈降曹营，怂恿曹操把战船用铁锁钩连起来，便于用火焚烧，使船只逃脱不得。可见连环计就是先让敌人自相牵制，行动迟滞，然后再用谋攻的策略。前一计（累敌）和后一计（攻敌）结合运用，必然能摧毁强大的敌人。例如，宋代毕再迂，在战争中常设计拖住敌人。他忽前忽后，就这样三番五次地拖住敌人。到天色昏暗，他把预先用香料煮好的黑豆撒在阵地上，又往前挑战，一会儿就故意败

退。敌人乘胜追击，可是他们的战马已经饥饿了，嗅到豆子的香味，就都停下来吃豆子，任你鞭子抽打，也不肯向前。这时毕再迁展开兵力，猛扑敌人，因而获得大胜。这也是连环计的运用。

【注释】

①在师中吉，承天宠也：见《周易·师》，大意是：将帅用兵不偏不倚，正确而无讹错，那是得到天神的相助。

②毕再迁：宋代兖州人，字德卿，抗金名将，有谋略，精通军事。

【评述】

原以为像连环计之类的计，除曹操外使用者、被使用者不多，原来上当受骗者亦不在少数。

第三十六计　走为上[1]

【原文】

全师避敌，左次无咎，未失常也[2]。

［按］敌势全胜，我不能战，则：必降；必和；必走。降则全败，和则半败，走则未败。未败者，胜之转机也。如宋毕再迁与金人对垒，度金兵至者日众，难与争锋。一夕拔营去，留旗帜于营，豫缚生羊悬之，置其前二足于鼓上，羊不堪倒悬，则足击鼓有声。金人不觉为空营，相持数日，乃觉欲追之，则已远矣。(《战略考·南宋》) 可谓善走者矣！

【译文】

全军退却，甩开敌人，以退为进，待机破敌，这是不违背正常法则的。

［按］敌方兵力占绝对优势，我方不能战胜他，只有投降、媾和、退却等三条路：投降，是彻底失败；媾和，是一半失败；退却，不是失败，而是转败为胜的关键。例如：宋代毕再迁和金人守垒对抗，因为金兵强大，宋营兵少，他便在一个夜里把队伍全部撤走，只留下旗帜在阵地上，把羊倒吊起来，前边两条腿放在鼓上，羊被吊

得难受，放在鼓上的两条腿不停地乱动，于是把鼓敲得咚咚响。金人日夜听到鼓声，没有疑心，不知道毕再迂早已撤走了。等几天后，金人才发觉，但是毕再迂已经走得远了。应该说，这是善于退却的战例。

【注释】

①走为上：是处在劣势条件下的一计。这里的意思是说当处在劣势的时候，走是上策，不是说“走”是三十六计中最高明的一计。

②左次无咎，未失常也：见《周易·师》。《经解》："此量敌而后进，虑胜而后悔者。"这里可解作：根据情况，以退为进，这合乎正常的用兵法则。

原 跋

【原文】

夫战争之事，其道多端。强国、练兵、选将、择敌、战前、战后，一切施为，皆兵道也。惟比比者，大都有一定之规，有陈例可循。而其中变化万端，诙诡奇谲，光怪陆离，不可捉摸者，厥为对战之策。三十六计者：对战之策也，诚大将之要略也；闲赏论之。胜战、攻战、并战之计，优势之计也；敌战、混战、败战之计，劣势之计也。而每套之中，皆有首尾次第。六套次序，亦可演以阴……（缺）

【译文】

关于战争，它的内容极为丰富和繁杂。例如：加强国防，训练士兵，培养优秀的将领，选择攻击的敌人，以及战前动员准备和战后补充休整等全部活动，都是军事工作。这些工作，大都已有一定的规律和历史经验可资遵循和借鉴。但是其中变化繁多，行使欺诈、形态万千、不易掌握的，要算作战的策略。《三十六计》就是作战的策略，也确实是大将指挥战争的重要方略。平时对这个问题，做了些探讨，认为胜战、攻战和并战三套计，是处于优势时所施用的计谋；敌战、混战和败战三套计，是处于劣势时所施用的计谋。在每套计谋当中，都各有开头、结尾和排列顺序。至于六套次序，也可推演为隐秘的……（缺）

《三十六计》总评

“三十六计”一语，先于著书之年，语源可考自南朝宋将檀道济，据《南齐书·王敬则传》：“檀公三十六策，走为上计，汝父子唯应走耳。”意为败局已定，无可挽回，唯有退却，方是上策。此语后人赓相沿用，宋代惠洪《冷斋夜话》：“三十六计，走为上计。”及明末清初，引用此语的人更多。口语传用久了，于是有心人采集群书，编撰成《三十六计》。《三十六计》为何时何人所撰已难确考；何时积累成卷册，亦无准确年代和作者可考。

全计共分六套，即胜战计、敌战计、攻战计、混战计、并战计和败战计。每套又各分为六计，总共三十六计。前三套是处于优势之计，后三套是处于劣势之计，各计名称后为解语。各计解语有不少是用阴阳卦理，推演成为兵法的刚柔、奇正、虚实、主客、进退以及攻守的变化，包含有朴素的军事辩证法。解语之后设的按语里多引证宋代以前的战例和孙子、吴起、尉缭子等兵家的精辟语句。本书可以说集中了古代兵家不少的奇谋方略。

《三十六计》语言简练，逻辑清晰，叙说生动。例如，第二计“围魏救赵”，叙述孙膑对田忌解说围魏救赵的必要性和方案时说：“理开乱丝和绳索的，只能用手指去解，不能握紧拳头去捶打；排解搏斗的，只能用口去调解，不能动手参加。避实就虚，击其要害，使彼方的形势受到挫折，而不能够继续发展，就会自然而然地解围了。”这同《百战奇略》对同一事件的叙述相比，既全面、深刻得多，也生动得多。又如，在讲解敌兵力占绝对优势，我方不能取胜的时候，对比投降、媾和、退却等三种策略：指出投降是彻底的失败；媾和是一半的失败；而退却，却是转败为胜的起点。把“走为上”的道理讲得生动透彻极了。

《三十六计》所列举的战例，凡与此前各篇兵法特别是《百战奇略》相同的，均不另行注释。

曾文正公兵法选编

议汰兵疏[①]

（咸丰元年三月初九）

【原文】

奏：为简练军实，以裕国用事，臣窃维天下之大患，盖有二端：一曰国用不足，一曰兵伍不精。兵伍之情状各省不一，漳泉悍卒，以千百械斗为常；黔蜀冗兵，以勾结盗贼为业。其他吸食鸦片，聚开赌场，各省皆然。大抵无事则游手恣睢；有事则雇无赖之人代充，见贼则望风奔溃，贼去则杀民以邀功。章奏屡陈，谕旨屡饬，不能稍变锢习。

至于财用之不足，内外臣工人人忧虑。自庚子以至甲辰五年之间，一耗于夷务，再耗于库案，三耗于河决，固已不胜其浩繁矣。乙巳以后，秦豫两年之旱，东南六省之水，计每岁歉收，恒在千万以外。又发帑数百万，以赈救之，天下财产安得不绌？

宣宗成皇帝每与臣下言及开捐[②]一事，未尝不咨嗟太息，憾官途之滥杂，悔取财之非计也！臣尝即：国家岁入之数与岁出之数而通筹之，一岁本可余二三百万，然水旱偏灾尧汤不免。以去年之丰稔，而江浙以大风而灾、广西以兵事而缓，计额内之歉收已不下百余万。设更有额外之浮出，其将何以待之？今虽捐例暂停，而不别筹一久远之策，恐将来仍不免于开捐。以天下之大，而无三年之蓄，汲汲乎惟朝夕之图而贻君父之忧，此亦为臣子者所深耻也。当此之时，欲于岁入常额之外，别求生财之道，则搜括一分，民受一分之害，诚不可以妄议矣。至于岁出之数，兵饷为一大宗。臣尝考：本朝绿营之兵制[③]，窃见乾隆四十七年增兵之案，实为兵饷赢绌一大转关，请即为我皇上陈之。

自康熙以来，武官即有空名坐粮。雍正八年因定为例：提督空名粮八十份，总兵六十份、副将而下以次而减，下至千总五份，把总四份，各有名粮。又修制军械，有所谓公费银者；红白各事，有所谓赏恤银者，亦皆取给于名粮故。自雍正至乾隆四十五年以前，绿营兵数虽名为六十四万，而其实缺额常六七万。至四十六年增兵之议起，武职坐粮另行添设，养廉[4]、公费赏恤另行开销正项。向之所谓空名者，悉令挑补实额，一举而添兵六万有奇，于是费银每年二百余万。此臣所谓饷项赢绌一大转关者也。是时，海内殷实，兵革不作，普免天下钱粮已经四次，而户部尚余银七千八百万。

高宗规模宏远，不惜散财，以增兵力。其时，大学士阿桂即上疏陈论，以为国家经费骤加不觉其多，岁支则难为继。此项新添兵饷岁近三百万，统计二十余年，即须用七千万，请毋庸概增。旋以廷臣议驳。卒从增设至嘉庆十九年。

仁宗睹帑藏之大绌，思阿桂之远虑，慨增兵之仍无实效，特诏裁汰。于是各省次第裁兵一万四千有奇。宣宗即位又诏抽裁冗兵，于是又裁二千有奇。乾隆之增兵一举而加六万五千；嘉庆、道光之减兵两次仅一万六千。国家经费耗之如彼，其多日易也；节之如此，其少且难也！

臣今冒昧之见：欲请汰兵五万，仍复乾隆四十六年以前之旧。

骤而裁之，或恐生变。惟缺出而不募补，则可徐徐行之而万无一失。医者之治疮疤甚者，必剜其腐肉而生其新肉。今日之劣弁羸兵，盖亦当量为简汰，以剜其腐者。痛加训练，以生其新者。不循此二道，则武备之弛殆，不知所底止。自古开国之初恒兵少，而国强其后：兵愈多则力愈弱，饷愈多则困愈贫。北宋中叶兵常百二十五万，南渡以后养兵百六十万，而军益不竞。明代养兵至百三十万，末年又加练兵十八万，而孱弱日甚。我朝神武开国，本不藉绿营之力。康熙以后绿营屡立战功，然如三藩、准部之大勋[5]，回疆、金川之殊烈[6]，皆在四十六年以前。至四十七年增兵以后，如川楚之师[7]、映夷之役，兵力反远逊于前。则兵贵精而不贵多，尤为明效大验也。八旗劲旅亘古无敌，然其额数常不过二十五万。以强半翊卫京师，以少半驻防天下，而山海要隘往往布满。国初至今未尝增加，今即汰绿营五万，尚存汉兵五十余万，视八旗且将两倍。权衡乎本末，较量乎古今，诚不知其不可也。近者广西军兴纷纷征调外兵，该省额兵二万三千，土兵一万四千，闻竟无一人足用者。粤省如此，他省可知！言念及此，可胜长虑。

臣闻各省之兵，稍有名者，如湖南之镇筸（gān，在湖南省）、江南之寿春、浙江之处州，天下不过数镇。裁汰之法：或精强之镇不动，而多裁劣营；或边要之区不动，而多裁腹地；或营制太破归而并之；或汛防太散撤而聚之，是在兵部之精审，督抚之体察，未可卤莽以从事耳。诚使行臣之说，缺出不补，不过六年，五万可以裁毕。以一马二步计之，每年可省饷银一百二十万，十年以外于经费大有裨益。此项银两不轻动用，督抚岁终奏解户部，另行封存，专备救荒之款，永塞开捐之路。养兵，为民也；备荒，亦为民也；多塞捐以清仕途，尤爱民之大者也。一分一毫，天子无所私利于其间，岂非三代公心，贤于后世搜括之术万万者哉！

若夫训练之道，则全视乎皇上精神之所属。臣考本朝以来，大阅之典举行凡二十余次。或于南苑，或于西厂，或于卢沟桥、玉泉山。天弧亲御，外藩从观。军容一肃，藩部破胆。自嘉庆十七年至今，不举大阅者四十年矣！凡兵以劳而强，以逸而弱。承平日久，京营之兵既不经战阵之事，又不见蒐狩之典，筋力日懈，势所必然。伏求皇上于三年之后行大阅之礼，明降谕旨，早示定期。练习三年，京营必大有起色。外省营伍，势难遽遍。求皇上先注意数处，物色将才，分布天下要害之地。但使七十一镇之中，有十余镇可为腹心；五十余万之中，有十余万可为长城，则缓急之际，隐然可恃。天子之精神一振，山泽之猛士云兴，在我皇上加意而已。昔宋臣庞籍⑧汰庆历兵八万人，遂以大苏边储。明臣戚继光练金华兵三千人，遂以荡平倭寇。臣书生愚见：以为今日论兵，正宜法此二事。谨抄录乾隆增兵、嘉庆道光减兵三案进呈。伏乞饬下九卿科道详议。斯道甚大，臣鲜阅历，不胜悚惶待命之至。谨奏。

【译文】

启奏：关于简减军队的开支，用以充裕国家开支的事情，我私自考虑认为，国家最大的祸患，一般说有两个方面：第一是国库开支不足，第二是军队不精干。现在军队的情况各省不一样。漳州、泉州等地一些凶悍的士兵，以成百上千人规模的械斗为常事；贵州、四川等地冗杂的军队，以勾结强盗土匪为事业。其他像吸食鸦片、聚众开赌场等，各省都是这样，大体上都是无事的时候游手好闲，惹是生非；有事时就雇用无赖之徒冒充，见到敌人就望风逃溃，敌人走了就杀害百姓来邀功请赏。各地奏章屡屡陈述，皇上圣旨也屡屡严申，但仍然不能稍稍变动一下这种根深蒂固的恶习。

至于财政费用不足，朝廷内外大臣们，人人都很忧虑。从庚子（1840）年至甲辰（1844）五年之间，一是消耗于外族事务，二是消耗于国库贪污案件，三是消耗于河防洪水。开支本来就已不胜其繁，乙巳（1845）年以后，陕西、河南又两年大旱；东南六省又是水灾。总计每年歉收，经常在千万之上。再支出国库银钱几百万救灾，国家的财政怎会不穷尽呢？

宣宗成皇帝（道光）每次和我谈到开捐一事时，没有不感叹的！感叹官场的混乱和取财的失算。我考虑：国家每年的收入和支出如能通盘筹算，本来可以剩二三百万，但水旱灾害便是尧舜汤等人也免不了的。以去年丰收之年为例，江浙因大风而成灾；广西因战事而缓税，总计少收已不下一百多万。如果再另有突出的事情，那么，将用什么办法来对待呢？现在，虽然将捐例一事暂停了，如果不另商议长久的计策，恐怕将来仍不免要开捐例。国家这么大，没有三年的积蓄，总是只急切地做眼前的考虑，而将国君的忧虑抛置脑后，这也是做臣子的人深以为耻的事！现今这个时候，想在每年正常收入之外再求生财之道，收取一分，老百姓就会受一分之害，确实不能够乱建议了。至于每年的支出，军饷是一大宗。我曾尝试考察过我朝绿营兵制，私下见到过乾隆四十七年（1782）关于增兵的方案，实在是军饷增减的一大转折点。请允许我为皇上陈述此事：

自康熙以来，武官就有立空名吃粮饷的习俗。雍正八年，因袭定为常例。提督吃空名粮饷的份额为八十份，总兵六十份，副将以下依次减少，下至千总五份，把总四份。总之，都有空名粮饷吃。另外，修理制造兵器，有所谓公费银钱；红白喜事，有所谓奖赏和抚恤银，也都是取自于空名粮饷的缘故。自雍正至乾隆四十五年以前，绿营兵的数量虽然称为六十四万，其实际常缺额六七万。从乾隆四十六年增加绿营兵数量的动议起，武官空吃的粮饷另外添设，养廉、公费、奖赏和抚恤作为正项另行开销。过去领粮饷的空名额，全部命令挑选兵丁补充，成为实额。这一下就增加兵丁六万多人，因此花费银钱每年二百多万。这就是我所说军饷增减的一大转折点。当时，国内富裕充实，没有战事。普遍免除百姓的钱粮已经四次了，而户部还有剩余银两七千八百万。

乾隆皇帝格局宏大，不惜散财以增加兵力。当时，大学士阿桂即上疏陈述评议过。他认为国家的经费猛然增加一点，不会感觉多；每年支出就会难以为继。这项新增加的军饷每年接近三百万，如统计二十多年，即需要七千万，请求不要这样慷慨增加。朝廷大臣议论后，对此予以驳回。从此增加此项粮饷直至嘉庆十九年。

嘉庆皇帝见国库银钱将要用尽，想到阿桂的深远忧虑，感叹增加兵员后仍没有实效，特下诏书裁减。于是，各省相继裁减兵员一万四千多。道光皇帝即位后，又下诏书抽裁冗杂的兵员，于是又裁减二千多。乾隆皇帝增兵，一下就增加了六万五千；嘉庆、道光两次裁减，仅有一万六千。国家经费的耗费，就是这样既多且容易；而节约一点，却是如此少且困难！

我今冒昧建议：请裁减兵员五万，仍然恢复乾隆四十六年以前的状况。

猛然一下裁减，也可能怕国家有事不能应付。而用兵员空缺后不征集补充的办法，则可以慢慢施行而万无一失。医生治疗很厉害的疮疤，必定要挖掉腐烂的皮肉而让新皮肉生长。对现在的那些低劣和羸弱之兵，大体上都应作为裁减对象，这就是挖除腐肉。加强训练，就是生长新肉。不走这两条道路，那么武备的废弛，就会不知道到什么程度为止。自古以来各朝建国初期总是兵少一些，而国家却因此强盛。军队越多，力量就越弱；粮饷越多，国家就越贫困。北宋中期，军队经常保持在一百二十五万；南迁以后，养军队一百六十万，但军队战斗力日益下降。明代养兵多至一百三十万，末年又加练十八万，而明朝军队的孱弱也一天比一天厉害。我朝神武英明的先皇建国的时候，本来没有凭借绿营兵的力量。康熙以后，绿营兵屡立战功。但在平定三藩和准部战争中立功，在南疆和大、小金川（今属四川）地区建立特殊贡献的，都是乾隆四十六年以前的军队。到了四十七年增加兵员以后，像四川、湖北（同白莲教作战）的军队，（在鸦片战争中）同英敌作战的军队，其战斗力反而远远不如过去。这样看，兵贵于精而不贵于多的道理，就很明显了。强劲的八旗军自古无敌，但其数额经常不过二十五万。用一多半守卫京城；以一少半驻防全国，而全国的山海要塞往往被驻防遍了。从开国至今即使没有增加过军队，现在裁减绿营兵五万，也还有汉族军队五十余万，比起八旗军来仍有两倍之多。权衡全局和局部，对比古代和现在，实在找不到不能实现这项裁军计划的理由。最近，广西绿营兵纷纷流行征集外地兵员的做法。该省额定军队一万三千人，其中当地土人兵员一万四千，听说竟没有一人能够用的。广西是这样，其他省的情况就可想而知了。讲到这里，可以说这事已经考虑了长远的利益。

我听说，各省绿营兵中稍微有些名气的，比如，湖南的镇筸兵、江南的寿春（今安徽寿县）兵、浙江的处州（今浙江丽水）兵，全国不过几个地方。裁减的办法：可以是不动精干强悍的军营而多裁减低劣的军营，也可以不动边防和要害地方的军队而多裁减内地的军队，也可以将营房设施太破旧的军队合并，也可将分得太散的军队集中，总之，完全在于兵部精心地审定，各省提督、巡抚认真地校察，不能鲁莽行事。只要认真使我说的办法得以实行，兵员出缺了就不补，不要六年时间，五万军队就可以裁减完毕。以一份马军、二份步军计算，每年可以节省粮饷银钱一百二十万。实行十年以后，对国家经费一定大有好处。对此项银两不能轻易动用，提督、巡抚们每年年末将其押送到户部来，户部单独封存起来，用作救灾的储备款。这样，就永远堵塞了开捐的道路。养兵是为了老百姓，备荒也是为了老百姓，但堵塞开捐之路以使官场清廉尤其是爱民之壮举啊！皇帝对此没有一分一毫的私利，三代至公，不是比后代行些搜括老百姓的办法要高明万万倍吗？

说到训练的道理，就完全在于皇上您的想法了。我考察到：自我朝立国以来，大规模的阅兵典礼举行已经有二十多次了。或者是在南苑，或者是在西厂，或者是在卢沟桥，或者是在玉泉山。场面往往是：天子亲自御驾，外地藩镇跟随观看，军容整肃，使外邦和藩镇们震慑。自从嘉庆十七年到现在，已经四十年没有举行大规模阅兵典礼了。一般说，军队因为动而强大，因为安逸而弱小。太平时间长了，京城军营的官兵，既未经过打仗列阵等事情，又未见到狩猎阅兵等仪式，精神和体力一天比一天懈怠是势所必然的。特跪求皇上在三年之后举行一次大的阅兵典礼。请皇上明确传旨，及早确定日期。训练三年，京城兵营的军队必定会大有起色。至于外省的军队，势必难以短期普遍做到。请求皇上首先注意从各处物色将才，将他们分配到全国要害的地方。只要在七十一镇之中有十多个镇可作为心腹，五十多万军队中有十多万可作为中坚，那么，有事的时候，无形中就有了依靠。只要皇上精神振奋，那么，天下的猛士就会云集而至，只不过在于皇上重视罢了。过去，北宋大臣庞籍裁减庆历年间的军队八万，终于使边关井井有条；明臣戚继光训练金华军队三千人，便可以此扫平倭寇患乱。按照我一介书生的愚见，认为现在谈论军事，正适合效法这两件事。谨抄录乾隆年间增兵，嘉庆、道光年间裁兵的三个方案呈上。请求皇上命令满朝文武详细评议。此事很重大，我的阅历又很少，不胜惶恐地等待着。谨此专奏。

【注释】

①议汰兵疏：汰即淘汰、裁减。这是曾国藩于 1851 年给咸丰皇帝上的关于裁减绿营兵的奏章。文内提到的庚子年至乙巳年间的诸多事情有助于我们理解曾为什么要提出裁军的主张。

“耗于夷务”即 1840 年鸦片战争失败后订立《南京条约》等一系列不平等条约所付赔款。

②开捐：即捐例，亦称“事例”。中国封建政府所定捐官章程。清中叶以前，因军队粮饷或兴办工程需要，曾举办临时捐纳，让地主阶级出钱买官。捐例亦分暂行事例及现行常例两种。鸦片战争后，将捐款作为正项财政收入，并明定章程，京官自郎中以下、外官自道台以下，都可按规定价格购买。

③绿营之兵制：清代军制，汉兵用绿旗，故称绿营兵或绿旗兵。兵种分马兵、步兵和水师。其编制情况是：京师为巡捕营，隶属步军统领。各省有督标、抚标、提标、镇标、河标、漕标。此外，在四川和新疆还有军标。标下设协，协下设营，每营约四百人，营下设汛。

④养廉：清代官吏于常俸之外，按职务等级每年另给的银钱。雍正以后其数额固定，和正俸没有多大差异。

⑤三藩、准部之大勋：“三藩”指吴三桂、耿仲明和尚可喜三降清明将。他们被封为“藩王”后，势力不断扩充，引起清朝政府的不满。康熙先后撤藩，吴三桂等人叛清。清朝花了八年时间，于康熙二十年（1681）平定了“三藩”之乱。

清初，卫拉特蒙古准噶尔部兼并了其余三部。准噶尔头目噶尔丹等勾结沙俄进行叛乱，制造分裂。清朝于康熙年间三次出兵，雍正和乾隆年间又多次出兵，才彻底平息了叛乱。

⑥回疆、金川之殊烈：回疆指南疆布敦兄弟等民族分裂主义分子于乾隆二十三至二十五年间叛清自立，清将兆惠率军将其讨平事。金川指乾隆十二至十四年，大金川土司莎罗奔逮捕小金川土司泽旺，并入侵小金川，清先用四川提督张广泗，后用经略大学士傅恒率岳钟琪征讨事。

⑦川楚之师：嘉庆元年（1796），白莲教支派混元教在湖北枝江、襄阳等地首先起义。后四川达县、东方等地奋起响应。次年襄阳义军由豫经陕入川，与四川义军会师后编为八大支，后随即分路出击，在川东取得大胜。嘉庆四年末，在苍溪激战，杀死清军副将以下二十四名，大败清军。嘉庆五年，在高院再败清军，杀清总兵朱射斗。不久，控制川西大部地区，威胁成都，四川总督魁伦自尽。后清政府到处组织地主武装对付起义军。起义军因缺乏统一指挥，被陆续击败。

⑧庞籍（988—1063）：北宋大臣。单州成武（今属山东）人。曾为延州（今延安）知府，防御西夏颇具效绩。宋仁宗皇祐三年（1051）为宰相，实行裁兵，皇裕五年罢相为郓州知府，后以太子太保退休。

【评述】

虽是出道之初的不成熟奏章，仍可见其精兵简政的初衷。

兵

【原文】

凡用兵，主客奇正，夫人而能言之，未必果能知之也。守城者为主，攻者为客。守营垒者为主，攻者为客。中途相遇，先至战地者为主，后至者为客。两军相持，先呐喊放枪者为客，后呐喊放枪者为主。两人持矛相格斗，先动手戳第一下者为客，后动手格开而即戳者为主。中间排队迎敌为正兵，左右两旁抄出为奇兵。屯宿重兵，坚扎老营，与贼相持者为正兵，分出游兵，飘忽无常，伺隙狙击者为奇兵。意有专向，吾所恃以御寇者为正兵；多张疑阵，示人以不可测者为奇兵。旌旗鲜明，使敌不敢犯者为正兵；羸马疲卒，偃旗息鼓，本强而故示以弱者为奇兵。建旗鸣鼓，屹然不轻动者为正兵；佯败佯退，设伏而诱敌者为奇兵。忽主、忽客，忽正、忽奇，变动无定时，转移无定势，能一一区而别之，则于用兵之道思过半矣！

兵者，阴事也。哀戚之意，如临亲丧；肃敬之心，如承大祭，庶为近之。今以牛羊犬豕而就屠烹见其悲号于割剥之顷，宛转于刀俎之间，仁者将有所不忍，况以人命，为浪搏轻掷之物？无论其败丧也，即使幸胜，而死伤相望，断头、洞胸、折臂、失足，血肉狼藉，日陈吾前，哀矜之不遑，喜于何有？故军中不宜有欢欣之象。有欢欣之象者，无论或为和悦，或为骄盈，终归于败而已矣！田单之在即墨，将军有死之心，士卒无生之气，此所以破燕也。及其攻狄也，黄金横带而骋乎淄渑之间，有生之乐，无死之心，鲁仲连[①]策其必不胜。兵事之宜惨戚不宜欢欣亦明矣！嘉庆季年，名将杨遇春[②]屡立战功，尝语人曰："吾每临阵行间，觉有热风吹拂面上者，是日必败；行间若有冷风，身体似不禁寒者，是日必胜。"斯亦肃杀之义也。

【译文】

凡用兵打仗，历来有主军和客军，战术有奇正之分。对此人们能够滔滔不绝地谈论，但未必能够真正理解加以运用。守城部队为主军，攻城的部队为客军。驻守营垒中的部队为主军，攻打营垒的部队为客军。两军在途中相遇，率先到达作战地区的部队为主军，后到达的为客军。两军相持不下时，首先呼喊放枪（进攻）的部队为客军，后呼喊放枪的部队为主军。两人手持刀矛进行格斗，先动手刺第一下的为客方，后动手挡住敌刀矛而随即刺杀者为主方。列阵从正面向敌人进攻为正兵，从左右两翼向敌军包抄出击为奇兵。集中主力、坚守营垒，与敌军相持的战术为正兵，派出机动兵、灵活多变、伺机打击敌人的战术为奇兵。目的明确，有所凭借地防御敌人的战术为正兵，多布疑阵、令人无法预测其意图的战术叫奇兵。旌旗鲜明严阵以待，使敌人不敢来侵犯的战术叫正兵。故意造成兵疲马乏的假象，偃旗息鼓，以强示弱的战术为奇兵。树旗鸣鼓以助威，且屹然不轻易出兵者为正兵。假装败退，暗设伏兵，诱敌深入的战术为奇兵。用兵打仗，时主时客，战术上忽正忽奇，变动没有固定的时间，转换没有一成不变的格式，要根据情况灵活加以区别运用。能做到这些，就基本上掌握了用兵的法则。

打仗，不是好事。战后官兵对阵亡将士悲痛的心情，像参加亲人葬礼那样，对他们的肃敬之意，如同承担盛大祭典一样，情形极为相似。就像屠宰牛、羊、狗、猪一样，当人们用刀剥割它们时，仁义者看到它们悲哀嚎叫的惨情都有些不忍目睹，更何况人命，哪能当作波浪中轻抛之物呢？无论是因战败而丧命，还是侥幸获胜而死伤，经常能看到断头的、穿胸的、折臂的、失足的，血肉狼藉，一直浮现在眼前，怜悯和悲哀不胜其情，还有什么可高兴的？所以在部队中不应该有兴高采烈的情形。如果出现这种情况，无论是喜悦，或是骄傲，最后只能是归于失败罢了！战国时齐将田单在即墨坚守时，他有誓死守城的决心，士兵也有不准备生还的气概，终于因此打败了燕军。等到进攻北狄族时，他尊贵得腰系黄金大带，骄傲地驰骋于临淄渑池之间，只有生存的乐趣，没有死战取胜的决心。因此，鲁仲连估计一定不能取得胜利。从这件事可以看出，军队宜保持惨戚，而不宜有欢欣气氛的道理是很明了的。嘉庆四年，名将杨遇春屡建战功，也经常对人说，我每次临阵打仗或行军作战，如感到脸上有热风吹拂，这天必打败仗；如有冷风吹拂脸面，身体感觉寒冷，这日必打胜仗。这也是打仗必须严肃的意思。

【注释】

①鲁仲连：战国时齐国人，善于计谋、划策，常周游各国，排难解纷。齐国要收复被燕占据的聊城（今山东聊城西北）时，曾劝说燕将撤守。

②杨遇春（1761—1837）：四川崇庆人，武举出身，乾隆年间，升至守备。从乾隆六十年（1795）至嘉庆十八年（1813）先后参加镇压贵州苗民起义、川鄂白莲教起义、林清、李文成等起义。道光五年（1825）任陕甘总督，出兵平定南疆西四城张格尔叛乱。

【评述】

主客、奇正的要领：时主时客，忽正忽奇，变动没有固定的时间，转换没有一成不变的格式。曾国藩的理解确实有独到之处。

论　兵

【原文】

安庆之围也，林翼①计曰。“用兵之道，全军为上，得地次之”，今日战功破敌为大，复城镇为下。古之围者必四面无敌，又兵法十则围之。若我兵困于一隅，贼必以弱者居守，而旁轶横扰，乘我于不及之地，此危道也。然不围城则无以致贼而求战，故分三军，一军围，二军战。

【译文】

关于安庆包围战，胡林翼献计说：“用兵的规律，以歼灭敌军为上策，占据土地次之。”今日评论战功的大小，以歼灭敌人为大，以收复城镇为次。古时候的包围战，都是四面无敌人的。兵法上说：要用十倍于敌的兵力包围，如果我军围敌于一隅，敌军肯定以次要力量防守，而以主力部署两侧，形成左右夹击之势，置我于死地，这是最危险的啊！但不包围安庆城又怎么能调动敌军与我作战呢？所以，把兵力分成三部分，以一部分包围安庆城，两部分向敌进攻。

【注释】

①林翼：即胡林翼（1812—1861），湖南人，湘军重要首领，晚清中兴名臣之一。道光十六年进士。授编修，咸丰四年迁四川按察使，次年升湖北布政使。曾多次推荐左宗棠、李鸿章、阎敬铭等，为世人所称道，与曾国藩、李鸿章、左宗棠并称为“中兴四大名臣”。

【评述】

曾国藩对“全军为上，得地次之”的解释是：“破敌为大，复城为下。”对安庆包围战，曾主张以一分攻城，两分打援。

吴廷华泰禀委管带新立之湖北抚标新仁营勇由[①]

【原文】

该员既奉委带新仁营，仰既悉心训练，杀贼立功，以副委任。为将之道，谋勇不可以强几，“廉明”二字则可学而几也。弁勇之于本管将领，他事尚不深求，惟银钱之洁否，保举之当否，则众目眈眈，以此相伺，众口啧啧，以此相讥。惟自处于“廉”，公私出入款项使阖营共见共闻，清洁之行已早有，以服弁勇之心。而于小款小赏又常常从宽，使在下者恒得沾润膏泽，则惠足使人矣。“明”之一字，第一在临阵之际看明某弁系冲锋陷阵，某弁系随后助势，某弁回合力堵，某弁见危先避。一一看明而又证之以平日辨事之勤惰虚实，逐细考核。久之，虽一勇一夫之长短贤否皆有以识其大略，则渐几于明矣。得“廉明”二字为之基，则智、信、仁、勇诸美德可以积累而渐臻。若不从此二字下手，则诸德亦茫无把握。

【译文】

该员既然奉命为管带管理新仁营，希望全心全力训练军队，杀敌建功，以不辜负所担负的任务。做将领的道理，谋略和勇武是不能过多强求的，但“廉明”两个字则可以通过学习而做到。士兵对于自己的将领，其他事情倒不过多要求，但对他在银钱方面是不是干净，推荐用人是不是得当这两者则是众目睽睽，并暗中窥伺，议论纷纷。只有把自己放在廉洁的位置，将自己管理的公私款项让全营都能看见和听到，这样，你有了光明磊落的操行，就能威服士兵的心。对于小款和小小的赏赐，常常又要从宽处理，使下属能得到一些利益，那么，这些恩惠就足以役使人了。对于“明”这个字，首先是在临阵的时候看清：哪个士兵在冲锋陷阵，哪个在随后助势，哪个士兵在包围堵截，哪个是见危险就避开。对这些一一察看清楚，再用平时掌握的加以印证，逐人逐事细致考核，时间长了，就会对每个人的优缺点都掌握一个大概。这就接近于“明”了。有了“廉明”两个字做基础，智、信、仁、勇这些美好的品德就可以通过锻炼积累而逐渐达到。如果不从这两个字着手，那么，其他品德也就茫茫没有把握达到。

【注释】

①吴廷华禀奉委管带新立之湖北抚标新仁营勇由：清代称巡抚所直辖的绿营兵为“抚标”，称营的长官为管带。此段标题意思是：（关于）吴廷华奉命为新组建的湖北抚标新仁营管带事由（的批复）。

【评述】

曾国藩的为将之道，重在廉明两字：廉即不贪，明即善察。

统领湘勇张道运兰禀职营与吉中各军击贼获胜由[①]

【原文】

各营稳扎稳打，自然立于不败之地。与悍贼交手，总以能看出他的破绽为第一义。若在贼者全无破绽，而我昧焉以往，则在我者必有破绽被贼窥出矣！该道身经数百战，于此等尚宜留心细察也。

【译文】

各营军队稳扎稳打，自然能使自己立于不败之地。与强悍的敌人交战，第一要紧的是要看准他的破绽。如果敌人完全没有显露破绽，而我们还冒冒失失地前去交战，那么，我们必定会有破绽被敌人看出。该道员虽然身经百战，但对于这一点还应该细心审察。

【注释】

①统领湘勇张道运兰禀职营与吉中各军击贼获胜由：张运兰为曾国藩部将，王鑫病死后统领过湘军骨干老湘营，是曾国藩的骨干分子之一。同治三年死于赴福建任按察使的途中。张运兰统领老湘营和吉中各营在吉安附近与太平军作战，是清咸丰六年至八年间的事情。

【评述】

强调立于不败之地的方法是：稳扎稳打。

统领湘勇张道运兰禀
牛角岭与贼苦战失隘旋复由

【原文】

兵法最忌形见势绌四字。常宜隐隐约约、虚虚实实，使贼不能尽窥我之底蕴。若人数单薄，尤宜知此诀。若常扎一处，人力太单，日久则形见矣。我之形既尽被贼党觑破，则势绌矣。此大忌也。必须变动不测，时进时退，时虚时实，时示怯弱，时示强壮。有神龙矫变之状。老湘营昔日之妙处全在乎此。此次以三百人扎牛角岭，已是太呆，正蹈形见势绌之弊，除夕曾函止之。十一日五旗失隘后，再以第三旗扎此，则更呆矣。仰即熟思审度。不可扎则竟撤之聚合一处，俟贼至则并力决战，得一胜而锐气全复矣。如虑贼抄我军后路，即退保乐平，亦无不可，不必须有进而无退也。凡交战，胜负决于须臾之顷。彼此在八里以外即已不能相救应，若雨雪泥泞则四里以外，已不能相救应矣。又将卒之精神心血只有此数，若刻刻兢业、夜夜堤防，不过旬日即有疲倦不继之势。即疲而用之，则有暮气，必不得力。僻如水以屡汲而浑浊，必定澄定片时乃能再见清水也。本部堂前此之不欲扎牛角岭者，正恐其不能救应，恐其太疲而浑浊耳。他处可以类推。

【译文】

兵法上最忌讳交战前让敌人看出我之形迹和我之势穷。应该隐隐约约、虚虚实实，使敌人看不清我的底细。如果我军数量少，尤其应懂得这个诀窍。如果部队长期驻在一处，人数又少，时间长了，就会被敌人看出行迹。我们的“形”既然被敌人全部看破，那么“势”就尽了。这正是犯了大忌！应该经常变化，使敌不测。时进时退，时虚时实，有时显示怯懦，有时显示强壮，像神龙一样多变。老湘营过去的妙处全在于这一点。这次将三百人驻在牛角岭，已经是太呆板了，正是犯了形见势穷的毛病，我在除夕之时曾去函制止过。十一日第五旗失利后，再将第三旗驻扎在这里就更呆板了。希望深思熟虑地审时度势。如果不能驻扎就撤到一起，等敌人到了再并力决战，只要取得一次胜利，就可以完全恢复部队的锐气。如果顾虑敌人包抄我军后路，那么退守乐平也无不可，大可不必有进无退。一般交战，胜败只在短时间便决定了。彼此距离在八里以外，就不能互相救应。如果是雨雪天气，道路泥泞，那么，彼此距离在四里以外便无法互相救应了。另外，官兵的精力也是有一定限度的。如果时时刻刻兢兢业业，日夜谨慎防备，不过十来天，便会出现疲倦不支的情形。已经疲劳了再用他，就会暮气沉沉，必然不得力。如水，因为多次汲取会浑浊，必须澄清一段时间才能再见到清水。我前次之所以不想让驻扎牛角岭的原因，正式怕他们不能互相救应，怕他们太疲倦而像水混浊了一样。其他事情亦可以类推。

【评述】

强调不能被敌人看透虚实。

管带护军喻参将吉三禀奉委照料太湖各营帮同办理营务请示遵行由

【原文】

该将官阶日大，责任日重，须常记勤、恕、廉、明四字。勤以治事，恕以待人，廉以服众，明以应务。四字兼全，可为名将，可为好官。不论文武大小，到处皆行得通。勤、恕、廉三字皆可勉强做得到，唯明字甚不易学，必凡事精细考究，多看、多做、多问、多想。然后渐做成个明字。故求明之诀，仍不外从勤字下功夫，该将立志成名，四字中又唯勤字最要紧也。勉之勉之，无忘无忘。

【译文】

该将领的官阶一天比一天大，责任也一天比一天重。须经常记住勤、恕、廉、明四个字。以勤劳来办理事情，以忠恕来对待别人，以廉洁来威服部众，以心明来对待自己的任务。四个方面都具备的，可以成为优秀的将领，可以成为卓越的官吏。无论是文是武，也无论是大官或者小官，到处都能行得通的。勤、恕、廉三个字，都不太难做到，只有明字很不容易学到。遇事必须精深细致地考察研究，多看、多做、多问、多想，才能逐渐达到明字的要求。所以，达到“明”的诀窍仍然不外乎从“勤”

字上下功夫。该将领如要立志成名，四个字中又应特别以勤字为最要紧。以此勉励，不要忘记。

【评述】

再次要求将领勤、恕、廉、明。

四川试用知府冯卓怀禀奉调大营差委自川启程日期由

【原文】

该守已于七月初八自万县启行，八月内即由长沙驰赴大营。阅禀至为欣慰。皖南军事、吏事均有乏才之患。该守如回，籍时物色贤能之士，即邀同来营相助为理，多多益善。取人之式，以有操守而无官气，多条理而少大言为要。办事之法以五到为要。五到者，身到、心到、眼到、手到、口到也。身到者，如作吏则亲验命盗案，亲巡乡里；治军，则亲巡营垒，亲探贼地是也。心到者，凡事苦心剖析大条理、小条理、始条理、终条理，理其绪而分之，又比其类而合之也。眼到者，着意看人，认真看公牍也。手到者，于人之长短、事之关键随笔写记，以备遗忘也。口到者，使人之事既有公文，又苦口叮嘱也。

该守前在四川循绩大著，以该守已试之效，参以本部堂之所论，用以访求人才，当可拔一得五。中庸所谓取人以身，朱子所谓以类求之，胥于是乎。在仰即博采速来，无稍延缓。

【译文】

该知府已于七月初八自万县启程，八月内即可由长沙赶赴到大营来。阅罢禀报很欣慰。皖南的军界和官界都有人才缺乏的忧患。该知府如果在回来时，借此机会物色到一些贤明能干之士，可邀请一起来大营辅助治理军务，自然是越多越好。看人的标准，以有好的操守而没有官气，以多通达道理而少说大话为第一重要。办事情的方法，以五到为最重要。五到就是：身到、心到、眼到、手到、口到。身到的意思是：如果是作官吏的，就要亲自审验人命和盗窃等重大案件，亲自巡视乡村；如果是治理军队的，就要亲自巡视营房守备，亲自探察敌军驻地。心到的意思是：凡事都要用心剖析其全局和局部，其开始和结尾，理出头绪而加以分解，又按照其类别进行综合。眼到的意思是：着意观察人，认真看阅公文批牍。手到的意思是：对于人的优缺点、事情的关键等，随时用笔记下来，以防遗忘。口到的意思是：派人办事，既要有公文，又要苦口婆心地叮嘱清楚。

该知府此前在四川政绩卓著。用他试用期间取得的效绩，再参考我的论述，以此访求人才，应当是可以选一得五的。《中庸》所谓"看人要看他的行为"，朱熹所谓"以类推的办法寻求有才智的人"，其道理都在于此。我在盼望着该知府广招人才，速来效力，不要拖延。

【评述】

强调"取人之式，以有操守而无官气，多条理而少大言"。

督带常胜军吴道煦禀进剿九洑洲请预定派何营会攻先赐咨行等情

【原文】

据禀均悉：该军但有文书期会，永无到防之日。何必预为裁定？何必专文密订？何必早定派营守九洑洲、七里洲等处？无论中国、外国，无论古人、今人，无论大官、小官，有才、无才，危急之际言而无信，便一钱不值矣。

【译文】

根据禀报都可了解：这支军队凡有公文通知的约会，从没有一次按时到达的。何必要预先决定呢？何必要用专门文书密封呢？何必要早早指定派何军防守九洑洲、七里洲等地呢？无论是在中国还是外国，无论是古人还是现代人，无论是大官还是小官，有才干还是没才干，在危险的时候，说话而不守信用，便一文不值了。

【评述】

军中一言九鼎，诚信第一。

统领韩字营全军韩参将进春禀奉委招勇抵省立营管带由

【原文】

新募之勇，全在立营时认真训练。训有二：出打杖之法，训做人之道。训打仗，则专尚严明。须令临阵之际，兵勇畏主将之法令甚于畏贼之炮子。训做人，则全要纯诚，如父母教子，有殷殷望其成立之意。庶人人易于感动。练有二：练队伍、练技艺。练技艺，则欲一人足御数人。练队伍，则欲数百人如一人。该将自立之道，则须以勤字、廉字为本。庶几磨炼，动忍渐成。各将勉之，发去劝诫浅语三本，聊资观省。

【译文】

新招募军队的质量，完全在于部队刚建立时进行认真的教诲和训练。教诲的内容有两个方面：一是出征打仗的方法，二是做人的道理。教打仗时，应该有严格明确的要求。必须让官兵在临阵的时候惧怕将领的法律和命令胜于惧怕敌人的炮弹。教做人的道理时，对士兵就要推心置腹，纯诚得像父母教育子女一样殷切地希望，望其成长为有用之才。这样，差不多人人都可以感动。练有两个方面的内容：练队法和练技艺。练技艺就要练成一个人足能抵几个人，练队法就要练成几百人像一个人一样。该将领自己的立身之道，则应用勤字、廉字作为根本。经过一段时间的磨炼，就能逐渐养成良好的行动和控制的习惯。为了和各将共勉，特发去劝诫的浅显读本三本，仅供参阅思考。

【评述】

新编之营，训练第一。

与王璞山[1]

【原文】

荆襄扼长江之上游，控秦豫之要害，诚为古来必争之地。然以目前论之则武昌更为吃紧。盖贼首既巢金陵，近穴镇扬二城，远处所宜急争者，莫要予武昌。昔人谓江自出蜀以后，有三大镇，荆州为上镇，武昌为中镇，九江次之，建业为下镇，京口次之。今粤逆已得下镇矣，其意固将由中镇以渐及上镇，闻九江安庆，近已设立伪官，据为四窟。若更陷鄂城，上及荆州，则大江四千里遂为此贼专而有之。北兵不能渡江而南，两湖、两广、三江[2]、闽浙之兵不能渡江而北。章奏不克上达，朝命不能下宣。而湖南、江西逼近强寇，尤不能一朝安居，即使贼兵不遽渡湖南窜，而沅湘固时时有累卵之危，然则鄂省之存亡，关系天下之全局，固大关系吾省之祸福尤切。鄂省存则贼虽南窜长沙，犹有幸存之理，鄂省亡则贼虽不南窜长沙，断无独存之势。然则，今日之计，万不可不以援鄂为先筹，此不待智者而决也，足下义气薄云霄，忠肝贯金石，望率湘勇三千，即日渡湖而北，与岷樵、石樵之师相合，力保鄂城，以固全局，则不特湖南受其利，天下实有赖焉。

【译文】

荆州襄阳两州扼据着长江的上游，控制着陕西河南两省的要害，实为古往今来兵家必争之地。但是，从目前的形势来看，武昌则更为重要。大概是因为太平天国在南京建都，靠近南京最近的是镇江、扬州两城，他们想争夺的远处城市，没有比武昌更重要的了。古人说过，长江出四川以后，有三个大镇。荆州是上镇、武昌是中镇、九江稍后一点，南京是下镇，京口又稍后一点。今太平军已经占领了下镇南京，其意图是想占领中镇武昌以后逐渐占领荆州。听说九江、安庆，设立了非法政权，太平军有了四个城市为据点，假如湖北的鄂城再陷落，再攻荆州，则四千里长江均为太平军所占有。这样，北方的军队不能渡过长江增援南方，湖南、湖北、广东、广西、赣江、岷江、汉江、福建、浙江的军队不能渡过长江增援北方，给皇帝的奏章不能上报，朝廷的命令不能下达。并且，太平军主力逼近湖南、江西，绝不能有一天的安居乐业，即使太平军不急于渡江南下，但沅江湘南随时危在旦夕。因此，湖北省的存亡，关系到整个国家的大局，同时也关系到湖南省的命运。尤其是湖北如果保住了，即使太平军南下攻打长沙，我们还可以幸存；湖北省被占领，太平军虽不南下攻打长沙，也绝没有我们独自存在下去的可能。因此，目前的大局，千万不能不把增援湖北作为头等大事，对此，不是聪明绝顶的人也会这样决断的。您义气比天高，忠肝穿金石。希望您亲率三千湘勇，即日渡过洞庭湖北上同岷樵、石樵率领的军队会合，全力以赴，保住鄂城，以保住全局。这样，不单是湖南得到好处，国家也有赖于此啊！

【注释】

①王璞山：字鑫（zhēn），1825 年生。太平军起义时，在湖南兴办团练；咸丰二年，率团练三百人赴长沙，最后发展到三千人，一直跟随左宗棠镇压太平天国。王鑫的团练军作战凶猛，据说在江西几次战役中即屠杀太平军将士一万多人，1857 年病死于江西。

②三江：赣江、岷江、汉江。

【评述】

固荆襄，占武昌，夹江而进，攻占长江下游，是曾国藩既定战略方针，因此严令王璞山不计一切牺牲，驰援武昌。

复林秀山

【原文】

接到惠函并地图，练勇说籍悉一切。地图莫精于康熙内府图，其准望勾弦，皆命星官[①]亲至各处，按诸天度测量里差。乾隆内府图，又拓而大之，亦甚精当，盖出齐次风宗伯[②]之手。近时阳湖[③]董孝廉方正，依此二图定为一本。李申耆先生付诸剞劂[④]，外间传本万善于此。洪稚存太史图，纸幅太隘，考究亦粗，即东西易位，在所不免，未可据以为行军指南也。团练须合数州县通力合办，尊论诚不为无见，然乡里孱民，无事则欢聚技击，有事则惊顾兽散，微特不能当粤寇。即土匪猝起，亦当难于驱除，必得明干之州县，公正之申耆，择富饶之地，苦心举行，或可有济。然安得许多贤？有司都都相[⑤]：望邑邑相[⑥]，属尽足以办此者哉。法岂可恃，亦视乎人耳。三叠枪阵法，撤星阵法，皆本之李穆堂侍郎，自为破贼妙法，特操演，不熟则临事仍归散乱。古法可用者，多总在平日习惯，临阵不尽弃去，斯为有补也。前者鄂垣警急，谕旨命鄙人，督勇往援，以贼船下窜，武昌解严，毋庸赴援。业经具折复奏，惟念天下纷纷，群盗如毛，江南之三城不收，固为心腹之疾。即使北直澄清，三城克复，而群盗四散，亦成流贼之象。现在大营所调之兵，东抽一百西拨五十，卒与卒不习，将与将不和，彼营败走，此营不救，此营欲行，彼营愿止，离心离德，断不足以灭剧贼，而成大功。鄙意，欲募勇六千人，苦心精练，合成一支劲旅，破釜沉舟，出而图事，其带勇之人，概求吾党血性男子，有忠义之气而兼娴韬钤[7]之秘者，与之共谋，方拟专函，密告足下，而足下专使适至，乃与鄙意不谋而合，鍼芥[8]之契，苦有神助，此中之气机殆，未可以言语罄也，第剑戟不利，不可以断割，毛羽不丰，不可以高飞，若仓皇一出，比于辽东自诩之豕，又同霸上儿戏之师，财徒见笑大方耳，必须炼百金精强之卒，制十分坚致之械，转战数年，曾无馁志，乃可出而一试，祈足下于此二月内，昼夜磨练，讲求操兵造械之法，至腊底奏闻札调来省，春初即可整军，东下所有应办事宜，另单开列，祈斟酌遵行，如有不当，再以书告。

【译文】

收到了您寄来的公函和地图。获悉了您关于训练部队的一切意见。目前的地图没有比康熙内务府刻印的地图更精准。那份地图的地理坐标，都是皇帝命令专管天文地理的官员亲自到各个地方按照地球的经纬度测量，（修正了）误差后而绘制的。乾隆内务府刻印的地图，把地图进行了放大，也很精确。这些地图都是宗伯齐次风亲手绘制的。近代阳湖的孝廉董方正，依此二图为版本绘为一本，由李申耆先生雕版印刷。社会上流传的地图都没有此本完善。洪稚存的太史图，纸幅太小，而且没有认真考究，东西移位的地方无法避免，不能把它作为行军的指南。举办团练的事，需要数州县通力合办才行。诚然您的意见不是没有见解，然而乡下的孩子、百姓无事的时候欢聚到一起做游戏，有事的时候像受惊的野兽一样四散奔逃，怎能依靠他们抵挡太平军？就是突然来犯的土匪，也无力将他们驱除。必须依靠精明强干的县官、公正的绅士，选择富饶的地方，苦心经营，或许有可能。哪有许多贤明者呢？各处都设有司都都相、望邑邑相，如果他们都属于贤者，还可以办理此事啊！岂可只依靠法令，而要看人怎么执行啊！三叠枪阵法，撒星阵法，都是现在的侍郎李穆堂，自认为是当今破敌最巧妙的阵法，而特别加以操练。如果阵法不熟，临阵仍然散乱。古代的阵法之所以能用，多数在于平时训练纯熟，临阵不会因不熟练而无法使用。这样做，才会有所补益。前一段时间湖北告急，皇上命令我率领部队援助武昌，因为敌人已乘船向下游窜去，武昌之围已解，不需要再去支援。我已经具体向皇上复奏了，只是考虑到天下纷乱的局面，盗匪多如牛毛，江南的三城不收复，肯定是心腹之患。即使挥师北进收复三城，但群盗溃散，四处奔逃，也会形成逆贼到处流窜的趋势。现在大营调来的部队，东抽一百，西拨五十，士兵与士兵互不熟悉，军官与军官互不团结，那营溃败逃走，这营不管不救；这营要开拔，那营仍然停止不动，互相离心离德，是无论如何也难以消灭太平军而立大功的。我想招募乡勇六千人，严格训练，把他们练成一支有战斗力的部队，以破釜沉舟的决心，出师而图大事。统率部队的军官，一律选拔我们绅士、文生中血气方刚的男子汉。这些人有忠君报国的思想，又有娴熟的用兵谋略，与他们共同干番大事业。刚给您起草了专函，想将这些情况密报您，而您派的专使也来到了，您的意见和我的意见不谋而合。小小的契合，像有神灵相助，这中间的奥妙，用语言是无法表达清楚的。剑戟不锋利，割不断东西；鸟的羽毛未丰满，难以高飞。如果不准备好就仓促出征，就像自我夸耀的辽东蠢猪，又像项羽驻扎在霸上的儿戏部队，只能贻笑大方啊！（因此），必须训练出钢铁般的精锐部队，制造出十分坚锐精细的武器装备，树立转战多年不气馁的意志，才可以出师一试。希望您在这一二个月内，抓紧时间训练部队，讲究训练士兵和制造武器装备的科学方法，到十二月底向我报告，听命令调到省城。初春就可以整编军队东征。所有应当办理的事宜，另行安排，希望您斟酌遵守执行。如有不恰当的地方，再写信告诉我。

【注释】

①星官：我国古代将若干恒星组成一组，用地上的某种事物命名，称为一个星官。此处指专门主持天文学的官员。

②齐次风宗伯：礼部尚书。

③阳湖：旧县名，清雍正二年分江苏武进县治，因县东有阳湖得名。

④剞劂：雕刻用的曲刀。

⑤司都都相：清朝绿营军官的官名。

⑥望邑邑相：清朝地方官员的官名。

⑦韬钤：古代兵书《六韬》和《玉钤》的简称。

⑧鍼芥：鍼，针的异体字。鍼芥，小草，此处比喻轻微纤细的事物。

【评述】

关于如何兴办团练方法的指示：要求专门招收、严格训练、团结一心。

与文任吾

【原文】

国藩回籍，侍养数日，已于廿七日驰抵衡城。窃念今日大局，若非练兵万人，合成一心，断无以制此贼之死命。近时所调之兵，天涯一百，海角五十，卒与卒不习，将与将不和，此营既败，彼营掉臂而不顾，哆口而微笑。各营习见夫危急之际，无人救应，谁肯向前独履危地，出万死之域，以博他人之一微笑。以是相率为巧，近营则避匿不出，临阵则狂奔不止，以期于终身不见贼面而后快。言念及此，可为浩叹，此贼有平时哉。

鄙意欲练勇万人，呼吸相顾，痛痒相关，赴火同行，蹈汤同往，胜则举杯酒以让功，败则出死力以相救。贼有誓不相弃之死党，吾官兵亦有誓不相弃之死党。庶可血战一二次，渐新吾民之耳目，而夺逆贼之魂魄。自出省以来，日夜思维，目今之急，无逾于此，惟饷需不赀，省中库存无几，不得不籍吾乡殷实之家，捐赀佐饷，助我一臂之力。而壮众士之行。务祈阁下转告寿珊、仙舸诸君，不惜齿牙余芬，道达区区之意。于贵邑义士君子之前，求将夏间允捐之数，即日催齐于九月间解到衡州、至幸至祷。吾乡夙称仁里，有屈原贾生之遣风，岂乏高义薄云天，忠肝贯金石之人。傥不以国藩为浮伪，而慨然佽助，则国藩所祷祀求之，而不可得焉者也。所有捐输，议叙开一简明章程，以期人人一见了然，务恳广为传播，如收有数千或一万之数，望阁下约诸友亲解来衡，以叙私悰[1]，日内仍当遣一委员到贵邑，以便帮催此事。原以义声动人，如或吝于佽助，即亦不敢相强，惟阁下善为裁酌。

【译文】

我回家乡，休养了几日，已于二十七日驰抵衡州。我私下考虑当前的大局，若不练兵万人，上下同心，绝不能将此叛贼置于死地。近期调来的部队，天涯一百，海角五十，士兵之间互不熟悉，军官之间互不团结。这支部队打了败仗，其他部队则旁观不予支援，甚至在一旁张口嘲笑。各个部队已形成恶习，在危急关头互不救应。这样，谁肯奋勇向前，单独深入危险之地出生入死，而取得他人的嘲笑呢？所以军队争相投机取巧，当敌人进攻到营地时则躲藏起来不出战，临阵打仗时逃脱唯恐不速，都期望一辈子见不到贼影为快乐。说到这里，实在令人叹息。正因为这样，叛贼才有平时这样的猖狂。

我的意见是募勇万人加以训练，使他们同生死、共命运，赴汤蹈火，在所不辞。打了胜仗大家都能举杯庆贺互让功劳，打了败仗大家都能以死来相救。叛贼有誓不相弃的死党，我们官军也应有誓不相弃的死党。到那时，就可以与叛军血战一二次，逐渐使百姓的耳目为之一新，而使叛贼丧魂失魄。自从离开省城以来，我日夜都在思考，当前最急迫，没有超过这件事的是军饷缺乏。省城库存不多，不得不向家乡的富裕人家，筹集军饷，以助我一臂之力，而支持出征的将士南下。请您一定转告寿珊、仙舸诸君，不惜多费口舌，转达我的微薄之意。在贵处义士君子面前，请求将他们在夏季答应的那一部分捐款，尽快如数催齐，于九月押送到衡州，真诚的感谢和为您祷祈。咱家乡历来是礼义之邦，有屈原和贾生的遗风，哪能缺少义气高于云天，忠肝能穿金石的人。假如他们不认为我是虚伪的人而慷慨帮助，则是我祈祷恳求而不容易得到的啊？有关捐赠和运输的问题，准备拟定一份简明章程，以便人们看后一目了然。诚恳地请求您广为传之。如能收到数千或一万之资，希望阁下约好诸位朋友亲自押解到衡州来，并叙我们的欢乐。日内我仍需委派一员到您处，帮您催办这件事。但要以仁义打动人心，如果他们吝啬资财不愿对我资助，切不可强迫。请阁下酌情裁处。

【注释】

①悰（cóng）：欢乐。

【评述】

训练团练之事急迫，原来困难在于捉襟见肘。

与张石卿[1]制军

【原文】

奉惠书，未即笺复。比闻简调山东，自以密迩畿辅，重资鸿筹，作镇海岱。惟两湖吏治方就，整饬军政亦有起色，遽尔移节东征。不独文武方振之纲，莫为赓续，即南北绅庶亦若失所依倚。弟自今岁以来，所办之事，强半皆冒侵官越俎之嫌。只以时事孔艰，苟利于国或益于民，即不惜攘臂为之，冀以补疮痍之万一，而扶正气。于将歇练勇之举，亦非有他，只以近日官兵在乡不无骚扰，而去岁湘勇有奸淫掳掠之事。民间倡为谣言，反谓“兵勇不如贼匪”之安静。国藩痛恨斯言，恐民心一去不可挽回，誓欲练成一旅，秋毫无犯以挽民心，而塞民口。每逢三、八操演，集诸勇而教之，反复开说至千百语，但令其无扰百姓。自四月以后，间令塔将传唤营官一同操演，亦不过令弁委前来听我教语。每次与诸弁兵讲说至一时数刻之久，虽不敢云“说法点顽石之头”，亦诚欲以苦口滴杜鹃之血。练者其名，训者其实，听者甚逸，讲者甚劳。今各弁固在，具有天良可覆，按而一一询也。国藩之为此。盖欲感动一二，冀其不扰百姓，以雪兵勇不如贼匪之耻，而稍变武弁漫无纪律之态。迨六月初，提军到省，谓□□不宜操兵，盛署不宜过劳，遂切责塔将，而右护清将。而中丞亦疑弟，不宜干预兵事。会弟与老兄有举塔劾清之折，同时并发，而尊处又有札，斥塔将何不操练。提军遂疑兄与弟并力排之，皆挟私见而非公忠也。岂其然哉！岂其然哉！嗣后兵勇相争，弟虽常持正义，而每抑勇而伸兵，自谓寸心无私，可见谅于人人。逮初六日，兵譁（huá，同哗）之变，出论者，或谓是有指嗾，或谓早伏阴机，何不预为之。所君子直道而行，岂肯以机械险巇与人相竞御哉！惟弟本以乡绅，半涉官事，全恃虚声以弹压匪徒。一有挫损，则宵小得以窥伺，而初终恐难一律是以抽掣。转移暂驻衡州，盖因二月一奏，曾言上：四属土匪极多，将来请驻衡数月也。到衡不十日，而茶陵，安仁相继失守。去衡州较近，距长沙略远。弟奏中也虑及此，曾言：吉安土匪，恐被江西剿急，窜入安酃一带，不幸言中。弟来衡似不为无益。现已命塔副将、王同知之勇，自北往攻。王县丞及舍弟之勇，自西往攻。东南两路，令驻扎兴宁之湘勇兜截，未审能即日扑灭否？然系乌合，想无足深虑。至于粤贼大局，若以各处兵力剿之，恐终难了此。鄙意欲练勇万人，概归岷樵管带或犹能指挥如意，不审鸿裁果以为然否？粤贼竟据九江，田家镇之师，不审果足资堵御否？如贼势稍纾，大旆当即北发。相去益远，会合无因，依依之情，笔不能罄。

【译文】

来信收到，未及时回复。听说您调往山东。那是靠近京都的地方，钱多粮丰，地理位置十分重要。只是您对两湖官吏的治理刚刚完成，对军政的整顿也刚有些起色，突然就要移军东征，不仅使政治军事刚刚振兴的局面难以持续，就是四乡的绅士百姓也似失去了依靠。我从今年以来，办的几件事，大多数是冒着侵犯其他官员的利益和越权的嫌疑。因为时局十分艰难，只要有利于国家有益于人民，即不惜激起别人的指责也要做（这样做的目的），是为了替国家尽点力，扶持正气。利用这段时间训练湘勇的事，也没有其他目的，只是因为近日一些官兵经常在乡下骚扰，而去年湘勇也发生过奸淫掳掠的事。民间谣言广为传播，反说什么官兵不如贼匪，使他们无法安居乐业。我痛恨这些谣言，害怕民心一变无法挽回，发誓训练一支纪律严明的军队，对百姓秋毫无犯，以挽回民心，堵塞民口。所以十日中每逢三、八两日，都要进行训练，把部队集中起来进行教育。教育时反复说明纪律和为人处世之道，叫他们不要侵扰群众。从四月以来，有时也令塔齐布将军传唤营兵，一起操演，只不过叫他们过来听我的训话，每次与士兵讲解一会儿，虽然不敢说我的教育能转变他们的顽固思想，但我诚心想通过苦口婆心的说教感动他们。其实，名义是训练，实际是教育。听的人很轻松，讲的人却很劳累。现在经过教育的士兵都在，他们都有天理良心，可以一一调查嘛！我这样做，就是想让士兵有所感动，以后不再扰乱百姓，以雪官兵不如贼匪的耻辱，稍微改变一下士兵毫无组织纪律的状态。到六月初，鲍起豹提军到省，说不应该这样练兵，盛夏操兵易使士兵过于疲劳，并严厉指责塔齐布将军参与此事，而且袒护不参加操练的清军将领。而骆秉章中丞也对我不信任，说我不该干预军队的事。因为我与您有向皇上举荐塔齐布将军而弹劾德清的奏折同时发出，而您又有书札批评塔齐布将军为什么不操演，提军就开始怀疑我们合伙排挤他。这都是抱着私人成见，而不是从国家的利益出发呀！真是岂有此理！从那以后，官兵与训练湘勇发生纠纷，我都是主持正义，每次都是压制训练湘勇而袒护清兵，自认为没有一点私心，是人所共知的。到初六，在长沙发生了军队哗变，议论颇多，有的说哗变有人唆使，有的说是早就策划好的阴谋。既如此为什么不早做预防呢？凡正人君子都要光明磊落，哪能用巧诈阴险待人，以致得相互防备呢！我是一个绅士，现又从事国家训练湘勇的事，全靠徒有虚名，对贼匪进行镇压。有一些挫折和失败，无耻小人则无时不在窥伺，唯恐天下不乱。一概采取掣肘拆台的态度。我已转移暂时驻防在衡州，只因为二月我上了奏折，曾向皇上讲：“现在四处土匪极多，以后请派我移驻衡州几个月，进行清剿。”我到衡州不到十天时间，茶陵安仁便相继失守。叛贼距衡州较近，离长沙稍远。我上奏也考虑到这些，也说到吉安土匪被官兵剿急以后，会窜入安鄠（今炎陵县）一带。不幸被我说对了。我到衡州，并不是没有好处。现在我已命令塔副将和王同知的部队从北往南攻，王县丞和我弟弟的部队自西向东攻，驻扎在兴宁县的湘勇从东、南两路围攻堵截，不知近日能否剿灭？但这些逆贼都是乌合之众，是不值得深虑的。至于消灭太平军这样的大事，如以各处现有兵力对其围剿，恐怕难以办到。我想训练出湘勇万人，统归江岷樵统率，也许能够指挥自如。不知您的判断如何？最近，太平军占据了九江，田家镇的部队，不知能不能抵御敌人？如我这里敌势稍有缓和，我马上挥军北上。那时，我们就会相距更远，无法会面，但思念之情，是难以用笔写完的。

【注释】

①张石卿：亦名张亮基，云南人，曾任中丞。任中丞时，与江岷樵、左宗棠并称为“三君子”。林则徐晚年见左宗棠时，也曾提及张石卿，据此推断，张应为左同时代之人。据《庸盦笔记·骆文忠公（秉章）遗爱》载：“张石卿制军，其初名位与骆公相埒，而才调则十倍骆公，然有为不能有守，好用权术，多谋少断。”

【评述】

曾国藩的牢骚怪话反映了新军（团练）和旧军（清军）的突出矛盾。在曾国藩看来，全因军纪问题。

复江岷樵①中丞

【原文】

来示，论兵勇短长，最为切当，仆于二月间，复魁太守书有云：“岳王复生，或可换孱兵之筋骨，孔子复生，难遽变营伍之习气。”虽语涉谐谑，实痛切之言也。今欲图谋大局，万众一心，自须别开生面，薪新日月，专用新招之勇，求忠义之士将之，不杂入营稍久之兵，不用守备以上之将。国藩之意盖与阁下若符契耳。添勇六千之说，昨因令弟达川，带勇一千进省，即令其先将此勇赶紧赴皖，以备阁下爪身之需。其余五千，须俟船炮办齐，水陆并进，乃可有济。省中诸友及璞山之意，皆欲急急成军以出。国藩思，此次由楚省召勇东下，一以为四省合防之计，一以助阁下澄清之用，必须选百练之卒，备精坚之械，舟师则船炮并富，陆路则将卒并愤，作三年不归之想，为百战艰难之行，岂可儿戏成军！仓卒一出，人尽乌合，器多苦窳。船不满二百，炮不满五百，如大海簸豆，黑子著面，纵能迅达皖省，究竟于事何补。是以鄙人愚见，总须备战舰二百号，又辅以民船，载货者七八百，大小炮千余位，水勇四千，陆勇六千，夹江而下，明年成行，与麾下相遇于九江、小孤之间，方始略成气候。否则名为大兴义旅，实等矮人观场，不值方家②一哂耳！明知阁下盼望此勇甚切，然速而无益，不如迟而有备。且阁下初到庐江，亦宜将吏治民事，略为整顿，即陆路堵御，本境剿匪，有随身带往之勇，有达川续往之勇，有李少荃旧练之勇，亦尚足资捍卫。想卓裁定，以为然也。

【译文】

来信说到官兵与湘勇的长处和短处，甚为精辟恰当。我于二月间，给魁荫亭太守的信中说：“如岳飞复生，或许可以使这些软弱散漫的士兵脱胎换骨，但假如孔子再生，却难以迅速改变军队中的恶习。”虽然此话说得有些戏谑，可实在是切中时弊的肺腑之言啊。目前要谋划大局，必须万众一心，才能别开生面，改换天地。只使用新招收的乡勇，选拔忠义的绅士、文生为其统帅，纯洁队伍，不混杂曾入伍稍久的士兵，也不使用过去守备以上的军官。我的意愿和阁下的意见完全相符合吧！需增加六千湘勇的事情，昨天因为您的弟弟达川带兵一千已进省，当时即已立刻命令他将这支部队迅速开赴安徽，以满足您的急需。其余五千，须等船炮办齐，水陆并进，才能对您有所支援。省内的诸位朋友和王鑫的意见，都想仓促编组军队出师。我认为此次从湖南招募楚勇东下，一方面是为了四省的共同防御，另一方面也为帮助阁下清剿逆贼，因此，必须挑选训练有素的士兵，配备优良的武器装备，水师要船炮齐备，陆军则军兵斗志昂扬，做好三年不归的思想准备和经历数百次艰难战斗的物资准备，岂能像儿戏一样随便组建军队，仓促出兵呢！如士兵都是乌合之众，武器装备少又粗糙，船不足二百，炮不够五百，只能是沧海一粟，大面积上的一个黑点，即使能迅速到达安徽，究竟对战事又有什么帮助呢。按照我的不成熟意见，总得准备战舰二百艘，还要有民船和载货船七八百艘辅助，大小炮千余门，水兵四千，陆军六千，沿江而下，明年办完启程，与您在九江和小孤山之间会师，那时，才有可能成大气候。否则，看起来像大兴仁义之师，实际等于矮人看戏，不值得行家一笑！明知您急切地盼望湘勇增援，但很快出师又没有好处，不如准备充分后迟一些出师。况且您初到庐江，也应该将官吏和民事稍为整顿一下，就是陆地上需要防御逆贼，境内需要剿匪。您有随身带去的部队，又有达川随后带去的湘勇，还有李鸿章过去训练的部队，依靠这些部队也足以保卫庐江了。我想让您裁决，也会是这样的。

【注释】

①江岷樵：名忠源，湖南新宁人，湘军将领。因镇压太平军有功，后外迁至知府，湖北巡抚（清代巡抚被称为中丞）等职。太平军攻克安徽庐州时投水自杀。

②方家：原指深于道术的人，后指精通某种学问和艺术的专家。

【评述】

继续重申必须组建、训练湘勇（团练）的理由。

与魁荫亭①太守

【原文】

国藩以前月下旬，于寓中设审案局，十日内已戮五人。世风既薄，人人各挟不靖之志，平居造作谣言。幸四方有事而欲为乱，稍待之以宽仁，愈嚣然自肆，白昼劫掠都市，视官长蔑如也。不治以严刑峻法，则鼠子纷起，将来无复措手之处，是以，壹意残忍，冀回颓风于万一。书生岂解好杀，要以时势所迫，非是则无以锄强暴，而安我孱弱之民。盖与阁下为政，夙心颇相契合也。前信已封未发，适接来书，盖多至论。就现在之额兵练之，而化为有用，诚为善策。然习气太盛，安能更铸其面目，而荡涤其肠胃？恐岳王复生，半年可以教成其武艺，孔子复生，三年不能变革其恶习。故鄙见，窃谓现在之兵，不可练之而为劲卒。新募之勇，却可练之，便补额兵。救荒之说，自是敝邑与贵治急务，然公帑既难于四颁，而民间又无可多捐，虽有善者，亦不过补救十一。侦探本当今第一急务，张制军北去时，曾与弟约，每日一信，今去已久，仅接二书。下游消息，亦未细叙。初六得江西信，知粤匪于十一破九江，十七陷安徽，廿五又去安庆，而东下矣。湖南去贼日远，籍可少息。

【译文】

我上月下旬在寓所设立了审案局，十天内杀了五人。由于社会风气的刻薄，世人又各自抱着不可告人的目的，对我凭空捏造了许多谣言，恰好此时各处闹事，贫农会党又欲叛乱，对他们稍加宽仁，则他们更加气焰嚣张，竟蔑视长官，肆无忌惮地于光天化日之下在城市里劫掠。对这些人不使用严刑峻法痛加诛戮，则这些恶人就会纷纷起来，将来就无从下手处置他们了，所以，我坚持对他们实行残酷镇压，以达到扭转一点社会颓风败俗的目的。并不是我这个书生爱开杀戒，完全是形势所迫，不这样做就不能够铲除强暴、安定懦弱的庶民百姓。我与您同时从政，夙愿是相同的。前一封信写好了，但尚未发出，刚好又收到您的来信，就多谈一些。如果就现在的国家军队，经过训练，把他们变成素质好而有用的军队，那是最好不过的办法。然而，他们的腐败习气过于严重，岂能重新改变他们的面貌，从本质上洗刷他们内在的污浊？恐怕就是岳飞复生，能用半年的时间把这支部队武艺训练好；但孔子复生，却用三年的时间也改变不了他们的恶习。所以，以我之见，现有的军队无法训练成有战斗力的部队。新招收的兵却可以练好以代替现有的军队。关于救荒的问题，是我们的当务之急，但公款既难于四处颁用，而民间又无法征收捐税，虽有善良的人给予捐赠，也只能补救极小部分。搜集军情本来应是当前的第一件大事，张制军在北去时曾和我约定，每天通一封信，现在已经过去了很长时间，仅接到他的两封来信。关于长江下游的情况也写得不详细。本月初六收到从江西的一封来信，获悉太平军于十一日破九江，十七日安徽失陷，二十五日占领安庆后东下。太平军离湘南越来越远，借此机会可以稍作休息。

【注释】

①魁荫亭：即咸丰时湖南宝庆知府魁联。

【评述】

十日内连杀五人，原来因对其“凭空捏造谣言”。

与王璞山

【原文】

仆于十六日到家，身染小恙，比已痊愈。每念天下大局，极可伤痛。桂东之役，三厅兵寻杀湘勇于市，足下所亲见也。江西之行，镇筸兵杀湘勇于三江口，伤重者十余人。七月十三,八月初六，省城两次兵噪，执旗吹号，出队开仗，皆以兵勇不和之故。七月二十四临庄诸君遇难，亦以镇筸云贵兵见贼逃溃，危败不救遂致，斯痛！盖近世之兵，孱怯极矣。而偏善妒功忌能，懦于御贼，而勇于扰民。仁心以媚，杀己之逆贼而很心，以仇胜己之兵勇。其仇勇也，又更胜于仇兵。曩者己酉，新宁李沅发[1]之变，乡勇一跃登城，将攻破矣，诸兵以鸟枪击勇坠死，遂不能入近者。兵丁杀害壮勇之案，尤曾见叠出，且无论其公相仇杀，即各勇与贼事殷之际，而各兵一不相救，此区区之勇，欲求成功，其可得邪。不特勇也，即兵与兵相遇，岂闻有此营已败而彼营冒险往救者乎。岂闻有此军饿死而彼军肯分一粒往哺者乎。仆之愚见以为，今日将欲灭贼，必先诸将一心，万众一气，而后可以言战。而以今日营伍之习气，与今日调遣之成法，虽圣者不能使之。一心一气，自非别树一帜，改弦更张，断不能办此贼也。鄙意欲练乡勇万人，概求吾党质直而晓军事之君子将之。以忠义之气为主，而辅之以训练之勤，相激相劘，以庶几于所谓诸将一心，万众一气者，或可驰驱中原，渐望澄清。

【译文】

我于十六日到家，身体患了点小病，现已痊愈。每想起天下大事，十分痛心。在桂东（今属湖南）打仗时，三厅兵在街上寻杀湘勇的情形，您是亲眼看到的。在江西打仗时，镇筸（今湖南凤凰县南）兵在三江口杀伤湘勇，重伤者就有二十多人。七月十三、八月六日，省城发生的两次士兵哗变，竟然执旗吹号，列队打仗，都是因为官兵和湘军不团结的缘故。七月二十四日，也是因为镇筸、云南、贵州等官兵，见了敌人就逃，看到我军危急而不救，所造成的惨痛结果啊！现在的官兵，懦弱胆小极了，但偏偏善于嫉贤妒能，与敌人作战胆怯，骚扰百姓却那样勇敢。仁义之心已泯灭了，残杀异己比杀敌人还狠心。这种仇恨胜过仇恨自己的官兵和练勇，而且对练勇的仇恨比对官兵更厉害。如已过去的己酉年（即1849年），李沅发在新宁县（今属湖南）叛乱，乡勇们奋力登城攻战，城将被攻破时，官兵反而用鸟枪向攻城的乡勇射击，不少乡勇坠城而死，无法接近城池。官兵残杀乡勇的事件，层出不穷。无论是各军共同对敌，或各路军队与太平军激烈战斗的时候，各路官军对练勇从不相救。这样的部队，靠他们取得成功，怎么可能呢。不单单对练勇的态度这样，就是官兵与官兵之间也是如此。从未听说过，这一营打败了，而另外一个营能冒险前往救援的呀！从未听说过这支军队快饿死了，而另一支军队肯把自己的粮食分一粒米给对方吃呀！以我不成熟的意见认为：现在要消灭太平军，首先要各将领同心同德，士兵们万众一心，然后才能说到打仗的问题。而根据现在部队存在的邪气恶习和部队调动的办法，即使是圣人也难以指挥。官兵上下一心一意，非要独树一帜，改变旧的制度和办法，如不这样，绝不能消灭叛贼。我的意思是需要训练乡勇万人，一概从我们绅士、文生中选拔，并让品质高尚而又通晓军事的人去统帅，并注重灌输忠君报国的思想，同时辅以艰苦严格的军事训练，相互激励和磨炼，即所谓诸将同力，万众一心。这样的部队才有希望驰骋中原，荡平敌寇。

【注释】

①李沅发：太平军毕再浩的旧部，后投降清军。1849 年在湖南新宁再次起义。

【评述】

终究是对旧清军深恶痛绝。

与储石友①

【原文】

弟移驻衡城，公私平顺。每念天下大局，不堪再有失坏。意欲练勇六千，概求吾党忠义朴诚之士统领，而一归江岷樵调度，以为澄清海宇之具，而纾君父宵旰[②]之忧。昨阁下禀来，即令魏崇德归湘，补招一百，合成一营，茶陵安仁之事，经塔副将[③]一战成功。其善后事宜，搜捕余匪，安抚难民，请阁下与周守备妥为办理。诸勇在外，须约束严明，秋毫无犯，至要，至要。待安仁一案办理完毕之后，即与周守备，带勇同来衡城，商议一切。在外无事，每日仍须认真训练。将来到衡，恐为日无多即须东征，不得多加操练之功也。

【译文】

弟移防衡州以来，公事私事都很顺心。每当思虑到天下的大局时，我认为是无论如何不能再让国家的领土丧失了。我的意见是要训练湘勇六千人，一律选拔绅士中有忠肝义胆、诚实正直的人去率领，统一归江忠源指挥，作为扫除天下叛贼的工具，以解除皇上为国家安宁日夜操劳的忧虑。昨天收到阁下的来书，便立即令魏崇德回湘乡，补招一百乡勇，编为一个营。茶陵安仁的事情，经过塔齐布副将指挥，一战取得成功。有关善后事宜，如搜捕残余的土匪，安抚群众百姓，请您和周守备妥善地办理。部队在外，要严加约束，做到纪律严明、秋毫无犯，这是最重要的。等安仁一案办好之后，您立即和周守备共同把部队带到衡州来，以便商议一切有关事宜。在外无事时，每天仍然需要抓紧时间认真训练部队。将来到了衡州，恐怕没有多少日子就要东征，那就没有更多的工夫训练部队了。

【注释】

①储石友：名玫躬，字石友，咸丰四年进攻宁乡时败死。

②宵旰：旧时用来形容帝王勤于政事之词。

③塔副将：即塔齐布，字智亭，满洲镶黄旗人，清军参将。

曾文正公兵法选编总评

曾国藩（1811—1872），字涤生，号伯涵。原名子诚，中进士后，穆彰阿嫌其名过俗，遂改名。曾国藩死后，清政府追赠其为太傅，谥号文正，遂有曾文正公的称谓。

曾国藩没有兵法专著。他死后，李鸿章等人将他的文稿汇编整理成集，这就是《曾文正公全集》。在《曾文正公全集》中，有大量关于用兵的奏稿、批牍、书札、日记。这次选注的内容，就是从《曾文正公全集》中摘录出来的。

从这些若作和言论中，我们可以看出曾国藩的一些治军思想，归纳起来，有以下几点：

一、精兵简政。对于当时严重的“国用不足”，曾坚决主张对空名坐粮和捐例等恶性不合理开支进行整肃，对部队实行“特诏裁决”“汰兵五万”，并严格控制制度性增支。“国家经费骤加不觉其多，岁支则难以为继”。

二、建军整兵。曾国藩认为，“兵贵精不贵多”，在大规模裁减兵员的基础上，组建新军，整兵军战。他认为，当时清王朝的八旗和绿营兵的腐败是不可救药的，“孔子复生，三年不能改变其恶习”，只有改弦更张，另建新军。他对重建新军的政治素质有明确要求，必须“赴火同行、蹈汤同往”“练兵万人，合成一心”，以改变“兵不如匪”的形象。

曾国藩非常重视新军的训练和纪律教育。他认为“不练之兵断不可用”，“凡兵以劳而强，以逸而弱”。他将军事训练归结为操、演、巡、点四个方面。他进行纪律教育的方法是把官兵召集起来进行训话，每逢三、八两日必办。这种带着明确目的进行纪律教育的方法，可以说是一种发明创造。

三、谋定而战的战略战术。在战略上，他主张扼守要地，巩固后方，积极进攻，各个击破；在战役战术上，则主张集中兵力，戒除浪战，以攻为守，预留退路。他提出以两湖为基地，扼据长江上游、中游，然后进取江西、安徽，最后夺取江浙的战略。在围攻安庆期间，他又力排众议，坚持不分兵攻取江浙。太平军在失陷安庆后，军事上日益被动，而清军却日益主动。应该说，曾国藩的这些战略战术思想是具有远见的。

四、以礼治军。他说，“带勇之人，用恩莫如仁，多用威莫如礼”。在人和物的关系上，他认为“用兵之道，在人而不在器”“攻守之要，在人而不在兵”。他重视人的主观能动性，认为士兵的斗志和将领的谋略往往决定战争的胜负。

五、重视实际表现的选将标准。对军官的选拔，他强调：“取人之式，以有操守而无官气，多条理而少大言为要。”他认为将领必须具有“勤、恕、廉、明”的品德，反复强调“勤劳”是一切品德的基础，要求“身、心、眼、手、口”五到。